梅原猛著作集 ❶

聖徳太子（上）

小学館

父・用明帝の病気平癒を祈る十六歳の聖徳太子像

(「聖徳太子及天台高僧像」より　国宝　一乗寺　兵庫県加西市　提供／京都国立博物館)

太子、蘇我馬子ら崇仏派に敗れた物部守屋坐像

（大聖勝軍寺　大阪府八尾市）

聖徳太子　上／目次

第三章　蘇我と物部の宗教戦争

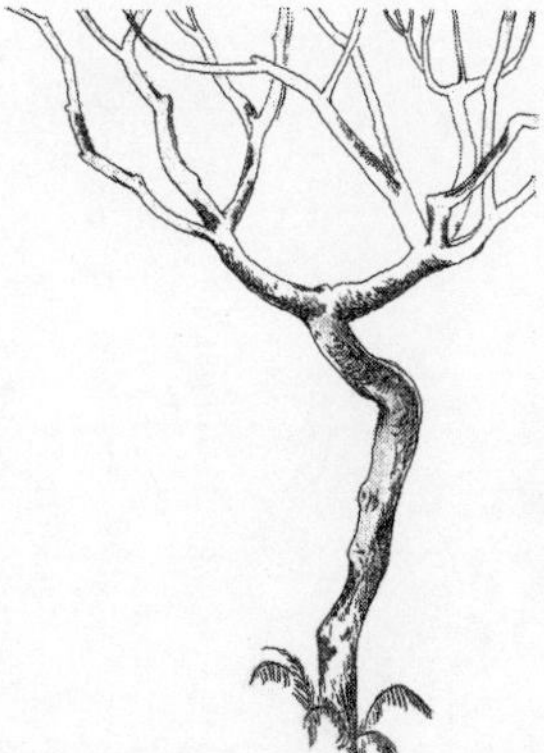

第五章　小墾田遷都と政治の革新

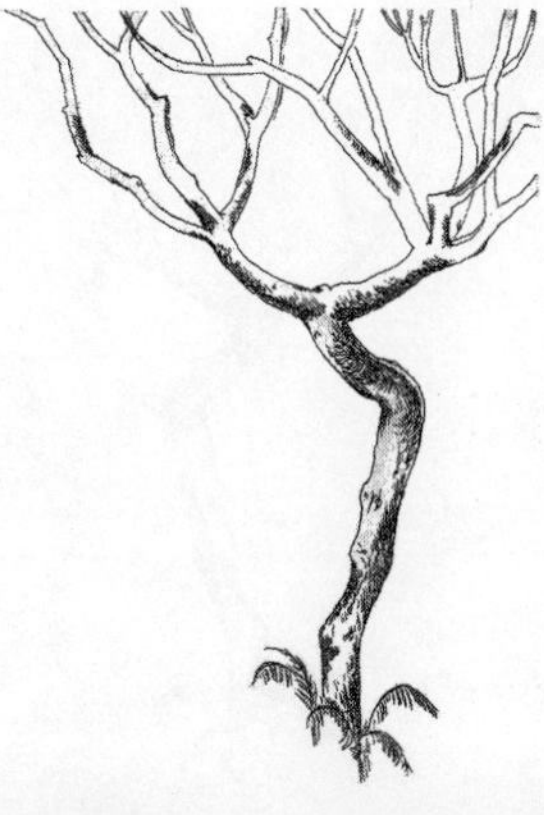

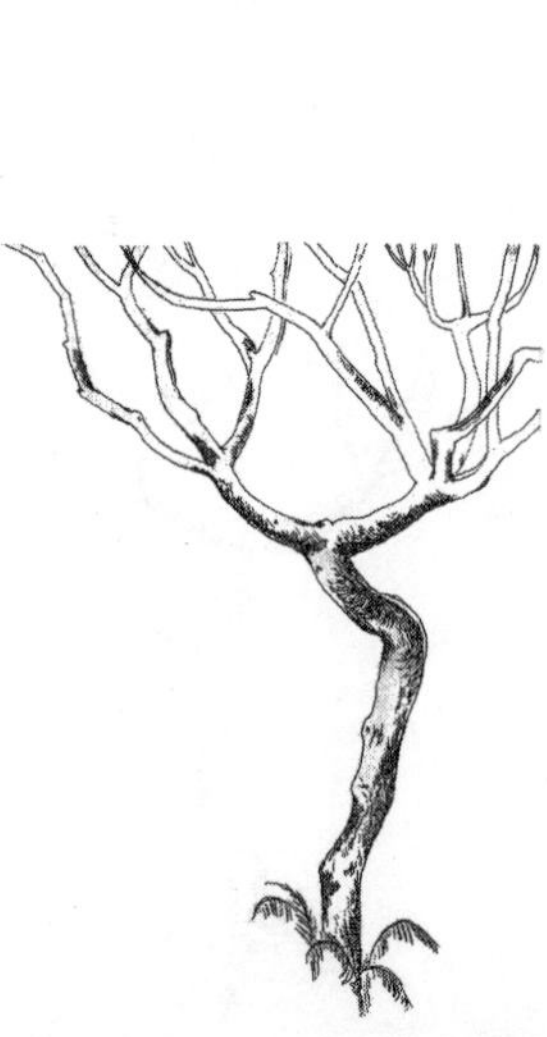

第七章　十七条憲法の思想（下）

〈下巻目次〉

装画／山本容子
装幀／渡辺和雄

自序

『聖徳太子』は、私の著書としてもっとも長編の作品で、一九七八年から一九八四年まで、季刊雑誌『創造の世界』（小学館）に連載されたものである。この期間、私は、国際日本文化研究センターの設立などで、実践的にはなはだ多忙な毎日をおくっていたが、この連載だけは一回も休まずに続けることができた。

この『聖徳太子』を書く動機は、私の著書『隠された十字架——法隆寺論』にあるといえる。私はこの著書で、法隆寺は、太子死後二十三年後に、この地において一家絶滅の悲劇を体験した聖徳太子一家の怨霊《おんりょう》を鎮魂《ちんこん》する寺であるという解釈を提出した。それは従来、誰一人思いついたことすらない学説であり、法隆寺の研究者などに大きな衝撃と反感を巻き起こした。いちばん困ったのは当の法隆寺であろうと思う。寺自らが祀る聖徳太子が怨霊であるというのは、あたかも聖徳太子の神聖を傷つけるようなものに思われたからである。しかし、それはけっして太子を傷つけることではない。なぜならば、菅原道真《すがわらのみちざね》は太子とともにもっとも日本人に尊敬され崇拝された人間であるが、彼が天神様といわれる神であり怨霊であることは明らかである。流罪になった菅原道真が大宰府《だざいふ》で憤死することによって怨霊となり、その怨霊は神として北野天満宮をはじめ、多くの神社に祀られることによって鎮魂されたわけである。同じことが聖徳太子についてもいえる。聖徳太子の死後二十三年、太子の子孫がこの法隆寺の地で殺されたことによって、太子は怨霊となり、その怨霊の祟《たた》りは奈良時代になっても衰えず、法隆寺という寺をつくり、聖徳太子を聖なる仏として祀ることによって、その怨霊を鎮魂したのである。太子が怨霊になったことは、菅原道真が怨霊になったことと同じように、けっして恥ずべきことではないのである。

そうはいっても、神仏についての昔ながらの考えをもち、聖徳太子を崇拝する人々にとって、私の法隆寺論はいささか過激すぎ、多少アレルギー反応が起こったとしても当然であろう。それで私は、『隠された十字架』において、太子の死の約百年後の太子についての虚像というべきものをあつかったが、実際の太子がいったいどんな人間であったのかを明らかにする責任と義務を感じたのである。そこで、聖徳太子のことについて書こうと思い、太子と六年にわたる格闘の後にやっとできたのが、この本であるといえる。西田幾多郎《にしだきたろう》が自己の哲学を悪戦苦闘のドキュメントといったが、この『聖徳太子』は、私の著書の中でももっとも悪戦苦闘した著作といってよいであろう。六年の間、聖徳太子は片時も私の側を離れなかったのである。私がこんなに長く親しいつきあいをもった人物は、ほかには柿本人麿《かきのもとのひとまろ》くらいであろう。

しかし、この六年にわたる太子とのつきあいは、私に、日本というものがどのような国家だったかということを明らかにしてくれたのである。今の日本は、やはり聖徳太子によってつくられた理念によってできたといっても過言ではないであろう。少なくとも江戸時代までの日本は、大きくいえば太子がたてた日本のプランの範囲内で運用されたといってよい。太子の理念が歴史に受け継がれた面も多いが、そればかりか太子の理念が忘れられていたのに、また思い出されて、新しい政治の理念となった例もある。

私はこの本を書いている途中で、日本という国号および天皇という称号は太子がつくったに相違ないと考えるようになった。歴史家は文献的に、その称号は太子の時代にさかのぼるかどうか、そういうことが記載されている文章はその時代のものか、それとも後世のものかといろいろあげつらうが、私は、聖徳太子の事績や思想を明らかにする過程で、日本という国号や天皇という称号はひとつの思想によってつくられたものであり、このような日本観や天皇観をつくったのは太子その人であると思わざるをえなかった。その日本という国号と天皇という称号は、現代もまだ続いているのである。日本の歴史はもちろんもっと古いけれど、太子が日本という国号をつくり、その長としての天皇という存在をはっきりさせたわけである。そして多くの面において、日本はこの太子がつくった日本国のデザインに従って、歴史を発展させてきたのである。とすれば太子こそ日本をつくった人といわなければならないが、このような認識が日本人に十分存在しているとはいいがたい。

「聖徳太子」は一九五八年から一万円札になった。この時期は日本の成長期であり、日本は「聖徳太子」とともに発展したといってよい。しかし、それが一九八四年に「福沢諭吉《ふくざわゆきち》」にかわった。このときから日本の没落期が始まったような気がする。そのときに私は、聖徳太子が日本をつくったのだから最高札は聖徳太子でなければならないと思い、小松左京《こまつさきょう》氏などと「聖徳太子を守る会」をつくろうと相談したことがある。しかし、そのことが政府筋に知れたとみえ、当時、大蔵大臣であった竹《たけ》下登《したのぼる》氏が私に会いたいといってきた。それまで竹下登氏には二、三度会ったことがあるが、わざわざ大蔵大臣から会いたいとはよほどのことであろうと思って会いにいくと、竹下氏はにこにこ笑って、「先生、聖徳太子は今度、五万円札を出すときにまた登場してもらいますから、今度は先生も聖徳太子のご退場を認めていただけませんか」ということであった。にこにこ笑っていたので、まさか嘘はあるまいと思ったけれど、その後、聖徳太子は去り、福沢諭吉にかわったが、五万円札はついにあらわれなかった。あるいは私はだまされたのであろうか。やはり政治家は、学者などよりははるかに人をだます才能をもっているのであろう。それとも竹下氏は五万円札を出す意志をもっていたものの、それはついに実現されなかったのであろうか、私は竹下氏の名誉のためにそう解釈したい。

私は日本の不況を「福沢諭吉」のせいにしようとは思わないが、福沢諭吉は日本の国の最高札をしめる人物としてははなはだまずいと思う。一つは、脱亜入欧という思想をいだき西欧を賛美するのはよいが、隣の韓国や中国にたいして蔑視のかぎりをつくしていることである。とくに日韓併合という忌まわしい歴史的事実をつくった責任者の一人は、まちがいなく福沢諭吉である。韓国や中国は日本の残虐なる侵略を責めるが、福沢諭吉についてはきびしく責めないのは、福沢諭吉が日本を代表する一万円札に君臨しているからではないかと思われる。やはり日本人のほうから、このような人物を日本を代表する人間として崇拝することを慎まないかぎり、真の日韓親善、真の日中友好は不可能であると私は思う。この福沢諭吉を誰よりももちあげたのが丸山真男《まるやままさお》であるが、丸山真男は福沢のこのような面を故意に隠しているかのようにみえる。私は丸山と同じく民主主義には賛成であるが、このようなアジア蔑視を語る福沢諭吉、およびその諭吉のアジア蔑視を隠そうとする丸山真男はきびしく非難されなければならないと思う。

もう一つ、福沢諭吉に物足りない点がある。それは、やはり福沢諭吉が宗教にほとんど関心をはらわない啓蒙《けいもう》思想家であったことである。福沢諭吉の『福翁自伝《ふくおうじでん》』を読むと、諭吉は「神殿を覗いて、ご神体が何でもない石であることを見て、神様というものはこんな石ころなんだ」と神様を馬鹿にしたような話を得意そうに語っている。しかし、ご神体は石ころであったとしても、そこにどういう人間の歴史や信仰心があるかを諭吉は見ようとしない。諭吉の思想は結局、明治の廃仏毀釈《はいぶつきしゃく》の線に沿うものであることは明らかであるが、諭吉のような啓蒙主義者は廃仏毀釈の運動におそらく何らの抵抗もしなかったであろう。神を殺すことにおいて、廃仏毀釈の運動も啓蒙主義の運動も、同じような役割をしたのである。

最近、私は日本の思想を廃仏毀釈から考えなければならないと思っている。廃仏毀釈は仏教だけの否定ではない。それはまた神道の、儒教の否定でもある。それは結局、天皇以外の神は認めないという思想である。西洋の近代は、ニーチェのいうように結局、神を殺した時代であるが、今その神殺しは日本ばかりか世界全体に大きな影響をおよぼしている。神を殺した人間は自らを殺し、破滅にいたらざるをえないのではないか。その意味で私は福沢諭吉にたいして、きびしい目を向けざるをえない。日本を考えるときに福沢諭吉ではなく、もう一度、聖徳太子から考えねばならない。

私のその後の思惟は、聖徳太子からはるかに遠くさかのぼり、縄文時代にまでいたったが、このような過去はいわば大過去であり、聖徳太子から江戸時代までは中過去といえるかもしれない。第一の日本はとにかく、第二の日本をつくったのは聖徳太子であることはまちがいない。

太子の事績は結局、三つの側面で考察するのがよいかもしれない。一つは外交で、一つは内政で、一つは文化である。しかし、それらを三つに分けるといっても、その三つの分野は相関し、外交の問題は内政の問題と関係し、文化の問題も外交の問題と密接に関係するとさえいえる。しかし、ここでは、いちおう三つの分野を分かって考えることにしよう。

一、外交。この本で明らかにした大きな特徴は、太子の外交は真にインターナショナルな外交であったということである。外交というのは一つの国との関係ではない。多くの国を相手にし、そこで自国をどのように安全にし、どのように発展させるかということが、外交の大問題である。日本は島国なので、このような外交はまったく下手である。『日本書紀』などを見ると、日本の国の使などが外国に出るまでの記事はあるが、外国でどうだったかはほとんど語られていない。つまり『書紀』の編者の目にあったのはただ日本のみで、外国はその視野の外にあったことはまちがいなく、日本人はほとんど外交らしい外交をしたことがなかったといってよい。しかし、聖徳太子は巧みな外交家であった。当時、朝鮮半島には、百済《くだら》、新羅《しらぎ》、高句麗《こうくり》の三国があり、そしてその向こうに隋《ずい》という超大国があった。しかも従来、日本は朝鮮三国とは密なる関係をもったが、中国とはほとんど関係をもたなかった。そして先進文化も中国から直接移入されるものではなくて、朝鮮三国を通じて移入された。

太子の儒教の師は百済の覚哿《かくか》であり、仏教の師は高句麗の慧慈《えじ》であった。覚哿と慧慈が太子の家庭教師であったといえるが、このように外国人を家庭教師としたのは、太子以来、現在の天皇以外にはない。天皇の家庭教師はバイニング夫人というアメリカ人であったが、太子の場合は、儒教は百済人の覚哿に、仏教は高句麗人の慧慈に教えられたのである。このとき朝鮮三国はたがいに対立していた。覚哿も慧慈も、仏教や儒教の知識を教えるために日本に来たばかりではなく、自らの母国の利益のために日本へ来ていたものであり、それぞれの国の立場を太子に教えたにちがいない。このように考えると、太子はその時代において、はなはだインターナショナルな教育を受けたわけであるが、太子の政治、外交をよく観察すると、この新しく勃興してきた新羅の勢力に脅威を感じる百済や高句麗を巧みに利用し、その文化を取り入れ、そしてまたその両国を利用して、直接隋との国交を始めたことがわかる。この太子の外交はまことに巧妙であり、マキアベリズムであるとさえいえる。外交というものはもともとマキアベリズムを必要とするものであり、このようなマキアベリズムができた日本の政治家は太子を除いてほとんどあるまい。

しかし、太子のマキアベリズムは結局、失敗であったと思う。それは高句麗を利用しながら隋によしみを通じるという仕方であり、太子はついに小野妹子《おののいもこ》を長とする遣隋使《けんずいし》を派遣し、隋との間の直接の交流を開いた。そして、太子は「日出ずる処の天子、書を日没する処の天子に致す」という煬帝《ようだい》を怒らせた無礼な国書を送ったが、どういうわけか隋はこの国書を咎めることもなく、裴世清《はいせいせい》という使節を日本に送った。これは私は、高句麗侵攻をもくろむ隋の、日本を高句麗から引き離す戦略であると思うが、太子にはこの戦略に乗ったところがある。そして案の定、隋の高句麗侵攻が始まるが、それは思いがけなく隋の敗北に終わり、隋そのものが滅びる原因をつくったのである。これは誰にも予測できないことであったが、太子にはたいへんなショックであったと思う。そしてそれ以後、太子は政治の第一線から退き夢殿に閉じこもり、夢想の日々をおくるが、それがまた太子一族絶滅の原因になる。しかし、私はそれでもって太子の外交を責める気にはなれない。小国・高句麗が超大国・隋に勝つことは、神ならぬ身がどうして予測できようか。

内政家としての太子の第一の功績は、やはり律令制《りつりょうせい》の基礎をつくったことである。「十七条憲法」と「冠位十二階」の制定は、まさに律令制の基礎の構築である。律令制はやはり人間を身分によって評価せずに、その人間の才能と徳によって評価し、すぐれた人間を重要な位に登用するということが必要である。太子は「冠位十二階」を制定し、身分の低い小野妹子や秦河勝《はたのかわかつ》を高い位につけた。その背景には、私は、人間の平等を説く仏教の精神があると思う。律令制の理想を規定したのが、「十七条憲法」であるが、これは今の日本の憲法とはちがって、道徳的色彩の強いものである。私は何度読んでも、この「十七条憲法」は名文であり、しかも思想的にみごとな構造をもっていると思う。「十七条憲法」を、後の『日本書紀』編者が聖徳太子に託してつくったものとみる見解があるが、このような立派なものを偽作するのは容易なことではない。私はその文章の気品と思想性において、「十七条憲法」は聖徳太子そのもの、たとえ草案は太子の周辺の人々によってつくられたにしろ、太子の思想が一貫して採られているものであると思う。

この「冠位十二階」と「十七条憲法」の制定によって、律令制の基礎がつくられるが、具体的な律令制定の仕事は、天智《てんじ》天皇、天武《てんむ》天皇、持統《じとう》天皇の時代にも続けられ、ついに「大宝律令《たいほうりつりょう》」および「養老律令《ようろうりつりょう》」において完成されるが、この律令の真の制作者こそ藤原不比等《ふじわらのふひと》であると私は思う。この律令において、不比等はみごとに天皇の権力を縮小するとともに、同時に太政官《だいじょうかん》を中心とする藤原氏の権力を拡大する律令をつくった。そのようにみると、不比等は聖徳太子によってつくられた律令制の高い理想を、「大宝律令」、「養老律令」において一段低くして実現したというべきであろう。こうして日本の律令制は確立されるが、興味深いことは、この律令制を大幅に改変する建武中興《けんむのちゅうこう》および明治維新《めいじいしん》においてもまた、太子の高い理想が想起されて、硬直した律令社会を変革する思想を形成するのである。

もう一つ、太子に関していうべきことは、その文化的業績である。遣隋使を始めたことは太子の偉大な業績であるが、遣隋使、遣唐使はその後も続けられ、寛平《かんぴょう》六（八九四）年に廃止されるまで、実に二十数回送られた。それがどんなに先進文化の輸入に役に立ったかは、いまさら論じる必要もないであろう。

しかし、このこと以上に大きいのは、聖徳太子がほぼ日本の仏教の方向を決めたことである。聖徳太子は、『勝鬘経《しょうまんぎょう》』と『維摩経《ゆいまぎょう》』の講義をしたばかりか、その二経に『法華経《ほけきょう》』を加え、『勝鬘経』、『維摩経』、『法華経』の三経の註釈書、いわゆる『三経義疏《さんぎょうぎしょ》』をつくった。この『義疏』も聖徳太子の書いたものではないという説があるが、私は、『三経義疏』には誤字が多く、仏教についての初歩的な誤解もあるが、そこには実に大胆な説が語られ、しかもその中には卓抜な説があることによって、聖徳太子の著書にちがいないと考えた。『勝鬘経』は、女性である勝鬘夫人《しょうまんぶにん》に釈迦が語った話を記した経典であり、この勝鬘が推古《すいこ》天皇になぞらえられていることはまちがいない。そして『維摩経』は、僧ではない維摩が僧よりはるかによく仏教を知っているという話が書かれていて、維摩が聖徳太子に擬せられていることも否定できないであろう。『維摩経』は大乗仏教の入門書ともいえる。そう考えれば、太子がいちばん重視したのは『法華経』であるということができる。この時代、中国では、太子の少し前の人である天台智顗《てんだいちぎ》が、『涅槃経《ねはんぎょう》』を中心とした今までの仏教にたいして、『法華経』を中心とした仏教学を確立した。しかも天台智顗は煬帝のもっとも尊敬した僧であった。そのような報《しら》せが、篤く煬帝を崇拝したと思われる太子の耳に入らないはずはない。それで太子も『法華経』を重んじて、『法華経』中心の仏教を考えたのであろう。

このことは日本仏教に大きな影響を与えた。平安仏教の創立者の一人である最澄《さいちょう》は、天台智顗の仏教をもっとも正しい仏教として、天台仏教を研究する殿堂を比叡山《ひえいざん》に建てた。それが延暦寺《えんりゃくじ》であり、この都の近くに仏教の拠点を構えた最澄は、仏教革新に燃える桓武《かんむ》天皇の寵愛《ちょうあい》するところとなり、天台宗《てんだいしゅう》は、後に空海《くうかい》によってもたらされた真言宗《しんごんしゅう》とともに、平安時代の国家仏教になった。平安時代には天台宗ははなはだ密教化したが、それをもとに戻そうとする激烈な思想家があらわれた。それが日蓮《にちれん》であるが、日蓮は、法然《ほうねん》に始まる浄土教、および栄西《ようさい》に始まる禅仏教とともに、鎌倉仏教の祖師として多くの日本人をその信者としたのである。とくに明治以後、日蓮の熱狂的な布教精神がさまざまな新しい仏教を生んだ。国柱会《こくちゅうかい》、創価学会《そうかがっかい》、立正佼成会《りっしょうこうせいかい》などは、日蓮の思想の流れの上に立つ。そしてそれらは『法華経』崇拝を、その思想の中心に置くのである。宮沢賢治《みやざわけんじ》も日蓮宗および国柱会の思想の影響を受けて、その思想をもとにしたみごとな詩や童話を後世に残した。

　こういうことも、すべて聖徳太子が『法華経』をもっともたいせつな経典として尊崇したことによろう。このように考えると、太子は外交、内政、文化において、もっとも大きな影響を日本に与えた人といわねばならない。

第一部　仏教の勝利

序章　聖徳太子の実像を求めて

『隠された十字架』の方法

聖徳太子について書きたいと思う。なぜに。比較的小さい理由と、大きい理由がある。十年ほど前（一九七二年）、私は一冊の本を書いた。『隠された十字架――法隆寺論』というのが、その本の題名であるが、その本は、学者としての私の人生を変えるとともに、多くの波紋を学界に投げかけた。

その本で私は、現在の法隆寺《ほうりゅうじ》は和銅《わどう》年間（七〇八―七一五）の再建であり、それは、子孫二十五人が虐殺されたこの地において、聖徳太子一家の怨霊《おんりょう》を鎮魂するために建てられた寺であることを、いろいろの証拠をあげて論証した。

この説は、今はあまねく知られているが、根本的な反論はまだでていないと思う。たとえば中門の真ん中に柱があり、今もなお中門は聖霊会《しょうりょうえ》のとき以外は開かずの門であるのはなぜか。金堂《こんどう》に、太子とその父と母の等身大の像と称する俗人の服装をした仏像を三体並べて本尊としているのはなぜか。また東院の夢殿《ゆめどの》に太子等身の像と称される救世観音《くせかんのん》が祀《まつ》られ、実に生々しく無気味なお顔をしていられるが、それはなぜか。また、はなはだ冷たい歴史記述の書である『日本書紀』が、太子に関してのみ理性の抑制を失い、その伝に、釈迦伝《しゃかでん》ばかりか、キリスト伝をすらとり入れたようにみえるのはなぜか。また太子の霊は聖霊会という大々的な祭りによって、はなはだていちょうに、あまりにていちょうに祀られねばならないのはなぜかを私は問うた。

これらのことは、誰もが認めなくてはならない法隆寺についての謎であるが、この謎を解くもっとも単純明快な仮説は、法隆寺は聖徳太子の鎮魂の寺であるという仮説であり、その仮説は、日本の精神史全体からみても、当時の政治状況からみても十分成立可能であり、またその状況証拠もはなはだ多いと私は考えた。

もちろん私は、当時ゆくりもなく古代世界にひきいれられた感じであり、古代世界全体がまだ十分見えていなかった上に、文献の扱い方にもまったくといってよいほど精通していなかった。それゆえに、論のすすめ方にも幾多のまずいところがある。あるすぐれた日本歴史家が、論じ方はまずいが結論は正しい、私ならこういうふうに論をすすめて完璧《かんぺき》の著書にするのに、おしいことだ、といわれたそうだが、今の私の旧著にたいする気持も、そのとおりである。

私の著書にたいする反論は、すべて部分に偏している。多くは、多少調子にのって私がいいすぎた言葉じりをとらえて難じたもので、私の著書以前にも、多くの謎が指摘されている法隆寺がいったいどんな寺かを、それらの論は、おのれの問題として問う姿勢がまったくといってよいほどない。先にあげた法隆寺に関する多くの謎に答えていないばかりか、それを真剣に考えようとする姿勢すら欠けているのである。

私はあの著書で再三再四ことわっているように、あれは法隆寺について語ったものであり、聖徳太子について語ったものではない。もちろん法隆寺が、聖徳太子とその一家の鎮魂の寺であるにしても、聖徳太子と何らかの関係をもっていることは否定できない。それゆえ私は、法隆寺再建の意味を明らかにしようとする意図の範囲内で、太子について語った。

しかし正直にいえば、当時の私にとって、太子はほとんど闇におおわれていた。太子はどんな人で、どんなことをしたのか、私にはまったく見当がつかなかった。もちろん太子に関して書かれた多くの書物を読んだが、いずれの書物も、歴史の中で生きた太子その人の人間的な息づかいを、私に十分感じさせるものではなかった。

法隆寺中門と五重塔

それで私はあの本を書くのに、カントの方法を借りた。カントは、『純粋理性批判』において、認識の対象としての物自体を論ぜず、物が時間、空間という感性の形式の中で、いかにあらわれるかを問うた。ちょうどそのように、私はあの著書で聖徳太子それ自体を問うことなく、太子がその死後、約一世紀後に、法隆寺という寺において、いかにあらわれているかを問うた。

この私の意図は、十分よく理解されたとは思われない。なぜなら、太子にたいする熱烈な尊崇者のいくらかは私の著書を、法隆寺にたいする冒瀆《ぼうとく》であるばかりか、太子その人にたいする冒瀆の書として受けとったふしがあるからである。たとえば、ある法隆寺関係の僧は、『法隆寺の謎』なる本を書いたが、そこには、私の説を、何か法隆寺と太子の神聖さを傷つける異端の説として、しりぞけようとする態度がある。しかし、太子が永い間その枠内で考えられ、尊敬されてきた『聖徳太子伝暦《しょうとくたいしでんりゃく》』にあらわれた太子像と、法隆寺が日々やっている太子の霊への鎮魂の儀式とを照らし合わせて考えさえすれば、私のいうことは十二分に納得されるはずである。現に、太子関係の寺のたいへん学問ある僧で、私の説には思いあたる点が多いが、今は賛成を公言するわけにはいかない、と私にそっと語った人がある。

それはとにかく、私の著書が太子にたいする冒瀆の書ととられたとすれば、残念なことであり、その責任の一端は私にあろう。私はあの著書を書いた後に、聖徳太子の現象ではなく、太子それ自体についても論じなければならなかった。

私もまたあれ以来、死後、約百年後、当時の政治権力者の夢枕に夜な夜なあらわれて、政治権力者に恐怖を与えた太子の死霊《しりょう》ではなく、それより百数十年前、この日本の国の天皇家の子として生まれ、妻をめとり、子をもうけ、摂政《せっしょう》として実際に政治を行った聖徳太子の現身《うつしみ》を、その歴史的現実に即して解明したいと念願しつづけていた。

太子の実像が姿をあらわす予感

しかし、この課題を果たすことが永い間、私にはできなかった。それは一つには、その後、私が、法隆寺《ほうりゅうじ》研究から柿本人麿《かきのもとのひとまろ》研究に移り、人麿研究が現在もなお続いていて、聖徳太子の研究をする余裕がなかったことにもよるが、同時に、聖徳太子研究の手がかりが容易に見つからなかったことにもよる。

しかし二、三年前から、おぼろげながら聖徳太子の姿が見えはじめたのである。それは主として、従来日本の国内の状況でのみ考えられた聖徳太子の像を、東アジア全体の状況の中で考え直すところからうまれる聖徳太子の新しい像であるが、そのぼんやり見えはじめていた太子の像が、最近になって、急にはっきりしはじめたのである。私は今まで多くの本を、とくに古代についての著書を、知的興奮にかられて書いたが、今また、あの『隠された十字架』を書いたときに劣らない、あるいはそのとき以上の知的興奮が、私をおそうのである。今こそ、永い間秘められた太子の真の姿が私の前にあらわになってきつつあるという予感がある。

しかし学者には、あくまで冷たい理性が必要なのだ。知的興奮にかられて、勝手に太子の人間像を想像し、その想像に酔い痴《し》れるのは、学者として厳につつしむべきことなのだ。『隠された十字架』にはそういう傾向があったことは否定できない。しかし今、十年も古代世界の研究を続けた以上、そういう欠点は許されないのである。文献考証を正確に行い、その文献の中から必然的に聖徳太子の像を浮かびあがらせるべきであろう。

私は若き日に、古代ギリシアの哲学者・ヘラクレイトスについての論文を書き、得意になって田中《たなか》美知太郎《みちたろう》先生のもとへ持参したところ、先生は、たいへんおもしろいけれど、君の論文は、hineinlegenである、つまり、あらかじめ自分の考えを古代世界に投げ入れて、古代世界を見ている、そうではなく文献の中から、古代世界が自然にでてくるように、auslegenするようにしなければならない、それがauslegen——解釈する——という言葉の真の意味である、といわれた。これは、文献学的な古代学者としては当然の忠告であろう。先生は、もしも私が多少でもギリシアの哲学について、本気になって研究する気があるならば、もっとギリシア語を正確に読み、多くの基礎的文献を読んだ上で論文を書いてほしいと思われたのであろう。しかし、その当然の忠告が、私にはわからなかったのである。哲学というのは、しょせん自己の発見ではないか。新しい自己の発見なくして、どうして古典の発見があろうか。退屈な、あまりにも退屈な古典研究に、どうして血のほとばしるわが現身《うつしみ》を捧げられよう。

私は先生のもとを去り、それ以来苦しい学問遍歴の日々を送ったが、この田中先生の忠告は、今にして胸にしみるのである。hineinlegenの批判は、三十年前に書いた私のヘラクレイトスに関する論文についてあてはまるばかりか、私が十年前に書いた『隠された十字架』についても、あてはまらないことはない。そこには、おそらく古代文献学者としては許されない、想像力の過剰な行使があったはずである。

私は、歴史世界を理解するには、何よりも想像力が必要であると思う。歴史の中に生きているのは人間であり、人間が歴史をつくってゆく。その人間を理解することなくして、歴史はわかるはずはない。そして人間を理解するには、文学的想像力が必要なのである。このような文学的想像力なくして、人間が、それと同時に歴史が理解されるはずはない。中国では、歴史の編纂《へんさん》は文史といつも並び称せられ、主に文学者の仕事であった。

私の一連の古代研究を、日本古代世界の研究における想像力の復権という意味で評価してくれる人もあり、それはたいへんありがたい批評であるが、自己批判の心をこめていわせていただければ、歴史学のおもしろさは、想像力が客観的な史料と食うか食われるかの闘いを演ずるところにあると私は思う。

多くの史料の中から自説に都合のいいような史料だけを選んで、主観的に自説を組みたてるのは、学問的に許されないし、また人生の態度としては、まことにおもしろくない。それは、はじめから勝負が決まっているようなものである。負けるかもわからない闘いを、努力して勝ってはじめて人生は、生きがいがあるのである。それなのに、最初から闘いをあきらめて主観的に自分は勝ったと思っているようなものは、けっして強者の態度ではなく、弱者の態度である。こういう歴史学はおもしろくないし、私の前の著書には、多少ひとりよがりな想像に酔っていたという点があったことを反省している。

しかし、何の新しい主張もなく、冒険もなく、ただいたずらに史料を並べただけの歴史の著書もよくない。前の時代の解釈を羅列《られつ》し、折衷《せっちゅう》したりしただけの史書は、それは、史料および史料を解釈する従来の説を知るには役だたないことはないが、歴史書として物足りないのは当然である。

歴史解釈は、はなはだ男性的な営為である。対象に大いなる問いを投げかけ、その問いの投げかけによって、客観的な史料の中からひとつの人間や世界があらわれてくる。そのあらわれた人間像や世界像を、できるだけ多くの史料によって吟味してゆく。もしこの人間像や世界像が、主観的な想像からうまれた幻想にすぎないものであれば、その吟味の過程でおのずからその幻想も消滅する。そしてその像が幻想としたら、再び史料に挑戦しなければならない。そのような客観的史料と格闘の末に、少なくとも現存するいかなる史料によっても消滅しない、また、その史料をもっとも確実に説明できる生き生きとした人間像や世界像を浮かびあがらせる。そして調査の結果、次々と発見される史料によって、その人間像をいっそう確実に固めてゆく。

これはひとつの、芸術家、わけても彫刻家の、像の作成の過程と若干似ているのではないかと思う。はじめから芸術家の頭にあった人間像や世界像が、完成された作品としてそのまま出現するわけではあるまい。そういうことはありえないし、またそういう作品は、おもしろくあるまい。執拗《しつよう》な問いの中で、その人間像や世界像は徐々に明確になり、部分的には思いがけない人間像、世界像が史料の中から出現し、それがあらかじめ予想された全体としての人間像、世界像をいっそう緻密《ちみつ》にし、いっそう豊かにするのである。

私は今、聖徳太子に関するかかる作業にはいり、『隠された十字架』以来、気にかかっていた仕事を果たそうと思う。これが先に私のいった、この書物を書く比較的小さい理由であるが、もっと大きな理由がある。

聖徳太子を明らかにすることは、日本というものを明らかにすることであろう。この書物において、私は日本というものを考えてみたいと思う。太子はただ日本の仏教や文化の問題のみでなく、日本の政治や外交についても、実に重要な問題を投げかけた。そして、そのような問題は、今の日本の問題でもある。この日本の問題を聖徳太子を通じて考えてみることにしよう。

しかしそればかりではない。一面において彼は、その後の日本の国家の基礎をなす律令《りつりよう》体制をつくり、大いに国威を発揚したナショナリストであったが、一面において、熱烈な仏教の理想の信奉者であった。そして仏教というものは、国境を超えたインターナショナルな人類の救いを説いていることも明らかである。国家の指導者、ナショナリストとしての太子の立場と、仏教の崇拝者、インターナショナリストとしての太子の立場とは、いかに統一されるのか。それは、矛盾を含んでいるにはちがいないが、その矛盾はいかにして統一され、またいかにして分裂の危機をはらんでいるものか。

太子の直面した問題は、今日もなおまた、われわれの問題である。なぜなら国家は、太子のときと同じく、いや太子のとき以上に、現代の世界において大きな意味をもっている。国家の運命はわれわれの運命であり、好むと好まざるとを問わず、われわれは国家によって保護され、国家によって支配される。この国家という問題と、仏教であらわされる普遍的な人類の理想、たとえば平和とか平等という理想と、どこでどう結びあうのか。これは現代でも大きな問題である。

私が太子について知り、太子について考えれば考えるほど、太子はますます大きな人間に見えてくる。あらゆる問題が太子の中にあり、太子はそういう問題を実に真剣に問うた。そしてその真剣な問いは、ただの歴史的な問いではなく、永遠の問いでもあり、その問いの中でわれわれは太子と出会うことができる。

私が大きな理由といったのは、太子を通じて、日本そのものを考えるとともに、あるいはさらにいえば、もっと深い、われわれが一人の人間として生きるかぎり、悩まねばならぬ問題を考えたいためである。

過度の尊敬と嘲笑

太子について語るために、私のここでの方法について語る必要がある。

私は今までのほとんどの太子伝に不満であるといったが、それは一口にいえば、こういうわけである。

たしかに太子は、昔から日本人にたいへん尊敬されてきた。そしてその尊敬は、現在まで続いている。太子が日本を代表する人物であることは、かつて一万円札、五千円札に、ひとしく太子の肖像がつかわれていたことによっても、その一端がわかる。もしも一万円札に太子の肖像をつかったら、五千円札は別な人の肖像をつかったほうがよいように思われるが、そうはせず、一万円札も五千円札も太子像で、わずかに千円札に伊藤博文《いとうひろぶみ》の、五百円札に岩倉具視《いわくらともみ》の肖像がつかわれていただけである。これは日本人一般の価値感覚からいうと、聖徳太子の半分にも匹敵《ひってき》する人物が日本にいなかったことを物語るのであろうか。

このように、聖徳太子は偉大な人物として昔から尊敬されているのに、その正体は漠としてつかまえがたい。たしかに彼の事績として、遣隋使《けんずいし》の派遣、「冠位十二階《かんいじゅうにかい》」の制定、「十七条憲法」の発布、四天王寺《してんのうじ》、法隆寺《ほうりゅうじ》をはじめとする多くの寺院の建設、『三経義疏《さんぎょうぎしょ》』の著作などがあげられ、その一つ一つに、太子が超人間的能力を示されたことが語られているが、それらが、どのような形で内的連関をもつか、それを統一する太子という歴史的な人間が、どのような願望や意志をもち、それを歴史の中でどのように実現しようとしたのか、太子はどのような悩みや苦しみ、喜びや悲しみをもったのか、さっぱり明らかではないのである。太子はなるほど、超人間的な能力の持ち主であったかもしれない。しかしそのような能力も、むしろ一人の人間が歴史の中で、いったい自分の課題はどういうことなのかを真剣に思考したときに生じるはずである。太子は、当時の歴史の中で、日本という国において、いったい何をしようと欲したのか。そういうことが、今までの太子論では十分に明らかでなかったように思われる。

逆説的にいえば、太子にたいする日本人のあまりに大きな尊敬が、太子に関する正確な認識を狂わしめたと思う。この太子にたいする、いささか異常すぎると思われる尊敬の態度は、すでに『日本書紀』においても、はっきりあらわれている。たとえば大化改新《たいかのかいしん》についても、壬申《じんしん》の乱についても、どちらかといえば、冷たすぎる客観的な叙述の態度を崩さなかった『日本書紀』が、なぜか聖徳太子に関しては、あたかも仏書や聖書の聖者伝のような、信ずべからざる奇怪な話に満ちた礼讃《らいさん》の態度をとるのである。この太子の生と死の話および片岡山《かたおかやま》の話に、仏教の釈迦伝のみか、聖書に語られるキリスト伝がもちいられているのではないかというのは、すでに久米邦武《くめくにたけ》氏の指摘したところである（久米邦武『上宮太子実録《じょうぐうたいしじつろく》』）。

太子伝は、その後も多く書かれ、『上宮皇太子菩薩伝《ぼさつでん》』、『上宮聖徳太子伝補闕記《ほけつき》』などの書もできたが、それらはともに僧侶《そうりょ》の筆になり、わが国仏教の生みの親として太子を礼讃し、仏教と国家との結合を強調し、それぞれその僧の属する寺院の立場を有利にしようとするためのものであった。もとより、それらの書物には他の書物にない史料が含まれていて、隠された歴史の一面をわれらに暗示するが、それらの書物は二点において、歴史的実在としての太子の姿を大きく歪《ゆが》めることに役だったのである。

それは一つには、彼らはいずれも僧であり、仏教以外のことにはあまり関心をもたなかったので、太子の像が仏教興隆という面のみでとらえられ、あるいは、その面が不当に拡大されることになったことであり、もう一つは太子を尊敬するあまり、あるいは、太子をわが国仏教の父として偶像化せんがために、『日本書紀』においてあらわれた太子の超人化をさらに徹底して、太子の伝記を、一人の実在の人間としてはとうてい考えられないさまざまな神秘の話で飾ったことである。たとえば『菩薩伝』において、太子を陳《ちん》の南岳慧思《なんがくえし》の生まれ変わりとし、『補闕記』において、太子を救世観音《くせかんのん》であるとするような点である。こういうことを比較的まぬがれているのは『上宮聖徳法王帝説《ほうおうていせつ》』のみであろうが、これはやはり『日本書紀』より古い時代に書かれたためであろうと思われる。

そしてこのような傾向は、十世紀にいたって『聖徳太子伝暦《しょうとくたいしでんりゃく》』をうんだ。この著書は、やはりこのころつくられる『太子絵伝』とともに日本各地の寺院に伝えられ、永く日本人の太子像を支配するにいたった。太子は鎌倉時代の宗教改革者たち、とくに親鸞《しんらん》には厚く尊敬されたが、親鸞の太子理解も、この『太子伝暦』の線にそったものであった。

徳川時代になって、仏教にかわり儒教《じゅきょう》がさかんになったとき、儒者たちは仏教にたいする攻撃の目標として太子を選んだ。なぜなら、太子は日本の仏教の父であり、太子によって仏教が日本に定着したからである。仏教を邪教と考える儒者にとっては、太子こそ邪教を日本に広めた第一の元凶《がんきょう》であった。この際、荒唐無稽《こうとうむけい》な話でつつまれた『太子伝暦』は、儒者にとって仏教の非合理的精神を示すものとして、格好の批判の対象となった。そしてこのような批判の態度は、仏教にたいして儒者と同じように敵意をもつ国学者にも受け継がれ、儒者、国学者は、『太子伝暦』の荒唐無稽な話を嘲笑《ちょうしょう》すると同時に、『日本書紀』に書かれている蘇我馬子《そがのうまこ》の崇峻帝《すしゅんてい》殺害の事件における太子の責任を責めて、太子を不忠の臣としてののしるにさえいたったのである。

これにたいして、当然、仏教側からの反論が予測されるが、仏教側の反論は、いちおう儒教側あるいは国学側の『聖徳太子伝暦』を中心としての荒唐無稽な太子伝への批判を認め、後世の史料を捨てて、もっぱら『日本書紀』などの古い史料をもととして、太子の事績と思想を探らんとするにあった。

太子に関する最初の文献批判

このような意図によって書かれた代表的な太子研究は、長崎の僧・如意林一風《にょいりんいっぷう》の『聖徳太子実録』であろう。

太子伝ハ日本紀《ニホンギ》ヲ基《モトキ》トシテ、諸寺ノ縁起等《エンギナド》ヲ考合《カンガヘアハ》セテ潤色《ジュンショク》シタル物也《モノナリ》。作者モ平氏《ヘイシ》トバカリ有《アリ》テ誰トモ知《シレ》ズ。仍《ヨリ》テ其説《ソノセツ》ヲトラズ。仮名書《カナガキ》ノ太子伝ハ一向不レ用《イッカウモチヒズ》。其外《ソノホカ》太子ノ伝記許多有《アマタアリ》ト雖《イヘ》ドモ、多ク仏者ノ手ニ成《ナリ》タル書《シヨ》ナレバ総《スベ》テ用ヒザルナリ。

このような傾向は、聖徳太子に関する近代歴史学の最初の研究であると思われる、久米邦武《くめくにたけ》氏によって書かれた『上宮太子実録《じようぐうたいしじつろく》』にも、はっきり受け継がれるのである。

上宮太子の聖徳は古今に高けれども、上宮の周囲には妄誕《まうたん》の雲蔽《おほ》へり。真《まこと》の太子を瞻望《せんばう》するものありや。是余《これよ》の此書《このしよ》を撰《せん》するの已《や》むを得ざる所なり。河瀬秀治《かはせしうぢ》君上宮教会《じやうぐうけうくわい》を始め、今茲《ことし》太子の憲法制定千三百年の紀念《きねん》として、太子の一代記を作らんと、其稿《そのかう》を余に託せらる。余は個人の伝を好まず。太子伝の如く其人を誤り易《やす》きを以《もつ》てなり。其然《それしか》り、故に太子伝の改撰には其責を辞する得ざるものあり。憶《おも》ふに、太子の実蹟は二三《にさん》の古書に尽せり。但妄誕《ただしまうたん》の度《かぎり》如何《いか》んを知らず。太子伝暦《たいしでんりやく》なるものあるを聞くも未だ見ず。因《より》て君に請《こひ》て其書を一覧し妄誕の大成は是なるを知れり。是《ここ》に於て爬羅剔抉《はらてきけつ》し実を摭《ひろ》ひ華《くわ》を去り、年紀、地理、物理、法理《はふり》、教理《けうり》、政理《せいり》、財理《ざいり》等、すべて社会自然の準率《じゆんりつ》に縄《ただ》し、五たび稿を改むるに従ひ、似而非《にてひ》の嘘誕《きよたん》は雲の如くに消え、太子の真相は蓮岳《れんがく》の如く、儼然《げんぜん》として眼前にあるを覚ふ。太子の言に世間《せけん》虚仮《こけ》惟仏《ゆゐぶつ》是真《ぜしん》と、此書も亦虚仮《こけ》を弁じて其真《そのまこと》を存ず。名《なづ》けて上宮太子実録といふ。若し猶虚仮《なほこけ》あらば、識者《しきしや》幸《ねがふ》に之《これ》を正せ。

これは明治三十六年に書かれた久米邦武氏の著書の序文であるが、この言葉にあらわれた気魄《きはく》はたいへんなものである。

聖徳太子について永い間、真理がおおわれていた。この真理をおおっている最たるものは『聖徳《しようとく》太子伝暦《たいしでんりやく》』である。この『伝暦』こそ太子に関する妄誕《もうたん》の大成であり、永らく太子の実像をおおっていた暗い雲である。今この暗い雲をとりのぞき、太子に関する真理をあらわにせんとするのである。

この抱負たるや、まことにあっぱれであり、自信たるや、まことに壮とすべきである。おそらくこの自信は、永い間、闇におおわれていた聖徳太子に、今やはじめて近代史学の光をあてることができたという、氏の自覚ゆえであろう。

久米氏は史料を甲《こう》、乙《おつ》、丙《へい》の三種に分け、甲を確実として、その一を「法隆寺東壇仏《とうだんぶつ》の銘《めい》」、その二を「伊予国《いよのくに》湯岡《ゆおか》の碑《ひ》」、その三を「中宮寺《ちゅうぐうじ》繍帳《しゅうちょう》（天寿国繍帳《てんじゅこくしゅうちょう》）」、その四を「法隆寺中壇仏《ちゅうだんぶつ》の銘」とし、一と二は太子の生前に書かれたもの、三と四は太子薨去《こうきょ》のころに書かれたものとした。また「十七条憲法」はこの甲種に属するものとした。

また乙種、半確実なものを優等、平等、劣等に分かち、優等を『上宮聖徳法王帝説《じょうぐうしょうとくほうおうていせつ》』とし、平等を『日本書紀』とし、劣等を『上宮聖徳太子伝補闕記《ほけつき》』、『法隆寺資財帳《しざいちょう》』、『大安寺《だいあんじ》資財帳』などとした。

丙種、不確実なものとして、『聖徳太子伝暦』、『扶桑略記《ふそうりゃっき》』、『元亨釈書《げんこうしゃくしょ》』、『神皇正統記《じんのうしょうとうき》』、『大日本史』などをあげた。

これは、太子に関する史料の文献批判として最初のものであり、以後、多くの太子研究はこの久米邦武氏の研究の方向にそっている。ただ、久米邦武氏に確実とされた史料にも、後の学者は多くの疑問を見いだした。彼が、確実のうちの確実の史料とした一および四、とくに一は、福山敏男《ふくやまとしお》氏などによって疑われ、今は、それを当時のものと考えない学者も多い。また二の「伊予国湯岡の碑」についても、三の「中宮寺繍帳」と同様に、当時のものかどうか疑う学者も多い。また津田左右吉《つだそうきち》氏は、「十七条憲法」もはたして太子の作かどうかを疑った。したがって、比較的確実と思われる史料は、乙種の『上宮聖徳法王帝説』と『日本書紀』のみということになるが、それも多くの妄誕を含んでいることを、久米氏自身が指摘している。

その後、久米氏のころはまだ知られなかった『元興寺縁起《がんごうじえんぎ》』、とくにその中に書かれた「塔の露盤《ろばん》の銘」が、少なくとも乙種の平等以上の有効な史料として登場してきたが、久米氏の史料選択説を採用したら、太子に関する史料たるや、はなはだとぼしい。

この著書で久米氏は、太子をおおっていた妄誕は「雲の如くに消え」、太子の真相は「儼然《げんぜん》として眼前にあるを覚ふ」というが、氏の書物を読むかぎり、妄誕は「雲の如く消え」たとしても、太子の真相は、「眼前にあるを覚ふ」とは思われないのである。氏は『伝暦』ばかりか、『日本書紀』の記載をも徹底的に疑う。その出生に関する話、その死亡に関する話、片岡山の話、それらは、仏典ばかりか、『日本書紀』編纂《へんさん》のころ、すでに中国へ入っていたと思われるネストリウス派（キリスト教の一派、景教《けいきょう》）の聖書によったと思われるふしがあることを論証したばかりではなく、たとえば、太子の物《ものの》部守屋《べのもりや》討伐の話などにも、多くの妄誕の筆が入っていることを指摘している。

こういうきびしい文献批判によって、久米氏は新しい太子伝をこしらえたわけであるが、その新しい太子伝の太子像がどうもはっきりしない。つまり、久米氏は太子をめぐる妄誕の厚い雲をはらったが、太子の真相をあらわすことはできなかったと私は思う。

ところで、久米氏によって端を発した、この近代文献史学は、たしかに太子に関しての闇をはらったが、そこでまったく問われない、あるいはその問いすらまったく思いつかれない重要な問いが残されていたのである。それは、なぜ太子に関してのみ、『日本書紀』においてすらかくも妄誕の虚説が多く、その妄誕が『太子伝暦』という書物にかくもみごとに体系化され、その『伝暦』が永い間、太子理解の聖書になったかということである。この書物において久米氏は、いかに『伝暦』は妄誕であるか、そしてこの妄誕は古く『日本書紀』にまでさかのぼるということを明らかにしたが、どうしてそのような妄誕が生じたかは、ほとんど氏の問うところではない。もしこの理由を問えば、それは僧が太子を偶像化せんとしたためだと久米氏は答えるであろう。しかし、それだけで正史『日本書紀』における釈迦伝、キリスト伝をつかってまでの太子伝の潤色は、十分よく説明されるであろうか。

久米氏の立場は啓蒙《けいもう》主義の立場である。啓蒙主義は、古い伝承が虚妄であることを批判するが、その虚妄がいかにして成立し、それが歴史的にどういう意味をもっていたかを、まったくといっていいほど問おうとしない。『旧約聖書』に関しても、啓蒙主義的文献学者はその内容の虚妄を批判したが、その後の考古学的発掘などは、いったん妄誕とされた話が実際の出来事であったことを証明している。十九世紀の実証主義的な文献歴史学にたいし、二十世紀の歴史学が、考古学などの助けを借りた伝承の再発見であったとすれば、聖徳太子の場合においても当然、このような一見、虚妄にみえる伝承がいかに生じ、いかなる歴史的意味をもつかを再検討する必要があろう。

光と闇の矛盾の中にこそ太子の実像が

『伝暦《でんりやく》』は、たしかに久米氏のいうような虚妄な話を多く集めているが、それはやはり、太子および太子一家についてのひとつの見地によって書かれていて、このような見地によって、妄誕な話が集められ、つくられているのである。それは、ただ太子崇拝、太子の偶像化という理由だけでは説明できない。この『太子伝暦』は、太子一生の事績を一年ごとに書いたものであるが、近代人の伝記のように、太子が死んだ時点で伝記は終わらない。そうではなく、太子死後二十二年めに起こった太子一族の虐殺と、次に起こったという一族の昇天の悲劇で、話を終えるのである。久米氏が妄誕と批判する『伝暦』の太子に関する話は、すべてそのような視点から集められているのである。

たとえば太子三歳のとき、天皇に桃花《とうか》と松葉《しょうよう》のいずれが好きかと問われて、桃花は一時の栄え、松葉は万年の寿木《じゅもく》、それで松葉を愛すと太子は答えたと記されているが、ここでも、後の太子一族の悲惨な運命が暗示されていると思う。太子一族は桃花のような一時の栄華に遇《あ》うことはできなかったが、太子の令名は松葉のごとく万年の末に伝えられたのである。

また太子四歳のときに兄弟喧嘩《げんか》をしていて、父・用明帝《ようめいてい》が近づくと、他の兄弟はみな逃げたのに、太子のみは上半身裸になって座っていた。どうして逃げないのかと用明帝が問うと、太子は「橋を立てて天に昇《のぼ》るをえず、穴を穿《うが》ちて地に隠るるをえず」といったという。それも、太子死後二十二年めの、山背大兄皇子《やましろのおおえのおうじ》をはじめとする太子一族の虐殺の運命を暗示しているのである。太子の子孫たちはこのとき、太子が父にいったことと同じ感想をもったと思われる。

また、敏達帝《びだってい》が死んで父・用明帝が即位したとき、太子は用明帝に、あなたの命は短いので前帝の葬儀をやめて政務につとめなさいといい、父はまた太子に、私は命が短いことを嘆かない、子孫の不幸な運命を見ることがないであろうから、と答えたと記されているのも、この一家断絶の話を暗示しているのである。そしてまた太子が、生前自分の墓をつくり、あそこを切れ、ここを切れ、子孫の後を絶つべきだといったと記されているのも、同じような運命の暗示である。

いってみれば、『聖徳太子伝暦』はすべて、太子の一家を断絶した悲劇の一家とみて、その成仏《じょうぶつ》を祈るという見地で書かれているのである。そしてこのような『伝暦』が『絵伝』になり、後世の太子理解の基本になったことは明らかである。それによって太子の霊をなぐさめようとしているのである。いわば『伝暦』は、一つの宗教的目的をもって書かれたのである。この書に多くの妄誕があることはもちろんであるが、この太子および太子一家を見る見地には、『日本書紀』における太子を見る見地と共通なものがある。としたら、この見地そのものの歴史的意味について、深い省察が必要であろう。

久米氏をはじめとする啓蒙的な文献歴史学者は、『伝暦』などの話を妄誕としてしりぞけるに急で、このような妄誕の意味について、十分なる省察を欠いていたのである。一口でいえば、『伝暦』などは、太子一家をつつんだ暗い運命から、太子の人生を理解したわけであるが、近代的実証的歴史家たちは、この太子をつつんでいる妄誕の雲をおいはらうとともに、この太子をつつんでいる暗い運命をも見落としてしまったのである。

以後の多くの聖徳太子伝は、久米氏と同じく、あるいは久米氏以上のきびしい文献批判の精神にたち、『伝暦』などを一笑に付し、それを無視して太子を理解し、太子伝をつくりだしたが、そこでの太子伝には、あのかつての太子伝がもっていたような暗い影は、きれいにぬぐい去られているのである。そして、そこからでてくる太子像は、日本の仏教の創始者であるとともに、日本国家の建設者としてもっぱら多くの栄光に輝く太子像なのである。曰《いわ》く、日本の国威発揚者としての太子、曰く、日本の律令体制の建設者としての太子、曰く、日本仏教の創始者としての太子。太子は、多くの輝かしい栄光につつまれていて、その栄光に匹敵《ひってき》する人は、永い日本の歴史を通じて、誰一人なかったのである。

しかし、もし『日本書紀』が語るように、皇極《こうぎょく》二(六四三)年の太子一家の虐殺が真実の事件であるとすれば、この太子をつつむ大いなる栄光と、太子の一家をおそった大いなる不幸とは、どのように関係するのか。もし仏教の説く因果応報《いんがおうほう》が歴史の摂理《せつり》であり、善なる行為の因が善なる果をよび、悪なる行為の因が悪なる果をよぶとしたら、このことはどう説明されるのか。一見して、太子一家をおそった不幸は、太子の栄光に満ちた事績と無関係どころか、まったく相反するものであるかにみえる。もしも太子がすぐれた徳の持ち主であるならば、太子一家には、当然、幸運がおとずれてこなければならぬ。太子一家が前代未聞の悲劇的運命にあったとすれば、はたして太子の行動は善であったのであろうか。

　こういう問いが、まさに当時のインテリ、とくに仏教側のインテリの最大の問いであった。そのジレンマを解くために、先ほどの太子伝がつくられたともいえるが、もしも『伝暦』などの太子伝にたいして、この一家断絶という悲劇的な歴史の終末のみを見て、それに合わせて、太子の一生を虚構したという批判が下されるとしたら、明治以後の実証的な歴史学者の太子伝にたいして、実証にのみ目がくらみ、太子およびその一家をおそった、この世にも残酷な悲劇的運命をまったく見落としたという批判が下さるべきであろうと思う。

　もとより親と子は別である。死後、二十二年めに太子一家をおそった運命は、太子の責任であるより、太子の後継者、とくに山背大兄皇子の責任であるといわれるかもしれない。たしかに現代人の考え方によればそうであるが、しかし氏族制度の時代である。親と子の運命は一体の時代である。太子が、わが子、わが孫、わが一族の繁栄を願わないはずはない。太子の意志に反して悲劇は起こり、しかもその悲劇の責任の一端は、太子そのものが負わねばならないのである。

『日本書紀』は、斑鳩寺《いかるがでら》すなわち再建前の法隆寺で官軍に囲まれた山背皇子は、一戦を交えたいと願う将軍のすすめに、「吾《われ》、兵《いくさ》を起《おこ》して入鹿《いるか》を伐たば、其の勝たむこと定《うつむな》し。然るに一つの身の故に由りて、百姓《おほみたから》を残《やぶ》り害《そこな》はむことを欲《ほ》りせじ。是を以《もち》て、吾が一つの身をば、入鹿に賜《たま》ふ」といって、「子弟《うから》や妃妾《みめ》と一時《もろとも》に」首をつって死んだという。明らかに山背皇子たちを悲劇的な死に追いやったものは、父・聖徳太子から受け継いだ仏教の慈悲の思想なのである。そのことにおいても、また他のことにおいても、子孫の恐るべき悲劇の責任の一端は、聖徳太子自身が負わねばならない。

明治以後の聖徳太子を尊崇する人たちの多くは、この太子一家をおそった不幸をまったく考えないか、それとも浅く考え、太子および太子の思想とはほとんど関係のないこととしている。しかし、はたしてその二つはまったく関係のないことなのであろうか。たとえ多くの妄誕な話を加えたにせよ、太子を理解する視点として、『伝暦』などの伝統的太子伝の理解の方向と、明治以後の太子伝の理解の方向とは、どちらが正しい理解の方向であろうか。もし私が太子ならば、私の死後起こった一家断絶の事実にたいして口をつぐんで、私を天才、超人、聖人とほめてくれたとしても、ちっともありがたくない。それより、この不幸の事実をひとつの予定された運命のごとく語り、わが不幸をいたわってくれる人をこそ、わが理解者と思うであろう。太子の一生を語ろうとするとき、どうしても、太子の死後に起こったこの途方もない悲劇を無視することはできない。

太子をとり囲む明るい光と、同じく太子をとり囲む暗い闇と、このコントラストのはなはだしい光と闇を見ることなくして太子を語ることはできないが、この大いなる闇については、すでに亀井勝一郎《かめいかついちろう》氏によって語られたことであり、この線にそって上原和《うえはらかず》氏もまた最近、太子伝を書いた（亀井勝一郎『上代思想家の悲劇――聖徳太子』、上原和『斑鳩の白い道のうえに』）。太子を見ようとするとき、このような極端な光と影の矛盾――そのような矛盾は、太子自身の内面の矛盾とつながりがあろう――に注目し、その矛盾の意味を深く考察しなければなるまい。

これは多くの近代的な解釈が見失った視点であるが、それだけでは十分ではない。歴史的実在としての聖徳太子を新しい光の中で見直すには、どうしたらよいか。これはむずかしい問題である。私も永い間、そのような視点が見つからないので困っていた。しかし今、ふとしたことからこの視点が見つかり、今まではなはだぼんやりしていた太子の像が、おぼろげながら見えはじめてきた。

東アジア世界と太子の位置

それは一口でいえば、一つには聖徳太子という人間を世界の中で、主として東アジア全体の歴史の中で考えていこうとする視点である。今まで聖徳太子は、主として『日本書紀』を中心に考えられてきた。そして『日本書紀』の記述も、久米氏がいうように、必ずしも信をおきがたいとすれば、太子に関する史料は、はなはだとぼしいといわねばならぬ。日本の国内においてのみ太子を見るかぎり、太子論にこれ以上の発展はありえない。

しかし目を大きく世界に開こう。中国と朝鮮、とくに中国には、代々の王朝の歴史を書いた二十四史という正史があるばかりか、他にもこの時代の歴史を記した多くの書物がある。『隋書《ずいしょ》』には、聖徳太子と思われる倭国《わのくに》の王が登場してくる。また朝鮮の歴史書として、十二、十三世紀の編集にかかるが、『三国史記《さんごくしき》』とか『三国遺事《いじ》』とかの歴史書がある。二十四史の『梁書《りようしょ》』や『魏書《ぎしょ》』や『隋書』などによって、その時代の中国の歴史の動きを知り、その「東夷伝《とういでん》」によって中国と東アジア諸国との関係を知り、『三国史記』や『三国遺事』によって朝鮮三国の対外関係を知る。そのような外国の文献によって明らかになる国際関係の中で、聖徳太子の事績を見てゆく。今までの内からの認識にたいして、外から光をあてる、このような認識の方法によって、聖徳太子という、このきわめて国際的な人間の事績が明らかにならないであろうか。

つまりこの時代の日本は、もっとも国際交渉のはげしかった時代である。時あたかも数世紀ぶりに、中国において、南北を統一した巨大な隋帝国が出現して、隣国はこの隋帝国の侵略に戦々兢《せんせんきょうきょう》々としていたころであり、朝鮮半島には、高句麗《こうくり》、百済《くだら》、新羅《しらぎ》が鼎立《ていりつ》し、互いに軍事および外交においてしのぎをけずっているという状況であった。変動の時代を迎えて、東アジア世界は、大いなる緊張につつまれていたが、太子はいち早くこの情勢を敏感にとらえ、外国人を太子のプライベート・ティーチャーとしたのである。

太子は高句麗の慧慈《えじ》に内 教《ほとけのみのり》（仏教）を学び、百済の覚哿《かくか》に外典《とつふみ》（儒教）を学んだという。つまり太子の師は、主に外国人である。こういうことは、太子以前にはほとんどなく、太子以後にもほとんどない。以前といえば、わずかに応神《おうじん》天皇の皇子の菟道稚 郎 子《うじのわきいらつこ》が王仁《わに》と阿直伎《あちき》に学び、以後といえば、終戦後、明仁《あきひと》皇太子がアメリカのバイニング夫人に学んだことを思い出すくらいで、はなはだ珍しいことである。ただ菟道稚郎子の場合は、師の王仁や阿直伎は帰化人であり、明仁皇太子の場合も、マッカーサーによる日本占領という事実を考えなければなるまい。そう考えると、外人教師二人、しかも国籍のちがう外人二人を皇太子の師とするという時代が、いかにインターナショナルな時代であり、太子が、このような教育の中でいかにインターナショナルな人間になったかは明らかであろう。こうした太子の思想と行動を、インターナショナルな世界の中で理解する必要があるが、従来この点はおろそかにされたと思う。

インターナショナルな立場で、とくに朝鮮史との関係で当時の日本を見る書として、今西龍《いまにしりゅう》氏の一連の著作がある。氏は次のようにいう。

日本書紀の記事は研究すれば研究する程、貴重の古伝説・古記録に依つたものであることが知られる。但《ただ》し年代を誤まつた点や、配列を錯誤《さくご》した点はある。日本書紀が日本国民の宝典である

> のみならず、世界の宝典であるといふ事を他日書いてみたいと思うて居る。日本書紀の記事は三国史記や三国遺事の記事と参照して研究してゆけば、如何に其の正確なものがあるかゞ知られる。（中略）三国史記や遺事で書紀の記事を証《あきらかに》し、書紀で史記を証するのは一寸《ちよつと》見ると誤つた論法の様に思はれるが、書紀と史記との場合は左様でない。両者は其間《そのかん》に何等《なんら》の交渉もなく関係もなく撰《あ》まれたものであるから、同様の記事が双方に見えたる時は、斯《かか》る古い伝説なり古い記録なりが双方に伝はつたものと見てよいので、其の確実性を増すのである。ツマリ双方の申し立ての合ふ事が双方の正しい事を証する事になるのである。たゞ注意すべきことは、書紀でも史記でも夫れに記載されてある事は、重大史実の僅《わづ》かに一小部分中の更に一小部分にすぎない。彼《ひ》に記《しる》せられて此《し》に記してない重大史実が幾多あるのは勿論《もちろん》であるから、かゝる史実を此の故を以て疑ふ事は申すまでもなく非である。（『百済史研究』）

今西氏の方法は『三国史記』や『三国遺事』との連関において『日本書紀』を考え、それによって、『日本書紀』に記載された事実のより深い意味を探ろうとするのであるが、この方法に私は賛成である。

今西氏のいうように、『日本書紀』はたんに日本史のみならず、世界史、とくに東アジアの歴史を研究するのに欠くべからざる貴重な史料である。もしそれが中国側、朝鮮側の史料と一致すれば、そこに記載された事件は事実と考えなければならない。しかもその記述は、氷山の一角である。その氷山の下には、実際に起こった多くの重要な事実が隠されているのである。その氷山の一角を探ることによって、氷山の下に存在している重要な事実を推察する。そのようなことは、彼我《ひが》の史料の対比によってはじめて可能であろう。

たしかに『三国史記』は、中国側の史書によってつくられた部分が多くあるが、中国側の史書は、その他にも朝鮮三国や倭《わ》、すなわち日本についてもしばしば語っている。この中国の史書のとくに「東《とう》夷伝《いでん》」を徹底的に理解し、その四国と中国との間の関係、あるいは四国の相互関係についてよく理解した上で、『日本書紀』を読み直すことが必要である。この際、「東夷伝」だけでは十分ではない。三国および倭に関係する記事は「帝紀《ていき》」(「本紀《ほんぎ》」)にもあり、またそれに関係するものは「列伝《れつでん》」にもあり、また三国の仏教に関する記述は「高僧伝《こうそうでん》」などにもある。それらの一つ一つの記事をていねいに読み、東アジア諸国の政治的文化的関係についてよく知る必要がある。

これが、私が光を外からあてるということであるが、この方法によって、まだ日本古代史において解かれるべき問題は多いと思う。

この、東アジア世界から日本の歴史を見るという史観は、戦後の日本の学界において、ようやく採用されはじめようとしている。江上波夫《えがみなみお》氏の騎馬民族征服説など、その先駆的な仕事というべきものであり、新しい視野を開いたものとして、その方法論的意味は高く評価されるべきものであろう。また金達寿《キムダルス》氏による、日本に残存する朝鮮文化の跡の指摘も、このような史観の延長線上にたつ成果であろう。

今、私は聖徳太子について、この方法によって明らかにしてゆこう。十分によく明らかにすることができるという自信はないが、とにかくそれを試みてみよう。この方法はすでに多くの人によって思いつかれていることである。しかしそれにもかかわらず、この方法をつかっての画期的な聖徳太子にたいする研究ができないのは、ひとつの偏見にわれわれがとらえられているからであると思う。

必要な政治、経済、文化の総合的考察

それは近代史学の方法の問題とつながる。近代史学においては、政治史、経済史、文化史、宗教史など、その分野が分かれている。そして学問がすすめばすすむほど、専門に分化する。そして政治史の専門家は政治以外のことは勉強せず、経済史の専門家は経済以外に関心を示さず、文化史の研究家は文化以外はつまらないことだと思っている。ところが現実の世界はそのように分化しているわけではなく、世界は一体として存在している。

中国の史書では、まず「本紀《ほんぎ》」があり、そこでは世界の中心にいる皇帝の事績が書かれ、それに年表や部分史である「志《し》」が加わり、それに「列伝《れつでん》」がつく。つまり世界は皇帝を中心に一つの統一をつくっていて、あらゆる事件がその世界の中で意味をもつのである。

『日本書紀』にしても、文化に関する記載があるが、別に文化史として独立しているわけではない。やはりひとつの政治的世界の一事件として記載されているのである。

たとえばわれわれは、先述の慧慈《えじ》や覚哿《かくか》の話をひとつの文化の話として読むのである。なるほど太子に仏教を教えたのは慧慈であり、儒教を教えたのは覚哿であると。たしかにそうであるが、太子はたんなる学者ではない。同時に、いやそれ以上に太子は政治家であり、天皇のかわりに政治の実権をにぎる摂政なのである。太子が慧慈には仏教しか、覚哿には儒教しか学ばなかったと思ったら、それは大間違いであろう。彼らは、それぞれ外国から来たばかりで、国際情勢にもよく通じていたにちがいない。太子が彼らから外国の情報をとり入れ、それを政治の参考にしなかったとは考えられないのである。

また彼らは、それぞれ国命によって日本に派遣された使節なのである。そうでなかったら、どうしてはるばる海を渡って、日本に来られよう。百済《くだら》のほうはすでに継体《けいたい》天皇のときから日本に五経博士《ごきょうのはかせ》を送っており、それがある年期で交替するのが習わしであった。この定期的な文化使節の派遣はもともと領土の代償として与えられたものであった。慧慈《えじ》も帰化したようにみえるが、後に帰ったところをみると、やはり国王の命で日本に来たことは明らかである。国王の命であるとすれば、政治的意味があったと考えなければならない。

こういう彼らが、太子の国際情勢の下問《かもん》にたいして、まったく第三者的な答えをすることができたとは思われない。少なくとも自国に不利な政策を、太子に開陳したとは思われないのである。いってみれば、彼らは僧の仮面をかぶった外交官であったと思う。もちろんそのことを十分知って、太子は彼らをつかっているのである。太子が高句麗《こうくり》と百済の二人の師をかかえて側に置いていたのも、外交的配慮からであろう。両方から情報をとって、けっして一方の利益になるようなことはしない、そういう配慮が太子にあったのではないかと私は思う。

そうみると、われわれは文化移入とか僧の渡来という問題を、あらためて見直さねばならない。今までのように、これらをすべて文化的な事件で政治とは何の関係ももたないと考えるのは、近代ヨーロッパの学問の分類法にまどわされた見方といわなければならない。

私は最近、三度目の中国訪問をしたが、現代の中国においてはいかなる事件も政治的事件であり、政治的事件ではない事件というものはありえない。学術交換もスポーツの交流もすべて政治的事件であり、政治的意味をもつか、あるいは政治的意味づけによって行われる。それは社会主義国家が成立してからのことではあるまい。中国はずっと昔から、このような政治偏重の国であった。わずかに魏《ぎ》、晋《しん》から北朝にかけての時代（三—六世紀）は、そういう政治偏重の思想にたいする否定の動きが出現した時代であるが、それとても中国人の政治優位の考え方を変えるまでにいたっていない。中国がそういう考え方であるならば、東アジア世界全体がそういう考え方であったとみなければならない。日本は島国で、こういう国々と比べると、政治的には無知で、非政治的考え方も通用する状況にあった。日本においては、純粋に文化の移入という考えもありうるかもしれないが、文化を輸出する外国のほうでは、それがはたして何の政治的意味ももたない行為であったかどうか。とすれば、従来、たんに仏教伝来とか、慧慈が来たとか、覚哿が来たとか、黄金三百両をもって来たとかいわれる事実が何を意味するか、深い省察が必要であろう。

以上のように私は、聖徳太子の事績を東アジア全体の関係において見ることと同時に、政治や経済や文化を一体として考察すること、こういう二つの視点をとり入れることにより、今まで明らかにならなかった聖徳太子の姿が、ある程度明らかになると思う。この二つの視点は、一つは地域的な総合観、一つは分野的な総合観の上にたつものであるが、いずれも総合という点において、はなはだ哲学的な見方といわねばならないであろう。

第一章　仏教伝来の意味するもの

仏教伝来は五五二年

私が子どものころ、日本史を学んだとき、仏教は百済《くだら》から一二一二《イチニイチニ》と日本にやって来たと習った。一二一二年というのは、当時の日本の歴史教育は日本紀元によっていたためで、西暦紀元ではそれから六六〇年引いた五五二年となる。

五五二年は欽明《きんめい》天皇十三年であるが、『日本書紀』を読むと、

（欽明十三年）冬十月《ふゆかむなづき》に、百済の聖明王《せいめいわう》、西部姫氏達率怒唎斯致契《せいほうきしだちそちぬりしちけいら》等を遣《まだ》して、釈迦仏《しゃかほとけ》の金銅《かねの》像一躯《みかたひとはしら》・幡蓋《はたきぬがさ》若干《そこら》・経論《きやうろん》若干巻《そこらのまき》を献《たてまつ》る。

とある。これが正史の伝える仏教伝来の年であるが、これにたいして古くから異説がある。『元興寺《がんごうじ》伽藍縁起《がらんえんぎ》并《ならびに》流記資財帳《るきしざいちょう》』では、

大倭《やまと》の国の仏法《ほとけのみのり》は、斯帰嶋《しきしま》の宮に天《あめ》の下治《しら》しめしし天国案春岐広庭天皇《あめくにおしはるきひろにはのすめらみこと》（欽明）の御世《みよ》、蘇我大臣稲目宿禰《そがのおほおみいなめのすくね》の仕へ奉《たてまつ》る時、天の下治しめす七年歳次戊午《ななとせさいじっちのえうま》十二月《しはす》、度《わた》り来たるより創《はじ》まれり。

とあり、また『上宮聖徳法王帝説《じょうぐうしょうとくほうおうていせつ》』には、

志癸嶋天皇《しきしまのすめらみこと》（欽明）の御世、戊午年十月十二日《つちのえうまのとしのかむなづきのとをかあまりふつかのひ》に、百斉（済）の国主《こにきし》・明王《みやうわう》（聖明王）、始めて仏像《ほとけのみかた》、経教并僧等《つねのみのりまたほふしなど》を度《わた》し奉りき。勅《みことのり》して蘇我稲目宿禰大臣《そがのいなめのすくねのおほおみ》に授けて、興《お》隆《こ》さしめたまひき。

とある。

つまり三者とも、仏教伝来を欽明天皇の御世におき、それを伝来したのは百済の聖明王《せいめいおう》であることにおいて一致するが、その年月において多少の違いがある。『元興寺縁起』および『法王帝説』は欽明天皇の戊午《つちのえうま》の年をとるが、欽明天皇の御世には戊午の年はないのである。『元興寺縁起』は欽明天皇七年を戊午の年とするが、実は丙寅《ひのえとら》の年であり、戊午の年ではない。もし当時の戊午の年を探せば、宣化《せんか》三（五三八）年ということになる。この点すでに『元興寺縁起』も『法王帝説』も年月の点において、重大な矛盾をはらんでいるといえるが、この『縁起』では、推古《すいこ》天皇二十一（六一三）年に聖徳太子が推古天皇の生誕百年を記念して、元興寺の本縁《ほんえん》および天皇や臣らの発願《ほつがん》を記したことになっている。ところがここにも年数の間違いがある。推古二十一年に推古天皇は六十歳であり、百歳ではない。また月日についても、『日本書紀』は十月、『法王帝説』は十月十二日とするが、『元興寺縁起』は十二月とする。

こうしてみると、古くから仏教伝来の年月日については異説があったと思われる。この『元興寺縁起』に載せる元興寺の「塔の露盤の銘《ろばんのめい》」には、

大和国《やまとのくに》の天皇《すめらみこと》、斯帰斯麻《しきしま》の宮に天の下治《しら》しめしし、名は阿米久爾意斯波羅岐比里爾波《あめくにおしはらきひろには》の弥己《みこ》等《と》の世に仕へ奉りし巷宜《そが》の、名は伊那米《いなめ》の大臣《おほおみ》の時に、

といい、「丈六《じょうろく》の光背《こうはい》の銘」には、

天皇、名は広庭《ひろには》、斯帰斯麻の宮に在《ましま》しし時、

といい、ただ欽明天皇のときのことであるというのみで、それが何年にあたるか、はっきり語っていない。

とすれば、『日本書紀』は何によって欽明十三年とし、『元興寺縁起』や『法王帝説』は何によって戊午の年といったのか、そしていったいどちらが正しいのであろうか。戊午の年のほうが南都《なんと》の寺に伝わる伝承のように思われるが、いちがいにそうとは考えられない。なぜなら有名な東大寺《とうだいじ》の大仏開《だいぶつかい》眼《げん》は、天平勝宝《てんぴょうしょうほう》四（七五二）年に行われ、それは仏教伝来二百年記念の年に合わせて行われたものであると考えられるからである。

仏教伝来の年は欽明十三年、五五二年か、宣化三年、五三八年か。

おもしろいことには、これについてすでに平安朝のはじめに論戦があった。しかも論戦の一方は比《ひ》叡山延暦寺《えいざんえんりゃくじ》を開いた最澄《さいちょう》で、もう一方は南都仏教の大ボス、大僧都《だいそうず》・護命《ごみょう》である。当時、最澄は大《だい》乗戒壇《じょうかいだん》の設立をめぐって南都の仏教を相手に必死の論戦を挑んでいた。その護命が多少不用意に「志《し》貴嶋《きしま》の宮に御宇《あめのしたしらしめ》しし天皇の歳《ほし》は戊午《つちのえうま》に次《やど》るに、百済王、仏法《ほとけのみのり》を渡し奉る」といったのをとらえて、「天皇の即位元年は庚申《かのえさる》なり。御宇して正に三十二《みそぢあまりふたとせ》歳を経《ふ》る。謹みて歳の次る暦《こよみ》を按《あん》ずるに、都《すべ》て戊午の年なし。元興の縁起は戊午の歳を取る。已《すで》に実録に乖《そむ》く」と批判している。最澄は、はなはだ明晰《めいせき》な頭脳をもった人である。ここで護命の言葉の根拠となる『元興寺縁起』そのものの誤謬《ごびゅう》を指摘し、南都仏教全体に大きな疑問符を投げつけようとするのである。最澄の反論はまことに筋が通っている。そしてそれ以来、仏教伝来は欽明十三年、五五二年であるという説が、一部南都の僧たちを除いては定説になったといってよい。

ところが妙なことには、近世の歴史学、文献考証を重んじる歴史学は、南都に伝わる説を再興し、今は仏教伝来の年を五五二年ではなくして、むしろ五三八年としているのである。『元興寺縁起』の、欽明七年戊午の年の伝来を主張するには、『日本書紀』の紀年に何らかの誤りがあったと考えなければならない。最初、仏教伝来の年が戊午の年であることを主張した平子《ひらご》鐸嶺《たくれい》氏は、「継体紀《けいたいき》」に錯綜《さくそう》ありとしたが、喜田貞吉《きたさだきち》氏は、『法王帝説』に欽明帝の御世を四十一年とすることから、継体死後、欽明が即位したが、それを認めない勢力が安閑《あんかん》、宣化を擁立《ようりつ》したという、二朝並立説をとなえた。この二朝並立説は林屋《はやしや》辰三郎《たつさぶろう》氏によってくわしく考証されたが、欽明帝が継体帝の死後すぐ即位したとすれば、戊午の年は欽明七年となり、『元興寺縁起』の記事は生きてくる。その点この説ははなはだ合理的にみえるが、私は、欽明帝の即位が継体帝の死後ただちにあったとする二朝並立説は、はなはだ可能性が高い仮説であるとしても、なお仏教の伝来を戊午の年にするのは疑わしいと思う。

一つには、もともと『元興寺縁起』の年号の記載にあやしいところがあるからである。これは推古二十一年に太子によって書かれた文章ということになっているが、そうではあるまい。文中に引く「塔の露盤の銘」や「丈六の光背の銘」と言葉の表記法がちがう。「露盤の銘」は、孝徳帝《こうとくてい》の年に書かれたといわれるので、本文はもっと新しいと考えねばならぬであろう。推古二十一年は、推古天皇生誕百年にあたらない。これは明らかに間違いであるが、これを辻善之助《つじぜんのすけ》氏などは「一百」の意味を「若干」ととることによって合理化しようとするが、それはこじつけというものであろう。『元興寺縁起』が『日本書紀』より確実な史料であるとはいえない。

私が仏教伝来の年を、五三八年より五五二年と考えるのは、歴史というものを全体として考えるからである。仏教伝来を五三八年においたら、その事件は当時の百済および日本の歴史的状況と調和しないからである。

『三国史記《さんごくしき》』を見ると、五三八年は百済が都を熊津《ゆうしん》から泗沘《しひ》に遷《うつ》したときである。もともと聖明王《せいめいおう》は仏教の信者であったが、彼の仏教熱は泗沘遷都《せんと》以後はげしくなった。彼は中大通六《ちゅうたいつう》(五三四)年と大同七《だいどう》(五四二)年に梁《りょう》に使者を送って、この地の産物を献上し、合わせて『涅槃経《ねはんぎょう》』などの経義、毛詩博士《もうしのはかせ》ならびに工匠《こうしょう》、画師などを求めている。梁の武帝《ぶてい》が、この重ねての願いに応じてそれらを与えたのは、大同七年のことであろう。梁は新羅《しらぎ》へも太清《たいせい》三(五四九)年に舎利《しゃり》を送って来て、これが新羅の仏教熱を大いに高めるにいたったことを『三国遺事《さんごくいじ》』は語っている。

『日本書紀』によれば、日本に仏教をもって来たのは達率《だちそち》の怒唎斯致契《ぬりしちけい》らである。達率は百済の第二の官位であり、今の大臣クラスといってよかろう。百済からの使者は何度も日本に来ているが、ふつうは奈率《なそち》、第六番めの位の人であり、まれに徳率《とくそち》、第四番めの位の人があるが、達率は異例である。よほどこの仏教伝来に百済は力を入れていたのであろう。

熊津から泗沘への遷都に忙しい戊午の年、五三八年に、こういうことを行うことはありえないと思う。まだこのときは仏教熱はさほどでもなく、日本との関係もあまり密接ではないのである。また迎えるほうの日本でも、もし二朝並立という事実があるとすれば、そういう時期は新しい宗教を迎えるには不安定な時期である。まだそのとき、大伴金村《おおとものかなむら》は権力の地位にあったはずである。とすれば、どうして仏教崇拝の是非について彼の意見が求められないのか。

「欽明紀《きんめいき》」の対外関係の記事は、主に「百済本記《くだらほんき》」によっている。仏教伝来のこの記事も、この「百済本記」によるか、それとも、それを参照したものであることはまちがいなかろう。人によれば、たとえば太子の死の記事について、『日本書紀』より『元興寺縁起』や『法王帝説』のほうが正確であるという理由により、仏教伝来に関するこの記事も信用できないとするが、こういう見解はなりたたないと思う。

この「欽明紀」の対百済関係の記事は、全体として大きな歴史の流れを記載している。こういう大きな歴史の流れの中に、この仏教伝来という事実が位置しているのである。その一つの事実を単独にとりだして、それを前の時代におくと、すべてが狂ってしまうのである。そういう見方は、ただ文献にのみとらわれて、歴史を生きた全体として考えることを忘れた見方であろう。

百済が梁に請求したものを見ると、それは日本が百済に請求し、やがて日本に伝来するものばかりである。百済はここでひとつの文化の中継ぎをしているのである。もとより日本に来た仏教は、百済が梁からもって来た仏教そのままであったわけではなかろうが、この場合、できるだけ新しい中国文化の香りをたたえているものであったほうが、日本においていっそう喜ばれることになったと思う。

私は仏教伝来を五三八年におくことは、聖明王の仏教崇拝の経過および梁仏教の移入の具合からみても早すぎると思う。それにもっと決定的なことは、このような論者たちが仏教を政治と離して考え、この仏教伝来をひとつの文化的事件とのみ考えていることである。後に述べるように仏教伝来は、けっしてたんなる文化的事件ではなく、同時に政治的事件でもあったのである。

政治的事件としての仏教伝来

百済《くだら》の聖明王《せいめいおう》が、この仏教伝来をいかに重んじていたかは、大臣クラスの達率《だちそち》の怒唎斯致契《ぬりしちけい》を派遣したことによってもわかる。そして、この事件の政治的意味は、欽明《きんめい》十三（五五二）年十月という時期におかないと、よく理解されないのである。この時期におかないと、『三国史記《さんごくしき》』や『日本書紀』に書かれる、あの危急のときにおけるこの歴史的事件の意味が、まるで理解できなくなると思う。

歴史は全体として理解されなくてはならない。仏教伝来をこの時期におき、その政治的意味を考えないと、後にでてくる国内および国外のさまざまな事件、聖徳太子に関する事件も、まったくというほど理解できないと思う。仏教伝来をただ文献的考証によって、戊午《つちのえうま》の年におくのは、木を見て森を見ない歴史観である。戊午の年は何か蘇我《そが》氏にとって決定的な年、たとえば稲目《いなめ》が蘇我氏としてははじめて大臣《おおおみ》になった年か、あるいは蘇我氏がはじめて仏像を崇拝した年を示すのではないかと思われる。

ところでこのとき、使者がもって来たものは、『書紀』には「釈迦仏《しやかほとけ》の金銅像《かねのみかたひとはしら》一軀・幡蓋《はたきぬがさ》若干《そこら》・経論若干巻《きやうろんそこらのまき》」とあるが、『元興寺縁起《がんごうじえんぎ》』には「太子の像并《なら》びに灌仏《くわんぶつ》の器一具《うつはひとそなへ》、及び仏起《ほとけのおこり》を説ける書巻一篋《ひとはこ》」とあり、『法王帝説《ほうおうていせつ》』には「仏像《ほとけのみかた》、経教并僧等《つねのみのりまたほふしなど》」とある。この仏像というのは、あの仏教排斥のとき、難波《なにわ》の海に流されたものであろうが、『書紀』にははっきり「釈迦仏」とあるのに、『縁起』に「太子の像」とあるのは、弥勒《みろく》像を意味するのであろうか。また『書紀』に「幡蓋若干」とあるのに、「灌仏の器一具」とあるのは、どちらが正しいであろうか。経典も『書紀』に「経論若干」とあるのに、「仏起を説ける書巻一篋」とあるのも、どちらが正しいであろうか。この点は『縁起』のほうが具体的であり、正しいとも思われるが、そういちがいに決められない。なお『帝説』の、僧が来たというのは、『日本書紀』において欽明十五年に、「五経博士《ごきやうのはかせ》王柳貴《わうりうくゐ》を、固徳馬丁安《ことくめちやうあん》に代《か》ふ。僧曇慧等《ほふしどむゑら》九人《ここのたり》を、僧道深等《ほふしだうじむら》七人《ななたり》に代ふ」という記事によっても確認できる。仏像とともに九人もの僧が来朝したのであろう。

ここで大きな問題は、なぜ百済がこのときに、わが国に仏教を伝来させたかという理由である。もちろんそれは仏教がすぐれた教えであり、そのすぐれた教えを、仏教の熱烈なる信者であった聖明王が異国にも広めたいと思ったからであろう。

『日本書紀』によれば、聖明王は別に表《ふみ》をつけて、次のように仏教の功徳《くどく》を述べたという。

「是の法《みのり》は諸《もろもろ》の法の中《うち》に、最《もと》も殊勝《すぐ》れています。解《さと》り難く入り難し。周公《しうこう》・孔子《こうし》も、尚《なほ》し知りたまふこと能《あた》はず。此の法は能《よ》く量《はかり》も無く辺《かぎり》も無き、福徳果報《いきほひむくい》を生《な》し、乃至《すなは》ち無上《すぐ》れたる菩提《ぼだい》を成弁《な》す。譬《たと》へば人の、随意宝《こころのままなるたから》を懐《いだ》きて、用《す》べき所に逐《したが》ひて、尽《ことごとく》に情《こころ》の依《まま》なるが如く、此の妙法《たへなるみのり》の宝も然《しか》なり。祈り願ふこと情《こころ》の依《まま》にして、乏《とも》しき所無し。且《かつ》夫れ遠くは天竺《てんぢく》より、爰《ここ》に三韓《みつのからくに》に洎《いた》るまでに、教《みのり》に依《したが》ひ奉《う》け持《たも》ちて、尊び敬はずといふこと無し。是に由りて、百済の王臣明《こきしやつかれめい》、謹《つつし》みて陪臣《はべるまへつきみ》怒唎斯致契《ぬりしちけい》を遣《まだ》して、帝国《みかど》に伝へ奉りて、畿内《うちつくに》に流通《あまねは》さむ。仏の、我が法《みのり》は東《ひむがし》に流《つたは》らむ、と記《のたま》へるを果すなり」

この仏教の功徳の記事は、『縁起』の場合はずっと簡単になっている。「当《まさ》に聞く、仏法《ほとけのみのり》は既にこれ世間無上の法、その国も亦修行すべきなり」。また「塔の露盤《ろばん》の銘《めい》」には「万法《よろづのみのり》の中《うち》、仏法最《もと》も上《じやう》なり」とあり、「丈六《じようろく》の光背《こうはい》の銘」には「謂《い》はゆる仏法は既にこれ世間無上の法なり。天皇《すめらみこと》も亦修行すべし」とある。これらのほうがはるかに簡単であり、こちらのほうが事実の正確な情報で、『日本書紀』のほうはそれを潤色したのかもしれない。

この『日本書紀』のうち「且夫れ」以前の文章は、『金光明最勝王経《こんこうみようさいしようおうきよう》』の「如来寿量品《によらいじゆりようほん》」と「四天王護国品《してんのうごこくほん》」から少し語句を変えてとられていることは、すでに飯田武郷《いいだたけさと》、藤井顕孝《ふじいあきたか》氏らの指摘するところである。しかもこの『金光明最勝王経』は唐の則天武后《そくてんぶこう》の長安三年に訳されたものであり、長安三年はわが国では文武《もんむ》天皇の大宝《たいほう》三（七〇三）年にあたる。とすれば、欽明天皇のとき百済から来た使者がそういう文章を提出するはずはなく、この部分は、『日本書紀』のこの巻の執筆者の作文にすぎないということになる。たしかにそうであるが、私は『書紀』のいうとおり、聖明王が仏教を持参したときおそらく表《ふみ》がついていて、そこには四六駢儷体《しろくべんれいたい》の堂々たる文章が書かれていたと思う。しかしその文章はなくなったので、『書紀』執筆者は、それを『最勝王経』の文章によって再現したのであろう。まずそれを一つの作文とみて、『書紀』の記事と『元興寺縁起』などで語られる記事との共通な点を探れば、二つの点に整理できる。

一つは、仏法が世界最上の法であるということであり、また一つは、それはインドから三韓《さんかん》まであまねく流布《るふ》していることである。この二つの理由から、この国の天皇も修行すべしということになる。

わが国は、アジアの東端に位置する島国である。したがって海外文化の移入も困難であり、文化は後進性をまぬがれない。しかしこの島国は、昔から海の向こうの文化に強い関心をもっていた。海の向こうには高い文明がある。そして文明は船に乗ってこの国にやって来る。今新しい宗教がやって来たのである。そして海外の文明国はすべてこの宗教を信じているというのである。日本人にとって、ひとつの思想がすぐれているということと、それが海外の文明国で流行しているということとは、ほとんど同じ意味である。

『書紀』の言葉を借りれば、天竺《てんじく》から三韓におよぶまで法に依って奉持し、尊敬せざるはなしというが、まさにこれこそ六世紀半ばのアジアの文化的状況であったのである。もう一世紀前にはそのようなことはいえず、また一世紀後にもそのようなことはいえない。そのようなことをいえるのにもっともよい時期が、この六世紀の半ば、いってみれば日本に仏教が伝来したのは、仏教がアジア的世界においてもっともさかんであったときである。とくに仏教文化の影響を比較的遅く受けた朝鮮半島は、まさに仏教熱に燃えていた時代であった。その熱烈な信仰が、今やこの極東の島国にまでいたったのである。

仏教の誕生と中国における展開

仏教が日本にいたるまでに、実に千年以上の歴史があるのである。仏教は、紀元前五世紀ごろにガンジス川の流域地方で新しい倫理を説いた釈迦の思想に端を発する。

もともとインドは、外来のアーリア人が、以前からこの地にいたドラビダ族を征服してつくった国である。アーリア人は、自らの支配を恒久化するためにカースト制をしき、人間をバラモン（司祭）、クシャトリア（王侯・武士）、バイシャ（庶民）、シュードラ（隷属民）の四姓に分けた。しかも各階級にもまた多くの差別があり、その差別は厳然として侵すべからざるものであった。そしてこの差別をバラモン教は教義化していたわけである。

ところが釈迦のころにインド社会に変動があり、階級的締めつけが弱まり、正統バラモン教を否定する多くの自由思想家がでてきた。クシャトリア階級の出身である釈迦もそういう自由思想家の一人で、彼は多くの精神的苦悩、あるいは肉体的な苦行の後にひとつの悟《さと》りに達した。それは、人生は苦に満ちているが、その苦の原因は欲愛にあり、欲愛を断てば必然的にその結果である苦も断ち切ることができ、人間は涅槃《ねはん》という静かな悟りの境地に入るというのである。そして釈迦は、このような悟りはいかなる人間も得られるはずで、したがって四姓はまったく平等であると説いた。もちろんこれは、正統バラモン教にとっては四姓の差別を否定する恐るべき異端の説であるが、釈迦は主としてクシャトリア出身の王などに多くの信者を得たのである。

しかし仏教がインド全体に広まったのは、紀元前三世紀の半ばにインドを支配したアショカ王の武力によらねばならない。釈迦と同じくインドの東北部の出身であるアショカ王は、それまで多くの国に分かれていたインドを征服し、巨大な帝国をつくったが、その帝国の宗教として釈迦のはじめた仏教を採用したのである。これによって仏教は、インドの中央高原から南部、そして東北部まで広まり、その後、仏教の内部でいろいろな部派が興って、十八部とか二十部とか数えられるようになったが、紀元一世紀ごろに大乗《だいじょう》仏教なるものが興るや、仏教界の状況も大きく変わらざるをえなかった。

大乗仏教は、部派仏教が主として僧のためのもの、出家者のためのものであり、そしてそれが煩瑣《はんさ》なスコラ的教義哲学に陥っていると批判し、釈迦仏教の原点にもどり、僧俗の区別なく悩める人間のために身命《しんみょう》を惜しまず挺身《ていしん》する菩薩行《ぼさつぎょう》の仏教こそ、真の仏教であるとしたのである。したがって、原始仏教がきびしく否定した欲愛を、否定するばかりでは十分ではなく、肯定にも否定にもとらわれない自由な空《くう》の境地にたつことこそ、真の悟りの道であるとしたのである。

しかもこの大乗仏教は、強引にも釈迦の名において新しい経典をつくりだし、これこそ釈迦の説いた真の教えを書いた聖典であるとしたのである。大乗仏教によって最初つくられたのは、『般若経《はんにゃぎょう》』、『華厳経《けごんきょう》』、『法華経《ほけきょう》』および浄土《じょうど》関係の経典であるが、この後も大乗仏教は続々と経典をつくってゆく。しかもおもしろいことには、経典がつくられた後に必ずその註釈書《ちゅうしゃくしょ》があらわれる。この註釈書を「論」という。二—三世紀ごろに出現した龍樹《りゅうじゅ》は、主として『般若経』を中心に多くの論をつくり、巨大な大乗仏教の教学体系をつくりあげたのである。

このような大乗仏教の興隆にたいして、もちろん旧派の仏教すなわち小乗《しょうじょう》仏教は、はげしく反撃

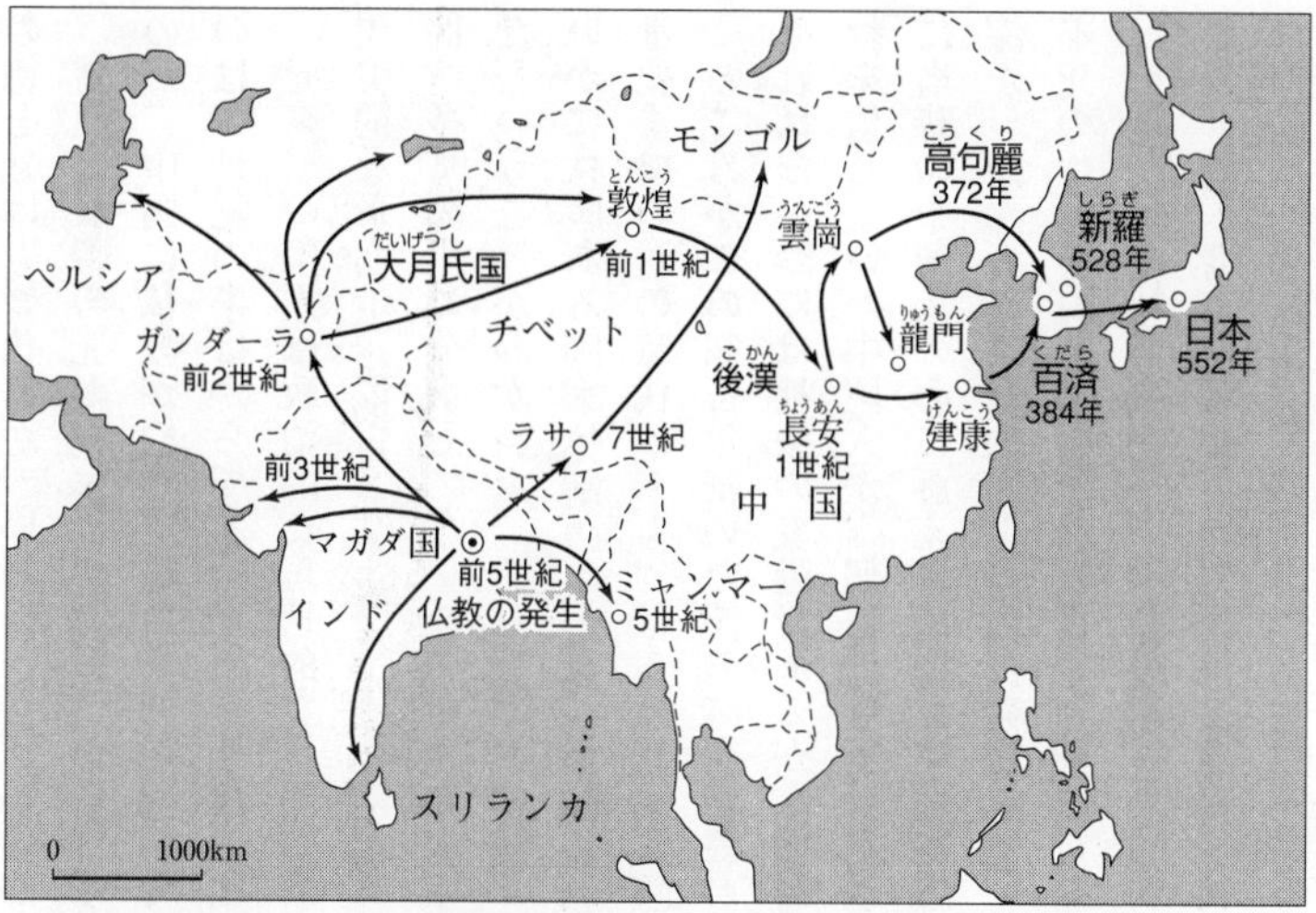

仏教は、１万キロの道のりを約千年かかって、日本に伝来した。

し、インドは大乗、小乗仏教の思想的角逐《かくちく》の場となったが、両派ともその思想を海外にまで広め、ついに仏教はヒマラヤ山脈を越えて中央アジアに広まったのである。

もともと仏教は、はなはだ合理的な考え方をもち、偶像の崇拝を禁止するものであった。それゆえ釈迦の死後、釈迦崇拝が興ったが、その場合も釈迦の像をつくらず、わずかに足石でもって釈迦の存在をあらわすにすぎなかった。しかし当然、一つの宗教はその創始者の崇拝につながるが、釈迦崇拝は、釈迦の骨の崇拝、舎利《しゃり》の崇拝として行われたのである。そしてアショカ王が仏教を国教としたとき、彼は自らの権力の誇示を含めて、仏教の威厳を示すために塔を建てた。

この舎利と塔の崇拝に加えて、仏教は西北インドにおいてギリシア文化と接触して、彫像を製作し、ついに釈迦の像がつくられ、それが崇拝されるようになったのである。しかもこの動きは大乗仏教の動きとつながり、釈迦前世《ぜんせ》の仏とか、釈迦の徳を分けもつ仏とか、いろいろな仏の像がつくられるにいたったのである。

前漢《ぜんかん》の哀帝《あいてい》の元寿《げんじゅ》元年、紀元前二年に、大月氏《だいげっし》国の王の使が長安《ちょうあん》に来て、経典を口授《くじゅ》したというのが、中国に仏教がやって来た最初の記録であるが、これは外国人の話で、中国人の仏教信者がでたのは一世紀の半ばからであり、漢訳仏典の出版は二世紀の後半からである。

元来、中国人は政治的な現世的な民族である。中国人のインテリは、インド人のような瞑想《めいそう》的、非現実的な形而上学的《けいじじょうがくてき》思弁を好まない。とくに漢の時代は、一口にいって政治の時代であった。永い間、多くの国に分裂して争いを続けた中国が一つに統一されて、その統一を維持するには思想が必要だということがわかった。そして国家を統一する思想としては、人間の社会的な道徳を説き、人間がいかに秩序ある国家体制の中で生きてゆくかを教える儒教《じゅきょう》がいちばんよい。紀元前二世紀から後二世紀までの漢の時代は、もっぱら政治的価値の優先した時代、儒教の時代である。

ところがこの四百年続いた漢の時代が終わると(二二〇年)、また再び群雄割拠の時代がはじまる。それはひとつには社会の変動であるが、同時に価値の変動でもある。あの社会的価値の絶対を説く儒教を信じていた中国人が、個人の価値に目ざめてきたのである。老荘《ろうそう》思想が儒教とともに、儒教以上に当時の中国人の心に訴えはじめたのである。しかし老荘思想は、インテリにとってははなはだ興味深かったかもしれないが、一般民衆にとっては親しめるものではなかった。一般民衆は現世の幸福と不死の生命を説く道教《どうきょう》を信じたが、老荘思想は道教と結びつき、魏《ぎ》(二二〇—二六五)、晋《しん》(二六五—三一六)の時代の中国を風靡《ふうび》したのである。

この魏、晋の時代は、まだ中国は漢民族によって支配されていたが、やがて中国はアジアの北部から侵入した異民族、胡族《こぞく》の支配するところとなり、中国の北半分には胡族による国家が次々とうまれ、いわゆる五胡十六国《ごこじゅうろっこく》の時代（三一六―四三九）を迎える。漢民族は、今までの政治的な中心地であった黄河《こうが》流域を捨てて、揚子江《ようすこう》流域に移住し、そこに漢民族の国家を建設したのである。それがいわゆる南北朝の時代（四二〇―五八九）であるが、仏教はこの南北朝の時代に中国へ広まったのである。

中国における仏教の普及を考えるとき、無視することのできないのは、何といっても鳩摩羅什《くまらじゅう》である。彼はインド人の血を受けた中央アジアの亀茲《きじ》国の生まれ、四世紀の末、当時の長安を支配していた前秦《ぜんしん》の国王・苻堅《ふけん》によって中国へ招聘《しょうへい》されるが、途中乱によって国境にとどめられるうちに、前秦は滅び後秦《こうしん》の時代となる。後秦の姚興王《ようこうおう》も仏教の崇拝者で、彼を都に迎えて仏典の翻訳事業を行わせるのである。彼は閉じこめられているとき、ふとしたことで女戒《じょかい》を犯し、後秦においても、彼には優秀な子孫を残すために、王命によって多くの女性が与えられたという。したがってその仏教も現世否定的ではなく、現世肯定的であり、泥の中に美しい花を咲かせる蓮《はす》の花の譬喩《ひゆ》は、彼にとってははなはだ切実なる譬喩であったのである。

この鳩摩羅什のエネルギーはすさまじく、『般若《はんにゃ》』、『法華《ほっけ》』、『維摩《ゆいま》』、『阿弥陀《あみだ》』等の経を訳し、中国における大乗仏教の教学の基礎をつくったのである。鳩摩羅什の弟子は数多く、彼らは鳩摩羅什の熱烈なる仏教の理想を分かちもって、中国各地へ散らばっていった。仏教は中国の北西部、胡人《こじん》の国から広まっていったが、しかしたちまちのうちに全中国を支配し、五世紀の中国は、まさに異常なほど仏教の熱気でつつまれるようになる。翻訳事業は続けられ、『涅槃経《ねはんぎょう》』が五世紀のはじめ訳され、次いで『華厳経《けごんきょう》』が訳されるのである。こうして政治的に対立している北朝、南朝は仏教崇拝においてもしのぎをけずり、とくにめぼしい成果として北朝の北魏《ほくぎ》（三八六―五三四）の巨大な仏寺建造、南朝の梁《りょう》（五〇二―五五七）の深遠な仏教教学研究があげられる。

『洛陽伽藍記《らくようがらんき》』を見ると、北魏によって洛陽に建てられた当時の仏寺はたいへんすばらしいものであったことがわかるが、しかしこの伽藍は北魏の滅亡によって灰燼《かいじん》に帰し、今はかつての盛大の様を、大同《だいどう》の雲崗《うんこう》、洛陽の龍門《りゅうもん》の石仏によってわずかにしのぶことができるのみである。

しかしこのような巨大な寺院や仏像をつくる仏教も、漢人の文化の正統の後継者をもって任ずる南朝の帝《みかど》からみれば、笑うべき胡人の虚栄であったかもしれない。経典の研究が中国の文化の真髄であるとすれば、仏教の興隆も、寺院の建造より理論の追究、経典の研究においてこそ図られねばならぬ。梁はまさにこのような仏教文化の花が満開になった時代である。

梁の武帝——仏教国の誕生と崩壊

梁《りょう》の国の創設者・蕭衍《しょうえん》は、前代の、これまた宋《そう》を倒して国をつくった斉《せい》の太祖高帝《たいそこうてい》・蕭道成《しょうどうせい》の縁者であったが、彼は武将であるとともに、文学を好み、斉の武帝《ぶてい》の第二子・竟陵王蕭子良《きょうりょうおうしょうしりょう》の文学サロンに出入りし、一級の文人・沈約《しんやく》や任昉《にんぼう》などと親しくつき合い、竟陵の八友《はちゆう》の一人とされたのである。ところが、斉の武帝が死に、やがて明帝《めいてい》が即位するが、政治は不安定になり国は混乱に陥った。

かかる状況において、人望は蕭衍に集まり、ついに兵をあげて斉を滅ぼし、梁を興した。

これが梁の武帝であるが、このとき梁が興った天監《てんかん》元年は西暦五〇二年にあたる。時に武帝三十九歳であった。武帝はこれから太清《たいせい》三（五四九）年に八十六歳で死ぬまで、実に四十八年もの間、南朝の皇帝として中国に君臨したが、この武帝の死んだ太清三年には侯景《こうけい》の乱が起こり都は賊によって占領され、梁は事実上、武帝一代で滅んだのである。

永い中国の歴史において、王朝をつくった人間が同時に王朝を滅ぼした例は、武帝以外にはないといわれる。この点でも、武帝は歴史的にはなはだ特異な存在であるが、また中国の歴史において、武帝ほど評価の分かれる皇帝はない。武帝は歴代の中国の帝《みかど》のうちでもっとも熱烈な仏教の信者であった。仏教崇拝者にとっては、武帝は文字どおり菩薩《ぼさつ》皇帝であり、理想的な皇帝であった。

禅では、この梁の武帝と達磨《だるま》の問答を伝えている。達磨が梁へやって来た。武帝は達磨を手厚くもてなし、お前は何のために来たかと訊いたが、達磨は答えずに帰ったというのである。これはもちろん、後世の禅者のつくりごとである。達磨が梁に来たとしても、武帝と問答するはずはない。しかしここで武帝を登場させたのは、武帝を仏教崇拝の皇帝の代表と考えたからであろう。達磨が武帝の問いに答えずに去ったというのは、真の仏教は、武帝のやった経典の研究や寺院の建造にあるのではなく、おのれ自身が仏となることであるという禅の思想を達磨と武帝に託して語ろうとするものである。

この話は、中国において仏教崇拝の皇帝が考えられるとき、まず梁の武帝が思い出されることを示している。しかし一方、仏教を邪教と見て、中国の正教・儒教の立場を守ろうとする人からみれば、武帝こそまさに格好の反面教師であったのである。仏教を信仰すれば国が滅びる、武帝を見よ、武帝の存在こそ、この事実の証明ではないか、仏教の否定者が仏教の反社会性を批判するとき、梁の武帝がいつも引きあいに出されるのである。

しかし毀誉褒貶《きよほうへん》を超えて、梁の武帝はやはり偉大な皇帝であったと思われる。なぜなら彼が統治した六世紀前半の五十年間は珍しく永い平和が続き、南朝の文化は一つの頂点に達したからである。もしも漢《かん》の時代が政治的価値のみが優先した時代であるとすれば、南朝の時代は、政治的価値とともに、芸術的価値あるいは宗教的価値が大いに評価された時代であるといえる。そういう点で、漢の文化と南朝の文化は異質の文化であるが、中国の文化は、かかる時代をもつことによって、その内実を豊富にさせたと思う。次の隋《ずい》、唐《とう》の時代は、一面において政治の価値が再興した時代であるが、しかしこれは、その内面に文化的価値や宗教的価値を十分に評価するだけの豊かさをもっているのである。この南朝文化の頂点が、武帝の統治した六世紀前半の梁の文化であったといえる。

『梁書《りようしよ》』は、武帝の人柄について語るとき、まず異常な孝行の話について語る。彼は六歳にして母を失ったが、そのときに三日間水ものどを通らないほど泣き悲しんだという。また父が死んだとき、彼は荊州《けいしゆう》にいたが、知らせを聞き、寝食をとらず都に帰ったときは、やせ衰えて、何人《なんぴと》も彼であることがわからなかったという。帝位につくにおよんで、大愛敬寺《だいあいけいじ》などの寺をつくり、父母を供養し、しばしばそこへ参っては、さめざめと涙を流したという。『梁書』が、武帝の人柄を伝えるのにまずこのような話を選んだのは、やはり彼の人間としての本質が、このような話の中に隠されていると考えたゆえであろう。

これはたしかに儒教でいう孝行の話である。儒教でいちばん重要な徳は孝行である。親の死を悲しむことは立派なことであるが、武帝のこの悲しみはいささか異常である。しかし、昔から中国には、親の死を悲しむ孝行息子の話が多く、あるいはオーバーに悲しんで孝子の名を得ようとする偽善者もあったと思われるが、武帝のこの行為はきわめて自然の行為のように思われる。武帝の心の中には、生まれつきふつうの人より何倍かまさる量の涙の泉があったのであろう。それが彼に異常なる孝行を行わせるとともに、彼をして儒教的倫理の枠を超えて、仏教に傾倒させたもっとも大きな原因をつくったのではないかと思う。仁慈《じんじ》といおうか、儒教的な仁《じん》と仏教的な慈悲《じひ》とがミックスしたもの、そういうものを武帝は生まれつきそなえていた人のように思われる。

彼の生きた時代は、文学と仏教の栄えた時代であったが、また政治闘争時代であった。それは南朝の朝廷の平均五十年間という短い寿命にもあらわれているが、一王朝の中においても、絶えざる権力闘争があり、皇帝はおのれの位置を侵すおそれのある皇族や臣下を、容赦《ようしゃ》なく死に追いやり、また死の不安にさらされた皇族や臣下は、躊躇《ちゅうちょ》なく皇帝を暗殺した。斉の明帝《めいてい》は熱烈な仏教信者であったが、はなはだ猜疑心《さいぎしん》が強く、高帝の子孫を合わせて二十九人殺した。殺す前になると、仏前に香火《こうか》をたきさめざめと涙を流すので、臣下は殺人を予知することができたという（森三樹三郎《もりみきさぶろう》『梁の武帝』）。

梁の武帝の涙はこのような涙ではなかった。帝位に上った彼は、かつての宋、斉の場合のように、前代の皇族を皆殺しにすることはしなかった。また彼の一族や臣下にたいして彼はきわめて寛容であった。

こうした仁慈とならんで、彼をしてきわめて異色ある君主としたのは、彼の好学である。彼は朝早く、夜遅くまで皇帝として務めにはげんだが、つねに手に本を離さず、多くの著書を著わした。しかもその著作は儒教、玄学《げんがく》、仏教におよんだ。皇帝にして、かかる多方面にわたる多くの著書を残した人はいない。武帝の思想は、この時代の常として、儒教、玄学、仏教が究極において一致するという三教《さんぎょう》一致の教養主義的思想であり、当然、彼は文学を好んだが、彼の息子の蕭統昭明太子《しょうとうしょうめいたいし》は父の文学趣味を受け継ぎ、『文選《もんぜん》』をつくり、それが後々までも中国の文章の規範になった。

このように武帝は仁慈にして好学の皇帝であったが、仏教にたいする信仰は異常であり、その異常さは年ごとに高まっていった。

天監《てんかん》十六（五一七）年、帝は宗廟《そうびょう》の祀《まつ》りに犠牲《いけにえ》の獣を捧げるのをやめて、野菜や果物で代用せしめた。これはたいへんな宗教革命であると思う。中国では昔から天を祀るが、それには犠牲の獣を捧げる習わしであった。しかしそれを仏教精神によって否定し、犠牲の獣を野菜と果物に代えてしまったのだ。

そして大通元《たいつう》（五二七）年、彼は捨身《しゃしん》を行う。この捨身というのは、皇帝が寺に行き、そこで大会《だいえ》をし、捨身をして三宝の家奴《かど》になることをいうのである。つまり皇帝という尊い身を投げ捨てて寺院の奴隷になってしまうことを意味する。もちろんそのままにしておくことはできないので、文武百官は、大金をもって皇帝を買いもどしに行き、再び皇帝は即位の礼のごときものを行って皇帝に復帰するわけである。武帝が捨身を行ったのは、大通元年、中大通元《ちゅうたいつう》（五二九）年、中大同元《ちゅうたいどう》（五四六）年、太清元《たいせい》（五四七）年の四回で、そのたびごとに年号を変え、大赦《たいしゃ》を行っている。

武帝のもっとも重んじた仏典は『涅槃経《ねはんぎょう》』であるが、この『涅槃経』はふつう「常楽我浄《じょうらくがじょう》」の名でよばれる教義をもち、無常の人生の中にある永遠な仏性《ぶっしょう》を肯定するとともに、その仏性があらゆるものに宿るゆえ、慈悲を万物にそそぐべきであるとする考えが強い。大乗《だいじょう》仏教の慈悲思想、平等思想がもっともよくあらわれている経典の一つである。武帝のもって生まれた仁慈の性格が、このような仏教の教義に共鳴し、このような教義の仏教がまた武帝をしていささか異常な宗教的行動にかりたてたといってよかろう。

梁の武帝はこのような熱狂的な仏教信者であった。しかも梁と対立していた北朝の強大国・北魏が五三四年に滅び、東魏《とうぎ》と西魏《せいぎ》に分裂して以来、梁は中国に君臨するもっとも強大な国家となっていた。その強大な文明国の皇帝が、仏教のために尊い身を捨てたのである。世界の仏教徒は、それを大いなる感激をもって受けとったのは当然である。中国に朝貢《ちょうこう》し、中国の文明を慕う諸国が、どうしてそれを真似せずにいられようか。

当時、朝鮮半島は、北に高句麗《こうくり》が、現在の中国の東北部の遼東《りょうとう》地方から朝鮮半島北部にかけて広い土地を領有し、南には西に百済《くだら》、東に新羅《しらぎ》が対立し、三国は互いにしのぎをけずっていた。中国にもっとも近く、中国文化の影響を受けやすい高句麗に仏教が入ったのは、小獣林王《しょうじゅうりんおう》の二（三七二）年、前秦《ぜんしん》の苻堅《ふけん》が使者を遣《つか》わして、仏像と経典を贈ったときのことであるといわれる。百済に仏教が入ったのはそれより少し遅く、枕流王《ちんるおう》の元（三八四）年で、東晋《とうしん》から僧・摩羅難陀《まらなんだ》が来たときのことである。高句麗は北中国に地を接しているので、北朝との交流がはげしく、その仏教は北朝の影響を多く受けていたのにたいし、百済は南朝と好んで交流し、その仏教もまた南朝の影響を強く受けた。とくに五〇一年に即位した百済の武寧王《むねいおう》とその子、『三国史記《さんごくしき》』でいう聖王《せいおう》、『日本書紀』でいう聖《せい》明王《めいおう》は梁にしばしば使者を派遣して、仏教や僧侶を求めた。この聖王あるいは聖明王という名も、彼が仏教を信じたゆえであろうか。梁の仏教の興隆時代、五二三年に即位した彼が、梁の武帝と同じく、仏教の熱烈な信者になったのは当然であろう。

この仏教熱は、わが国と同じく文化的な後進国であった新羅にも移り、五一四年に即位した法興王《ほうこうおう》および五四〇年に即位した真興王《しんこうおう》は、ともに熱心な仏教信者であった。新羅に仏教が入ったのは、訥《とつ》祇王《ぎおう》（四一七―四五八）の時代といわれるが、公認されたのは法興王十五（五二八）年であった。『三国遺事』によれば、梁の太清《たいせい》三（五四九）年、梁の沈湖《しんこ》が舎利をもって来てから、新羅の仏教がとくにさかんになったという。

『日本書紀』の「天竺《てんぢく》より、爰《ここ》に三韓《みつのからくに》に洎《いた》るまでに、教《みのり》に依《したが》ひ奉《う》け持《たも》ちて、尊び敬はずといふこと無し」というこの言葉には、かかる永い歴史が含まれているのである。この法《みのり》は最勝の法であるとか、あるいは世界無上の法であるとかいうのは、かかる歴史的現実を反映した言葉であるが、当時の東アジアのインテリにとって仏教は、はなはだ普遍的で人類的な慈悲という高い理想と、深遠な哲学的思弁をもつ点において、儒教や老荘より、その教理においてはるかにまさっているように思われていた。

実をいえば、このとき仏教は、母国インドにおいてはすでに衰退の兆候があらわれており、中国においてもピークを過ぎた感じがなかったでもないが、まだこの極東の一隅では、この教えは十分に新鮮な魅力をもっていて、多くの人々の心を虜《とりこ》にしようとしていたのである。

仏教はかかる文化的背景をもって、日本に伝来されたのであり、仏教伝来がうんだ偉大なる菩薩太子《ぼさつたいし》といわれる聖徳太子をわれわれが考察するにあたっては、以上の背景を十分に理解しなくてはならないであろう。

この点については従来もしばしば論ぜられた。しかし従来ほとんど考察されなかった仏教伝来に関する他の側面がある。それは一口にいえば、仏教伝来の政治的意味である。

朝鮮半島の政治的状況と日本

われわれはかつて、仏教は一二一二年に日本にやって来たと習ったことは先にもふれた。西暦でいえば五五二年に仏教は日本に伝来した。同じように三世紀の後半、応神《おうじん》天皇の御世に、儒教は阿直伎《あちき》や王仁《わに》によって日本に伝えられた。また五一三年、継体《けいたい》天皇の御世には五経博士《ごきょうのはかせ》・段楊爾《だんように》がやって来た。以後のことをいえば、推古《すいこ》三（五九五）年には高句麗《こうくり》から慧慈《えじ》がやって来て、推古十三年には高句麗から黄金三百両がもたらされた。われわれは、こういう一連の事実を非人称か受身形で語り、あたかもそういうものが自然に日本にもたらされたかのごとく語る。

しかしそれらは、自然に日本にやって来るというようなものではない。ほうっておいて儒教や仏教が、五経博士や僧が、まして黄金三百両がやって来るわけではない。当時すぐれた学者が海を渡って日本に来るのは、けっして容易なことではなかった。海路の大きな苦難が予想される。そういう苦難をおしきって、それらの人や物が日本に伝来されたのは、送り手と受け手の意志がはたらいている証拠である。そしてこれは、個人の意志ではなく、国と国との意志である。

この『日本書紀』の記事には、百済《くだら》の聖明王《せいめいおう》が西部《せいほう》姫氏《きし》達率《だちそち》怒唎斯致契《ぬりしちけい》を遣わして、釈迦仏などを賜ったとある。おそらくこれは、「欽明紀《きんめいき》」の他の記事と同じように、「百済本記《くだらほんき》」によったのであろう。西部姫氏と書かれているのは、怒唎斯致契がちゃんとした氏の出であることを示し、その位は達《だち》率《そち》という百済で第二番めの高い位であることを示す。使者としての達率の派遣は、異例なことであり、この仏教伝来という事件が大きな政治的意味をもっていることを示している。

六世紀前半の朝鮮

いったいこの仏教伝来の政治的意味とは何であろう。百済は何のためにこのとき日本に、かくも重大な政治的意味をもっている仏教伝来を行ったのであろうか。これを理解するには、過去の文化移入の実例を考慮するとともに、当時の朝鮮半島の政治的状況を省察しなければならぬ。

漢《かん》の時代の朝鮮半島の中央には、武帝《ぶてい》によって建てられた漢の植民地、楽浪郡《らくろうぐん》、帯方郡《たいほうぐん》があったが、その南には三韓《さんかん》民族がおり、その北、遼東郡《りょうとうぐん》や玄《げん》菟郡《とぐん》の東には、高句麗があった。紀元三世紀から、いわゆる魏《ぎ》、晋《しん》のころになると、それらの漢民族の植民地は衰え、北から高句麗、南から三韓民族の圧迫を受けた。この三韓、つまり馬韓《ばかん》、弁韓《べんかん》、辰韓《しんかん》はそれぞれ多くの国に分かれていたが、馬韓から百済が、辰韓から新羅《しらぎ》がでて、それぞれその国を統一した。ついに三一三―一四年、南と北からの侵略にあって、楽浪、帯方郡は滅びた。

しかしその結果、百済は、南下しようとする高句麗の圧迫をもろに受けることになった。三六九年、高句麗の故国原王《ここくげんおう》は二万の兵をもって南下したが、百済の近肖古王《きんしょうこおう》はよく防ぎ、高句麗軍を破り、翌々年、高句麗に攻め入って高句麗王を殺すとともに、その翌年には東晋《とうしん》に使を遣わして朝貢し、鎮《ちん》東将軍領楽浪太守《とうしょうぐんれいらくろうたいしゅ》という称号を得た。これは、中国の正当政府である東晋から朝鮮の支配権を認めてもらい、国際的に優位な位置を得ようとするためであろう。仏教伝来は、その次の次の枕流王《ちんるおう》の元(三八四)年であり、こうした政治情勢の結果である。高句麗に仏教が伝わったのは三七二年、小獣《しょうじゅう》林王《りんおう》のときであり、このとき、前秦王《ぜんしんおう》が僧・順道《じゅんどう》を遣わして仏像と経典を贈ったというが、それも東晋と百済の結びつきにたいして、前秦と高句麗の結びつきを図るという政治的目的をもっていたのであろう。

この近肖古王の時代が百済のもっとも隆盛であった時代であり、だんだん高句麗の勢いが強くなって百済は圧迫を受けるが、百済は倭《わ》とよばれた日本の武力を借りて高句麗の侵略を撃退したらしい。「応神紀」の阿直伎や王仁が日本に来たという記事は、この時代、五世紀のはじめと考えられるが、とすれば日本の武力的援助の返礼という意味をもつものであろう。

高句麗は、五世紀のはじめ長寿王《ちょうじゅおう》という王が即位し、七十九年間にわたって統治し、国威を大いに発揚した。この高句麗に対抗するために、永い間、紛争を続けていた百済と新羅は、四三三年に和《わ》睦《ぼく》を結び、この和睦が実にこの時点、つまり百済の聖明王、新羅の真興王《しんこうおう》、倭の欽明天皇の時代まで続いたのである。しかしこの同盟にもかかわらず、百済の蓋鹵王《こうろおう》の四七五年、高句麗の長寿王は、兵三万を率いて百済の都・漢城《かんじょう》に攻め入り、都を落とし王を殺した。やむなく百済は、子の文周王《ぶんしゅうおう》をたてて、南の熊津《ゆうしん》に都を遷《うつ》した。この文周王から四代目にあたる王が、日本で生まれたという武寧王《むねいおう》で、この王は聡明《そうめい》にしてよく国を治め、百済中興の賢王とたたえられる。この武寧王の子が聖明王なのである。

武寧王は、外交手腕にたけていて、しばしば使を梁《りょう》に派遣して、使持節都督百済諸軍事寧東大将《しじせつととくくだらしょぐんじねいとうだいしょう》軍百済王《ぐんくだらおう》という称号を得るとともに、日本との親しい関係を利用し、日本が支配権をもっていた任那《みまな》の上哆唎《おこしたり》、下哆唎《あろしたり》、娑陀《さだ》、牟婁《むろ》の四県の土地を割譲させた。『日本書紀』によれば、これは継体天皇六年、百済の武寧王十二（五一二）年のことである。

百済のかつての都・漢城で取材中の著者（1979年12月）

今西龍《いまにしりゅう》説によれば、任那には二義があり、広義においては、朝鮮半島の南端、弁韓地方の多くの国を総称するものであるが、この地区には四世紀前半から日本の力がおよび、日本が政治的主権をもっている国があったという。しかし徐々に日本の軍事力が衰えるとともに、その国を保有することが困難になってきたので、しばしば兵を派遣したが、頽勢《たいせい》を挽回《ばんかい》することはできなかった。

任那を譲って文明移入

こういう情勢を察知したからであろう、継体《けいたい》天皇はこの四つの地方が百済《くだら》に近く、日本に遠いのを理由にして百済に譲った。この四つの県は今の全羅南道《ぜんらなんどう》の西半分を占める広大な、かつ重要な地域であると末松保和《すえまつやすかず》氏はいう（『任那興亡史《みまなこうぼうし》』）。

『日本書紀』はこのことを「（継体六年）冬十二月《しはす》に、百済、使を遣《まだ》して調貢《みつきたてまつ》る。別《こと》に表《ふみ》たてまつりて」と書くが、あの仏教伝来のときの書き方と同じである。このとき、多量の調《みつぎ》も朝廷に献上されたことはもちろんであり、それが領土割譲のお礼であったことはまちがいない。これについては、わが国でも異論があった。『日本書紀』は物部麁鹿火《もののべのあらかび》の妻をして反対意見を語らしめているが、たしかにこの外交交渉は、明らかに武寧王《むねいおう》の勝利であったと思う。その後、この外交の推進者であった大伴《おおともの》金村《かなむら》と、哆唎国守《たりのくにのみこともち》つまりこの植民地の執政官の穂積臣押山《ほずみのおみおしやま》が百済の賄賂《わいろ》を受けたという噂《うわさ》が流れたのも当然であろう。それが欽明《きんめい》朝における大伴金村の失脚の理由ともなっている。

ところがその次の年に、『日本書紀』は次のような記事を載せている。

七年の夏六月《みなづき》に、百済、姐弥文貴将軍《さみもんくゐしやうぐん》・州利即爾将軍《つりそにしやうぐん》を遣《まだ》して、穂積臣押山に副《そ》へて、五経《ごきやう》博士段楊爾《はかせだんやうに》を貢《たてまつ》る。別《こと》に奏《まう》して云《まう》さく、「伴跛国《はへのくに》、臣《やつこ》が国の己汶《こもん》の地《ところ》を略《かす》み奪ふ。伏して願はくは、天恩《みうつくしび》ありて判《ことわ》りたまひて本属《もとつくに》に還《かへ》したまへ」とまうす。

ここで「五経博士段楊爾を貢る」とある。人間を貢《みつ》ぎと見たわけである。

日本は文化的後進国であるが、それだけに熱烈に先進文化をとり入れようとしていたのである。応《おう》神《じん》天皇の御世の阿直伎《あちき》と王仁《わに》と、それらの子孫は日本に定住し、学問を伝えている。そして後にもまた何人かの学者が日本に帰化したであろう。そうしてそういう学者たちの子孫もまた学問でもって朝廷につかえた。しかし、そういう学者よりもっと新しい、もっと高い学識をもった学者が必要なのである。

五経博士《ごきょうのはかせ》の制度は漢の時代にはあったが、後には廃止されていたのを、梁《りょう》の武帝《ぶてい》が天監《てんかん》四（五〇五）年に復興したものである。段楊爾《だんように》は、その名からみても中国人であろうと思うが、梁から派遣されて来たものをとうぶんの間、日本に供したのであろう。とすれば、段楊爾が百済へ来たのはいつかということが問題となるが、その時代に百済が梁に使者を派遣したのは、武寧王の十二年、梁の武帝の天監十一（五一二）年のみである。段楊爾が日本に来たのは、その翌年、継体七（五一三）年のことである。もし段楊爾が武寧王十二年に百済の使に伴って来たものであるとすれば、段楊爾は百済へ来た翌年、日本に来たことになる。これは、武帝によって五経博士が新しく任命されてから実に九年めである。たとえ五経博士が梁の五経博士そのものでないとしても、その制度ができてからわずか九年で五経博士は日本に来たのである。

私はこの段楊爾という学者は、おそらく百済が梁から求めたばかりの学者ではないかと思う。とにかく彼は四つの県に匹敵する学者である。よほどの学者でなければ、とてもこのような交換は可能ではあるまい。もちろん彼は学力にすぐれていたにちがいないが、しかし肩書が必要である。文化学術の本家・梁から招聘《しょうへい》したばかりの、本国にもあまりいない五経博士といえば、日本はびっくりし、あの交換もけっして損ではないと思わせるだけの計算を、武寧王はしていると思う。

ここで私は、武寧王は文化の仲買い業をしているのだと思う。安く梁から文化を買い、高く日本に売りつける。これはまったく有利な取り引きだ。この取り引きに味をしめた百済王が、子の聖明王《せいめいおう》の代になって、梁にしきりに経典や学者を求めたのも十分うなずけるのである。

おそらく段楊爾は、日本において厚くもてなされ、大きな文化的役目を果たして三年後に百済に帰り、高安茂《こうあんも》と交替した。段楊爾がもし梁の人であるとすれば、彼は後に梁に帰ったであろうか。

このように五経博士は十年たらずで日本に来たのに、仏教のほうはなかなか日本にやって来ない。これは、日本の中に仏教にたいする抵抗力がかなり強いことを百済は知っていたからであろう。十分日本に受け入れ態勢がない以上、仏教移入をしたらかえって百済にとってマイナスにならないともかぎらないと思ったのであろう。

先の仏教伝来についての『日本書紀』の記事に「畿内《うちつくに》に流通《あまねは》さむ」という言葉があることに注意したい。畿内に流通せしむというのは、畿外にはすでに流通していたという意味とみてよいであろう。もちろん仏教は、すでにそうとう前から帰化人によって日本で崇拝されていたのであろう。それ以前のものであると思われる仏像が、対馬《つしま》などで多く発掘されている。こういう証拠をあげて、仏教伝来の五五二年という年にたいした意味を認めない人があるが、それではこの伝来に含まれている大事な政治的意味がまったく見失われるのである。

それはとにかく、百済がこのとき段楊爾とともにいってきた要求は、いささか厚かましすぎるように思われる。感謝の気持をこめた五経博士の派遣であるが、その上にまた伴跛国《はへのくに》の件についてもよろしく頼むという。

たしかにこの買い物は、日本にとって高い買い物であった。しかしおそらく日本は今、変貌《へんぼう》しようとしているのである。かつて朝鮮半島をその強大な力でもって蹂躙《じゅうりん》した、あの野蛮なる武人の国から、中国や三韓なみの文化をもった国に、日本は変貌をとげようとしていたのであろう。おそらく継体王朝の意志はそこにあり、そういう意志で五経博士とこの四つの県という異例の交換に応じたのであろう。そしてこの効果はすぐにあらわれるものではないが、徐々に以後の日本を変えてゆく原動力になったことはまちがいない。そして仏教伝来も、このような文化政策の線にそったものであった。

この取り引きは、一見日本の損である。そしてその損な取り引きは、その交渉の当事者の賄賂の噂さえうんで、大伴金村は失脚し、以後の大伴氏の政治的不運の原因にもなった。しかし、もし大伴金村をしていわしむれば、どっちみち任那《みまな》の支配は保ちがたい、とすればそれを譲って文化を移入し、日本を文明国にするという政策をとったほうがはるかに有利ではなかったかと弁明するであろう。この取り引きが、ほんとうに日本のために損であったか、それとも得であったか、いちがいには決められないと私は思う。

新羅の脅威と聖明王の一計

百済《くだら》は巧みな外交交渉によって、南朝から移入した文化を代償として、うまく日本の土地を割譲させたわけであるが、新羅《しらぎ》はそうはいかない。新羅は新興国家であり、国民はもっと素朴である上に、南朝との交渉が少なく、日本に与うべき文化もない。したがって、頼りにするのは武力のみである。しばしば新羅は任那《みまな》地方に侵攻し、ついに任那地方の最大の国・南加羅《ありひしのから》、「新羅本紀《しらぎほんぎ》」のいう金官《こんかん》国《こく》は独立を維持できなくなって、国をあげて新羅に投降した。「新羅本紀」には次のようにある。

（法興王《ほうこうおう》）十九（五三二）年、金官国主《こんくわんこくしゅ》・金仇亥《きんきうがい》、妃《きさき》および三子《さんし》、長《をさ》を曰はく奴宗《どそう》、仲を曰はく武徳《むとく》、季《すゑ》を曰はく武力とともに、国帑宝物《こくどほうもつ》をもちて来りて降《くだ》る。王、礼して之《これ》を待《あしら》ふ。位、上等を授け、本の国を以て食邑《しょくいふ》となす。子・武力、任へて角干《かくかん》に至る。

この角干《かくかん》というのは新羅の最高の官であり、このとき投降した国王・金仇亥《きんきゅうがい》の曾孫《そうそん》の金庾信《きんゆしん》が、統一新羅建国の英雄であり、庾信《ゆしん》の妹が太宗武烈王《たいそうぶれつおう》の妃となり、文武王《ぶんぶおう》を産んだ。この庾信の功績によって金官国の祖先の廟《びょう》が新羅の時代に建てられ、今に伝えられている。現在、釜山《ふざん》の近く金海《きんかい》に廟がある。この南加羅が狭義の任那であるが、狭義の任那はこの新羅の法興王十九年、百済の聖明王《せいめいおう》十年、西暦五三二年に、日本の手元を離れて新羅に帰したのである。そして喙己呑《とくことん》、卓淳《とくじゅん》も同年、同じ運命に陥った。もちろん広義の任那地方には、他に安羅《あら》、加羅《から》、卒麻《そちま》、散半奚《さんはんげ》などの小さな国は残っているが、やがて新羅の勢いに呑まれてしまうにちがいない。

この情勢に誰よりも不安を感じたのは、百済の聖明王である。もしも新羅がそれらの土地を併せたら、南部でも百済と直接国境を接し、やがて新羅は百済を侵略してくるにちがいない。こういう不安の中から聖明王は一計を案ずる。それは南加羅を奪われた日本の怒りを刺激し、日本に新羅を討たせようとする案である。

聖明王はしばしば日本に使を遣わし、任那復興を進言するとともに、安羅《あら》などの任那の国の旱岐《かんき》（国王）や、日本府の役人などを召して、一致して新羅にあたるようにすすめたが、任那諸国の旱岐および日本府の役人一同は消極的であった。

彼らには、もちろん百済王のずるい計画がまる見えなのである。聖明王の父・武寧王のときのあの四県割譲はまったくずるいやり方である。この百済のずるいやり方にたいする、安羅をはじめとする任那諸国の百済にたいする反感はひどく、日本府の役人も同じような気持であったらしい。

百済王には、この態度が新羅寄り、新羅とよしみを通じているように見えたのであろう。何度も諸国の旱岐や日本府の役人をよぼうとするが、彼らは容易にやって来ようとせず、やって来ても百済の言に従おうとしなかった。それで百済王は日本の朝廷に使をやり、新羅遠征、任那回復の軍を派遣すべきことを提言するとともに、日本府における反百済派の役人を中傷し、その罷免《ひめん》を要求してきた。

この聖明王の要求に、日本の天皇は任那回復には、新羅にとられた領地の回復とともに、百済に割譲した四県の返還が必要だと答えたが、聖明王のほうは後者についてはまったく答えず、日本に軍隊派遣の意志ありとして任那の旱岐や日本府の役人に、天皇の名で新羅征討の連合軍を組むことを要求したのである。聖明王には日本の軍事力への過大評価と日本の外交力への過小評価があったと思う。

しかしいかに国際外交を知らない田舎者といっても、一度騙《だま》されたからには、もうそうは容易に騙されるものではない。しかもとくに現地の日本の役人は、反百済の感情が強い。それで日本の朝廷は、あいまいな返事をして、この交渉を引きのばすことにした。しかし百済としては、一日も早く軍隊を派遣してもらいたい。そこで百済は毎年のように使を遣わし、多くの貢ぎ物を献上して日本の軍隊派遣を要求するが、日本もさるもの、貢ぎ物は納めていただいてしまうが、いっこうに兵を出そうとはしない。

（欽明六年／五四五）秋九月《ながづき》に、百済、中部護徳菩提《ちうほうことくぼだいら》等を遣《まだ》して、任那に使《つかひ》せしむ。呉《くれ》の財《たから》を日本《やまとの》府《みこともち》の臣《まへつきみ》及び諸《もろもろ》の旱岐《かんき》に贈ること、各《おのおの》差《しな》有り。

是の月に、百済、丈六《ぢやうろく》の仏像《ほとけのみかた》を造りまつる。願文《ことねがひのふみ》を製《つく》りて曰へらく、「蓋《けだ》し聞く、丈六の仏を造りたてまつる功徳《のりのわざ》甚大《おぎろ》なり。今敬ひて造りたてまつりぬ。此の功徳《のりのわざ》を以て、願はくは、天皇《すめらみこと》、勝善《すぐ》れたる徳《みいきほひ》を獲《え》たまひて、天皇の所用《しろし》めす、弥移居《みやけ》の国、倶《とも》に福祐《さいはひ》を蒙《かうぶ》らむ。又願はくは、普天《あめ》の下の一切衆生《しかしながらいけるもの》、皆解脱《やすらかなること》を蒙らむ。故《このゆゑ》に造りたてまつる」といへり。……

是年《ことし》、高麗《こま》大きに乱れて、誅殺《ころ》さるる者衆《おほ》し。百済本記に云はく、十二月《しはす》の甲午《きのえうまのひ》に、高麗国《こまのくに》の細群《さいぐん》と麁《そ》群《ぐん》と、宮門《みかど》に戦ふ。鼓を伐ちて戦闘《たたか》へり。細群敗れて兵《いくさ》を解かざること三日《みか》。尽《ことごとく》に細群の子孫《うみのこ》を捕へて誅《ころ》しつ。戊戌《つちのえいぬのひ》に、狛国《こまのくに》の香岡上王《ぬたのすおりこけみう》薨せぬといふ。

七（五四六）年の春正月《むつき》の甲辰《きのえたつ》の朔《ついたち》丙午《ひのえうまのひ》に、百済の使人《つかひ》中部《ちうほう》奈率《なそち》己連《これん》等《ら》罷《まか》り帰る。仍《よ》りて良馬七十四《よきうまななそぎ》・船一十《と》隻《ふな》を賜れり。

夏六月《みなづき》の壬申《みづのえさる》の朔《ついたち》癸未《みづのとのひつじのひ》に、百済、中部奈率掠葉礼《けいせふらい》等《ら》を遣して、調《みつき》献る。……

是歳《ことし》、高麗《こま》大きに乱る。凡《す》べて闘ひ死ぬる者二千余《ふたちたりあまり》。……

八年の夏四月《うづき》に、百済、前部徳率真慕宣文《ぜんほうとくそちしんもせんもん》・奈率奇麻《なそちがま》等《ら》を遣して、救《すくひ》の軍《いくさ》を乞ふ。仍りて下《か》部東城子言《ほうとうじやうしごん》を貢《たてまつ》りて、徳率汶休麻那《とくそちもんくまな》に代《か》ふ。

九年の春正月《むつき》の癸巳《みづのとのみ》の朔《ついたち》乙未《きのとのひつじのひ》に、百済の使人《つかひ》前部徳率真慕宣文《ぜんほうとくそちしんもせんもん》等《ら》、罷《まか》らむと請《まう》す。因りて詔《みことのり》して曰《のたま》はく、「乞《まう》す所の救の軍は、必ず当に救を遣すべし。速《すみやか》に王《きみ》に報《かへりこと》へ」とのたまふ。（『日本書紀』）

ここで王が死んだというのは、「高句麗本紀《こうくりほんぎ》」によれば、五四五年に安原王《あんげんおう》が死んだことを意味するのであろう。安原王の次にその子の陽原王《ようげんおう》が即位するが、その即位に関して『日本書紀』のいう、王位継承のために内乱があったのであろう。百済はこういう諸国の政治情勢に敏感であり、聖明王はこの機会に何とか兵をあげたいと考えたのであろう。もしあの伝説的な勇猛な軍隊・日本軍の力を借りることができたら……。

百済の思惑と日本の無関心

欽明《きんめい》九（五四八）年、三国間に若干のトラブルがあった。

（聖明王《せいめいおう》）二十六年春正月、高句麗王《かうくりわう》・平成《へいせい》（陽原王《ようげんおう》）、濊《わい》とともに謀《はか》りて、漢北《かんほく》の独山城《どくさんじやう》を攻む。王、使を遣はして新羅《しらぎ》に救ひを請ふ。羅王《らわう》、将軍・朱珍《しゆちん》に命じて、甲卒三千《かふそつさんぜん》を領《ひき》ゐて、之《これ》を発す。朱珍、日夜兼程《けんてい》して独山城の下に至り、麗兵《りへい》と一たび戦ひ、大いに之を破る。（「百済本紀《くだらほんぎ》」）

（陽原王《ようげんおう》）四年春正月、濊《わい》の兵、六千を以て百済の独山城を攻む。新羅の将軍・朱珍、来りて援《たす》く。故に克《か》たずして退《しりぞ》く。（「高句麗本紀《こうくりほんぎ》」）

（真興王《しんこうおう》）九年春二月、高句麗、穢人《わいじん》とともに百済の独山城を攻む。百済、救ひを請ふ。王、将軍・朱玲《しゆれい》を遣はし、勁卒《けいそつ》三千を領《ひき》ゐて之を撃つ。殺し、獲《とら》ふこと甚だ衆《おほ》し。（「新羅本紀《しらぎほんぎ》」）

こういう三つの「本紀」を念頭におきながら、「八年の夏四月《うづき》に、百済、前部徳率真慕宣文《ぜんほうとくそちしんもせんもん》・奈率《なそち》奇麻《がま》等を遣して、救《すくひ》の軍《いくさ》を乞ふ」という『日本書紀』の文を読むと、この意味がよくわかる。「百済本紀」、「高句麗本紀」は、この戦いがはじまったときを正月としている。おそらく正月に戦いがはじまったのであろう。また三書とも高句麗が攻めたとしているのでそれにちがいないが、王が代わったばかり、内乱のほとぼりがさめないときに、高句麗がはたして積極的に百済に戦争をしかけようとする意志をもっていたかどうか疑問である。

欽明八年の百済の援軍要求は、高句麗遠征の軍の要求であったと思う。ここで百済の使が、前部徳率真慕宣文と奈率奇麻であったことに注意してほしい。今までの使は奈率、つまり百済の六等官以下であるが、この場合は徳率、すなわち四等官である。この要求に朝廷は人質をとろうとしたのであろう。朝廷は以前からいた徳率の汶休麻那《もんくまな》を帰して、奈率の東城《とうじよう》子言《しごん》を人質にとろうとしたのであろうが、このときも天皇は、要求のように必ず援軍を遣わすと王にいってくれ、と使者に伝えた。

ところが、一月三日に日本から帰国する使者が国へ帰り着いたか着かないうちに、高句麗が攻めて来たのである。おそらく百済の側の兵の動きを知って、あらかじめ高句麗のほうから手をうったのであろう。百済はびっくりした。最初の作戦では、日本に援兵を求めて、それから攻撃にでるはずであった。その用意もととのわないうちに、高句麗に襲われた。もちろん独力で勝つ自信はなく、戦局は思わしくない。おそらくしばらく戦局の様子を見て、思いあまってついに新羅に救援の軍を求めたのであろう。聖明王は、できることなら新羅から援軍を求めたくなかったはずだ。しかし背に腹はかえられない。いやいやながら彼は、心の中でよく思っていない新羅に援軍を求めたのである。

新羅王は朱玲《しゅれい》をして、屈強の兵三千を率い、高句麗軍を大いに破り、大いに殺し、大いに捕虜にせしめたという。このときの高句麗軍は、「高句麗本紀」によれば六千である。「百済本紀」や「新羅本紀」では、高句麗が濊《わい》（穢《わい》）人の兵とともにとあるが、「高句麗本紀」では濊兵六千というふうに、もっぱら濊人の兵となっていることに注意したい。濊人とは朝鮮半島の東北部に住み、高句麗に征服された民族である。つまりここでは、外国兵が戦闘の主体である。おそらくは十分国内が統一されていなかったので外国兵をつかったのであろう。こういう点からみても、この戦いは高句麗が積極的に仕かけた戦争ではなく、仕かけられた戦争ではないかと私は思う。

この戦いにおいて一気に面目をほどこしたのは新羅であり、一気に面目を失したのは百済である。戦いを起こす原因をつくりながら外国兵主体の高句麗軍に負けて、自分が快く思っていない新羅に援軍を求めて、新羅の力で高句麗を撃退する。これは聖明王にとって恥ずかしいことであろう。

ところがこの戦いがひとまず終わった四月に、百済から再び聖明王の使がやって来たのである。（欽明九年）夏四月《うづき》の壬戌《みづのえいぬ》の朔《ついたち》甲子《きのえねのひ》に、百済、中部杆率掠葉礼《ちうほうかんそちけいせふらいら》等を遣《まだ》して奏《まう》して曰《まう》さく、「徳《とく》率宣文等《そちせんもんら》、勅《みことのり》を奉《うけたまは》りて臣《やつかれ》が蕃《くに》に至りて曰はく、『乞《まう》す所の救《すくひ》の兵《いくさ》、時に応《あた》りて遣送《おくりつかは》すとのたまふ』といふ。祗《つつし》みて恩詔《めぐみのみことのり》を承《うけたまは》りて、嘉慶《よろこ》ぶること限《かぎり》無し。然れども馬津城《ましんのさし》の役《えだち》に、虜《とりこ》の謂《かた》りて曰はく、『安羅国《あらのくに》と日本府《やまとのみこともち》と、招き来りて勧め罰《う》たしむるに由《よ》れり』といふ。事を以て准況《なずら》ふれば、寔《まこと》に当《まさ》に相似《あひの》れり。然も三廻《みたび》其《そ》の言《こと》を審《つばひらか》にせむとして、召《よ》びに遣せども、並に来《まう》こず。故《かれ》深く労《いたは》しみ念《おも》ふ。伏して願はくは、可畏《かしこ》き天皇、先づ勘当《かむが》へたまへ。暫《しばら》く乞す所の救の兵を停《とど》めたまひて、臣《やつかれ》が報《かへりことまう》し遣《たてまつ》らむを待ちたまへ」とまうす。詔して曰はく、「式《も》て呈《いた》せる奏《まうしごと》を聞きて、爰《ここ》に憂ふる所を観《み》れば、日本府と安羅《あら》と、隣の難《わざはひ》を救はざること、亦朕《わ》が疾《いた》む所なり。又復《また》高麗《こま》に密《しのび》に使やりつることは、信《う》くべからず。朕命《われみことおほ》せば自《おの》づからに遣《や》らむ。命《みことおほ》せずして何容《いかに》ぞ可得《ほしきまま》にせむ。願はくは、王《こきし》、襟《ころものくび》を開き帯を緩《ゆる》べて、恬然《しづか》に自づからに安くして、深く疑ひ懼《おそ》るること勿《なか》れ。任那と共に、前《さき》の勅《おほみこと》の依《まま》に、力を戮《あは》せて倶に北敵《きたのあた》を防《ほせ》きて、各《おのおの》封《よ》さす所を守れ。朕当に若干《そこら》の人を遣送《おくりつかは》して、安羅の逃げ亡びたる空しき地《ところ》に充実《み》てむ」とのたまふ。

六月《みなづき》の辛酉《かのとのとり》の朔《ついたち》壬戌《みづのえいぬのひ》に、使を遣して百済に詔して曰はく、「徳率宣文、取帰《かへ》りて以後《のち》、当《は》復《た》何如《いか》に。消息《あるかたち》何如に。朕聞く、汝《いまし》の国、狛《こま》の賊《あた》の為に害《やぶ》らると。任那と共に、策《はか》り励みて謀《はかりこと》を同じくして、前の如くに防距《ほせ》け」とのたまふ。

（『日本書紀』）

この話は、はなはだおもしろい。百済は、高句麗の侵攻について合点がいかないのである。なぜ今の時期に高句麗が攻めて来たのか、聖明王は疑って、高句麗の捕虜にたずねてみると、それは安羅国《あらのくに》と日本府の要請であったというのである。「勧め罰たしむ」という言葉を安羅国や日本府の立場で考えると、あの四県の割譲という百済の狡猾《こうかつ》な外交にたいする懲罰《ちようばつ》だというのであろう。百済はそれを聞いてびっくりして、日本は今まで同盟国だと思っていたが、どうもあやしい。いろいろ考えると思いあたるふしがある。安羅と日本府を召して事を究明しようとするが、やって来ない。百済はいよいよ疑いをもち、ついに日本に使を遣わして、日本政府の意志を聞こうとするのである。百済は十分疑っているのである。安羅と日本府の背後に日本政府があり、高句麗の百済侵攻は、日本政府の要請ではないかということを。

実際この場合、安羅や日本府の立場にたてば、こういうことを考えても不思議はない。百済は狡猾にも任那の四県をかすめとった国である。新羅はまた、武力でもって任那の国を奪いとった国である。この二つの国は、今も虎視眈々《こしたんたん》と任那の国々をねらっている。しかも日本の武力は期待できない。それでは高句麗をして挙兵させて、百済、新羅の武力を衰えさせるのがよい。あるいは日本の朝廷もしめし合わせたか、しめし合わせなくとも、情報を流すものがあり、それが高句麗の侵攻となってあらわれたということは十分考えられる。

これがもし安羅や日本府の意志であるとすれば、日本の政府がこの計画にどれだけかかわっているのか。この前後の日本の外交姿勢を見ると、どうも一貫しない。たえずぐらぐらしている。百済寄りになったかと思うと、新羅寄りになり、ついに今度は安羅や日本府を通して高句麗に通じたのではないかという疑いすらもたれるのである。もしそれが日本政府の意志であったとすれば、ここでもまた日本政府の計算があったにちがいない。政府の計算では百済が敗れると思ったにちがいない。そういう場合に、百済に派遣された軍隊がどういう意味をもってくるか、それは援兵どころか、百済にとってたいへん危険な軍隊になるにちがいない。そう思って百済は、あわてて援兵の派遣の中止を求めているのである。百済の疑いはもっともであるが、私は日本政府にさほど深い魂胆《こんたん》があったとは思わない。安羅や日本府の口車にのって、ちょっとちょっかいをかけたが、それに失敗して弁解に困っているようなところがある。

天皇の返書は語る。日本府と安羅が貴国の難を救いに行かなかったのは悪い、しかしまさか彼らが高句麗へ使をやったとは思わない、自分が命令すれば別だが、自分の命令なしにそういう使が出るとは思わない、もとより自分の存ぜぬところ、どうか心を大きくもって、力を合わせて敵を防いでほしい、と。安羅の逃げたところというのは、おそらく百済の報復を恐れた安羅の人が、どこかへ逃げたのをいうのであろうか。実にとぼけた答えであるが、いっこうに安羅や日本府を責める様子がないのは、少しは身におぼえのあることだからであろう。弁解してもどこかで尻尾を出しているようなところがある。

百済のこの難詰《なんきつ》にあって日本政府は急いで使を出したが、ここで使の語った言葉も変である。先の百済の使の宣文《せんもん》はどうしたか、宣文はおそらく百済で苦しい立場にたたされたにちがいない。宣文は日本から援兵を求められなかったばかりでなく、日本にとどめおかれ、そのもたらした情報を高句麗に流され、高句麗の侵攻をまねいたのである。おそらく聖明王はかんかんになって怒っているにちがいない。この宣文をなぐさめながら、一方で聖明王に、あなたの国は戦いに負けたそうではないか、やはり任那の諸国と仲よくして、敵にあたらないと、とても勝てませんよといっているのである。

私は『書紀』のこの記事を読むと、面目を失ったのは百済や高句麗のみでなく、日本も外交的に面目を失ったと思う。この辺の駆け引きは実に下手《へた》であり、しかも一貫していない。私はこの日本外交の姿は、現在における姿と相似ていると思う。


（欽明九年）閏七月《のちのふみづき》の庚申《かのえさる》の朔辛未《ついたちかのとのひつじのひ》に、百済の使人《つかひ》掠葉礼《けいせふらい》等《ら》罷《まか》り帰りぬ。

冬十月《かむなづき》に、三百七十人《みももあまりななそたり》を百済に遣《つかは》して、城《さし》を得爾辛《とくにし》に助け築《つ》かしむ。

百済は怒って援兵はいらないという。そこで日本は人夫を送ったのである。得爾辛《とくにし》は、『三国史記《さんごくしき》』の徳恩《とくおん》、今の忠清南道論山《ちゅうせいなんどうろんざん》郡恩津《おんしん》の地、百済の都城の東南わずかに三里の地である（末松保和《すえまつやすかず》『任那《みまな》興亡史《こうぼうし》』）。

十年の夏六月《みなづき》の乙酉《きのとのとり》の朔《ついたち》辛卯《かのとのうのひ》に、将徳久貴《しやうとくこんくゐ》・固徳馬次文《ことくめしもんら》等、罷《まか》り帰らむと請《まう》す。因りて詔して曰はく、「延那斯《えなし》・麻都《まつ》、陰私《ひそか》に使を高麗《こま》に遣《まだ》せるは、朕当《われまさ》に虚実《いつはりまこと》を問ひに遣すべし。乞《まう》す所の軍《いくさ》は、願に依りて停《とど》めつ」とのたまふ。

ここで延那斯《えなし》というのは阿賢移那斯《あけえなし》、麻都《まつ》というのは佐魯麻都《さろまつ》という任那人で、日本府の反百済派の役人で、聖明王がしきりに罷免を要求していた人物であり、高句麗に使を送った張本人と思われる人間だが、百済のあの使から一年以上もたって、今また「虚実を問ひに遣すべし」といっているところをみると、天皇は彼らを咎《とが》める気がないのであろう。天皇はしきりに弁明し、軍も百済の願いによってやめたといっているが、もともと派遣する気はなかったのではないか。

百済の使者が見た梁の廃墟

この欽明《きんめい》十年は五四九年、梁《りよう》の太清《たいせい》三年にあたるが、このときたいへんな事件が中国に起こっていた。

そのころ高句麗《こうくり》の陽原王《ようげんおう》は、五四五年の即位の年から五四九年まで毎年、使を東魏《とうぎ》に送っていた。北朝では当時、北魏《ほくぎ》が滅び西魏《せいぎ》と東魏に分かれていたが、この高歓《こうかん》のたてた東魏は高句麗に国境を接し、当時三国の中でもっとも強い国と噂されていた。この情勢に百済《くだら》も対抗しなくてはならぬ。百済はやや遅れて五四九年に梁に使を送ったが、そこで世にも恐ろしいものを使者は見た。その前年、太清二年八月に、梁に降《くだ》っていた東魏の将軍・侯景《こうけい》は反逆の兵をあげ、ついに太清三年三月、梁の都・建康《けんこう》の城は賊の手に落ち、絶望のうちにその五月、武帝は死んだ。それが当代の賢王、菩薩《ぼさつ》皇帝といわれる人の哀れな最期であるが、このときの都の混乱の様は酸鼻をきわめ、後々までも語り継がれたのである。

篤《あつ》く仏教を信じ、徳と学とを併せもつ菩薩皇帝を上にいただき、宮廷人たちは、流麗な詩文の創作と深遠な仏教の崇拝に明け暮れた毎日を送り、中国の文化はここに頂点をきわめ、江南《こうなん》の春は永遠に続くと思われたのに、この文化国は一挙に崩壊してしまったのである。なんとこの文化国のもろかったことか、その理由はいろいろある。宮臣が平和に馴れて文弱になったことにもよろうが、あまりにも仁慈にたけた王の性格が、この急速な国家の崩壊に与《あずか》って力があるといわれるのである。

侯景の乱があれほど大規模になったのは、武帝の甥《おい》・臨賀王蕭正徳《りんがおうしょうせいとく》の手引きによるという。武帝は在野時代、男の子が生まれなかったので、臨賀王を養子にしたが、武帝が践祚《せんそ》して、その子・昭明太子《しょうめいたいし》が皇太子となった。臨賀王はこれを深く恨みとし、北魏に逃亡し、また梁に帰ったが、武帝はそれでも咎《とが》めなかった。しかし、その後も非行が多く、ついに免官になったので、深く武帝を恨んだ。この臨賀王が侯景に味方したのである。もし南朝のふつうの帝王ならば、臨賀王をたちまち死刑にしたであろうが、仁慈にとんだ武帝だからこそ彼を助けたのだろう。この仁慈は、後に災いとなって武帝に返ってきたのである。

またこの偉大な皇帝のもとで、皇子や臣下たちは互いに牽制《けんせい》し、都の近くに多くの援軍が到着したが、互いに他の様子をうかがい、誰も孤立した王を助ける人はなく、空しく都を侯景の手に渡し、王を死にいたらしめたのである。一視同仁の武帝の愛は、あらゆる人に平等にそそがれるので、誰一人、自分は武帝の恩義に報いようと、この武帝の難を救おうとしなかったのであろうか。

武帝はそのもっている仁慈の徳ゆえに滅びたとすれば、はたして皇帝として多くの仁慈の徳を有することは善か悪か。武帝の悲惨な死は、後世の中国人をして、皇帝のもつ徳の意味を深く考えせしめたにちがいない。そして多くの中国のインテリは、武帝の仁を儒教の枠を超えた仏教的な仁、無制約な仁とみて、仁はやはり社会的な制約の中で発揮されるべきだが、武帝の仁にはその制約がない、それが武帝をしてあの悲惨な死をまねかせた当のものであると考えたのである。

われわれはこの点について、はたして仁が、とくに仏教の仁、いわゆる慈悲が帝王の徳としてふさわしいかどうかを、後にゆっくり考えることにしよう。

とにかく、かくも高い文化を誇った都は一朝にして廃墟と化し、かくも高い徳をもっていた王は悲惨の中に死んだ。このことを知らずに、百済の使者はこの年の十月、都・建康をおとずれたのである。このときのことを『梁書《りようしよ》』「百済伝《くだらでん》」は次のように語っている。

太清三（五四九）年、京師《けいし》の賊に寇《うば》はるるを知らず、なほ使を遣はして貢献す。既に至りて、城闕《じやうけつ》の荒毀《かうき》するを見る。並びて号慟涕泣《がうどうていきう》す。侯景《こうけい》、怒りて、之《これ》を囚執《とら》ふ。景《けい》の平らげらるに及びて、方《まさ》に国に還るをうる。

この文章は、「百済本紀《くだらほんぎ》」と少しくいちがっていて、「百済本紀」にはこの号泣の記事の後に、「路を行きて見る者、涙を灑《そそ》がざるなし」という文章があるが、これはどこかからとられたものであろうか。

百済の使は、城闕《じようけつ》の荒らされているのを見て、噂に聞いた都の陥落と武帝の死が事実であることを知ったのである。使者の流した涙は、この一挙にして崩壊した文化国にたいする哀惜の涙であるとともに、悲惨に死んだ梁の武帝にたいする追悼の涙でもあろう。荒れ果てた城門の前で並んで号泣している異邦人の姿は、よほど異様な眺めであったのであろう。とくに朝鮮には、死の際に号泣するのが、死者にたいする礼儀であるとする考えがある。もしも「百済本紀」につけ加えられた文章が根拠のあるものであるとすれば、その異様な号泣の様に、梁の人たちは、あらためてわが身にふりかかった運命の悲しさを顧《かえり》みたにちがいない。おそらく梁の人たちは、恐ろしい運命を嘆くことすら忘れていたのであろう。百済人の多少オーバーな泣き方は、梁の人にあらためてあの恐ろしい事件を思い出させ、再び涙をわきあがらせたのかもしれない。この百済の使者の涙は、必ずしも滅んだ大国・梁を惜別する涙だけではあるまい。同時にそれは、自国の運命の不安にたいする涙であったにちがいない。百済は、徐々に国力が衰えようとしている。高句麗との永い間の戦いに百済は疲労しているが、戦況は思わしくない。そして同時に新興国・新羅は恐ろしい勢いで隆盛し、東から百済を脅かしている。そして日本もまた、あの任那四県の割譲以来、百済を信用せず、容易に援兵を送らず、むしろ高句麗に通じているとさえ思われるふしがある。

百済にとって唯一の頼れる国は梁なのである。南朝はもともと百済と関係が深く、聖明王《せいめいおう》は梁の武帝から、持節都督百済諸軍事綏東将軍百済王《じせつととくくだらしょぐんじすいとうしょうぐんくだらおう》を賜っている。百済王がいかにこういう称号を尊んだかは、武寧王《むねいおう》の墓からもこのような称号を書いた文字が出てきたことによってもわかる。梁の武帝は聖明王の主君である。

梁の武帝は仁慈にとむ名君で、たいへんな仏教信者である。おそらく聖明王は世界の中で誰よりも梁の武帝を尊敬していたと思う。その梁の武帝は今は亡く、百済の唯一の頼みとする国は滅びてしまったのである。武力援助はおろか、もう精神的な支えすら与えられないのである。

ところが新羅はちがう。同じ五四九年、「新羅本紀《しらぎほんぎ》」には次のようにある。

（真興王《しんこうおう》）十年春、梁、使を入学僧・覚徳《かくとく》とともに遣はして、仏舎利《ぶつしゃり》を送る。王、百官をして興輪寺《こうりんじ》の前の路に迎へ奉《たてまつ》らしむ。

これははたして事実であろうか。五四九年春といえば、太清三年、梁が侯景に苦しめられ、武帝のまさに死なんとするときである。この使節が梁を出発したのは、いったいいつなのであろうか。それはおそらく、恐ろしい事件が起きる以前のこと、まだ新羅の人はもちろん覚徳《かくとく》も使たちも、恐ろしい運命を知らなかったのかもしれない。それにしても、この記事は百済の同年の記事とまったくちがう。新羅は梁から文化使節を迎えて、うきうきしている感じがある。

この太清三年の梁の使者による仏教移入が、この国の仏教発展の大きな契機となったと『三国遺事』は語るのである。

百済の賭——一体の釈迦仏にこめられた悲願

このように、こういう国際的な孤立を感じて百済《くだら》は一世一代の賭にでたのであろう。

（聖明王《せいめいおう》）二十八（五五〇）年春正月、王、将軍・達巳《だつみ》を遣はして、兵、一万を領《ひき》ゐて、高句麗《かうくり》の道薩《だうさつ》城《じやう》を攻め取る。三月、高句麗の兵、金峴《きんけん》城《じやう》を囲む。（「百済本紀《くだらほんぎ》」）

（陽原王《ようげんおう》）六（五五〇）年春正月、百済、来侵《らいしん》して道薩城を陥る。三月、百済の金峴城を攻む。（「高句麗本紀《こうくりほんぎ》」）

新羅人、間《すき》に乗じて二城を取る。

（真興王《しんこうおう》）十一（五五〇）年春正月、百済、高句麗の道薩城を抜《と》る。三月、高句麗、百済の金峴城を陥る。王、両国の兵の疲《つか》るるに乗じ、伊飡《いそん》の異斯夫《いしふ》に命じて、兵を出《いだ》し、之《これ》を撃つ。二城を取りて、増築し、甲士《かふし》一千《いっせん》を留めて、之を戍《まも》る。

（『新羅本紀《しらぎほんぎ》』）

またしても新羅《しらぎ》の勝利である。これはまさに漁夫の利、今度ははっきり百済から仕かけた戦いであるが、道薩城をとったと思うと、金峴城《きんけんじょう》をとられ、またようやくとった道薩城も新羅に奪われてしまった。今回ももっとも面子《メンツ》を失ったのは百済である。

（欽明《きんめい》）十一年の春二月《きさらぎ》の辛巳《かのとのみ》の朔《ついたち》庚寅《かのえとらのひ》に、使を遣して百済に詔《みことのり》して曰《のたま》はく、「朕《われ》、施徳《せとく》久貴《こんくゐ》・固徳《ことく》馬進文《めしんもん》等《ら》が上《たてまつ》れる所の表《ふみ》の意《こころ》に依りて、一一《つばひらか》に教へ示すこと、掌中《たなうら》を視る如し。情を具《つぶさ》にせむと思欲《おも》ふ。冀《ねが》はくは将《まさ》に抱《おもひ》を尽さむ。大市頭《だいしづ》帰りて後、常の如くありて異ること無し。今但《ただ》に審《つばひらか》に報辞《かへりことまう》さむと欲《おも》ふ。故《かれ》使を遣す。又復《また》朕聞く、奈率《なそち》馬武《めむ》は、是王《こきし》の股肱《たすけ》の臣《まへつきみ》なり。上《かみ》に納《い》れ下《しも》に伝《のたま》ふこと、甚《にへさ》に王《こきし》の心に協《かな》ひて、王《こきし》の佐《たすけ》たり。若し国家《あめのした》事無く、長く官家《みやけ》に作《な》り、永《ひたぶる》に天皇《すめらみこと》に奉《つかへまつ》らむと欲《おも》はば、馬武《めむ》を以て大使《おほつかひ》として、朝《みかど》に遣《たてまだ》さまくのみ」とのたまふ。重ねて詔して曰はく、「朕聞く、北敵《きたのあた》強暴《あら》し。故《このゆゑ》に矢《や》三十具《みそそなへ》賜ふ。庶《ねが》はくは一処《ひとところ》を防《ほせ》け」とのたまふ。

（『日本書紀』）

どうも日本の外交方針は一貫していない。高句麗によしみを通じ、それが失敗すると、今度は百済のご機嫌をとる。何か大事なことを語ろうとする口調であるが、いかなる計が日本にあるというのか。日本は百済の大使として奈率《なそち》の馬武《めむ》を指摘するが、馬武は日本とどのような関係をもっていたのであろうか。

おそらくこれは戦いの最中の話、矢三十具がどれほど百済に役だったのか、「一処を防け」というのは、もっぱら金峴城を防げというのであろうか。こういう命令あるいは忠告が、少しでも実際の戦争に役だったとは思えない。
（十一年）夏四月《うづき》の庚辰《かのえたつ》の朔《ついたちのひ》に、百済に在《はべ》る日本《やまと》の王人《みつかひ》、方《まさ》に還らむとす。百済の王《こきし》聖明、王人に謂《かた》りて曰《い》はく、「任那の事は、勅《みことのり》を奉《うけたまは》りて堅く守る。延那斯《えなし》・麻都《まつ》が事は、問ひたまはむとも問ひたまはじとも、唯勅の従《まま》ならむ」といふ。因りて高麗《こま》の奴《やつこ》六口《むたり》を献《たてまつ》る。別《こと》に王人に奴一口《ひとり》を贈る。乙未《きのとのひつじのひ》に、百済、中部《ちうほう》奈率《なそち》皮久斤《ひこんこん》・下部《かほう》施徳《せとく》灼干那《やくかんな》等を遣して、狛《こま》の虜十口《あたとたり》を献る。

ここでいう「日本の王人」というのは、先の使者のことであろう。日本に帰ろうとする使者に聖明王は、あの戦いで得た捕虜を与えた。もちろん百済の戦勝の証拠を日本に示して、日本の援助を求めようとしたのであろう。

百済の外交はうまい。日本が心配している任那のことは日本の意志にそおう、あの反百済派の日本府の役人の処分も、天皇のお気にめすままである、という。ここで日本がなしうる唯一のことは、百済と任那諸国の同盟をつくることに力を貸すことであろう。実際、日本はそのような外交の線で動いたのであろう。重ねての捕虜の献上はその礼であろうか。

十二年の春三月《やよひ》に、麦種《むぎたね》一千《ち》斛《さか》を以て、百済の王《こきし》に賜ふ。

これはもちろん百済の高句麗遠征を助ける食糧援助であろう。兵の派遣は百済王によって三年前に差し止められたとすれば、食糧提供こそ日本のなしうる最大の援助ではないか。

是歳《ことし》、百済の聖明王、親《みづか》ら衆《たみ》及び二つの国の兵《いくさ》を率《ゐ》て、往きて高麗を伐ちて、漢城の地《ところ》を獲《え》つ。又軍《いくさ》を進めて平壌《へいじやう》を討つ。凡べて六郡《むつのこほり》の地《ところ》、遂に故地《もとのところ》を復《かへ》しつ。

この『日本書紀』の記事は、ほぼ事実であろう。なぜなら『三国史記《さんごくしき》』の本紀では、「新羅本紀」

を除き、「百済本紀」、「高句麗本紀」のいずれにも語られていないが、「列伝」の居柒夫《きょしつふ》のところに、真興王十二年にあたるこの戦争のことが記されているからである。

王は居柒夫などに命じて、百済とともに高句麗を侵《おか》した。百済はまず平壌《へいじょう》をとったが、勝ちに乗じて居柒夫らは竹嶺《ちくれい》より外、高峴《こうけん》より内の十郡を攻めとったとある。平壌は高句麗の三都の一つであったが、百済の近肖古王《きんしょうこおう》二十六（三七一）年に王は平壌を攻め、大いに高句麗を破り、漢江《かんこう》をはさんで南にある漢城《かんじょう》の地に都を遷《うつ》した。しかしこの都は、蓋鹵王《こうろおう》二十一（四七五）年に高句麗の長寿王の攻撃を受けて陥落し、蓋鹵王は死んだ。

このなつかしい旧都を実に七十七年ぶりで百済は回復したのである。この大勝利は、まさに近肖古王の盛時を思い出させる。この快挙に百済は国をあげて喜びにわれを忘れてもよいはずである。しかるに百済の聖明王の顔にあらわれているものは、喜びの表情であるよりは、むしろ憂いの表情である。それはまたしても新羅にしてやられたからである。新羅はまことに巧妙で、百済に先陣をまかせ、漢城と平壌とを占領させ、その間に高句麗の多くの領土をとったのである。なるほど百済は名目的には旧都を回復したが、実際的に利を得たのは新羅である。そして新羅の勢いの前に、百済がせっかくとり返した平壌も漢城も、風前の灯《ともしび》である。また道薩城、金峴城の二の舞をくり返すのは、火を見るより明らかである。

この戦いが、新羅の躍進にとってひとつの大きな契機となったことは、中国の正史である『隋書《ずいしょ》』も認めることである。

其の先、百済に附庸《ふよう》す。後に百済、高麗《かうらい》を征《と》るによりて、高麗人、戎役《じゅうえき》に堪へず、相率《あひひき》ゐて之《これ》に帰す。遂に強盛《がうせい》を致す。

北漢城（ソウル郊外）

この『隋書』「新羅伝」の記事は、明らかにこの戦いが新羅にとってどんなに大きな意味をもっていたかを語っている。それ以前は、新羅は中国からも百済の属国のように思われていた。しかしこれ以後、立場は逆転する。新羅が朝鮮半島の第一人者になったのである。そしてこの原因を『隋書』は、高句麗人が多く戎役《じゅうえき》に耐えきれずに、新羅に帰化したからであるとみる。この『隋書』「新羅伝」の記事を、また先にあげた『三国史記』の居柒夫の「列伝」が裏づける。

居柒夫はかつて、ひそかに高句麗の名僧・恵《え》亮《りょう》の講義を聞きに行った。そこで新羅人であることがばれたが、恵亮は彼を咎《とが》めず、かえって居柒夫に、この国は政治が乱れているので、いつか新羅に連れて行ってほしいと頼んだという。この戦いに際して高句麗に侵入した居柒夫は、恵亮を見つけ新羅に連れて来た。恵亮は新羅に帰化し、後に僧《そう》統《とう》となり、大いに新羅の仏教をさかんにしたという。

この話が事実とすれば、このとき多くのインテリの亡命があったのである。ちょうどヒトラー時代のドイツのインテリがアメリカに亡命し、アメリカの発展に貢献したように、このときの高句麗の亡命者が、後に新羅の発展に大いに貢献したのである。

このとき高句麗人がどうして百済ではなく、新羅に亡命あるいは帰化したのか。おそらく百済より、新羅のほうがはるかに亡命者に寛大であり、よく帰化人をもちいたからであろう。先にあげた南加羅《ありひしのから》の王・金《きん》一家の例といい、この恵亮の例といい、このときの新羅には、新興国の自信と寛大さがみなぎっていたのであろうか。真興王はまさにその名のとおり、新羅を興隆せしめた名君といわねばならぬ。

翌十三年、『日本書紀』に次のようにある。

五月《さつき》の戊辰《つちのえたつ》の朔《ついたち》乙亥《きのとのゐのひ》に、百済・加羅《から》・安羅《あら》・中部徳率木刕今敦《ちうほうとくそちもくらこむとん》・河内部阿斯比多《かふちべのあしひたら》等を遣《まだ》して奏《まう》して曰《まう》さく、「高麗と新羅と、通和《かよ》ひて勢《いきほひ》を幷せて、臣《やつかれ》が国と任那とを滅さむことを謀る。故《かれ》、謹みて救《すくひ》の兵《いくさ》を求請《う》けて、先づ不意《おもひのほか》を攻めむ。軍《いくさ》の多少《おほさすくなさ》は、天皇《すめらみこと》の勅《みことのり》の随《まま》に」とまうす。詔《みことのり》して曰《のたま》はく、「今、百済の王《こきし》・安羅の王・加羅の王、日本府《やまとのみこともち》の臣等《まへつきみたち》と、倶《とも》に使を遣して奏せる状《かたち》は聞《きこしめ》しぬ。亦任那と共に、心を幷せ力を一《もはら》にすべし。猶尚《なほ》し茲《かく》の若《ごと》くせば、必ず上天《あめ》の擁《いだ》き護《まほ》る福《いきほひ》を蒙《かうぶ》り、亦可畏《かしこ》き天皇の霊《みたまのふゆ》に頼らむ」とのたまふ。

聖明王は、前にも再三軍隊の派遣を要請してきたが、四年前に中止を申し込んだはずである。ところがまたここにきて軍隊の派遣を要請する。しかも今度の要請はまことに急である。今にも新羅と高句麗が同盟を結んで、百済と任那におしよせてくるような口ぶりである。これはどうも聖明王の本心であり、かつてのようなポーズではない。前のときは百済一国の要請であり、任那諸国や日本府は反対の態度をとったのに、今度は任那諸国および日本府も一緒になっての要請である。『日本書紀』が語るように、任那諸国はこの前年、百済、新羅とともに高句麗遠征軍に加わったのである。そしてその戦いにおいて、つくづく新羅の強さを知ったのであろう。新羅は強いが、この戦いでいっそう強くなった。危ない。このままでは任那全土を併せとるのは時間の問題である。もうこの時点では、百済と一体になって日本の援助を求めるよりしかたがない。これが任那諸国の共通の意見であり、日本府の役人もそれに同意したのであろう。

しかしここですでに聖明王は、例の「狼《おおかみ》が来た」といつわって叫んだ少年の誤りを犯していたと思う。高句麗と新羅が攻めて来て、私の国とあなたの権利のある任那を滅ぼすといっても、日本の朝廷は、またかと思うだけである。今度はほんとうに聖明王は助けてくれといっているのに、日本はいっこうにこれを本気にしていないのである。

この日本の返書はまったくそっけない。任那とともに戦えばよい。そうすれば上天《あめ》や天皇の霊が守ってくれるであろう。これを見ると、日本は昔から精神主義の国であることがわかる。全力をあげて戦え、そしたら必ず神の加護があるだろうというのは、つい先ごろわれわれが聞いた言葉である。

この天皇の返書を見て聖明王はどう思ったであろう。わが危急の声は、少しも日本の天皇にとどいていないのだ。何という呑気《のんき》さ、何というおのれの国の運命に関する無関心さ、聖明王はこの返書に、彼が前に日本に送った少なからずオーバーな救援軍の要請のことも忘れて、日本の外交的鈍感さに腹をたてたにちがいない。

どうしたらよかろうか。

この要請は欽明天皇十三（五五二）年五月のことであり、そしてその十月に仏教の伝来があったのである。

もうここにきて、仏教伝来の政治的意味は誰の目にも明らかであろう。それはけっして、たんなる文化的事件ではない。それは百済の危機に直面した聖明王のひとつの賭なのである。かつて父・武寧《むねい》王《おう》は、一人の五経博士《ごきょうのはかせ》によって、任那の四つの土地を日本から手に入れた。今、海外の新しい文化、仏教でもって聖明王は日本の軍隊を求め、未曾有《みぞう》の自国の国難を救おうとするのである。

先に引用した欽明六年の『日本書紀』の記事を見てほしい。新羅討伐の軍を起こすために、現地で百済は梁から輸入した珍しい財を日本府の役人や任那の王に与えるとともに、仏像をつくって天皇が徳を得ることと、百済と任那の安全を祈っているのである。七年後、同じようなことを日本内地でしようとしたのであろう。

おそらく百済の使者がもって来た釈迦仏というものも梁から手に入れたばかりの、とりわけ美しく、とりわけ厳かなものであったにちがいない。それは百済にとっても国宝であるが、今はそれを手放してでも、国の難局を救わねばならない。おそらく聖明王は、この仏像に百済の運命を託して、成功を神に祈る思いで、達率怒唎斯致契《だちそちぬりしちけい》を遣わしたにちがいない。五経博士のときは、四県の割譲にたいする返礼であったが、この度は出兵の催促をこめた高価な贈り物である。

いったい聖明王のこのねらいは、うまくゆくのであろうか。

この仏教の伝来は、国際的にも国内的にも、文化的にも政治的にも大きな意味をもっているのである。そしてこれは、国の内外に大きな波紋をまき散らして、ひとつの新しい歴史をつくってゆく。われわれは、この仏教のまき散らしたさまざまな波紋を次章で見ることにしよう。

第二章　仏教——亡国と興国の教え

欽明朝における百済の三様の使節

聖徳太子が摂政《せっしょう》となったのは、推古《すいこ》天皇が即位された五九三年のことであり、太子は当時二十歳であった。それは百済《くだら》の聖明王《せいめいおう》が、仏教を日本へ伝来した欽明《きんめい》十三年、五五二年から数えて四十二年めである。歴史的事実としてはっきり確定できる太子の事績は、推古元年以後に集中しているが、太子という人間の思想や行動を知るには、仏教伝来のとき、五五二年以後、推古即位のとき、五九三年にいたるまでの四十二年間の内外の政治的、文化的状況について一瞥《いちべつ》しておく必要があろう。

先に私は、仏教伝来はたんなる文化的事件ではなく、同時に政治的事件であるといった。それを確認しないと、それに続くさまざまな事件の意味がつかめなくなる。

次の表を見てほしい。これは笠井倭人《かさいわじん》氏によってつくられた欽明朝における対倭《わ》、すなわち対日本関係の百済の使節の一覧表である。この表で、いつ何の目的で、どういう位の人が使節になったかがよくわかる。笠井氏はこの表を、百済における日系官僚の活躍のあとを考察するためにつくったのであり、私の論点と多少ちがうが、よくできているので、利用させていただきたい。

この表によれば、欽明二年から欽明十五年にかけて百済が対倭、すなわち対日本関係に派遣した使節は二十回におよぶが、そのうち「政治」に関する使節が六回、「乞師《きっし》」すなわち軍隊の派遣に関するものが九回、「文化」に関するものが五回である。ところが、この政治と乞師は明らかに前後に分

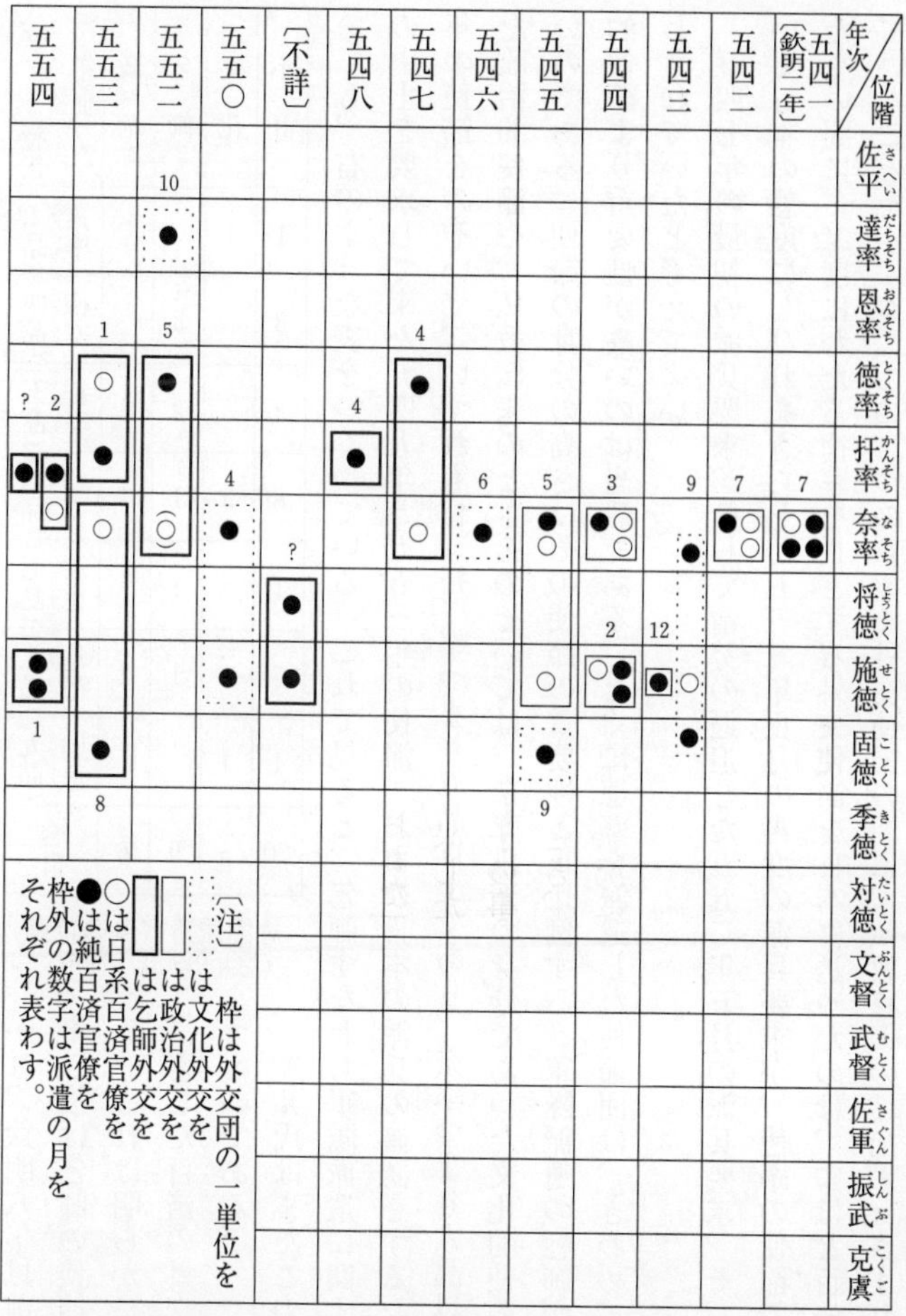

笠井倭人氏「欽明朝における百済の対倭外交——特に日系百済官僚を中心として」(『古代の日本と朝鮮』所収) より一部改め

日系百済官僚の対日派遣

かれ、欽明八年以前は政治、欽明八年以後は乞師の使節がほとんどである。これは明らかに国際情勢の変化に応じた百済の外交方針の転換を示すものである。

派遣類別＼位階	（二品）達率《だちそち》	（四品）徳率《とくそち》	（五品）扞率《かんそち》	（六品）奈率《なそち》	（七品）将徳《しょうとく》	（八品）施徳《せとく》	（九品）固徳《ことく》	合計
政治				4		2		6
乞師		3	3	1	1	1		9
文化	1			3			1	5
小計	1	3	3	8	1	3	1	20

対倭派遣官僚の位階
（笠井倭人氏・同前）

笠井氏はまたこの使節の身分についても、右のような表をつくっている。これで見ると、乞師すなわち軍隊派遣に関する使節は、派兵の中止を要求して来た五四九年と五五三年の使節、および日本の派兵の確認をするために来た五五四年の使節をのぞいて、いずれも杆《かん》（扞）率《そち》つまり五品《ごほん》以上であり、奈率《なそち》つまり六品以下の身分であった政治的使節や、仏教伝来のときをのぞいては、奈率以下の身分であった文化的使節よりは身分が高いのである。使節の身分の高さはその使節の重要性と正比例する。軍隊派遣の乞師が、政治的、文化的使節より重要性が高いのは当然である。とくに徳率《とくそち》を派遣した使節団は、きわめて重要な任務を負わされていたと考えてよい。

五四七年の最初の派兵要求、そして情勢の逼迫《ひっぱく》した五五二年五月の派兵要求、そしてぐずぐずしている日本の態度にしびれをきらした五五三年正月の再度の派兵要求が、徳率の使節である。一年もたたない間に、二度にわたる徳率を長とする外交使節を日本に送ったのは、よほど百済の外交が緊迫していたことを示すが、この二つの重要な外交使節の間に、仏教移入の使節がはさまれているのを、われわれはどう考えたらよいか。

笠井氏の分類によると、文化的使節は前後五回である。

㈠　五四三年九月　扶南《ふなん》の財物と奴二口《やつこふたり》を献上した。
㈡　五四五年九月　呉《くれ》の財《たから》を日本府の臣《まえつきみ》および諸《もろもろ》の旱岐《かんき》に贈った。
㈢　五四六年六月　調《みつぎ》を献《たてまつ》った。
㈣　五五〇年四月　高句麗《こうくり》の捕虜《ほりよ》十口《とたり》を献上した。
㈤　五五二年十月　仏教伝来。

この五回の使節は文化的使節であるが、それぞれに政治的意味をもっていることはまちがいない。国家の場合でも、個人の場合でも、高い身分の人が高価なものをもって挨拶《あいさつ》に来る。それはたしかに文化的な事件にちがいないが、この背後には、何らかの政治的意志が含まれていて、その後の交渉を有利にせんとするねらいをもっている。

たとえば㈠の場合、扶南というのは当時インドシナ半島を支配していた、今のカンボジア人の祖であるクメール人の国家をいうのであろう。百済はいったい、このようなクメール国の財物をどこから手に入れたのであろうか。おそらく南朝から手に入れたのであろうが、それがどんなに当時の日本人に珍しいものであったか。奴というのは、やはりクメール人の奴をいうのであろう。噂にも聞いたことがないような遠い南方の国の文化の香りをたたえる物と人。それは、はなはだ気のきいたプレゼントであるが、百済は、このような気のきいたプレゼントでもって、日本政府の機嫌をとろうとしているのである。そしてこの珍しいプレゼントが、あの任那《みまな》日本府の親新羅《しらぎ》派の役人の追放の要求、ひいては任那統治にたいする百済への委任の要求を実現させようとするねらいをもっていたことは当然であろう。

そしてまた㈡の使節なるものも、この現地任那における日本府の役人と任那の王たちにたいする懐柔策であることは当然である。ここでも南朝から百済がもって来た財宝が贈られる。

このようにみると、文化使節なるものも、政治と関係のないものとみなすことはできず、背後に大きな政治的意志を含んでいることがわかる。

仏教伝来に関しても、『日本書紀』の欽明六（五四五）年の項に次のような記事があることをわれわれは見逃すことができない。欽明六年九月、百済は丈六《じょうろく》の仏像をつくって、それに次のような願文をそえたという。

「蓋《けだ》し聞く、丈六の仏を造りたてまつる功徳《のりのわざ》甚大《おぎろ》なり。今敬《うやま》ひて造りたてまつりぬ。此の功徳を以て、願はくは、天皇《すめらみこと》、勝《す》善《ぐ》れたる徳を獲《みいきほひえ》たまひて、天皇の所用《しろし》めす、弥移居《みやけ》の国、倶《とも》に福祐《さいはひ》を蒙《かうぶ》らむ。又願はくは、普天《あめ》の下の一切《しかしながら》衆生《いけるもの》、皆解脱《やすらかなること》を蒙らむ。故《このゆゑ》に造りたてまつる」

このときまだ仏教は日本に伝わっていなかった。それなのに百済は丈六の仏像をつくって、この功《く》徳《どく》によって、天皇はすぐれた徳を得て、天皇のしろしめす弥移居《みやけ》の国すなわち百済も任那も福を得るという。この仏像建造も、扶南や呉の財物とともに、日本の歓心を買い、百済の外交政策を有利にすすめようとするためのものであることは明らかである。この仏像建造がそのようなねらいをもっているとすれば、仏教の伝来も、どうしてそういう外交目的の外にあることができようか。

『日本書紀』によれば、仏教伝来の使節は、達率《だちそち》の西部《せいほう》姫氏《きし》怒唎斯致契《ぬりしちけい》を長としている。達率の派遣は、二十回記される使節の派遣の中で一回だけ、もちろん異例中の異例であり、この使節は他の使節とは比較にならぬほど重要な使命をもっていたといえる。この達率という大臣クラスの親善使節を、日本人がまだ見たこともない新しい文化財をもたせて送る。それが、この後の交渉を有利に運ばせようとする意味あいを秘めていたことは、疑うことができない。

この記事について多少問題がある。百済は聖明王のとき、国土を上、前、中、下、後に分けた。ここで上部は東部、下部は西部、前部は南部、後部は北部をさす。それゆえ百済の人名は、前部徳率真《ぜんほうとくそちしん》慕宣文《もせんもん》とか中部《ちゅうほう》杆率《かんそち》掠葉礼《けいしようらい》とかいうふうに、まず所属の部、次に位、次に氏名が書かれる。ところが『日本書紀』には、西部姫氏達率怒唎斯致契と書かれている。西部はもとより下部をいうのであるが、こういう書き方は、百済の後期になってからである。またここで位が氏と名の間に書かれているが、これも異例なことである。それゆえ今西龍《いまにしりゅう》氏などは、この記事は『日本書紀』の他の百済関係の記事とちがい、「百済本記《くだらほんき》」によったものではなく日本側の史料によったものであり、必ずしも信用できないという。

たしかにこの点において問題が残っている。しかし『日本書紀』の記事はまったく根拠のないものであり、達率云々《うんぬん》というのも、『日本書紀』編集者の創作であろうか。そうとはとても思えない。この時点でこの状況において、百済の聖明王が達率を長とする使節を日本に送るのは、大きな意味をもつからである。徳率を長とした二つの派兵要求の使節の間に、この達率を長とした親善使節を入れて考えるとき、はじめてその後の二国の外交関係の展開を正確に把握できると私は思う。

この点について、私が本稿を書くのとほとんど同時に、上田正昭《うえだまさあき》氏は聖徳太子について一冊の本を書き、その中で仏教伝来について次のようにいう。

> 百済仏教は聖王《せいおう》（聖明王）の時期にいっそう発展する。だがその仏法興隆の背後には、高句麗《こうくり》への反撃、新羅《しらぎ》との対立があった。五四八年に例をとれば、高句麗の内乱に乗じて、倭国《わこく》よりの援兵を求め高句麗を攻めようとするが、逆に高句麗の侵攻をうけ、やむなく新羅に援助をこわねばならぬというありさまとなっていた。

元興寺《がんごうじ》の塔露盤銘《とうろばんめい》に、聖王は「万法中《よろずのみのりのうち》、仏法最上《ほとけのみのりもっともじょう》なり」と告《つ》げ、また丈六仏《じょうろくぶつ》の光背《こうはい》銘《めい》に、聖王が「いわゆる仏法《ほとけのみのり》は既に世間無上《せけんむじょう》の法《みのり》、天皇《すめらみこと》もまたまさに修行すべし」とのべたとあるが、仏教公伝のその裏には、中国南朝の文化を受容した百済文化にたいする倭国《わこく》支配者のあこがれ、それを利用しての政治的軍事的かけひきもひそんでいたと考えられる。

（『聖徳太子』）

これは期せずして私と同じ見解であるが、東アジア史から日本古代史を見ようとする多年にわたる氏の学問の方向としても、当然の帰結であろう。

日本の国論を二分した仏教伝来

もちろんこのような大きな外交的事件には、これに先だってすでに送り手と受け手の間に、暗黙の諒解《りょうかい》があったことが考えられる。送り手は聖明王《せいめいおう》、受け手は欽明《きんめい》天皇であるが、とくに聖明王と蘇《そ》我稲目《がのいなめ》の間に暗黙の諒解があったのではないかと思う。なぜなら欽明十三（五五二）年という時代において、このような仏像や幡蓋《はたきぬがさ》や経典などを、日本の朝廷が百済《くだら》の朝廷から受けとることにたいして、日本の国内において異論があったからである。

聖明王が贈ったものは、疑いもなく最新の南朝文化の香りの高い文化財なのである。かつての贈り物は、たとえば五経博士《ごきょうのはかせ》や扶南《ふなん》の財物のように、それを受けとって悪いはずがない。しかしここに問題があるのである。仏像その他はひとつの文化財である。しかしそれはたんなる文化財につきるものではないのである。この文化財の背後に宗教があり、しかも宗教は国家のあり方にかかわるものである。仏像その他を移入することは、仏教という新しい宗教を受け入れることになる。そしてこの新しい宗教は、海外においてもたちどころに国中に広まり、古い宗教を絶滅しかねない勢いである。とすれば、仏教の移入は国家の運命にかかわる問題なのである。

この仏像は、よほどすばらしいものであったにちがいない。欽明天皇はそれを見て、歓喜踊躍《ようやく》して「西　蕃《にしのとなりのくに》の献《たてまつ》れる仏の相貌《かほ》端厳《きらぎら》し。全《もは》ら未だ曾《かつ》て有《あら》ず」といわれたと『日本書紀』にある。欽明天皇は、この仏像の背後にある先進文明の香りに魅せられたのであろう。しかし、いやしくも仏教移入は一国の運命を決める大事であり、臣下の意見を聞く必要がある。

群臣の意見は二つにわれた。一つは大臣《おおおみ》蘇我稲目を中心とする開明派の意見である。「西　蕃《にしのとなりのくに》の諸国《くにぐに》、一《もはら》に皆礼《みなゐやま》ふ。豊秋日本《とよあきづやまと》、豈独《あにひと》り背《そむ》かむや」。これはおそらく弥生時代から現代にいたる、多くの日本人の典型的な意見である。外国に文化の国がある。そしてその外国で価値ありとされているものは、必ず価値がある。それをとり入れて何が悪い。むしろそれをとり入れるのが日本の義務であるとする考え方である。このような二千年間にわたる日本人の考え方を、稲目はそこで代表したのである。

そこで稲目が仏教の理論について一言もふれていないのはおもしろい。この仏教というものが、どのような理論をもち、それが当時の日本の状況の中で、どのような意味をもっているかという考察はまったくない。ただそれが外国文明の産物であり、中国や三韓《さんかん》で流行しているならば、どうしてそれをとり入れずにおかれようかというのが彼の意見である。この意見にたいして反対を表明したのが、大連《おおむらじ》物部尾輿《もののべのおこし》と中臣鎌子《なかとみのかまこ》である。

「我が国家《みかど》の、天下《あめのした》に王《きみ》とましますは、恒《つね》に天地社稷《あまつやしろくにつやしろ》の百　八十神《ももあまりやそかみ》を以て、春夏秋冬、祭《ま》拝《つ》りたまふことを事《わざ》とす。方《まさ》に今改めて蕃　神《あたしくにのかみ》を拝《おが》みたまはば、恐るらくは国　神《くにつかみ》の怒《いかり》を致したまはむ」
（『日本書紀』）

この意見のほうが、稲目の意見よりよほど理論的である。宗教はけっしてたんなる文化ではないのである。それは国の政治と密接に関係している。そして日本の政治は、従来より天地社稷《あまつやしろくにつやしろ》百八十神を祀《まつ》ることを根柢《こんてい》としている。しかるに今あらためて外国の神を祀るのは、日本の政治を混乱させることになり、百八十の国神の怒りをまねくであろうというのである。これもまた、先の開明派の意見と同じく、昔から日本にある保守派の意見である。有史以来こうして日本はやってきたのに、今新しい宗教がどうして必要であろうかというのである。

ここで尾輿たちが「恒に天地社稷の百八十神を以て、春夏秋冬、祭拝りたまふことを事とす」といっていることに注意したい。つまりこれは多神論なのである。日本の宗教の特徴を、ここで多神論としてとらえているのである。『元興寺縁起《がんごうじえんぎ》』のほうでは、尾輿たちは「我等が国は、天《あま》つ社《やしろ》・国《くに》つ社の百八神《ももあまりやつかみ》を、一所《ひとところ》に礼《ゐやま》ひ奉《たてまつ》れり。我等が国つ神の御心《みこころ》を恐るるが故に、他国《あだしくに》の神を礼拝《ゐやま》ふべからず」といったことになっている。ここでは日本の宗教の特性がいっそう正しく把握されている。日本では百八の神が一つに統一されているというのである。

おそらくこの百八神の中には、古い縄文時代以来この国にずっと存在していた神もあろうし、また大陸から渡来したと思われる日本の支配者が、昔の故郷からもってきた神もあろうし、またその後、新たに日本でうまれた神も、外国から新しく移入された神もあろう。そういう神々がひとつの調和をつくっている。それは同時に、さまざまな神を祀る多くの氏族たちの調和でもある。それが日本の宗教でもあり、政治でもある。この宗教的、政治的調和が、異国の神の移入によって乱れるにちがいないというのが、この保守派の意見なのである。

おそらく保守派の人たちは、この仏教という宗教が中国や三韓においてさかんであり、それが何かわからないが、とにかく深遠で微妙な教義をもっていて、多数の人の心を魅惑することを聞いていたにちがいない。

この神は、まさに強い威力をもっている神である。この新しい外国産の神は、従来の日本の神々をすべて滅ぼしてしまうにちがいない。従来の神々が不安にさらされる。それは、今までそういう古い神々の力で日本国家において重要な位置を占めていた氏族にとって、自家の成立基盤をゆさぶるような不安を与えたにちがいない。

ここで仏教反対者として、『日本書紀』が物部尾輿と中臣鎌子の名をあげていることは、まことに象徴的である。そして後に、われわれは『書紀』において仏教の反対者としてまた三輪逆《みわのさかう》の名を見いだす。物部氏、中臣氏、三輪氏すべて、宗教によってその権力を得、宗教を自らの氏族の成立基盤におく氏族であった。それゆえ国神《くにつかみ》の怒りとは、国神の信仰を自家の成立基盤とする氏族たちの怒りといいかえてもよいであろう。

こうして国論は二つにわれた。『日本書紀』は国論の二分を語るが、『元興寺縁起』のほうは、この崇仏派は蘇我氏一人であり、他の重臣はすべて排仏派であったとする。『元興寺縁起』のほうが正しいとも考えられるが、『元興寺縁起』のほうは、仏教興隆の功を蘇我氏にひとり占めさせようとするところがあり、必ずしもそれに従うわけにはゆかない。大伴《おおとも》氏などはやはり崇仏派であり、蘇我氏寄りではなかったかと考えられる。

このような国家の大事において、大臣《おおおみ》と大連《おおむらじ》の意見が真っ二つに分かれたので、天皇はその妥協策を考えられた。それは、仏教を蘇我稲目の私的な宗教として許可するという案である。これはいちおう形式的には物部氏などの排仏派の意見を通したことにはなるが、実質的には蘇我氏の崇仏派の意見に従ったものであろう。

　これはもちろん権力者のよくやる妥協案であるが、この仏教伝来にはひとつの副産物が伴ったらしい。疫病の流行である。古今東西、外国文化の移入とともに新しい伝染病が入ってくることがよくある。この場合も、仏教とともに天然痘《てんねんとう》が移入された。『書紀』には「後に、国に疫気《えやみ》行《おこ》りて、民《おほみたから》天残《あからしまにしぬること》を致す」とあるが、『元興寺縁起』には「その時、一年《ひととせ》を隔ててしばしば神の心《いかり》発《おこ》りき」とある。この天然痘の流行は、保守派に絶好の排仏の口実を与えた。仏教を移入したから国神が怒って疫病をはやらせたのである。この新しい神をたたきだせ。排仏派は天皇に奏す。

「昔日《いむさき》臣《やつかれ》が計《はかりこと》を須《もち》ゐたまはずして、斯《こ》の病死《やみしに》を致す。今遠からずして復《かへ》らば、必ず当《まさ》に慶《よろこび》有るべし。早く投げ棄《す》てて、懃《ねむごろ》に後の福《さいはひ》を求めたまへ」

　この抗議にたいする天皇の態度も、『日本書紀』と『縁起』とでは少しちがっている。『縁起』では、ひそかに稲目に改宗をすすめたが、稲目は表面では他臣に従うとも、内面では信仰を捨てないと答えたので、天皇もまた稲目の態度をよしとされたとある。『日本書紀』では、天皇は物部氏の抗議を受け入れたので、役人は仏像を難波《なにわ》の堀江《ほりえ》に流し、寺に火をつけたという。つまり『書紀』では第一回仏教弾圧を欽明十三年の少し後のこととしているが、『縁起』では欽明三十一（五七〇）年の稲目の死後においている。

　これはいったいどちらが正しいのか。第一回仏教弾圧は仏教伝来後まもなくであったか、それとも稲目の死んだ欽明三十一年以後であったか。私は『縁起』の語るように、第一回の排仏を稲目の死後において考えたほうがよいと思う。

欽明朝では、大臣蘇我稲目は実力第一人者である。いくら仏教について意見が異なっているにせよ、その第一人者が生きている間は、彼がもっとも崇拝している仏像を難波の堀江に捨てるわけにはゆかないであろう。またそれは、百済の聖明王にたいしてもたいへん失礼なことになる。この弾圧が起こったのは、やはり権力者の死後まもなく、聖明王もとっくの昔に死んでいたと思われる欽明三十一年以後と考えたほうが自然である。また『書紀』の記事は「後に」とあるのみで、この仏教弾圧の時を書いていない。疫病の記事のついでに弾圧の記事をも書き加えたのであろう。この点についてまだ問題もあるが、ひとまず『縁起』の説をとっておく。

それはとにかくとして、この欽明十三年十月、百済の聖明王の国の運命をかけた文化的プレゼントも、日本の国論を二つに分裂させた上に、副産物として疫病の流行をまねくという思いがけない結果になった。

聖明王の期待にこたえられない日本

日本が軍事力において優位を保っていたのは、倭《わ》の五王の最後の武王・雄略帝《ゆうりやくてい》のころまでで、それからはもう半島を制圧する強い武力を日本はもっていなかった。任那《みまな》の経営が思わしくなかったのは当然であるが、このとき百済《くだら》が日本に期待していたのは、まだ三韓《さんかん》の地にその恐怖の思い出が強く残っていたと思われる日本軍のあの野蛮な軍事力であったのである。

すでにこのとき、日本は海外に兵を出し、まちがいなく戦勝を収めることのできる軍事力をもたなかった上に、国論の分裂と疫病の流行という二重のハンディキャップを背負わされていたとすれば、聖明王《せいめいおう》は日本にたいしてまちがった期待をかけていたことになる。

欽明《きんめい》十四（五五三）年正月の聖明王の再度の派兵要求の使は、上部徳率科野次酒《じょうほうとくそちしなのししゅ》、杆率礼塞敦《かんそちらいそくとん》らからなっている。徳率《とくそち》を長とする点は前と同じで、この使節の重要さを示しているが、この徳率科野次酒というのは、欽明五年二月に任那に使した施徳斯那奴次酒《せとくしなのししゅ》という人物と同一人物にちがいない。欽明五年に施徳《せとく》すなわち八品《はっぽん》の位であった科野次酒が、わずか十年たらずで徳率という四品の位にいたり、この重要な対日本外交使節の長となっているのである。これは異例の出世であるが、このような例は、欽明四年に施徳としてあらわれ、同十五年には達率《だちそち》となっている物部莫奇武《もののべのまがむ》の例にもある。

笠井氏は、科野次酒も物部莫奇武と同じく百済の日系官僚であったと考えている。『隋書《ずいしょ》』「百済伝《くだらでん》」にもあるように、百済は五部、五方に分かれた軍事国家を形成していたけれど、その将には百済人ばかりか、新羅《しらぎ》人、高句麗《こうくり》人、倭《わ》人が多くもちいられていたらしい。「欽明紀《きんめいき》」に多数の日系百済人がでてくるのは、百済のこうしたインターナショナルな性格をもつ軍制にもよろうが、それ以上に、日本と深いコネクションをもっている日系人を使者として送ることにより、対日本外交を有利に展開しようとする考えにもとづいているのであろう。

先の欽明十三年五月の派兵要請の使にも、中部徳率木刕今敦《ちゅうほうとくそちもくらこむとん》に伴って、河内部阿斯比多《かわちべのあしひた》というものが来ているが、河内部阿斯比多は正式な百済の官吏《かんり》ではあるまい。彼は雇われた外交係、あるいは通訳のごときものであろうか。こういう使節では十分百済の意見を日本に伝えることができない。日本人であり、日本の事情にも精通し、日本の宮廷にも知人の多い科野次酒なるものに、一挙に徳率の位を与え、この重要な外交使節の長にしたのであろう。後に百済の使がこの科野次酒のことを有至臣《うちのおみ》といっている。これは天皇に信任の厚い臣という意味であろう。もし科野次酒が文字どおり有至臣であるとすれば、そういう人間をなんとうまく聖明王は利用していることであろう。

今度はもうほうっておくわけにはゆくまい。だからといって軍隊を派遣する意志はない。それでやむなく日本の朝廷は百済に使を出すのである。この使の名もやはり内臣《うちのおみ》とのみあり、ほんとうの名がわからない。それは、この『日本書紀』の百済関係の記事は「百済本記《くだらほんき》」をもとにしたからであり、「百済本記」では百済人の名は正確に記名したが、日本人の名については、はっきり記名しなかったからであろう。

日本の朝廷はこの内臣に良馬二匹、同船《もろきふね》二隻、弓五十張、箭《や》五十具をもたせて次のように伝えたという。

「請《まう》す所の軍《いくさ》は、王《こきし》の須《もち》ゐむ随《まま》ならむ」

派遣する軍隊は、百済王の意志のままにつかえというのであるが、いつ、どれほどの軍隊を送るかは明言していないのである。そればかりか、この日本の内臣は次のようにいったという。

「医博士《くすしのはかせ》・易博士《やくのはかせ》・暦博士《こよみのはかせ》等《ら》、番《つがひ》に依りて上《まうで》き下《まか》れ。今上件《いまかみのくだり》の色《しな》の人は、正に相代《あひかは》らむ年月《としつき》に当《あた》れり。還使《かへるつかひ》に付《さづ》けて相代《あひかは》らしむべし。又卜書《またうらのふみ》・暦本《こよみのためし》・種種《くさぐさ》の薬物《くすり》、付送《たてまつ》れ」

これは別勅《べつちょく》の形になっているが、先の派兵の要求を受け入れるにあたっての日本側の条件を示したとみるべきであろう。継体帝《けいたいてい》のときから百済は多くの学者を日本に送ってきていて、しかも交代制なのである。それはおそらく、できるだけ最新の知識を海外から移入しようとする日本政府の意志によるのである。たえず新しい、しかも一流の学者、技術者の移入、それを日本は百済にたいする軍事的、経済的援助の見返りとして要求してきた。今この百済の非常時にあたって、日本はその約束の実現を迫っているのである。

ところがこういうゆっくりしたペースでは、とてもこの危急にそなえることができない。そうしているうちに、新羅はだんだん百済の地を奪いとってゆく。『日本書紀』には、欽明十三年の項に「是《こ》歳《とし》、百済、漢城《かんじやう》と平壌《へいじやう》とを棄《す》つ。新羅、此に因りて、漢城に入り居《を》り。今の新羅の牛頭方《ごづはう》・尼弥方《にみはう》なり」とあるが、『三国史記《さんごくしき》』では、この事件を翌五五三年七月のこととしている。次の記事からみても、『三国史記』のほうがより正しいように思われるが、いずれにしても日本との間に、暖簾《のれん》に腕押しするような交渉を続けているうちに、状況がどんどん悪化していったと思われる。

その五五三年の八月、再び百済から急便の使が手紙をもって来る。もしも漢城が落ちたのが七月とすれば、ただちに使が来たわけである。使者は上部奈率科野新羅《しやうほうなそちしなのしらき》、下部固徳汶休帯山《かほうことくもんきゆうたいせん》とある。科野新羅というのは、先の使・科野次酒の息子か弟ではないかと思う。父あるいは兄は日本の朝廷から返事をもらえず、まだ帰って来ない。その父あるいは兄に、息子あるいは弟をつけ、どうでも援軍を連れて来ようというわけである。

この手紙の内容は「先に内臣徳率次酒《うちのおみとくそちししゆ》を遣わし派兵を要請したが、まだ返事はない。よき知らせを待つこと春草の甘雨《かんう》を仰ぐがごとくである。ところで今年一つのニュースが入った。新羅と高句麗とが『今百済と任那が日本にしきりに軍兵を乞うて、わが国を討とうとしている。事実ならば国の滅ぶことは確実である。それで、日本の軍兵が来る前に安羅《あら》を討ちとって、日本の路を絶とう』と相談しているという知らせを聞いた。どうか、一日も早く秋までには軍隊を出してほしい。この軍隊の衣《い》糧《りよう》を、われわれは十分配慮したい。とくに任那の日本府は的臣《いくはのおみ》の死以来、指導者はいない。的臣はすぐれた指導者で、庶《もろもろ》の務《まつりごと》をつとめて海外の国はそれを感謝している」というものであった。さらに続けて次のようにいった。

「今任那の事、誰か修治《をさ》むべき。伏して願はくは、天慈《みうつくしび》をもて速《すみやか》に其の代《かはり》を遣《まだ》して、任那を鎮めたまへ。又復《またわたのほか》海表の諸の国《もろもろ》、甚だ弓馬乏《ゆみうまとも》し。古《いにしへ》より今に迄《いた》るまでに、天皇《すめらみこと》に受けたまはりて、強敵《こはきあた》を禦《ふせ》けり。伏して願はくは、天慈をもて多く弓馬を貺《たま》はしめよ」

この的臣なるものは、先に聖明王が親新羅派のゆえをもって、しきりに罷免《ひめん》を要求した人物である。それを忘れてしまったかのように、聖明王は的臣の功績をほめたたえ、その代わりを遣わしてくれと願う。

日本の政府は、このような再三にわたる百済の派兵要請に、やっとこの年の秋になって、「来年の一月には兵を出そう」という答えを与えた。科野次酒は喜び勇んで日本を発《た》って、その年の十一月四日に百済に着いた。

娘を政略結婚させた聖明王

ところが『三国史記《さんごくしき》』と『日本書紀』は、その年(五五三)の十月のこととして、聖明王《せいめいおう》の娘と息子についての重大な事件を報告している。

『三国史記』のほうには、この年の十月、百済王《くだらおう》の娘が新羅王《しらぎおう》の小妃《しょうひ》になったことが「百済本紀《くだらほんぎ》」、「新羅本紀《しらぎほんぎ》」に記載されている。この十月は、明らかに聖明王が新羅にたいする徹底的な反撃を期し、しきりに日本に派兵を要求し、今か今かと日本軍の到着を待っていたときである。そしてこの反撃計画は翌年になって、日本軍の来援とともに実現される。そういう時期に、なぜ聖明王は新羅の真興王《しんこうおう》にわが娘を嫁がせたのか。そのねらいは、新羅の歓心を買い、新羅を油断させておいて、不意の攻撃をかけようとするにあると思われる。

王女は、この聖明王のマキアベリズムの道具につかわれたのであろう。聖明王は百済人に聖王《せいおう》と称された人である。おそらくわが子にたいしても人一倍強い愛情をもっていたのであろう。この聖明王すら、わが娘をみすみすこのような政略の犠牲にしなければならないのである。

『三国史記』が語る、この王女の嫁入りは十月のことであるが、『日本書紀』は同じ月のこととして聖明王の長男・余昌《よしょう》に関する話を載せている。余昌は多くの百済の国の兵を連れて高句麗《こうくり》に行き、戦って大いに勝利を得たというのである。

この話は軍記物のような語り口で語られているが、学者の多くは事実であるかどうかを疑っている。なぜなら『日本書紀』によると、新羅が漢城《かんじょう》と平壌《へいじょう》を奪いとったのは前年のことであり、『三国史記』は、新羅が漢城および平壌の含まれる百済の東北部を奪いとって、新州を置いたのを、その年の七月のこととしているからである。いずれにしてもそのとき、漢江《かんこう》流域はすでに新羅の領土となり、したがって高句麗と百済の間には新羅の領土があり、百済は高句麗と直接国境を接していなかったと思われる。とすれば、百済が高句麗を攻めるには海路によらないかぎり不可能であり、『日本書紀』に語られるようなことが起こるのは困難である。

この記事は、他の記事のように「百済本記《くだらほんき》」によったのではあるまい。語る調子が軍記物風であり、他の部分とちがう。私はこの話は、次に語られる聖明王の死の話の伏線としての話であり、おそらく聖明王の死の話と同じ史料によったのではないかと思う。

とにかく百済は、日本から派兵オーケーの返事をもらった。二年ぶりで得た色よい返事である。聖明王はじめ百済の君臣が喜んだのは当然である。首を長くして百済は日本の兵を待っていたが、いっこうにやって来ない。

欽明十五(五五四)年正月、再び百済の使が筑紫《つくし》にやって来た。すでに朝廷は佐伯連《さえきのむらじ》を遣わして、九州で兵を集めていたのであろう。その佐伯連に使は訊く、「正月に兵がやって来るといったがほんとうに来るのか、そしてその数はいくらか」。佐伯連は、勅《みことのり》を奉《うけたまわ》って「助けの軍の数は一千、馬百匹、船四十隻」と答える。この援軍の数は、いかにも少ない。先に聖明王が日本に要求した軍隊の数は五千である。おそらく応神《おうじん》、仁徳《にんとく》朝には何千、あるいは万を超す大軍が朝鮮半島におしよせたのであろう。日本の軍事力が衰えたとはいえ、五千や一万の兵を送れないはずはない。

日本には百済の危機感がピンとこないのである。危機にさらされているとしても、それは日本本土ではなく、任那《みまな》にある植民地なのである。またおそらく日本の朝廷の一部には、百済がいうほどには任那の植民地は危機にさらされていないのではないかという考えがあったであろう。兵を出す意志がないのか、兵を出す力がないのか、とにかく軍一千、馬百匹、船四十隻というのが、そのときの日本が百済に示すことのできた最大の誠意であった。

その年の二月、百済は下部《かほう》杆率《かんそち》将軍《しようぐん》三貴《さんき》、上部《しようほう》奈率《なそち》物部烏《もののべのかく》らを遣わして、再び兵を乞うた。約束の正月をすぎても兵が来ないので再三の催促をしたのであろう。このときのことが『日本書紀』の記事には次のようにある。

仍《よ》りて徳率《とくそち》東城《とうじやう》子《し》莫古《まくこ》を貢《たてまつ》りて、前《さき》の番《つがひ》奈率《なそち》東城《とうじやう》子《し》言《ごん》に代ふ。五経《ごきやう》博士《のはかせ》王柳貴《わうりうくゐ》を、固徳《ことく》馬丁安《めちやうあん》に代ふ。僧曇慧《ほふしどむゑ》等《ら》九人《ここのたり》を、僧道深《ほふしだうじむ》等《ら》七人《ななたり》に代ふ。別《こと》に勅《みことのり》を奉りて、易博士《やくのはかせ》施徳《せとく》王道良《わうだうりやう》・暦博士《こよみのはかせ》固徳《ことく》王保孫《わうほうそん》・医博士《くすしのはかせ》奈率《なそち》王有㥄陀《わううりようだ》・採薬師《くすりかりはかせ》施徳《せとく》潘量豊《はんりやうぶ》・固徳《ことく》丁有陀《ちやううだ》・楽人《うたまひのひと》施徳《せとく》三斤《さむこん》・季徳《きとく》己麻次《こまし》・季徳《くゐとく》進奴《しんぬ》・対徳《たいとく》進陀《しんだ》を貢る。皆《みな》請《まう》すに依りて代ふるなり。

これは前年の六月に百済に行った内臣《うちのおみ》が示した要求を実現したものであろう。東城《とうじよう》子《し》莫古《まくこ》というのは、おそらく東城王の血を引く王族であり、人質として日本に連れて来られたのであろう。東城子言《しごん》のほうは欽明八年、最初の派兵の要請のときに人質として日本に連れて来られた。その人質・東城子言を、おそらく同じ東城王の血を引く、より位の高い東城子莫古と交換する。そして五経博士《ごきようのはかせ》その他を交換するわけである。その中にある、僧・曇慧《どんえ》ら九人を僧・道深《どうじん》ら七人にかえたという記事に注意してほしい。ここで僧も五経博士や易博士《やくのはかせ》や暦博士《こよみのはかせ》や医博士《くすしのはかせ》などと同じく、派兵の交換として百済から献上された一つの文化財とみなされているのである。

ここで百済へ帰った道深らはいったいいつ来たのか。欽明十三年の仏教伝来のときとしか考えようがない。『日本書紀』の仏教伝来の記事には彼らのことは記されていないが、やはり『法王帝説《ほうおうていせつ》』が語るように、僧もまたこのとき献上されたとみるべきであろう。

派兵の要請は欽明八年から数えて八回め、強い要請のあった欽明十三年五月から数えても五回めである。この八回めの杆率将軍三貴の来朝の後に、やっと日本は援軍を百済に派遣したのである。それはけっして偶然ではない。つまりここで日本は、十分な文化的代償をとっておいて、はじめて兵を送ったのである。

百済が遣わした五経博士・王柳貴《おうりゆうき》らは、祖国でもトップクラスの学者や僧であったにちがいない。おそらくその中には梁《りよう》の国からの帰化人や、あるいは梁に学んだ多くの百済人が含まれていたであろう。

日本政府はそれらの交換物資を受けとり、その量と質を吟味した後に軍を派遣しているのである。かくて百済の使は三月一日に帰り、日本の軍は五月三日に百済に着いた。わずか一千の軍であるが、日本軍の到着を待ちかまえていた百済軍にとって、これは大きな喜びであった。百済が積年の恨みをはらそうと、新羅にたいする大攻勢にでたのは当然である。

大敗北をまねいた百済の大攻勢

この百済《くだら》軍の新羅《しらぎ》にたいする大攻勢の日についても、『三国史記《さんごくしき》』と『日本書紀』にくい違いがある。『三国史記』ではそれを五五四年七月のこととしているのにたいして、『日本書紀』ではそれを同年の十二月のこととしている。

『日本書紀』によれば、冬十二月、百済は下部杆率汶斯干奴《かほうかんそちもんしかんぬ》を遣わして表《ふみ》を奉《たてまつ》った。この表には、天皇が軍を百済に派遣したことを感謝するとともに、この緒戦の戦勝を報告して、新羅だけならば今の軍隊で十分であるが、新羅と高句麗《こうくり》が力を合わせている、だからもっと兵を増強してほしいとのことが書かれていた。

百済はこの増兵要求の最初から、新羅と高句麗が力を合わせて、日本の植民地である任那《みまな》と百済を滅ぼそうとしているから、援軍を頼むといってきている。しかしこのとき、物質的、精神的支援はとにかく、高句麗は直接に新羅に援兵を派遣していない。また当時、もっとも強い危機を感じていたのは、任那よりむしろ百済であろう。聖明王《せいめいおう》はこういうことを隠して、もっぱら新羅と高句麗が共謀し、任那を陥れようとしていることを強調することによって、日本から一人でも多くの軍隊を送らせようとしているのである。

この百済の使の表の中に、

「而《しかう》して天 皇《すめらみこと》の遣せる有至臣《うちのおみ》、軍《いくさ》を帥《ひき》ゐて、六月《みなづき》を以て至来《まうけ》り。臣等《やつこら》、深く用て歓喜《よろこ》ぶ。十二月《しはすの》九日《ここのかのひ》を以て、斯羅《しらき》を攻めに遣《や》りつ。臣《やつこ》、先づ東方 領 物部莫奇武 連《とうはうのあづかりもののべのまがむのむらじ》を遣りて、其の方の軍《いくさ》士《びと》を領《ゐ》て、函山城《かむむれのさし》を攻めしむ。有至臣が将《ゐ》て来《いた》る所の民 竹斯物 部莫奇委沙奇《おほみたからつくしのもののべのまがわさか》、能《よ》く火箭《ひのや》を

射る。天皇の威霊《かしこきみたま》を蒙《かうぶ》りて、月《このつき》の九日《ここのかのひ》の酉時《ゆふべ》を以て、城《さし》を焚《や》きて抜《ぬきと》りつ。故《かれ》、単使《ひとへつかひ》・馳《とき》
船《ふね》を遣《まだ》して奏聞《まう》さしむ」

という言葉がある。

日本の軍隊が百済に着いたのは五月三日のことである。六月には百済の軍と合流したのであろうか。大攻勢はそれからまもなくはじまったと考えると、やはり七月という『三国史記』の説のほうが正しいのではなかろうか。また五月に着いた派兵の礼の使が十二月に来るというのは、いささか遅すぎる。十二月九日というのは七月九日の誤りなのであろうか。

ここで聖明王は、この戦いにおける日本人および日系百済人の活躍を強調している。函山城《かんざんじょう》――『三国史記』には管山城《かんざんじょう》とある――を攻めた一方の大将は百済の日系官僚物部莫奇武《もののべのまがむ》である。そしてその城攻めに筑紫《つくし》の物部莫奇委沙奇《まがわさか》というものが火箭《ひのや》をつかって大いに活躍した。すなわち天皇の威霊のおかげで城を抜きとったというのである。

これは日本軍の活躍を強調することによって、より多くの援兵を派遣させようとする聖明王のレトリックであろう。しかし、たしかに緒戦は百済の勝利であった。『三国史記』の「新羅本紀《しらぎほんぎ》」にも、

（真興王《しんこうおう》）十五年秋七月、明活城《めいくわつじやう》を修築す。百済王・明禯《めいじよう》、加良《から》とともに来りて、管山城《くわんざんじやう》を攻む。軍主・角干《かくかん》の于徳《うとく》・伊飡《いそん》の耽知《たんち》など、逆《むか》へ戦へども利を失ふ。

とある。管山城は忠清北道の南にある。角干《かくかん》は新羅の一等官、伊飡《いそん》は二等官であり、この新羅の大将軍二人が迎えうったが、敗北したというのであろう。

この新羅の敗勢を挽回《ばんかい》したのは、新州の軍主・金武力《きんむりよく》であった。金武力は、前年新羅が百済から奪いとった漢城《かんじよう》や平壌《へいじよう》のある新州の軍主に任命されたばかりであった。彼は五三二年に新羅に降《くだ》っ

た金官加羅《こんかんから》の仇亥王《きゆうがいおう》の子であり、百済と高句麗を滅ぼし、三韓を統一した新羅建国の英雄・金庾信《きんゆしん》の祖父なのである。

新州の軍主・金武力、州兵を以て之《これ》に赴《おもむ》き、交戦に及ぶ。裨将《ひしやう》、三年山郡の高干《かうかん》の都刀《とたう》、急に撃ちて百済王を殺す。

急を聞いて金武力は新州、いわば新しい領土を守る軍隊をひき連れてかけつけた。新州はもとより軍事的な第一線、そこには強い軍隊が配置されていたのであろう。この軍隊の副将に高干《こうかん》の都刀《ととう》というものがいた。高干というのは外位（地方官の位）の三番めであり、京位（中央官の位）になおせば九位の級伐飡《きゆうばつそん》にあたる。どうしてこの都刀が聖明王を殺したのか。

「百済本紀《くだらほんぎ》」に次のようにある。

（聖明王）三十二年秋七月、王、新羅を襲はんと欲し、みづから歩騎五十《ほきごじふ》を帥《ひき》ゐて、夜、狗川《こまがは》に至る。新羅、伏兵を発してともに戦ふ。乱兵《らんぺい》の害するところとなりて、薨《こう》ず。諡《おくりな》を聖《せい》といふ。

管山城を攻めとった聖明王はこの戦勝に気をよくし、新羅の軍に夜戦をかけようとしたのであろう。不意をついて新羅を攻めようとするのは、日本に出した手紙にはじめから示されている聖明王の意志であった。ここで、このような意志が不用意にあらわれた。それにしても一国の王が、わずか五十の歩兵と騎兵を率いて、夜、襲撃をかけるとは軽率のそしりをまぬがれえない。

息子の身代わりになった聖明王

この兵を伏して待っていたのが、先の「新羅本紀《しらぎほんぎ》」にある三年山郡の高干《こうかん》の都刀《ととう》なのであろう。「百済《くだら》本紀《ほんぎ》」には「乱兵《らんぺい》の害するところとなり」とあるが、とにかく一代の王・聖明王《せいめいおう》たるものがあっけない最期をとげたものである。

　ここにおいて、諸軍、勝《かち》に乗《じよう》じて、大いに之《これ》に克《か》つ。佐平《さへい》四人、士卒《しそつ》二万九千六百人を斬る。匹馬《ひつば》、反《かへ》る者なし。　（「新羅本紀」）

王が殺された。全軍の士気が衰えるのは当然である。新羅の大勝利、左（佐）平というのは百済の最高の官位で定数は五人である。五人のうち四人までが殺されたというわけであろうか。殺された士卒の二万九千六百人というのも、ものすごい数である。百済の精鋭部隊のほとんどはここに壊滅《かいめつ》したとみなければならぬ。この二万九千六百人の中に、安羅《あら》の軍隊とともに日本から派遣された千人の軍隊の多くが含まれていたことはまちがいない。

『日本書紀』は先ほどの欽明《きんめい》十五年十二月の百済の使の記事の後に、次のような話を載せている。

　余昌《よしやう》、新羅を伐《う》たむことを謀《はか》る。耆老《おきなども》諫《あさ》めて曰はく、「天未《あめいま》だ与《くみ》せじ。懼《おそ》るらくは禍《わざはひ》の及ばむことを」といふ。余昌曰はく、「老《おきなども》、何ぞ怯《つたな》き。我大国《やまと》に事《つか》へまつる、何の懼るることか有らむ」といふ。遂に新羅国に入りて、久陀牟羅塞《くだむらのそこ》を築《つ》く。其の父明王《かぞめいわう》憂へ慮《おもひはか》らく、余昌長く行陣《いくさ》に苦みて、久《ひさ》に眠食《いねものくらふこと》を廃《や》む。父《かぞ》の慈《うつくしび》闕《か》くること多く、子の孝《みさを》成ること希《まれ》なりとおもふ。乃ち自《みづか》ら往き迎へて慰労《ねぎら》ふ。新羅、明王親《みづか》ら来ると聞きて、悉《ことごとく》に国中《くにのうち》の兵《いくさ》を発《おこ》して、道を断《さいぎ》りて撃ち破りつ。是の時に、新羅、佐知村《さちすき》の飼馬奴《うまかひやつこ》苦都《こつ》に謂《かた》りて曰《い》はく、「苦都は賤しき奴なり。明王は名ある主《こきし》なり。今賤しき奴をして名ある主を殺さしむ。冀《ねが》はくは後世《のちのよ》に伝りて、口に忘るること莫《な》けむ」といふ。已《すで》にして苦都《こつ》、乃ち明王を獲《え》て、再拝《をが》みて曰《まう》さく、「請ふ、王《こきし》の首《かしら》を斬りまつらむ」とまうす。明王対《こた》へて曰はく、「王の頭は奴が手に受くべからず」といふ。苦都が曰さく、「我が国の法《のり》は、盟《ちか》ふ所に違背《たが》はば、国王《くにのこきし》と曰ふと雖《いへど》も、当《まさ》に奴が手に受くべし」

とまうす。明王、天《あめ》に仰ぎて、大きに息《なげ》き涕泣《いさ》つ。許諾《ゆる》して曰はく、「寡人《おのれ》念《おも》ふ毎に、常に痛きこと骨髄《ほね》に入らむ。顧計《はか》るに苟《いやしく》も活くべからず」といひて、乃ち首を延べて斬らる。苦都、首を斬りて殺しつ。坎《あな》を掘りて埋《うづ》む。

これは先ほどの話と同じく軍記物調あるいは講談調である。ここでは聖明王の死の原因を、王自身の軽率のせいにしようとせず、息子・余昌の無謀と聖明王の子どもへの愛のせいにしている。余昌は先年の高句麗《こうくり》にたいする戦勝によっておごっていたのであろう。老臣のいましめも聞かずに敵中深くすすんで危地に陥った。父は息子の危急を知り、あえて危地におもむいた。聖明王はそのとき、次のように語ったという。「余昌長く行陣に苦みて、久に眠食を廃む。父の慈闕くること多く、子の孝成ること希なり」。これはいかにも、晩年、心ならずも戦争に明け暮れた仏教信者の聖明王にふさわしい言葉である。

　仏教信者の聖明王が、好んで戦争をしたとは思えない。戦争は彼にとっていとわしいことであるが、それはまた百済復興の悲願を、父の武寧王《むねいおう》から受け継いだ彼の義務でもあった。彼はその義務に重い心で耐えていたにちがいない。自分はまだしかたがない。息子はどうか。かわいそうに息子の余昌は、戦乱に明け暮れて、十分に寝食をとるひまもない。父としての慈悲をこの息子にそそいだことはあまりない。おそらく、このそそぎたりなかった慈悲を十分そそぐ機会を、父はこのとき見いだしたのであろう。父はあえて死地におもむき、子にかわって死ぬのである。これは、まさに慈悲をもっとも高い徳とする宗教である仏教の信者にふさわしい話である。とすれば聖明王は、まことにこの王にふさわしい慈悲にあふれた仏教的な死に方をしたことになる。

『日本書紀』の描く聖明王の死の場面も、あまりに悲劇的である。『日本書紀』によれば、聖明王は新羅の佐知村の飼馬奴《うまかいやつこ》苦都《こつ》なるものに殺された。この苦都なるものは、『三国史記《さんごくしき》』でいう新羅の新州軍の副将で高干《こうかん》の位にある三年山郡の都刀《とどう》と同一人物であろうか。高干というのは外位であるが、京位では九番めの級伐飡《きゅうばつそん》にあたり、そんなに低い位ではない。

私は『日本書紀』のほうに脚色があると思う。それは王の死をいかにも悲劇的に見せかけようとする脚色である。王とこの苦都なるものの対話も、またひとつの文学をなしている。苦都は聖明王を捕らえながら、王に「請ふ、王の首を斬りまつらむ」と頼んでいるのである。そして聖明王の拒否にあい、聖明王が新羅との約束をやぶって攻めて来たという理由でもって聖明王を説きふせ、その許可を得て聖明王の首を斬っている。

王が天を仰ぎ首をのばして斬られるところは、一幅のみごとな画である。しかし『日本書紀』の編者は、とくに「欽明紀《きんめいき》」の編者に多いことであるが、表情や告白の場面などの言葉を多く中国の古典から借りてきている。聖明王の最期の言葉もまた、『史記』の「荊軻伝《けいかでん》」の樊於期《はんおき》の語った言葉をそのままとっている。「寡人念ふ毎に、常に痛きこと骨髄に入らむ。顧計るに苟も活くべからず」という言葉は、「於期《おき》、天を仰ぎて、太息流涕《たいそくりゅうてい》して曰く、於期之《これ》を念《おも》ふ毎に、常に骨髄《ほね》を痛ましき、顧計《こけい》するに、出づるところを知らず」という言葉からとっている。

樊於期は秦《しん》の将軍であるが、秦王に追われて趙《ちょう》に亡命した。これはこういうのがれようのないわが身を嘆いた言葉であるが、樊於期は荊軻の説得によって自ら首をはねて死ぬ。のがれようもない運命に陥った点と首を斬られた点に、二人の運命の共通性を見て、この言葉を借用したわけであるが、それを、状況のちがっている聖明王の言葉にそのままもちいたために、いったい聖明王は何をいおうとしたのか、意味がまったく不明瞭になっている。

これは文学的修飾のゆきすぎであろう。この一連の聖明王の死についての記事も、やはり聖明王の死を惜しむための文学的創作であろうと思う。それは文学的には真実であろうが、事実は、『三国史記』が書いているようなことであったであろう。私は『日本書紀』の「欽明紀」の編者は、聖明王にたいする深い愛情をもっていると思う。あるいはその編者は、百済の亡命者、あるいはひょっとしたら、王の血を引く人であったかもしれない。

『日本書紀』は、この記事の後に余昌が窮地に陥ったが、筑紫国造《つくしのくにのみやつこ》という者の助けで、間道《かんどう》より逃げ帰ったという話と、新羅は余勢をかって百済を滅ぼそうとしたが、日本を恐れて滅ぼさなかったという話を載せている。前者は事実かもしれないが、後者は手前みその感をまぬがれない。

この五五四年の戦いは、百済の存立を脅かすほどの大敗戦であった。おそらくそれは、蓋鹵王《こうろおう》のときに高句麗に都・漢城を落とされて以来の大敗戦であろう。そしてこの大敗戦の責任の大部分は、聖明王その人が負わねばならない。

興味深い稲目と王子・恵の敗戦問答

聖明王《せいめいおう》の死の翌年、欽明《きんめい》十六（五五五）年二月、百済《くだら》の王子・余昌《よしょう》が弟の王子・恵《けい》を日本に遣わして、聖明王の死を報告した。このとき朝廷を代表して難波《なにわ》にとどまる王子・恵のところへ弔問《ちょうもん》に行った蘇我臣《そがのおみ》――たぶん稲目《いなめ》であろう――と王子の間に、次のような興味深い問答が交わされた。

俄《しばらく》ありて蘇我臣、問訊《とぶら》ひて曰はく、「聖王《せいわう》、妙《たへ》に天道地理《あめのみちつちのことわり》を達《さと》りて、名、四表八方《よもやも》に流《し》けり。意謂《おも》ひしく、永《ひたぶる》に安寧《やすらけきこと》を保ちて、海西《わたのにし》の蕃国《となりのくに》を統《す》べ領《をさ》めて、千年万歳《ちとせよろづとせ》、天皇《すめらみこと》に奉事《つかへまつ》らむとおもひき。豈図《あにはか》りきや、一旦《にはか》に眇然《はるか》に昇遐《わか》れて、水と与《とも》に帰ること無くして、玄室《くらきや》に安みせむとは。何ぞ痛きことの酷《から》き。何ぞ悲しきことの哀《あから》しき。凡《おほよ》そ在含情《こころあるもの》、誰か傷悼《いたみ》せざらむ。当復《はた》、何の咎《とが》ありてか茲《こ》の禍《わざはひ》を致す。今復《また》、何の術《みち》を用てか国家《くに》を鎮めむ」といふ。恵《くゑい》、報答《こた》へて曰《まう》さく、「臣《やつかれ》、禀性《ひととなり》愚蒙《くら》くして、大きなる計《たばかり》を知らず。何に況《いはむ》や、禍福《わざはひさいはひ》の倚《よ》る所、国家《くにいへ》の存《たも》ち亡びむことをや」とまうす。

(『日本書紀』)

恵の言葉は、日本という大国の大臣《おおおみ》に遠慮しての謙遜《けんそん》した返事でもあろうが、この若き王子としても、父の突然の死に面くらって、敗戦の原因、今後の国家の方向について十分思慮をめぐらすほどの余裕もなかったのであろう。

このような自信なげな敗戦国の王子の答えに、多少調子にのって稲目はいう。

「昔在《むかし》、天皇《すめらみこと》大泊瀬《おほはつせ》の世《みよ》に、汝《いまし》の国、高麗《こま》の為に逼《せ》められて、危《あやふ》きこと累卵《かさなれるかひご》よりも甚し。是に、天皇、神祇伯《かむつかさのかみ》に命《みことのり》して、敬ひて策《はかりこと》を神祇《あまつやしろくにつやしろ》に受けしめたまふ。祝者《はふり》、廼《すなは》ち神の語《みこと》に託《つ》けて報《まう》して曰《まう》さく、『邦《くに》を建てし神を屈請《つつしみいま》せて、往きて亡びなむとする主《にりむ》を救はば、必ず当《まさ》に国家《くに》謐靖《しづま》りて、人物《おほみたから》乂安《やす》からむ』とまうす。是に由りて、神を請《ま》せて往きて救はしめたまふ。所以《かれ》、社稷《くに》安寧《やすらか》なりき。原《たづねみ》れば夫れ、邦を建てし神とば、天地割《あめつちひら》け判《わか》れし代《よ》、草木《くさき》言語《ものがたり》せし時に、自天《あま》降来《くだ》りまして、国家《くに》を造り立てし神なり。頃《このごろ》聞く、汝《いまし》が国、輟《す》てて祀らずと。方《まさ》に今、前《さき》の過《あやまり》を悛《あらた》めて悔いて、神の宮を修《つくろ》ひ理《をさ》めて、神の霊《みたま》を祭り奉らば、国昌《くに》盛《さか》えぬべし。汝《いまし》当《まさ》に忘るること莫《なか》れ」

聖明王の死は、日本の朝廷にとって、とりわけ聖明王と親しかったと思われる稲目にとって、はなはだショックであった。王はその勇名が国の内外にとどろいている名君である。その名君がいるかぎり百済は安泰だと日本は思っていたのである。この敗戦と王の死は、まことに意外であった。何がいったいこの敗戦の原因なのか、そして今後どのような政策によって、百済をたて直そうとするのか。

ここで大泊瀬の世というのは、雄略《ゆうりやく》天皇の御世、百済が高句麗《こうくり》に攻められて、都・漢城《かんじょう》を落とされて、熊津《ゆうしん》に遷都したときのことをいう。『日本書紀』には雄略二十年に、このときのことが記されていて、このときは百済が日本の軍事的援助によって亡国の運命をまぬがれたという。

このとき雄略天皇が祝者《はふり》に命じて占わせたところ、建国の神を祀れば、国は安らかであろうと答えたので、「神を請せて往きて救はしめ」たところ、百済は助かった。その「邦を建てし神」とは「天地割け判れし代、草木言語せし時に、自天降来りまして、国家を造り立てし神」であるという。この神は今は捨てられ祀られない、それが百済の亡国の原因であるので、前の過《あやま》ちを悔い改めて、神の宮を修理して神の霊を祀れば、国が栄えるであろうというのである。

皮肉なことには、国内において仏教の崇拝を主張した蘇我稲目が、百済の王には、仏教渡来以前の神の崇拝をすすめているのである。ここで「邦を建てし神」といわれているのが、日本建国の神か、百済建国の神かよくわからない。文意からいえば、日本建国の神であろうが、雄略天皇のとき、日本の建国の神を百済に祀らせたとしても、その神の崇拝をやめたことが百済滅亡の原因になるというのは、少し非論理的である。「邦を建てし神」というのは、日本とも百済ともかぎらず、一般に国家をつくった神で、国の成立に重要な役割を果たしている神をいうのかもしれない。

稲目の言葉は、表に日本の神を祀らなくなったことを責め、裏に百済の建国の神を祀らなくなったことを、百済滅亡の原因として指摘しているのではないかと思う。それは鋭い指摘である。百済の宗教政策がまちがっていたのである。なぜ古い建国の神、国家を守る神の崇拝が衰えたのか、それは仏教が流行したためである。聖明王が仏教に夢中になり、古い建国の神の崇拝をおろそかにしたからである。

ここで蘇我稲目は、仏教という名も、聖明王という名も出していない。聖明王という名を出さないのは、不幸な死をとげたこの哀れな王をあからさまに非難することを避けたためであろうが、古い建国の神を祀らなかったのは、明らかに聖明王の仏教崇拝のせいである。もしも蘇我稲目にかわって物《ものの》部尾輿《べのおこし》をしていわしめるならば、百済滅亡の原因は、聖明王の仏教にたいする耽溺《たんでき》の結果であり、この仏教という軟弱な外来宗教によって百済は滅び、王は死んだのだと、口をきわめて仏教をののしるにちがいない。しかし稲目はそういう見解をとるわけにはいかない。彼はすでに仏教のほうに賭けているのである。政治家というものは、いったん自分の道を選んだからには、もうその道をひき返すことはできない。もしそうしたら、政治家としての彼の権威は崩壊するからである。稲目は仏教を非難するわけにはゆかない。それゆえ聖明王の死と百済の敗北を仏教崇拝のせいにするわけにはゆかない。それで彼が考えたのは、百済は仏教を信じたがゆえに滅んだのではない、むしろ古い建国の神を祀らなかったがゆえに滅んだという答えである。

ここにきてわれわれは、稲目の宗教的立場をはっきり知ることができる。彼は仏教を崇拝することによって、古い神を祀らなくてもよいと考えているわけではない。後の新しい神、仏が、古い神と調和することを信じているのである。新しい神を古い神とともに祀る、それが稲目の宗教についての考え方であろう。その後も蘇我氏はだいたいそのような宗教政策の立場にたつ。蘇我氏の宗教政策を、古い神々の崇拝の否定と考えることはできない。

もしも稲目のいうように、百済の滅亡の原因は、聖明王が仏教を崇拝したことにあるのではなく、むしろ古い神の崇拝を忘れたことにあるとすれば、別に百済の滅亡によって、自己の宗教的立場を再検討しなくともよいことになる。それが稲目の自己防衛策であり、彼はそういう論理を、この敗戦にうちしおれている王子に、ある種の優越感をもって語ったのであろう。たしかにそれによって稲目は、自己の宗教的信念のきびしい検討をまぬがれた。しかしそれによって問題は解決されたわけではない。

二人の王を滅ぼした仏教

仏教は国家にとってはたして有益か否か。仏教はその精神や本質において、何か国家の成立を危うくさせるような、危険な何ものかを秘めているのではないか。

聖明王《せいめいおう》が死んだのは五五四年のことである。彼がおそらく誰よりも崇敬したであろうと思われる梁《りよう》の武帝《ぶてい》が死んでからちょうど五年後である。そしてこのとき、もう梁はほとんど国家の実質を失っていたが、それから三年後、五五七年に滅んで陳《ちん》が興った。

歴代の中国の王の中で、もっとも熱烈な仏教信者であり、その徳において非難さるべき点のないこの武帝は、悲劇の中に死に、そしてその国家は滅んだ。そして今また、この百済《くだら》における武帝といわれた令名高い聖明王も、国家の滅亡をまねく大敗をこうむり、まことに悲惨な死に方をした。この二人の王を滅ぼしたものは仏教ではないか。とすれば、国家にたいして仏教がいかに有害であるかの証拠として、この二人の王の例は十分ではないか。仏教はその本質において反国家的な宗教であり、仏教を信ずる国王は、すべて二人の王の例のごとく、国を滅ぼすことになるのではないか。

梁の武帝の場合については前に述べた。聖明王の場合はどうか。

彼は武寧王《むねいおう》の息子として生まれた。武寧王は『日本書紀』が引用している『百済新撰《くだらしんせん》』という本によれば、蓋鹵王《こうろおう》の弟の昆支《こんき》の子で、日本の筑紫《つくし》の主島《にりむしま》で生まれた。彼は異母弟の東城王《とうじようおう》が殺された後に王となった。『三国史記《さんごくしき》』では、この東城王の次男となっているが、津田左右吉《つだそうきち》は『百済新撰』のほうが正しいという。この武寧王は『三国史記』によれば、「身の長《たけ》は八尺。眉目《びもく》は画の如し。仁《じん》慈《じ》は寛厚《くわんこう》なり。民の心は帰附《きふ》す」とあり、百済中興の名君であった。この王がたって、やっと熊津《ゆうしん》遷都以来、不安定であった政治情勢も安定した。王はしばしば高句麗《こうくり》と戦い、領土を拡大するとともに、巧みな外交交渉により日本から任那《みまな》四県を割譲させ、大いに百済の国威を発揚した。

『梁書《りようしよ》』「百済伝《くだらでん》」に、

ついで、高句驪《かうくり》の破るところとなり、衰弱して年を累《かさ》ね、遷《うつ》りて南韓《なんかん》の地に居る。普通二（五二一）年、王・余隆《よりゆう》（武寧王）、はじめてまた使を遣はして、表《ふみ》を奉《たてまつ》りて称へて、「しきりに句驪を破り、今はじめてともに好《よしみ》を通ず。而《しかう》して百済、更に彊国《きやうこく》となる」と。その年、高祖、詔《みことのり》して曰《のたま》はく、「行都督百済諸軍事鎮東大将軍百済王《かうととくくだらしよぐんじちんとうだいしやうぐんくだらわう》・余隆、藩を海外に守りて、遠く貢職《こうしよく》を脩《をさ》め、迺《なんぢ》の誠款《まこと》を到す。朕《われ》、嘉《よみ》するあり。よろしく旧章《きうしやう》に率《したが》ひて、ここに栄命を授け、使持節都《しぢせつと》督百済諸軍事寧東大将軍百済王《とくくだらしよぐんじねいとうだいしやうぐんくだらわう》たるべし」と。

武寧王はいったん衰えた百済を興し、再び百済を強国にしたという強い誇りをいだいていたのであろう。そしてそれを、彼の主である梁の国王も承認したのである。

一九七一年、韓国の忠清南道《ちゆうせいなんどう》の公州《こうしゆう》、当時の百済の首都があった熊津の北西方、宋山里《そうさんり》というところで武寧王の陵《りよう》が見つかり、発掘された。陵はまったく盗掘されたことのない処女陵で、その中から王および王妃の金の冠飾、銅の鏡など、すばらしい遺物が見つかり、「寧東大将軍百済斯麻王《ねいとうだいしやうぐんくだらしまわう》、年《みとし》六十二歳、癸卯年《みづのとのうのとし》五月丙戌朔七日壬辰《ひのえいぬのついたちなのかのひみづのえたつ》に崩《かむあが》り」という文字の刻まれた誌石が見つかった。

武寧王は梁の武帝に賜った寧東大将軍という称号を誇りにしていたわけである。副葬品にも梁製のものが多かった。ここで斯麻王という名は、『日本書紀』の、彼が日本の主島で生まれたという伝承を思い起こさせる。

昨年（一九七七年）私ははじめて韓国へ行き、この武寧王の墓とその遺物の保存してある公州博物館を見たが、それは予想以上にすばらしかった。とくに興味深かったのは、彼の墓にすでに仏教崇拝をあらわす蓮の花の模様があったことと、晩年、遊興にふけったという伝説を裏づけるかのように、徳利《とくり》と盃《さかずき》が彼の墓の枕の下にあったことである。彼は妃《きさき》とともに葬られたが、この妃は、その歯からみて、三十代であると推定されるという。彼は晩年、酒と女色に溺れ、死後もそういう享楽にふけりたいと思ったのであろうか。

聖明王は武寧王の子であり、父の跡を継いで百済の国威を高め、また梁からすぐれた文化を移入しようとした。『三国史記』には「智識、英邁《えいまい》にして、能《よ》く事を断ず」とある。彼もまたしばしば高句麗と戦い、ついに五五一年には、蓋鹵王のときに高句麗に掠奪《りやくだつ》された旧都・漢城《かんじよう》をとり返したのである。そして例の任那《みまな》をめぐる日本とのやりとりも、父・武寧王の政策を踏襲し、外交的駆け引きによって、任那諸国を百済の勢力下に収めようとする政策によるのであろう。

武寧王の墓（公州）

この二つの政策は、ともにある程度の成功を収めたけれど、聖明王の場合は、父の武寧王の場合と事情が少しちがっていた。たしかに高句麗としばしば戦い、戦いに勝ったが、父の時代とちがって新羅《しらぎ》の力がはなはだ大きくなり、せっかく高句麗から奪いとった領土も、すぐに新羅にとられてしまうという有様であったし、対日外交のほうも、日本は、あの武寧王の巧妙ともいえるが、ずるいともいえる百済の外交に警戒的であり、日本府および任那諸国はすっかり反百済、親新羅的になっていた。こういう状況において、聖明王が対日外交において父・武寧王ほどの成果があげられなかったとしても、無理はないのである。

　また梁文化の移入に関しても、武寧王時代と聖明王時代は事情を異にしていた。父の時代にはまだ梁の武帝が仏教にそんなに夢中にならないころであった。まだ天監《てんかん》の時代（五〇二―五二〇）は武帝は三教のバランスの上にたっていたが、普通《ふつう》（五二〇―五二六）と年号をかえるころになると、例の捨身《しゃしん》がはじまり、武帝の心はすっかり仏教にとらわれてしまっていたのである。武寧王が死んで聖明王が位についたのは普通四年、五二三年であり、梁の武帝の仏教崇拝の熱も高まってきたころである。そういう時代に、もっぱら梁を手本にして梁の武帝のあり方を真似ようとした聖明王が、仏教の熱烈な信者になっていったとしても不思議ではない。

　聖明王のすべての政策は父・武寧王のそれを踏襲したものであったとしても、政治的情勢は父の時代よりはるかにきびしく、また聖明王には父のもたなかった熱烈な仏教信仰がある。しかしこのことが、聖明王をしていっそう悲劇的な存在たらしめたように思われる。

　梁の武帝がまことに仏教的な王でありえたのは、五十年にわたる平和があったからである。仏教において、第一の戒《いまし》めは殺生戒《せっしょうかい》である。それは、すべての生きとし生けるものを殺してはならない、とくに生きとし生けるものの中でもっとも尊い人間を殺してはいけない、殺人は仏教にとってもっとも大きな罪である、と教える。しかし国家と国家とが対立する時代の王たちは、戦争というものを避けるわけにはゆかない。父・武寧王は数回にわたる戦争によって領地を広げ、百済を復興した。かかる時代の王たるものが、どうして戦争というものを嫌うことができよう。一国の国王が戦いをいとうならば、その王とその国は衰亡の道をたどるよりしかたがないのではないか。

聖明王は梁の文化を慕い、五三八年に都を熊津から泗沘《しひ》に遷《うつ》した。このたびの遷都の目的は、軍事的なものではない。もちろん泗沘は、広い錦江《きんこう》がちょうど迂回《うかい》するところ、それゆえ西と南に河をひかえて東を守ればよい。この泗沘の都の東には、長城があり、しかも近くにはいくつかの山城が見つかっている。泗沘遷都はもちろん軍事的な意味もあるが、それ以上に文化的意味をもっている。錦江下流の広い土地に出て、梁の文化をより多く移入し、そこに立派な仏教文化の花香る文化都市をつくろうとしたのである。泗沘から梁の都、建康《けんこう》までは船が通じるのである。聖明王がたびたび梁に使を出し、内外の経典を求めたことは先に述べた。

すべてにおいて聖明王は、父の武寧王の政治を踏襲し、英邁《えいまい》な知能と高い品性によって政治につとめたが、国威がいっこうに盛大にならなかったのはどういうわけか。その原因として彼の仏教への耽《たん》溺《でき》を指摘することができるであろう。仏教によって百済という国を改新しようとしたために、百済を国難から救った剛健な宗教は衰え、国民が柔弱になったことが百済の衰亡の原因ではないか。とすれば聖明王は、国を強くしようとする強い意志と、仏教信者であろうとする強い意志の、本来相反する二つの意志にひきさかれた悲劇的な、あまりにも悲劇的な国王ではなかったか。

私は、聖明王の晩年は持ち前の英邁な知性も乱れがちであったと思う。とくに梁の武帝の死を聞いたときから、彼は急に理性を失ってしまったのではないかと思う。あの無謀としかいえない新羅侵攻策、そして軽率としかいえない夜の奇襲。彼はおのれの存在の深い矛盾に耐えかねて、無意識のうちに甘いタナトスの誘惑に、わが身と百済の運命をさらそうとしていたのであろうか。

『日本書紀』に載せられている聖明王の最期の言葉「寡人念《おのれおも》ふ毎に、常に痛きこと骨髄《ほね》に入らむ。顧計《はか》るに苟《いやしく》も活《い》くべからず」という言葉も、編者が『史記』の言葉をそのままとったために意味がわかりにくいが、もし何らかの意味がそこにあるならば、「私は人生について思索するたびに、いつも痛みが骨髄に入るような苦しみをもった。むしろ早く死んだほうがましだ」ということなのであろうか。聖明王の中には、とくに晩年の聖明王の中には、何か深いニヒリズムのようなものが存在していたように思われる。彼にとって生というものは、耐えがたい何ものかであったのではないか。

かくてこの哀れな王は、自国をほとんどたちあがれないほどの滅亡の深淵《しんえん》に沈めて、死んだ。それにもかかわらず、その国民が王を聖王《せいおう》と名づけたのは、王の中によほど国民の心をひきつける何ものかがあったからではないかと思う。彼もまた、梁の武帝のごとくあまりに有徳すぎるがゆえに自らも滅び、国を滅ぼした国王だったのかもしれない。

仏教に熱中した梁と百済の二人の国王は、数年をへだてて悲劇的な死をとげた。仏教というものは国家に災いする宗教ではないか。この問いは、いよいよ真剣に問われなければならない。日本におけるもっとも熱烈な仏教信者である蘇我稲目《そがのいなめ》は、百済の衰亡を仏教崇拝のせいにせず、建国の神の崇拝を怠ったせいにした。そう考えることによって、彼にとってけっして好ましくない問いを、根本的に問うことを中止した。しかしこの問いは、彼の曾孫《そうそん》の聖徳太子においてまた真剣な問いとなるのである。

任那滅亡をまねいた日本のなりゆき外交

私はこの聖明王《せいめいおう》の大攻勢は、彼の心に巣くうニヒリズムがなさしめたデスパレートな、無謀な行動であると思うが、それを支援した日本の外交もはなはだまずいと思う。ここでも日本外交は、まったく主体性を欠いている。

百済《くだら》の援兵の要請にたいしてははなはだ消極的でありながら、結局、百済にひきずられているのである。ほんとうは兵を出す気もなく、戦いに勝つ自信もないのに、わずかな文化的代償によって、ついに兵を出さねばならぬはめに陥っている。しかもその派兵の遅延の弁解に、兵をどのようにつかってもよいなどという言質《げんち》を与えてしまう。どんなに兵が少なくても、もしも他の国と一緒に兵を出せば、それはその国にたいして宣戦を布告したことになろう。兵を出すとは、それが、どのような戦争のために、どのようにもちいられるかということをよく吟味しなければならない。「欽明紀《きんめいき》」を読むかぎり、このような吟味がなされた跡はない。ただなりゆき上、出したくないのに兵を出して戦争にまきこまれ、大敗戦を喫したというふうである。

私はこの出兵が、この年から八年後、欽明二十三（五六二）年の任那《みまな》の滅亡の直接的原因になっていると思う。任那諸国および日本がはっきりと新羅《しらぎ》に侵入したとすれば、逆に新羅が任那に侵入することが、どうして悪いのか。私は、欽明朝のはじめの任那日本府の役人のとってきた親新羅政策が、まだしも任那の滅亡を遅れさせることができたのではないかと思う。

なお、ここで日本から百済に送った一千の軍の多くは帰らなかったと思われるが、この軍隊のほとんどは筑紫《つくし》の民なのである。今日、福岡県から熊本県にかけて、多くの装飾古墳がある。この装飾古

「天の鳥船」（復元模写　福岡県珍敷塚古墳）

墳は、五世紀から七世紀にかけて朝鮮半島をかけめぐった武人のつくったものと考えられるが、この模様が後期になると、だんだん具象的になって、ちょうどこの時代と思える古墳には、おそらく死者の霊を意味するであろう鳥が船に止まっているというような画が多い。九死に一生を得て帰った勇士たちは、死んだ仲間の追憶を地下の石の中にとどめたのであろうか。

百済はこの敗戦によって、手ひどい打撃をこうむる。『日本書紀』は、この一年後の欽明十六（五五五）年のこととして、百済の余昌《よしょう》が出家をしたいと申しでて、百済の臣らにいさめられて思いとどまり、そのかわりに百人を出家せしめて、聖明王の菩提《ぼだい》をとむらわしめたことを述べている。『日本書紀』によれば、欽明十八年になって余昌がたって王になったという。『三国史記《さんごくしき》』には、聖明王の死後すぐに即位したようにあるが、『日本書紀』のほうが正確なのであろう。

百済はたしかに亡国の危機にのぞんだが、新羅はそれ以上、百済を追いつめようとしなかった。おそらくそれより高句麗《こうくり》や百済から奪いとった新しい領土の経営をしたほうが、より賢明と考えたのであろう。このころの「新羅本紀《しらぎほんぎ》」には、この新しい領土の統治政策の記事がはなはだ多い。

『日本書紀』は、欽明十六年の王子・恵《けい》の来朝以後、百済の使の来朝を伝えず、かえって新羅の使の来朝を伝える。

二十一（五六〇）年の秋九月《ながづき》に、新羅、弥至己知奈末《みちこち・なま》を遣《まだ》して調賦《みつきもの》を献《たてまつ》る。饗《あへ》たまひ賜《ものたま》ふこと常より邁《す》ぎたり。

これはいったいどういうことであろう。おそらく例の戦い以来、日本と新羅は国交断絶の状態にあったのであろう。そこへ思いがけなく新羅が調賦《みつきもの》をもって来た。そこで日本の朝廷は喜んで大いに饗《きよう》応《おう》したというのである。ここでの新羅の使の身分は奈末《なま》である。奈末は十一番めの位であるが、実際は六番め、百済の奈率《なそち》の位にあたるといわれる。この弥至己知奈末《みちこちなま》は、過分な饗応を受けたことはまちがいない。私は、弥至己知は日本の様子を見に来たのではないかと思う。新羅は残された任那諸国を合併しようとしているのである。ほんとうに日本は任那を防衛する気があるのか、それを探りに来たのではないかと思う。恐る恐る弥至己知は日本に来たのに、最高に歓待された。彼はそれを本国に報告したのであろう。新羅は日本の態度に驚いて、より重い使節を派遣してきた。

二十二年に、新羅、久礼叱及伐干《くれしきふばつかん》を遣《まだ》して、調賦《みつき》貢《たてまつ》る。司賓《まらうとのつかさ》饗遇《あへ》たまふ礼《ゐや》の数、常《つねのあと》に減《おと》る。及伐干《きふばつかん》、忿《いか》り恨みて罷《まか》りぬ。

及伐干《きゆうばつかん》は、奈末より二品上の新羅の九番めの官位である。ところが今度は朝廷の態度は冷たく、饗応の礼がふつう以下である。おそらく久礼叱《くれし》は、日本との間に何らかの外交交渉を開始しようとしたのであろう。しかし日本がそういう交渉にのってこないばかりか、その態度がけんもほろろであったとすれば、久礼叱及伐干が怒るのは無理もない。おそらく朝廷の態度が一貫しなかったのであろう。前年、久しぶりの新羅の使の来貢に喜んで、常以上に饗応したが、敵国の使をそんなに饗応するのはおかしいという非難がでて、今度はそれに従ったのであろう。

是歳《ことし》、復奴氏大舎《またぬてださ》を遣《まだ》して、前《さき》の調賦《みつきもの》を献《たてまつ》る。難波《なには》の大郡《おほこほり》に、諸蕃《もろもろのまらうと》を次序《つい》づるときに、

掌客《をさむるつかさ》 額田部連《ぬかたべのむらじ》・葛城直《かづらきのあたひ》等《ら》、百済の下《しも》に列ねしめて引き導く。大舎《ださ》怒りて還る。館舎《むろつみ》に入らずして、船に乗りて穴門《あなと》に帰り至りぬ。是に、穴門館《あなとのむろつみ》を修治《つくろ》ふ。大舎《ださ》問ひて曰はく、「誰《いづれ》の客《まらうと》の為に造るぞ」といふ。工匠《たくみ》河内馬飼首押勝《かふちのうまかひのおびとおしかつ》欺給《いつは》りて曰はく、「西の方の礼無《ゐや》きことを問ひに遣《つかは》す使者《つかひ》の停り宿る処なり」といふ。大舎、国に還りて、其《か》の言ひし所を告ぐ。故《かれ》、新羅、城《さし》を阿羅波斯山《あらはしむれ》に築《つ》きて、日本《やまと》に備ふ。

これは久礼叱が日本の朝廷の迎え方に腹をたてて、調賦をそのままにして帰ってしまったので、奴《ぬ》氏《て》大舎《ださ》を遣わして、献上せしめたのであろうか。大舎は十二等の位である。日本の扱いがお粗末であるかぎり、前より以下の十二等官で十分であると新羅は考えたのであろう。

この奴氏大舎の序列がまずい。百済の使と一緒にし、百済の使の下に置いた。百済は先年、新羅に敗れ、亡国の淵にのぞんでいる国のはずである。百済と新羅を一緒にすべきではない。新羅を百済の下にされたのでは、新羅の自尊心が許さない。奴氏大舎が怒るのは無理もなく、もし日本の朝廷のいうとおりに百済の下にたてば、帰ってその責任を追及されるであろう。

また、もしこの穴門館《あなとのむろつみ》における話が事実とすれば、これもはなはだまずい。いかにも田舎者のやりそうなことである。河内馬飼首押勝《かわちのうまかいのおびとおしかつ》は、新羅を騙《だま》しておどしたつもりであろう。おそらく河内押勝は大笑いしたと思われるが、これは笑いごとではすまされない。これは外交的にみても、まったく日本のマイナス。新羅の怒りを買い、今や新羅の力によってどうにでもなると思われる任那の滅亡をまねくことになる。河内押勝が咎《とが》められなかったところをみると、彼の感覚が同時に日本政府の感覚であろうか、まことに恥ずかしいことである。

この欽明二十一年から二十二年にかけての三回にわたる使節によって、新羅は日本の情勢を十分知っていたにちがいない。それは、日本の外交に一貫性がないこと、そして新羅にたいして友好的ではなく、敵対的であるが、だからといって力にかけても任那を守ろうとする意志がないことである。これがわかって、どうして任那を滅ぼさずにいられよう。

ここでもまた日本の外交の失敗である。日本は新羅の使の来朝に際して、どちらかの態度をとるべきであった。新羅にたいしてははっきり親善の政策をうちだし、任那問題に関して新羅とねばり強く外交的交渉をはじめるのが第一の道であろう。二十一年の新羅の使への過度な接待は、この道を用意するものではなかったか。しかし第二回めの使節を迎えて、日本は自らこの道を閉ざしてしまったのである。

親善策をとらないのなら、はじめから強い態度を保たねばならない。新羅にたいし毅然《きぜん》たる態度を示し、大軍の兵を送って任那を守る用意があることを示さなければならない。第一回の使節の来朝に喜んだ顔を見せて、過度な接待をしてはならないのである。おそらく奴氏大舎にはこの河内押勝の嘘が見通しであったのであろう。えらそうなことをいうが、ほんとうに任那を守る気はない。欺《あざむ》かれたのは新羅のほうではなく、日本のほうであったような気がしてならない。

この任那の滅亡について、『日本書紀』には次のように語られるのみである。

二十三年の春正月《むつき》に、新羅、任那の官家《みやけ》を打ち滅しつ。一本《あるふみ》に云はく、二十一年に、任那滅ぶといふ。総《すべ》ては任那と言ひ、別《わき》ては加羅国《からのくに》・安羅国《あらのくに》・斯二岐国《しにきのくに》・多羅国《たらのくに》・卒麻国《そちまのくに》・古嵯国《こさのくに》・子他国《したのくに》・散半下国《さんはんげのくに》・乞飡国《こちさんのくに》・稔《にむ》礼国《れのくに》と言ふ、合せて十国《とをのくに》なり。

前に述べたように、任那というのは小国の連合体で、すでに継体《けいたい》天皇のとき、任那諸国の中心であり日本府があった金官《こんかん》加羅《から》と、卓淳《とくじゅん》、喙己呑《とくことん》などは新羅に降《くだ》り、また西方の四県は百済に帰した。

残ったのは十国で、その中心が加羅国《から》であり、そこに金官加羅にかわって日本府が置かれていたらしいが、それがここにおいて新羅に帰し、ついに日本は四世紀以来、保有しつづけていた朝鮮半島の根拠地を失ってしまうのである。

任那をめぐって、あれほどくわしい報告を書いている『日本書紀』としては、この最後の記事はまことにあっけない。これは池内宏《いけうちひろし》氏のいうように、「欽明紀」が多く依存した「百済本記《くだらほんき》」なるものが、聖明王の死で終わっていて、この辺はもっぱら日本側の記録によっているためかもしれない。

謎につつまれた任那陥落

『日本書紀』には、この欽明《きんめい》二十三（五六二）年一月の任那《みまな》滅亡の後、六月に、新羅《しらぎ》の任那征服にたいする抗議の詔《みことのり》が出されたことが述べられているが、これは『梁書《りようしよ》』の「王僧弁伝《おうそうべんでん》」にある文章をほとんどそのままつかったものである。ついで七月に新羅の使が来たが、国交の断絶にあって帰らず、日本にとどまった。そしてこの月ついに日本は軍を出したが、利あらず敗戦する。『書紀』はこの戦いの様子を、河辺臣瓊缶《かわべのおみにえ》のはなはだだらしのない行動と、調吉子伊企儺《つきのきしいきな》夫婦のはなはだ果敢な行動とを対照的に物語風に書いている。

この記事は「百済本記《くだらほんき》」のような正確な事実報告にもとづいていない。場所も時間もあいまいであり、話も大まかである。しかし私は、そこには不十分ながら歴史的事実の陰のようなものがあると思う。おそらくこの戦争の話が物語のような形でどこかに伝えられていたのであろう。それゆえわれわれは、まず『三国史記《さんごくしき》』によって事態のあらましを理解し、その後に『日本書紀』に物語風に書かれた話を事実の一つの陰とみて、いったい何が起こったかを再構成してみよう。

「新羅本紀《しらぎほんぎ》」には次のようにある。

（真興王《しんこうおう》）二十三（五六二）年秋七月、百済《くだら》、辺戸《へんこ》を侵し掠《かす》む。王、師《いくさ》を出《いだ》して之《これ》を拒《ふせ》ぐ。一千余人を殺し獲《とら》ふ。九月、加耶《かや》、叛《そむ》く。王、異斯夫《いしふ》に命じて之を討つ。斯多含《したがん》を之に副《そ》ふ。斯多含、五千騎を領《ひき》ゐて先に馳す。梅檀門《せんだんもん》に入りて白旗を立つ。城中、恐懼《きようく》して、なすところを知らず。異斯夫、兵を引きて之に臨む。一時にして尽《ことごと》く降《くだ》る。論功、斯多含を最《さい》となす。王、賞《しやう》するに良田および所《しよ》（捕《ほ》）虜《りよ》二百《にひやく》口《こう》をもつてす。斯多含、三たび譲《ゆづ》る。王、之を強《し》ふ。すなはち生口《せいこう》を受《う》け、放ちて良人《りやうじん》となし、田を戦士に分け与ふ。国の人、之を美《ほ》む。

また「百済本紀」には、

（威徳王《いとくおう》）八（五六一）年秋七月、兵《いくさ》を遣はし、新羅の辺境を侵し掠《かす》む。羅兵《らへい》、出撃して之《これ》を敗る。死する者は一千余人。

とあり、「新羅本紀」と一年ずれているが、同じ事件を述べているのであろう。

ここで七月に百済が辺境を掠めたという事件と、九月に加耶《かや》が叛いたという事件が、何らかの関係があるかどうかは疑問である。関係がないとも考えられるが、この百済あるいはそれを後押しする日本の侵攻をよい機会として、新羅は反撃にでて、加耶を奪ってしまったとも考えられる。

ここで、「新羅本紀」のほうは、この百済の侵攻を七月のこととし、加耶の反乱とその結果として起こる加耶の合併を九月のこととしているが、『日本書紀』では加耶（加羅《から》）が落ちたのをその一月のこととしている。これは何かの史料によったのであろうが、別に、この年の七月に新羅と戦いを交えたという記録があったので、この戦いを任那滅亡の後に新羅に出された征討軍のこととしてしまったのであろう。今西龍氏が指摘するように、実はこれは、「新羅本紀」にある、その年七月および九月における一連の加耶の滅亡をめぐる戦いの出来事であったのであろう。とすれば、戦いはやはりこの年の七月にはじまったことになる。ここでも百済は攻勢だったのであろう。「百済、辺戸を侵し掠む。王、師を出して之を拒ぐ」というのは、このことをいうのであろう。

なぜこのとき百済は兵を出したのか。おそらく国力がある程度、回復したためであろうが、それ以上にやはり日本の後押しがあったからであろう。風前の灯《ともしび》のごとき感のあった任那を助けようという強硬論が日本の国論を支配し、前より多くの兵を出したのであろう。

『日本書紀』には次のようにある。

是の月に、大将軍《おほきいくさのきみ》紀男麻呂宿禰《きのをまろのすくね》を遣《つかは》して、兵《いくさ》を将《ゐ》て哆唎《たり》より出づ。副将《そひのいくさのきみ》河辺臣瓊缶《かはへのおみにへ》、居曾山《こそむれ》より出づ。而《しかう》して新羅の、任那を攻むる状《かたち》を問はむとす。遂に任那に到りて、薦集部首《こもつめべのおびと》登弭《とみ》を以て、百済に遣《まだ》して、軍《いくさ》の計《たばかり》を約束《ちぎりむす》ばしむ。登弭《とみ》、仍《よ》りて妻《め》の家に宿る。印書《しるしのふみ》・弓箭《ゆみや》を路に落す。新羅、具《つぶさ》に軍の計を知る。卒《にはか》に大きなる兵《いくさ》を起して、敗亡《やぶれ》を尋《つ》ぎ属《つ》ぎぬ。降帰附《まうしたが》はむと乞《まう》す。紀男麻呂宿禰《きのをまろのすくね》、取勝《か》ちて師《いくさ》を旋《めぐら》して、百済の営《いほり》に入る。

ここでは、大将軍の紀男麻呂宿禰《きのおまろのすくね》がどこへ行き、副将の河辺臣瓊缶《かわべのおみにえ》がどこへ行ったのかわからない。おそらくもとの史料がすでにあいまいな上に、この話を任那陥落の後の話として、たとえば「而して新羅の、任那を攻むる状を問はむとす」などの言葉を加えたために、いっそう話そのものがわかりにくくなったのであろう。実際、編者らもよくわからなかったにちがいない。

この話で察するかぎり、紀男麻呂と河辺瓊缶は別のところにいたと思われる。紀男麻呂は百済に、河辺瓊缶は任那にいて、河辺瓊缶の遣わした薦集部首《こもつめべのおびと》登弭《とみ》が印書《しるしのふみ》を道に落としたため、新羅に軍計を知られて敗北を喫したというわけであろう。『日本書紀』では、一度は勝つことになっているが、ひいきめに見ても、この戦いは日本側にとって不利であった。新羅から見れば、大勝利、「王、師《いくさ》を出《いだ》して之《これ》を拒《ふせ》ぐ。一千余人を殺し獲《とら》ふ」ということになるのである。私は、ここまでが七月の戦いのことであろうと思う。

次いで九月の加耶の滅亡。加耶を守っていたのは河辺瓊缶であろう。

「新羅本紀」によれば、新羅側の大将は異斯夫《いしふ》。異斯夫は、当時新羅第一の勇将で、例の欽明十一(五五〇)年、百済が高句麗の道薩城《どうさつじょう》を攻め、高句麗が百済の金峴城《きんけんじょう》を落としたとき、二国の兵の疲れに乗じて二つの城を奪いとって、新羅の発展の基礎をつくった英雄である。

『三国史記』の列伝第四「異斯夫伝」によれば、彼は居道《きょどう》から権謀術数《けんぼうじゅっすう》を受け継いだ。居道というのは、新羅の脱解《だっかい》尼師今《にしこん》のときに官途についた人であるが、このときに于尸山《うしさん》国《こく》(蔚山《うるさん》)と居柒山国《きょしつさんこく》(東萊《とうらい》)が国境に接し、国のわざわいとなったので、策を弄《ろう》してこの二国を奪いとり、新羅と合併させてしまった人物である。毎年一度、多くの馬を野に放ち、兵士をしてこれに乗らせ、走らせて遊びたわむれさせた。時の人がそれを馬叔《ばしゅく》といった。両国の人はそれを見習い、新羅の年中行事としてあやしまなかったが、ある年この馬叔の行事が急に軍隊となって、両国を攻め滅ぼしてしまったというのである。

加耶国の中心地(現在の高霊)

この于戸山国も居柒山国も古くは任那諸国といわれたものであろうが、このようにして漸次《ぜんじ》、新羅に合併されていったのである。この異斯夫は、その権謀をつかった任那諸国併合策において、この居道のはなはだすぐれた後継者であった。

智証王《ちしょうおう》十三（五一二）年、彼は于山国《うさんこく》（鬱陵島《うつりょうとう》）の人にたいして、木偶《でく》の獅子《しし》を船に積み、もし従わなかったらこの猛獣を放つとおどして、この国をとったというのである。この鬱陵島の話は、彼が真興王《しんこうおう》のときの人であることを思うと、少し古すぎることのように思われるが、注意すべきことは、異斯夫は、このような馬叔をもって、加耶国を奪いとったと記されていることである。この加耶国が最後までもちこたえた任那の国家・加羅国であるとすれば、この真興王二十三（五六二）年九月の新羅による加羅の滅亡もまた、詭計《きけい》によったと思われる。

「新羅本紀」によれば、この真興王二十三年九月の戦いに斯多含《したがん》という少年が活躍した。斯多含も「列伝」にあるが、彼は奈密王《なみつおう》の七代目の孫で、新羅の身分制では真骨《しんこつ》の家系の出身である。風貌《ふうぼう》が清秀であり、志気が方正であった。新羅の貴族の青年が選ばれる花郎《かろう》となり、彼を慕う者一千人にのぼった。異斯夫が加羅を攻めるにあたって、このとき十五、六歳であった斯多含は従軍を志願したが、王は幼少のゆえをもって許さなかった。しかし何度も頼む志が固かったので、ついに副将として従軍させた。その結果、彼は大功をたてたわけであるが、この戦闘がいったいどういうものであったか、さっぱりわからない。斯多含は騎兵五千を率いて、栴檀門《せんだんもん》に入って白い旗をたてた。そこで城中の者が驚いていると、異斯夫が兵を率いて攻めていったので、城中の者は降伏したというのである。

この五千名の兵が、なぜ急に栴檀門に入って白い旗をたてたかが問題である。戦争であったなら、その間にはげしい戦いがあったはずであり、そう簡単に門に入って白旗をたてることはできないはずである。やはりそれは異斯夫得意の詭計によったのであろう。先の「異斯夫伝」の言葉のごとく、異斯夫は居道にならって馬叔をもって国を騙《だま》しとったのであろう。おそらく何年も前から、異斯夫は加羅の国境で少年たちに騎馬練習をさせていたのであろうが、この年、不意に少年たちをして、白旗をたてて加羅の国におし入らせたのであろう。白旗は降参のしるしである。白旗をもった少年部隊が急に門から入って来る。加羅の人はそれを見てどうしてよいかわからない。うろたえているところへ、異斯夫が攻めこんだので、加羅は一ぺんに降伏したというわけであろう。

『日本書紀』には、この戦いについて次のようにある。

新羅、更白旗《またしらはた》を挙げて、兵《つはもの》を投《なげす》て降首《したが》ふ。河辺臣瓊缶《かはへのおみにへ》、元より兵《つはもののみち》を暁《し》らずして、対《むか》ひて白旗を挙げて、空爾《ただ》に独り進む。新羅の闘将《いくさのきみ》の曰はく、「将軍《いくさのきみ》河辺臣、今降《したが》ひなむ」といふ。乃ち軍《いくさ》を進めて逆《むか》へ戦ふ。鋭《ときさき》を尽して遄《と》く攻めて破りつ。前鋒《さき》の破るる所、甚《おほ》だ衆し。倭国《やまとのくに》造《みやつこ》手彦《てひこ》、自《みづか》ら救ひ難きことを知りて、軍を棄てて遁《のが》れ逃ぐ。

『日本書紀』の記事によっても、この戦いが何かわけのわからない敗戦であり、任那を守備していた日本軍は、任那軍とともに、そのほとんどが捕虜になったことはまちがいない。

闘将《いくさのきみ》、自《みづか》ら営《いほり》の中《うち》に就《ゆ》きて、悉《ことごと》に河辺臣瓊缶《かはへのおみにへ》等《ら》、及び其の随へる婦《たをやめ》を生けながら虜《とりこ》にす。時に、父子夫婦《かぞこいもせ》、相恤《あひあはれ》むこと能《あた》はず。闘将、河辺臣に問ひて曰はく、「汝《いまし》、命と婦《たをやめ》と、孰《いづれ》か尤《はなは》だ愛《を》しき」といふ。答へて曰はく、「何ぞ一《ひとり》の女《め》を愛《をし》みて、禍《わざはひ》を取らむや。如何にといへども命に過ぎざらむ」といふ。遂に許して妾《め》とす。闘将遂に露《あらは》なる地《ところ》にして、其の婦女《たをやめ》を奸《をか》す。婦女後《のち》に還る。河辺臣、就《ゆ》きて談《かた》らはむとす。婦人、甚だ以て慙《は》ぢ恨みて、随はずして曰はく、「昔《さき》に君、軽《かろがろ》しく妾《やつこ》の身を売りき。今何の面目《おもて》ありてか相遇《あひあ》はむ」といふ。遂に肯言《あひしたが》はず。是の婦人は、坂本臣《さかもとのおみ》の女《むすめ》、甘美媛《うましひめ》と曰ふ。

いつの世にも、敗軍の将にたいする世間の目は冷たい。ましてこの戦いが、朝鮮半島における既得権利が全面的に失われた敗戦であったとすれば、人はそれを時代のしからしめるところとはせず、その当事者のせいにする。ましてその将軍が、命永らえておめおめ帰ってきたとすれば、さまざまなスキャンダルが彼について語られるのは当然であろう。

この話もどれだけ事実かどうかわからない。この闘将が異斯夫であるかどうか。異斯夫は河辺臣瓊缶の前でその女を犯したのか。それもこの場合、ありえないことではない。新羅と日本は積年の仇《きゅう》敵《てき》である。この多くのいやな思い出のある隣国の将軍の女を、将軍の前で犯す。それは新羅の将軍にとってばかりではなく、新羅人全体にとって、まことに痛快なことではなかったか。そしてその女はそれを恥じて、もう二度と夫に従わなかった。それもありうることであるが、自分の女にまで見棄てられるべき卑劣者というのが、十分に戦うこともせずにむざむざ捕虜となり、任那を新羅にひき渡した、この河辺臣瓊缶という将軍に与えられるべき汚名であったのであろう。

このスキャンダラスな話は、末永く伝えられて、やがて『日本書紀』の編集者に知られ、ここに採録され、河辺臣瓊缶はついに汚名を千載《せんざい》に残すことになる。これはやりきれない話だが、何か美談はないものか。

同じ時に虜に《とりこに》せられたる、調吉士伊企儺《つきのきしいきな》、人と為り勇烈《たけ》くして、終《つひ》に降服《したが》はず。新羅《しらき》の闘将《いくさのきみ》、刀《たち》を抜きて斬らむとす。逼《せ》めて褌《はかま》を脱《ぬ》かしめて、追ひて尻臀《しりたぶら》を以て日本《やまと》に向はしめて、大きに号《さ》叫《け》びて曰はしむらく、「日本の将《いくさのきみ》、我が臗脽《しり》を噛《くら》へ」といはしむ。即ち号叫びて曰はく、「新羅の王《こきし》、我が臗脽を啗《くら》へ」といふ。苦《せ》め逼《たしな》まると雖《いへど》も、尚前《なほさき》の如く叫ぶ。是に由りて殺されぬ。其

の子男子《をぢこ》、亦其の父を抱《かぞ》へて死ぬ。伊企儺《いきな》、辞旨《ことば》奪ひ難きこと、皆此《かく》の如し。此に由りて、特り
諸《もろもろ》の将帥《いくさのきみ》の為に痛み惜まる。其の妻大葉子《おほばこ》、亦並に禽《とりこ》せらる。愴然《いた》みて歌ひて曰はく、
韓国《からくに》の　城《き》の上《へ》に立ちて　大葉子は　領巾振《ひれふ》らすも　日本へ向きて
或有和《あるひとこた》へて曰はく、
韓国の　城の上に立たし　大葉子は　領巾振らす見ゆ　難波《なには》へ向きて

これはあっぱれな日本男子とその妻の話であるが、この調吉士伊企儺《つきのきしいきな》の行動が立派であるだけに、かえって河辺臣瓊缶が非難されることになる。一人の身分の低い士でも、かくもみごとに死んだではないか。それなのにお前はかくも多くの恥を背負いながら、なぜにむざむざ帰国してきたのかというわけである。

『日本書紀』はこの記事の後、欽明二十三年八月のこととして、大伴連狭手彦《おおとものむらじさでひこ》の高句麗遠征の話を記しているが、それは事実であったとしても、註に十一年とあるように、欽明十年から十二年にかけての、あの百済と高句麗の間の戦いの際のこととすべきであろう。

このようにみると、この任那最後の国、加羅の陥落はまことにあっけない事件であった。あの聖明王の敗戦と比べると、これは何か喜劇的ですらある。歴史は一度悲劇的に終わり、もう一度喜劇的に終わるというマルクスの言葉は真実なのであろうか。

この喜劇的に終わった歴史から、われわれはいったい何を学ぶのか。

仏教を興国の教えにした新羅の真興王

実をいえば、私は一つのことを故意に見逃していた。われわれはこの歴史の考察の中で、二人の悲

劇的な王を見た。その二人はともに知識も広く識見も高く、しかも人格も高邁《こうまい》であり、まれに見るすぐれた帝王といってもよい人物であった。しかし、それにもかかわらず彼らは悲劇的な死をとげ、国家を滅亡にみちびいた。その原因はどこにあるのか。それは仏教ではないか、とわれわれは疑った。仏教の平和主義、平等主義は、しょせん、戦乱に生きる国の宗教として適当ではないのではないかというのが、われわれの疑いであった。

しかしここにそれを反証する一つの例がある。それは梁《りよう》の武帝《ぶてい》、百済《くだら》の聖明王《せいめいおう》の同時代者、新羅《しらぎ》の真興王《しんこうおう》である。真興王は二人の王に負けないほど熱烈な仏教信者であった。「新羅本紀《しらぎほんぎ》」には「王、幼年にして位に即《つ》く。一心に仏を奉じ、末年《まつねん》に至りて、髪を祝《はふ》り、僧衣を被《まと》ふ。自《みずか》ら法雲《ほふうん》と号し、以《もち》て其の身を終ふ。王妃もまた之《これ》に効《なら》ひ、尼となりて永興寺《えいこうじ》に住む。其の薨《みまか》るに及びて、国の人、礼を以て之を葬《はうむ》る」とある。真興王は、法興王《ほうこうおう》の弟の立宗《りつそう》の子であるが、五四〇年に即位し、五七六年に死んだ。即位のときに七歳というのだから、死んだときはまだ四十三歳であったわけである。

新羅の王は、尼師今《にしこん》とか麻立干《まりつかん》とか称せられていたが、真興王の先代、五一四年に即位した法興王のころから王と称している。慶州《けいしゆう》に行くと、そこで新羅の古墳を多く見ることができる。公州《こうしゆう》の武寧陵《むねいりよう》に比すべきものは、天馬塚《てんまづか》であろう。それは五世紀末から六世紀はじめの王陵《おうりよう》と考えられるが、それを見ると、この国は高句麗《こうくり》や百済と同じく騎馬民族に支配された国家であることがわかる。すでに五世紀から六世紀のはじめには、この国は相当な国力をつけている。そしてその精神は勇猛な騎馬民族の精神である。

しかしこの新羅も徐々に仏教国に変わろうとしていた。このことは、新羅が百済とちがって、そのときまでまだ古い国家体制をそのまま保持していたことを物語る。新羅において仏教が公認されたのもかなり遅く、法興王十五年、五二八年のこととされている。もちろんそれ以前にも仏教は新羅に入っていたにちがいない。『三国遺事《さんごくいじ》』にも墨胡子《ぼくこし》や阿道《あどう》のことが語られているが、新羅には高句麗や百済とちがって、外来の宗教にたいして強い抵抗感があり、法興王のときまで仏教は公認の宗教にならなかったのである。

『三国史記《さんごくしき》』および『三国遺事』は、この仏教公認にあたっての異次頓《いしとん》の殉教とでもいうべき死について語っている。法興王は仏教を興そうとしたが、群臣の多くは反対した。その反対の理由は、僧の姿が童頭、異服で、その議論が奇詭《きき》で常道ではないということであった。ところがそれにたいして異次頓は群臣のいうことを非として次のようにいった。「非常《ひじやう》の人ありて、然《しか》る後《のち》、非常の事あり。今聞く、仏の教《をしへ》、淵奥《えんあう》なり、恐らく信ぜざるべからず」と。王は群臣に命じて、ただ一人、仏教崇拝を主張する異次頓を斬らしめたが、斬ったところから流れ出た血は乳のごとく白かったので、それ以後、誰も仏教をそしる人はなかったというのである。

この仏教崇拝の是非に関する新羅の議論を、日本のそれと比べてみるとおもしろい。日本の朝廷では、海外の文明をどうするかということがもっぱら議論の中心であるが、新羅のほうは議論が一歩すすんで、仏教という宗教の思想的本質にふれているように思われる。異次頓は今の時代を一種の非常の時とみていたのであろう。非常の時には非常の人が必要なのだ。非常の人には非常の教えが必要なのだ。おそらくこのような時代状況の認識の違いが、異次頓と他の群臣たちの違いであろうか。新羅はまさにひとつの非常な時代を迎えようとしていたのである。

法興王の政策を受けて、五四〇年に即位した真興王は仏教の振興につとめた。『三国史記』によれば、真興王は五四四年に興輪寺《こうりんじ》を竣工《しゆんこう》し、五六六年に祇園寺《ぎおんじ》と実際寺を建立し、また皇龍寺《こうりゆうじ》を竣工し、五七四年には皇龍寺の丈六《じようろく》の仏像を完成した。銅の重さ三万五千七斤《きん》、鍍金《ときん》の重さ一万百九十八分であったという。そして王は、末年にいたって頭を剃《そ》り、僧衣をまとい、自ら法雲と号して、一生を終えたという。

また『三国遺事』には次のようにある。

　真興大王《しんこうだいわう》即位五（五四四）年甲子《きのえね》、大興輪寺《だいこうりんじ》を造る。大《たい》（太）清《せい》のはじめ（五四七）、梁《りやう》、沈湖《しんこ》を使はし、舎利《しやり》をもたらす。天嘉《てんか》六（五六五）年、陳《ちん》、劉思《りうし》ならびに僧・明観《めいくわん》を使はし、弁《あ》はせて内経《ないきやう》を奉《たてまつ》る。寺寺《てらでら》、星のごとく張り、塔塔《たふたふ》、雁《かり》のごとく弁《なら》ぶ。法幢《ほふたう》を竪《た》て、梵鐘《ぼんしよう》を懸け、龍象《りゆうざう》の釈徒《しやくと》は寰中《かんちゆう》の福田《ふくでん》となる。大・小乗の法は京国《けいこく》の慈雲《じうん》となる。他方の菩薩《ぼさつ》が世に出現し、西域《さいゐき》の名僧は境に降臨す。これによりて、三韓《さんかん》を併はせ邦《くに》となし、四海を掩《おほ》ひて家となす。

これを見れば、真興王もまた、梁の武帝や百済の聖明王と同じように、あるいはそれ以上に、熱烈な仏教信者であったように思われる。

とすれば、先の問いはいっそう深く問われる。梁の武帝や百済の聖明王は、その熱烈な信仰によって国を滅ぼしたのに、なぜ真興王は、その信仰にもかかわらず、その名のごとく国を興すことができたのか。そのような問いを問うとき、われわれは真興王の時代に設けられたという新羅の花郎《かろう》の制度に注意せざるをえない。

『三国史記』の「新羅本紀」によれば、真興王の時代に、君臣たちが人材を見分けることができないので、大勢の人を集めて遊ばせ、その行儀を観察してから、これを登用することにした。はじめは二人の美女を選び、そのファンを集めることにしたが、美女は互いに嫉妬《しつと》し、一人が他を殺してしまった。それで今度は美貌《びぼう》の男子・花郎を選んだところ、大勢の若者が集まってきたので、その中からよい者を選んで朝廷に推挙したという。先の斯多含がこの花郎の草分けであるが、斯多含および彼をとりまく若者が、任那の攻防にあたって、大きな活躍をしたことは前に述べた。

以後、花郎は新羅の政治および軍事の中心になり、新羅を背負う人材が多く花郎の中からでた。なかでも目ざましい活躍をしたのが、後に太宗武烈王《たいそうぶれつおう》となる金春秋《きんしゅんじゅう》を助けて、百済、高句麗を破り朝鮮半島を統一した新羅の英雄・金庾信《きんゆしん》である。花郎制が金庾信をうんだのであろうが、金庾信の出現によって、花郎制は新羅の永遠の誇りとなったのである。

この花郎制について三品彰英《みしなしょうえい》氏のすぐれた研究がある。三品氏によれば、この花郎制は、古い新羅の民族信仰にもとづくものである。東アジア各地にある、一種の宗教青年団的なものであるというのである。三品氏がいうように、このような制度が真興王の時代に制度化されたとしても、それは原始的な共同体の宗教的慣習に端を発したものであることは、否定できないであろう。とすれば真興王は、けっしてたんなる仏教の崇拝者ではないのである。同時に古い伝統的な宗教的儀式の再興者であり、そしてそのような儀式によって、新羅の若者の間にひとつの連帯意識と義務意識をつくり、その制度を国家発展の原動力とせしめたのである。

この点が新羅と百済の大きな違いであると思われる。百済には、すでにそういう古い宗教的慣習はなくなり、しかもまた軍隊の指導者などにも外国人を擁している。百済のインターナショナリズムにたいし、新羅のナショナリズムははなはだ対照的であるが、この新羅のナショナリズムの精髄が実に花郎制なのである。

このことに関係して、新羅の仏教もナショナリズムの色彩が強いのである。皇龍寺はもちろん仏教の寺にちがいないが、それは同時に国家鎮護のためなのであり、その丈六の仏像は、五七五年、春から夏にかけて日照りが続いたとき、涙を流し、その涙は踵《きびす》まで達したという。

また新羅のみにとどまらず、百済仏教にもそのような性格が見られるが、朝鮮半島ではとくに弥勒《みろく》崇拝が強いのである。新羅や百済の仏像には、弥勒仏がはなはだ多い。これは当時、山東《さんとう》半島でさかんであった弥勒崇拝を移入したものであるが、新羅や百済では、その後ほとんどこの弥勒仏のみがつくられ崇拝されるのである。この弥勒崇拝が、少なくとも新羅において花郎制と関係をもったことは疑いえない。

弥勒は、仏滅五十六億七千万年後に地上に降りて来て、この世を救う仏なのである。新羅からわが国にやって来たという、広隆寺《こうりゅうじ》にある像によって代表される弥勒思惟像《みろくしいぞう》なるものも、未来の世をどうするか、弥勒が兜率天《とそつてん》において深く考えている姿である。これがまさに国の将来を考え、未来に理想の国をつくろうとしている新羅の若者の像と重なるのである。おそらく新羅の若者たちは、仏像の中でも、未来を思惟する弥勒の姿にとりわけ興味をおぼえたのであろう。『三国遺事』には、弥勒の化身であった花郎について、いろいろ不思議な話が語られているのである。

もし、以上のように弥勒崇拝をもって仏教を受けとめたとすれば、これほど健康な仏教の受け入れ方はない。そこには仏教のもっている平等思想、慈悲思想、あるいは平和主義がすべて捨てられ、まったく新羅国家の要求にマッチした思想のみが選ばれているのである。

少し後のことであるが、はじめ陳《ちん》に、後に隋《ずい》に留学していた新羅の名僧・円光《えんこう》は、高句麗征伐の軍隊派遣の要請文を書くことを求められたとき、「自《みずか》ら存るを求めて、他を滅ぼすは、沙門《しゃもん》の行ひに非ず。貧道《ひんだう》は大王の土地に在り、大王の水・草を食す。敢へてただ命《めい》にこれ従はずや」といって、この要請文をつくることを引き受けたという。
また貴山《きざん》という軍人に「俗人の私に一生涯の戒《いまし》めの言葉をいただきたい」と請われ、円光と貴山の間で次のような問答が交わされた。

法師曰く、「仏戒《ぶつかい》に菩薩戒《ぼさつかい》あり。その別に十あり。若《なんぢ》ら人の臣子《しんし》となりて堪ふること能《あた》はざることを恐る。今、世俗の五戒あり。一に曰く、君《くん》に事《つか》ふるに忠《ちゅう》を以《もつ》てす。二に曰く、親《おや》に事ふるに孝を以てす。三に曰く、友に交はるに信を以てす。四に曰く、戦《たたかひ》に臨んで退くことなし。五に曰く、生を殺すに択《えら》ぶことあり。若《なんぢ》ら之《これ》を行ひて怱《ゆるが》せにすることなかれ」と。貴山《きざん》ら曰く、「他は則ち既に命《めい》を受く。いはゆる、『生を殺すに択ぶことあり』は、独りいまだ暁《さと》らざるなり」と。師曰く、「六斎日《ろくさいにち》の春夏の月には殺さず。これ時を択ぶなり。使畜《しちく》を殺さずとは、馬牛《うまうし》鶏《にはとり》犬《いぬ》をいふ。細物《さいぶつ》を殺さずとは、肉一臠《にくいちれん》に足らざるをいふ。これ物を択ぶなり。此の如く唯《ただ》その用ふる所のままにして、多く殺すを求めず。此れ世俗の善戒《ぜんかい》といふべきなり」と。（『三国史記』「列伝」）

真平王《しんぺいおう》の二十四（六〇二）年に百済は大軍を起こして新羅を攻め、新羅軍は退却した。貴山は退却軍のしんがりとなったが、円光の「戦に臨んで退くことなし」という戒を守り、敵軍につっ込み、数十人を殺して死んだ。王は貴山の死を悼《いた》み、礼をもって葬り、奈麻《なま》の位を追贈した。
この円光の二つの話は、まことに新羅仏教の特性をよく示している。それはまさしく国家の政策に忠実な仏教なのであろう。その点について円光は思いきった見解を述べている。もし当時の状況において、仏教が国王の信仰として可能であるためには、仏教の第一の戒、殺生戒《せっしょうかい》が問題になる。ほんとうに殺生戒を守るならば、戦争をすることはできなくなる。戦争をしなければ国家の発展はありえない。それゆえ、この殺生戒を緩和しなければならない。時を選び、物を選んで殺す。それが円光の発明した俗人むきの仏教であるが、そういうことが、はたして仏教の名で許されようか。おそらく、こういう見解は六朝《りくちょう》にもあったのであろうが、それを彼は、新羅のおかれた政治的状況の中で尖鋭《せんえい》化《か》したのであろう。円光が新羅仏教の指導者的存在であり、また陳と隋において長年修行を積んだという経歴において、かかる説が許されるわけであるが、しかしこのような説が、ほんとうに仏教の教義の名で許されるかどうかは疑問であると私は思う。

このようにみると、百済の仏教と新羅の仏教の違いは明白であろう。たしかに歴史の結果からみれば、新羅仏教のほうが百済仏教よりはるかに有効であったといわねばならない。円光は実に大胆な仏教解釈をすることにより、仏教を亡国の宗教ではなく、興国の宗教にしたといえる。

この新羅仏教のあり方こそ、大化改新《たいかのかいしん》以後の日本の政治指導者が学ばんとする方向であったのである。しかし聖徳太子の仏教にたいする態度は、百済の聖明王の仏教にたいする態度とも、新羅の真興王の仏教にたいする態度ともちがっている。この点は、後にくわしくふれることにしよう。

稲目の死と仏教弾圧

話を前にもどそう。五六二年に任那《みまな》の日本府は陥落する。そして以後、隋《ずい》によって中国が統一され、やがて新しい風雲が東アジアにまき起こるまで、朝鮮半島はしばらくの平和を保つのである。約三十年間の平和、この平和の中で仏教は、百済《くだら》にも新羅《しらぎ》にもますます浸透してゆく。

この間の平和の原因を今西龍《いまにしりゅう》氏は仏教に求める。

私は約五十年間、極東に多少たりとも闘争が緩和《くわんわ》されたのは、仏教の感化力が少くなかつたと考へる。当時仏教は大《おほい》に流行した、従来戦争に費した民人《たみびと》の労力の幾分は、寺院の建立《こんりふ》に用ゐらる丶に至つた。戦闘殺戮《さつりく》の代《かは》りに平和慈悲《じひ》を教《をし》え、現世《げんせ》に於ても来世《らいせ》に於ても善因善果悪因悪果《ぜんいんぜんくわあくいんあくくわ》を教え、荘厳《さうごん》にして平和的な其の装飾や儀式は、たとへ当時の仏教が貴族等の遊戯的《いうぎてき》要求を充《み》たすに過ぎない要素が多大であつたとしても、狩猟や競勇《きやうゆう》のそれとは雲泥《うんでい》の差ある柔和慈悲《にうわじひ》の情を涵養《かんやう》したものであり、其の崇奉《すうほう》する神は自我の鬼神《きしん》でなくて、独り人類のみならず一切の生《いき》物《もの》を愛せよと教ゆる普遍的の神であつた。

（『百済史研究』）

たしかに国際関係は平和であったが、しかし極東の島国日本においては、その三十年間は激動の時代であった。

欽明《きんめい》三十一（五七〇）年、大臣蘇我稲目《おおおみそがのいなめ》は死んだ。私は先に、第一回仏教弾圧が起こったのは、この稲目の死後であることを述べた。おそらく、永い間政治の実権を握っていたこの崇仏派の大臣の死とともに、一挙に物部尾輿《もののべのおこし》を筆頭とする排仏派は仏教弾圧にたちあがったのであろう。

『日本書紀』が、

国に疫気《えやみおこ》行りて、民夭残《おほみたからあからしまにしぬること》を致す。久《ひさ》にして愈《いよいよ》多し。治《をさ》め療《いや》すこと能《あた》はず。物部大連《もののべのおほむらじ》尾輿《をこし》・中臣連鎌子《なかとみのむらじかまこ》、同じく奏《まう》して曰《まう》さく、「昔日臣《いむさきやつかれ》が計《はかりこと》を須《もち》ゐたまはずして、斯《こ》の病死《やみしに》を致す。今遠からずして復《かへ》らば、必ず当《まさ》に慶《よろこび》有るべし。早く投げ棄てて、懃《ねむごろ》に後《のち》の福《さいはひ》を求めたまへ」とまうす。天皇曰《すめらみことのたま》はく、「奏す依《まま》に」とのたまふ。有司《つかさ》、乃ち仏像《ほとけのみかた》を以て、難波《なには》の堀江《ほりえ》に流し棄つ。復《また》火を伽藍《てら》に縦《つ》く。焼き燼《つ》きて更余《またあまり》無し。是に、天に風雲無くして、忽《たちまち》に大殿《おほとの》に災《ひのわざはひ》あり。

と語るような疫病の流行が、このときあったのかもしれない。天皇はこの排仏派の主張を否定することができなかった。役人たちは天皇の命によって寺に火をつけて焼き、あの聖明王《せいめいおう》がもって来たという仏像を難波《なにわ》の堀江《ほりえ》に流したという。難波の堀江に流したというのは、悪《あ》しく穢《けが》れたものはすべて川から海へ流すという、後に「中臣祓《なかとみのはらい》の祝詞《のりと》」などに理論化される祓《はらい》の思想にもよろうが、やはり仏像は難波の港を通って海外から来たもの、その穢れたものは港で葬れという主張があったのであろう。私はこの難波というところに、蘇我稲目を中心にすすめられた欽明朝の外交政策にたいする物部尾輿などの批判があると思う。

尾輿などが表面的に批判しているのは、欽明朝の宗教政策である。天然痘《てんねんとう》の流行を仏教移入のせいにして、稲目の仏教崇拝を否定しているのである。しかし、おそらくその批判はたんに宗教批判にとどまらず、欽明朝の外交政策全体におよぶものであろう。あの聖明王の要請による百済への出兵、そしてそれに次ぐ連合軍の大敗北。そしてその結果として生じた任那の日本府の滅亡。すべて欽明朝の外交は大失敗といわねばならぬ。尾輿などは、実はそれを責めたかったのであろうが、それを責めるのは、欽明帝の存在そのものを否定することになる。

欽明帝は堅塩媛《きたしひめ》と小姉君《おあねのきみ》という蘇我稲目の二人の娘を妃《みめ》とし、堅塩媛には七男六女、小姉君には四男一女があった。もちろん天皇には皇后および他の妃があったが、稲目の二人の娘ほど多くの皇子、皇女をもうけたものはない。このことはこの二人の妃、とくに堅塩媛にたいする天皇の寵愛《ちようあい》がとりわけ深かったことを物語るものであろうが、たとえ稲目は死んでも、稲目の二人の娘が後宮にいて寵愛をほしいままにしているとすれば、おのずから稲目批判にも限度があろう。

おそらく尾輿たちは、寺を焼き、仏像を堀江に流して永年の憂《う》さを晴らしたわけであろうが、それによって日本の外交方針を根本的に変えることはできなかったし、また国際的な文化潮流としてとどめがたい仏教の勢いをそぐこともできなかった。

ところで欽明三十一年には、日朝関係の上で一つの新しい事件があった。それは、高句麗《こうくり》の使が越《こし》の国に着いたことである。高句麗は日本とは永い間、朝鮮半島で仇敵《きゅうてき》の関係にあった国であるのに、この年どうしたわけか使《つか》を遣わしたが、嵐にあってその船は越の海岸に漂着した。越の郡 造《こおりのみやつこ》道君《みちのきみ》は自ら天皇といつわって、その調《みつぎ》をあざむき盗《と》ったが、江渟臣裙代《えぬのおみもしろ》という者の知らせで、朝廷は使を遣わして、このはじめて日本に来た高句麗の使を手厚くもてなした。結局この使が都へ着いたのは、次の敏達《びだつ》天皇の御世になるが、その時点で高句麗は、なぜはるばる日本に使を遣わしたのであろう。

高句麗から日本に来るには広い日本海を渡らねばならぬ。もとより航路ははなはだ危険であり、難破の例が多い。こういう危険を冒してまで、なぜそのとき高句麗は日本に使を送ろうとしたのか。

『三国史記《さんごくしき》』によれば、そのころ高句麗はしきりに、東魏《とうぎ》の後継国・北斉《ほくせい》や梁《りょう》の後継国・陳《ちん》に使を派遣している。日本への使の派遣も、おそらくそのような積極的な外交方針にそったものであろうが、動きつつあった国際情勢を敏感に感じとり、自己の立場を有利にしようとしたものであろう。以後たびたび高句麗の使が日本海経由で日本に来て、高句麗人が日本の朝廷に入ってゆくようになる。このことは次の時代を考えるにあたって、はなはだ重要なことである。

稲目が死んだ翌年、欽明天皇は病の床につき、死んだ。急を聞いてかけつけた皇太子・訳語田渟中《おさたのぬな》倉太珠敷皇子《くらのふとたましきのおうじ》、後の敏達帝に帝《みかど》は次のように遺言した。

「朕《われ》、疾甚《やまひおも》し。後の事を以て汝《いまし》に属《つ》く。汝、新羅《しらき》を打ちて、任那《みまな》を封《よさ》し建つべし。更夫婦《またをうとめ》と造《な》りて、惟旧日《これもとのひ》の如くならば、死《みまか》るとも恨《うら》むること無けむ」

この「更夫婦と造りて、惟旧日の如くならば」というのはどういう意味であろう。日本と任那が四世紀以来、一心同体の夫婦であったというのであろうか。あるいは、すでにそれ以前から日本と任那は深い関係があったのであろうか。欽明帝は、妻を奪われた男のショックを任那の滅亡に感じたのであろうか。欽明帝としては先祖が苦心して手に入れ、苦心して保持してきた植民地を、自分の代で失ってしまったということに耐えられないのである。先祖にたいしても、子孫にも申しわけない。どうかわが子よ、もう一度この任那を回復してほしい、と天皇は苦しい息の下からわが子・敏達帝に遺言するのである。この遺言は敏達帝からさらに用明帝《ようめいてい》に伝えられ、この時代全体の日本の外交の根本的指針となっていくのである。

敏達帝の母・石姫《いしひめ》は、宣化《せんか》天皇の娘で、蘇我氏の血を引いていない。おそらく敏達帝には、父の時代の政治を支配していた蘇我氏にたいする反感があったのであろう、彼は蘇我氏から妃を入れなかった。また『日本書紀』には、「天皇《すめらみこと》、仏法《ほとけのみのり》を信《う》けたまはずして、文史《しるしふみ》を愛《この》みたまふ」とある。おそらく敏達帝の時代は、仏教にとってきびしい冬の時代であったろう。しかし、蘇我氏や蘇我氏の血を引く皇子や皇女は仏教崇拝をやめたわけではなく、また海外の仏教崇拝の勢いはいかんともしがたい。

一時の平和を保っているかに見える日本の朝廷も、漸次《ぜんじ》対立を激化させて、ついに事態は決定的な破局に導かれてゆく。われわれは次に、聖徳太子登場の前夜の、この国内の政治的動乱に目を向けることにしよう。

第三章　蘇我と物部の宗教戦争

聖徳太子の生年と血筋

太子の生年については三つの説がある。それは敏達《びだつ》元（五七二）年説、敏達二年説、敏達三年説である。このうち敏達元年説は、『聖徳太子伝暦《しょうとくたいしでんりゃく》』がとるところの説であるが、今の学者はだいたい敏達三年説をとっている。敏達三年説は多くの史料的根拠がある。

『上宮聖徳法王帝説《じょうぐうしょうとくほうおうていせつ》』に、

上宮聖徳法王《うへのみやのしやうとくのりのおほきみ》、また法主王《のりのぬしのみこと》と云《まを》す。甲午年《きのえうまのとし》に産まれたまひ、壬午年二月二十二日《みづのえうまのとしのきさらぎはつかあまりふつかのひ》に薨逝《う》せましぬ。

とある。ところでこの甲午《きのえうま》の年は、敏達三年にあたり、壬午《みずのえうま》の年は、推古《すいこ》三十（六二二）年にあたる。ところが、この死亡の年月について、『日本書紀』は『上宮聖徳法王帝説』とちがう。

（推古）二十九年の春二月《きさらぎ》の己丑《つちのとのうし》の朔《ついたち》癸巳《みづのとのみのひ》に、半夜《よなか》に廐戸豊聡耳皇子命《うまやとのとよとみみのみこのみこと》、斑鳩宮《いかるがのみや》に薨《かむさ》りましぬ。

二月の癸巳《みずのとのみ》は、二月五日となる。つまり『法王帝説』のほうは、太子の死亡の年を推古三十年二月二十二日とするのにたいし、『日本書紀』のほうは、推古二十九年二月五日とする。この場合、『法王帝説』のほうが正しいように思われる。なぜなら「法隆寺《ほうりゆうじ》釈迦像《しやかぞう》の光背《こうはい》の銘《めい》」に「(推古三十年)二月二十一日癸酉《きさらぎはつかあまりついたちみづのとのとりのひ》に王后《きさき》、即世《う》せたまひ、翌日《あくるひ》、法皇《のりのおほきみ》もまた登遐《う》せたまふ」とあり、また「天《てん》寿国繍帳《じゆこくしゆうちよう》の銘」に「(推古三十年)二月二十二日甲戌《はつかあまりふつかきのえいぬのひ》の夜半《よなか》に、太子《ひつぎのみこ》崩《う》せましぬ」とあるからである。

また『法王帝説』には、太子は壬午《みずのえうま》の年二月二十二日の夜半に死に、その師である、高句麗《こうくり》に帰った慧慈《えじ》はその死を聞いて、翌年二月二十二日に死んだという記事を載せている。同じく『法王帝説』には、丁未《ひのとひつじ》の年の六、七月、蘇我馬子《そがのうまこ》が物部守屋《もののべのもりや》を討ったという記事があり、この年の聖徳太子の年齢を「聖王《ひじりのきみ》の生《みとし》、十四年《とをちあまりよつ》にましき」という。この丁未の年というのは、用明《ようめい》二（五八七）年にあたるが、この年、太子が数え歳の十四歳とすれば、太子はやはり敏達三年の生まれとなる。『聖徳《しようとく》太子伝補闕記《たいしでんほけつき》』もこの物部征伐の年を丁未の年、用明二年とし、そのときの太子の年齢を十四歳としている。

このように考えると、太子の生年を敏達三年、その没年を推古三十年とすることが、もっとも正しいように思われるが、その没年については多少問題があろう。たしかに史料的には、この点について『法王帝説』のほうが、『日本書紀』よりはるかに信頼すべきであるが、『日本書紀』がまったくまちがっているといえようか。『日本書紀』がつくられた年は、太子が死んでからまだ百年とたっていないが、太子にたいする尊敬は異常といってもよく、その死を、いかなる天皇の死以上に克明に報告している。

このように、まだ太子の死からそんなに離れていない時代につくられた『日本書紀』が、なぜ太子のような、とりわけ重要な人物の没年をまちがえたのであろうか。『法王帝説』や、そのもとになったような史料を、『書紀』の編集者は見ていなかったとは考えられない。見ていたとしたら、どうしてこのようなくい違いが生じたのであろう。『日本書紀』の編集者は、なぜ『法王帝説』などの推古三十年説を捨てて、推古二十九年説をとったのか。何らかの別の信頼すべき史料が存在しなかったとしたら、何かの事情で、わざと誤ったと考えねばならないであろう。

たしかにこういう問題は残っているが、それについては後にふれることにして、今はひとまず太子を敏達三年、五七四年の生まれと考えよう。太子は敏達帝の異母弟・橘豊日皇子《たちばなのとよひのおうじ》（用明天皇）を父として、同じく異母妹・穴穂部間人皇女《あなほべのはしひとのおうじょ》を母として生まれた。血統的には父方からみても、母方からみても、現天皇は伯父《おじ》にあたる。

敏達帝の誕生

『日本書紀』によれば、欽明帝《きんめいてい》には、一人の后《きさき》と五人の妃《みめ》があった。后は石姫《いしひめ》、宣化《せんか》天皇の長女で、母は仁賢《にんけん》天皇の娘・橘仲皇女《たちばなのなかつおうじょ》である。

欽明天皇は蘇我《そが》氏に擁立《ようりつ》されて帝位についた天皇であるが、その権力にはいくつかの弱みがあった。父の継体帝《けいたいてい》は、応神《おうじん》天皇五代の孫《そん》と称するとはいえ、もともと北陸に盤踞《ばんきょ》していた一豪族にすぎない。継体帝が帝位についたのは、仁徳帝《にんとくてい》の血統が、うちつづく皇位継承の争いで絶えてしまったことと、大伴金村《おおとものかなむら》の強力な推輓《すいばん》によるが、帝位を安泰にするには、仁徳帝の血を受け継いだ女性を后とする必要がある。それゆえ継体帝は、仁賢帝《にんけんてい》の皇女・手白香皇女《たしらかのおうじょ》を后として欽明帝を産んだわけであるが、欽明帝には、継体帝が尾張連草香《おわりのむらじくさか》の娘の目子媛《めのこひめ》との間にもうけた安閑《あんかん》、宣化という二人の兄があった。

この安閑、宣化と欽明の間に皇位継承の争いがあり、継体以後、この二朝は並存していたのではないかという、いわゆる二朝並存説があるが、おそらく欽明帝は、その皇位を安泰せしめようとするためであろう、異母兄・宣化帝の皇女・石姫を皇后にしたのである。石姫は継体帝の血を引くとともに、仁賢帝の血を引き、当時としては、もっとも血統的に高貴な女性であった。

この石姫と欽明帝の間に二男一女があった。長男を箭田珠勝大兄皇子《やたのたまかつのおおえのおうじ》、次男を訳語田渟中倉太珠《おさたのぬなくらのふとたま》敷皇子《しきのおうじ》という。これが敏達《びだつ》天皇である。それに笠縫皇女《かさぬいのおうじょ》である。

欽明天皇は他に五人の妃をもった。この五人の妃のうち、二人は皇后の妹である。その一人が稚綾《わかあや》姫皇女《ひめのおうじょ》で、一男を産んだ。石上皇子《いそのかみのおうじ》である。また他の一人が日影皇女《ひかげのおうじょ》で、同じく一男、倉皇子《くらのおうじ》を産んだ。

そしてまた欽明帝は蘇我稲目《そがのいなめ》の二人の娘を妃とした。一人が堅塩媛《きたしひめ》であるが、堅塩媛は実に男七人、女六人、合わせて十三人の皇子、皇女を産んだ。『日本書紀』によって名をあげれば、皇子のほうは、橘豊日尊《たちばなのとよひのみこと》、すなわち後の用明帝《ようめいてい》、臘嘴鳥皇子《あとりのおうじ》、椀子皇子《まろこのおうじ》、石上部皇子《いそのかみべのおうじ》、山背皇子《やましろのおうじ》、桜井皇子《さくらいのおうじ》、橘本稚皇子《たちばなのもとのわかのおうじ》、皇女のほうは、磐隈皇女《いわくまのおうじょ》、豊御食炊屋姫尊《とよみけかしきやひめのみこと》、すなわち後の推古帝《すいこてい》、大宅皇女《おおやけのおうじょ》、大伴皇女《おおとものおうじょ》、肩野皇女《かたののおうじょ》、舎人皇女《とねりのおうじょ》である。まあ、実に多くの子を産んだものであるが、それは、この堅塩媛にたいする欽明帝の寵愛《ちょうあい》が深かった証拠であろう。この多くの皇子、皇女の中で歴史の表面にあらわれるのは、長男の橘豊日尊・用明帝と、次女の豊御食炊屋姫・推古帝の二人である。

また堅塩媛の妹・小姉君《おあねのきみ》も四人の皇子と一人の皇女を産んだ。つまり茨城皇子《うまらきのおうじ》、葛城皇子《かつらぎのおうじ》、泥部《はしひとの》穴穂部皇女《あなほべのおうじょ》（穴穂部間人皇后《はしひとのこうごう》）、泥部穴穂部皇子《はしひとのあなほべのおうじ》、泊瀬部皇子《はつせべのおうじ》、すなわち後の崇峻帝《すしゅんてい》である。このうち歴史に足跡を残すのは、一人娘の泥部穴穂部皇女と、三男の泥部穴穂部皇子と四男の泊瀬部皇子である。

帝《みかど》にはもう一人妃がいた。春日日抓《かすがのひつめ》の娘の糠子《あらこ》である。糠子も橘麻呂皇子《たちばなのまろのおうじ》、春日山田皇女《かすがのやまだのおうじょ》の一男一女を産んだ。

后と妃、合わせて六人、その六人の后妃《こうひ》が産んだ皇子が十六人、皇女が九人というわけである。これだけ多くの皇子や皇女がいたからには、対立が生じるのは当然である。そしてこの対立の最大のものは皇位継承の争いであろう。多くの皇子のうちで天皇位につくことができるのは、たった一人である。一人が百パーセントに近い権力と財力をもち、他は権力、財力はゼロに近い。この地位をめぐって古来から多くの争いがあり、多くの血が流された。

天皇位につくには、まず皇太子にならねばならぬ。皇太子はいわば天皇予定者であり、次代の天皇である。天皇制はもともと血の原理からなりたっている。皇太子は必ず天皇の子でなくてはならぬ。しかもその場合も、母方の血が問題である。母方においても、できるだけ多くの天皇家の血が必要である。この点において、石姫、稚綾姫皇女、日影皇女の産んだ皇子たちは、他の皇子たちより優先権をもっているが、后の産んだ皇子たちが妃の産んだ皇子たちより、より多く皇太子になる資格をもっているので、皇太子は正后の石姫腹の皇子というのが、まず順当なところであろう。

それゆえ、もしも『日本書紀』が語るように、石姫の長男・箭田珠勝大兄皇子が欽明十三(五五二)年に死んだとすれば、皇太子には当然、石姫の次男・訳語田渟中倉太珠敷皇子が就任するはずである。ところが、太珠敷皇子が皇太子となったのは、「欽明紀」には欽明十五年とあるが、「敏達紀」には欽明二十九(五六八)年とある。どちらが正しいであろうか。長男・箭田珠勝大兄皇子の死を欽明十三年とすれば、欽明十五年に太珠敷皇子が皇太子になっても不思議はない。しかしそれならば、どうし

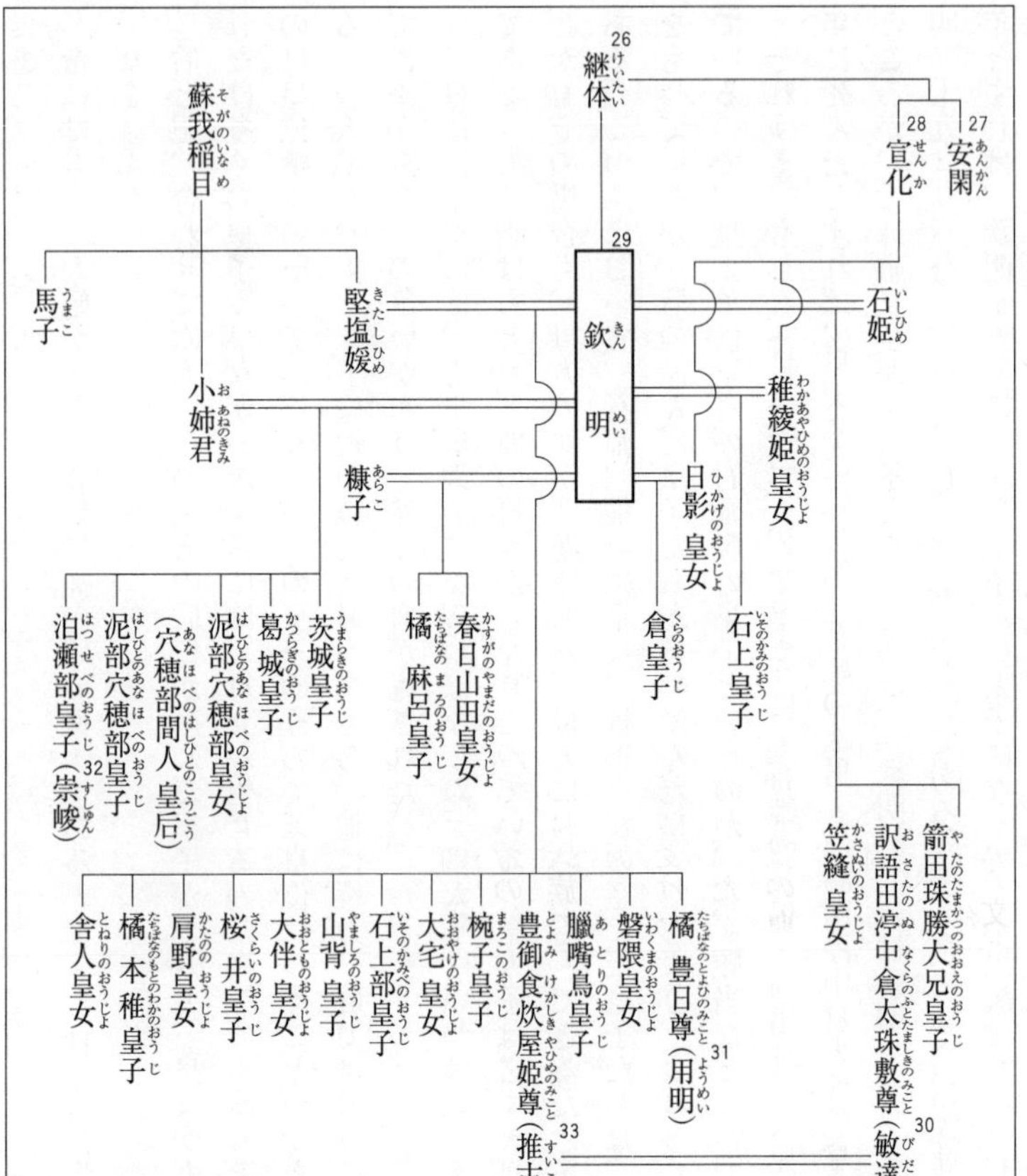

(以下、系図は『日本書紀』)

て「敏達紀」に、欽明二十九年に太珠敷皇子が皇太子となったとあるのであろうか。やはり二十九年をとるべきであろうか。

　とすれば、なぜ欽明二十九年まで、太珠敷皇子は皇太子になれなかったのか。当然、蘇我稲目の反対が考えられる。蘇我稲目は、やはり自分の娘の産んだ皇子を皇太子にしたいという願望をもっていたにちがいない。それが無理であるとしても、やはり太珠敷皇子の皇太子就任をできるだけ遅くしたほうがよい。もし「敏達紀」にいうように太珠敷皇子の皇太子就任が欽明二十九年であるならば、それはやはり稲目の抵抗ゆえと考えられる。欽明二十九年は稲目の死の二年前であり、百済外交の失敗などで稲目の威信がかなり落ちていた時期である。稲目の威信が落ちた時期になってはじめて、太珠敷皇子は皇太子になれたのではなかろうか。欽明帝の御世は、『日本書紀』に従えば三十二年間であるが、『法王帝説』によれば四十一年間である。三十一年間、あるいは四十一年間、蘇我稲目は欽明帝とともに政治をとってきたのである。この間に蘇我氏の勢力は宮廷深く根をおろした。

かかる状況においては、その血統において問題なく、皇位継承権を主張できた太珠敷皇子といえども、蘇我氏および蘇我氏の血を受けていた異母弟たちに遠慮しなければならなかったであろう。残念ながら太珠敷皇子には強力な外戚《がいせき》の援助がない。宣化帝の一族には有力な権力者はなく、また祖母方の仁賢帝の一族は消えなんとする灯《ひ》のように残存する氏族である。太珠敷皇子にとってはその血統だけが頼りなのである。

こうした中でおそらく太珠敷皇子は、蘇我氏の血を受けた異母兄弟たちに複雑な感情をもったにちがいない。たしかに私は彼らとちがって尊い血統の人間だ、天皇位につくのは当然だ、そうは思っても、権力者をバックにいささか彼をあなどりがちな蘇我の血を引く多くの異母兄弟を、彼は警戒と羨《せん》望《ぼう》の交じりあった目でもって見たのではなかろうか。

朝鮮半島の状況——高句麗のあせり

『日本書紀』に「天皇《すめらみこと》、仏法《ほとけのみのり》を信《う》けたまはずして、文史《しるしふみ》を愛《この》みたまふ」とあるが、敏達帝《びだつてい》の仏教にたいする不信は、蘇我《そが》氏にたいする反感ゆえであったろうと私は思う。南朝の王者の教養は主に仏教と文史であったが、帝《みかど》は南朝の教養の一つである仏教を嫌って、もう一つの教養である文史を好んだのであろう。

（敏達元年四月）是の月に、百済大井《くだらのおほゐ》に宮つくる。物部弓削守屋大連《もののべのゆげのもりやのおほむらじ》を以て大連とすること、故《もと》の如し。蘇我馬子宿禰《そがのうまこのすくね》を以て大臣《おほおみ》とする。

敏達帝は即位（五七二年）とともに、蘇我馬子《そがのうまこ》を大臣《おおおみ》とし、すでに大連《おおむらじ》であった物部守屋《もののべのもりや》とともに政治をつかさどらしめた。馬子は稲目《いなめ》の息子であるが、守屋は尾輿《おこし》の次男であると『旧事本紀《くじほんぎ》』にある。敏達帝は蘇我氏を抑えるために極力、物部氏の力を利用しようとしたのであろうが、やはり蘇我氏の力は無視することはできない。

敏達即位の年、一つの事件が起こった。起こったというより、敏達帝は、前代からの事件に一つの結末を与えたといったほうがよい。

それより二年前、欽明《きんめい》三十一年、越人《こしのひと》、江渟臣裙代《えぬのおみもしろ》が都に上っていった。「越《こし》の海岸に高麗《こま》の使が漂着したが、郡司《こおりのみやつこ》が隠している」と。これは当時の朝廷にとって、大きなニュースであった。高麗（高句麗《こうくり》）は朝鮮半島北部の大国である。高句麗は四世紀以来百済《くだら》を助けた日本の敵国であったが、新羅《しらぎ》の勃興《ぼっこう》以来、その意味が変わってきた。今の日本にとって新羅こそ、わが領土を奪った最大の敵なのである。

そして新羅は、六世紀半ばの漢城《かんじょう》および北漢城の奪取により、今や高句麗と南の国境を接する唯一の国となり、高句麗との間に多くのトラブルを起こしている。たとえ高句麗が過去に日本との間にどのような敵対関係をもっていようとも、現在日本の最大の敵・新羅の敵である高句麗をどうして好遇せずにおれようか。日本の朝廷は、この高句麗の来朝を心から喜んだにちがいない。

高句麗から日本に来るには、日本でいう日本海、朝鮮でいう東海を横断しなくてはならぬ。もしも朝鮮半島の東南岸に近づいたら新羅に襲われるであろうし、西南岸も百済がいて通ることはできない。日本海に船を出して、はるか沖合いを航行しなければならない。はなはだ危険な航海であるが、そのような危険を冒して、どうして高句麗ははるばる日本に船を出したのか。

次の表を見てほしい。この表は六世紀初頭から、日本にこの使の来た五七〇年までに、朝鮮三国つまり高句麗、百済、新羅が、中国の北朝および南朝に遣わした使の回数である。これを見ると、高句麗と百済の対外関係の違いが一目瞭然《いちもくりょうぜん》である。高句麗ははっきり北朝一辺倒である。高句麗は、その地理的位置からいえば北朝に朝貢せざるをえない立場にある。北朝が政治的に乱れた五二〇年代および五五〇、五六〇年代をのぞいて、ほとんど毎年、高句麗は北朝に朝貢することを義務づけられていた。この朝貢の品は、五世紀末までは黄金二百斤《きん》、白銀四百斤であったが、その後はその量が倍になったという。

しかし高句麗は、北朝とともに時には南朝にも朝貢し、その両方から冊封《さくほう》を受けていたが、たまたま南朝に出した使の船が山東半島で北朝の役人につかまり、その使者が北朝の都に連れて行かれて大目玉を食ったこともある。

それに反して百済は蓋鹵王《こうろおう》のときに北朝に使を送ったことはあ

西暦	高句麗		百済		新羅	
	北朝	南朝	北朝	南朝	北朝	南朝
500〜09	10	0(2)	0	0	0	0
510〜19	12(1)	2	0	1	0	0
520〜29	1(1)	4(1)	0	1(2)	0	1
530〜39	6(2)	3(1)	0	1	0	0
540〜49	9	1	0	2	0	0(1)
550〜59	3(1)	0	0	0	0	0
560〜69	2(1)	2(1)	0	1	1(1)	3(1)

朝鮮三国から中国への朝貢の回数（カッコ内は中国から朝鮮への使。『三国史記』より作成）

るが、その後、六世紀になっては、このときにいたるまで交易はもっぱら南朝との間のみであった。それもだいたい十年に一度くらいの間隔である。やはり百済から南朝へ船を出すのはたいへんなことであったのであろう。百済がこの間、もっぱら距離的に遠い南朝のみに朝貢したのは、一つには北朝寄りの高句麗への対抗のためでもあったが、それ以上に、漢人の支配する南朝を中国の正統な政府と考え、もっとも正統な、もっとも発展した文化を南朝から移入しようとしたからであろう。

新羅は中国との交渉において、この二国よりはるかに遅れていた。五六〇年代までは五二一年に梁《りょう》に一度使を送っているのみである。このときもおそらく百済の使に伴って行ったのであろう。これは黄海に港をもたなかった新羅としては当然なことであろう。自主的に新羅が中国に使を送るのは、五六〇年代の後半からであるが、これは、五五二年から五五四年にかけての戦いによって、新羅が漢城や北漢城を得て、黄海沿岸に達したことが、どんなに大きい意味をもっているかを示すものであろう。

この時代の朝鮮半島は三国鼎立《ていりつ》のまま、いちおうの安定に達していたが、中国本土においても三国鼎立の状況が存在していた。約二百年間、北中国に覇《は》をとなえた北魏《ほくぎ》は衰え、ついに五三四年、高歓《こうかん》の支配する東魏《とうぎ》と宇文泰《うぶんたい》の支配する西魏《せいぎ》に分かれたが、五五七年、宇文泰の子・宇文覚《うぶんかく》は西魏の禅《ぜん》を受けて北周《ほくしゅう》を建て、五五〇年、高歓の子・高洋《こうよう》もまた東魏の禅を受けて北斉《ほくせい》を建てた。このうちもっとも強力であったのは、北中国の巨大な平原を領有していた東魏—北斉であったが、覇者・高歓の死後、その子どもたちが次々に皇位について政局は安定せず、五六〇年代の中ごろを境にして漸次《ぜんじ》衰退に向かった。この力の盛衰が高句麗の送った使の回数にもあらわれている。五二〇年代に使者が少ないのは北魏の乱れのためであるが、五五〇年代および五六〇年代に少ないのは北斉の衰退のためである。

このように対中国外交においても、ひとり高句麗がイニシアティブをとってきたわけであるが、五六〇年代の後半には外交においても新羅は高句麗に追いつこうとしていた。

五六四年、高句麗の平原王《へいげんおう》は北斉に使者を送ったが、その年、新羅の真興王《しんこうおう》もまた北斉に使者を送った。五六五年、北斉の皇帝は新羅に書を下して、真興王を使持節《しじせつ》領《りょう》東夷校尉《とういこうい》楽浪郡公《らくろうぐんこう》新羅王《しらぎおう》に任じた。それより五年前、平原王も使持節《しじせつ》領《りょう》東夷校尉《とういこうい》遼東郡公《りょうとうぐんこう》高句麗王《こうくりおう》に任ぜられているのである。五六五年には高句麗も北斉に朝貢したが、ここで新羅王は高句麗王とまったく同じ地位の官位を贈られているのである。

これは高句麗にあせりをさそったにちがいない。そしてこの五六五年という年は、北斉では高歓の孫・高緯《こうい》が幼少にして即位し、国内には反乱が絶えず、北斉と南朝の陳《ちん》、北斉と北周との力関係が逆転しようとしていたときでもあった。おそらくこのような中国内部の状況と関係があるのであろう、同じ年、陳が使者の劉思《りゅうし》と僧・明観《みょうかん》を新羅に送って、礼物《れいもつ》を献じて、仏門の経論《きょうろん》千七百余巻を贈って来た。この陳の使の来朝によって、新羅は皇龍寺《こうりゅうじ》などの多くの寺院を建立したのである。そしてその後新羅は、五六六、五六七、五六八、五七〇、五七一年の五度にわたって陳に朝貢した。この積極的な対南朝外交は高句麗にも百済にも例のないものであったが、当時、武力的にも陳が北斉より強力であったとしたら、高句麗も黙って見ているわけにはゆかない。五六六、五七〇、五七一年の三度、高句麗も陳に朝貢したのである。

新羅は新興国家であり、高句麗にとっては、今や南に国境を接する唯一の国である。この新羅が、高句麗にとって武力においてばかりか、外交においても強敵となったとしたら、高句麗の不安が高まるのは当然であろう。

日本海を渡って来た高句麗の使

欽明《きんめい》三十一（五七〇）年における高句麗《こうくり》の使節の来朝は、こういう状況において考えなければならない。おそらく高句麗は、任那《みまな》の滅亡以来、新羅《しらぎ》にたいして深い恨みをいだいている日本に目をつけたのであろう。

ひとつの決断をもって、高句麗の平原王《へいげんおう》は新しい外交関係をはじめたわけであるが、やはりこの航海はたいへんな航海であった。船は風浪《ふうろう》にあって漂流し、辛《かろ》うじて日本の地に着いたが、使者は政治事情もわからず、言葉も通じず、さんざんに苦労した。高句麗の使のもって来た貴重な貢《みつ》ぎ物を見たこの地の郡司《こおりのみやつこ》・道君《みちのきみ》は悪心を抱き、自分はこの国の王であるといって貢ぎ物を奪ってしまった。使者たちは日本の国の事情にうといので、この嘘にまんまと引っかかってしまったのである。江渟裙代《えぬのもしろ》は郡司のかかる悪業を朝廷に密告したわけである。たぶん彼は郡司・道君と対立関係にあったのであろう。それを聞いて朝廷はさっそく膳傾子《かしわでのかたぶこ》を越《こし》に遣わし、高句麗の使を接待させた。もちろん道君の嘘は明らかになり、貢ぎ物は返された。

（七月）是の月に、許勢臣猿《こせのおみさる》と吉士赤鳩《きしのあかはと》とを遣《つかは》して、難波津《なにはのつ》より発《た》ちて、船を狭狭波山《ささなみやま》に控《ひ》き引《こ》して、飾船《かざりぶね》を装ひて、乃ち往きて近江《あふみ》の北の山に迎へしむ。遂に山背《やましろ》の高楲館《こまひのむろつみ》に引入《こしい》れしめて、則ち東漢坂上直子麻呂《やまとのあやのさかのうへのあたひこまろ》・錦部首大石《にしこりのおびとおほいし》を遣して、守護《まもりびと》とす。更《また》、高麗《こま》の使者《つかひ》を相楽《さがらか》の館《むろつみ》に饗《あへ》たまふ　（『日本書紀』）

ここで「飾船を装ひ」とあるが、これは『日本書紀』に初出である。おそらくこの珍しい外国の使を迎えるにあたってはじめられた接待の儀礼であろう。後にわれわれはこの飾船が、隋《ずい》や新羅の使を接待する儀式にどのようにもちいられたかを見るであろう。かくてこの高句麗の使は、この年の七月に相楽《さがらか》に入ったが、まだ都に入らないうちに欽明天皇が病気になって亡くなられた。

敏達《びだつ》天皇は即位してまもなく、この使節のことを思い出されたのである。さっそく高句麗の国書をとりよせて、東西《やまとかわち》の史《ふびと》に見せるが誰も読めない。ただ船史《ふねのふびと》の祖・王辰爾《おうじんに》のみが読むことができたという。東西の史、つまり王仁《わに》の子孫の河内《かわち》の史も、阿直伎《あちき》の子孫の大和《やまと》の史も帰化してから長く、もう朝鮮の最近の文章は読めなくなっていたのか、それとも高句麗の文章が北朝系の文章で、南朝系の文章を見なれた当時の帰化人系の知識人は読みとれなかったのであろうか。

その国書にはいったい何が書いてあったのか。おそらく日本との修交を願う旨《むね》が書かれていたと思われるが、高句麗のおかれた国際社会における地位がどういうものか、この極東の島国の人間にはわかるはずはなかったと私は思う。

ところで、ここで思いがけない事件が起こった。それは例の道君の貢ぎ物の奪取にからむ問題である。貢ぎ物はたしかに返されたが、とにかく日本の地方の一郡司を王とまちがえ、軽率に貢ぎ物を与えたのは使者の責任である。大使はそれを副使以下の責任にした。もし国へ帰ったらお前たちは罰を受けるにちがいないと大使はいう。それを聞いて、副使たちは計をもうけて大使を殺してしまう。副使たちはその殺害の理由を、天皇が大使に妻を与えたのに、その命に大使が従わなかったからだとする。日本の朝廷はおそらく大使殺害の真の理由を知ってはいたのであろうが、大使を厚く葬るとともに、副使たちを無事帰した。

翌敏達二（五七三）年、再び高句麗の使の船が越に漂着した。おそらく前年の事によって、正式な国交関係を結ぼうとしたのであろう。このたびもやはり船は漂流して、溺死《できし》する者が多かったが、とにかく船は先年と同じく越の国に着いた。ところが今度は朝廷の態度がちがった。

朝庭《みかど》、頻《しきり》に路に迷《まど》ふことを猜《うたが》ひたまひて、饗《あへ》たまはずして放還《かへしつかは》す。仍《よ》りて吉備海部直難波《きびのあまのあたひなには》に勅《みことのり》して、高麗《こま》の使を送らしむ。

これはどういうわけであろう。前年あれほど使をもてなした日本の朝廷が、今度は手のひらを返すように冷たくする。

私は、日本はまったく国際関係がわかっていないからであろうと思う。一度は珍しい高句麗の国から使が来た。しかしまた翌年使が来るとは、夢にも思っていなかったのであろう。なぜ二年も続けて使が来るのか。

日本は、高句麗には何か領土的野心があるのではないかと疑ったのである。しかしそれはちがうと私は思う。高句麗は近く起こりそうな東アジアの風雲を敏感に感じとっているのである。何かが起こる。新羅と争わねばならぬ日がきっとくる。それには日本との友誼《ゆうぎ》関係が必要なのだ。しかも前年に航海に成功したとすれば、この機会を逸してはならない。今こそ外交関係の樹立が必要なのだ。しかしこういうことを、高句麗がはっきり口にするはずはない。国書は堂々たる外交辞令である。この外交辞令の背後に何が隠れているのか、それを読みとってはじめて正常な外交関係が可能であるのに、国書の意味を理解するのがせいいっぱいな日本では、とても高句麗の要求に応じられない。

この二回めの高句麗の使が一回めとちがうのは、「送使《おくるつかひ》」の使なるものを高句麗が要求したことである。この高句麗の使は、危ない困難な航海にもかかわらず、日本ではまったく饗応《きようおう》されず、都へも入れず、送り返されるが、送使の使をつけるという要求だけはかなえられたらしい。

その送使というのは、どうやら高句麗まで送ってゆく使らしいのである。吉備難波《きびのなにわ》がその送使の長に任ぜられた。

秋七月《ふみづき》の乙丑《きのとのうし》の朔《ついたちのひ》に、越海《こしのうみ》の岸《ほとり》にして、難波《なには》と高麗《こま》の使等と相議《あひはか》りて、送使《おくるつかひ》難波の船の人大嶋首磐日《おほしまのおびといはひ》・狭丘首間狭《さをかのおびとませ》を以て、高麗の使の船に乗らしめ、高麗の二人を以て、送使の船に乗らしむ。如此《かく》互《たがひ》に乗らしめて、姧《かだみ》の志《こころ》に備ふ。倶時《もろとも》に発船《ふなだち》して、数里許《あまたさとばかり》に至る。送使難波、乃ち波浪《なみ》に恐畏《おそ》りて、高麗の二人を執《とら》へて、海に擲《な》げ入る。

これはまさに国辱的な行為である。おそらく高句麗の使者は、使者にたいする日本側の扱いを見て、ほんとうに日本側の船が高句麗まで来るのか疑ったのであろう。それで水先案内として、二人の水夫を日本側に乗りこませ、日本側の水夫二人を高句麗の船に乗りこませたのであろう。ところがである。難波は、船が出て沖合い数里にいたったところで、大きな波を見ると高句麗の二人の水夫を海に投げ入れて、何くわぬ顔で帰って来たのである。

八月《はつき》の甲午《きのえうま》の朔丁未《ついたちひのとのひつじのひ》に、送使難波《おくるつかひなには》、還《かへ》り来《まうき》て復命《かへりこと》して曰《まう》さく、「海の裏《うち》に鯨魚《くぢら》大きなる有りて、船と檝櫂《かぢさを》とを遮《た》へ嚙《く》ふ。難波等、魚《いを》の船呑《の》まむことを恐りて、入《ま》海《か》ること得ず」とまうす。天皇聞《すめらみこときこしめ》して、其の謾語《いつはりこと》を識る。官《つかさ》に駈使《つか》ひて、国に放還《ゆるしつかは》さず。

まったくとぼけた話である。鯨《くじら》がでてきて、船と楫櫂《かじさお》をかんだ。ひょっとしたら鯨が船をのむかもしれない。それで帰って来た。もちろん高句麗の水夫の殺害については知らぬ顔である。これにたいして天皇も嘘とは思ったが、別に罰を与えなかったらしい。証拠がなかったからであろうが、あまり罰する気持がなかったのでもあろう。吉備難波にしたら、この任務そのものがたいへん迷惑なのである。いったい日本の船で高句麗まで行き着くことができるのか。彼以前にそういう例は一例もない。たとえ高句麗の船が日本海横断に成功したとしても、日本の船にそれができるとはかぎらない。

朝廷としては、饗応を拒絶した以上、その要求だけは聞かねばならぬと思って難波に命じたのであろうが、航海に自信があってのことではない。またこの日本最初の日本船の高句麗渡航に、大きな意味を見いだしていたわけでもない。

こういう状況において、難波が何か口実をもうけて帰って来るのは当然であるが、彼はなりゆき上、たいへんな国際的犯罪を犯してしまったのである。罪もない二人の高句麗人の水夫を海に落としてしまったのである。

三年の夏五月《さつき》の庚申《かのえさる》の朔《ついたち》甲子《きのえねのひ》に、高麗《こま》の使人《つかひ》、越海《こしのうみ》の岸《ほとり》に泊《とま》れり。

秋七月《ふみづき》の己未《つちのとのひつじ》の朔《ついたち》戊寅《つちのえとらのひ》に、高麗の使人、京《みやこ》に入《まゐ》りて奏《まう》して曰《まう》さく、「臣等《やつこら》、去年《いにしとし》送《おくる》使《つかひ》に相逐《あひしたが》ひて、国に罷《まか》り帰る。臣等、先に臣が蕃《くに》に至る。臣が蕃、即ち使人の礼《ゐや》に准《なぞら》へて、大《おほ》嶋首《しまのおびと》磐日《いはひ》等《ら》を礼《ゐやま》ひ饗《あへ》たまふ。高麗国の王《きみ》、別《こと》に厚き礼を以て礼《ゐやま》ふ。既にして、送使の船、今に至るまでに到らず。故《かれ》、更《また》謹《つつし》みて使人弁《あはせ》て磐日《いはひ》等《ら》を遣《まだ》して、臣《やつかれ》が使の来らざる意《こころ》を請問《うけたまは》らしむ」とまうす。天皇《すめらみこと》聞《きこしめ》して、即ち難波《なには》が罪を数《せ》めて曰《のたま》はく、「朝庭《みかど》を欺誑《あざむ》きまつれり、一つなり。隣の使を溺らし殺せり、二つなり。茲《こ》の大きなる罪を以ては、放還《ゆるしつかは》すこと合《かな》はず」とのたまふ。以《これをも》て其の罪を断《さだ》む。

今度の航海は別に遭難の話がないところをみると、高句麗の使は無事に越海《こしのうみ》に着いたのであろう。今回の使は抗議の意志を秘めた使である。高句麗の使者のいうのは、まことにもっともである。二人の日本人水夫を乗せた高句麗の船は無事に高句麗に着いた。おそらく高句麗の王ははじめて来た珍しい異国の使を、手厚くもてなしたのであろう。大嶋磐日《おおしまのいわい》と狭丘間狭《さおかのませ》は日本人にして最初に高句麗の土をふんだ人間であろう。こうして高句麗の朝廷は日本の船の到来を待ったが、いっこうに日本の船はやって来ない。あの日本の船とそれに乗ったはずの二人の高句麗の水夫はどこへ行ったのか。

これが高句麗の使の質問であるが、この質問に日本の朝廷は答えようがなかった。難波はあの二人の水夫を海に投げ入れて殺していたのである。おそらく日本の朝廷は高句麗の使に平あやまりにあやまるよりしかたがなかったであろう。しかしここで、「茲の大きなる罪を以ては、放還すこと合はず」という朝廷の言葉は、この国際的犯罪にたいしてあまりに寛大であると思う。難波は殺されるのが当然と思われるが、どうも殺されたのではないらしい。朝廷そのものが、この事件にたいして罪の意識が薄いのである。おそらく朝廷でも、とても航海を無理とみて、いいかげんにつき合って帰ってもよいと思っていたのであろう。それが思わぬことになり、二人の水夫を殺してしまった。どうも高句麗に責められて、はじめて朝廷は難波を罰する気になったのではないか。

私はこの国辱的な行為は、難波個人の問題である以上に、当時の日本政府全体の責任であるように思う。

この高句麗の使がいつ帰ったかは、『日本書紀』に書かれていない。おそらく高句麗の使は、大いに腹をたてていたであろう。しかし腹をたてるよりバカバカしいと思っていたにちがいない。とても文化の程度がちがうのである。極東のこの国はまだ野蛮な風習を脱却していない国である。この国と正常の外交関係を結ぼうとしたことが間違いなのである。

高句麗の使は、この国ではまったく歓迎されない客であった。はじめの使が歓迎されたのは、たいへん珍しいからだけの理由である。正式な外交を結ぼうとする意志もなければ、その用意もない。おそらく失望というより、何かアホらしい気持で高句麗の使は国へ帰ったにちがいない。そしてそのとき以来、高句麗は永い間正式の使節を日本に出さなかった。

太子誕生のころの国際情勢とあやふやな太子伝説

もしも聖徳太子が敏達《びだつ》三（五七四）年の生まれであるとすれば、この太子出生のときに起こった事件は、太子の一生を考えるにあたって、はなはだ象徴的な事件であった。たしかにこの三回にわたる高句麗《こうくり》の使節の派遣は失敗であった。しかしそれはそれで意味があったと思う。このような経験があったからであろう。太子の活躍するころになると、高句麗の使がさかんに日本にやって来る。この失敗はやがて歴史の中で実を結ぶのである。それは高句麗ばかりではない。日本政府も国際的に外交的な無知と醜態をさらしたが、それもまた稀代《きたい》の外交の天才が出現する前夜の出来事としては意味をもつのである。

歴史は必ずいくつかの失敗を経験して、すすんでゆくものである。

こうしているうちに長い三国鼎立《ていりつ》の状態が続いた朝鮮半島および中国に、徐々に新しい動きが起ころうとしていた。そしてその動きは、やはり東アジアの政治的、文化的中心である中国本土にまずあらわれる。

五七七年、敏達六年、中国において三国鼎立の状況はついに破れた。宇文邕《うぶんよう》に率いられた北周《ほくしゅう》はついに高緯《こうい》の北斉《ほくせい》を破って北中国を統一したのである。もとの南北朝にもどったのであるが、北周の勢いはやがて南朝の陳《ちん》をも併呑《へいどん》せんとしていた。

このように、大きく動こうとする東アジアの状況の中で、わが太子は生まれたのである。太子の幼時については、いろいろ不思議なことが語られる。

池辺天皇《いけのへのすめらみこと》（用明《ようめい》）の后《きさき》・穴太部間人王《あなほべのはしひとのみこ》、廐戸《うまやと》に出でましし時に、忽《たちま》ちに上宮王《うへのみやのみこ》を産みましき。王命《みこのみこと》、幼少《いとけな》くして聡敏《さと》く、智《さか》しくいます。長大《をとこさかり》に至りては、一時《ひとたび》に八人《やたり》の白《まを》す言《こと》を聞きたまひて、其の理《ことわり》を弁《ききわ》けたまふ。また一つを聞きて、八つを智《し》りたまひき。故《かれ》、号《なづ》けて厩戸《うまやとの》豊聡八耳命《とよとやつみみのみこと》と曰《まを》す。池辺天皇、其の太子《ひつぎのみこ》・聖徳王《しやうとくのみこ》をば甚愛《いとかな》しく念《おも》ほしめして、宮の南上大《かむつおほ》殿《みや》に住ましめたまひき。故、上宮王と号けまつりき。（『上宮聖徳法王帝説《じようぐうしようとくほうおうていせつ》』）

（用明元年）其の一《ひとり》を厩戸皇子《うまやとのみこ》と曰《まう》す。是の皇子《みこ》、初め上宮に居《ましま》しき。後に斑鳩《いかるが》に移りたまふ。

（推古《すいこ》元年）橘豊日天皇《たちばなのとよひのすめらみこと》（用明）の第二子《ふたはしらにあたりたまふみこ》なり。母の皇后《きさき》を穴穂部間人皇女《あなほべのはしひとのひめみこ》と曰《まう》す。皇后、懐姙開胎《みこあれま》さむとする日に、禁中《みやのうち》に巡行《おはしま》して、諸司《つかさつかさ》を監察《み》たまふ。馬官《うまのつかさ》に至りたまひて、乃ち厩《うまや》の戸に当りて、労《なや》みたまはずして忽《たちまち》に産《あ》れませり。生《あ》れましながら能《よ》く言ふ。聖《ひじり》の智《さとり》有り。壮《をとこさかり》に及びて、一《ひとたび》に十人《とたり》の訴《うたへ》を聞きたまひて、失《あやま》ちたまはずして能く弁《わきま》へたまふ。兼ねて未然《ゆくさきのこと》を知ろしめす。（『日本書紀』）（同前）

これは聖徳太子が死んでからまだ百年とたっていないうちにできた、二つの太子に関する証言であるが、この時点で、すでに太子は超人的な能力をもった聖者とされている。そして、その後の太子伝なるものは、この二つの記事の上につくられたほぼ架空の聖者伝であることは、久米邦武《くめくにたけ》氏が指摘したとおりである。

『上宮皇太子菩薩伝《じようぐうこうたいしぼさつでん》』では、太子は中国の南岳慧思《なんがくえし》の生まれ変わりということになり、『補闕記《ほけつき》』では、太子は救世観音《くせかんのん》の受肉したものということになり、『伝暦《でんりやく》』では、この『補闕記』の上に、幼年時代からの太子のさまざまな神秘的行動が記せられている。これは必ずしも太子の超人化ということではなく、これらの架空と思われる話も、太子の死後二十一年後に起こった一家惨殺という事件からつくられていて、太子解釈には、必ずしも無視することができないことは先に述べた。
だからといって、それらがフィクションであることに変わりはない。今は、太子が後にどのように見られたかを問題とすべきではなく、現実の太子がどうであったかを問題にすべきときである。『菩薩伝』以下の史料については参考にとどめるのみで十分であろう。

ここでまず問題なのは聖徳太子の名である。聖徳太子というのは、どうみても死後の諡《おくりな》であり、生前の名ではない。

『日本書紀』には、廐戸皇子《うまやとのみこ》、廐戸豊聡耳皇子《うまやとのとよとみみのみこ》とあり、その註に豊聡耳《とよとみみ》法大王《のりのおほきみ》、法主王《のりのうしのおほきみ》というのもある。『古事記』に上宮之廐戸豊聡耳命《うへつみやのうまやとのとよとみみのみこと》とある。また「法隆寺《ほうりゅうじ》金堂《こんどう》薬師《やくし》像光背《ぞうこうはい》の銘《めい》」には東宮聖王《まけのきみひじりのきみ》とあり、「天寿国繍帳《てんじゅこくしゅうちょう》」には等巳刀弥々乃弥己等《とよとみみのみこと》とある。

また『法王帝説』の他の文章では、廐戸豊聡耳聖徳法王《うまやとのとよとみみのしやうとくのりのおほきみ》、上宮廐戸豊聡耳命《うへのみやのうまやとのとよとみみのみこと》、廐戸豊《うまやとのとよ》聡八耳命《とやつみみのみこと》、上宮王《うへのみやのみこ》などといわれている。また『釈日本紀《しやくにほんぎ》』が引用する『伊予国風土記逸文《いよのくにふどきいつぶん》』に記載の「道後湯岡碑銘《どうごゆおかひめい》」には法王大王《のりのおほきみ》とあり、「元興寺丈六光背銘《がんごうじじようろくこうはいめい》」に等与刀弥々大王《とよとみみのおほきみ》とあり、その「塔の露盤の銘」に有麻移刀等已刀弥々乃弥己等《うまやととよとみみのみこと》とある。

聖徳という名も立派すぎる名であり、後につけられたものであろうが、大王、法王、聖王、法王大王、法大王という名も、また後につけられた名であろう。もとより生前、彼は正式に帝位についたのではなく、法王という位があったわけではない。皇太子にして天皇の位をおくられたのは、桓武帝《かんむてい》に殺された早良皇太子《さわらこうたいし》の例が思い浮かぶ。

とにかく聖徳という名と、聖王、大王、法王という称号は後のものであろう。すると、その生前の名は何であるか。残るところは廐戸皇子、豊聡耳皇子、上宮王の三つである。そのうち廐戸皇子というのが、彼の生まれたときの名にもっともふさわしいが、この廐戸皇子という名にもまた伝説がくっついているのである。

『法王帝説』はともかく、『日本書紀』のほうは、何となくイエス・キリストの伝説を思い出させる。とくに「労《なや》みたまはずして忽《たちまち》に産《あ》れませり」とか「生《あ》れましながら能《よ》く言《ものい》ふ」とか「聖《ひじり》の智《さとり》有《あ》り」というのは典型的な聖者伝の文句である。久米邦武氏は、これはイエス伝の影響であるという。なぜなら、すでに六世紀の半ばにキリスト教の一派のネストリウス派の宣教師が中国に来て、都・長安《ちょうあん》に大きな寺院を建てて布教に従事していたからである。このキリスト教を景教《けいきょう》という。「景」とは日の大なるものという意味である。おそらくこのネストリウス派のキリスト教が、小アジアから太陽崇拝の宗教を伴って中国へ来たのであろう。七二〇年につくられた『日本書紀』に、このような最初のネストリウス派のキリスト教の影響があったとしても不思議ではない。

私は久米邦武氏が指摘する以上に、この太子伝には景教の影響が強いのではないかと思う。それはあの推古二十一年に記せられている片岡山《かたおかやま》での奇妙な話の中にもあり、またそのほか、『補闕記』や『伝暦』に語られている太子についての多くの話の中にも、その影響があるのではないかと思う。しかしそれは後の問題であり、生きていた太子とは関係がない。キリスト教による潤色《じゅんしょく》があったとしても、やはり廐戸皇子という名は否定できないであろう。津田左右吉《つだそうきち》氏がいうように、聖徳太子の子に馬屋古女王《うまやこのひめみこ》というものがあるところからみても、彼は廐戸皇子という名であったのであり、その名によって、イエス伝が連想されたのであろう。

豊聡耳皇子というのも、彼が聡明《そうめい》であることの称号であろう。あるいは生前の名であるとも考えられるが、それはやはり正式の名ではなく、ほめ言葉がひとつの固有名詞のようになったものであろう。

智恵の秀《ひい》でた皇子、そういう意味が、逆にその名によって一度に八人の言葉を聞くとか、一度に十人の訴えを聴くとかいう伝説になったのであろう。

上宮王もやはり「推古紀」および『法王帝説』にいうように、用明帝が太子を愛して、池辺《いけのべ》の「宮の南上大殿《かむつおほみや》に住ましめ」たことから、この名がついたとみて差しつかえないであろう。

聖徳太子は、用明帝と穴穂部間人皇后との間の長男である。いってみれば彼は、五〇パーセントの蘇我氏の血を引き、五〇パーセントの天皇家の血を引く、十分に皇位継承権をもたされた皇子である。この皇子の将来に、蘇我一門の期待がかかるのは当然である。しかも彼は幼くして抜群の才能を発揮したとすれば、父・用明帝がどんなにかわいがったことか。おそらく用明帝や蘇我一門の人々は、この皇子に蘇我一門と仏教の運命がかかっている思いであったろう。

こういう状況に生まれた太子が、おのずから仏教信者になったのは当然であろう。

『補闕記』や『太子伝暦』には、幼少のときの太子に関するいろいろ不思議な話が語られているが、それはまず実際の太子の生涯を語る上では、ほとんど無視しても差しつかえないであろう。われわれはこういうあやふやな太子伝説より、太子の周囲に起こっている確実な出来事について語ることにしよう。

天皇家に根をおろしていった蘇我氏の血統

敏達《びだつ》四（五七五）年に、皇后が冊立《さくりつ》された。

四年の春正月《むつき》の丙辰《ひのえたつ》の朔《ついたち》甲子《きのえねのひ》に、息長真手《おきながのまて》王《のおほきみ》の女《むすめ》広姫《ひろひめ》を立てて皇后《きさき》とす。是一《ひとり》の男《ひこみこ》・二《ふたり》の女《ひめみこ》を生《あ》れませり。其の一《ひとり》を押坂彦人大兄皇子《おしさかのひこひとのおほえのみこ》と曰《まう》す。其の二《ふたり》を逆登皇女《さかのぼりのひめみこ》と曰す。其の三《みたり》を菟道《うぢの》磯津《しつ》貝皇女《かひのひめみこ》と曰す。（『日本書紀』）

この敏達帝の后妃《こうひ》のたて方に注意してほしい。正后はやはり息長真手王《おきながのまてのおおきみ》の娘・広姫《ひろひめ》。息長真手王は近江《おうみ》に縁のある豪族であり、その娘・麻績《おみの》娘子《いらつめ》は、また継体帝《けいたいてい》の妃《みめ》でもある。まさか祖父の妃の妹を敏達帝が后《きさき》にしたわけではないであろう。広姫の父の息長真手王は、麻績娘子の父の息長真手王の子孫ではないか。

ここで一つのことが問題である。後に述べるように、敏達帝はすでにこの年、異母妹・豊《とよ》御食《みけ》炊屋姫《かしきやひめ》を妃としていたが、なぜこの炊屋姫をさしおいて、

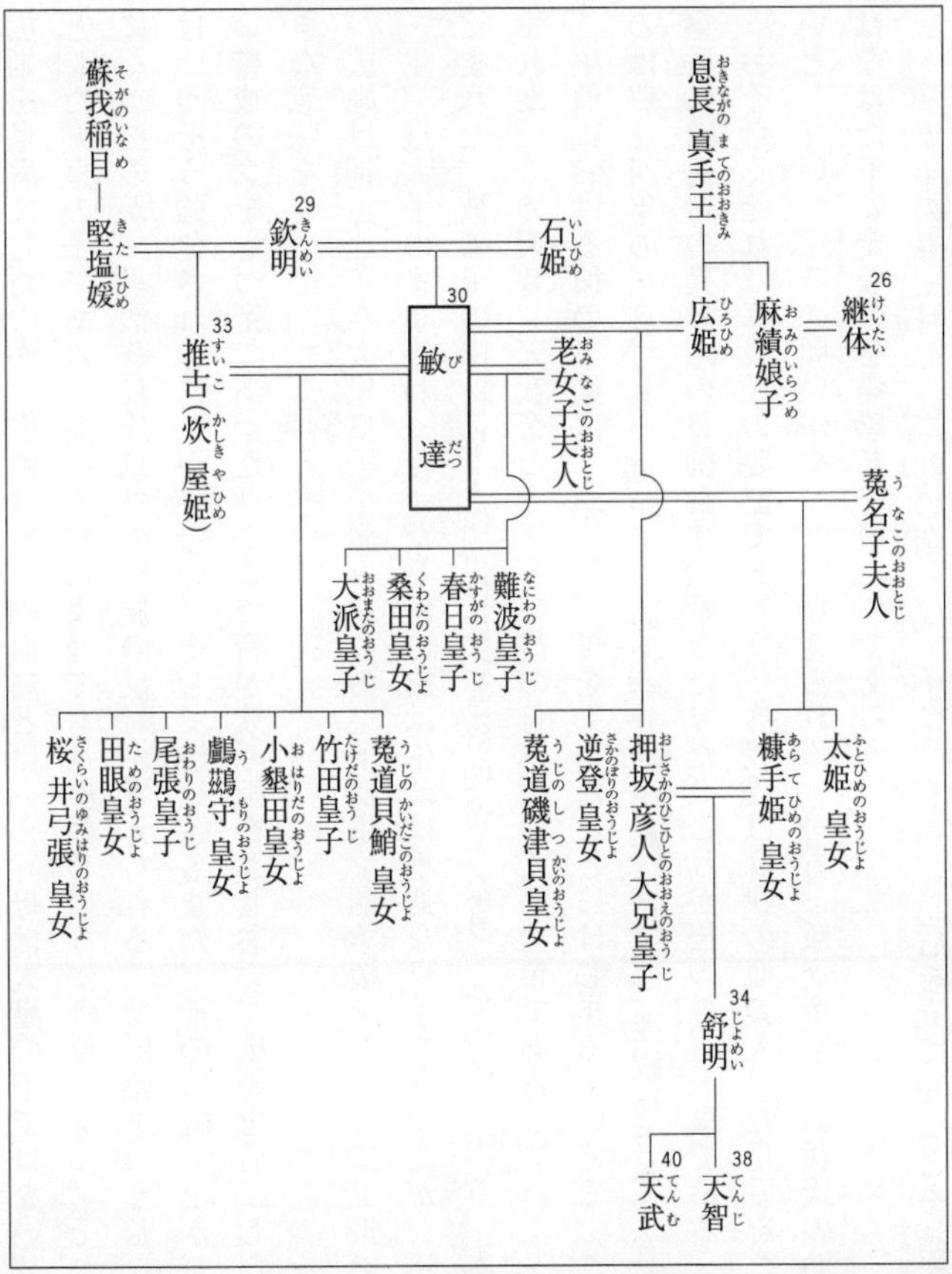

広姫を皇后にしたのか。広姫は皇族の血筋とはいえ、母は天皇の子ではない。けれど炊屋姫はれっきとした天皇の子である。血の原理によっても炊屋姫のほうが優位にある。それなのになぜ広姫が皇后になったのか。当然蘇我氏以外の氏族の反対が考えられる。炊屋姫を后としたら、蘇我氏の独裁体制はいっそう強化されるにちがいない。そして敏達帝もまた、その血統の上からも蘇我氏にたいして強い警戒の念をもつ帝《みかど》であった。ここで帝が炊屋姫をさしおいて広姫を后にしたことは、後の歴史に大きな意味をもつ。

広姫は押坂彦人大兄皇子《おしさかのひこひとのおおえのおうじ》を産み、この皇子は皇位継承権を十二分に主張できる立場にあったが、一生、皇太子のまま終わった。たしかに彼は生前は不遇な皇子であったが、死後ははなはだ幸運にめぐまれた。彼の子の田村皇子《たむらのおうじ》は帝位につき舒明帝《じょめいてい》となり、その子に天智《てんじ》、天武《てんむ》のすぐれた天皇が生まれた。この天智、天武帝こそ、その後の日本をつくった帝である。

生前における彼の不遇は、幼くして母を失ったことにはじまるといえる。この広姫が皇后になったのは敏達四年の正月であったが、その十一月に広姫は死ぬ。翌敏達五年、有司《つかさ》の奏上《そうじょう》により天皇は皇后に敏達帝の異母妹の豊御食炊屋姫をたてた。これが後の推古《すいこ》天皇である。

おそらくそれは蘇我氏の要望であろう。蘇我氏は蘇我の血の入った皇后をたてることを永い間の願いとしていた。その願いがやっとかなえられる。一方、敏達帝も、蘇我氏の助けを得られない政治がはなはだ不安定なのを痛感していたのであろう。

　五年の春三月《やよひ》の己卯《つちのとのう》の朔《ついたち》戊子《つちのえねのひ》に、有司《つかさ》、皇后《きさき》を立てむことを請《まう》す。詔《みことのり》して豊御食炊《とよみけかしき》屋姫尊《やひめのみこと》を立てて皇后とす。是、二《ふたり》の男《ひこみこ》・五《いつたり》の女《ひめみこ》を生《あ》れます。其の一《ひとり》を菟道貝鮹皇女《うぢのかひだこのひめみこ》と曰《まう》す。是東宮聖徳《これひつぎのみこしやうとく》に嫁《みあひ》す。其《そ》の二《ふたり》を竹田皇子《たけだのみこ》と曰す。其の三《みたり》を小墾田皇女《をはりだのひめみこ》と曰す。是彦人大兄皇子《ひこひとのおほえのみこ》に嫁《とつ》ぐ。其の四《よたり》を鸕鷀《う》守皇女《もりのひめみこ》と曰す。其の五《いつたり》を尾《を》張皇子《はりのみこ》と曰す。其の六《むゆたり》を田眼皇女《ためのひめみこ》と曰す。是息長足日広額天皇《おきながたらしひひろぬかのすめらみこと》に嫁す。其の七《ななたり》を桜井弓張皇女《さくらゐのゆみはりのひめみこ》と曰す。

ここにはじめて蘇我氏の血を引く皇后が誕生する。蘇我一族は、わが世の春の到来を心から祝ったにちがいない。そしてこの豊御食炊屋姫の冊后《さくごう》が、太子が活躍する条件の第一歩をつくるのである。

敏達帝の新羅寄り外交

北周《ほくしゅう》が北斉《ほくせい》を滅ぼしたのは五七七年であるが、その年にさっそく高句麗《こうくり》は北周に朝貢し、翌五七八年には百済《くだら》も朝貢した。ところが、五七八年には北周の英王・宇文邕《うぶんよう》が死に、権力は外戚《がいせき》の楊堅《ようけん》に移り、ついに五八一年、楊堅は北周を滅ぼして隋《ずい》を建てた。これが隋の高祖《こうそ》すなわち文帝《ぶんてい》である。海外の情勢に敏感な高句麗はそれを見て、五八一年から五八四年まで毎年、隋に朝貢した。百済もまた五八一、五八二年、同じく隋に朝貢した。しかしどういう事情であろうか、新羅《しらぎ》は隋に朝貢せず、かえって五八五年に陳《ちん》に朝貢しているのである。

このような情勢が、どのように朝鮮三国とわが国との外交に関係しているのであろうか。このときまでの日本と対新羅、対百済の関係を見てみよう。

(敏達《びだつ》三年/五七四)十一月《しもつき》に、新羅《しらき》、使を遣《まだ》して調《みつき》進《たてまつ》る。

(敏達四年)二月《きさらぎ》の壬辰《みづのえたつ》の朔《ついたちのひ》に、馬子宿禰大臣《うまこのすくねのおほおみ》、京師《みやこ》に還《かへりまう》く。屯倉《みやけ》の事を復命《かへりことまう》す。乙丑《きのとのうしのひ》に、百済《くだら》、使を遣して調進る。多《にへさ》に恒《つね》の歳より益《まさ》れり。天皇《すめらみこと》、新羅の未だ任那《みまな》を建てざるを以て、皇子《みこ》と大臣《おほおみ》とに詔《みことのり》して曰《のたま》はく、「任那の事に懶懈《おこた》ること莫《まな》」とのたまふ。

夏四月《うづき》の乙酉《きのとのとり》の朔《ついたち》庚寅《かのえとらのひ》に、吉士金子《きしかね》を遣《つかは》して、新羅に使せしむ。吉士木蓮子《きしのいたび》を任那に使せしむ。吉士訳語彦《きしのをさひこ》を百済に使せしむ。

六月《みなづき》に、新羅、使を遣して調進る。多に常の例《あと》に益《まさ》る。并《あはせ》て多多羅《たたら》・須奈羅《すなら》・和陀《わだ》・発鬼《ほちくゐ》、四《よ》つの邑《むら》の調を進る。

(敏達六年)冬十一月《しもつき》の庚午《かのえうま》の朔《ついたちのひ》に、百済国の王《こきし》、還使《かへるつかひ》大別王《おほわけのおほきみら》等に付けて、経論《きやうろん》若干《そこばく》巻、并て律師《りつし》・禅師《ぜんじ》・比丘尼《びくに》・呪禁師《じゆこむのはかせ》・造仏工《ほとけつくるたくみ》・造寺工《てらつくるたくみ》、六人《むゆたり》を献《たてまつ》る。遂に難波の大別王《おほわけのおほきみ》の寺に安置《はべ》らしむ。

八年の冬十月《かむなづき》に、新羅、枳叱政奈末《きしさなま》を遣して調進り、并て仏像《ほとけのみかた》を送《たてまつ》る。

九年の夏六月《みなづき》に、新羅、安刀奈末《あとなま》・失消奈末《しせうなま》を遣して調進る。納めたまはずして還《かへしつかは》す。

十一年の冬十月《かむなづき》に、新羅、安刀奈末《あとなま》・失消奈末《しせうなま》を遣して、調進る。納めたまはずして還す。

『日本書紀』に書かれるこれらの記事がぜんぶ事実であったかどうかわからない。池内宏《いけうちひろし》氏のいうように、事実とフィクションとをはっきり区別する必要があろう。しかしその真偽を明らかにするのは容易ではない。九年と十一年にまったく同じ記事がある。錯誤とも考えられるが、ここでは、いちおう『日本書紀』の本文を信じて、二度にわたって新羅の使が来朝したと考えよう。この記事を見てはっきりわかることは、敏達外交は、前の朝廷の欽明《きんめい》―稲目《いなめ》外交と、外交方針がちがっているということである。

ここで対新羅外交は六件であり、対百済外交は三件である。つまり敏達朝においては、百済より新羅とのほうが外交関係が緊密なのである。これは、ほとんど百済一辺倒の欽明―稲目外交とはまったくちがう。

いったいこの外交方針を指導していたのは誰か。おそらく稲目の後継者・蘇我馬子《そがのうまこ》ではないであろう。反蘇我氏勢力として物部守屋《もののべのもりや》が考えられるが、守屋は、必ずしも敏達帝の全面的な信頼を得ていたと思えないふしがある。おそらく敏達帝のすべての政治の相談役であったと思われる三輪君逆《みわのきみさかう》が外交問題において中心的役割を果たしたのであろうか。そして方向として、おのずから前代の反動として、反百済、親新羅的方向をとっている。

ここでもっとも注目すべきは、敏達四年の調《みつ》ぎ物の献上である。新羅は常にまさって多くの調《みつぎ》を献上し、そしてあわせて多多羅《たたら》、須奈羅《すなら》、和陀《わだ》、発鬼《ほちき》の「四つの邑《むら》の調《みつき》」をたてまつったという。ところがこの「四つの邑の調」というのは、末松保和《すえまつやすかず》氏が精密に考証したように、継体《けいたい》二十三（五二九）年四月に、新羅が日本から掠《かす》めとったとされている四つの村である。ここで掠められたのは近江毛《おうみのけ》野《な》であり、掠めとったのは、新羅の建国の英雄の一人、異斯夫《いしふ》である（末松保和『任那《みまな》興亡史《こうぼうし》』）。

この事件は、よほどその後の日本政府にとって残念な事件であったのであろう。任那《みまな》の回復といっても、まずこの四村の調の回復が願われていたのである。この調を、敏達四年という年に新羅は日本にもって来ているのである。この四年六月の記事は、四年二月からの記事の続きであろう。敏達四年二月、百済は使を遣わして常より多くの調をもって来た。それを見て日本の朝廷は思ったにちがいない。百済がこれほど調をもって来るのに、新羅はけしからんと。そしてその四月に使を遣わしたのである。吉士金子《きしかね》は新羅へ使に行ったのであろうが、吉士木蓮子《きしのいたび》は任那に使するとあるけれど、いったいどこへ行ったのであろう。任那はもう存在しない国である。新羅に任那地方へ案内させたのであろうか。

なぜこのとき新羅は、日本が四十六年前に失った「四つの邑の調」をもって来たのか理由はわからない。新羅の外交方針に何らかの転換があったのか。

敏達四年という年は、新羅一代の英王・真興王《しんこうおう》が死ぬ前年で、新羅に何か内政的な不安があったので、百済の侵攻を抑えるために日本の機嫌をとったのか、それとも積極的に日本と結んで百済を攻めようとしたのか。

敏達六年、五七七年の『三国史記《さんごくしき》』の「百済本紀《くだらほんぎ》」、「新羅本紀《しらぎほんぎ》」に次のような記事がある。

(威徳王《いとくおう》二十四年)冬十月、新羅の西辺の州郡《しうぐん》を侵す。新羅、伊湌《いそん》の世宗《せしゆう》、兵を帥《ひき》ゐて、之《これ》を撃破す。十一月、使を遣はして于文《うぶん》の周に入り、朝貢す。(「百済本紀」)

(真智王《しんちおう》二年)冬十月、百済、西辺の州郡を侵す。伊湌の世宗に命じて、師《いくさ》をいださしむ。之を一善の北に撃破す。三千七百級《しるし》を斬り獲《と》ふ。内利西城《ないりせいじやう》を築く。(「新羅本紀」)

ここで攻勢にでたのは百済である。新羅は結果として勝ったものの、このとき軍の勢いは守勢であった。事情はよくわからないが、とにかく新羅と百済の対立が、あの敏達四年に思いもかけない調の献上となったことはまちがいなかろう。

かくて日本と新羅の間に国交が開かれ、敏達八、九、十一年と三度にわたって新羅の使が来朝する。九年と十一年に日本政府が調をことわったのは、新羅が前のような、任那《みまな》のそれを含めて多くの調をもって来なかったからであろう。日本政府はそれを無礼と思ったかもしれないが、敏達四年の調がむしろ例外であったのである。

この間、百済は日本に外交使節を送っていない。六年の記事は、百済王が日本の使につけて仏典その他を送ったにすぎぬ。これは、昔からの慣習に従ったのであったろうか。継体帝《けいたいてい》以来の、年を決めて交替に学者や技術者を送る制度は、もうなくなっていたのであろう。

このような状況を考えるとき、われわれは敏達帝の外交を、もはや前代と同じ百済一辺倒の外交と考えてはならない。もとより任那の日本府の回復は、欽明帝《きんめいてい》の遺言である。敏達帝は、欽明帝の後継者として何とか父の遺言を実現しなければならない。敏達帝は、何度かこの任那回復と新羅征伐を口にしている。しかしこれが実現できないことを、帝《みかど》は百も承知していたのではないか。

また百済も、もうかつてのような日本一辺倒ではない。おそらく百済においても、聖明王《せいめいおう》の日本一辺倒の外交政策はきびしく批判されていたにちがいない。あまりに大きい期待を百済は日本にかけすぎたのである。日本に頼らず、内に国力を充実しなければならぬ。威徳王《いとくおう》、すなわち『日本書紀』では評判の悪い余昌《よしょう》は、存外に賢明な王であったかもしれない。前代の反動として百済と日本には冷たい関係があったと思われる。

複雑な気持で帰朝した日系百済人・日羅

そう私が思うのは、敏達《びだつ》十二（五八三）年に起きた日羅《にちら》事件を考えるからである。

敏達十二年七月、一つの奇妙な詔《みことのり》が発せられた。先帝・欽明帝《きんめいてい》の任那《みまな》復興の願いを再確認するとともに、この任那復興に、百済《くだら》にいる日羅の力を借りようという詔である。

日羅というのは、宣化《せんか》天皇の御世、朝命で任那へ行き、百済にとどまり百済に帰化した火葦北国《ひのあしきたのくにの》造《みやつこ》刑部靫部阿利斯登《おさかべのゆけいありしと》の子であり、父とともに百済にとどまり、達率《だちそち》という百済第二番めの高位に上った人物である。

火葦北国造というのは、『旧事紀《くじき》』の「国造本紀《くにのみやつこほんぎ》」に「葦分国造《あしわけのくにのみやつこ》。纏向日代朝《まきむくのひしろてう》の御代《みよ》、吉備《きび》津《つ》彦命《ひこのみこと》児《こ》三井根《みゐね》子命《このみこと》を国造に定め賜ふ」とある。纏向日代朝というのは景行帝《けいこうてい》であり、『書紀』に語られる熊襲《くまそ》征伐が行われたころである。葦北というのは、現在の熊本県葦北郡であるが、ここの国造が都に上って、宮廷の警備にあたったのであろう。そしてそれは『日本書紀通釈《つうしやく》』や『日本書紀通証《つうしょう》』が語るように、同時に刑部《おさかべ》をつかさどる職にあったのであろうか。こうした関係で、この阿利斯登は、大伴《おおとも》氏の支配のもとにあったのであろう。

その阿利斯登が海外に行ったのは、宣化天皇二（五三七）年と思われる。この年、天皇は、新羅《しらぎ》が任那を侵そうとするので、大伴金村《おおとものかなむら》に命じてその子の磐《いわ》と狭手彦《さでひこ》を遣わして任那を助けしめた。磐は筑紫《つくし》にとどまったが、狭手彦は、行って任那を鎮め、百済を救ったという。阿利斯登はこのとき大伴狭手彦に従って任那へ渡った武将であろう。

その後、阿利斯登がどういう人生を送ったかわからない。おそらく朝鮮半島の支配が困難となった時期において、多くの苦労が阿利斯登にあったにちがいない。阿利斯登はこういう変動のときを生きぬき、百済につかえて、かなりの高官になったのであろう。

阿利斯登がいつ死んだかわからないが、その子・日羅にとってもこの異国での生活が、そんなに容易であったとは思われない。先に述べたように、欽明帝の御世の百済の日本接近政策によって、聖明《せいめい》王《おう》は日系一世あるいは日系二世をはなはだ重くもちい、彼らの中には第四等官の徳率《とくそち》になる者も多くあり、ついに第二等官である達率《だちそち》にいたる者さえあった。

日羅も、このようにして達率の官に上った日系人の中での出世頭であろう。おそらくよほどの人物であり、その名は遠く母国に聞こえていたのであろう。敏達帝は何を考えられたのか、突然、この日羅をよびよせようとされたのである。

私はこれは、敏達四年にあった「四つの邑《むら》の調《みつき》」以来、貢《みつ》ぎなるものも二度となく、新羅征伐も不可能な状況の中で思いつかれた奇策であると思う。それは奇策であるが、藁《わら》をもつかみたい当時の日本の政治指導者からみれば、起死回生の名案のように思われたのである。日羅をよぼう。あの日羅ならこの窮状を何とか救ってくれるかもしれない。こういうときに一つの集団は、えてして何か共通の期待に理性をまったく失ってしまうものである。

さっそく、紀国造《きのくにのみやつこ》押勝《おしかつ》と吉備《きびの》海部《あま》直《のあたい》羽嶋《はしま》を遣わして、百済へ日羅をよびに向かわせた。しかし答えはノーであった。百済の国王が、日羅を惜しんで日本に来させないというわけである。百済王にとっても、この突然の申しこみが納得できなかったにちがいない。日羅は、その血統が日本人であるとはいえ、れっきとした百済国民であり、百済の高官である。その高官を日本の朝廷はどうして要求するのか。それはまったく理不尽な要求である。はねつけるのは当然であるが、何だか気味が悪い。こうしてはねつけられると、よけい日羅がほしくなるのは人情である。百済王が惜しんでいるようなすぐれた人物、おそらくその人物こそ、このゆきづまった事態を打開する深い智恵をもっているのではないか。

再び天皇は吉備海部直羽嶋を遣わして、日羅を召させた。まず日羅に会わねばならぬ。

先づ私《ひそか》に日羅《にちら》を見むとして、独り自《みづか》ら家の門底《かどもと》に向《ゆ》く。俄《しばらく》ありて、家の裏《うち》より来る韓婦《からめのこ》有り。韓語《からさひづり》を用《も》て言はく、「汝《い》が根を、我が根の内に入れよ」といひて、即ち入家去《かへり》ぬ。羽嶋《はしま》、便《たちまち》に其の意《こころ》を覚《さと》りて、後《しり》に随《た》ちて入る。是《ここ》に、日羅、迎へ来りて、手を把《と》りて座《しきゐ》に坐らしむ。密《しのび》に告げて曰はく、「僕《やつかれ》窃《ひそか》に聞くならく、百済国《くだらのくに》の主《にりむ》、天朝《みかど》を疑ひ奉《まつ》らく、臣《やつかれ》を奉遣《たてまだ》して後、留めて還したまはじと。所以《このゆゑ》に、奉惜《をし》みて進め奉《まつ》り肯《か》へずと。勅《みことのり》を宣《のりごと》する時に、厳《いつく》しく猛《たけ》き色《おもへり》を現《み》せて、催《もよほ》しつつ急《すみやか》に召せ」といふ。

（『日本書紀』）

日羅は、吉備羽嶋と会うことを警戒しているのである。もとは日本人であっても、今はれっきとした百済人である。しかも今は百済と日本の間には必ずしも友好関係はなく、むしろ冷たい関係が続いている。こういう時期に、日羅の立場はただでさえつらくなっている。まして、母国の人とひそかに会うとすれば、その立場が危ない。吉備羽嶋は、女を買いに行くふりをして日羅に会ったのである。このとき、いったい日羅は何を考えていたのであろうか。日羅は百済と日本とどちらに忠誠を誓うべきなのか。

日羅が羽嶋に語った言葉は、やはり日羅において、今の母国・百済よりかつての母国・日本のほうが、はるかに大事であることを示している。招きに応じようと思っているが、百済王は日本の意志を疑って、私に行くことを許さないであろう。だから、きびしい態度で急いで私を召すがよい。

　是に、百済国の主《にりむ》、天朝《みかど》に怖《お》ぢ畏《かしこ》みて、敢へて勅《みことのり》に違《そむ》かず。奉遣《たてまだ》すに、日羅・恩率《おんそち》・徳爾《とくに》・余怒《よぬ》・奇奴知《がぬち》・参官《さむくわん》・柂師徳率次干徳《かぢとりとくそちしかんとく》・水手《かこ》等、若干人《そこばくのひと》を以てす。

おそらく百済の威徳王《いとくおう》は日本を恐れて、いやいや日羅の出発を許したのであろう。もとより一人の武将を失うことは惜しい。しかし、日羅によって百済の軍事上の秘密が知られることを、より恐れたのであろう。そこで日羅に百済人の部下をつけて日本にやることを許した。この恩率《おんそち》というのは、百済の第三番めの位であるが、この徳爾《とくに》、余怒《よぬ》、奇奴知《がぬち》などという名の人は、恩率の部下であろうか。とにかく百済側としては、高い身分の百済人を日羅につけた。それは日羅の行動を監視し、日羅を無事百済に連れて帰るためであろう。

　日羅等、吉備児嶋屯倉《きびのこじまのみやけ》に行き到る。朝庭《みかど》、大伴糠手子連《おほとものあらてこのむらじ》を遣《たま》ひて、慰《やす》め労《ねぎら》ふ。復《また》、大夫等《まへつきみたち》を難波《なには》の館《むろつみ》に遣《たま》ひて、日羅を訪《と》はしむ。是の時に、日羅、甲《よろひ》を被《き》、馬に乗りて、門《みかど》の底下《もと》に到る。乃ち庁《まつりごとどの》の前に進む。進退《ふるま》ひ跪拝《をが》み、歎き恨みて曰《まう》さく、「檜隈宮御寓天皇《ひのくまのみやにあめのしたしらしめすすめらみこと》の世《みよ》に、我が君大伴金村大連《おほとものかなむらのおほむらじ》、国家《みかど》の奉為《おほみため》に、海表《わたのほか》に使《つかは》しし、火葦北国造刑部靫部《ひのあしきたのくにのみやつこをさかべのゆけひ》阿利斯《ありし》登《と》の子、臣《やつこ》、達率《だちそち》日羅、天皇の召すと聞きたまへて、恐り畏《かしこ》みて来朝《まうけ》り」とまうす。乃ち其の甲《よろひ》を解《ぬ》きて、天皇に奉る。

大伴糠手子《おおとものあらてこ》は、日羅の父・阿利斯登の主君・大伴金村の息子である。なつかしい父の主君の子が、日羅の労苦を手厚くねぎらったのである。そして、おそらく敏達政権の権力者たちが、くつわを並べて、難波《なにわ》の館に日羅を迎えたのであろう。このときの有様を何に比したらよいか。横井庄一《よこいしょういち》さんや小野田寛郎《おのだひろお》さんが帰ってきたとき、それより終戦直後、野坂参三《のさかさんぞう》氏が延安《えんあん》から帰ってきたときの、日本人のあの熱狂的歓迎を思わせる。そして日羅は、また千両役者でもあった。「甲を被、馬に乗りて、門の底下に到る」とあるが、その甲《よろい》というのは日本の甲なのか、それとも百済の甲なのか。

ここで日羅は、はなはだうやうやしく使を拝しながらも、嘆き恨みて語ったという。いったい日羅はなぜ嘆き恨んだのか。日羅は、彼の父と彼にたいする日本国家の扱い方を嘆き恨んだのであろう。

もちろん阿利斯登は、永久に百済に住むつもりで半島に渡ったのではないだろう。主君と頼る大伴《おおとも》金村《かなむら》の命によって、国家のために海外に渡ったのであろう。おそらく、この使命がすんだら帰国し、しかるべき恩賞にありつこうという気持で、彼は朝鮮へ行ったのであろう。しかし二度と彼は帰らなかった。なぜか。私は、欽明元年の大伴金村の失脚が大きな原因であったのではないかと思う。百済外交の失敗を責められて大伴金村が引退した。それは、そのときまでいちばん勢力ある氏族であった大伴氏にとって大打撃であった。そして蘇我《そが》氏と物部《もののべ》氏が権力の王座についた。おそらくこの事件によって、大伴氏に仕える阿利斯登は帰るチャンスを失ったと思う。帰っても、いいポストがないのである。彼が外国でなした手柄がまったく空しくなってしまったのである。

阿利斯登が百済にとどまったのも、そういう政治的状況ゆえであったと思う。日羅がはたして日本で生まれたか、それとも百済で生まれたかわからない。宣化二（五三七）年から敏達十二（五八三）年まで四十六年間あるので、日羅が四十六歳以上なら日本生まれ、それ以下なら百済生まれということになるが、日本生まれなら日本にとどまったと思われるので、おそらく百済の生まれであろう。阿利斯登と日羅が百済においてどんな生活をしたかわからない。二人ともこの半島でくり返された戦争に、たびたび参加しているであろう。そういう戦争での功なしに、とても外国人で達率の位にいたることはむずかしい。日羅のつけている甲とはそういう歴戦の甲なのであろう。そしてその甲は朝鮮における阿利斯登と日羅の苦労を如実にあらわしているであろう。あるいはその甲というのは、父が日本からたずさえ日羅がゆずり受けた歴戦の甲かもしれない。

たしかに彼は国家に見棄てられた人であった。国家に見棄てられた彼は、奮闘努力の結果、今日の高い地位を得た。しかるになぜか再び、母国が私を召すというのである。いったいいかなる権利があって、日本国家は私を召すのか。

もちろん日羅をここに誘ったものは、母国にたいする思慕である。母国はけっして彼にたいしてやさしくしてくれなかったが、彼が日本人であるかぎり、心のどこかにそのような母国にたいする思慕を秘めている。母国にたいする思慕が私をここによびよせたが、いったい母国は私に何をさせようとするのか。日羅の嘆き恨みの中には、過去の日本の彼ら父子にたいする冷遇の嘆き恨みがあるとともに、今になって思いがけず日羅をよびよせたことへの嘆き恨みがあったと思われる。

復《また》、阿倍目臣《あへのめのおみ》・物部贄子連《もののべのにへこのむらじ》・大伴糠手子連《おほとものあらてこのむらじ》を遣して、国の政《まつりごと》を日羅に問ふ。

その嘆き恨みも、日本の朝廷にはピンとこない。ここで物部贄子《もののべのにえこ》というのは守屋《もりや》の弟である。阿《あ》倍目臣《べめのおみ》も、阿倍氏の実力者であろう。それに大伴糠手子、三人の実力ある政治家が、期待をこめて日羅に策を乞うのである。

日羅の提案と悲劇

この問いに日羅《にちら》が答えたのは、以下のようであったと『日本書紀』は語る。

「天皇《すめらみこと》の以て天下《あめのした》を治めたまふ所の政《まつりごと》は、要《かなら》ず須《すべから》く黎民《おほみたから》を護養《まもりやしな》ひたまへ。何ぞ遽《にはか》に兵《いくさ》を興して、翻《かへ》りて失ひ滅したまはむ。故《かれ》、今議者《はかりことひと》をして、朝列《みかど》に仕へ奉《まつ》る臣《おみ》・連《むらじ》・二つの造《みやつこ》より、下百姓《しもおほみたから》に及《いた》るまでに、悉《ふつく》に皆饒《にぎは》ひ富みて、乏所《たらぬところ》無からしむべし。如此《かく》すること三年《みとせ》にして、食《くらひもの》を足し兵を足して、悦《よろこび》を以て民を使ひたまへ。水火《みづひ》に憚《はばか》らず、同じく国の難を恤《うれ》へむ。然《しかう》して後に多く船舶《ふね》を造りて、津毎《つごと》に列《つら》ね置きて、客人《となりのまらうと》に観しめて、恐《かしこま》り懼《おそ》ることを生《な》さしめむ。爾《しかう》して乃ち、能《よ》き使を以て、百済《くだら》に使《つかは》して、其の国の王《にりむ》を召せ。若し来《まうこ》ずは、其の太佐平《だいさへい》・王子《せしむ》等を召して来《まうこ》さしめむ。即ち自然《おの》づからに心に欽伏《つつしみしたが》ふことを生《な》さむ。後《そののち》に罪を問ふべし」とまうす。又、奏《まう》して言《まう》さく、「百済人謀《はか》りて言はく、『船三百《みほち》有り。筑紫《つくし》に請《うけたまは》らむと欲《おも》ふ』といふ。若し其れ実《まこと》に請《こ》はば、陽賜予《ゆるしたまふまねしたま》へ。然らば百済、新《あらた》に国を造らむと欲《おも》はば、必ず先づ女人《めのこ》・小子《わらは》を以て、船に載せて至《まういた》らむ。国家《みかど》、此の時に望みたまひて、壱伎《いき》・対馬《つしま》に、多く伏兵《かくしいくさ》を置きて、至《まういた》らむを候《ま》ちて殺したまへ。翻《かへ》りてな詐《あざむ》かれたまひそ。毎《つね》に要害《ぬみ》の所に、堅く塁塞《そこ》を築《つ》かむ」とまうす。

ここで日羅は政治、外交の策として二つのことを提案しているのである。一つは、いわば富国強兵策というべきもの、もう一つは百済恫喝策《どうかつさく》とでもいうべきものであるが、とくに後につけ加えた策もまことに恐るべき策である。

わが国が日羅にたずねた問いと日羅の答えとの間に、大きなずれがある。日本の政府が日羅に問おうとしたのは任那回復策であり、新羅征伐策である。しかるに日羅の答えは、富国強兵策と百済恫喝策なのである。このくい違いをどう考えたらよいか。

今按《あん》ずるに、日羅の議《はかりごと》、新羅に及ばず。かへつて百済を毒す。かくの如く甚だしきは何ぞや。けだし此の時に当たりて百済に異心《いしん》あり。故に任那《みまな》を建つるを肯《がへ》んぜず。日羅、之《これ》を知り、もつて忠告す。（谷川士清《たにがわことすが》『日本書紀通証《つうしょう》』）

按ずるに、百済の陰謀は国家を冒すにあり。故にまづ筑紫《つくし》を請《こ》うて、陽《いつは》りて投化《とうくわ》の状《かたち》をなし、実は兵を加ふるなり。読者、聖明王《せいめいわう》の嘗《かつ》て国家に忠なるをもつて、余昌《よしよう》の異心を悟らず。故にここに至りて解しがたきとなす。（河村秀根《かわむらひでね》・益根《ますね》『書紀集解《しょきしゅうげ》』）

飯田武郷《いいだたけさと》の『日本書紀通釈《つうしやく》』も、『通証』および『集解』の意見に賛成している。『通証』、『集解』および『通釈』がいうように、たしかに百済の日本にたいする態度は、聖明王《せいめいおう》のときと変わっている。それは、敏達帝以来、日本にたいして朝貢の使が絶えていることによっても明らかである。百済は日本に異心を抱いているのかもしれない。しかし外交関係というものは、一方的なものではない。それはいつも相互的なものであり、相手があるのである。百済が日本に異心があるとすれば、日本も百済に異心があろう。

敏達四（五七五）年、日本は新羅から思いがけない任那の「四つの邑《むら》の調《みつき》」なるものを贈られた。その調なるものを、日本は再三新羅に要求したのであろう。それは実利の問題であると同時に、面目の問題である。しかし、新羅はこのような調を二度と贈ることはなかったらしい。それは、一時的な何らかの政治的必要にかられた贈り物である。しかし新羅と友好関係を結ぶことによって、そういう失われた任那という国の再現は可能かもしれない。

おそらく当時の日本では、任那日本府の滅亡の原因がいろいろ討議されていたのであろう。任那日本府の滅亡は、もともと日本の国力が弱くなり、朝鮮半島における植民地を支えきれないことに原因があった。しかしその直接の原因は、継体帝《けいたいてい》の御世における百済にたいする任那の四県割譲と、欽明帝の御世における新羅による任那日本府の討滅である。この割譲の問題は百済に騙《だま》されたものとして、大伴金村《おおとものかなむら》の失脚の原因になったのである。

もしも、継体帝以前の任那日本府の復興を時の日本政府が願っていたとすれば、新羅にたいしてともに百済にたいしても、その領土の返還を要求しなければならない。そして、新羅の武力が百済の武力よりはるかに強いとしたら、百済を脅して、任那日本府を復興することもできるではないか。

私は当時の日本政府は、どこかにそのような考えがあったと思う。一方的に新羅を悪役、百済を善役とする考え方から、敏達朝の政策は自由になっていた。等距離外交というか、全方位外交というか、あるいはやや新羅寄りの外交というか、そういう外交であったと私は思う。日羅はそういう政府の意志をよく知っているのである。

日羅が日本政府に進言した政策は、まず内政の重視である。にわかに兵を起こしてはいけない。これは欽明朝の朝鮮政策にたいする批判である。急いで兵を出し、かえって任那を失い滅ぼしたではないか。まず民を養え。民を養い、国を富ませた後に一種の擬装外交を行えというのである。船をつくり津《つ》ごとに置き、あたかもすぐに朝鮮に出兵するように見せかけよ、そして百済の王をよべ、来なかったら、太佐平《だいさへい》か王子をよべ、そうすれば百済は恐れて自然に日本に従うようになるであろう。これが任那復興の案なのであろうか。こうして百済を脅かして任那を復興させようというわけであろうか。それとも任那の貢ぎを百済からとろうということであろうか。

二つめの日羅の提案は、もっとえげつない。これを見ると、百済は日本に植民地をつくるような意志をもっていたようであるが、それを利用して、百済を欺《あざむ》いて、女、子どもを皆殺しにして、戦争を仕かけよというのである。

まことに物騒な提案であるが、これをもって百済に日本侵略の意志があったとみるのは、速断にすぎると思われる。日羅は百済を欺く策をオーバーに表現したのではないか。たしかに当時の日本の政策も、けっして親百済ではなく、百済も必ずしも日本にたいして、かつてのような親密感をもたなかったが、日羅の発言は、とても百済の高官の発言とは思えない。日羅は実際に百済を裏切っているのである。もとより日羅は、二度と百済に帰る気はなかったのであろう。この瞬間に日羅は、百済人ではなく、まったくの日本人になったのであろう。

しかし日羅は、とにかく四十何年間か百済に生活し、百済政府は彼に異例の高位を与え、今現に彼は百済政府の高官である。彼の行為は明らかに国家にたいする反逆である。当然、罰せられねばならない。

是《ここ》に、恩率《おんそち》・参官《さむくわん》、国に罷《まか》る時に臨みて、竊《ひそか》に徳爾《とくにら》等に語りて言はく、「吾が筑紫《つくし》を過《すぎゆ》くとき許《ばかり》を計《かぞ》へて、汝等《いましら》偸《ひそか》に日羅を殺さば、吾 具《つばひらか》に王《きみ》に白《まう》して、当《まさ》に高き爵《かうぶり》を賜《たまは》らむ。身及び妻子《めこ》に、栄《さかえ》を後《のち》に垂《た》れむ」といふ。徳爾《とくに》・余奴《よぬ》、皆聴許《ゆる》しつ。参官等、遂に血鹿《ちか》に発途《みちたち》す。是に、日羅、桑市村《くはのいちのむら》より、難波《なには》の館《むろつみ》に遷《うつ》る。徳爾等《とくにら》、昼夜相計《あひたばか》りて、殺さむとす。時に、日羅、身の光、火焔《ほのほ》の如きもの有り。是に由りて、徳爾等、恐りて殺さず。遂に十二月《しはす》の晦《つごもり》に、光失ふを候《うかが》ひて殺しつ。日羅、更に蘇生《よみがへ》りて曰はく、「此は是、我が駈使奴等《つかひとやつこら》せる所なり。新羅には非ず」といふ。言ひ畢《をは》りて死《みう》せぬ。（『日本書紀』）

日羅について来た百済の役人が、日羅を殺そうとするのは当然である。裏切り者は処分されねばならないが、日本政府の復讐《ふくしゅう》を恐れて、殺しの計画は慎重にたてられる。恩率《おんそち》、参官《さんかん》という百済の高官が船出した後、徳爾《とくに》らの低い身分の百済人に、日羅殺害が命ぜられるのである。

この日羅が「身の光、火焔の如きもの有り」というのは、その名からの連想であろうか。『太子伝《たいしでん》暦《りゃく》』には、この火焔《かえん》の話がオーバーに語られる。日羅も火焔につつまれ、太子も火焔につつまれている。それは何か光背のようなもの、悲劇的な人生を送らねばならぬ聖者のしるしのように語られている。

日羅が蘇生《そせい》していったという言葉は、どうにも生ぐさい。日羅は死んでも、まだ自分を殺した第二の祖国にたいする怨念《おんねん》を捨てきれなかったのであろうか。この第二の祖国にたいする怨念は、実際は第一の祖国にたいする怨念の転化したものではないのか。日羅の心の中には、国家というものにたいする深い不信の念が隠されているのではないか。そしてこの場合、第一の祖国にたいする不信の念を表現できないとすれば、第二の祖国への不信の思いをせいいっぱい表現するよりしかたがないではないか。

天皇《すめらみこと》、贄子大連《にへこのおほむらじ》・糠手子連《あらてこのむらじ》に詔《みことのり》して、小郡《をごほり》の西の畔《ほとり》の丘の前《さき》に収め葬《はぶ》らしむ。其の妻子《めこ》・水手《かこ》等を以て、石川に居かしむ。是《ここ》に、大伴糠手子連《おほとものあらてこのむらじ》議《はか》りて曰はく、「一処《ひとところ》に聚《つど》へ居かば、恐るらくは其の変《はかりこと》を生《な》さむ」といふ。乃ち妻子《めこ》を以ては、石川百済村《いしかはのくだらのむら》に居き、水手等を石川大《いしかはのおほ》伴村《ともののむら》に居く。徳爾《とくに》等を収《とら》へ縛《ゆは》ひて、下百済河田村《しもつくだらのかはたのむら》に置く。数大夫《まへつきみたち》を遣して、其の事を推《かむが》へ問ふ。

徳爾等、罪に伏して言《まう》さく、「信《まこと》なり。是、恩率《おんそち》・参官《さむくわん》が、教へてせしむるなり。僕等《やつかれら》、人の下《しも》に為りて、敢へて違《たが》はず」とまうす。是に由りて、獄《ひとや》に下して、朝庭《みかど》に復命《かへりことまう》す。乃ち使を葦《あし》北《きた》に遣《まだ》して、悉《ことごとく》に日羅の眷属《やから》を召して、徳爾等を賜ひて、情《こころ》の任《まま》に決罪《つみせ》しむ。是の時に、葦《あし》北君等《きたのきみら》、受《うけと》りて皆殺して、弥売嶋《みめしま》に投《す》つ。日羅を以て、葦北に移し葬る。

日本の朝廷は、悲劇がそれ以上に拡大することを防いだばかりか、その復讐としてはなはだ残酷な方法をもちいさせた。葦北《あしきた》から日羅の親戚をよびよせて、私的制裁を行わせたのである。日羅の骸《むくろ》は親戚縁者に伴われて葦北の地に帰ったというが、はたして日羅の霊は安らかに眠ることができたろうか。

私は、これは敏達外交の失敗であったと思う。ゆきづまった外交政策の打開策として、日本の朝廷は、この日系二世に幻想的期待をかけたのである。歴史の必然がある以上、一介の日系二世の政治家に何ができようか。どうにもならない半島政策を起死回生させる妙案が、どこにあるというのであろうか。日羅を殺したのは百済政府ではなくて、日本政府であるといってよい。彼が百済にとどまっていたならば、安らかなる人生を終えていたはずなのに、たまたま日本政府が、いったん捨てたはずのこの日本人のことを思い出したために、彼は不幸な最期をとげたのである。

哀れな日羅の話であるが、このような悲劇の例は、二重国籍をもっている日本人が多くなっている時期に、よく見られることである。形のちがった日羅は現在も多いし、また将来も数多くでてくるであろう。

これは明らかに敏達外交の失敗である。もしこの敏達外交を推進したものが、百済寄りの蘇我外交に批判的であった物部守屋《もののべのもりや》や三輪逆《みわのさかう》であるならば、当然、彼らの非が責められる。

馬子の崇仏宣言——寺院と塔の建立

蘇我馬子《そがのうまこ》は、じっと自分の出番を待っていたように思われる。彼は稲目《いなめ》の子で敏達帝《びだつてい》の即位とともに大臣《おおおみ》となったが、これまで大した事績はない。おそらく守屋《もりや》や逆《さかう》に抑えられて、十分におのれの才能を伸ばす機会を与えられなかったのであろう。馬子は稲目の子でその後継者である。彼が親以上の熱烈な崇仏派であったことはまちがいないが、そのときまでは、あの庚寅《かのえとら》の年、欽明《きんめい》三十一（五七〇）年の排仏令を守って、じっとしていたのである。

しかし、今やたつべきときがきたと馬子は判断したのである。

（敏達十三年／五八四）秋九月《ながづき》に、百済《くだら》より来る鹿深臣《かふかのおみ》、弥勒《みろく》の石像《いしのみかたひとはしらたも》一軀有てり。佐伯連《さへきのむらじ》、仏像《ほとけのみかたひとはしらたも》一軀有てり。

是歳《ことし》、蘇我馬子宿禰《そがのうまこのすくね》、其の仏像二軀《ふたはしら》を請《ま》せて、鞍部《くらつくりのすぐり》村主司馬達等《しめだちと》・池辺直氷田《いけへのあたひひた》を遣して、四方《よも》に使して、修行者《おこなひひと》を訪《と》ひ覓《もと》めしむ。是《ここ》に、唯播磨国《はりまのくに》にして、僧還俗《ほふしかへり》の者を得。名は高麗《こま》の恵便《ゑべん》といふ。大臣《おほおみ》、乃ち以て師《のりのし》にす。司馬達等の女嶋《むすめしま》を度《いへで》せしむ。善信尼《ぜんしんのあま》と曰ふ。又、善信尼の弟子二人を度《いへで》せしむ。其の一《ひとり》は、漢人夜菩《あやひとやぼ》が女豊女《むすめとよめ》、名を禅蔵尼《ぜんざうのあま》と曰ふ。其の二《ふたり》は、錦織壺《にしこりのつふ》が女石女《むすめいしめ》、名を恵善尼《ゑぜんのあま》と曰ふ。馬子独り仏法《ほとけのみのり》に依りて、三《みたり》の尼を崇《かた》ち敬《ゐや》ぶ。乃ち三《みたり》の尼を以て、氷田直《ひたのあたひ》と達等《だちと》とに付《さづ》けて、衣食《きものくらひもの》を供《まつ》らしむ。（『日本書紀』）

折も折、百済《くだら》から仏像が来た。この時代の三韓《さんかん》は仏教が盛んで、百済も新羅《しらぎ》も争って寺院の建造や、仏像の鋳造《ちゆうぞう》に熱中していたのである。今こそ仏教をとり入れなくては、日本の文化は遅れてしまうのだ。馬子は仏教崇拝にふみきろうとするのである。幸いにして二体の仏像を得た。その仏像を本尊として寺を建てよう。そして寺には僧が必要なのだ。

欽明十三（五五二）年、仏像とともに百済から僧が日本に来朝し、五経博士《ごきようのはかせ》などとともに、一定の期間日本にいて交替することになっていたが、それも聖明王《せいめいおう》の死以後、絶えていたのであろう。僧は多く帰ってしまっていたのであろうが、たまたま日本に残った僧も、庚寅《かのえとら》の年、欽明三十一年の仏教弾圧にあって還俗《げんぞく》し、姿をくらましていたのであろう。

こうして還俗した僧の一人、高句麗《こうくり》の恵便《えべん》を馬子は探し出して師とし、三人の女性を出家せしめたのである。日本の最初の出家者が梁《りよう》の人といわれる司馬達等《しめだちと》の娘・嶋《しま》、法名を善信《ぜんしん》という少女であった。年が十一というから、馬子と父の命に従ったのであろう。そしてその善信に弟子二人、いずれも帰化人系の家の少女である。このとき、馬子はどうして男子ではなくて、女子を出家せしめたのか。理由はよくわからないが、法を破って仏教崇拝を行うのである。まだしも男性より女性を出家させたほうが問題が少ないと考えたのであろうか。

これで仏像があり、僧や尼がいるとしたら寺をつくらねばならない。

仏殿《ほとけのおほとの》を宅《いへ》の東の方《ひむがしのかた》に経営《つく》りて、弥勒《みろく》の石像《いしのみかた》を安置《ま》せまつる。三《みたり》の尼を屈請《いま》せ、大会《だいゑ》の設斎《をがみ》す。

これで信仰の形はできたが、その心が必要だ。信仰には奇蹟が必要だ。

此の時に、達等《だちと》、仏の舎利《しやり》を斎食《いもひ》の上に得たり。即ち舎利を以て、馬子宿禰《うまこのすくね》に献《たてまつ》る。馬子宿禰、試《こころみ》に舎利を以て、鉄《くろがね》の質《あて》の中《うち》に置きて、鉄の鎚《つち》を振ひて打つ。其の質《あて》と鎚《つち》と、悉《ことごと》に摧《くだ》け壊《やぶ》れぬ。而《しか》れども舎利をば摧《くだ》き毀《やぶ》らず。又、舎利を水に投《なげい》る。舎利、心の所願《ねがひ》の随《まま》に、水に浮び沈む。

このような奇蹟はすでに東アジアの各地に起こり、史書はその奇蹟を報告している。今、極東の日本にそれが起こっても何の不思議はない。

> 馬子宿禰・池辺氷田《いけへのひた》・司馬達等《しめだちと》、仏法《ほとけのみのり》を深信《たもちう》けて、修行《おこなひ》すること懈《おこた》らず。馬子宿禰、亦、石川の宅《いへ》にして、仏殿《ほとけのおほとの》を修治《つく》る。仏法の初《はじめ》、茲《これ》より作《おこ》れり。

たしかに崇仏派は、ここでもやはり少数派である。しかし馬子は、それが歴史の必然の方向であることをはっきり信じていたにちがいない。仏教崇拝は、抑えようとて抑えきれるものではない。彼は先駆者の誇り高い孤独を十二分に味わっていたにちがいない。

「仏法の初、茲より作れり」と『日本書紀』は語る。まさに仏教移入以来、三十三年め、ここに確実に仏教は、日本に根づきはじめたのである。

> 十四（五八五）年の春二月《きさらぎ》の戊子《つちのえね》の朔《ついたち》壬寅《みづのえとらのひ》に、蘇我大臣馬子宿禰、塔を大野丘《おほののをか》の北に起《た》てて、大会《をがみ》の設斎す。即ち達等が前《さき》に獲《え》たる舎利を以て、塔の柱頭《はしらかみ》に蔵《をさ》む。

たしかにいちおう寺は完成した。しかしまだ何かがたりない。塔である。塔は釈迦の骨を納めるところである。そしてそれは、まさに寺院を寺院たらしめるものである。すでに舎利が発見されているとしたら、なぜ塔を建てないのか。塔はそれまでの日本にはない高い建物である。この何よりも新しい仏教文化の証《あかし》である塔が、いかなる恐れを当時の人に与えたか、これは蘇我氏の排仏派にたいする堂々たる宣戦布告であるような気がする。

この塔の建てられた状況にたいして亀井勝一郎《かめいかついちろう》氏は、文学者らしく次のようにいっている。

> 敏達《びだつ》朝十四年、馬子《うまこ》は大野丘《おおののおか》の北方に塔を建立《こんりゅう》したと伝う。いかなる塔か今日《こんにち》たしかな遺跡はなく、諸伝いずれもこの事実は簡略に見過ごしているが、私は馬子の崇仏事跡として塔建立を最も重視する。当時の群卿《ぐんきょう》・百僚《ひゃくりょう》はもとより、一般民衆に絶大の驚異だったと想像されるから

だ。それまでわが国にはかような建築はなかった。蒼穹《そうきゆう》にそびえる重層の塔をはじめて見上げたときの、古人の驚嘆はいかばかりであったか。塔は人間の夢と憧憬《しようけい》をそそりつつ、虚空《こくう》の涯《はて》へまでも誘う無限の調べをもつ。建築は凝結せる音楽だというが、その中でも塔は浪漫的《ろまんてき》な音楽だ。馬子は心ときめかせながら建立したに相違ない。つまり彼にとって、それは青春のロマンチシズムであったと思う。仏教に関する百の説法よりも、このただ一基の塔がもたらす魅力のほうがはるかに大ではなかったろうか。

（『上代思想家の悲劇——聖徳太子』）

また林屋辰三郎《はやしやたつさぶろう》氏は最近の著書で、塔の建造について次のようにいわれている。

翌十四年（五八五）二月十五日のこと、大臣蘇我馬子《おおおみそがのうまこ》は、大野丘《おおののおか》の北に塔をたてて、そこで大《だい》会《え》を設けた。その塔は、これまでの草堂《そうどう》とは全く異って、まさに高くそびえたつ柱であった。『日本書紀』にも、塔の柱頭にさきに司馬達等《しめだちと》が献じた舎利《しやり》を蔵《おさ》めたと書いている。塔が仏舎利を蔵める施設であることはいうまでもないが、この場合は、一般の塔婆《とうば》のように、仏舎利を心礎に蔵めるのではなく、柱頭に蔵めたとあるからには、たぶんなお五重塔のような層塔ではなく、相輪《そうりん》をいただいた柱（相輪橖《そうりんとう》）の形であったのであろう。従ってのちの塔婆の祖型であったとみてよい。塔婆の存在は飛鳥寺《あすかじ》以降、伽藍《がらん》の条件のようになるが、ここでは塔柱が明白に単独で寺の役割を果し、その下で大会も営まれたことを示している。これまでの仏像を安置した草堂は発展して仏殿になったが、この塔柱はそのまま塔婆につながり、両者を綜合《そうごう》するところに完備した伽藍が生れるのである。

その意味で、大野丘の塔柱は伽藍の完成へのたいせつな一段階を示すものであった。礼仏の意味も仏像（すがた）から舎利（骨）にまで深められてきたのである。仏舎利は、公式には崇峻《すしゆん》天皇元年（五八八）に、百済国《くだらこく》より使とともに僧恵総《えそう》・令斤《りょうこん》・恵寔《えしょく》らが来《きた》って献じたのだが、これに先立ち、大野丘は、仏教を支持する人々にとって最初の神聖な地域となった。しかも、その舎利を、仰ぎみる柱頭に置くという発想は、もちろん日本的なものではなく、大陸からの受容であるが、当時の日本人へ与えた衝撃はずいぶん大きなものであったであろう。前項にふれた神宮の心御柱《しんのみはしら》とは同じく柱の文化である点で共通しながら、そこには生と死、顕《けん》と密《みつ》とのへだたりがあった。当時の人々が神と仏との間に異質性を感じたのはその点だが、死も生のあるかぎり人間としてのがれ難いものである点で、結局は両者を習合させねばならなかった。当時の人々は神を信じつつ、仏につながろうとする。人心は左右に動揺しながら、しだいに習合という一点に定着して行くのである。習合となれば、柱という共通の文化は、大いに役立つにちがいない。

（『日本の古代文化』）

柱というものに、生と死、顕と密、神と仏とのふれあいを見たこの林屋氏の見解は、文化史的にみて、はなはだするどい指摘である。

疫病の流行と二度めの仏教弾圧

こうして仏教崇拝にたいするいっさいの用意がととのった。最後に必要なのは信仰のための実存的決意というか、主体的決断というか、ひとつの内的契機である。

（敏達《びだつ》十四年二月《きさらぎ》）辛亥《かのとのゐのひ》に、蘇我大臣《そがのおほおみ》、患疾《やまひ》す。卜者《うらべ》に問ふ。卜者対《こた》へて言はく、「父《かぞ》の時に祭りし仏神《ほとけ》の心《みこころ》に祟《たた》れり」といふ。大臣《おほおみ》、即ち子弟《やから》を遣《まだ》して、其の占状《うらかた》を奏《まう》す。詔《みことのり》して曰《のたま》はく、「卜者の言《こと》に依りて、父の神を祭《いは》ひ祠《まつ》れ」とのたまふ。大臣、詔《みことのり》を奉《うけたまは》りて、石像《いしのみかた》を礼《ゐや》び拝みて、寿命《いのち》を延《の》べたまへと乞ふ。（『日本書紀』）

馬子《うまこ》の場合、宗教的決断は疫病を通じてあらわれる。病気はいつも死への危険を宿している。そして死の危険に直面したとき、人は思いのほかに大胆になるものである。

馬子の病気の原因を卜者《うらべ》は、「父の時に祭りし仏神の心に祟れり」といったという。実際そういったにちがいないが、馬子の喜びそうな卜者の答えである。それで馬子は喜んで、この旨《むね》を天皇に報告し、どうか卜者の言葉のように、仏神を祀らせてくれと天皇に頼んだのであろう。仏教ぎらいの天皇もそれを拒絶することができない。卜《うらな》いを否定することもできないし、また仏を祀ることを禁止することもできない。もし禁止して馬子の病気が悪くなったら、天皇が恨まれるからだ。「卜者の言に依りて、父の神を祭ひ祠れ」という敏達帝《びだつてい》の言葉は興味深い。仏を祀れとはいわない。仏という名をさけて父の神という。子に親と同じく、仏教信仰の自由を認めようというのであろう。敏達帝も苦しい立場である。

ここでおもしろいのは、仏も当時の人にとって神の一つなのである。八百万《やおよろず》の神、古来からの日本の神々のうちの一つなのである。そればかりか、その神は古来から日本の神々と同じく、祟《たた》る力をもっているのである。その神を祀らなかったり、この神を破壊したりすると、それは恐ろしい力をもって祟る。今、この仏は信心篤《あつ》い馬子にすら祟った。馬子が永い間、父の祀った神を祀らなかったからであろう。こういう強い力をもつ神が、どうしてこの神を破壊する人たちに祟らずにはおられよう。

しかし、この崇仏への馬子の決意と排仏派への挑戦に、どうして排仏派が黙っていようか。

是の時に、国に疫疾行《えやみおこ》りて、民《おほみたから》死ぬる者衆《おほ》し。

三月《やよひ》の丁巳《ひのとのみ》の朔《ついたちのひ》に、物部弓削守屋大連《もののべのゆげのもりやのおほむらじ》と、中臣勝海大夫《なかとみのかつみのまへつきみ》と、奏《まう》して曰《まう》さく、「何故にか臣《やつかれ》が言《こと》を用ゐ肯《か》へたまはざる。考天皇《かぞのみかど》より、陛下《きみ》に及《いた》るまでに、疫疾流《あまね》く行りて、国の民絶ゆべし。豈専《あにたくめ》蘇我臣《そがのおみ》が仏法《ほとけのみのり》を興し行ふに由れるに非ずや」とまうす。

疫病は馬子一人がかかったのではなく、多くの民がかかったのである。おそらくそれは、仏教移入とともに入ってきた天然痘《てんねんとう》なのであろう。この病気を馬子のように仏神の祟りにする人は少ないであろう。逆の解釈がおそらく多くの人の解釈であろう。仏教の伝来とともに、天然痘が日本にやって来た。当然それは、従来から日本にいる神々の祟りではないか。

この論理に敏達帝は反対することができない。もともと帝《みかど》は仏教に好意をもっていないのだ。

詔《みことのり》して曰《のたま》はく、「灼然《いやちこ》なれば、仏法を断《や》めよ」とのたまふ。

「灼然」という言葉に注意してほしい。はっきりしている。仏教の弊害ははっきりしているというのである。これがおそらく敏達帝の本音であろう。

丙戌《ひのえいぬのひ》に、物部弓削守屋大連、自ら寺に詣《いた》りて、胡床《あぐら》に踞《しりうた》げ坐《を》り。其の塔を斫《き》り倒して、火を縦《つ》けて燔《や》く。并《あはせ》て仏像《ほとけのみかた》と仏殿《ほとけのおほとの》とを焼く。既にして焼く所の余《あまり》の仏像を取りて、難波《なには》の堀江《ほりえ》に棄てしむ。

仏教弾圧がはじまった。前と同じように塔を斬り倒して、仏像と仏殿を焼き、仏像を難波の堀江に捨てる。

馬子宿禰《うまこのすくね》と、従ひて行へる法《みのり》の侶《ひとども》とを訶責《せ》めて、毀《やぶ》り辱《はづかし》むる心を生《な》さしむ。乃ち佐伯造《さへきのみやつこ》御室《みむろ》を遣して、馬子宿禰の供《いたは》る善信《ぜんしん》等《ら》の尼を喚《よ》ぶ。是に由りて、馬子宿禰、敢へて命《みこと》に違《たが》はずして、惻愴《いたみなげ》き啼泣《いさ》ちつつ、尼等を喚び出して、御室《みむろ》に付《さづ》く。有司《つかさ》、便《たちまち》に尼等の三衣《さむえ》を奪ひて、禁錮《からめとら》へて、海石榴市《つばきち》の亭《うまやたち》に楚撻《しりかたう》ちき。

今度の弾圧と前の弾圧の違いは、前のときに存在しなかった尼が、今度は存在しているので、尼にたいする体罰があることである。馬子が出家者を女性に限ったのも、こういうことを予想してのことかもしれない。女であったら、そんなひどいことはすまい。しかしここで、十分守屋《もりや》は尼たちを辱《はずかし》めた。「海石榴市の亭に楚撻ち」というのは、見せしめに衆人の前でこの少女の尻を打ったのである。それは残虐で、しかもどこか淫蕩《いんとう》な見せ物である。打たれて悲鳴をあげ、あられもない姿になった尼たちに守屋たちは、ある瀆神《とくしん》的な快感を味わったにちがいない。

天皇《すめらみこと》、任那《みまな》を建てむことを思ひて、坂田耳子王《さかたのみみこのおほきみ》を差して使とす。此の時に属《あた》りて、天皇と大連と、卒《にはか》に瘡患《かさや》みたまふ。故《かれ》果して遣《まだ》さず。橘豊日皇子《たちばなのとよひのみこ》に詔して曰はく、「考天皇《かぞのきみ》の勅に違ひ背くべからず。任那の政《まつりごと》を勤め修むべし」とのたまふ。又瘡《かさ》発《い》でて死《みまか》る者、国に充盈《み》てり。其の瘡を患《や》む者言はく、「身、焼かれ、打たれ、摧《くだ》かるるが如し」といひて、啼泣《いさ》ちつつ死る。老《おいたる》も少《わかき》も竊《ひそか》に相語りて曰はく、「是、仏像焼きまつる罪か」といふ。

たしかに弾圧は前と同じであった。しかし今度は、馬子が仏殿をつくり、塔をつくり、尼をおき、仏を篤く祀り、仏もまたその奇蹟を二回にわたってあらわしたこの仏教の弾圧に、仏が報復しないはずはない。ついに仏教の弾圧者、敏達帝と物部守屋が天然痘にかかった。そしてそれによって、前帝からの日本の悲願であった任那回復もならなかったという。

これを見て世論は変わったのであろうか。この病気は古来からの日本の神々の祟りではなくて、弾圧された新しい神、仏神の祟りではないか。世論というのはまことに頼りないものである。一つの現象の解釈がまったくちがってしまう。こういう世論の操作に馬子は、はなはだたけていたのかもしれない。

夏六月《みなづき》に、馬子宿禰、奏《まう》して曰《まう》さく、「臣《やつかれ》の疾病《やまひおも》りて、今に至るまでに愈《い》えず。三宝の力を蒙《かうぶ》らずは、救ひ治むべきこと難し」とまうす。是《ここ》に、馬子宿禰に詔して曰はく、「汝《いまし》独り仏法を行ふべし。余人《あたしひと》を断《や》めよ」とのたまふ。乃ち三《みたり》の尼を以て、馬子宿禰に還し付《さづ》く。馬子宿禰、受けて歓悦《よろこ》ぶ。未曾有《めづらしきこと》と嘆きて、三《みたり》の尼を頂礼《をが》む。新《あらた》に精舎《みてら》を営《つく》りて、迎へ入れて供養《いたはりやしな》ふ。

先に馬子の病気が仏の加護によって治ったとあるが、まだ治らなかったのであろうか。あるいは馬子は病気を口実にして、父・稲目《いなめ》のような私的仏教信仰の許可を求めたのであろうか。おそらく病気になって少し弱気になった敏達帝は、今度も馬子に私的な信仰の許可を与え、三人の尼をさずけたのであろう。

仏教弾圧はやはり不可能であった。信仰の私的自由は再び帰ってきた。馬子が、これを喜んだのはもちろんである。おそらく彼は、前以上に信仰の決意を固めたであろう。仏のご利益は厚い。どうして仏を崇拝せずにはおられようか。

秋八月《はつき》の乙酉《きのとのとり》の朔《ついたち》己亥《つちのとのゐのひ》に、天皇、病《みやまひ》弥留《おも》りて、大殿《おほとの》に崩《かむあが》りましぬ。是の時に、殯宮《もがりのみや》を広瀬に起《た》つ。馬子宿禰大臣、刀《たち》を佩《は》きて誄《しのびこと》たてまつる。物部弓削守屋大連、听然而咲《あざわら》ひて曰はく、「猟箭中《ししやお》へる雀鳥《すずみ》の如し」といふ。次に弓削守屋大連、手脚揺《てあしわなな》き震《ふる》ひて誄たてまつる。馬子宿禰大臣、咲《わら》ひて曰はく、「鈴を懸くべし」といふ。是に由りて、二《ふたり》の臣《おみ》、微《やうやく》に怨恨《うらみ》を生《な》す。

ついに天皇は死んだ。おそらく天然痘であろう。仏教ぎらいの天皇にしても、仏教はやはり弾圧できなかったのである。この弾圧の失敗に、崇仏派はいっそう勇気がわいたにちがいない。しかし排仏派が黙っているはずはない。蘇我氏を中心とする崇仏派と物部氏を中心とする排仏派の全面衝突は時間の問題である。

敏達天皇河内磯長中尾陵
（大阪府太子町）

　この衝突はまず殯宮《もがりのみや》であらわれた。馬子が「刀を佩きて誄」をした。その姿を見て「猟箭中へる雀鳥の如し」と守屋はあざ笑った。次に守屋が手足を震って誄したので、馬子は「鈴を懸くべし」と笑ったという。

　これはどういう意味であろう。守屋の言葉について、ふつう次のような意味に解される。「獣猟に用いる大きい矢で射られた雀のようだ。小柄な身に大刀を帯びた馬子の不恰好《ぶかっこう》さを喩《たと》えたもの」（『日本書紀』頭註「日本古典文学大系」）。たしかに小さな馬子が大きな刀を佩いているのがおかしかったと考えられる。しかし、この言葉はそういう意味のみではあるまいと思う。馬子は、矢に射られた雀《すずめ》のようであるというのである。馬子よ、お前ももうすぐ矢に射られた雀のようになるのではないか。これは、無気味な言葉である。こういう言葉を発しながらも、守屋の心は不安に震えたのであろう。馬子の言葉は、それを笑う言葉であったにちがいない。えらそうにいって、お前自身が震えおののいているではないか。鈴をかけたらよく鳴ろう。この言葉が、二人の間をいっそう冷却させたことはもちろんである。

　以上が、だいたい『日本書紀』による仏教弾圧事件の概要であるが、『元興寺縁起《がんごうじえんぎ》』の記事は、多少ちがっている。

　『元興寺縁起』が『日本書紀』とその内容がちがっているのは、主に三点である。

㈠　『日本書紀』では、仏教崇拝が敏達十三年、つまり日羅《にちら》来朝の直後に起こったように記されているが、『元興寺縁起』の場合は、敏達十年から徐々にはじまっている。

㈡『元興寺縁起』では、崇仏の主体が馬子であるよりむしろ、大后《おおきさきの》大々王《おおきおおきみ》といわれる推古帝《すいこてい》と、池辺皇子《いけのべのおうじ》といわれる用明帝《ようめいてい》である。この二人は、稲目と欽明帝《きんめいてい》の遺言をもとにして、敏達帝に仏教崇拝の許可を求めたという。

㈢仏教弾圧が起こった年は、『元興寺縁起』でも敏達十四年としているが、ここで弾圧の主体は、敏達帝自身であり、守屋や勝海《かつみ》の名はない。

この三点、どちらが真実であろうか。

仏教崇拝が、『元興寺縁起』のように徐々になされたとも考えられるが、こういう考えでは、日羅の事件の後に馬子の仏教崇拝がくる必然性が考えられない。この点、『書紀』のほうがいいのではないか。

また仏教崇拝の主体を、用明帝と推古帝におくことはできないと思う。用明帝も推古帝も、仏教崇拝の心の篤い帝である。おそらく敏達帝のときにも、彼らは仏教にひそかなシンパシーをもっていたにちがいない。しかし、やはりその権力からいっても、馬子を崇仏派の主役としなければならないであろう。

『縁起』が、用明帝と推古帝を仏教崇拝の主体としようとしたのは、元興寺建造における推古帝と太子の役割を強調しようとする意志なのであろう。この点も『日本書紀』のほうが自然であると思われる。

第三に、仏教弾圧の主役が、守屋か敏達帝であるかという問題であるが、これは『日本書紀』でも多少記されていることで、ここで敏達帝が積極的な役割を果たしたことは否定できない。しかし守屋がそれに与《あずか》っていないとは考えられない。『元興寺縁起』は物部、蘇我の対立をまったく無視してこの事件を考えるが、そのようにしてはこの事件は考えられない。ここでも、史書として『日本書紀』のほうは信用できず、仏教の記事についても『日本書紀』より『元興寺縁起』のほうがはるかに信用できるというのは、偏見にすぎない。

登場人物の年齢考

（敏達《びだつ》十四年八月／五八五）三輪君逆《みわのきみさかふ》は、隼人《はやと》をして殯《もがり》の庭《には》に相距《ふせ》かしむ。穴穂部皇子《あなほべのみこ》、天下《あめのした》を取らむとす。発憤《むつか》りて称《ことあげ》して曰はく、「何の故にか死《す》ぎたまひし王《きみ》の庭《みや》に事《つか》へまつりて、生《たひらか》にます王《きみ》の所《みもと》に事《つか》へまつらざらむ」といふ。

（『日本書紀』）

この文章は、後に述べる穴穂部皇子《あなほべのおうじ》が、殯《もがり》の庭に侵入した話がまぎれこんだものとふつう考えられているが、『書紀』の本文を重んずれば、そうではあるまい。

「相距かしむ」ということは、馬子《うまこ》と守屋《もりや》が対立し、険悪な空気がただよっていたので、敏達《びたつ》の寵《ちょう》臣《しん》であった三輪逆《みわのさかう》が、敏達の遺骸と豊御食炊屋姫《とよみけかしきやひめ》を、隼人《はやと》を動員して自分の力で守ろうとしたことをいうのであろう。遺骸と炊屋姫を、相対立する権力の一方が独占することは好ましくない。しかしこのことは、対立する二つの権力、蘇我《そが》側、物部《もののべ》側の両方から疑惑をまねくことになる。

こうして死者の前で、蘇我、物部、三輪の諸氏が争っているのを見て、穴穂部皇子はいう。なぜ死せる「王の庭」につかえて、生ける王のところにつかえないか。もちろんいつまでも死んだ王にくよくよせず、私を王としてつかえるがよいというわけである。これは恐るべき自意識の言葉といわねばならぬ。穴穂部皇子は日本の昔からのゆかしい風習に反して「われこそ大王なり、われを天皇にせよ」

といったのである。穴穂部皇子とは何者なのか。

穴穂部皇子は、欽明帝《きんめいてい》の妃《みめ》・小姉君《おあねのきみ》の三男である。欽明帝は一人の后《きさき》と五人の妃との間に、十六男九女をもうけた。彼の同母弟・崇峻帝《すしゅんてい》は『書紀』では第十二子とあり、敏達帝は第二子とあり、用明帝《ようめいてい》は第四子とある。たぶん穴穂部皇子は第九子か第十子であろう。そういう皇子がどうして皇位の継承権を主張できるのか。

この穴穂部の言葉をみても、このとき皇太子が決まっていなかったのは明らかである。それが敏達帝の死後の最大の関心事である。いったいポスト敏達の政治情勢はどのようであり、そしてそれはどのように落ちついたのか。

敏達帝は、二人の后と一人の夫人《おおとじ》、一人の采女《うねめ》の間に六人の皇子と十人の皇女をもうけた。この場合、皇位継承者として、皇女と夫人および采女腹の皇子は除いてよい。なぜなら皇位継承者の資格は、母方の血においても左右され、たとえ后でなくとも、妃の位は必要である。「大宝令《たいほうりょう》」では妃、夫人、嬪《ひん》の順であるので、夫人腹、采女腹の皇子は、よほどのことがないかぎり、皇位をねらうことはできない。

こう考えると、次代の天皇の資格をもつのは、前后・広姫《ひろひめ》腹の押坂彦人大兄皇子《おしさかのひこひとのおおえのおうじ》と、後后・豊御食炊屋姫腹の竹田皇子《たけだのおうじ》と尾張皇子《おわりのおうじ》のみである。当然、この三人の皇子のいずれかが帝位につくべきであろうが、この年齢が問題である。三人の皇子はそのとき何歳であったのか。もちろん三人の皇子の年齢を記した文章はどこにもない。類推によって考えるよりしかたがない。

わかっているものから明らかにしてゆこう。まず炊屋姫、後の推古帝《すいこてい》である。彼女は「推古紀」に、

年十八歳《みとしとをあまりやつ》にして、立ちて渟中倉太玉敷天皇《ぬなくらのふとたましきのすめらみこと》（敏達）の皇后《きさき》と為る。三十四歳《みそあまりよつ》にして、渟

中倉太珠敷天皇崩《かむあが》りましぬ。三十九歳《みそあまりここのつ》にして、泊瀬部天皇《はつせべのすめらみこと》（崇峻）の五年の十一月《しもつき》に当りて、天皇、大臣馬子宿禰《おほおみうまこのすくね》の為《ため》に殺《し》せられたまひぬ。

とある。ところがこの記載には矛盾がある。もし敏達天皇が死んだ敏達十四（五八五）年、推古帝が三十四歳とすれば、崇峻五（五九二）年には推古帝は四十一歳となり、逆に崇峻五年、三十九歳とすれば、敏達十四年に推古帝は三十二歳になる。これはどちらが正しいであろうか。

また推古帝の死の記事「天皇崩《すめらみことかむあが》りましぬ」という言葉の下に「時に年七十五《みとしななそぢあまりいつつ》」とある。もしその死の年、推古三十六（六二八）年、七十五歳とすれば、崇峻五年、三十九歳となり、敏達十四年、三十二歳となる。もしその説を正しいとしたら、十八歳のときは欽明三十二年である。つまりこの年には欽明帝が死んで、翌年には敏達帝が皇位についている。もし炊屋姫がこのとき敏達帝の妃となったとすれば、おそらく敏達帝は炊屋姫を妃とすること、および蘇我氏の援助を受けることを条件に帝位についたのであろう。しかしそうはいうものの、彼女は敏達四年に広姫が死ぬまで、皇后になることができなかったのである。やはり蘇我氏腹の皇女は、たとえ前天皇の皇女であっても、当時としては地位が低かったことを物語るものであろう。

ところで用明帝《ようめいてい》の年齢であるが、『神皇正統記《じんのうしょうとうき》』などには、その没年四十一歳とあり、『皇年代略《こうねんだいりやっ》記《き》』などには六十九歳とあるが、六十九歳説はとれない。なぜなら用明帝の没年を六十九歳とすると、敏達十四年、六十七歳となり、推古帝とは三十五歳もちがう。用明帝は欽明帝と堅塩媛《きたしひめ》との間の第一子であるが、第四子の推古帝を含めて、十三人の兄弟がある。もしそうだとすると、母の堅塩媛は四十年以上もの間子どもを産んだことになるが、それは不可能であろう。四十一歳説のほうがはるかによいが、四十一歳とすれば、敏達十四年、三十九歳となり、推古帝との年の差は七歳である。その兄と妹の間に、もう二人の兄弟がいたとしてもおかしくはない。没年四十一歳説をとることにしよう。

一方、敏達帝の年齢は、『神皇正統記』に没年六十一歳とあり、『皇年代略記』などに四十八歳とある。このうちどちらが正しいか、決定するのはむずかしい。六十一歳説をとれば、推古帝《すいこてい》との年齢の差は二十九歳となり、用明帝との年齢の差は二十二歳となる。敏達帝は欽明帝の第二子とあり、用明帝は第四子とあるので、十六人の皇子のうち、わずか一人しかその間に皇子がいないとすれば、二人の年齢が離れすぎていないであろうか。また没年六十一歳説では、敏達帝が炊屋姫をめとったのは、帝《みかど》が四十七歳のときということになり、以後、炊屋姫は敏達帝との間に二男五女の七人の子どもをもうけたことになる。これも、やはり年齢的にむずかしい。四十八歳説をとるべきであろう。没年四十八歳とすれば、炊屋姫との年齢の差が十六歳、用明帝との年齢の差は九歳となる。まず兄妹三人の年齢をこのように考えるのが順当であろう。

とすれば、敏達帝は宣化《せんか》三（五三八）年の生まれ、用明帝は欽明八（五四七）年の生まれ、炊屋姫は欽明十五（五五四）年の生まれとなり、また敏達帝が炊屋姫をめとったのは三十四歳のときということになる。それから十四年の間に、二人の間に七人の皇子と皇女が生まれたわけである。とすると、竹田皇子と尾張皇子の年齢がだいたいわかる。竹田皇子は第二子であり、また尾張皇子は第五子なのである。竹田皇子を敏達三年ごろ、尾張皇子を敏達十年ごろの出生とみたらどうであろう。とすると、敏達十四年に竹田皇子は十二歳くらい、尾張皇子は五歳くらいとみるべきであろうか。

彦人大兄皇子は前后・広姫の長男であるが、広姫は敏達四（五七五）年に死ぬまで一男二女を産んだ。敏達帝が広姫をめとったときは明らかではないが、やはり敏達帝が皇太子になった欽明二十九年以後、炊屋姫が妃となる欽明三十二年以前であると考えたほうがよかろう。その長男であるので、欽明三十一年ごろから敏達二年ごろまでの生まれではないかと思う。とすると、敏達十四年、十三—十六歳ということになる。どうみても二十歳は超えてはいなかったと思われる。なおこの彦人大兄皇子は、推古元（五九三）年、異母妹の糠手姫皇女《あらてひめのおうじょ》との間に田村皇子《たむらのおうじ》、後の舒明帝《じょめいてい》をもうけている。敏達十四年、十五歳とすれば、推古元年、二十三歳である。長男をもうける年ごろとして自然であろう。

問題の穴穂部皇子は、いくつであろうか。穴穂部皇子は、小姉君の第四子、一説によれば第三子である。いずれにせよ、聖徳太子の母にあたる穴穂部間人皇女《あなほべのはしひとのおうじょ》のすぐ下の弟である。間人皇女は、用明帝との間に敏達三（五七四）年、聖徳太子を産んだ。先の炊屋姫などの例からみて、このときの間人皇女を二十歳くらいと考えるのがもっともよいであろう。穴穂部皇子を、それより二歳下の十八歳とすると、敏達十四年には二十九歳となる。

これでだいたい皇子、皇女たちの年齢はわかった。馬子の年齢が問題である。馬子は推古三十四（六二六）年に死んだが、『扶桑略記《ふそうりやつき》』には七十六歳とある。とすれば、欽明十二（五五一）年の生まれ、推古帝との年齢差がわずかに三年ということになる。叔父《おじ》と姪《めい》との年齢差にしては少なすぎるが、稲目《いなめ》の次女を小姉君といっているところをみると、女たちのほうが年上であったのであろう。とすると、馬子が大臣になった敏達元（五七二）年は二十二歳、仏教信仰を公然と表明した敏達十三年は三十四歳、敏達帝の死んだ敏達十四年は三十五歳なのである。物部守屋の年齢はわからない。守屋は尾輿《おこし》の次男で、馬子より早く大連《おおむらじ》になっているので、年齢は馬子より少し上と考えられる。まず五、六歳上、敏達十四年、四十歳くらいと考えてよいであろうか。三輪逆もだいたい守屋と同年かあるいは少し上ではなかろうか。

以上でだいたい登場人物の年齢が確定した。とすれば、このとき穴穂部皇子がなぜ帝位を要求したかという理由を解く鍵が少しは見つかるかもしれない。

用明帝の即位と穴穂部皇子の殯宮乱入

敏達《びだつ》の前后および後后から生まれた三皇子、つまり彦人皇子《ひこひとのおうじ》、竹田皇子《たけだのおうじ》、尾張皇子《おわりのおうじ》はいずれも年が若すぎるのである。彦人皇子は十五、六歳、竹田皇子は十二、三歳、尾張皇子は五、六歳、これではとても天皇にすえるわけにはゆかない。

やはり当時、天皇は成年男子でなくてはならないという観念が常識として存在していた。おそらくまだ天皇という称号はなく、日本の支配者は大王といわれていたと思われるが、大王は、平時にあっては万機を統率し、戦時にあっては全軍を指揮しなければならぬ抜群の体力と精神力が必要とされるのである。それゆえ天皇は成年男子でなくてはならない。したがってその嫡子《ちゃくし》が幼い場合は、弟に譲るのが常識とされているのである。とすると、まだ成年に達していない彦人皇子以下は失格である、ということになる。

この論理をここで馬子《うまこ》は主張しようとしたにちがいない。なぜなら彼は自家の利益からいっても、彦人皇子を天皇位につけたくなかったからである。彦人皇子は広姫《ひろひめ》腹の子である。皇子には蘇我《そが》氏の血が入っていない。敏達帝と同じであるが、敏達帝の時代には蘇我氏は圧迫されがちであった。皇族腹の皇子は、蘇我氏腹の皇子との対抗上、必然的に反蘇我氏に傾くからである。彦人皇子は、皇位継承者として好ましくない。もしも彦人皇子を年齢のゆえにボイコットしたとしたら、それ以上に幼い竹田皇子を皇位につけることはできない。

とすると、当然皇位継承者として、欽明帝《きんめいてい》の皇子つまり敏達帝の兄弟たちが浮かびあがってくる。

しかも蘇我氏にとって幸いなことには、欽明の正后・石姫《いしひめ》には、敏達帝以外の男の子は死んでしまっていない。したがって五人の妃《みめ》の子となるであろうが、皇族腹には石姫の妹の稚綾姫皇女《わかあやひめのおうじょ》腹の石上《いそのかみの》皇子《おうじ》、日影皇女《ひかげのおうじょ》腹の倉皇子《くらのおうじ》があるが、石姫系、つまり宣化《せんか》系の皇族はすっかり勢力を失っている。今を時めく蘇我氏をバックにする皇子たちのほうがはるかに有力であろう。

蘇我氏の血を引く皇子は、堅塩媛《きたしひめ》腹に橘豊日尊《たちばなのとよひのみこと》以下七人の皇子がいる。小姉君《おあねのきみ》には茨城皇子《うまらきのおうじ》以下四人の皇子がある。この十一人の皇子はいずれも同じような蘇我氏の血を引いていて、馬子にとってはいずれも甥《おい》である。血統的にみれば、どの皇子が帝位についても変わりはない。

穴穂部皇子《あなほべのおうじ》は小姉君腹の三男である。それなのに、なぜ彼は帝位を主張することができるのか。一つは、穴穂部皇子が、はなはだ気性が強く智恵のすぐれた皇子であったことが原因であろう。おそらく皇子は幼少より目だった存在であり、馬子にもその才を愛され、また守屋《もりや》も皇子の存在にひそかに注目していたのであろう。それでなければ、あのような発言はできないし、また皇子のその後の行動を見ると、いかにもその才能をたのんだ強気なところが見られる。

しかしそれだけが原因ではないと私は思う。他の皇子に何らかの皇位継承者となるにふさわしくない前歴があったのではないか。彼の同母兄の最長者が茨城皇子であるが、この茨城皇子には伊勢大神《いせのおおみかみ》につかえた磐隈皇女《いわくまのおうじょ》を犯したという前歴がある。磐隈皇女は、用明帝《ようめいてい》のすぐ下の妹である。伊勢の神につかえるのは純潔な処女でなくてはならぬ。処女でなかったらたちまち解任されねばならぬ。この事件は磐隈皇女にとっては生涯の汚点であるが、犯した茨城皇子にとっても大きなマイナスであろう。茨城皇子の名がでてこないのは、この事件が原因であると考えられる。

しかし注意深く『日本書紀』を読むと、敏達七（五七八）年に次のような記事がある。

七年の春三月《やよひ》の戊辰《つちのえたつ》の朔《ついたち》壬申《みづのえさるのひ》に、菟道皇女《うぢのひめみこ》を以て、伊勢の祠《まつり》に侍《はべ》らしむ。即ち池辺皇子《いけへのみこ》に奸《をか》されぬ。事顕《ことあらは》れて解けぬ。

前と同じような事件であるが、菟道皇女《うじのおうじょ》というのは、敏達の皇女で、押坂彦人大兄皇子《おしさかのひこひとのおおえのおうじ》の同母妹なのである。年齢からして敏達七年にはまだ幼い。したがって任命されたのが敏達七年で、犯されたのは少し後の年であると思われるが、この少女を犯した池辺皇子《いけべのおうじ》というのは、いったい誰であろうか。『日本書紀』では、用明帝のことを橘豊日尊または大兄皇子とあるが、『法王帝説《ほうおうていせつ》』、『元興寺縁起《がんごうじえんぎ》』などには池辺皇子とある。池辺皇子は当時としては、もっぱら用明帝をさす言葉ではなかったか。

磐隈皇女を犯したのも、異母兄弟の茨城皇子であった。菟道皇女を犯したのもまた、はなはだ近い血縁をもつ皇子ではなかろうか。そういう恐ろしいことができるのは、権力ある皇子に限られていると私は思う。とすれば、ここで池辺皇子というのは後の用明帝をさすと考えられる。まさかと思うが、論理的にはそう考えるのが当然であろう。もしも万一そうとしたら、この皇子にも致命的なマイナスがあることになる。

穴穂部皇子の帝位への自己主張は、こういう二つの事件を背景としているのではないかと私は思う。兄二人はスキャンダル男だ。それに才能もとぼしい。私だけが潔白で才能においてもすぐれている。どうして私を天皇にしないのか。私は『日本書紀』の「敏達紀」の終わりの記事をそのままとれば、そういう意味になると思う。

しかし穴穂部のこの自己主張は、日本の社会では入れられない。日本の社会ではこういう場合に、静観している人間が勝つのである。私は穴穂部の自己推薦は結果的には失敗であったと思う。

そしてその結果、用明帝が次代の天皇として即位した（五八六年）。おそらく馬子は、年齢、実力

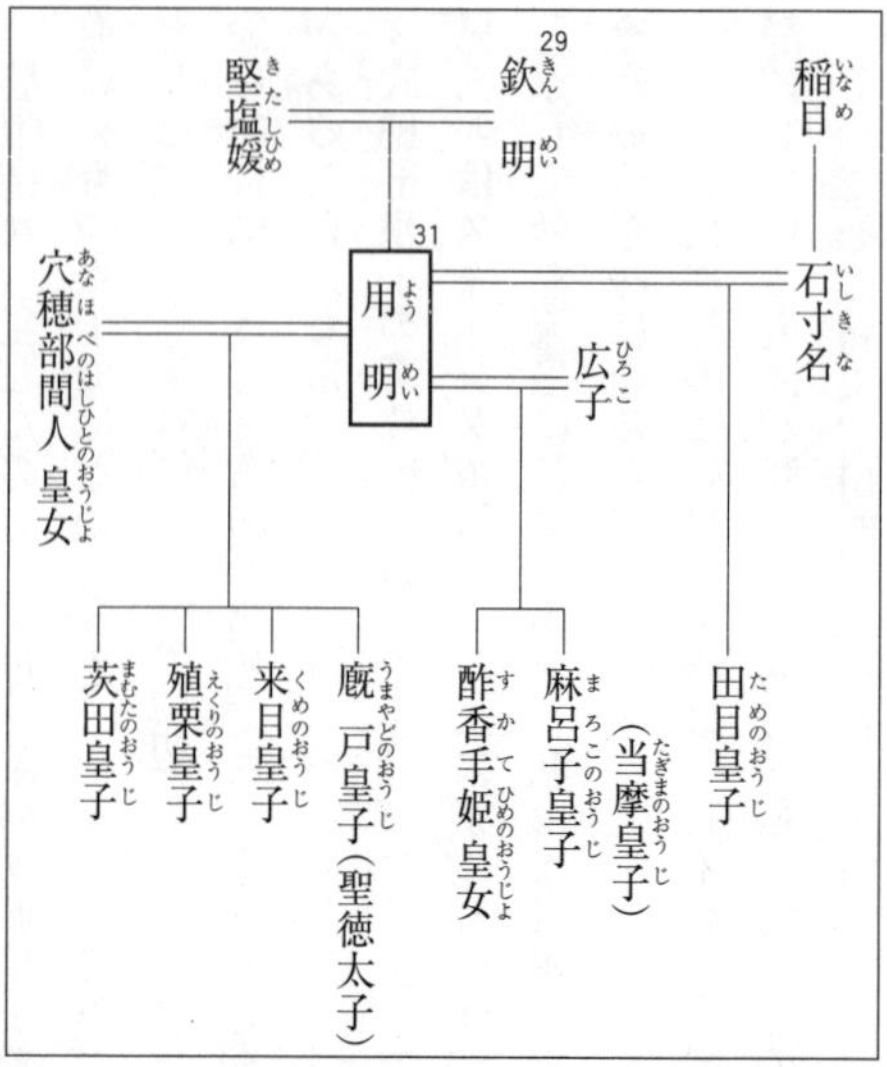

からみて、それが順当であると判断したのであろう。

また、敏達十四年に敏達帝が疫病《えきびよう》になり、「考天皇《かぞのきみ》の勅《みことのり》に違《たが》ひ背《そむ》くべからず。任那《みまな》の政《まつりごと》を勤《つと》め修《をさ》むべし」と詔《みことのり》していわれたことも、用明推薦の理由になったかもしれない。多少の過失があっても用明帝は蘇我系の最年長者である。穴穂部皇子は年齢も考えも若すぎる。しばらくようすを見る必要がある。

私はこの用明帝の推薦者は、馬子とともに同母妹の炊屋姫《かしきやひめ》皇后であったと思う。彼女は、「姿色端麗《みかほきらぎら》しく、進止軌制《みふるまひをさをさ》し」とある。容貌《ようぼう》が美しい上に、はなはだ深い智恵をもっていたのであろう。馬子は以後、炊屋姫を相談相手として、徐々に権力を自分のものとしてゆく。

橘豊日尊を天皇として押坂彦人大兄皇子を太子《ひつぎのみこ》とする。それが群臣の決議であったが、そこに馬子と炊屋姫皇后の意志がはっきりあらわれていることはまちがいない。

穴穂部皇子は、この決定にはなはだ不満であったのであろう。

夏五月《さつき》に、穴穂部皇子、炊屋姫皇后を奸《をか》さむとして、自《みづか》ら強《し》ひて殯宮《もがりのみや》に入る。寵臣《めぐみたまふまへつきみ》三輪君逆《みわのきみさかふ》、乃ち兵衛《つはものとねり》を喚《め》して、宮門《みかど》を重璅《さしかた》めて、拒《ふせ》きて入れず。

これは明らかに奇怪な事件である。七人の幼い子どもをかかえた三十三歳の美しい天皇の未亡人が、喪《も》に服して天皇の亡骸《なきがら》を守っている。そこにたとえ異母弟とはいえ、三十歳くらいの若い男が乱入して、その未亡人を犯そうとする。それはまことに異常な事件、取り乱した行動といわねばならぬ。皇子として今、帝位についた橘豊日尊に次いで、あるいは彼以上に知徳もあり人望もある穴穂部皇子が、なぜかかる奇妙な行動にでたのか。

その原因は恋であると考えられる。当時、天皇家の人たちは、血にたいする強い誇りをもっていた。臣子との恋愛は許されない。とすれば、恋愛関係をもつなら、皇族の間に限られる。異母兄妹、叔母と甥、姪と叔父など、もっともふつうの恋愛関係である。敏達帝とその后・炊屋姫、用明帝とその后・穴穂部間人皇后《あなほべのはしひとのこうごう》は異母兄妹の関係にある。これは公然たる夫婦関係であるが、その他にも隠れた恋愛関係が多かったことは、『万葉集』にあらわれた天智《てんじ》、天武《てんむ》の皇子、皇女たちの間の複雑な愛の関係によってもわかる。

美しい炊屋姫と、気鋭の穴穂部皇子の間に恋愛関係があっても不思議はない。あるいは炊屋姫が敏達帝の妃になる前に、二人の間にひそかな関係があったのか。穴穂部皇子は敏達帝の在位中、ずっとこの姉にたいする抑えきれない恋情に悩んでいたのか。そして敏達帝の死とともに、この抑えられた恋情が爆発して、あの奇妙な行為になってあらわれたのか。

男が女のところに乱入する場合、ほとんどそれは過去に何らかの関係があった場合に多い。男の無鉄砲な行動の背後には、いったん彼の腕の中で喜びに泣いた女の記憶がある場合が多い。そうでなくて、まったく無関係な女のところへ突然に男が乱入することは考えられない。私は穴穂部皇子と炊屋姫の間には、肉体関係はとにかく、何らかの関係があったと思う。

恋が一挙に爆発した。そのように穴穂部皇子の行動は考えられるが、それだけではない。穴穂部皇子の行動は、性欲と関係があるとともに権力欲とも関係がある。彼は馬子や炊屋姫の決定に反対であったのである。炊屋姫を襲おうとしたのは、そういう炊屋姫にたいする怨恨《えんこん》があったものと思う。ああ姫よ、私をあなたは愛してくれたはずなのに、なぜ私にかくも不利な決定をあなたはしたのか。穴穂部皇子は一度炊屋姫に会って、彼女の不実を責めようとしたのかもしれない。

私は、何か穴穂部皇子のこの行動も、深い無気味な衝動にもとづいた行動のような気がする。天皇になりたい、それにはかつての天皇の女を抱けばよいではないか。あの女を抱け。もっとも気高く、もっとも美しく、もっとも賢いあの女を抱け。そしてあの女を自分のものとするとき、おのずから帝位もおのれのものになる。男が女を犯すことの中には、ひとつの権力意志が隠れていると思う。私は穴穂部皇子の行動の中には、人間が原始の時代から受け継いでいるような無意識の権力意志が存在していると思う。

三輪君逆の殺害と馬子の読み

この穴穂部皇子《あなほべのおうじ》の奇怪な行動を三輪逆《みわのさかう》は必死で防ぐ。おそらく馬子《うまこ》も守屋《もりや》も用明帝《ようめいてい》とともに、この皇子の乱暴を見て見ぬ顔をしていたのであろう。

穴穂部皇子《あなほべのみこ》問ひて曰はく、「何人《なにひと》か此《ここ》に在《はべ》る」といふ。兵衛《つはものとねり》答へて曰はく、「三輪君逆《みわのきみさかふ》在り」といふ。七《なな》たび「門《みかど》開け」と呼《よば》ふ。遂に聴《ゆる》し入れず。是《ここ》に、穴穂部皇子、大臣《おほおみ》と大連《おほむらじ》とに謂《かた》りて曰はく、「逆、頻《しきり》に礼《ゐや》無し。殯庭《もがりのみや》にして誄《しのびことたてまつ》りて曰《まう》さく、『朝庭《みかど》荒さずして、浄めつかへまつること鏡の面《おもて》の如くにして、臣《やつかれ》、治《をさ》め平《む》け奉仕《つかへまつ》らむ』とまうす。即ち是礼《ゐや》無し。方《まさ》に今、天皇《すめらみこと》の子弟《みやから》、多《さは》に在《ましま》す。両《ふたり》の大臣《おほまへつきみ》侍《はべ》り。詎《たれ》か情《こころ》の恣《ほしきまま》に、専奉仕《たくめつかへまつ》らむと言ふこと得む。又余《われ》、殯内《もがりのみやのうち》を観《み》むとおもへども、拒《ふせ》きて聴《ゆる》し入れず。自《みづか》ら『門《みかど》を開けよ』と呼《よば》へども、七廻《ななたび》応《こた》へず。願はくは斬らむと欲《おも》ふ」といふ。両《ふたり》の大臣の曰さく、「命《みこと》の随《まま》に」とまうす。

（『日本書紀』）

穴穂部皇子は馬子と守屋に訴える。どうして皇子は天皇に訴えないのか、皇子はもともと用明帝を無視しているのであろう。重臣二人を味方にすればよい。

穴穂部皇子は二人にしきりに三輪逆の無礼を訴える。逆は死者を独占して、殯庭《もがりのみや》に人をよせつけない。おそらく守屋と馬子との対立を見て、せめてこの対立を殯庭にもちこまないように、三輪逆は人を入れずに、殯庭を守っていたのであろう。それは、馬子にも守屋にも腹のたつことである。逆は死者を独占している。けしからん。この気持が穴穂部皇子をかきたてる。三輪逆を斬りたい。この申し入れに馬子も守屋もイエスという。なぜか。

穴穂部皇子の理に通らない申し入れを、どうして大臣《おおおみ》も大連《おおむらじ》も許したのか。私はこの動機の一つが嫉妬《しっと》であったと思う。『書紀』はしきりに、三輪逆が敏達帝《びだつてい》の寵臣《ちょうしん》で、敏達帝は何事も逆を相談相手にして政治をとっていたという。おそらく三輪逆は、陰の天皇であったのであろう。この陰の天皇にたいする恨みは、表の天皇の死後必ず爆発するものである。腹だたしい記憶が生々しく思い出され、この保護者を失った寵臣は、あることないことを理由に権力の座から追われるのが常である。

三輪逆の場合も、そういう場合と考えられるが、それだけではない。

是《ここ》に、穴穂部皇子、陰《ひそか》に天下《あめのした》に王《きみ》たらむ事を謀《はか》りて、口に詐《いつは》りて逆君《さかふのきみ》を殺さむといふことを在《たも》てり。遂に物部守屋大連《もののべのもりやのおほむらじ》と、兵《いくさ》を率《ゐ》て磐余《いはれ》の池辺《いけのへ》を囲繞《かく》む。逆君知りて、三諸岳《みもろのをか》に隠れぬ。是の日の夜半に、潜《ひそか》に山より出でて、後宮《きさきのみや》に隠る。逆の同姓《うがら》白堤《しらつつみ》と横山と、逆君が在る処を言《つげまう》す。穴穂部皇子、即ち守屋大連を遣りて曰はく、「汝《いまし》往きて、逆君幷《あはせ》て其の二《ふたり》の子を討《ころ》すべし」といふ。大連、遂に兵を率て去《ゆ》く。

穴穂部皇子の三輪逆殺害の計画には、恐るべきねらいが秘められていたのである。それは用明帝殺害、ないしは退位の計画である。

「磐余の池辺」というのは用明帝の皇居のあったところである。逆君《さかうのきみ》は用明帝を頼って、彼の皇居に隠れていたのであろう。おそらくそれは炊屋姫《かしきやひめ》の依頼であろう。彼女は身を挺《てい》して自分を守ってくれるこの忠臣を、兄の用明帝のもとにあずけたのであろう。まさか穴穂部皇子といえども、帝《みかど》の皇居を攻めるはずはない。あそこなら大丈夫。しかしそれがむしろ穴穂部皇子のねらいであったのである。穴穂部皇子は兵を率いて皇居を囲んだ。そうして三輪逆を殺すことを口実に、今や不逞《ふてい》なことをたくらもうとしていたのである。

この穴穂部の計画に守屋は同調した。用明帝の擁立《ようりつ》は、蘇我氏が炊屋姫と相談してしたことだ。用明帝の時代が続けば、仏教は栄え、蘇我氏の天下になるであろう。早いうちに用明政権をつぶさねばならぬ。穴穂部皇子と守屋は、三輪逆征伐にかこつけて大それたことをたくらもうとしていた。

しかしこの計画はいち早くもれたのではないか。おそらく馬子はそれに気がついて用明帝に知らせ、三輪逆を池辺《いけのべ》の宮から去らしめたのであろう。三輪逆はやむなく自分の家のある三輪山《みわやま》に隠れた。しかし三輪山には、やがて穴穂部皇子と守屋の軍が来るにちがいない。炊屋姫しか守ってくれる人はいない。ところが、一族の中からこの三輪逆の居所を密告する人がいた。おそらく一族の中でも三輪逆の出世を嫉《ねた》む人がいたのであろう。この密告者の三輪白堤《みわのしらつつみ》は、「大三輪三社鎮座次第《おおみわさんしゃちんざしだい》」などに三輪氏の中興の祖としてたたえられている人物である。

たしかに穴穂部皇子と守屋のねらいははずれた。しかし、事はここまできた以上、面子《メンツ》にかけても逆を殺さねばならない。

蘇我馬子宿禰《そがのうまこのすくね》、外《ほか》にして斯《こ》の計《はかりこと》を聞きて、皇子《みこ》の所《みもと》に詣《まう》でしかば、即ち門底《かどもと》に逢《あ》ひぬ。大連の所に之《ゆ》かむとす。時に諫《あさ》めて曰《まう》さく、「王《きみ》たる者は刑人《つみびと》を近つけず。自ら往《いでま》すべからず」とまうす。皇子、聴かずして行く。馬子宿禰、即便《すなは》ち随《したが》ひて去《ゆ》きて磐余《いはれ》に到りて、切《たしか》に諫《いさ》む。皇子、乃ち諫《いさめこと》に従ひて止《や》みぬ。

三輪山（桜井市）

この記事を見ると、この時点においてもまだ蘇我馬子は、穴穂部皇子にある種の期待と愛情をもっていたことがわかる。少なくとも馬子は、穴穂部皇子にナンバーツーの地位を認めているのではないか。彼は用明帝を帝位につけたが、どんなことが起こるかわからない。蘇我氏の血を引く天皇候補者をいつも手元にもっていなければならぬ。もし堅塩媛《きたしひめ》系の用明帝に万一のことがあったら、今度は小姉君《おあねのきみ》系の皇子に帝位を与えるのが公平だ。それには四人の皇子の中でももっとも才のある穴穂部皇子がよい。馬子は皇子の才に注目しているのに、皇子はそれがよくわからない。わかっていても、この気鋭の青年は待てないのである。焦燥のあまり、この青年はとんでもないことをしてくれたが、馬子はあくまで冷静である。守屋がこの皇子の三輪逆の殺害に許可を与えたのは、それを口実に用明政権を葬ってしまおうとする計算であった。

しかし馬子の計算はちがう。馬子はもっと読みが深い。馬子は片一方で、皇子と守屋のねらい、すなわち用明帝殺害のねらいを失敗させるとともに、おそらく敏達帝の排仏政策の陰の提案者である三輪逆を葬ろうとしたのではないか。

先に述べたように、排仏派は主に物部、中臣《なかとみ》、三輪の三氏からなっていた。三氏は互いに争いつつも共通の敵である崇仏派にたいしては一致して反対してきた。この排仏派の力をそぐには、仲間割れをさそうのがいちばんよい。今幸いに、皇子にそそのかされて守屋が逆を殺そうとしている。毒虫をして毒虫を殺さしめる。それほどうまいことはないではないか。

馬子の計算はみごとにあたったのである。あとは穴穂部皇子を、三輪逆の殺害から手を引かせるのがいちばんよい。皇子はまずいことをした。しかしまだ決定的なマイナスではない。もし三輪逆を殺したら、マイナスは決定的である。君主は自らの手で人を殺してはならない。この皇子を諫《いさ》める馬子の情熱には、やはり肉親の愛情がこめられていると思う。「磐余に到りて、切に諫む」とある。用明帝のところへ皇子を連れて行き、謝罪せしめて、切々と諫めたのであろうか。

仍《よ》りて此の処にして、胡床《あぐら》に踞坐《しりうた》げて、大連を待つ。大連、良久《やや》しくして至れり。衆《いくさ》を率《ゐ》て報命《かへりことまう》して曰《まう》さく、「逆等を斬《ころ》し訖《をは》りぬ」とまうす。是《ここ》に、馬子宿禰、惻然《いた》み頽歎《なげ》きて曰はく、「天《あめの》下《した》の乱《みだれ》は久しからじ」といふ。大連、聞きて答へて曰はく、「汝 小臣《いましこまへつきみ》が識らざる所なり」といふ。

ここで損をしたのは皇子と守屋である。そしてもうけたのは馬子である。皇子は一時の激情にかられてのことであったろうが、それは若気のいたりといわれてもしかたがない。もとより皇位は手に入らず、そして次代の皇位の候補者としても大きく後退した。

守屋としては、皇子の命で逆を殺したが、それが結果としては何のためになったのか。守屋は、胡座《あぐら》に坐っている穴穂部皇子に逆の殺害を報告する。皇子のためにに逆を殺したはずなのに、皇子がこの事件で、次代の天皇になる資格を失ったとしたら、結果として、やがて起こるべき宗教戦争の強力な味方を失ってしまったことになる。

馬子はこの事態をいたみ嘆いたというが、守屋はその嘆きに、お前などに何がわかるかとうそぶいた。ほんとうはその逆でなければならない。守屋がこの事態を深く嘆き、馬子は天に向かってうそぶかねばならない。それが逆であるところに、この宗教戦争をかねた古代氏族の争いの勝敗の行方があると思う。

以上は『日本書紀』によるこの事件の経過であるが、『日本書紀』は一説の形で、さまざまな噂を載せている。

或本《あるふみ》に云はく、穴穂部皇子と泊瀬部皇子《はつせべのみこ》と、相計《あひたばか》りて守屋大連を遣《や》るといふ。

ここで泊瀬部皇子《はつせべのおうじ》、後の崇峻帝《すしゅんてい》がでてくる。実際、守屋が三輪逆を殺さねばならぬ必然性は何もないのである。守屋は穴穂部皇子に騙《だま》されたのである。そして、あるいは皇子の弟の泊瀬部皇子がこの計画の共同謀議者であったかもしれない。また次のような話もある。

或本に云はく、穴穂部皇子、自《みづか》ら行きて射殺《いころ》すといふ。

あるいは、これのほうが歴史の真実であったかもしれない。三輪逆にたいしてもっとも敵意をもっていたのは、皇子であったにちがいないから。

此の三輪君逆は、訳語田天皇《をさたのすめらみこと》の寵愛《めぐ》みたまひし所なり。悉《ことごとく》に内外《うちと》の事を委《ゆだ》ねたまひき。是《これ》に由りて、炊屋姫皇后《きさき》と馬子宿禰と、倶に穴穂部皇子を発恨《うら》む。

三輪逆は敏達帝の寵臣だ。もう一度、敏達帝の政治が三輪逆の政策という見地で再検討されねばならない。

ここではじめて、炊屋姫と馬子は穴穂部皇子を恨んだという。炊屋姫にとって、それまで皇子はけっして憎い存在ではなかった。あるいはひそかに通う愛が二人の間にあったかもしれない。しかし「進止軌制し《みふるまひをさをさし》」い三十三歳の皇后と、この無鉄砲な熱情にはやる皇子には、愛の表現法に大きな考え方の違いがあった。子どもの愛は、この大人の皇后にははなはだ困るのである。困った人だ。私に恥をかかせた上に、私の寵臣を殺してしまった。ここではじめて穴穂部皇子は、炊屋姫にとって憎むべき人物となったのである。

同時に馬子にとっても、この皇子は困った存在になった。結果的には、それは物部守屋の手で三輪逆を葬るという、はなはだ喜ぶべきこととなったが、この皇子はまったく政治がわからないのである。何をしでかすかわからない危険な皇子。どうしてこんな皇子を天皇にすえることができようか。

用明帝の病と崇仏の詔

(用明《ようめい》)二(五八七)年の夏四月《うづき》の乙巳《きのとのみ》の朔《ついたち》丙午《ひのえうまのひ》に、磐余《いはれ》の河上《かはかみ》に御新嘗《にひなへきこしめ》す。是の日に、天皇《すめらみこと》、得病《おほみここちそこな》ひたまひて、宮に還入《かへりおは》します。群臣侍《まへつきみたちはべ》り。天皇、群臣に詔《みことのり》して曰《のたま》はく、「朕《われ》、三宝に帰《よ》らむと思ふ。卿等議《いましたちはか》れ」とのたまふ。群臣、入朝《まゐい》りて議《はか》る。物部守屋大連《もののべのもりやのおほむらじ》と中臣勝《なかとみのかつ》海連《みのむらじ》と、詔の議《はからひ》に違《たが》ひて曰《まう》さく、「何ぞ国神《くにつかみ》を背《そむ》きて、他神《あたしかみ》を敬《ゐや》びむ。由来《もとより》、斯《かく》の若《ごと》き事を識らず」とまうす。蘇我馬子宿禰大臣《そがのうまこのすくねのおほおみ》、曰さく、「詔に随《したが》ひて助《ゐたす》け奉《まつ》るべし。詎《たれ》か異《け》なる計《はかりこと》を生《な》さむ」とまうす。（『日本書紀』）

ここでいう新嘗祭《にいなめさい》というのは後の践祚《せんそ》の大嘗会《だいじようえ》にあたるものだろう。大嘗会はふつう十一月に行われるのに、四月になったのは乱のせいであろうと『書紀集解《しよきしゆうげ》』はいう。国学者の鈴木重胤《すずきしげたね》は、それは乱のせいもあろうが、仏教信仰の心篤《あつ》い用明帝《ようめいてい》の怠慢のせいもあろうと用明帝を責めるが、用明帝は、『日本書紀』に「天皇、仏法《ほとけのみのり》を信《う》けたまひ神道《かみのみち》を尊びたまふ」とあり、仏教信仰の心も篤かったが、神道の儀式をおろそかにするような人ではない。やはり乱のせいであったと考えるべきであろう。

ところがこの四月、延ばされた大嘗会の日に天皇は病気になった。この病気もまた天然痘《てんねんとう》のようである。天皇は即位の儀式もあげられずに宮に帰られて、床に臥《ふ》してしまう。心配してかけつけた群臣に天皇は、「朕、三宝に帰らむと思ふ。卿等議れ」といわれる。

信仰はしばしば病気を契機に起こることがある。馬子の場合もそうであったが、用明帝の場合もそうである。この病気は、もう在来の神では治らぬ。仏神によらなければ治らない。

法隆寺《ほうりゆうじ》の金堂《こんどう》に薬師仏《やくしぶつ》がある。この光背に次のような銘がある。

池辺大宮治天下天皇《いけのへのおほみやにあめのしたしらしめししすめらみこと》（用明）、大御身《おほみみ》労《いた》つき賜へる時、歳《ほし》は丙午《ひのえうま》に次《やど》れる年に、大王《おほきみの》天皇《すめらみこと》（推古）と太子《ひつぎのみこ》とを召して誓願《こひちか》ひ賜へらく、我《あ》が大御病《おほみやまひ》、太《た》平《ひ》らがなむと欲《おも》ほします。故《かれ》、寺を造り、薬師像《くすりしのみかた》を作り仕へ奉《まつ》らむとすと詔《の》りたまひき。然れども当時《そのかみ》崩《かみさ》り賜ひて造り堪《あ》へたまはざりき。小治田大宮治天下大王天皇《をはりだのおほみやにあめのしたしらしめすおほきみのすめらみこと》（推古）また東宮聖王《まけのきみひじりのきみ》、大命《おほみこと》受け賜ひて、歳は丁卯《ひのとう》に次れる年に仕へ奉る。

ここでいう丙午《ひのえうま》の年というのは用明元（五八六）年であり、『書紀』の記事と一年の違いがある。

この銘文は『元興寺縁起《がんごうじえんぎ》』と同じように仏教興隆の功を、もっぱら用明帝と推古帝《すいこてい》と聖徳太子に帰せしめようとする態度によって書かれている。必ずしも真実であるとは思われないが、用明帝の病気が、日本仏教の発展に大きな意味をもつことが暗示されていると私は思う。

おそらく死に直面する人間にとって、仏教は在来の神々より、より多くの慰めを与えたと思われる。仏教は一方に病気を治す力をもっている。薬師信仰が当時あったかどうかわからないが、もしあったとすれば、薬師は何よりも病気を治す神である。そしてこの仏教に、また中国大陸に発達した医術が伴っているのである。僧は同時に医者でもあった。病を治すのには神道より仏教のほうがよい。しかしただそれだけではない。仏教は死後の人間の成仏《じょうぶつ》を教える。不幸にして死んだとしても、死者は必ず浄土《じょうど》へゆくことができる。としたら、どっちに転んでも仏教はありがたいものとなる。

仏教移入者である欽明帝《きんめいてい》を父とし、日本最初の仏教崇拝の大臣《おおおみ》・蘇我稲目《そがのいなめ》を祖父とし、その子の熱烈な仏教崇拝者・馬子《うまこ》を叔父《おじ》としてもつ用明帝は、幼時から仏教崇拝の心が強かったが、ここにきて死の危機に面して、はっきりその信仰の心をあらわにしたのである。

これはまさに劃期《かっき》的事件である。ついに日本の支配者の天皇がはっきりと仏教崇拝を公言したのである。もとよりこの場合も天皇は、死に臨んだ自分自身の個人的な宗教として、仏教崇拝を公言しているのである。国家の宗教として、仏教が是認されるべきかどうかは群臣の討議にまかせている。しかし、天皇の言葉は金言である。天皇の口からはっきりした仏教崇拝の言葉がでた以上は、むやみにさからえない。

この天皇の言葉は馬子にとっては、百万の味方であったにちがいない。仏教伝来以来、ここにいたるまで実に三十五年。仏教にとって永い苦難の歴史であった。何度かの弾圧があり、多くの人が信仰を捨てた。しかし蘇我氏はよくこの信仰を守った。今やこの信仰が勝利する日がきたのである。蘇我馬子はどんなに喜んだことか。もとより用明帝の病気は心配だ。しかし馬子には帝の病気を憂えるより、信仰の勝利を喜ぶ心がいっそう強かったにちがいない。

しかしそういう情勢になっても、物部守屋《もののべのもりや》と中臣勝海《なかとみのかつみ》はまだ頑強に抵抗しようとする。錦《にしき》の御《み》旗《はた》は崇仏派にとられてしまった。かつて、自分の側にいつも従った豪族たちも、今は敵方に味方している。彼らが孤立してしまったのはたしかである。しかし日本の古い神々のために、日本のためにあえて孤塁を守らねばならない。

守屋と勝海は依然として排仏の論調をくり返し、帝《みかど》の言葉を非常識と責める。しかし馬子は勝ち誇ったようにいう。もう天皇の言葉にさからえようか。あえてさからうやつは賊臣《ぞくしん》であるというわけである。

> 是に、皇弟皇子《すめいろどのみこ》、豊国法師《とよくにのほふし》を引《ゐ》て、内裏《おほうち》に入《まゐ》る。物部守屋大連《もののべのもりやのおほむらじ》、邪睨《にら》みて大きに怒る。

『書紀』の註に、「皇弟皇子といふは、穴穂部皇子《あなほべのみこ》、即ち天皇《すめらみこと》の庶弟《はらから》なり」とある。なぜここで、人もあろうに穴穂部皇子《あなほべのおうじ》が法師を連れて内裏《だいり》に入ったのか。穴穂部皇子は物部守屋の仲間であり、排仏の側にたつ皇子ではなかったか。誰か別の皇子の間違いであり、この註は信用できないのではないか。

それゆえ『集解《しゅうげ》』には「皇弟」以下を「私記攙入《さんにゅう》」といっている。また仏教ぎらいの『通釈《つうしゃく》』はこの説を受けて、

> 穴穂部皇子は、賢明に坐《おは》す君と見えて、守屋大連が、余皇子《ほかのみこ》を去《す》て、此皇子《このみこ》を天皇《すめらみこと》に立奉《たてまつ》らむ構《かまへ》たりし程の君なり。其連《そのむらじ》の甚《ふか》くきらへる仏者を、内裏に引入《ひきい》るべきよし、決《けし》てあるべか

らず。攙入《さんにふ》なること云《いふ》までもあらず。

（飯田武郷《いいだたけさと》『日本書紀通釈』）

といっている。しかし私は、やはり『書紀』の文章はできるだけ尊重しなければならぬと思う。またこれは攙入ではないと思う。むしろこの皇子を穴穂部皇子と考えないと、守屋の怒りもわからないし、後に守屋が穴穂部皇子を殺害しようとする理由もわからないと思う。

ここで豊国法師《とよくにのほうし》を連れて内裏へ入った皇子は、ほかでもない穴穂部皇子である。それで守屋は大いに怒ったのである。なぜこの場合に、穴穂部皇子は法師を連れて内裏に入ったのか。明らかに彼が崇仏派であることを馬子たちにはっきり示すためである。

穴穂部皇子には、もうこの蘇我と物部、崇仏と排仏の戦いの結果が見えていたのである。崇仏の詔《みことのり》が出され、大多数の宮臣が蘇我側、つまり崇仏派に味方してしまった。勝敗の行方が明らかな以上、どうして敗者側にとどまっていられよう。もともと彼は蘇我氏の血を引く皇子、仏教にたいして好意をもっていたはずである。しかし敏達帝《びだつてい》死後、天皇になろうとする野心から炊屋姫《かしきやひめ》を襲い、ついに守屋とともに三輪逆《みわのさかう》を殺そうとし、馬子の怒りを買った。今、彼はこの行為を後悔しているのである。そして今、この崇仏、排仏の議論の場にいち早く崇仏派に味方して、自己の立場を有利にしようとしているのである。用明帝の死は必至であるとすれば、次期天皇は誰か。この自分をのぞいて、いったい誰が天皇にふさわしいか。豊国法師を連れて内裏へ行くことは、明らかに皇子が崇仏派として次期天皇の候補者として名のりをあげたことを意味している。

これを見て守屋が怒るのは当然である。彼は穴穂部皇子のために三輪逆を殺したのである。そしてまた彼は、中臣鎌子《なかとみのかまこ》などとともに皇子を排仏派の長とかつぎ、崇仏派、蘇我側と一戦を交えようとしているのである。その皇子が、この重大な場面に崇仏側に転向してしまったのである。これでは何のために三輪逆を殺したのかわからない。守屋の怒りはよくわかる。
おそらく、彼は宮廷でひとり怒っているのである。そして怒れば怒るほど、彼は孤独になる。

物部氏の孤立と決戦の予感

是の時に、押坂部史毛屎《おしさかべのふびとけくそ》、急《あわ》て来て、密《しのび》に大連《おほむらじ》に語りて曰はく、「今群臣《まへつきみたち》、卿《うし》を図る。復《また》将《まさ》に路を断ちてむ」といふ。大連聞きて、即ち阿都《あと》に退きて、人を集聚《あつ》む。中臣勝海連《なかとみのかつみのむらじ》、家《おのがいへ》に衆《いくさ》を集《つど》へて、大連を随助《ゐたす》く。遂に太子彦人皇子《ひつぎのみこひこひとのみこ》の像《みかた》と竹田皇子《たけだのみこ》の像とを作りて厭《まじな》ふ。俄《しばらく》ありて事の済《な》り難からむことを知りて、帰りて彦人皇子に水派宮《みまたのみや》に附く。舎人《とねり》迹見赤檮《とみのいちひ》、勝海連の彦人皇子の所《みもと》より退くを伺ひて、刀《たち》を抜きて殺しつ。（『日本書紀』）

もう蘇我《そが》と物部《もののべ》、崇仏派と排仏派の衝突は必至である。ひとり怒る守屋《もりや》を見て、今のうちにかたづけたほうがよいと馬子《うまこ》にささやく者があったであろう。それを知って、守屋は河内《かわち》の自分の本拠地に退いて人を集める。

この記事を先の穴穂部皇子《あなほべのおうじ》の記事と読み合わせると、人間の心の頼りがたさがわかって興味深い。中臣《なかとみ》氏は神道の家柄であり、勝海《かつみ》は排仏派の巨頭の一人であり、守屋とともに穴穂部皇子をかついで蘇我氏に対抗しようとしていた。彼は彦人大兄皇子《ひこひとのおおえのおうじ》と竹田皇子《たけだのおうじ》の像を厭《まじな》ったという。これは厭魅《えんみ》の術といって、当時、東アジア世界でさかんに行われた呪いの術である。当時の中国の史書には、宮廷の権力争いに厭魅の術がさかんにもちいられたことが多く報告されている。

私は、中臣氏はただ亀卜《きぼく》の占いばかりか、かかるまじないもしたのであろうと思う。おそらくこの厭魅の術でもって中臣氏は宮廷の奥深く入り、自ら権力をにぎる地位についたとみられるのである。

そこで中臣勝海は得意の厭魅の術で、穴穂部皇子のライバルにあたる彦人皇子と竹田皇子に厭魅をかけたのである。

しかし崇仏派の勝利は、もうどうにもならない。だいいち穴穂部皇子が崇仏派に転向したではないか。中臣勝海は、方針を変えて彦人皇子のところへ行った。彦人皇子は仏教ぎらいの敏達帝《びだってい》の子である。本来血筋からいえば排仏派である。おそらく、かねてから中臣勝海と親交があったのであろう。勝海は、今の今まで彦人皇子を呪い殺そうとしていたことを隠して、皇子のところへ保護を求めに行ったのであろう。

しかし今、中臣勝海をかくまうことは、明らかに彦人皇子にとって不利である。そうでなくとも、彦人皇子は微妙な立場にたたされている。彼は本来、崇仏派に好意をもっていない。宮廷の意見が崇仏一色になろうとしているとき、彼の立場は悪くなろう。また、もし彼が勝海とつながっていることになったら、ますます立場はなくなる。次期天皇はおろか皇太子の座も危ない。それで皇子のために、皇子の忠臣・舎人迹見赤檮《とねりとみのいちい》は、退こうとする勝海のすきをねらって、勝海を斬った。もちろんそれでもって、皇子もまた崇仏派であることの証《あかし》としようとしたためである。

この迹見赤檮という者が誰の舎人か、いろいろ解釈がある。『伝暦《でんりやく》』などは聖徳太子の舎人としているが、それではこの場面の緊迫した有様が理解できない。迹見赤檮はやはり彦人皇子の舎人と解すべきであろう。

この迹見赤檮が勝海を斬って、崇仏派にたいする彦人皇子の忠誠心を示したのは、あの穴穂部皇子が豊国法師《とよくにのほうし》を連れて内裏《だいり》に入ったのと同じ日の出来事である。おそらく、かつて排仏派に属し、蘇我氏に恨みを買った人たちほど、目だった動きをするものであろう。

大連《おほむらじ》、阿都《あと》の家より、物部八坂《もののべのやさか》・大市造《おほちのみやつこ》小坂《をさか》・漆部造《ぬりべのみやつこ》兄《あに》を使《つかは》して、馬子大臣《うまこのおほおみ》に謂《かた》らしめて曰はく、「吾《やつかれ》、群臣《まへつきみたち》我《おのれ》を謀《はか》ると聞けり。我、故《このゆゑ》に退く」といふ。

ここで守屋側に属する人間は、史《ふびと》とか造《みやつこ》とか、いずれも低い姓《かばね》に属する人であることに注意しなければならぬ。

物部守屋は完全に孤立したのである。本来排仏の同盟者であるべき三輪逆《みわのさかう》を自らの手で殺し、ここにもう一人の同盟者・中臣勝海を失い、そしてかつごうとした穴穂部皇子は向こう側へ寝返り、排仏派にシンパシーをもっているはずの彦人皇子も旗幟《きし》を鮮明にしたのである。

一族郎党以外は完全に彼の敵である。守屋は自分の立場が危険な状況にあることを知る。守屋の妹は馬子の妻である。たとえ今は二つに分かれて戦わねばならぬとしても、馬子はどこかで自分の立場をわかってくれるのではないか。この場になっても、まだ守屋は馬子に自分の行為を弁明している。守屋には甘いところがある。

馬子大臣、乃ち土師八嶋連《はじのやしまのむらじ》を大伴毗羅夫連《おほとものひらぶのむらじ》の所《もと》に使《つかは》して、具《つぶさ》に大連の語《こと》を述べしむ。是に由りて、毗羅夫連《ひらぶのむらじ》、手に弓箭《ゆみや》・皮楯《かはたて》を執《と》りて、槻曲《つきくま》の家に就《ゆ》きて、昼夜《ひるよる》離《さ》らず、大臣を守護《まも》る。

しかし馬子は冷静である。あくまで戦いには勝たねばならぬ。そのために多くの豪族の加勢が必要だ。もともと蘇我氏は武勇の家柄ではない。戦争はむしろ苦手である。この武勇の家柄・物部氏と戦うには、もう一つの武勇の家柄・大伴《おおとも》氏を味方につける必要があろう。

馬子は、守屋が叛乱を起こそうとしていると大伴毗羅夫《おおとものひらぶ》にいったのであろう。毗羅夫はさっそくとんで来る。もう勝負の行方が見えはじめた以上、今、蘇我氏に恩を売っておくことは、大伴氏にとっても有利なことである。

天皇《すめらみこと》の瘡《みやまひ》転盛《いよいよさかん》なり。終《う》せたまひなむとする時に、鞍部多須奈《くらつくりのたすな》、進みて奏《まう》して曰《まう》さく、「臣《やつかれ》、天皇の奉為《おほみため》に、出家《いへで》して修道《おこな》はむ。又丈六《ぢやうろく》の仏像《ほとけのみかた》及び寺を造り奉《まつ》らむ」とまうす。天皇、為に悲び慟《まど》ひたまふ。今南淵《みなぶち》の坂田寺《さかたでら》の木の丈六の仏像・挟侍《けふじ》の菩薩《ぼさち》、是なり。癸丑《みづのとのうしのひ》に、天皇、大殿《おほとの》に崩《かむあが》りましぬ。

秋七月《ふみづき》の甲戌《きのえいぬ》の朔甲午《ついたちきのえうまのひ》に、磐余池上陵《いはれのいけのへのみささぎ》に葬《はぶ》りまつる。

この聖徳太子の父、はじめて崇仏の意志をはっきりと公言した天皇・用明帝《ようめいてい》は、即位の儀式をあげるひまもなく病で死んだ。

また皇位継承をめぐって争いが起こることは必然である。追いつめられた物部氏が最後の反撃にでるのはまちがいない。大きな内乱の予感を誰もが感じていたのである。

第四章　物部の滅亡と法興寺の建立

軍需産業家としての物部氏

歴史というものは、時に急激な転回を見せることがある。ちょうど地下でひそかに活動を続けていた火山が、時がきて一挙に爆発するように、歴史においてもまた、徐々に変化している状況が一挙に転回し、そこに参加している人々の運命を一変させることがある。用明《ようめい》二（五八七）年から崇峻《すしゅん》五（五九二）年までの六年間は、まさにそのような激変のときであったといえよう。

この激変の時期に、多くの人々が非運に身を沈めた。物部守屋《もののべのもりや》は殺され、二世紀にわたって栄華を誇ってきた物部氏は滅んだ。もちろん物部一族はすべてが殺されたわけではなく、石上《いそのかみ》を名のる一族は奈良時代まで生き永らえるが、以後、もう二度とこの古代豪族の栄華はかえってこなかった。この激変の時期に身を沈めたのは物部守屋とその一族のみではない。はじめに穴穂部皇子《あなほべのおうじ》が、後にその同母弟の泊瀬部皇子《はつせべのおうじ》、すなわち崇峻帝が、またそこで自らを非運の中に没せしめたのである。

こういう人たちとは逆に、この激変の時期に、歴史の表面に浮かびあがってきた人がある。その第一が蘇我馬子《そがのうまこ》である。この六年の時間の間に、馬子はほとんど独裁的ともいうべき権力をにぎる。そして馬子とともに、歴史の表面に浮かびあがったのが炊屋姫《かしきやひめ》であり、わが聖徳太子である。炊屋姫が天皇の位につき、聖徳太子が摂政《せっしょう》になったのは推古《すいこ》元（五九三）年である。どうして太子はこのとき摂政になったのか。それは馬子の推輓《すいばん》なくしては考えられない。馬子はどうして、ほとんど独裁的ともいうべき巨大な権力を自分のものにすることができたのか。

私はすでに、仏教という新しい宗教の移入が日本の国にもたらした政治的対立の激化について、考察した。欽明《きんめい》天皇の御世、大伴金村《おおとものかなむら》が百済《くだら》外交の失敗の責任を負って政治の表面からしりぞいて以来、日本の宮廷に力をもつ豪族は蘇我氏と物部氏であった。

物部氏の由来についてはさまざまの説がある。『古事記』では、神武帝《じんむてい》について天降《あまくだ》って来たニギハヤヒノミコトの子孫となっている。『書紀』では、このニギハヤヒは神武帝が大和《やまと》へ侵入する以前に、土着の長髄彦《ながすねひこ》とともに大和《やまと》を支配していたが、神武帝の攻撃にあって長髄彦を殺して帰順したことになっている。

『日本書紀』においてはもちろん、『古事記』においてもニギハヤヒの評はあまりかんばしくないが、物部氏の所伝である『旧事本紀《くじほんぎ》』においては、逆にこの話が神聖化され、物部氏は天皇家が大和に侵入する以前に、大和に天降りした、したがって天皇家と同じような神聖を要求しうる名族ということになっている。『記紀』においては否定的に、『旧事本紀』においては肯定的に語られるこの降臨神話が、物部氏の歴史を正しく伝えているかどうか疑問である。

物部氏が巨大な権力をにぎるのは、そう昔のことではない。古くとも五世紀の中ごろ、大和朝廷の権力が朝鮮半島におよぶようになってからのことであると思われる。おそらく、物部氏は大伴氏とともに、大和朝廷の日本全国の制覇《せいは》と朝鮮半島の出兵に、その軍事力でもって大きな役割を果したのである。

物部氏の本拠地は河内《かわち》であり、現在の八尾《やお》市の渋川《しぶかわ》が当時守屋の家のあったところとされている。いってみれば、物部氏の本拠・河内は難波《なにわ》と大和の中間にあり、難波と大和を結ぶ最大の交通機関であったと思われる大和川の中流の地を占めている。この地は、朝鮮半島への侵略をひとつの大きな軍事的目標とした五、六世紀の日本にとって、もっとも重要な地であったであろう。ここに物部氏は、一大軍事国家とでもいうべきものをつくっていた。直木孝次郎《なおきこうじろう》氏が指摘するように、物部氏には、物《ものの》部《べ》飛鳥《あすか》、物部伊勢《もののべいせ》、あるいは阿刀物部《あとのもののべ》、来目物部《くめのもののべ》という複姓の氏族が多い。これは物部氏が、その輩下に多くの部族を従えていたことを示すものであろう（直木孝次郎「物部連《もののべのむらじ》に関する二、三の考察」『日本書紀研究』第二冊）。

物部氏は、ただ武力でもって天皇につかえるばかりの氏族ではない。同時にそれは、武器をつくる部族を従えているのである。それは武人であるとともに、軍需産業家でもある。今日、八尾市に跡部《あとべ》（阿刀）、弓削《ゆげ》、八尾（矢尾《やお》）、矢作《やはぎ》、刑部《おさかべ》などの地名が残っている。それらは、刀あるいは弓、矢の製造などに関係があるのであろう。物部氏が軍需産業家であるとすれば、それは当時のような軍事国家において、はなはだ強い経済力をもっていたことは十分考えられる。おそらく、このような経済力によって物部氏はその領地をだんだん拡大し、ついに河内の大和川中流の地をすべて物部氏の領土にしたのであろう。

それればかりではない。物部氏は、いつのころからか、大和の石上《いそのかみ》神社の祭祀《さいし》権を得たのである。この石上神社は、三輪《みわ》（大神《おおみわ》）神社と並んで古代日本人のもっとも多くの崇拝を集めていた。石上神社は、フツの大神を祀《まつ》っている。フツというのは、刀を振るときの音の神格化である。刀にたいする呪力《じゅりょく》的信仰、それが石上神社に伝わる信仰であろう。この刀にたいする呪力的信仰が、古代日本人にとって大きな意味をもっていたことは当然である。とくに大和朝廷の日本全国の征服がはじまり、朝鮮への侵略が行われはじめると、このフツの大神が武勇の神として、厚く皇室の尊敬を受けるようになるのは当然である。

ここにはさまざまな呪力的信仰が伝わっている。ここに伝わるヒ、フ、ミという数字の呪術が、『古事記』にも語られている。また『記紀』においてニギハヤヒの子とされるウマシマジノミコトというのは、やはりたいへんマジナイがウマイ神という意味であろう。古代軍事国家には、このような呪力的武力信仰が必要であったことはまちがいない。

歴史の波にのった天才政治家・馬子

このような物部《もののべ》氏にたいして、蘇我《そが》氏はまったくその権力の成立基盤がちがっている。『古事記』においては、蘇我氏は、建内宿禰《たけのうちのすくね》の子どもの蘇賀石河宿禰《そがのいしかわのすくね》の子孫ということになっている。しかし、これまた物部氏の伝承と同じように、必ずしも信頼すべきものではない。蘇我氏が中央政治に登場するのは、物部氏より少し後とみるべきであろう。

斎部広成《いんべのひろなり》が平安時代のはじめ、八〇七年に撰《せん》した『古語拾遺《こごしゅうい》』に次のような話がある。

応神《おうじん》天皇のとき、百済《くだら》から河内《かわち》（西）の漢《あや》氏の祖・王仁《わに》、秦《はた》氏の祖・弓月君《ゆづきのきみ》、大和《やまと》（東）の漢氏の祖・阿知使主《あちのおみ》などが来朝して、帰化人は万をもって数えるにいたった。履中《りちゅう》天皇の御世になって、斎蔵《いみくら》の傍《かたわ》らに内蔵を建て、官物を収めさせた。その出納を阿知使主と王仁につかさどらしめた。その後、諸国の貢ぎ物が年々増えたので、さらに大蔵を建てて蘇我麻智《そがのまち》をして三蔵を検校《けんぎょう》せしめ、秦氏をしてその出納をつかさどらしめ、東西の漢氏をしてその簿《ちょうめん》を勘録《かんろく》せしめた。

この『古語拾遺』の記事は、蘇我氏の権力の由来をはっきりと語っている。蘇我氏は、物部氏や大《おお》伴《とも》氏のような武官の家柄ではなく、文官の家柄なのである。帰化人を統制し、三蔵の出納のことをつかさどらせる。王仁や阿知使主らは文字を日本に伝えたが、当時文字の知識がもっとも必要とされたのは、やはり出納に関することにおいてである。大和朝廷の権力の発展によって貢ぎ物が増える。その貢ぎ物を一つ一つ記録し、それを保管する必要がある。

ここにおいて、日本の朝廷は文字の効用をはじめて認めたのであろう。文字は実用的な価値をもつ。この実用性を通して日本人は、中国の巨大な文字文化にふれはじめたのである。そして王仁や阿知使主の子孫の東西の漢氏と、弓月君の子孫の秦氏が重くもちいられ、そういう帰化人たちを管理する高級官僚として、蘇我氏が力をもちはじめた。

いってみれば、蘇我氏は大蔵官僚である。そして国家の財政をにぎっている大蔵官僚が力をもっているのは、今も昔も変わりない。おそらく大和《やまと》朝廷の国家体制の整備がすすむにつれて、大伴氏や物部氏のような武官より、蘇我氏のような文官、大蔵官僚が政府の中枢部に進出してくるのは、歴史の必然であろう。

『記紀』においては蘇我氏は、葛城《かつらぎ》氏とともに武《たけし》(建《たけ》)内宿禰《うちのすくね》の子孫ということになっている。あるいは蘇我氏は、葛城《かつらぎ》氏の傍流かもしれないが、やはり大蔵官僚として徐々に宮廷に力をもち、稲目《いなめ》の時代になって、一躍して政治の第一線におどりでたのであろう。

蘇我氏の根拠地は大和の曾我《そが》川の流域とみられるが、その支配する土地は、物部氏のような巨大な土地ではない。以後の蘇我氏の権力の土台となった巨大な経済力は、物部氏の支配していた巨大な土地の奪取によって生じたのである。

　蘇我氏の隆盛の基礎がそのような形でつくられたものであったとすれば、蘇我氏は帰化人と深く結びつき、外国事情に深く通じていたのも当然であろう。このような蘇我氏が、海外の先進国がこぞって崇拝している仏教の採用にいち早くふみきったのも、また十分納得できる。政治権力には、必ずといってよいほど宗教による権威づけが必要である。物部氏、三輪《みわ》氏などは自分の権力を神聖化する宗教的権威をもっている。しかるに新興大蔵官僚の蘇我氏には、そういう宗教的権威がない。そのような権威づけをインターナショナルな宗教である仏教に求めるのは、蘇我氏の氏族的立場からいっても、十分うなずけるのである。

　継体帝《けいたいてい》の御世、つまり六世紀のはじめ以来、日本には新しい大陸の文化が朝鮮半島を通じてさかんに入ってきた。そして、時代はもうこの極東の島国に、古い日本の神道によって権威づけられた軍事国家の殻を破って、新しい仏教という世界宗教にもとづく宗教的官僚国家の出現を望んでいた。

　こういう時代において、たしかに蘇我氏は新しい理想を、物部《もののべ》氏は古い理想を代表していたが、もとより新しい理想が善であり、古い理想が悪であるというわけではない。しかしどのような権力といえども、大きな歴史の流れにさからうことはできない。日本一国が、東アジア全体の歴史の中で孤立することはできない。たしかに歴史の流れはそうであるが、歴史は個人の力をぬきにして、その目標を達成するわけではない。歴史はその目的を達成するために、しばしば政治的天才とでもいうべき人物をうむ。

　私は蘇我馬子《そがのうまこ》は、そういう政治的天才ともいうべき人物であったと思う。彼は次にでてくる藤原《ふじわらの》鎌足《かまたり》、不比等《ふひと》という父子二人の政治的天才の先駆をなす男であると私は思う。

彼はどうしてその権力を得たのか、もちろん彼の権力は、父・稲目《いなめ》の権力を引き継いだものである。稲目は、欽明帝《きんめいてい》と密接に結びついて内政、外交にわたる帝《みかど》のほとんど唯一の相談役であったが、この権力の背後に、彼の二人の娘の存在があったにちがいない。堅塩媛《きたしひめ》と小姉君《おあねのきみ》、二人の娘は欽明帝の妃《みめ》として、欽明帝の寵愛《ちょうあい》を得て、それぞれ十三人と五人の子をもうけた。

権力というものは、けっして合理的なものではない。ただ政府の中枢機関を押さえていただけでは、権力は安泰ではない。それにはやはり血の支配を混じえねばならぬ。天皇の後宮《こうきゅう》に自らの娘を送りこんで、後宮の力によって天皇を支配する。そして自分の血に近い皇子を次代の支配者の地位につける。そういう血の支配なしに、権力というものは、けっして安泰ではない。この後宮政治は、蘇我稲目のはじめたものであるが、それもまた藤原氏によって受け継がれていくのである。

馬子は、父・稲目によってつくられたこのような二面にわたる権力の基礎を、ほぼ絶対といってよい独裁的権力に発展させた。いったいそれは、何によって可能であったのであろうか。それは馬子のはなはだ巧妙なマキアベリズムによると私は思う。

欽明十三（五五二）年、仏教が日本に移入されたとき、崇仏派は、ほとんど蘇我氏一氏に限られて、排仏派がはなはだ優勢であった。欽明三十一（五七〇）年、蘇我稲目が死に、馬子が父の権力を引き継いだときも、事情はほとんど変わっていなかった。かえって稲目の死後、排仏派は対朝鮮外交の失敗を責めて、一挙に崇仏派を葬らんとする勢いにあった。しかし仏教移入から三十五年後、用明《ようめい》二（五八七）年には、排仏派は物部一氏のみで、天皇はじめすべての皇子や豪族は、崇仏派・蘇我馬子に従った。三十五年にして、情勢は一変したわけであるが、それは何によって可能か。

もとよりひとつには時代のせいである。この三十五年の間に、百済《くだら》ばかりか日本の敵対国・新羅《しらぎ》もさかんに仏教をとり入れ、新しい国づくりに熱中していた。東アジア世界は一面に仏教熱におおわれていたのである。たしかにひとつには時代のせいであるが、ひとつには馬子の政治力のせいである。馬子は、守屋よりはるかに先の見える政治家であった。馬子はすぐれた政治家がよくするように、うまく敵の権力の分断をはかったのである。

間人皇后と穴穂部皇子の姉弟愛

ところが、ここで考えなくてはならないことは、用明《ようめい》天皇の后《きさき》・穴穂部間人皇后《あなほべのはしひとのこうごう》のことである。間人皇后は穴穂部皇子《あなほべのおうじ》の同母姉である。『日本書紀』では欽明帝《きんめいてい》と小姉君《おあねのきみ》の間の皇子、皇女について次のように書かれている。

堅塩媛《きたしひめ》の同母弟《いろど》を小姉君《をあねのきみ》と曰《まう》す。四の男《よたりひこみこ》・一の女《ひとりひめみこ》を生めり。其の一《ひとり》を茨城皇子《うまらきのみこ》と曰す。其の二《ふたり》を葛城皇子《かづらきのみこ》と曰す。其の三《みたり》を泥部穴穂部皇女《はしひとのあなほべのひめみこ》と曰す。其の四《よたり》を泥部穴穂部皇子《はしひとのあなほべのみこ》と曰す。其の五《いつたり》を泊瀬部皇子《はつせべのみこ》と曰す。

これによれば、間人皇后は穴穂部皇子のすぐ上の姉である。おそらく年齢もそうちがわないだろう。母を同じくし、年齢もあまりちがわない皇女と皇子の間に、ひそかに深い愛情が存在していたのか。姉弟といっても、母がちがえばほとんど他人である。育ったところが別であり、ふだんはとくに会うことがない。当時の日本で、異母兄妹、あるいは姉弟の間に結婚が許されていたのは、異母兄弟姉妹はほとんど他人という意識があったからであろう。

しかし同母姉弟はちがう。それは同じ母のもとで育ち、共通の運命で結びついている。異母兄弟は彼らにとっては、ライバルなのである。帝位につくのが結局一人の皇子に限られていたとすれば、ライバル同士の競争ははげしく、あらゆる皇子たちにとって、自らの存在をおびやかす敵なのである。いわば皇子たちは、敵にとり囲まれている危ない存在である。それだけに、同母の兄弟姉妹が互いに助け合おうとするのは当然である。しかし男同士の場合は、同母兄弟であっても、やはりライバル関係が存在する。しかし兄弟でも、男と女との間、兄と妹、姉と弟との場合はちがう。

われわれはこのような同母の姉と弟の間の深い愛情の例を大伯皇女《おおくのおうじょ》と大津皇子《おおつのおうじ》の場合に認めうるであろう。『万葉集』に載せられる二人の相聞歌《そうもんか》は、ほとんど恋人同士の相聞歌のようである。肉体関係をそこに想定する人もあるが、肉体関係があろうとなかろうと、こういう場合の姉弟は、一夫多妻を原則とする夫婦の間より精神的に深く結びついている場合が多い。

ここで『書紀』は、この二人の皇女と皇子を、いずれも泥部穴穂部《はしひとのあなほべ》と同じ名で書く。他の兄弟は茨城皇子《うまらきのおうじ》とか葛城皇子《かつらぎのおうじ》とかよばれるが、この姉弟だけがなぜ同じ名でよばれるのか。その理由はよくわからないが、やはり二人ははなはだ親密な関係にあったと考えなければならぬ。

間人皇后は聖徳太子の母である。この母について、『法王帝説《ほうおうていせつ》』はまことに驚くべき記事を載せている。

> 聖王《ひじりのきみ》の庶兄《まませ》・多米王《ためのみこ》、其の父《みちち》・池辺天皇《いけのへのすめらみこと》（用明）、崩《かむさ》りたまひし後、聖王の母《みはは》・穴太部間《あなほべのはし》人王《ひとのみこ》に娶《みあ》ひまして生みませる児《みこ》、佐富女王《さほのみこ》なり。

この多米王《ためのみこ》というのは、『日本書紀』には田目皇子《ためのおうじ》とあり、用明帝と稲目《いなめ》の娘・石寸名《いしきな》との間にできた皇子である。聖徳太子の異母兄にあたり、稲目の孫である。

たとえ父の死後といっても、子にして父の妃《みめ》と通じるとは、もとより許されることではあるまい。

二人は正式に結婚したのか。結婚したとしても、二人の結婚はけっして祝福されない結婚であり、そしてそこに生まれた佐富女王《さほのみこ》は、冷たい目で見られたにちがいないのである。間人皇后には、どこか暗い影がある。この間人皇后の存在は、わが聖徳太子に暗い影を投げている。この暗い影はいかにして生じたか。今まで私は、間人皇后の暗い影は田目皇子との関係において生じたと考えてきた。しかしそうでないのかもしれない。それより以前、その暗い影は穴穂部皇子との関係において、すでに生じていたのではないか。

おそらく、穴穂部皇子が豊国法師《とよくにのほうし》を連れて病床にある用明帝のもとへ参ったのは、間人皇后の手引きによるのであろう。彼女は今、力と頼む夫を失おうとしている。わが子・聖徳太子はまだ幼い。それゆえ、いちばん力と頼ることのできるのは同母兄弟だ。とくに同母兄弟の中でもっとも賢明で、力のある穴穂部皇子である。皇子を用明死後の朝廷において有利な立場につけねばならぬ。この、守屋を怒らせた皇子の豹変《ひょうへん》には、間人皇后の配慮があると私は思う。

この間人皇后の配慮は姉弟の情としてはよくわかるが、この姉の配慮が皇子の安泰につながるかどうかは疑問である。なぜなら政治的対立のきびしい時期にたちまちに態度を豹変する人間は、それによって社会的な信用をまったく失い、どちらの陣営側からも不信と反感を買うからである。間人皇后の、姉としての配慮が穴穂部皇子をいっそう窮地に陥《おとし》れたとも考えられる。皇子の運命の推移を見よう。

崇仏派に寝返った穴穂部皇子

（用明《ようめい》二年／五八七）五月《さつき》に、物部大連《もののべのおほむらじ》が軍衆《いくさ》、三度《みよりとよ》驚駭む。（『日本書紀』）

これは何を意味するのであろうか。『通証《つうしよう》』は「故なくして驚駭《きやうがい》す。大連《おほむらじ》の陣亡《ぢんばう》の兆《きざし》なり」といい、『集解《しゆうげ》』は「驚かすとは威を耀かせ、武を示し、よく敵を驚かし、懼《おそ》れしめるをいふ」という。『通釈《つうしやく》』は『上宮太子拾遺記《じようぐうたいししゆういき》』にひかれる『元興寺縁起《がんごうじえんぎ》』の「大連軍衆、三度驚㆓駭天皇喪㆒」という文章の「天皇喪」という三字を補い、次のようにいう。

さて文意を考ふるに、此時《このとき》宮中を始め諸司《しよし》に至るまで、天皇《すめらみこと》の御喪《おんも》にて、何《いづ》れも其御事《そのおんこと》に仕《つかへ》奉《たてまつ》りをる中《なか》に、大連の軍衆《いくさ》は、其忌《そのき》に乗じて、馬子及其与党《およびそのよたう》を攻めむとする状《さま》を示して、いたく世を驚駭《おどろ》かしたるなり。拠《より》て殯宮《もがりのみや》などに仕《つかへ》る人も、逃まどひなど為《なせ》しことありしを、かくは記《しる》せしものなるべし。これにて明らけし。

『通釈』の説はもっともらしいが、少し考えすぎかもしれない。物部軍はここでは防戦の立場である。はたして馬子《うまこ》の軍を攻める用意が物部軍にあったであろうか。鬨《とき》の声をあげて、いつでも攻めて来いという覚悟を固めたと考えるべきであろう。

大連、元より余皇子等《あたしみこたち》を去《す》てて、穴穂部皇子《あなほべのみこ》を立てて天皇《すめらみこと》とせむとす。今に至るに及びて、遊猟《かり》するに因《よ》りて、替へ立つることを謀《はか》らむと望《おも》ひて、密《しのび》に人を穴穂部皇子のもとに使《つかひ》にして曰《まう》さく、「願はくは皇子と、将《まさ》に淡路《あはぢ》に馳猟《かり》せむ」とまうす。謀《はかりこと》泄りぬ。（『日本書紀』）

この文章の前半の意味は明白であろう。守屋《もりや》は他の皇子たちを捨てて、穴穂部皇子《あなほべのおうじ》を天皇にしようとした。たしかに守屋は、ともに三輪逆《みわのさかう》を殺して以来、皇子とは深く結びついた。そして勝海《かつみ》をして、皇子の即位のために、押坂彦人皇子《おしさかのひこひとのおうじ》や竹田皇子《たけだのおうじ》の像をつくって、厭魅《えんみ》させたのも守屋の命であろう。守屋は深く穴穂部皇子に接近した。しかし今はどうか。

後半の文章の解釈がむずかしい。『日本書紀』の皇極《こうぎよく》二年の註に、蘇我臣入鹿《そがのおみいるか》、深く上宮《かみつみや》の王等《みこたち》の威名《いきほひ》ありて、天下《あめのした》に振《まし》ますことを忌《にく》みて、独《ひと》り僭《ひところ》ひ立たむことを謀《はか》る。

という言葉がある。『通釈』も『通証』にならって、この言葉をひき、「替」は「僭《せん》」に通ずるといい、この文章を次のように解釈する。

さて今遊猟《かり》に託《ことづ》けて謀《はか》れるは、皇子《みこ》を誘ひて、吾河内《わがかはち》なる阿都《あと》の家に入坐《いりおは》さしめむに、誘ひ出《いだ》さむ術《すべ》のなかりければ、馳猟《かり》を勧めて、皇子の率ひ玉《たま》ふ御供人《おんともびと》ながらに、わが味方に為《なさ》むとの謀《はかり》なるべし。

つまり守屋は穴穂部皇子を次の天皇にしようとしたが、大和にいる皇子を河内《かわち》の阿都《あと》の家に迎える手だてがないので、淡路《あわじ》の猟に皇子を連れ出す名目で、皇子を自分の家に迎え入れようとしたという説である。これは一見もっともであるが、いくつかのおかしい点がある。

ひとつには前の文章との続きぐあいにおいてである。たしかに守屋は、穴穂部皇子を一時は天皇の位につけようとした。しかし用明二年四月二日、決定的場面において皇子は崇仏側に寝返って、大いに守屋を怒らせたのではないか。この怒りは当然である。守屋ら排仏派が彼をかついで次の天皇に、と思っているその皇子が、敵側に寝返ったからである。そういう場合、怒りは古くからの敵以上に、寝返ったかつての味方に向かいがちである。

今の記事は、それから一ヵ月後のものである。守屋の怒りが一月の間に、まったくなくなったとは思えない。どうして守屋はこのとき、皇子を皇位につけようとするのであろうか。

また一歩譲って、仮にそうしても、皇子を河内の阿都の守屋の屋敷に迎え入れるのは、さほどむずかしいことではあるまい。ここで皇子が監禁状態にあるとは、どこにも記されていない。大和にあったであろう皇子の家と河内の守屋の家とはそんなに離れていない。生駒山《いこまやま》を越えればすぐに河内の守屋家である。皇子が行こうと思えば一日で行ける。たとえ多少警戒されていても、闇にまぎれて行けば、行けないこともない。大和から河内へぬける道は一つや二つではない。

このような状況からみて『通釈』の解釈は無理であると思われるが、文章からいっても、やはり無理であると私は思う。この文章は、「元より」と「今に至るに及びて」とが対立し、その対立で「替へ立つる」という言葉が生きてくる。「替へ立つる」を「皇極紀《こうぎよくき》」にならって「僭《ひとところ》ひ立」つと解するのも多少疑問がある。「皇極紀」では、入鹿《いるか》が山背大兄皇子《やましろのおおえのおうじ》以下の皇子たちを亡きものにしようとする場面に、「僭立」がつかわれている。ここで文意からいえば、「守屋は、はじめは他の皇子を捨てて穴穂部皇子をたてようとしたが、今になってそれにかわって、他の皇子をたてようとした」と解するべきであろう。こう解するのが、語意としても状況としても、自然であると私は思う。

守屋は自己の選択がまちがっていたことを、ここにはじめて悟ったのである。穴穂部皇子は、彼が期待をかけているような人物ではなかった。皇子は明らかに頼りにならない。ただ天皇位を得んがために、同志をも平気で裏切る男なのである。しかも状況判断もまずい。守屋は自己の選択を後悔したのである。見誤っていたのである。穴穂部皇子という人間を彼はまったく見誤っていたのである。たしかにそれは失敗であったが、今からでも遅くない。穴穂部皇子を自分の手で葬り、他の皇子の擁立の意志を自分の手ではっきりと示さなければならない。

そこで守屋は皇子をおびきよせようとしたのである。「願はくは皇子と、将に淡路に馳猟せむ」というのは、嘘の言葉である。守屋は皇子に嘘をいっているのである。しかし皇子を天皇位に擁立しようとすれば、皇子に嘘をいうはずはない。そうではなくて、おそらくは四月二日の事件以来、守屋にたいして警戒的であった皇子を、淡路での猟を口実にして、おびきよせようとしたのであろう。おそらく皇子と守屋は、前にも淡路で一緒に猟をしたことがあるのであろう。それで、また猟をしようと守屋は皇子に誘いをかけたのである。その誘いをかければ、皇子が守屋は自分にたいして怒っていないと思い、守屋の誘いに応じてやって来て、あの行為を弁明しようとするかもしれないと、守屋は思ったにちがいない。しかしこの守屋のたくらみは皇子に感づかれ、皇子はやって来なかったというのであろう。

このような解釈のほうが、語意からいっても、状況からいっても、はるかに自然であろう。

決戦前の血祭り——馬子の穴穂部皇子殺害

六月《みなづき》の甲辰《きのえたつ》の朔《ついたち》庚戌《かのえいぬのひ》に、蘇我馬子宿禰《そがのうまこのすくね》等《たち》、炊屋姫尊《かしきやひめのみこと》を奉《あがめたてまつ》りて、佐伯連丹経手《さへきのむらじにふて》・土師連磐村《はじのむらじいはむら》・的臣真嚙《いくはのおみまくひ》に詔《みことのり》して曰《のたま》はく、「汝等《いましら》、兵《いくさ》を厳《よそ》ひて速《すみやか》に往《ゆ》きて、穴穂部皇子《あなほべのみこ》と宅部皇子《やかべのみこ》を誅殺《ころ》せ」とのたまふ。　（『日本書紀』）

これはいったいどういうわけであろう。穴穂部皇子《あなほべのおうじ》は物部守屋《もののべのもりや》に殺されようとし、危うくまぬがれた。それなのに、どうして蘇我馬子《そがのうまこ》は穴穂部皇子を宅部皇子《やかべのおうじ》とともに殺そうとしたのであろう。穴穂部皇子は、例の三輪逆《みわのさかう》の殺害以来、馬子と炊屋姫《かしきやひめ》に恨みを買ったと『日本書紀』にある。炊屋姫が穴穂部皇子を恨むのはよくわかる。おそらく皇子はかつて炊屋姫の愛人であったのであろう。しかし皇子はまったく子どもじみていて、激情にかられて敏達帝《びだってい》の殯宮《もがりのみや》に侵入して炊屋姫を犯そうとしたり、またそれをはばんだ炊屋姫の忠臣・三輪逆を殺してしまった。あるいはそれは、権力への願望とともに皇子の嫉妬《しっと》のなせるわざかもしれない。いずれにしても、皇子はプライベートな関係を衆人の前にさらしたのである。「進止軌制し《みふるまひをさをさ》」と『書紀』に評される炊屋姫が、そういう大人げない行為に怒りをおぼえたのは当然であろう。皇子は皇后に恥をかかせたのであろうか。恥をかかせた男に、女はたとえそれが前の恋人であっても、はげしい怒りをもつのは当然である。炊屋姫は皇子にたいする恨みを一生忘れなかったであろう。

しかし馬子の場合は少しちがう。彼は、この敵の分裂によって、穴穂部皇子や排仏派の物部守屋をして、同じく排仏派の三輪逆を殺さしめるという漁夫の利を得たではないか。おそらく、用明帝《ようめいてい》の御世において馬子のほうに守屋より多くの同情が集まったのは、このことが原因だったのではないか。皇子は、その無謀な行動によって蘇我氏に有利な局面をつくってくれたのである。

たしかにそうであるが、そのとき以来、蘇我馬子がこの皇子に何の政治的信頼をももちえなかったのも、当然であろう。以後、穴穂部皇子を馬子は侮蔑《ぶべつ》の目をもって見ていたと思う。この侮蔑を皇子のほうも十分知って、守屋の側に与《くみ》したのであろう。もともと皇子は蘇我氏の血を引く人間で、その血統からみれば崇仏派に属する人間である。少なくとも排仏派の守屋に同調するものは何もない。それも事のいきさつ上、皇子は、排仏派から用明帝の後の天皇として守屋にかつがれようとしていたのである。ところが皇子は事が排仏派に不利なのを知って、突然、崇仏派に寝返ったのである。これには守屋はたいへん怒ったが、馬子もさぞかし面くらったであろう。

しかしそれによって、馬子が穴穂部皇子にたいする信頼をとりもどしたとは思われない。かえっていっそう彼は皇子への軽蔑を深めたであろう。何というオポチュニスト、何という卑劣者、何という軽薄漢、わが甥《おい》ながら情けない男だ。馬子もまた皇子を見そこなったと思ったにちがいない。こういう男を馬子はどうしたらよいのか。もとよりたいした男ではない。しかし生かしておいては、後々のためにならない。こういう裏切り者は、またどんな災いを起こすかもわからない。皇子を亡きものにしてしまえ。

ここでも馬子は慎重である。いやしくも一人の皇子、天皇の候補者の一人であり、前の天皇の異母弟であり、前の皇后の同母弟である人間を殺すのである。臣下の意志で皇子を殺すことはできない。そこで馬子は前々帝の皇后の炊屋姫をかつぎだし、炊屋姫の名で穴穂部皇子と宅部皇子の殺害を命じるのである。

穴穂部皇子はとにかく、宅部皇子はどうして殺されねばならないのか。『日本書紀』の註に「宅部皇子は、檜隈天皇《ひのくまのすめらみこと》の子《みこ》、上女王《かみつひめおほきみ》の父《かぞ》なり。未だ詳《つばひらか》ならず」とある。檜隈《ひのくま》天皇とは宣化《せんか》天皇のことである。「宣化紀」には宅部皇子の名はなく、『扶桑略記《ふそうりやっき》』、『太子伝暦《たいしでんりやく》』には用明《ようめい》天皇の兄弟とあり、『紹運録《じょううんろく》』には欽明《きんめい》天皇の皇子で穴穂部皇子と同母とあるが、これまた『書紀』に見えず、よくわからない。宅部皇子は穴穂部皇子と親密であったために、馬子と炊屋姫によって殺されたことは明らかである。

是の日の夜半に、佐伯《さへき》連《のむらじ》丹経手《にふて》等《ら》、穴穂部皇子の宮を囲《かく》む。是《ここ》に、衛士《いくさびと》、先づ楼《たかどの》の上に登りて、穴穂部皇子の肩《みかた》を撃つ。皇子、楼の下《しも》に落ちて、偏《かたはら》の室《や》に走《に》げ入れり。衛士等、挙燭《ひとも》して誅《ころ》す。辛亥《かのとのゐのひ》に、宅部皇子を誅す。

とうとう二人の皇子は殺されたわけであるが、この皇子殺害が馬子のひとつのデモンストレーションであったことは確実である。権力者は二つの手段によって権力を得るのである。一つは威嚇《いかく》であり、一つは慈悲である。この両者を巧みにつかい分けること、これが権力獲得の秘密なのである。威嚇のみであったら人は従わない。慈悲のみであったら人に侮られる。この人に頼ったら恩恵を与えられるが、この人に背いたらひどい目にあう。そのように人々を思いこませることが、まさに権力獲得の手段である。

今、蘇我氏は物部氏にたいして、天下分け目の戦いを仕かけようとしている。そのときまだ豪族や皇子たちも勝敗の行方を観察しているのである。おそらくは、どちらとも立場を定めない皇子や豪族たちも多かったのであろう。そういうときにはひとつの血祭りが必要なのだ。いってみれば、動向の定まらない、しかも多くの人に嫌われている皇子を血祭りにあげる。それによって、全軍は引きしまり、動向のはっきりしない皇子や豪族たちも、立場を決めざるをえなくなってしまう。私はそういう血祭りの犠牲の羊として、穴穂部皇子と宅部皇子が選ばれたと思う。穴穂部皇子はそのような犠牲に選ばれても不思議はないが、宅部皇子までまきぞえにするとは、と人々は思うかもしれない。しかしそこにも馬子の計算が入っているのかもしれない。宅部皇子さえ犠牲になった、私も危ない、馬子の軍に参加しなければならぬ。

ここで穴穂部皇子は殺されたが、この穴穂部皇子の殺害で誰がいちばん傷ついたのか。私は聖徳太子の母・穴穂部間人皇后《あなほべのはしひとのこうごう》こそ、この事件でもっとも多く傷ついた人ではないかと思う。用明天皇亡き後、彼女がもっとも愛し、もっとも信頼する同母弟の穴穂部皇子が殺されたのである。それも前帝の皇后である自分をさしおいて、前々帝の皇后である炊屋姫の名において。炊屋姫がどのような権利によって、わが愛する同母弟を殺すことができるのか。間人皇后は、穴穂部皇子の殺害に大きな怒りをおぼえたにちがいないが、この殺害者は権力者の叔父《おじ》・馬子である。馬子と炊屋姫が相談したことだ。間人皇后の心はこのとき、大いに傷ついた。おそらくは、もう二度と回復することができないほど傷ついたと私は思う。

丹後半島・間人に伝わる間人伝説

今の京都府竹野《たけの》郡丹後《たんご》町に、間人《たいざ》という村がある。昭和三十年の町村合併で、五ヵ町村が合併して丹後町になった。間人はその町役場の所在地で、日本海にそって東西にのびた村である。村の産業は農業と漁業と、それに丹後縮緬《ちりめん》の生産である。

ここに聖徳太子の母・間人皇后《はしひとのこうごう》に関する伝説がある。

本朝《ほんてう》歴史伝に曰はく、用明天皇丙午元年《ようめいてんわうひのえうまのぐわんねん》、穴穂部皇子《あなほべのみこ》、炊屋媛《かしきやひめ》に通じ、三輪逆君《みわのさかふのきみ》を殺す。二年、馬子《うまこ》、穴穂を殺す。穴穂、旦波《たんば》に走る。竹野《たけの》の間人《たいざ》に隠《かく》る。

（『丹後旧事記《たんごくじき》』〈『丹後史料叢書』より〉）

用明天皇即位二年、穴穂部皇子、馬子宿弥《うまこのすくね》（禰）にいまれて、当国《たうこく》に走り竹野郡間人浦《たいざうら》に隠る。此所《ここ》は間人《はしひと》の皇后の領なる故なり云々。

（『丹後旧事記』〈『竹野郡誌』より〉）

間人皇后、親王を顧愛《こあい》し、来《きた》りて対座村《たいざむら》に止宿《ししゆく》すること十有余日。爾来《じらい》、改めて間人村《たいざむら》と称《しよう》す云々。

（『間人村薬師堂記《たいざむらやくしどうき》』〈『竹野郡誌』より〉）

聖徳太子の母を穴穂部間人媛《あなほべのはしひとひめ》といふ。丹後旧事記《たんごくじき》に云はく、此里《このさと》と間人媛の由縁《ゆえん》あり、よって以て村名とす。

（『丹哥府志《たんかふし》』）

往古《わうこ》人王三十一代の御帝《みかど》・敏達天皇《びだつてんわう》御宇《のしろしめす》民《たみ》豊かにて、五風十雨《ごふうじふう》の時に逢ふ聖代《せいだい》の御代《みよ》なりけりと仰ぎたてまつる。就中《なかんづく》に皇子御誕生ましまして、廐戸《うまやと》の皇子と号し奉《たてまつ》る。後《のち》に聖徳太子とならせ給ふは即ち是なり。御母《おんはは》は、間人皇后と申し奉りて賢徳貞操《けんとくていさう》の女御《によご》に渡らせ給ふといへども、時なる哉《や》、守屋《もりや》の大臣叛逆《おほおみはんぎやく》に依《より》て、奈良の都を立去《たちさり》給ひ、世の乱れを避《さけ》たまひて、暫《しば》し谿《たに》

(丹《たん》)波《ば》の国竹野郡子《ね》の日崎《ひざき》に程《ほど》遠からぬ、内外《うちと》の浜なる大浜の里に垂跡《すゐじやく》まします云々。旧記《きうき》に曰く、内外の浜は今土俗《ところ》の俚言《ことば》に呼《よび》て後の浜と唱ふるは是なり。子の日崎は今の犬崎《いぬざき》と呼ぶをいふにや。ぬと子《ね》と語音相通《ごおんあひつう》ずればなり。旧記に云《いふ》、竹野郡子の日崎内外の浜なる大浜の里といふは、今の間人村《たいざむら》則ち是なり。いにしへは大浜の里といひしにや。既に左右に小浜村《をばまむら》また中浜村《なかはまむら》あるをもつて、内外の浜なる大浜の里といひし事、是《これ》則ち炳然《へいぜん》として証《あかし》とするに足れり。然るに其《その》頃《ころ》は家数《いへすう》僅《わづ》かに十四五軒《じふしごけん》に過《すぎ》ず。東西一里、其《その》中間に船の着《つく》べき湊《みなと》ありて、今の大間《おほま》の湊《みなと》是なり。常に漁猟《ぎよれふ》を活計《くわつけい》として世渡りを営み送りけらし。此時《このとき》聖徳太子の御母君《おんははぎみ》・間人皇后《はしひとのくわうごう》、世を避《さけ》給ひて、御供奉《おんぐぶ》の人々、東漢直駒《やまとのあやのあたひこま》、木目見宿弥《こめみのすくね》(禰)、蒲田麿興世朝臣《かばたまろをきよのあそん》、下戸部大連《しもとべのおほむらじ》、小坂部民谷《をさかべのたみや》、穂見中江麿《ほみのながえまろ》、中臣村主《なかおみのすぐり》、其外末々《そのほかすゑずゑ》の輩《やから》、供奉《ぐぶ》し奉《たてまつ》り、此《この》大浜の里に世を遁《のが》させ給ふて、村中にすこしの小高山《せうかうさん》ありしに、御座《ぎよざ》を儲《まう》けて爰《ここ》に世の乱れを避給ふ。程経《ほどへ》て守屋《もりや》の大臣《おほおみ》亡ぶるにつきて、世の中安穏《あんをん》になりしかば、大和《やまと》の国・班《いか》(斑)鳩《るが》の宮へ還幸《くわんかう》し奉る。則其時《すなはちそのとき》、御製《ぎよせい》の和歌一首 賜之《これをたまふ》。

　大浜のあら塩風に馴《なれ》し身のまたも日嗣《ひつぎ》のひかり見るかな

又命《めい》してのたまはく、今此里《このさと》を間人村《はしうどむら》と名号《なづく》べしと釣《きん》(鈞)命《めい》ありて、御筆《おんふで》を染させられ御製の和歌二首を賜《たま》ふ。

　大浜の里にむかしをとどめてし間人村と世々《よよ》につたへん

　大浜につどふみやこのことの葉は行末栄《ゆくすゑさか》ふ人の間《あひだ》

忝《かたじけなく》も御製《ぎよせい》三つの和歌、御染筆《おんせんぴつ》にて下されしを持《もち》つたへしに惜哉《をしいかな》、ほど経て火災の難に逢ひ焼失し、僅《わづか》にその写《うつし》を残すのみ。然れども、皇后の御名《おんな》を土俗《ところ》の唱へ奉らん事の恐れなきにしもあらじと、文字は其儘《そのまま》皇后の御名を用ひて、此《この》大浜の里を御退座有《ごたいざあり》し所以《ゆゑん》をもて、間人村《はしうどむら》と可唱《となふべき》を間人村《たいざむら》と宛名《あてな》をつけしものなり。是すなはち間人村《たいざむら》の起《おこ》れる所以の始原也《しげんなり》。其砌《そのみぎり》、供奉《ぐぶ》の人々子孫を此里《このさと》にと、む云々。東氏《ひがしうぢ》の鼻祖《びそ》は東漢直駒《やまとのあやのあたひこま》の後胤《こういん》にして、東《やまと》をとつて東氏《ひがしうぢ》と姓を改めしものにして、于今《いまここに》、其血脈《そのけつみやく》二派三派に分れて連綿として繁茂せり。又、木目見宿弥《こめみのすくね》（禰）の裔《すゑ》・相見氏是《さうけんうぢこれ》なり。大系図に曰《いは》く、木目《こめ》を合せて相見氏《さうけんうぢ》と姓を給ふと則ち是なり。既に子孫、于今《いまここに》、連綿として繁茂せり。蒲田麿興世《かばたまろをきよ》の子孫、蒲田をとりて氏とす。今の蒲田氏之《かまたうぢこれ》なり。其《その》枝葉《しえふ》こゝに繁茂して二派三派と分れて連綿たり。小坂部民谷《をさかべのたみや》の子孫、二派に分れて、今の小谷氏《こたにうぢ》と谷氏《たにうぢ》之なり。下戸部大連《しもとべのおほむらじ》の子孫、今の下戸氏《おりとうぢ》之なり。穂見中江麿《ほみのながえまろ》の子孫、今の中江《ながえ》をとりて子孫こゝに繁茂せり。中臣村主忠世《なかおみのすぐりただよ》の子孫、臣《おみ》を省略《はぶき》て中村氏《なかむらうぢ》とす。于今《いまここに》、巌然《げんぜん》として子孫繁茂す。いづれも名家の血脈たる事を知るべし。猶其外《なほそのほか》しるすに枚《かぞへ》ても挙《きよ》すべからず。

（泉《いずみ》氏所蔵『間人村濫觴記録《たいざむららんしようきろく》』〈『竹野郡誌』より〉）

これらのものはいずれも徳川時代の記録であるが、古くからこの地に伝わる伝承を記したものであろう。

この伝承によれば、この間人《たいざ》の地は昔の大浜《おおはま》の里であるが、ここに聖徳太子の母・間人《はしひと》皇后が世を避けて来たという。そして守屋《もりや》の乱が平定されるにおよんで、聖徳太子のところに帰り給うたというのである。そしてその名も間人と書き、しかも皇后がこの場所から退座されたので、タイザとよぶというのである。間人と書いてタイザと読むのはふつうの読み方ではない。また間人《たいざ》という地名もまた、はなはだ奇妙である。私はこの鄙《ひな》びた漁村をおとずれた高貴な人、その人がしばらくいてまた都にもどった、その高貴な人の思い出がこの地名を間人と書かせ、それをタイザとよばしめたのではないかと思う。タイザという名は皇后がここから大和《やまと》へ退いたという意味ではなく、ここは皇后が貴い座を退いた場所であるという意味と考えたほうがよいであろう。

またこの伝承は、さらにつっこんだ事実を語るのである。それは推古帝《すいこてい》と穴穂部皇子《あなほべのおうじ》は愛人関係であったということと、用明《ようめい》二（五八七）年に行き場を失った穴穂部皇子は、姉を頼りにこの里に隠れていたということである。『大日本地名辞書』には、間人《はしひと》というのは、はしき人すなわち愛人をいうのであるという。姉はこの行き場のない弟を深く愛してここにかくまったというのであろうか。

間人皇后にゆかりの深い間人の地（京都府丹後町）

この間人に御所の壺《つぼ》という土地がある。港に面しているが、眺望のよい小高い丘である。ここに間人皇后がおられたという伝承があるが、別荘の所在地として、適当なところである。
この伝承はすべてが真実とはいいかねるが、この事件は用明二年の事件としてきわめてありうることである。用明二年、穴穂部皇子にはどこへも行くところはないのである。皇子は馬子《うまこ》に追われている、しかし守屋のところに逃げることはできない、どこへ行っても皇子は殺される。
もしもこのとき、間人皇后がこの政治的情勢を避けてこの地に避難して来ていたとすれば、ここに穴穂部皇子が逃げて来ても不思議はない。それは、行くところなく、伊勢《いせ》の同母姉の大伯皇女《おおくのおうじょ》

間人で取材中の著者（1980年）

をたずねていった大津皇子《おおつのおうじ》のことを想起させる。物部《もののべ》氏からも蘇我《そが》氏からも追われていて、もう身の置きどころのない穴穂部皇子は、前帝の后《きさき》で同母姉の間人皇后を頼って行くよりしかたがない。そしてこの姉と弟の間には、同母姉弟の親密な愛情が、あるいは同母姉弟という関係を超えた愛情が、この間人の地で交わされたかもしれない。しかし、おそらくこの地も穴穂部皇子にとって安住の地ではなかったのである。彼はやがて大和へ帰り、そこで殺されたのであろう。あるいはひょっとしたら、穴穂部皇子の宮というのも、この間人の別荘のことかもしれない。

　このように穴穂部皇子が殺されたとすれば、いっそう間人皇后の身の置き場はないのである。この伝承は、間人皇后は蘇我―物部の乱を避けて、ここに来給うと語るが、それはたんなる戦争の期間の避難というようなものではあるまい。それは、このような蘇我・物部対立の中で、間人皇后の身の置き場がなくなったということである。そして穴穂部皇子が犯罪者として殺され、間人皇后が皇子をかくまった件で咎《とが》められていたとしたら、聖徳太子の母には茨《いばら》の道しか残っていないのである。

名だたる皇子と豪族の参戦

（用明《ようめい》二年）秋七月《ふみづき》に、蘇我馬子宿禰大臣《そがのうまこのすくねのおほおみ》、諸皇子《もろもろのみこたち》と群臣《まへつきみたち》とに勧めて、物部守屋大連《もののべのもりやのおほむらじ》を滅《ほろぼ》さむことを謀《はか》る。泊瀬部皇子《はつせべのみこ》・竹田皇子《たけだのみこ》・厩戸皇子《うまやとのみこ》・難波皇子《なにはのみこ》・春日皇子《かすがのみこ》・蘇我馬子宿禰大臣・紀男麻呂宿禰《きのをまろのすくね》・巨勢臣比良夫《こせのおみひらぶ》・膳臣賀拕夫《かしはでのおみかたぶ》・葛城臣烏那羅《かづらきのおみをなら》、倶《もろとも》に軍旅《いくさ》を率《ゐ》て、進みて大連を討つ。大伴連嚙《おほとものむらじくひ》・阿倍臣人《あへのおみひと》・平群臣神手《へぐりのおみかむて》・坂本臣糠手《さかもとのおみあらて》・春日臣《かすがのおみ》、倶《もろとも》に軍兵《いくさ》を率《ゐ》て、志紀郡《しきのこほり》より、渋河《しぶのかは》の家に到る。大連、親《みづか》ら子弟《やから》と奴軍《やつこいくさ》とを率《ゐ》て、稲城《いなき》を築《つ》きて戦ふ。

（『日本書紀』）

ここでわれわれは多くのことを知るのである。一つは、蘇我馬子《そがのうまこ》が七月になって物部守屋《もののべのもりや》を滅ぼすことを討議したことである。この場合も馬子は皇子や群臣に相談した形になっているが、もとより主謀者は馬子であろう。

おそらく馬子は、情勢が迫っていることを感じたのであろう。守屋は押坂彦人大兄皇子《おしさかのひこひとのおおえのおうじ》をかつぎだそうとしている。今、守屋が彦人皇子をかついで排仏派の結集を図ったら、情勢は予断を許さない。それが起こらぬうちに、早く守屋をかたづけねばならぬ。馬子の提案は満場一致で決まったのであろう。今どうして大臣《おおおみ》のこの提案に反対することができようか。反対することは穴穂部皇子《あなほべのおうじ》、宅部皇子《やかべのおうじ》の運命を覚悟することである。

この『日本書紀』に書かれた物部征伐軍の将軍の名は、すべてそれぞれの豪族を代表する権力者であろう。紀《き》、巨勢《こせ》、膳《かしわで》、葛城《かつらぎ》、大伴《おおとも》、阿倍《あべ》、平群《へぐり》、坂本《さかもと》、春日《かすが》、こう数えると、蘇我軍は当時権力をもっている豪族を総動員していることがわかる。そしてそれぞれの豪族の長たちは、自己が率いる一族の人々を、できるだけこの戦いにかりだそうとしたのである。戦う前に勝敗がすでにほぼ明らかであるこの戦いに参加しなかったら、戦後の発言権を失ってしまう。できるだけ多くの軍隊を出し、できるだけ手柄をたてること、これが戦後の彼らの権力のバロメーターになるのである。

ここで蘇我氏を長とする軍と、大伴氏を長とする二つの軍に分かれていることに注意したい。これはどういうわけであろうか。

大伴隊は「志紀郡より、渋河の家に到る」とあるので、東南から河内《かわち》に入り、南から攻めたと考えられるが、蘇我隊のほうは、どこから攻めたのであろうか。『補闕記《ほけつき》』には、難波《なにわ》のほうから攻めて、東西挟み撃ちにしたと説明しているが、そうとは考えられない。直木孝次郎《なおきこうじろう》氏は、第一軍・蘇我隊のほうは穴虫峠《あなむしとうげ》を越えて古市《ふるいち》へでたのにたいし、第二軍・大伴隊のほうは竜田道《たつたみち》を越えて信貴山《しぎさん》西麓《さいろく》にでたと考えているが、それにも確たる証拠はなく、よくわからない。

それよりここで注意すべきは、皇子たちの動向である。『書紀』には参加した皇子たちの名が、「泊瀬部皇子・竹田皇子・廐戸皇子・難波皇子・春日皇子」という順で並んでいる。おそらくこの順は、当時における皇子たちの序列を示すものである。

先頭は泊瀬部皇子《はつせべのおうじ》。これは意外な印象を与える。なぜなら泊瀬部皇子は、穴穂部皇子の同母弟、おそらく穴穂部皇子とは仲がよかったのであろう。例の三輪逆《みわのさかう》の殺害に泊瀬部皇子も一役買っている形跡がある。この皇子がどうして物部征伐の先頭にたっているのか。

私は、これは馬子のすすめと泊瀬部皇子の計算によると思う。馬子にとって、泊瀬部皇子が物部征伐の先頭にたってくれることはありがたいことである。なぜなら、彼は穴穂部皇子の同母弟である。あの殺された穴穂部皇子の弟が物部守屋征伐の先頭にたってくれれば、他の皇子が躊躇《ちゅうちょ》することもないであろう。馬子にとっても、泊瀬部皇子は利用価値のある皇子であったが、泊瀬部皇子にとっても、これは千載一遇《せんざいいちぐう》のチャンスであった。

彼は馬子の心をよく知っている。今、馬子は穴穂部皇子を殺して、群臣からそれを非難されることを恐れている。そして今、押坂彦人大兄皇子が皇位の最短距離にいる。しかし、馬子も炊《かしき》屋《や》姫《ひめ》も、彦人皇子を帝位につけることを望んではいない。なぜなら彦人皇子は、蘇我氏の血を受けていない上に、血統からみても仏教信者ではない。炊屋姫にとって彦人皇子は、彼女のライバル・広姫《ひろひめ》と夫・敏《び》達帝《だってい》との間にできた子ども、そういう仲で親密感がうまれるとは思えない。泊瀬部皇子は二人の権力者の心を測っているのである。ひょっとしたら自分のところへ皇位がまわってくるかもしれない。おそらく泊瀬部皇子はそう考えて、いち早く馬子側に加わったのであろう。そして馬子もまたこの泊瀬部皇子の参加を心から喜んだにちがいない。皇子が参加してくれれば、もはや馬子の穴穂部皇子殺害を咎《とが》めだてする人はいまい。

次が竹田皇子《たけだのおうじ》。敏達帝と炊屋姫の間にできた長男である。当時おそらく十三、四歳ぐらい、まだ皇位をゆだねる歳ではない。そして次にわが聖徳太子、時に十四歳。後に記すように、束髪《そくはつ》をしたかわいい少年であった。次の難波皇子《なにわのおうじ》と春日皇子《かすがのおうじ》はやはり敏達帝の子であるが、母の出が賤《いや》しいので序列は後になっている。

『書紀』に記されていたのは、以上の五人の皇子であるが、また他の皇子たちも多少参加したのかもしれない。主だった皇子たちのみ名を記したのであろう。

押坂彦人大兄皇子をめぐって——山尾説の検討

しかしここでわれわれは、もっとも重要な皇子の名が落ちていることに気づく。それは押坂彦人《おしさかのひこひとの》大兄皇子《おおえのおうじ》である。おそらく序列は泊瀬部皇子《はつせべのおうじ》の上になる。もしも参加したとすれば、彦人皇子の名は泊瀬部皇子の名の上に書かれねばならぬ。なぜ泊瀬部皇子の名が前にあるか、おそらく彦人皇子はこの戦争に参加していなかったのであろう。なぜ参加しなかったのか。

　これにたいして、十分納得のいく説明を与える説はほとんどない。多くの学者たちは、ここに押坂彦人大兄皇子の名がないのを、たいしてあやしみもしなかった。しかし政治的にみれば、これは重要な意味をもつ。

　押坂彦人大兄皇子は舒明《じょめい》天皇の父であり、天智《てんじ》、天武《てんむ》帝の祖父にあたる。この皇子の政治的立場をどうみるかは、皇子の子孫たちが、後に政治的権力者の地位についたことを考えると、重大な問題である。この彦人皇子の物部《もののべ》征伐への不参加について、最近、二人の若い学者がきわめて注目すべき説を発表した。一つは山尾幸久《やまおゆきひさ》氏が「大化改新《たいかのかいしん》論序説（上）」（『思想』五二九号）において展開した説であり、もう一つは中渡瀬《なかとせ》一明《かずあき》氏が「敏達朝《びだつちょう》から推古《すいこ》朝《ちょう》に至る政治過程の分析」（『日本書紀研究』第十冊）で述べた論説である。

　この二つの説は、はなはだ対照的であり、中渡瀬氏の説は山尾説への批判として書かれているが、二説とも、この乱の前後に彦人皇子が殺されたと考える点はよく似ている。山尾氏は、彦人皇子はこの乱で守屋側に擁立《ようりつ》され、馬子《うまこ》によって殺されたと考えるのにたいし、中渡瀬氏は、彦人皇子は馬子側に擁立されて、中臣勝海《なかとみのかつみ》に殺されたと考える。山尾氏も中渡瀬氏もともに、彦人皇子がこの間に殺害されたと考えるが、政治的評価は正反対である。山尾氏は彦人皇子をまったく守屋側の人と考えるのにたいし、中渡瀬氏は馬子に近い人であると考える。

　山尾氏の説から検討しよう。

　山尾氏は、敏達元（五七二）年、天皇が「皇子《みこ》と大臣《おおおみ》とに」高句麗《こうくり》の使者について問い、また四年二月に「皇子と大臣とに」任那《みまな》の復興を怠るなと命じた、という『日本書紀』の記事に注目し、この皇子を彦人皇子と想定し、敏達帝は即位のはじめから彦人皇子を重用し、反蘇我《そが》の有力な砦《とりで》にしたと考えるのである。そして彦人皇子は敏達帝の死後、太子となったが、馬子は執拗《しつよう》に太子の即位をくい止めようとしていた。

ところで守屋は、いったん穴穂部皇子《あなほべのおうじ》を擁立しようとしたが、用明帝《ようめいてい》の死後、穴穂部皇子にかえて何人《なんびと》かを「替へ立つることを謀《はか》らむ」としたのであった。この皇子は誰であろう。山尾氏はこの皇子を彦人皇子であるとする。「守屋が彦人大兄《ひこひとのおおえ》を擁立しようとしたのは、用明なき今、践祚《せんそ》すべき皇太子彦人以外には、反蘇我の立場を結集しえなかったからであろう」。

この要請に応じて、彦人皇子は守屋軍に身を投じた。そして守屋軍の先頭にたって、馬子軍に殺されたと山尾氏はみるのである。そして氏は馬子軍が二軍に分かれるのを、大伴《おおとも》氏を長とする第二軍は、「志紀郡《しきのこほり》より、渋河《しぶのかは》の家に到」ったのにたいし、第一軍の進路が不明であるので、第一軍は、彦人皇子の大和《やまと》の水派宮《みまたのみや》に向かったのであるとする。

また後に、守屋の資人《つかいびと》・捕鳥部万《ととりべのよろず》が「天皇《すめらみこと》の楯《みたて》として、其の勇《いさみ》を効《あらは》さむとすれども、推問《と》ひたまはず」と絶叫し、朝廷はこれを逆臣として八つ裂きにしたが、この天皇を彦人皇子と解釈し、守屋が決起の正当性を彦人皇子に求めていた証拠であるとする。

以上のことから山尾氏は、「彦人大兄が、物部守屋と共に横死したことは、ほぼ確かであろうと思われる」と結論する。もしそうだとすれば、『書紀』はどうしてこのような重大なことを書くのを避けたのか。それは、彦人皇子は舒明天皇の父であり、天智、天武帝の祖父であるからである。「天武天皇が祖父の死を明記させえないほどに、その死が異常であったことをうかがわせるのである」と氏はいう。

この山尾氏の説には、深い洞察が含まれていることはまちがいない。それは、守屋が穴穂部皇子のかわりに皇位にたてようとしたのは、彦人皇子であることである。たしかに山尾氏のいうように、彦人皇子以外に、反蘇我軍を結集できる皇子はいない。

この点、私は山尾氏に賛成であるが、私は山尾氏のように彦人皇子が蘇我馬子に殺されたと考えることはできない。なぜなら山尾氏のあげる理由のすべてが、十分な理由とはいえないからである。

『書紀』の敏達元年および四年に「皇子」とあるのは、中渡瀬氏も指摘しているように、彦人皇子ではなくて橘豊日皇子《たちばなのとよひのおうじ》、すなわち後の用明帝《ようめいてい》をさすのであろう。敏達帝の御世のはじめにおける彦人皇子の政治的立場を重視するのは、その年齢からみても無理であろう。

また、守屋征伐の二軍のうち第一軍を彦人皇子の殺害のために水派宮に向かったとみるのは、無理である。馬子や聖徳太子は、やはり守屋征伐のために渋河《しぶかわ》へ行き戦っているのではないか。それに、もし彦人皇子が守屋軍に属したならば、どうして皇子は早く危険な大和を脱出して河内へ行き、物部軍と合流しなかったのか。また捕鳥部万のいう「天皇」を彦人皇子とすることは、状況からみても、文章からみても無理である。また『書紀』の制作が天武帝の命ではじめられたことはまちがいないが、天武帝が、馬子による祖父の虐殺を秘めねばならぬ理由はない。

山尾氏が馬子の彦人皇子殺害の証拠としてあげる理由は、いずれもはなはだ薄弱といわねばならないが、私がそういうことはまずありえないと考えるのは、以下の二つの理由によってである。

一つは舎人《とねり》の迹見首赤檮《とみのおびといちい》のことである。この赤檮を『書紀』は明らかに彦人皇子の舎人とみている。この舎人の赤檮は、物部守屋の同盟者・中臣勝海を殺しているばかりか、物部討伐時、馬子軍に参加し物部守屋を射殺するという大手柄をたてているのである。もし主君の彦人皇子が物部軍の首領となり、馬子に殺されたとすれば、どうして彦人皇子の忠実な臣である舎人の赤檮が主君を殺した馬子の軍に加わり、主君のいちばん頼りにしていた味方の大将の物部守屋を射殺したのか。この矛盾をいったい山尾氏はどう考えるのか。『書紀』の本文を尊重するかぎり、舎人の赤檮は『伝暦《でんりやく》』が考えるように聖徳太子の舎人ではなく、彦人皇子の舎人と考えねばならぬ。とすれば、山尾説はそういう大きな矛盾に陥ってしまう。それを山尾氏はどう考えられるのか。山尾氏の論文には舎人の赤檮について一言もふれられていないが、自己の説に都合の悪い、この明らかな事実に一言も言及しないのは、この論文の重大な欠陥といわねばならない。

もっと決定的なことがある。それは後に馬子の息子の蝦夷《えみし》が、甥《おい》にあたる聖徳太子の子の山背大兄皇子《やましろのおおえのおうじ》を捨てて、彦人皇子の子・田村皇子《たむらのおうじ》、すなわち舒明帝を皇位につけたことである。山尾説が正しいとすれば、これはちょっと考えられないことである。田村皇子は馬子が殺したという彦人皇子の息子である。当然、田村皇子は馬子を、そしてそれとともに蘇我一族を恨んでいるにちがいない。なぜなら、彦人皇子が守屋とともに反逆者として殺されたとすれば、彼の一族は財産を没収され、ちょうど物部の一族が戦乱の後に物部の姓を隠して生きたように、ひっそり隠れて生きねばならなかったはずである。しかるに田村皇子にはそうした形跡はなく、馬子の子の蝦夷は、わが甥・山背皇子をさしおいて、この反逆者の子どもを皇位につかしめたことになる。

こういうことは歴史の例からみても、まずありえないことであり、人の情からいっても不自然である。もっとも、馬子は自らの手で葬った穴穂部皇子の同母弟・泊瀬部皇子を皇位につけたが、この場合も人情の自然に背《そむ》くことはできなかった。やがて二人の間にひびが入り、馬子は、兄に次いで弟まで殺さねばならなかった。同母の兄弟についてもそうである。まして父と子の間においてはどうしようもない。蝦夷が、父が殺したこの彦人皇子の忘れ形見を、わざわざ選んで皇位につけることをするであろうか。

またこのほかにも多くの理由があげられるかもしれない。たしかに山尾氏のいうように、守屋はこのとき、穴穂部皇子にかわって彦人皇子を天皇にかつごうとしたのであろうが、彦人皇子は、けっしてかつがれようとはしなかったのであろう。なぜ今さら、すでに勝敗の半ば以上見えている戦いに、よりによって負け馬に乗り、殺される必要があるというのであろう。

押坂彦人大兄皇子をめぐって——中渡瀬説の検討

彦人皇子《ひこひとのおうじ》は守屋《もりや》側につき、馬子《うまこ》に殺されたとは考えられない。とすれば、彦人皇子は中渡瀬《なかとせ》氏の考えるように中臣勝海《なかとみのかつみ》によって殺されたのか。

中渡瀬氏のこの論文には、数々の興味深い新説がある。蘇我《そが》氏の権力は、磐井《いわい》の叛乱後の屯倉《みやけ》設置により得られたこと、その仏教崇拝は、やはり継体帝《けいたいてい》以後、来朝した渡来人を味方につけるためであったということなどである。

中渡瀬氏は彦人皇子を、馬子によって太子にされた人間と考える。それで当時の皇位継承の順次に従えば、用明《ようめい》天皇の次は穴穂部皇子《あなほべのおうじ》に皇位がまわってくるはずなのに、彦人皇子の立太子は異例の処置であったと考える。このような異例の処置を行ったのは馬子であり、それは馬子が小姉君《おあねのきみ》系の皇子たちに好意をもっていなかったからである。そのように彦人皇子が馬子によって擁立《ようりつ》された次期天皇であったとすれば、皇子が守屋や勝海に嫌われるのは当然である。それで勝海は彦人皇子と竹田皇《たけだのおう》子《じ》の像を厭魅《えんみ》したが、厭魅がうまくゆかなかったので、自ら皇子のところへ出向いて皇子を殺し、その帰りに彦人皇子の舎人《とねり》の迹見赤檮《とみのいちい》によって主人の仇《あだ》として討たれたと考える。

このように彦人皇子が勝海によって殺されたとすると、馬子軍に皇子の名がなく、また次に泊瀬部《はつせべの》皇子《おうじ》が皇位につくことも自然に理解される。そして、このようなことが、なぜ『日本書紀』に書かれていないかという理由を、中渡瀬氏は、藤原氏の一門、『日本書紀』の陰の編者と推定される藤原不比等《ふじわらのふひと》が「鎌足《かまたり》が彦人皇子の孫にあたる中大兄皇子《なかのおおえのおうじ》（天智《てんじ》）を助けて活躍した功績が、勝海が中大兄皇子の祖父にあたる彦人皇子を暗殺したということで相殺《そうさい》される関係」を隠すためだと考えるのである。

この中渡瀬氏の説の中心は、

中臣勝海連《なかとみのかつみのむらじ》、家《おのがいへ》に衆《いくさ》を集《つど》へて、大連《おほむらじ》を随助《ゐたす》く。遂に太子《ひつぎのみこ》彦人《ひこひとの》皇子《みこ》の像と竹田皇子《たけだのみこ》の像とを作りて厭《まじな》ふ。俄《しばらく》ありて事の済《な》り難《がた》からむことを知りて、帰りて彦人皇子に水派宮《みまたのみや》に附く。舎人《とねり》迹見赤檮《とみのいちひ》、勝海連の彦人皇子の所《みもと》より退くを伺ひて、刀《たち》を抜きて殺しつ。（『日本書紀』）

という文章から、勝海による彦人皇子暗殺の隠された事実を引き出そうとするものであるが、それは多少でも『日本書紀』の文章を重んじるかぎり、不可能であろうと私は思う。

『書紀』のこの文章は、用明天皇の瀕死《ひんし》の床における仏教崇拝の詔《みことのり》によって、群臣たちがなだれをうって崇仏派に帰し、守屋一人孤立したことを示す文脈の中にある。すでに穴穂部皇子すら裏切ったのである。ここでいま一人の守屋の味方、中臣勝海の動向が語られるのである。

中臣勝海は家において衆《いくさ》を集め、守屋を助けて彦人皇子と竹田皇子の像を厭魅した。これは当時の中国の史書によく書かれていることであり、中臣氏は、そういう厭魅の術をもする神道をもって、宮廷に勢力をはったのであろう。彼は、その得意の神道をつかって、きたるべき戦いの戦勝祈願をしていた。「俄ありて事の済り難からむことを知りて」というのは、この崇仏派へのなだれ現象を知ってという意味であろう。このとき彼は、穴穂部皇子の寝返りと守屋の孤立を知ったのであろう。それで、かつて親しい関係にある彦人皇子に命乞いに行ったと考えるべきであろう。行方の定まらない時代において、人はすべて不安である。はじめから一方に属し志を変えない人は、はなはだ稀である。こういう動揺きわまりない人の心は、われわれの日常のことではないか。

中渡瀬氏のように解釈すると「事の済り難からむことを知りて」という意味の解釈は苦しくなり、厭魅の術で中臣勝海が彦人皇子を殺すことができないのを知って、と解釈するが、そういうことはありえない。厭魅の術は当時の中国でさかんにもちいられた呪術《じゆじゆつ》で、史書にもしばしばでてくる。中臣氏はおそらく、かかる中国伝来の呪術に通暁《つうぎよう》している氏族であろうが、その氏族のリーダーである中臣勝海が「俄ありて」、その呪術の効果がないことを悟るということは、おかしい。

「俄ありて」という言葉からみても、これは、政治的状況がにわかに逼迫《ひつぱく》したことを示すものであろう。中臣勝海は政治的情勢の急変に驚いて、今まで多少のつきあいのあった彦人皇子のところへ自分の罪を告白し、命乞いに来たのであろう。そういうふうに懐《ふところ》に入った窮鳥《きゆうちよう》を殺すことはできない。しかし勝海を殺さないと、彦人皇子が疑われる。彦人皇子は、けっして馬子に好意の目で見られていない。彦人皇子が中臣勝海と通じているとみられたら危ない。それゆえ舎人の迹見赤檮は、彦人皇子のところから勝海が退くのをうかがって、勝海を殺したと考えるべきであろう。仇を討ったとすれば、そういう文章は書かない。舎人の赤檮は、守屋を射殺したほどの剛《ごう》の者であるから、堂々と勝負すれば勝海一人を殺せないはずはない。また「帰りて附く」という言葉は、皇子を殺しに行くという印象ではない。この帰附という言葉に中渡瀬氏は、後世の藤原氏の、彦人皇子の子孫にたいする感情の反映を見るのであるが、それは無理であろう。

最近、『記紀』を藤原不比等の意志から考察する説が多くなった。この『記紀』＝藤原不比等編集主体説は、七、八年前から上山春平《うえやましゅんぺい》氏と私が展開した説である。私たちが藤原不比等をとりあげるまでは、不比等は完全に隠れた政治家であり、『記紀』とのつながりが論理的に把握されたことはない。しかし最近の多くの『記紀』についての論文は、多かれ少なかれ、そういう考えが示されている。それはわれわれの説の影響であると思われるが、どうしてその場合、われわれの論文に言及しないのか。とくに上山春平氏は、これに関するみごとな論理的な著書を何冊か書いているはずである。他人の創造性を尊重しないで、自ら創造的な仕事をすることはできない。

中渡瀬氏がここで藤原不比等の編集意志を指摘するのは、われわれにとってははなはだありがたいが、この文章に不比等の事実隠蔽《いんぺい》の意志を見るのは無理であろう。私は藤原氏がとくに虚構に努力したのは、主として神話の部分であったと思う。そして歴史時代の文章は、そんなに多くは改竄《かいざん》しなかったと思う。とくにこの時代は、まだ人々の記憶に残っている時代である。事実を隠蔽しても隠蔽できるものではない。藤原不比等のような偉大な政治家は、人の想像できないような嘘をつくが、こういう文章の改竄という小手先の細工はしないと考えるほうがよいのではないか。

また、もしその祖先が彦人皇子を殺したとすれば、その子孫がどうして彦人皇子の孫を擁立するのか。先の山尾氏の説における蘇我氏の場合と同じように、これは人情の常としてありえないことではないにしても、ありにくいことである。このようにみると、山尾氏のように、彦人皇子を、馬子によって殺されたと考えることはできず、中渡瀬氏のように、勝海によって殺されたと考えることもできない。

とすれば、ここに皇子の名がないのはどういうわけか。皇子がこの戦争に参加しなかったのはなぜか。これは、もしも自分を彦人皇子《ひこひとのおうじ》の立場においてみれば、当然であると私は思う。なぜなら皇子はすでに皇太子である。皇太子は次代の天皇の最有力者である。馬子《うまこ》といえども、それを無視するわけにはゆかない。そして彦人皇子の最大のライバル、穴穂部皇子《あなほべのおうじ》は殺された。ほかに候補者はいない。ほうっておいても皇位は自分のところへくるのではないか。馬子の敵の守屋《もりや》ですら、彦人皇子を擁立《ようりつ》したい気持である。とすれば、この戦争はどっちに転んでも、天下は自分のところへ転がりこんでくる。ここで動かないほうが安全ではないか、そう皇子および皇子周辺の人が考えるのは当然であろう。

もともと彦人皇子は、その血統からいうと、馬子に好意をもっていない。用明《ようめい》朝における立太子は、崇仏派と排仏派の勢力のバランス関係によって生じたものであろう。そして皇子は保身のために馬子に近づいたのであるが、この二人の間にはどこか冷たいものがある。とすれば、彦人皇子が積極的にこの戦争に参加する意志をもてなかったのは当然であろう。

薗田香融《そのだこうゆう》氏は、彦人皇子は息長真手王《おきながのまてのおおきみ》から相続した莫大《ばくだい》な財産をもっていたのではないかと考える（「皇祖大兄御名入部《すめみおやおおえのみなのいりべ》について」『日本書紀研究』第三冊）。もしそうだとしたら、皇子は金持である。金持がむやみに乱に参加して金を失うことは、ばかばかしいことである。戦いは、おそらく蘇我《そが》側の勝利に終わるであろうが、守屋だって必死の防戦をするであろう。万が一、守屋が勝ったらどうなるか。それに戦争はいつも危険を伴う。彦人皇子に敵の矢ばかりか、味方の矢があたることも考えられる。

おそらく彦人皇子および皇子の周囲の人はそう考えて、そこで舎人《とねり》の迹見赤檮《とみのいちい》をかわりに戦いに送ることにしたのであろう。もし舎人の赤檮が彦人皇子の代理とすれば、彼は彦人皇子のためにも多くの武功をたてねばならぬ。この場合の彦人皇子の不参加、舎人の赤檮の奮戦を、われわれはそう考えねばならぬ。そしてそのようなことは、政治の世界にあまりにしばしば起こっているのである。それはこうした変動期に生きる権力者の保身の智恵なのである。この彦人皇子の保身の智恵を、馬子はどのようにしてきり返したのか。

大連《おほむらじ》、親《みづか》ら子弟《やから》と奴軍《やつこいくさ》とを率《ゐ》て、稲城《いなき》を築《つ》きて戦ふ。是《ここ》に、大連、衣揩《きぬすり》の朴《えのき》の枝間《また》に昇りて、臨《のぞ》み射ること雨の如し。其の軍《いくさ》、強く盛《さかり》にして、家に塡《み》ち野に溢《あふ》れたり。皇子等《みこたち》の軍と群臣《まへつきみたち》の衆《いくさ》と、怯弱《よわ》くして恐怖《おそ》りて、三廻却還《みたびしりぞ》く。（『日本書紀』）

たしかに物部《もののべ》氏は孤立している。物部一族とそれにつき従う部下たちのみである。多勢に無勢、もとより馬子軍は優勢であるが、長年、武勇でならした物部氏の必死の反撃である。烏合《うごう》の衆の感のある官軍は、その勢いにたじろぐのである。

この戦闘の模様について、後世の史料の『補闕記《ほけつき》』、『伝暦《でんりやく》』などはいっそうくわしくなり、『上宮太子拾遺記《じようぐうたいししゆういき》』には、この戦いを七月一日から三日のこととし、いったん官軍は敗れて西に向かって逃げ、二日めもやはり敗れて生駒山《いこまやま》や信貴山《しぎさん》にこもり、三日めにやっと太子が四天王像《してんのうぞう》をつくって祈ったために戦勝を得たとしている。これは『書紀』の「三廻却還《みたびしりぞ》く」ということからの連想であり、事実ではあるまい。われわれは、この戦闘に関して『書紀』によるよりしかたがない。

是の時に、廐戸皇子《うまやとのみこ》、束髪於額《ひさごはな》して、軍《いくさ》の後《うしろ》に随《したが》へり。自ら忖度《はか》りて曰《のたま》はく、「将《はた》、敗らること無からむや。願《ちかひこと》に非ずは成し難《がた》けむ」とのたまふ。乃《すなは》ち白膠木《ぬりで》を斮《き》り取りて、疾《と》く四《し》天王《てんわう》の像《みかた》に作りて、頂髪《たきふさ》に置きて、誓《ちかひ》を発《た》てて言《のたま》はく、「今若《も》し我をして敵《あた》に勝たしめたまはば、必ず護世《ごせ》四王《しわう》の奉為《みため》に、寺塔《てら》を起立《た》てむ」とのたまふ。蘇我馬子大臣《そがのうまこのおほおみ》、又誓を発てて言《い》はく、「凡《おほよ》そ諸天王《しよてんわう》・大神王等《だいじんわうたち》、我を助け衛《まも》りて、利益《か》つこと獲《え》しめたまはば、願はくは当《まさ》に諸天と大神王との奉為《みため》に、寺塔を起《た》立てて、三宝《さむぼう》を流通《つた》へむ」といふ。誓《ちか》ひ已《をは》りて種種《くさぐさ》の兵《いくさ》を厳《よそ》ひて、進みて討伐つ。

　これが、わが聖徳太子がはじめて当時の人々の前にあらわれた姿である。「束髪於額《ひさごはな》し」というのは、髪を束のように結った聖徳太子の十六歳像（口絵参照）としてつくられている髪型である。童子の髪である。その童子が、この戦闘において決定的役割を果たしたのである。それは敗戦により、闘志を失おうとする味方の動揺をくい止め、味方の士気を鼓舞して味方を勝利に導いたのである。これは颯爽《さつそう》たる少年・聖徳太子の英姿である。

　この太子の姿はいかにも偉大なる聖徳太子にふさわしいが、その姿があまりにも颯爽としていることが、史家の疑いを誘うのである。久米邦武《くめくにたけ》氏をはじめとする文献史家たちは、これも太子を聖人にしたいがためのひとつのフィクションと考える。まさか十四歳の太子が、そんな戦功をたてるはずはない。このような通説にたいして、上原和《うえはらかず》氏は、『書紀』に書かれたことは、ほぼ事実ではないかという。

　上原氏は、法隆寺《ほうりゆうじ》の『資財帳《しざいちよう》』に、河内国《かわちのくに》の志紀《しき》郡、渋河《しぶかわ》郡、摂津国《せつつのくに》の西成《にしなり》郡などの領地があることを見いだす。これは太子の私有地だったのであろうが、それはもともと守屋の領地だったものであり、物部戦争の功によって太子に帰したものではないかという。

　それとともに上原氏は、法隆寺の伏蔵《ふくぞう》というものに、守屋の頸切《くびきり》の太刀《たち》や守屋の腹巻、甲《かぶと》、鎧《よろい》、弓箭《ゆみや》などが納められているという伝承に着目し、物部守屋は実際に太子によって討たれたものではないかとしている。そしてこの物部征伐の太子の役割は、シャーマン的なものではないかと氏は考える（上原和『斑鳩《いかるが》の白い道のうえに』）。

私は太子が、この戦争で実際に戦ったとは考えないが、彼がある役割を果たしたことはまちがいないと思う。『日本書紀』のここの記事は、けっしてありえないことではない。太子のやったことは無邪気な子どもらしい行為である。しかしこの無邪気な子どもらしい行為が、戦いの結果を左右したのである。

シンボル・太子と演出家・馬子の原型

私は政治というものに必要な人格は、二種類あると思う。一つは、ほとんど非政治的であると思われるような純粋な人格である。ひとつの集団の精神的なシンボルになるような人格である。それは聖なる人格である。この聖なる人格を中心に、ひとつの集団は統一を保つのである。政治に、何らかの意味の宗教が大きな役割を果たしているのはそういう理由であろうが、それは現在の官庁や会社にも同じことがいえる。上にたつ人は無私で、どこかに非凡なものをもっていなければならぬ。それはひとつの神話であるが、集団はその統一のためにこのような神話を必要とするのである。しかしこのような人格だけで集団は安全であるわけではない。そこには集団の利益を緻密《ちみつ》に計算でき、集団にのしかかってくるいろいろな課題を的確に処理する別の人格が必要なのである。

もしも前者を皇帝型といえば、後者を大臣型といってよいかもしれない。この二つの人格は、まったく性格がちがう。前者には理想、無意識、無私という言葉がふさわしいとしたら、後者には現実、計算、策謀という言葉がふさわしい。ひじょうに稀なことであるが、一人の人間がこの相反する二つの人格を自己の中にもっていることがある。それはおそらく大政治家といわれる人であろうが、そういう人は少なく、もっともよい政治が行われるときは、そういう二種の人格をもつ二人の人間の協力によってである場合が多い。

われわれは、この長い論文で聖徳太子の政治をくわしく考察しようとしている。この場合、私は太子の陰にいる一人の現実政治家の存在を無視することはできないと思う。それはもちろん蘇我馬子《そがのうまこ》である。太子と馬子のコンビ、それに推古《すいこ》天皇を加えた三者で推古時代の政治は行われている。私は『日本書紀』のこの記事に、いわば太子と馬子の関係、理想的な皇帝と理想的な大臣との協力関係の原型を見るのである。

太子は、仏教を日本にとり入れた欽明帝《きんめいてい》の孫で、用明帝《ようめいてい》の子である。用明帝は、日本ではじめて仏教崇拝を公言した天皇である。そして太子の出生は、蘇我氏の血を多分に受けた皇子を天皇にしようとする蘇我氏の意志を起因としている。蘇我氏は仏教の推進者である。こういう太子は、幼いころから仏教にたいする信仰を深く植えつけられたにちがいない。もう仏教信仰も太子で三代目である。三代目は、一代目、二代目とちがって、根っからの仏教信者なのである。

十四歳の太子にとって、仏教はあくまで真理に満ちた文明国の宗教である。この仏教を日本に普及することは、皇子としての義務と思われたにちがいない。そして彼が純粋な信仰をもつかぎり、仏の加護は疑いえないものであった。味方の敗戦を見て、霊木《れいぼく》とされている白膠木《ぬりで》を切って、とっさに四天王像をつくるというのは、子どもじみた行為である。どこかでそれは子どもの遊びに似ている。しかし太子は真剣なのである。私が心をこめて祈れば、きっと仏はわが軍に勝利をもたらすにちがいない。そして太子は仏に誓う。「私を勝たせてください。そうすればあなたの寺を建てましょう」。
この子どもじみた行為をクールな現実政治家・蘇我馬子は見逃さない。今必要なのは太子のような純粋な信仰であり、仏の加護にたいする確信なのである。馬子は、子どもの太子に教えられたかのように太子の行為をくり返す。「諸天王よ、大神王よ、われを助け守ったら、寺を建て、三宝を興そう」。馬子の行為は太子の行為の真似である。太子が無意識に行った行為を馬子は意識的に行うのである。これは、はなはだ政治的な行為である。おそらく馬子ばかりか、全軍が仏神に誓いをたてたのであろう。そして全軍は再びこの戦争の意味を知り、仏神の加護を信じ、勇気百倍して敵にあたり、大いに敵を破ったというのであろう。

ここに私は、皇帝型の政治家・聖徳太子と大臣型の政治家・蘇我馬子の性格の違いと同時に、この協力関係の原型を見るのである。馬子にないのは聖徳太子のかかる無意識である。そして馬子はそういう無意識の人格が、政治の世界でどんなに必要なのかを誰よりもよく知っている人間であった。この皇子は不思議な皇子だ。十分いける。十分つかえる。私はこの物部征伐で太子の名声は大いにあがり、馬子に注目され、次代の天皇の候補者の一人になっていったのであろうと思う。

太子はやはり物部征伐に、いくらかの役割を果たしたと考えねばならない。『上宮法王帝説《じょうぐうほうおうていせつ》』も以下のようにいう。

丁未《ひのとのひつじ》の年の六《みなづき》、七月《ふみづき》のころ、蘇我馬子宿禰大臣《そがのうまこのすくねのおほおみ》、物部守屋大連《もののべのもりやのおほむらじ》を伐ちし時に、大臣の軍士《いくさ》、尅《か》たずして退きぬ。故《かれ》、即ち上宮王《うへのみやのみこ》、四王《しわうのみかた》像を挙げて軍士《いくさびと》の前に建てて誓ひたまはく、若《も》し此の大連を亡ぼすを得ば、四王の奉為《おほみため》に寺を造りて、尊重《うやま》ひ供養《くやう》しまつらむと。即《より》て軍士、勝つことを得て、大連を取り訖《を》はりぬ。此れに依りて、即《のち》に難波四天王寺《なにはのしてんわうじ》を造りたまひき。聖王《ひじりのきみ》の生《みとし》、十四年《とをちあまりよつ》にましき。

『法王帝説』は『日本書紀』より古い記録と思われ、あまり潤色の形跡のない史料である。これを見ても、『日本書紀』の記事は、ある程度事実であると考えられる。

守屋の敗北と巧妙な馬子の戦後処理

かくて戦争の状況は変わった。蘇我《そが》軍は一転して優勢になった。

> 爰《ここ》に迹見首赤檮《とみのおびといちひ》有《あ》りて、大連《おほむらじ》を枝《え》の下《もと》に射堕《いおと》して、大連 幷《あはせ》て其の子等《こども》を誅《ころ》す。是《これ》に由りて、大連の軍《いくさ》、忽然《たちまち》に自《おの》づからに敗れぬ。（『日本書紀』）

われわれは、この記事にとりわけ注意しなければならない。迹見赤檮《とみのいちい》は彦人皇子《ひこひとのおうじ》の舎人《とねり》であり、皇子の忠臣である。彦人皇子は自らこの戦争に参加せず、忠臣の舎人の赤檮を代理に遣わしたのである。ところがこの戦いは、どうやら圧倒的に馬子《うまこ》軍の勝利に終わりそうである。赤檮としては、ここでどうしても大功をたてねばならない。それで赤檮は奮戦して、物部守屋《もののべのもりや》をその登っている枝の下に射落としてしまう。中臣勝海《なかとみのかつみ》の殺害といい、守屋の射殺といい、赤檮はよほど剛《ごう》の者であったのであろう。こうして物部軍は敗れた。大将が殺されればおのずから軍は壊滅する。

> 軍合《いくさこぞ》りて悉《ことごとく》に皁衣《くろきぬ》を被《き》て、広瀬《ひろせ》の勾原《まがりのはら》に馳猟《かりするまね》して散《あか》れぬ。是の役《えだち》に、大連《おほむらじ》の児《こ》息と眷属《やから》と、或いは葦原《あしはら》に逃げ匿《かく》れて、姓《うぢ》を改め名を換ふる者有り。或いは逃げ亡《う》せて向《い》にけむ所を知らざる者有り。

これは敗戦の常であろう。皁衣《くろきぬ》というのは賤民《せんみん》の服であろう。物部の部族は壊滅して、賤民の中にまぎれこみ、わずかに一命を永らえる。しかし守屋の一族はそうはゆかない。近辺に隠れて名を変えて生きるか、それともどこか遠いところへ行ってしまうか。

この戦争以来、もう物部という姓は光栄ある伝統をになう姓ではない。むしろそれは恥ずべき賊軍の汚名をまぬがれない姓なのである。藤原不比等《ふじわらのふひと》と同時代に石上麻呂《いそのかみのまろ》という人がいる。彼は左大臣という大臣として最高の位にいたった。本来彼は物部氏であるが、石上と姓を変えている。この戦争から一世紀以上たっても、まだ物部という姓は暗い記憶を伴った姓だったのであろうか。

時の人、相謂《あひかた》りて曰はく、「蘇我大臣《そがのおほおみ》の妻は、是物部守屋大連《これもののべのもりやのおほむらじ》の妹《いろも》なり。大臣、妄《みだり》に妻の計《はかりこと》を用ゐて、大連を殺せり」といふ。

ここで、蘇我馬子の妻は物部守屋の妹であると『書紀』はいう。また同じ『書紀』の皇極《こうぎょく》二年の項に、

蘇我大臣蝦夷《そがのおほおみえみし》、病に縁《よ》りて朝《つかへまつ》らず。私に紫冠《ひそかむらさきのかうぶり》を子入鹿《こいるか》に授けて、大臣《おほおみ》の位に擬《なずら》ふ。復其《またそ》の弟《おとと》を呼びて、物部大臣と曰ふ。大臣の祖母《おば》は、物部弓削大連《ゆげのおほむらじ》の妹《いろど》なり。故母《かれいろは》が財《ちから》に因《よ》りて、威《いきほひ》を世に取れり。

という文章がある。この言葉と今の噂《うわさ》を総合してみると、噂が何をいおうとしているかということがよくわかる。

蘇我氏は新興の氏族であったが、財力はとても物部氏におよばなかった。物部氏が滅んで、その領地の多くは蘇我氏に帰し、蘇我氏の栄華は物部氏から奪取した財力によっていたのである。こうした結果を口さがない世の人は、蘇我馬子は、女房の里の財産がほしくて守屋を殺したのだといったのであろう。おそらくこの馬子の妻・守屋の妹は、この戦乱後もいっこうに平気で生き、自分の実家からとり上げた財産によって栄耀栄華《えいようえいが》の生活をしたのであろう。それを見て時の人々は、「欲ばりばあさ

んのいうことを聞いて、大臣さんもまあ何ということをしたんや」と謗《そし》ったのであろう。
もとより馬子の守屋殺害は、それだけの動機ではない。しかし庶民はそのような政治的大事件を、市民の日常的人間関係から考える。そしてそういう見方が一面の真理であることは否定できない。世間の人々は、何か許しがたいものをここに見たにちがいない。骨肉の情に悖《もと》った馬子とその妻の非人道的な行為に、表だって口に出していえないまでも、批判をもった人は多かったにちがいないと私は思う。こんなことが許されようか。いつかお返しがやってくるのではないか。

乱《みだれ》を平《しづ》めて後に、摂津国《つのくに》にして、四天王寺《してんわうじ》を造る。大連《おほむらじ》の奴《やつこ》の半《なかば》と宅《いへ》とを分けて、大寺《おほでら》の奴・田荘《たどころ》とす。田一万頃《たよろづしろ》を以て、迹見首赤檮《とみのおびといちひ》に賜ふ。蘇我大臣、亦本願《もとのねがひ》の依《まま》に、飛鳥《あすか》の地《ところ》にして、法興寺《ほふこうじ》を起《た》つ。

（『日本書紀』）

これは、先の聖徳太子と蘇我馬子の誓いの結果である。法興寺《ほうこうじ》がこの戦いの後に建てられたのはまちがいないが、四天王寺については異説もある。
四天王寺の管長・出口常順氏は四天王寺所蔵の『御手印縁起《ごしゆいんえんぎ》』に、四天王寺の領地として、河内国《かわちのくに》の渋河《しぶかわ》郡の地として弓削《ゆげ》、鞍作《くらつくり》、衣摺《きぬずり》、蛇草《へびくさ》、足代《あじろ》、御立《みたち》などの地名があることから、やはりこの『日本書紀』の記事は間違いのないものであり、物部氏の領土を献上して四天王寺が建てられたものであるということを主張している。たぶん法隆寺についての上原氏の説と同じく、この出口常順管長の説も正しいと思われる。
ここでもう一つの問題は「田一万頃を以て、迹見首赤檮に賜ふ」という記事である。田一万頃《たよろずしろ》というのはそうとうな広さである。迹見首赤檮《とみのおびといちい》が、蘇我馬子と聖徳太子とともに最高の殊勲者として賞せられていることはまちがいない。たしかに敵の大将・物部守屋を射殺したのであるから、その功は甚大であると考えるのは当然である。しかし奇妙なことに、この迹見赤檮なる人物は、これ以後、正史に登場しないのである。この人物は突如として用明二年に登場して、中臣勝海を殺し、物部征討に参加し、守屋を射殺するという大功をたてただけで、それ以後、杳《よう》として姿をくらましてしまう。

もし『太子伝暦《たいしでんりやく》』がいうように、迹見赤檮が聖徳太子の舎人であるならば、太子の摂政《せっしょう》としての登場とともに推古朝で活躍するであろうが、そういう記事はいっさいない。この点から考えて、やはり迹見赤檮は彦人皇子の舎人とみなくてはならない。

考えてみれば、迹見赤檮ははなはだ微妙な立場にたっている。彼は、いわば彦人皇子の代理として戦いに参加しているのである。泊瀬部皇子《はつせべのおうじ》などは、いち早くこの戦いに参加している。当然、彦人皇子もこの戦いに参加すべきであった。しかし皇子は熟慮の末に参加せず、迹見赤檮を代理として送ったのである。そして迹見赤檮は、守屋を射殺するという大殊勲をたてた。赤檮は代理の役割を十二分に果たしたのである。とすれば、馬子は彦人皇子を責めるわけにはいかない。迹見赤檮の手柄の手前、皇子を批判するわけにはいかない。

しかし本心をいえば、馬子は彦人皇子を天皇にしたくはないのである。馬子は、権力にとって血の支配がいかにたいせつであるかを知っていた。馬子は天皇に蘇我氏の血を受けた人を必ずつけている。彼の息子・蝦夷《えみし》はそれを甘くみて、蘇我氏の血を受けていない田村皇子《たむらのおうじ》を天皇位につけて、蘇我氏滅亡の原因をつくった。彦人皇子が天皇になったら、蘇我氏は危ない、と馬子は鋭い直感で思ったにちがいない。

馬子は赤檮の功によって、彦人皇子を責めることはできないが、さりとて、その功によって彦人皇子を天皇位につけたくはないのである。この彦人皇子は、やはりこの戦争での不参加を責められるべきである。私は迹見赤檮への過大な恩賞も、迹見赤檮の功を、彦人皇子の功とはっきり区別しようとする馬子の意志からでたものではないかと思う。

人間を描く『日本書紀』

戦争の本筋に関しては、以上で十分であろう。しかし『日本書紀』は、ここにひとつのエピソードを加える。

物部守屋大連《もののべのもりやのおほむらじ》の資人《つかひびと》捕鳥部万《ととりべのよろづ》、一百人《ももたりのひと》を将《ひきゐ》て、難波《なには》の宅《いへ》を守る。而《しかう》して大連滅びぬと聞きて、馬に騎《の》りて夜逃げて、茅渟県《ちぬのあがた》の有真香邑《ありまかむら》に向《ゆ》く。仍《よ》りて婦《め》が宅を過ぎて、遂に山に匿《かく》る。朝庭《みかど》議《はか》りて曰《い》はく、「万《よろづ》、逆心《さかしまなるこころ》を懐けり。故《かれ》、此の山の中に隠る。早《すみやか》に族《やから》を滅《ほろぼ》すべし。な怠りそ」といふ。万、衣裳《きもの》弊《や》れ垢《あか》つき、形色《かほ》憔悴《かし》けて、弓を持ち剣《つるぎ》を帯《は》きて、独り自ら出で来れり。有司《つかさ》、数百《ももあまり》の衛士《いくさびと》を遣《つかは》して万を囲む。万、即ち驚きて篁藂《たかぶる》に匿《かく》る。縄を以て竹に繫《つ》けて、引き動して他《ひと》をして己《おの》が入る所を惑はしむ。衛士等《いくさびとら》、詐《あざむ》かれて、揺《あゆ》く竹を指して馳せて言はく、「万、此に在り」といふ。万、即ち箭《や》を発《はな》つ。一つとして中《あた》らざること無し。衛士等、恐りて敢へて近つかず。万、便《すなは》ち弓を弛《はづ》して腋《わき》に挾《かきはさ》みて、山に向ひて走《に》げ去《ゆ》く。衛士等、即ち河を夾《はさ》みて追ひて射る。皆中《あ》つること能《あた》はず。是に、一《ひとり》の衛士有りて、疾《と》く馳せて万に先《さきだ》ちぬ。而して河の側《かたはら》に伏して、擬《さしまかな》ひて膝《ひざ》に射中《いあ》てつ。万、即ち箭《や》を抜く。弓を張りて箭を発《はな》つ。地《つち》に伏して号《よば》ひて曰はく、「万は天皇《すめらみこと》の楯《みたて》として、其の勇《いさみ》を効《あらは》さむとすれども、推問《と》ひたまはず。翻《かへ》りて此の窮《きはまり》に逼迫《せ》めらるることを致しつ。共に語るべき者来《ひときた》れ。願はくは殺し虜ふることの際《わきだめ》を聞かむ」といふ。衛士等《いくさびとら》、競ひ馳せて万を射る。万、便《たちまち》に飛ぶ矢を払ひ捍《ふせ》きて、三十《みそ》余《あまりの》人を殺す。仍《なほ》、持たる剣を以て、三《みきだ》に其の弓を截《うちき》る。還《また》、其の剣を屈《おしま》げて、河水裏《かはなか》に投《なげい》る。別《こと》に刀子《かたな》を以て、頸《くび》を刺して死ぬ。河内国司《かふちのくにのみこともち》、万の死ぬる状《ありさま》を以て、朝庭《みかど》に牒《まう》し上《あ》ぐ。朝庭、符《おしてふみ》を下したまひて称《のたま》はく、「八段《やきだ》に斬りて、八つの国に散し梟《くしさ》せ」とのたまふ。河内国司《かふちのくにのみこともち》、即ち符旨《おしてふみのむね》に依りて、斬り梟《くしさ》す時に臨みて、雷鳴り大雨《ひちさめ》ふる。

東洋においても、西洋においても、少し前まで歴史は文学であった。中国において代々の王朝が編《へん》纂《さん》する前代の王朝の歴史の執筆者は、その時代の代表的文学者であった。それは、必ずしも文学者が名文を書くからという意味ではない。むしろ文学者は、人間というものを誰よりも深く理解するからである。人間にたいする深い理解なしに歴史を理解し、歴史を書くことは不可能である。

私は『日本書紀』は、はなはだすぐれた歴史書であると思う。そこに含まれる人間にたいする理解は、ふつうわれわれが考えるよりはるかに深い。私は読者とともに『日本書紀』を読んできたが、そこに含まれる人間観察が予想以上に深いことを、今さらのように感じている。読めば読むほど、それは深い意味をもっている。

この話はひとつのエピソードである。歴史の大筋にはかかわっていない。しかし私は、『日本書紀』の編者は、このエピソードを通じて、ふだんは歴史の表面に登場しない一人の資人《つかいびと》の運命を描いてみせたものであると思う。資人というのは、後の令制《りようせい》で認められた、朝廷より給与を賜る豪族の家《けい》司《し》であるが、ここでは守屋《もりや》のはなはだ親しい家来という意味であろう。

この一文は、突如として豪族の私的家来をおそった苛酷《かこく》な運命を実際よく描いている。万《よろず》が死ぬ前に叫んだ言葉を聞くがよい。万は、天皇にたいしていささかも含むところがないのである。いつも天皇の楯《たて》として死ぬことが、古代豪族の大伴《おおとも》氏や物部《もののべ》氏の道徳なのである。万もそのような道徳に従って、今まで生きてきたのである。しかし今、にわかに彼の主君・物部守屋は賊軍となり、彼は主君とともに官軍に追われる身となった。有無をいわさず官軍は攻めて来て、万を殺そうとする。そんな馬鹿なことがあるかというのが、万の訴えなのである。

万はこの無念の心を、多くの官軍の殺害によって表現しようとする。訴えようとしても誰も聞いてくれない無念な心、その無念の心が、一人でも多くの官軍の殺人になってあらわれる。しかしそれも限度がある。弓を截《うちき》り、剣を屈《おしま》げて、頸《くび》をさして死ぬが、何十人もの官軍を殺した万の罪は、ただの死のみではつぐなえない。その死体を八つに斬って梟《くしさ》せ。おそらく役人たちは、万の死骸《しがい》を八つに裂いて、串にさしたのであろう。これはいったいどういう光景か。まことにそれは残忍な風景である。稀代《きたい》の勇士の死体が八つ裂きにされて、串ざしにされようとしている。そしてそのように串ざしにしようとするときに、雷がなって大雨が降る。まったくすさまじい光景であるが、この雷や大雨は、このわが身には何の責任もない事件によって、無惨な死をとげた万の怒りと悲しみの表現であろうか。

私は、『日本書紀』のこの巻の執筆者は、この捕鳥部万《ととりべのよろず》を、迹見赤檮《とみのいちい》の運命とコントラストに描いているのではないかと思う。幸福な迹見赤檮にたいして、不幸な捕鳥部万。

爰《ここ》に万《よろづ》が養《か》へる白犬《しらいぬ》有り。俯し仰ぎて其の屍《かばね》の側《ほとり》を廻り吠《ほ》ゆ。遂に頭《かしら》を嚙《く》ひ挙げて、古冢《ふるはか》に収め置く。横《よこさま》に枕の側《かたはら》に臥して、前に飢ゑ死ぬ。河内国司《かふちのくにのみこともち》、其の犬を尤《とが》め異《あやし》びて、朝庭《みかど》に牒《まう》し上《あ》ぐ。朝庭、哀不忍《いとほしが》り聴りたまふ。符《おしてふみ》を下したまひて称《ほ》めて曰《のたま》はく、「此の犬、世に希聞《めづら》しき所なり。後に観《しめ》すべし。万が族《やから》をして、墓を作りて葬《かく》さしめよ」とのたまふ。是に由りて、万が族、墓を有真香邑《ありまかのさと》に双《なら》べ起《つく》りて、万と犬とを葬しぬ。河内国司言《まう》さく、「餌香川原《あがのかはら》に、斬《ころ》されたる人有り。計《かぞ》ふるに将《まさ》に数百《ももあまりばかり》なり。頭身《かしらむくろ》既に爛《ただ》れて、姓字《かばねな》知り難し。但衣《ただきもの》の色を以て、身《むくろ》を収め取る。爰に桜井《さくらゐの》田部連《たべのむらじ》胆渟《いぬ》が養《か》へる犬有り。身頭《むくろ》を嚙《く》ひ続けて、側《かたはら》に伏して固く守る。己《おの》が主《あるじ》を収めしめて、乃《すなは》ち起《た》ちて行く」とまうす。

これは先の話の続きである。八つ裂きにされ、串にさされた死体を犬が墓に収め、その墓を見守って死ぬ。八つ裂きにされ、串ざしにされた万を見て、人は哀れに思っても、それを葬ってやるわけにはいかない。人間が葬れないので、犬が葬るのである。犬を罰するわけにはゆかない。そして犬に免じて、万を葬ることが万の縁者にはじめて許されるのである。

そして餌香川原《えがのかわら》に転がっている数百の無名の戦士の屍は、頭も身体も腐って弁別もできない。一匹の犬が主の屍を認めて傍《かたわ》らに守っている。なんという哀れな光景であろう。しかしこれによって戦争というものの悲惨さが、みごとに描きだされているのである。

私は、万の話と犬の話を書き加えることによって、『日本書紀』はひとつの文学になっていると思う。

以上が文献、主として『日本書紀』を通して私が考察した物部氏滅亡の話である。しかし歴史を語るのは、ただ文献のみではない。遺物もまた文献とともに、あるいは文献以上に歴史を語ることがある。

八尾に残る物部氏の遺跡

私は先日、物部《もののべ》氏の遺跡をたずねて八尾《やお》市をおとずれた。八尾市は大阪市の南東、いわゆる河内《かわち》の中心地である。河内という言葉は、関西の人々にとってある種のひびきをもつ。よい意味でいえば、あけすけでエネルギッシュ。悪い意味でいえば、下品で粗野である。私を案内してくれたある河内人は、次のようにいって笑った。

「私は根っからの河内人で河内が好きですが、どうも河内はイメージがよくない。河内といえば思い出す人間は、弓削道鏡《ゆげのどうきよう》、河内山宗俊《こうちやまそうしゆん》、今東光《こんとうこう》、そして先ごろ流行した〝花の応援団〟の南河内大学《みなみかわちだいがく》の応援団の諸君。河内は、大和《やまと》(奈良)からも、山城《やましろ》(京都)からも、難波《なにわ》(大阪)からも一段低くみられる。河内の人間は実際いい人が多いのですが、どういうわけでしょうか。実に残念です。イメージを変える必要があります」

今東光のいわゆる河内物は、このイメージを逆手《さかて》にとったものであろう。これを読むと、河内人はまことに人がよい、それはエッチで粗野であるが、まことに率直で嘘がない。今東光の小説によって、河内は少しは名誉を回復したかもしれないが、このような河内のイメージは、いつのころからできたのであろう。

私はそういうことを考えながら雨の中を歩いていた。思っていた以上に、河内は物部氏の遺跡を多く残していることがわかった。河内は物部戦争の打撃からいまだにたちなおれないでいる。もしもこのとき物部氏が勝っていたならば、河内の八尾に都ができていてもいっこうおかしくないと私は思う。そうすれば、河内は千古の都というゆかしい古都になり、逆に大和が、今の河内のイメージをもたされたかもしれない。河内は六世紀の末以降、大和の植民地になり、ついにたちあがる機会もなく今にいたっているのである。

『日本書紀』に語られている守屋《もりや》の戦いの跡はどこであろう。

守屋が退いたという阿都《あと》は、現在の八尾市の跡部《あとべ》と考えられる。そこに太子堂なる町があり、太子と守屋を祀《まつ》る大聖勝軍寺《たいせいしようぐんじ》がある。この寺は一名を下《しも》の太子という。中《なか》の太子の野中寺《やちゆうじ》、上《かみ》の太子の叡福寺《えいふくじ》と並んで、太子信仰の三大根拠地であった。

この寺は、古伝によれば物部戦争の後に、太子によってつくられ、推古《すいこ》二（五九四）年、天皇によって、神妙椋樹山《しんみょうりょうじゅさん》の山号と大聖勝軍寺という寺号を賜った。次いで天平勝宝《てんぴょうしょうほう》八（七五六）年二月に、聖武《しょうむ》上皇は、壮麗《そうれい》なる鐘楼《しょうろう》とともに梵鐘《ぼんしょう》を下賜され、大聖勝軍鎮護国家寺《たいせいしょうぐんちんごこっかじ》の寺号を賜ったという。神妙椋樹山というのは、ここに椋《むく》の木があり、物部戦争のときに太子がこの木に隠れて一命をとりとめたという伝承による。ここに植髪太子堂《しょくはったいしどう》というのがあり、その本堂に太子と守屋を祀る。この守屋の像（口絵参照）がいい。まことに雄々しい武将の姿、手に両刃《もろは》の剣《つるぎ》を持つ。そしてその後ろに、例の太子十六歳像といわれる像がたっておられる。この尊像は永らく秘仏で、今の住職の奥野俊雄《おくのとしお》氏になってはじめて、信者が拝めるようになったという。

大聖勝軍寺本堂（八尾市）

この守屋像の後ろに太子像を置くという形は、よくこの寺の成立を語っていよう。これは表に太子を祀り、裏に守屋を祀る寺であるにちがいない。太子の徳をたたえるとともに、ここで殺された守屋の魂を慰めようとするものであろう。私は、この守屋像はすばらしいと思う。いつのころの作かわからないが、こういう本尊として守られる像にはそれなりの由来があるのではないかと思う。

最近、太安万侶《おおのやすまろ》の墓が発見されたが、その骨の鑑定の結果、安万侶は小柄で丸顔であることが判明した。とすれば、それは多《おお》神社に祀られる太安万侶の肖像にそっくりということになる。私はよく各地の寺へ出かけて、たびたび古代の人の肖像を見る。その像は必ずしも古いものではなく、したがって、それがその人そのものの肖像とはいえないが、なぜか、書物を読んで私が想像する面影を宿していることが多いように思う。太安万侶はそうでもなかったが、安万侶の像もまた現実の安万侶その人の面影を多く宿しているとしたら、多くの他の古代人の像も、その面影を多く宿しているかもしれない。生前、あるいは死後まもなく像がつくられ、その像が壊れても、またその像に似せて新しい像がつくられたのではないか。

守屋の像は、どこかに無気味さを秘めている像である。そして両刃の剣を手に持った姿は、まことに異様である。どこかに守屋の面影をとどめているのであろうか。

この寺には半跏思惟《はんかしい》の形をした如意輪観音《にょいりんかんのん》や、また法隆寺の金堂の四天王に似た四天王像などがあり、また聖徳太子会《しょうとくたいしえ》などの行事も多い。またこの近くに守屋を殺した矢を埋めた塚や、また守屋の墓と称するものもある。

この大聖勝軍寺とともに、もう一つ守屋の根拠地に建てられたという光蓮寺《こうれんじ》がある。今はこの寺は、八尾市南木の本町にあるが、昔は八尾市渋川《しぶかわ》、今の関西本線八尾駅西一キロメートルの地点にあったという。もしその伝承が正しいとすれば、それは今の跡部本町《あとべほんちょう》にあたる。名前からいえば、守屋の阿都の家があったところかもしれない。この寺もまた聖徳太子が、用明二(五八七)年につくられた寺と伝えられ、はじめ宝積寺といわれた天台宗の寺であったが、蓮如上人《れんにょしょうにん》のとき光蓮寺と改め、文明《ぶんめい》九(一四七七)年大火になり、現在の地に移ったという。

恩智神社（八尾市）

石切神社（東大阪市）

また八尾市には、物部氏の祖先神にあたるニギハヤヒを祀る、武勇に関係する神社が多い。渋川神社、跡部神社、樟本《くすもと》神社、神剣《しんけん》神社、弓削《ゆげ》神社、矢作《やはぎ》神社、御剣《おんつるぎ》神社など、いずれも古代豪族の信仰の跡をとどめているものであろうが、今はその勢いは衰えている。

ところでこの八尾市から東大阪市にかけて、生駒山《いこまやま》の山麓にたいへん興味深い四つの神社がある。南から、恩智《おんち》神社、玉祖《たまのや》神社、枚岡《ひらおか》神社、石切《いしきり》神社。この一つ一つについて調べると、まことに興味深いが、ここではくわしく語れない。一つずつここで簡単に語れば、恩智神社は、枚岡神社に祀られる中臣《なかとみ》氏や蘇我氏の祖先神・アメノコヤネノミコトが、はじめ祀られていたといわれる神社である。また後にこの神社の神領、七郷のうち六郷までを、玉祖神社に分け与えたという。玉祖神社は、『古事記』にでてくる五《いつ》伴緒《とものお》の一人タマノヤノミコトを祀るという。タマノヤノミコトは周防国《すおうのくに》から和銅《わどう》三（七一〇）年に、ここに来たという。和銅三年は、奈良遷都のときである。これは何かの関係があるのであろうか。

石切神社は物部氏の祖のニギハヤヒノミコトを祀るが、

これははなはだすさまじい呪力《じゆりよく》をもつ神で、今でもこの神社には参拝者が絶えない。現代の人はガンにかかると、この神社に参る。この物部の神は現在でもガンを治す治癒《ちゆ》力をもっているのである。物部氏の祖先・ニギハヤヒノミコトを祀る石切神社が、民衆の崇拝する神社であるにたいし、藤原氏の祖先神・アメノコヤネを祀る枚岡神社は、代々貴族たちの間で尊敬を受けてきた。ここに祀られるアメノコヤネとその妻のヒメノオオカミは、後に奈良の都に行って鹿島《かしま》から来たタケミカヅチノミコト、香取《かとり》から来たフツヌシノミコトとともに春日《かすが》神社に祀られるが、枚岡神社のほうも、それ相応に尊敬されてきたのは当然である。

石切神社と枚岡神社、私はこの二つの神社のあり方に物部氏と藤原氏の運命の違いを見た。それは代々栄えてきた氏族の神と、滅びてしまった氏族の神の違いである。枚岡の神は、代々皇室や貴族たちの崇拝を受けていた。しかし石切の神はちがう。それは悲しい神である。その悲しい神は、滅びさった古代豪族の呪術を今でも保存し、皇室や貴族から何の保護も受けずに生き永らえてきたのである。

私は、石切神社に坐《いま》すニギハヤヒノミコトに熱い尊敬を払わずにはいられなかったが、ニギハヤヒノミコトは私の尊敬にこたえてくれた。私が石切神社に参ったとき、天はにわかに暗くなり、木枯しが吹き荒れて、守屋の霊が怒号するかのようであった。まだここには、千四百年前の怨念《おんねん》が残っているのである。

崇峻帝の誕生と法興寺の建立

話をもう一度、六世紀末にもどそう。戦争は終わった。誰かが帝位につかねばならぬ。押坂彦人《おしさかのひこひとの》大兄皇子《おおえのおうじ》が駄目だとすれば、誰がよいか。馬子《うまこ》は蘇我《そが》の血統を多く受けている皇子を皇位につけたいと思ったにちがいない。もしもこの条件に、戦争に参加したという条件が加わるとすれば、泊瀬部皇《はつせべのおう》子《じ》、竹田皇子《たけだのおうじ》、聖徳太子の三人のうち誰かである。

泊瀬部皇子は、欽明帝《きんめいてい》と小姉君《おあねのきみ》との間の皇子で、蘇我の血統は五〇パーセントである。竹田皇子は敏達帝《びだつてい》と炊屋姫《かしきやひめ》の間の皇子で、蘇我の血統は二五パーセント。聖徳太子は用明帝《ようめいてい》と間人皇后《はしひとのこうごう》の間の皇子で、蘇我の血統は五〇パーセント。馬子はこのとき、すでに聖徳太子に期待をかけていたのではないかと思う。才能からいっても、血統からいっても、太子がいちばんよい。しかし太子は若い。

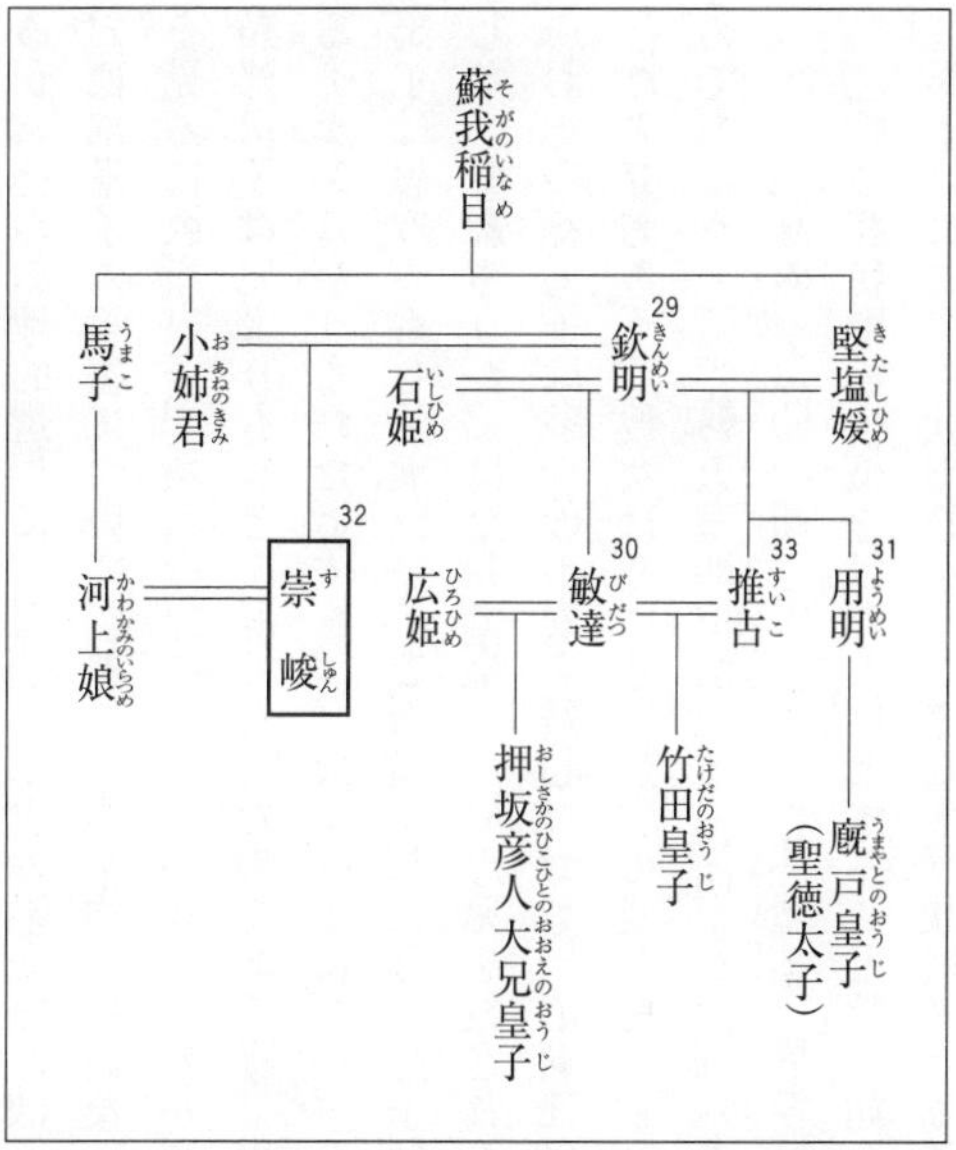

まだ炊屋姫の長男の竹田皇子をさしおくわけにはゆかない。それで馬子は、年功序列に従って泊瀬部皇子を選んだと思う。

泊瀬部皇子を皇位につけることによって、馬子はある種の公平の感覚を楽しんだのかもしれない。彼はまず堅塩媛《きたしひめ》系の橘豊日尊《たちばなのとよひのみこと》を皇位につけた（用明帝）。次に小姉君系の穴穂部皇《あなほべのおう》子《じ》を選ぼうとしたが、皇子は彼にそむいてその権利を放棄した。とすれば、そのかわりにその弟の泊瀬部皇子を皇位につけるのが順当であろう。しかも泊瀬部皇子は、いち早く戦争に参加した。

それは論理としてははなはだ明快な論理であ

るが、その論理的選択に、馬子は多少の不安をおぼえたにちがいない。それは泊瀬部皇子が同母兄の穴穂部皇子の殺害について、彼に恨みを抱いていないかということである。もとより泊瀬部皇子は機を見るに敏な皇子である。兄にもそういうところがあるが、兄はあまりにあせりすぎて失敗した。泊瀬部皇子は兄よりもっと冷静であったのであろう。兄の死によって、彼のところに帝位がまわってくるチャンスがうまれたとすれば、彼が馬子にたいする恨みをいささかでも顔に出すことがあろうか。馬子は思う。もし泊瀬部皇子を天皇にしたら、皇子は馬子に恩義を感じて、馬子に背くようなことをしないであろうが、はたして皇子が同母兄を殺された恨みを忘れることができようか。

おそらく馬子は多少の不安を残しつつも、泊瀬部皇子を選んだにちがいない。炊屋姫もそれに賛成したのであろう。彼女はやはり、前后の残した皇子・彦人皇子の即位だけは何としても妨げたかったのであろう。「崇峻《すしゅん》天皇即位前紀」（用明二年／五八七）は次のように記す。

八月《はつき》の癸卯《みづのとのう》の朔《ついたち》甲辰《きのえたつのひ》に、炊屋姫尊《かしきやひめのみこと》と群臣《まへつきみたち》と、天皇《すめらみこと》を勧め進《たてまつ》りて、即天皇之位《あまつひつぎしろしめ》さしむ。蘇我馬子宿禰《そがのうまこのすくね》を以て大臣《おほおみ》とすること故《もと》の如し。

馬子はここでも炊屋姫をかつぎだす。炊屋姫と馬子はここでも一体である。

かくして崇峻天皇が誕生したのであるが、この帝《みかど》は日本においてただ一人、臣下の手にかかって殺された帝として有名である。後の文徳《もんとく》天皇にも暗殺の疑いがあり、孝明《こうめい》天皇もそうであるとする人があるが、たしかな記録がない。しかし崇峻帝の殺害は『日本書紀』にはっきり書かれている。現職の皇帝の殺害は中国では日常茶飯事であるが、日本では珍しい。それ以前には眉輪王《まよわおう》に殺された安康帝《あんこうてい》があるのみであるが、眉輪王は、従姉妹《いとこ》でもある皇后・中蒂姫《なかしひめ》の連れ子で、事件も偶発性が強い。崇峻帝はまさに、日本で唯一の臣下に殺された天皇という不名誉をになっている帝であるが、この帝の時代は歴史的にみれば、大きな意味をもっている。なぜなら崇峻帝の御世こそ、はっきり仏教が日本に公認された時期であるからである。用明帝は日本ではじめて仏教の信仰を告白したが、まもなく死んだ。しかし崇峻帝の時代には、もはや排仏派は排除された。崇峻帝ははっきり仏教崇拝を公言し、国立寺院・法興寺《ほうこうじ》の建造を大きな政治の目標とする。

法興寺は馬子が物部討伐のとき、仏神に建造を誓った寺院である。しかし国立寺院を建てるには、やはり外国からの文化援助が必要である。この間の事情を『書紀』と『元興寺縁起《がんごうじえんぎ》』で見てゆこう。

（用明《ようめい》二年六月）甲子《きのえねのひ》に、善信阿尼等《ぜんしんのあまたち》、大臣《おほおみ》に謂《かた》りて曰はく、「出家《いへで》の途《みち》は、戒《い》むことを以て本《もと》とす。願はくは、百済《くだら》に向《まか》りて、戒むことの法《のり》を学《なら》ひ受けむ」といふ。（『日本書紀』）

時に三《みたり》の尼等《あまたち》、官《つかさ》に白《まを》さく、「伝へ聞く、出家《いへで》の人は戒《かい》を以て本とすと。しかるに戒師《かいのし》なし。故《かれ》、百済国《くだらのくに》に度《わた》りて戒を受けむと欲《ほ》りす」と白しき。（『元興寺縁起』）

同じ事実を語っていて、『書紀』のほうは『元興寺縁起』をもとにしたのかもしれないが、『元興寺縁起』のほうは、仏教興隆の功をもっぱら太子と推古帝《すいこてい》に帰せしめようとして、馬子の名を極力はぶいている。おそらくこれは蘇我氏が滅亡した後にできた縁起なので、その寺を推古帝と太子に結びつけることによって、寺を権威づけようとしたのであろう。

とにかくそこで共通に語られている事実は、用明二年、善信尼《ぜんしんに》ら三人の尼が百済《くだら》に渡って、戒《かい》を受けたいと申し入れたということである。あたり前である。戒を受けなかったら、正式の僧とはいえないのである。

是の月に、百済の調使《みつきのつかひ》来朝《まうけ》り。大臣《おほおみ》、使人《つかひ》に謂《かた》りて曰はく、「此の尼等《あまたち》を率《ゐ》て、汝《いまし》が国に将《ゐ》て渡りて、戒《い》むことの法《のり》を学《なら》はしめよ。了《をは》りなむ時に発《た》て遣《まだ》せ」といふ。使人《つかひ》答へて曰はく、「臣《やつかれ》等《ら》、蕃《くに》に帰りて、先づ国主《くにのきみ》に噵《まう》さむ。而《しか》る後に発《た》て遣《つかは》すとも、亦《また》遅からじ」といふ。

(『日本書紀』)

しかるに久しからざる間《あひだ》に、丁未《ひのとひつじ》の年、百済の客《つかひ》来たれり。官《つかさ》問ひて言はく、「この三《みたり》の尼《あま》等《たち》、百済国に度《わた》りて戒を受けむと欲《ほ》りす。この事云何《いか》にすべきや」と。時に蕃客《あだしくにのつかひ》、答へて曰《まを》さく、「尼等が戒を受くる法《みのり》は、尼寺の内に先づ十尼師《とたりのあまのし》を請《ま》せて、本戒《ほんかい》を受け已《を》はる。即《やが》て法師《ほふし》寺《でら》に詣《いた》り、十法師《とたりのほふし》を請《ま》す。先の尼師《あまのし》十《とたり》と合せて廿師《はたたりのし》が所《もと》にて本戒を受くるなり。しかれども、この国は但《ただ》尼寺ありて、法師寺及び僧《ほふし》なし。尼等もし法《みのり》のごとくせむとすれば、法師寺を設《まう》け、百済国の僧尼等を請《ま》せ、戒を受けしむべし」と白《まを》しき。時に池辺天皇《いけのへのすめらみこと》(用明天皇)、命《みこと》以て、大々王《おほきおほきみ》(炊屋姫《かしきやひめ》)と馬屋門皇子《うまやとのみこ》との二柱《ふたはしら》に語り告宣《のりたま》はく、「法師寺を作るべき処《ところ》を見定めよ」と告《の》りたまひき。時に百済の客《つかひ》の白《まを》さく、「我等が国は、法師寺と尼寺の間、鐘《かね》の声互に聞え、その間に難《かた》き事なし。半月々々《つきなかばごと》に日中《むまのとき》の前に往還《ゆきき》する処に作るなり」と。時に聡耳皇子《とみみのみこ》、馬古大臣《うまこのおほおみ》と倶《とも》に、寺を起《おこ》す処を見定めたまひき。丁未《ひのとひつじ》の年、時に百済の客、本国《もとつくに》に還《かへ》りき。時に池辺天皇、告宣《のりたま》はく、「まさに仏法《ほとけのみのり》を弘《ひろ》め聞かむと欲りするが故に、法師等并《なら》びに造寺《てらつくり》の工人等《たくみたち》を欲りす。我れに病《やまひ》あり。故《かれ》、忽速《すみや》かに送るべし」と。しかれども、使者《つかひ》の来たらざる間に、天皇崩《かむあが》りましき。

(『元興寺縁起』)

ここで少し『日本書紀』と『元興寺縁起』の記事はちがっている。『日本書紀』のほうは先の尼たちの申し出を馬子が受けて、百済の使に尼たちの留学のことを申し出たところ、百済の使は、まず国王に申し出をしてからにしようといったという。

ところが、『元興寺縁起』のほうはちがう。百済の使は、尼たちを百済に留学させて戒を受けるより、日本に戒を受けることのできる法師寺と尼寺を建てるべきだ、と主張したというのである。尼たちが戒を受けるには、まず尼寺で十人の尼によって本戒を受け、次に法師寺において十人の法師によって本戒を受ける必要がある。ところが日本には、尼寺の桜井《さくらい》道場《どうじょう》はあるが法師寺はない。それゆえ法師寺をつくり、百済から二十人の僧尼を召すべきであるというのである。そこで用明帝は法師寺の建造を思いたち、その場所を求めるとともに、法師および造寺の工人の派遣を、本国へ帰ろうとする百済の使者に頼んだというのである。とすると、法興寺の建立を発願したのは用明天皇であって、馬子ではないということになる。

どちらがいったい正しいか、にわかに決定できないが、いちがいに『日本書紀』は『元興寺縁起』によっているから、仏教に関しても『元興寺縁起』によるべきであるとはいえないと思う。この寺の建造の経過については『縁起』のほうがくわしいが、寺を建てたのは用明帝や推古帝より馬子とすべきであろう。

（崇峻元年／五八八）是歳《ことし》、百済国《くだらのくに》、使并《あはせ》て僧《ほふし》恵総《ゑそう》・令斤《りやうこん》・恵《ゑ》寔《しよく》等《ら》を遣《まだ》して、仏の舎利《しやり》を献《たてまつ》る。百済国、恩率首信《おんそちすしん》・徳率蓋文《とくそちかふもん》・那率福富味身《なそちふくふみしん》等《ら》を遣して、調《みつき》進《たてまつ》り、并て仏の舎利、僧、聆《りやう》照律師《せうりつし》・令威《りやうゐ》・恵衆《ゑしゆ》・恵宿《ゑしゆく》・道厳《だうごむ》・令開《りやうけ》等《ら》、寺工《てらたくみ》太良未太《だらみだ》・文賈古子《もんけこし》、鑪盤博士《ろばんのはかせ》将徳白昧淳《しやうとくはくまいじゆん》、瓦博士《かはらのはかせ》麻奈文奴《まなもんぬ》・陽貴文《やうくゐもん》・㥄貴文《りようくゐもん》・昔麻帝弥《しやくまたいみ》、画工《ゑかき》白加《びやくか》を献《たてまつ》る。（『日本書紀』）

次いで椋橋天皇《くらはしのすめらみこと》（崇峻）、天《あめ》の下治《したしろ》しめしし時、戊申《つちのえさる》の年、六口《むたり》の僧、名は令照律師《りやうせうりつし》、弟子恵忩《ゑそう》、令威《りやうゐ》法師、弟子恵勲《ゑくん》、道厳《だうごむ》法師、弟子令契《りやうけい》、及び恩率首真《おんそちすしん》等四口《たちよたり》の工人《たくみ》、并びに金堂《こむだう》の本様《もとのかたち》を送り奉上《たてまつ》りき。今、この寺に在るはこれなり。（『元興寺縁起』）

ここで『書紀』と『縁起』では百済から来る使の数と名が少しちがっている。『書紀』のほうは、はじめに三人の僧、次いで恩率首信《おんそちすしん》らによって率いられた六人の僧と八人の工人が来朝したということになっている。そして、後の僧の数は『元興寺縁起』と同じで、名は少しちがうが同一人物と考えられる。はじめの僧の名のうち、恵総《えそう》は下文の恵衆《えしゅ》、『縁起』の恵忩《えそう》、令斤《りょうこん》は下文の令開《りょうけ》、『縁起』の令契《りょうけい》、恵寔《えしょく》は下文の恵宿《えしゅく》、『縁起』の恵勲《えくん》と同一人物と見られ、別の史料によったため記事が重複したとみるべきであろう。恩率は百済の第三番めの位、徳率《とくそち》は第四番め、那《な》（奈《な》）率《そち》は第六番めの位、この使の格式は聖明王《せいめいおう》の御世の仏教伝来以来の高さである。

前に私は、蘇我氏は百済寄り、物部氏は新羅寄りの外交をしたのではないかと考えたが、百済は物部の滅亡、蘇我の興隆を喜び、新しい政権にたいする祝賀の意をこめて、六人の僧と工人たちを送って来たのであろう。もちろん法興寺を建てる目的である。

蘇我馬子宿禰《そがのうまこのすくね》、百済《くだら》の僧等《ほふしたち》を請《ま》せて、戒《い》むことを受くる法《のり》を問ふ。善信尼等《ぜんしんのあまたち》を以て、百済国の使恩率首信等《おんそちすしんら》に付《さづ》けて、学問《ものならひ》に発《た》て遣《つかは》す。（『日本書紀』）

時に聡耳皇子《とみみのみこ》、大々王《おほきおほきみ》の大前《おほまへ》に白《まを》さく、「昔、百済国に法師等《ほふしたち》及び工人《たくみ》を遣はされむことを乞ひ奉上《たてまつ》れり。この事云何《いか》にせむ」と。時に大后大々王《おほきさきのおほきおほきみ》、告宣《のりたま》はく、「先の種々《くさぐさ》の事を以て、今の帝《みかど》の大前に白さむ」と告《の》りたまひき。時に聡耳皇子、具《つば》ひらかに先の事を白したてまつる。時に天皇告宣《すめらみことのりたま》はく、「先の帝の時、期《ねが》ひたまひし所のごとくにせよ」と。時に三《みたり》の尼等、官《つかさ》に白さく、「但、六口《むたり》の僧のみ来たりて廿師《はたたりのし》を具《ともに》せず。故《かれ》、猶《なほ》百済国に度《わた》りて戒を受けむと欲りす」と白しき。時に官、諸《もろもろ》の法師等に問ひけらく、「この三《みたり》の尼等、度りて戒を受けむと欲りす。時にこの事は云何《いか》に」と。時に法師等の答ふる状《さま》、先の客《つかひ》の答《こたへ》のごとくして異《け》なるところなし。時に尼等、「強《あなが》ちに度らむと欲りす」と白しき。時に官、許し遣はしき。弟子の信善《しんぜん》・善妙《ぜんめう》を合せて、五《いつたり》の尼等を遣はし、戊申《つちのえさる》の年を以て往きたり。

（『元興寺縁起』）

『書紀』のほうでは、この間の事情がぼんやりしているが、『縁起』のほうでははっきりわかる。先に馬子あるいは用明帝は、尼たちに戒を受けさせるために、十人の尼と十人の法師の派遣を百済に要求したのである。しかし実際に来たのは六人の法師であった。これでは日本の要求の趣旨とちがうのである。百済は新しい政権の誕生を祝い、国立の寺院を建築するために、僧や工人を送って来ているのである。外交使節としてはそれで十分ではあるが、尼たちの受戒は、それでは達成できない。

そこで尼たちはあせる。自分たちは国の命令で尼とされ、さまざまな運命に耐えてきたはずなのに、今、仏教が日本で公認されるときに、自分たちはおいてきぼりになり、男性が中心になってしまう。何としても日本第一の、正式の戒を受けた仏教者の栄誉を勝ちとらねばならぬ。『元興寺縁起』の「強ちに度らむと欲りす」という言葉には、尼たちのそういうあせりを含んだ強い意志があらわれている。馬子も無理に出家させた手前、善信尼らの申し入れをことわることができない。念願かなって五人の尼は百済に出発する。

飛鳥衣縫造《あすかのきぬぬひのみやつこ》が祖《おやこの》樹葉《は》の家を壊《こほ》ちて、始めて法興寺《ほふこうじ》を作る。此の地《ところ》を飛鳥の真神原《まかみのはら》と名《なづ》く。亦は飛鳥の苫田《とまた》と名く。

（『日本書紀』）

時に聡耳皇子《とみみのみこ》、大后大々王《おほきさきのおほきおほきみ》の大前《おほまへ》に白《まを》さく、「仏法《ほとけのみのり》を弘《ひろ》むる事、官《つかさ》、既に許し賜へり。今、云何《いか》にするや」と。時に大后大々王《おほきさきのおほきおほきみ》、聡耳皇子と馬古大臣《うまこのおほおみ》との二人に告宣《のりたま》はく、「今は百済の工《たくみたち》等を以て二寺《ふたつのてら》を作らむとするなり。しかれども、尼寺《あまでら》は始めに標《しる》せるごとし。故《かれ》、今法師寺《ほふしでら》を作れ」と告《の》りたまひき。時に聡耳皇子・馬古大臣《うまこのおほおみ》の二柱《ふたはしら》、共に法師寺を起つる処《ところ》に、戊申《つちのえさる》の年を以て仮垣《かりがき》・仮僧房《かりそうばう》を作り、六口《むたり》の法師等を住まはしめき。また、桜《さくら》井《ゐ》寺《でら》の内に屋《やかた》を作りて工《たくみたち》等を住まはしめ、二寺《ふたつのてら》を作らむがために、寺木《てらのき》を作らしめき。（『元興寺縁起』）

この点も『元興寺縁起』のほうがくわしい。ここで少し工事計画が変更されている。尼寺と法師寺の建造プランが、尼寺はすでに桜井道場があるからとの理由で、もっぱら法師寺の建造プラン、すなわち法興寺建造プランに変えられている。このときまだ法興寺の本工事ははじまってなかったのであろう。仮垣《かりがき》、仮僧房《かりそうぼう》とあるから、場所だけ定めてそこに仮の寺をつくって、とりあえずそこに法師たちを住まわせた。一方、尼のいなくなった桜井寺のほうに工人を住まわせ、寺の木組みをつくりはじめた。

（崇峻）三（五九〇）年の春三月《やよひ》に、学問尼《ものならひのあま》善信等《ぜんしんら》、百済より還《かへ》りて、桜井寺に住《はべ》り。冬十月《かむなづき》に、山に入りて寺の材《き》を取る。

是歳《ことし》、度《いへで》せる尼は、大伴狭手彦連《おほとものさでひこのむらじ》が女《むすめ》善徳《ぜんとく》・大伴狛《おほとものこま》の夫人《いろえ》・新羅媛《しらきひめ》善妙《ぜんめう》・百済媛《くだらひめ》妙光《めうくわう》、又漢人《あやひと》善聡《ぜんそう》・善通《ぜんつう》・妙徳《めうとく》・法定照《ほふぢやうせう》・善智聡《ぜんちそう》・善智恵《ぜんちゑ》・善光《ぜんくわう》等。鞍部《くらつくりの》司馬達等《しめだちと》が子《こ》多須奈《たすな》、同《もろ》時《とも》に出家《いへで》す。名《なづ》けて徳斎法師《とくさいほふし》と曰ふ。（『日本書紀』）

庚戌《かのえいぬ》の年を以て、百済国より尼等《あまたち》還り来たり、官《つかさ》に白《まを》さく、「戊申《つちのえさる》の年に往き、即ち六法《むつのほふ》戒を受け、己酉《つちのととり》の年三月《やよひ》に大戒《だいかい》を受け、今庚戌《かのえいぬ》の年に還り来たれり」と白《まを》しき。本の桜井寺に住みき。時に尼等白《まお》さく、「礼仏堂を忽《すみや》かに作り賜へ。また半月々々《はんつきごと》に白羯磨《びやくかつま》をせむため、幷《なら》びに法師寺を速《すみや》かに作り具《そな》へ賜へ」と白しき。かくのごとくして、桜井寺の内に堂略構《だうあらましかまへ》を作りて置き在りき。（『元興寺縁起』）

五人の尼は二年にわたる留学を終えて、意気揚々と日本に帰って来たのである。一昨年に六法戒《ろっぽうかい》を受け、昨年は大戒《だいかい》を受けた。ここに日本人にして最初の仏教者が誕生したのである。この日本で最初に海外へ留学して戒を受け、正式に尼としての資格をとった女性の、実に明確な自己主張を見よ。尼たちは、自分の留守に尼寺の建造案が棚上げになり、計画は法興寺一本にしぼられ、この法興寺の建造も、仮垣、仮僧房という形で滞っているのを知ったのであろう。せめて「礼仏堂を忽かに」つくれ。彼女たちの百済での勉学の成果に照らしても、それだけの要求は当然であると考えたのであろう。善信尼はこのとき十七歳、禅蔵尼《ぜんぞうに》と恵善尼《えぜんに》などはそれより少し年下であったろうか。仏教興隆のときがきたのに、いっこうに自分たちの要求が入れられないのに、いらいらしている外国帰りのモダンな少女の甲高《かんだか》い叫び声が聞こえてくるようだ。

ここで尼になることが、ひとつの新しいファッションとなる。その新しく尼となった女の中には大《おお》伴狭手彦《とものさでひこ》の娘の善徳《ぜんとく》や大伴狛《おおとものこま》の夫人のように名家の女性も含まれている。また司馬達等《しめだちと》の子の多須奈《たすな》、善信尼の兄弟も僧になる。まさに仏教興隆のときがきたのである。

崇峻四年は法興元年

たしかに仏教崇拝の機運は熟し、君臣一体になって新しい寺院の建築に努力はしているが、なにぶん日本でははじめてのことである。何をとりあえずはじめてよいかよくわからない。あちこち試行錯誤を重ねつつ、一歩一歩すすんでゆくという状況なのである。

そして法興寺《ほうこうじ》に関して、崇峻《すしゅん》三（五九〇）年ごろまでは仮垣《かりがき》、仮僧房《かりそうぼう》程度で、本建築にいたっていないことは、『日本書紀』、『元興寺縁起《がんごうじえんぎ》』で明らかなのである。この停滞していた法興寺建立が、崇峻四年を境に急激に進行した。

（崇峻五年十月）是の月に、大法興寺《だいほふこうじ》の仏堂《ぶつだう》と歩廊《ほらう》とを起《た》つ。

『日本書紀』は、崇峻五年十月に仏堂と歩廊、おそらく金堂と回廊が建てられたというのである。そして推古《すいこ》四（五九六）年十一月に「法興寺、造り竟《をは》りぬ」とある。これは塔や講堂を含めて法興寺の建造が完成したということであろう。法興寺はこのようにして建てられたが、本尊の丈六《じようろく》の仏像がつくられたのは推古十四（六〇六）年のことである。

『日本書紀』では、丈六の仏像を法興寺の金堂に坐《ま》せしめたのが、推古十四年四月八日、そしてその完成を記念して、そこで太子が『勝鬘経《しようまんぎよう》』を講じたのが、その年の七月のことであるとする。とすれば法興寺の完成は、その発願の年、崇峻元年から十九年かかっている。

『元興寺縁起』は法興寺本建築の建造のときを、少し違《たが》えて書いている。

しかれども、大々王天皇命《おほきおほきみのすめらみこと》の等由良《とゆら》の宮に天《あめ》の下治《したしろ》しめしし時の癸寅《みづのととら》の年に、聡耳皇子《とみみのみこ》を召《の》して告りたまはく、「この桜井寺《さくらゐでら》は、我れも汝《いまし》も忘れ捨つるを得ず。牟都々々斯《むつむつし》於夜座《おやま》す弥与《みよ》に仏法《ほとけのみのり》初めし寺にて在り。また重き後言《のちのをしへ》の大命《おほみこと》を受けて在る寺にて在るなり。我等在りてすらや、この寺まさに荒れ滅びなむとす。汝が命《みこと》、至心《まごころ》を以て、斯帰嶋《しきしま》の宮に天の下治しめしし天皇の奉為《おほんた》めに、勲《ねむごろ》に作り奉《たてまつ》れ。しからば、我れは、この等由良の宮をば寺と成さむと念《おも》ふ。故《かれ》、宮門《みかど》に遷《うつ》し入れて急速《すみやか》に作れ。今も知らず、我が子、急速《すみやか》に仕へ奉るべし。我がためには小《を》治田《はりだ》の宮を作れ」と告りたまひき。また、「尼等《あまたち》の白羯磨《びやくかつま》をせむため法師寺《ほふしでら》を急速に作り斎《いつき》まつれ」と告りたまひき。ここを以て癸丑《みづのとうし》の年、宮の内に遷《うつ》し入れ、先づ金堂《こむだう》・礼仏堂等《れいぶつだうなど》を略《あらまし》作り、等由良の宮を寺と成しき。故《かれ》、等由良寺《とゆらじ》と名づけたり。

このはじめの「癸寅の年」というのは癸丑《みづのとうし》のことであるとみられるが、もしそうとすれば推古元（五九三）年にあたる。この記事でみると、推古元年に金堂や礼仏堂ができあがっていたことになる。

二つの記事は多少ちがうが、崇峻四年が、この遅れていた法興寺建造を一挙にすすめる転回点となったことは同じである。このことは、また別の角度からも類推されるのである。

「法隆寺《ほうりゅうじ》釈迦《しゃか》三尊光背銘《さんぞんこうはいめい》」、「天寿国繡帳銘《てんじゅこくしゅうちょうめい》」や『上宮聖徳法王帝説《じょうぐうしょうとくほうおうていせつ》』などに法興《ほうこう》という年号があらわれているが、この法興という年号を計算すると、すべて崇峻四年を元年としている。そしてこの法興という名からみても、その年号が法興寺建造と関係をもっていることは疑いえない。

豊浦寺跡（奈良県明日香村）

崇峻四年に法興寺が本格的に着工され、それを祝って、ひとつの大きな記念事業があったものと思われる。仏教が渡来して三十九年たって、ついに日本は仏教国家となったのである。それを記念して国立寺院・法興寺を建て、年号を法興とする。こういうことが、残された史料から十分推察されると思う。しかし、この法興という年号は『記紀』になく、またこのように当然あってしかるべき祝典の儀式の記載が『記紀』に欠けていることをどう考えるかである。その理由を私は容易に推察できると思う。

もしこの法興という年号を認めれば、法興の功は、崇峻帝と馬子《うまこ》に帰せられねばならないことになる。崇峻帝は馬子によって殺された天皇で、蘇我《そが》氏の立場からみても、帝《みかど》に仏教興隆の功を帰せしめることは、喜ぶべきことではない。また蘇我氏も、中大兄皇子《なかのおおえのおうじ》と藤原鎌足《ふじわらのかまたり》によって滅ぼされてしまった。そして後の政治権力者は天智《てんじ》、天武帝《てんむてい》と藤原氏、鎌足の血を引く人たちである。逆臣・蘇我蝦夷《えみし》、入鹿《いるか》の父祖にあたる蘇我馬子の功も、できるだけ認めたくないのは当然である。『元興寺縁起』が元興寺（法興寺）の建立、興隆の功を、つとめて推古天皇と聖徳太子に帰せしめようとするのは当然である。

こういうことを考えると、『記紀』が法興の年号を記載しなかったのも十分うなずける。そしてもしも法興の年号を認めると、日本最初の年号制定の功を藤原氏は蘇我氏に奪われてしまうことになるのである。

私がこの時代の歴史を研究すればするほど、わかってきたことは、藤原氏は実に多くのものを蘇我氏から学んでいるということである。その巧みなマキアベリズム、その壮大な国家理想ばかりではなく、寺院建造や年号制定においても、藤原氏は蘇我氏の先例に学んだのだ。

しかし法興という年号と大化《たいか》という年号は、別な国家理想をさし示していると私は思う。前者は南朝的、仏教的文化国家の樹立の理想であるが、後者は隋唐《ずいとう》的、律令《りつりょう》的官僚国家の樹立の理想である。この違いについては後に語るおりもあろう。

ちょうど蘇我氏を滅ぼした中大兄皇子と藤原鎌足が、大化元（六四五）年という年をひとつの歴史の出発点としたように、物部氏を滅ぼした崇峻帝と蘇我馬子は、法興元年という年をひとつの歴史の出発点としようとしたにちがいない。

このような点からみると、『元興寺縁起』に記せられる、癸酉《みずのととり》の年（推古二十一年／六一三）に語ったとされる聖徳太子の次のような言葉は、はなはだ興味深いのである。

「今我等《われら》が天朝《みかど》の生年《みとし》の数算《かず》、まさに百《もも》の位に達《いた》り、道俗の法《みのり》を並べて、世に建興《けんこう》・建通《けんつう》といふ。窃《ひそ》かに惟《おも》ふに、かくのごとき事、あに至徳《しとく》に非ざらむや。仏法最初《ほとけのみのりはじめ》の時、後宮《こうきゅう》破らしめず、挌《さくら》（桜）井《ゐ》に遷《うつ》して道場を作りたまふ。その時、三《みたり》の女《むすめ》、出家《いへで》す。時に、即ち大いに喜々《よろこ》びたまひて、その道場に住まはしめて、仏法の牙《きざし》を生ず。故《かれ》、元興寺《ぐわんごうじ》と名づけたまふ。その三《みたり》の尼等《あまたち》は、経に云はく、比丘《びく》の身を以て得度《とくど》すべき者は、即ち比丘の身を現はして説法をすといふは、それこれを謂《いふ》なり。今亦《また》、更に仏法興《おこ》りて世に弘《ひろ》まり、元興寺を建つ。本の名は、故、建《けん》興寺《こうじ》と称名《なづ》けたまふ。次に法師寺《ほふしでら》は、高麗《こま》・百済《くだら》より法師等《ほふしたち》重《かさ》ねて来たり、仏法《ほとけのみのり》を奏《まう》し、寺を建て、建通寺《けんつうじ》と称名《なづ》けたまふ。皇后《きさき》の帝《みかど》の世に当《あた》りて、道俗の法《みのり》を並べて、建興・建通といふ。故《かれ》知る、大聖の現影《うつしかげ》にましますことを。経に曰はく、王の後宮《こうきゆう》にては、変じて女身《によしん》となりて説法をすといふは、それこれを謂《いふ》なり。即ち知る、これを以てこの国の機《みち》に相応《あひおう》ずることを。故、その徳義に随《したが》ひ、法興皇《ほふこうわう》と称名けたまはむ。三《みつ》の称名《よびな》を以て、永く世に流布《るふ》しまつるべきなり。かくのごとく諸《もろもろ》の臣《おみ》に符《まを》さむ」

後に述べるように、推古二十一年は、太子が政治の第一線から退かれた感のあるころ、片岡山《かたおかやま》での奇妙な行為が目についたころである。推古二十一年に、太子が推古帝にそのようなことを語るはずはない。しかもこの文章は、重複しているところや意味の通らないところがある。

いったい元興寺というのは、桜井道場の尼寺をいうのか、それとも馬子と崇峻帝によって建てはじめられた法興寺のことをいうのか、建興寺《けんこうじ》とは何か、建通寺《けんつうじ》とは何か。これについて『縁起』そのものに混乱があり、よくわからないが、建興という言葉は、仏寺を建てるという意味で、建通という言葉も、仏教が外国からやって来るという意味である。こういうことから法興という年号がつくられたのであろうか。とすれば、「法興皇《ほふこうわう》」というのは、当然、推古帝より崇峻帝に帰せらるべきものと考えられる。『元興寺縁起』は、このことを避けるために、仏教興隆のこの儀式を推古二十一年にもってきたのであろう。しかしそうすることによって、文脈ははなはだ不明瞭になってしまったのである。

高句麗の援助でつくられた法興寺

『元興寺縁起《がんごうじえんぎ》』の文章の中で「次に法師寺《ほふしでら》は、高麗《こま》・百済《くだら》より法師《ほふし》等重《たちかさ》ねて来たり、仏法《ほとけのみのり》を奏《まう》し、寺を建て、建通寺《けんつうじ》と称名《なづ》けたまふ」とあるのに注意してほしい。

法興寺《ほうこうじ》は高句麗《こうくり》と百済《くだら》の僧や技術者によってつくられたというのである。『日本書紀』には百済の僧や技術者の来朝の話はあるが、高句麗の僧の話はない。『縁起』も先の崇峻《すしゅん》三（五九〇）年までの記事にはない。しかしここに高句麗と百済から重ねて僧がやって来て法興寺をつくったとあり、しかも高句麗のほうが百済より先に書いてある。いつ高句麗の僧や技術者が来て、法興寺を建てたのか。

法興寺は、今は飛鳥寺《あすかでら》という。幾度か兵火にあい、古い伽藍《がらん》は焼失し、推古《すいこ》時代の遺物として、わずかに当時つくられたという仏像の顔の上半分を残すのみである。身体全体と顔の下半分は後世つくられたものである。この飛鳥寺が昭和三十一年から三十二年にかけて発掘調査された。その結果、驚くべきことがわかった。それは予想に反して高句麗様式であった。つまり寺は南面し、中門を入ると塔があり、その塔を三つの金堂、つまり東金堂、中金堂、西金堂が囲む形である。この様式は、高句麗の清岩里廃寺《せいがんりはいじ》とほぼ同じ様式であった。

このように考えると、『元興寺縁起』の記事は、はなはだ可能性の高いものとなる。また法興寺の建造が終わったのは推古四（五九六）年であるが、その前年には慧慈《えじ》が来ているし、推古十三年には高句麗の王は、日本の天皇が仏像をつくり給うと聞いて、黄金三百両を献上している。これらは一連の出来事とみてよいであろう。はじめから法興寺は高句麗の僧や技術者によって建てられた寺なのであろう。そういう寺だからこそ、高句麗の王は黄金三百両という大量の金を献上して、仏像の製作を助けたのであろう。このようにみると、だいたい次のように考えるのが自然であろう。

法興寺建造は、崇峻帝と馬子《うまこ》をはじめとする当時の政治実権者・炊屋姫《かしきやひめ》や聖徳太子を含めての政治実権者の悲願であった。そのために百済から僧を迎え、技術者を迎えた。しかしそれはいろいろな事情でなかなか進捗《しんちょく》しなかったであろうことは、崇峻三年に百済から帰った善信尼《ぜんしんに》の言葉によってもわかる。ところが崇峻四年ごろ、高句麗の援助があったのであろう。僧と技術者、それに加えて何らかの経済援助があったのかもしれない。そして新しく来た高句麗の僧や技術者の指導のもとで百済の技術者も加わって、法興寺がつくられたとみるべきであろう。

飛鳥寺(法興寺)を訪ねて（1980年　奈良県明日香村）

当時の国際関係においても、百済と高句麗は国力がだいぶちがっていた。新羅《しらぎ》によって、いったん亡国の瀬戸際に追いこまれた百済は、何よりも日本と高句麗の助力を必要としたのである。おそらくこの法興寺は、高句麗、百済、日本の三国の協力によってできあがったと思われる。百済にとっても、このように高句麗と日本を結びつけることは、国際政治の上からみても有利であったにちがいない。

これが崇峻四年の出来事であるが、その年には、なお無視できない二つのことが起こっている。

四年の夏四月《うづき》の壬子《みづのえね》の朔《ついたち》甲子《きのえねのひ》に、訳語田天皇《をさたのすめらみこと》を磯《し》長陵《ながのみささぎ》に葬《はぶ》りまつる。是其《これそ》の妣皇后《いろはのきさき》の葬《はぶ》られたまひし陵《みはか》なり。

（『日本書紀』）

訳語田《をさた》天皇は敏達帝《びだつてい》のことである。敏達帝はいったんどこかに葬られていたのに、まだ陵《りょう》が定まらなかったのであろうか。あるいは葬儀が、それまで十分行われていなかったのであろうか。しかし、このときになって敏達帝を、その母の石姫《いしひめ》の御陵に併せ葬るのはどういう意味であろう。薗田香融《そのだこうゆう》氏がいうように、もしもこの長子の押坂彦人皇子《おしさかのひこひとのおうじ》が少なくとも推古元年ごろまで生きていられたとしたら、この、時ならぬ父の葬儀に皇子はどのような感想をもっていたのであろうか。どうもこれは、必ずしも敏達帝を尊敬したことにはならないように思われる。

もしも敏達帝を誰かと併せ葬るとしたら、石姫より広姫《ひろひめ》の陵ではないか。なぜなら成年男子が永遠の眠りにつく場合、母と一緒に眠るより、妻と一緒に眠ろうと思うほうがはるかに自然ではないか。持統帝《じとうてい》は天武帝《てんむてい》とともに葬られた。これも異例のことであるが、それにも政治的意味があった。同じようにここにも政治的意味があったと考えねばならぬ。しかし広姫の陵に葬ることは炊屋姫が承認しまい。しかも広姫の墓に葬ったら、それは広姫を敏達帝の正后と認め、そしてその子の彦人皇子にたいする皇位継承権をはっきり認めることになる。

このような計算の末に考えられたのが、敏達帝とその母の石姫の合葬ではないか。いったい天皇をその母と合葬することがはたしてあるのか。もしこれが異例とすれば、そこにもひとつの政治的計算がはたらいているように思われる。私ははっきりその意味はわからないが、このことも押坂彦人皇子にたいする、ひとつの牽制《けんせい》であったのではないかと思う。

崇峻《すしゆん》四（五九一）年は、はなはだ注目すべき出来事が起こっている。そのようなエポック・メーキングな年であるが、その年、外交的にもまた、

秋八月《はつき》の庚戌《かのえいぬ》の朔《ついたちのひ》に、天皇《すめらみこと》、群臣《まへつきみたち》に詔《みことのり》して曰《のたま》はく、「朕《われ》、任那《みまな》を建てむと思ふ。卿等《いましたち》何如《いか》に」とのたまふ。群臣奏《まう》して言《まう》さく、「任那の官家《みやけ》を建つべきこと、皆陛下《きみ》の詔したまふ所に同じ」とまうす。（『日本書紀』）

これはまことに唐突である。任那《みまな》の日本府が滅ぼされ、日本が二百年にわたって保有していた朝鮮半島の根拠地が失われたのは、欽明《きんめい》二十三（五六二）年のことである。そしてそれから九年後、欽明三十二年、欽明帝は、任那の日本府回復を敏達《びだつてい》帝に遺言して死ぬ。敏達帝は、この日本府の回復を試みんとあれこれ方策を考えたが、うまくゆかなかった。そして欽明帝の遺勅《いちよく》は、敏達帝から用明帝《ようめいてい》に伝えられる。もちろん用明帝も仏教興隆とともに任那回復を大きな政治的課題としたのであり、仏教興隆のほうは、帝《みかど》は一歩も二歩もすすめたが、任那回復のことは、手をつける暇《いとま》もなく亡くなられた。崇峻帝もやはり欽明帝の皇子、もちろん父の遺勅が念頭にあろう。

この任那回復の悲願は、必ずしも欽明帝の血を引く天皇や皇子たちだけの悲願とは限らなかったかもしれない。それは日本の君臣の共通の悲願であったかもしれない。任那回復ということは、何か事があるたびに燃えあがる政治的動議であったかもしれない。そしていったん、そういう動議が提出されると、なかなか表だって反対することはできない空気が当時の日本の朝廷にあったのであろう。

この崇峻四年八月に崇峻帝が出された動議も、欽明帝の皇子の一人として、当然の意志の表現であ

ったかもしれない。そして群臣が誰一人それに反対しなかったのも、反対しにくい空気があったからであろう。

まあそこまではよくわかるが、このとき日本の朝廷は、それをすぐさま実行に移すのである。

冬十一月《しもつき》の己卯《つちのとのう》の朔《ついたち》壬午《みづのえうまのひ》に、紀男麻呂宿禰《きのをまろのすくね》・巨勢猿臣《こせのさるのおみ》・大伴囓連《おほとものくひのむらじ》・葛城烏奈良臣《かづらきのをならのおみ》を差して、大将軍《おほきいくさのきみ》とす。氏氏《うぢうぢ》の臣連《おみむらじ》を率《ゐ》て、裨将《つぎのいくさのきみ》・部隊《たむろのをさ》として、二万余《ふたよろづあまり》の軍《いくさ》を領《ゐ》て、筑紫《つくし》に出で居《ゐ》る。吉士金《きしのかね》を新羅《しらき》に遣《つかは》し、吉士木蓮子《きしのいたび》を任那《みまな》に遣して、任那の事を問はしむ。

これは明らかに戦闘の準備である。準備というより、すでに戦争ははじまっているといえる。二万余といえば、たいへんな大軍である。

欽明十五（五五四）年、聖明王《せいめいおう》の要請で百済《くだら》に送った兵は、わずか千であった。それを送るのにもたいへんな時間がかかった。聖明王の再三、再四の要求の末に、やっと重い腰をあげて送ったのが千の軍隊であった。今度は二万余とあるから、その二十倍である。しかもここで名をあげられている紀《きの》男麻呂宿禰《おまろのすくね》、巨勢猿臣《こせのさるのおみ》、大伴囓連《おおとものくいのむらじ》・葛城烏奈良臣《かつらぎのおならのおみ》などの大将軍は、巨勢猿臣をのぞいて物部《もののべ》征伐の武将の中に名を連ねている。いずれもそれぞれ紀氏、巨勢氏、大伴氏、葛城氏を率いる氏の長であろう。巨勢氏のみ巨勢臣比良夫《こせのおみひらぶ》が死んで、巨勢猿臣が氏の長になったのであろう。この四氏の長四人が大将軍をなす大軍である。日本の総力をあげての戦いといってよい。

しかも「吉士金を新羅に遣し、吉士木蓮子を任那に遣して、任那の事を問はしむ」とある。このとき任那という国はない。これはもちろん、今は新羅の領土となっている旧任那であろう。しかし日本は、まだ任那の日本府の滅亡を認めていないのである。日本政府の意識においては、任那は現存しているのである。結局これは新羅へ行って、任那はどうなったのか問いつめたのであろう。

これは新羅にしてみれば、けったいなことである。任那日本府はもう三十年前に失って、今は、旧任那はほぼすべて新羅の領地である。それなのに突然、日本の使がやって来て、任那の領地はどうなったかなどという。明らかにいいがかりである。しかし、それがまったくのいいがかりであればあるほど恐ろしい。このとき新羅は、日本の意志に無気味なものを感じたにちがいない。この新羅への使の背後に、二万人にのぼる日本兵士がすでに九州にいて、返事によっては新羅におしよせて来ようとしていたとすれば、この問責の使は、新羅にとってまことに無気味で恐ろしいものであったにちがいない。

たしかにこの日本の行動は唐突である。はたしてほんとうにこのとき日本は、新羅征伐の計画をもっていたのか。少しでも三韓《さんかん》の事情に通じている人であるならば、この時期の新羅征伐なるものが、どんなに困難かを知っているはずである。勝つか負けるかわからない、たとえ勝っても日本も多くの軍隊を失わねばならぬ。そういうことが十分計算されねばならないが、それを十分計算したとは思われないのである。とすれば、いったいこの新羅征伐の詔《みことのり》の真の意味は何か。

この新羅征伐の挙が、少しも外交的理由ではなく、まったく内政的理由で行われたと考える人がある。つまりそれは、次に起こった馬子の崇峻帝暗殺の計画のためであるというのである。主だった武将たちを九州にやっておいて、その留守に崇峻帝を暗殺してしまおうという馬子の意志によって行われたという人がある。

私は、その可能性はまったくないわけでもないが、そういうことはありにくいと思う。あったとしても、この国をあげての遠征は、それだけの理由ではないと思う。たしかに、将軍たちを九州にやれば、崇峻帝は容易に暗殺できるかもしれない。しかし九州にいる二万の軍隊は、馬子にとっても脅威のはずである。崇峻帝の暗殺を臣下にあらざる行為として弾劾《だんがい》し、どこかで天皇の血を引く皇子をたてて、一挙に攻め寄ったら、大きな脅威であるはずだ。大軍の留守をねらって暗殺計画を企てることは、事が成就したとしても、後がかえってめんどうではないか。

馬子が崇峻帝を殺したのは、将軍たちが留守で、計画が実行しやすいと馬子が考えたこともあろうが、それは原因と結果を逆にしているのではないかと私は思う。馬子は、たまたま軍隊が外にでていたので、その機会を利用して、崇峻帝を殺したという程度にとどまるのではないか。

一歩譲って、馬子の九州への大軍の派遣の動機の一つを、そのような暗殺計画と考えてもよい。しかし私は思う。すぐれた政治家の打つ手は、必ず多面的である。一つの手には多くの意味をもたせてあり、そしてそれは局面の変化に応じて、自由自在に変わってくる。それゆえ敵は容易にこのような手が読めない。そして敵は、後手にまわって、いつのまにか彼の薬籠中《やくろうちゅう》のものとなる。

馬子も、たんなる崇峻帝暗殺だけの理由で、このような大規模な兵を出すはずがない。たしかに、この詔は崇峻帝自ら出しているのである。もちろん実際の政治を動かしているのは馬子であるにせよ、実際、この動議の提案者は崇峻帝なのである。もしも馬子が、そのような策略によってのみ兵を出したとしたら、崇峻帝も少しはあやしむにちがいないし、群臣もそういう馬子の隠された意志が読めないはずはない。

すぐれた政治家は、必ず表と裏との二面をつかい分ける。多くの群臣を説得するには、しかるべき理由が必要である。そのような理由を提出できない政治家は、政治家として失格である。この場合、馬子には、三十年めに提案された任那出兵の動議を、崇峻帝や群臣に納得させるはっきりした理由があったにちがいない。このような理由があったからこそ、崇峻帝は任那回復を提案し、群臣もまた満場一致で賛成したのである。
それでは、この場合の理由とは何か。それをわれわれは今、考えようとしているが、それは何よりも外交的理由に求める以外にないであろう。

六世紀末の高句麗の立場

ところでわれわれは、崇峻《すしゅん》元（五八八）年から、再び日本と百済《くだら》の関係が深くなったことを知る。多数の僧や技術者が日本に入って来ている。そして、そればかりではなく、崇峻帝の御世から高句麗《こうくり》との関係がにわかに深くなってきていることを知る。

高句麗は、すでに欽明《きんめい》三十一（五七〇）年の来朝以来、日本との間に外交関係ができている。三度の高句麗の使の来朝は、やがて起こるべき東アジア世界の変動を予感しての、高句麗の大胆な外交政策の結果であろう。高句麗は一方では北朝に面し、一方では新羅《しらぎ》に面して、西と南から外交的脅威を感じていたのであろう。こういう高句麗が、新羅にたいして深い恨みをもつと噂《うわさ》される日本に使を送るのは当然である。この、欽明朝から敏達《びだつ》朝にかけての高句麗の積極的な日本接近策も、わが国の外交的無知により効果をあげることができなかった。あるいは、どちらかといえば親新羅的外交方針をもった物部《もののべ》氏や三輪《みわ》氏の勢力が強かった敏達帝の時代には、高句麗のつけいる隙もなかったのかもしれない。今や物部氏が滅んで、伝統的に親百済政策をとる蘇我《そが》氏が、ほとんど独裁的権力をにぎった。百済を媒介として、高句麗がわが国とよしみを通じたのは当然である。

崇峻四（五九一）年から、日本に法興寺《ほうこうじ》を建造するための高句麗の積極的援助があったとすれば、いったいこれは何のためか。それは同じ年に起こった任那《みまな》出兵という事件と関係しないかどうか。

私は、この論文の最初に、私の新しい視点として二つの視点について論じた。一つは日本の歴史を、東アジア全体との関係において見るということである。もう一つは政治と文化を一体にして見るということである。

このような視点を採用することによって、私はかの仏教伝来というものも、まったく政治と無関係な事件ではないことを明らかにした。百済が大きな危機に陥ったときの、あの仏教伝来という文化的事件は、伝統的に武勇の名があり、朝鮮半島においていたく恐れられていた日本の軍隊の派遣要請の意味があった。こうして仏教伝来という文化的事件が、日本兵派遣という政治的事件となり、聖明王《せいめいおう》の無謀な戦いとなり、王の死と百済の敗戦となり、ついに任那の日本府の滅亡となったのである。とすれば、仏教伝来というのもひとつの政治的事件であり、日本は応神《おうじん》朝以来、軍事力と文化を交換して、その文化を発展させてきたが、今、崇峻四年という年に同時に起こった、高句麗、百済の援助による法興寺の建造という文化的事件と、任那回復、新羅遠征のための軍隊の派遣という政治的事件は、密接に結びついているのではないか。たしかにそのように考えられる。そう考えるとすれば、新しい政治的状況が東アジア世界に、とりわけ朝鮮半島に起こっていなければならない。いったいいかなる新しい状況が東アジア世界に起こり、朝鮮半島をまきこみ、今、極東の島国、日本にまでおしよせようとしているのか。

隋帝国誕生の波紋

六世紀末の東アジア世界のもっとも大きな事件は、何といっても、隋《ずい》帝国の出現（五八一年）であろう。隋は、北周《ほくしゅう》の後を継いで陳《ちん》を滅ぼし、百七十年続いた南朝を絶やし、五八九年、ついに中国を統一したのである。この点で楊堅《ようけん》は、秦《しん》の始皇帝《しこうてい》と毛沢東《もうたくとう》と並び称される英雄である。

この天下統一の英雄・楊堅の祖先については、よくわからない。あるいは漢族ともいい、あるいは胡《こ》族ともいう。とにかく楊氏は、北周の宇文《うぶん》氏につかえる武将で、父の楊忠《ようちゅう》は、北周の大司空《だいしくう》にいたった。北斉《ほくせい》を滅ぼし、天下統一の志ならんとする直前に病のため薨《こう》じた北周の英王・武帝宇文邕《ぶていうぶんよう》は、楊堅を重くもちいて、大将軍となし、その長女をして皇太子・贇《いん》の妃《きさき》とならしめた。

武帝の死後、贇が宣帝《せんてい》として位についたが、淫蕩《いんとう》にして残虐で、皇帝の器ではなく、人望は皇后の父にあたる楊堅に集まった。宣帝は死し、その子の静帝《せいてい》が八歳にして即位する。楊堅は、遺勅を偽造し文武の権を一身に集めたので、この楊堅の勢いを恐れて、宿将・尉遅迥《うっちけい》は兵をあげたが、楊堅はこれを滅ぼし、五八一年二月、ついに静帝から禅《ぜん》を受け帝位についた（文帝《ぶんてい》）。

この文帝を助けたのは名将・高熲《こうけい》であった。この文帝と高熲のコンビがよく北周の武帝の志を継ぎ、ついに天下統一の偉業をなしとげたといえよう。尉遅迥の乱を鎮めた後に、隋の文帝は政治に力をつくし、内政と外交に著しい成果を収めた。

すでに約百六十年間、北朝と南朝は対立し、建康《けんこう》に都する南朝は、漢族の支配する唯一の中国の政府を自称し、胡族支配の北朝を軽視していたが、いわば隋帝国の先駆をなすと思われる北魏《ほくぎ》においても、すでに漢族の活躍がめざましく、そこに胡族と漢族の文化が混合して新しい文化ができつつあったのである。もっとも、詩と仏教に明け暮れている南朝の貴族文化とちがって、北朝では文化の中心が政治にあり、仏教もまた国家鎮護的性格を強くになっていた。この北朝が、後世に残したもっとも大きな文化遺産の一つが律令《りつりょう》であり、もう一つが雲崗《うんこう》や龍門《りゅうもん》の石造彫刻ではないかと思う。

隋は、はなはだ多くのものを北魏、北周から受け継いでいる。隋の政治の一つの特徴は律令の整備であった。

　初め周《しう》の法《はふ》は、斉《せい》の律《りつ》に比ぶれば、煩《わづら》はしく要ならず。隋《ずい》の主《こきし》、高熲《かうけい》、鄭訳《ていえき》および上柱国《じやうちゆうこく》の楊素《やうそ》、率更令《そつかうれい》の裴政《はいせい》らに命じて、更に加へて脩《をさ》め定む。典故《てんこ》に練習し、政《まつりごと》に従ふに達す。乃《すなは》ち、魏《ぎ》・晋《しん》の旧《ふる》き律を采《と》り、下りて斉・梁《りやう》に至り、沿革《えんかく》の重軽、其の折衷《せつちゆう》を取る。……是《ここ》に於いて、前世《さきのよ》の梟《けう》、轘《くわん》および鞭法《べんはふ》を去り、謀叛《むほん》以上に非ざるよりは、族《やから》の罪を収《ただ》すこと無し。始めて死刑二、絞《かう》・斬《ざん》、流刑三、二千里より三千里に至る、徒刑《とけい》五、一年より三年に至る、杖刑《ぢやうけい》五、六十より百に至る、笞刑《ちけい》五、十より五十に至るを制す。……是より法制、遂に定まり、後《のち》の世《よ》、多く之《これ》に遵《したが》ひ用ふ。

『資治通鑑《しじつがん》』のいうとおり、この律令の重視こそ隋、唐の政治の要《かなめ》なのである。そしてそれは北魏以来の政治思想を受け継いだものであろう。こうして法をととのえ、国の秩序を厳にするとともに、その外交においてもめざましい成果を収めた。

　隋にとって、もっとも大きな敵は陳であった。陳を討って天下統一をしなくてはならない。しかし陳を討つためには、国内を治めるとともに、北辺を固めねばならぬ。隋の周辺で当時もっとも大きな国は突厥《とつけつ》であった。突厥は六世紀の半ば伊利可汗《いりかがん》によって建てられた遊牧民の国家であったが、それは内蒙古《うちもうこ》、外蒙古を含めて北辺一帯を支配する大国であり、北周との間に絶えず紛争が続いていた。ところが王の伊利可汗が死に、その子の木杆可汗《もつかんかかん》が約二十年間にわたって治めたが、木杆可汗の死後、いとこ同士の後継者争いが続き、政情は安定しなかった。文帝は長孫晟《ちょうそんせい》の進言をもちいて、この分裂を利用し、あるいは利をもって、あるいは武をもって、可汗たちを操縦し、互いに相争わしめたので、ついに突厥の勢いは衰え、開皇《かいこう》四（五八四）年、突厥の王・沙鉢略可汗《いしばるかがん》は隋に降伏の使を送った。

突厥とともに隋にとってわずらいの種は、高句麗《こうくり》をのぞけば、チベット族の吐谷渾《とよくこん》と満州《まんしゅう》族の契《きっ》丹《たん》であったが、開皇三年には遠征の軍を吐谷渾に出してその王を殺し、開皇四年には契丹が使を遣わして隋に降を乞《こうこ》うた。

こうしてみると、開皇四年ごろには隋の周辺の民族の脅威はのぞかれたとみてよい。こうして内政をととのえ、胡族の脅威をのぞいた後に、文帝はいよいよ開皇八（五八八）年、陳征討の軍を出すのである。文帝の子・晋王広《しんおうこう》、後の煬帝《ようだい》らを行軍の元帥《げんすい》となし、高熲《こう》をもって広の元帥長史《げんすいちょうし》として、総管九十、兵五十一万八千を遣わした。

時に陳帝・後主《こうしゅ》は、まったく暗愚でひたすら享楽の生活を送っていた。こういう状況において勝敗は明らかである。陳の宮廷には戦う意志がほとんど見られない。ただ若干の正義の臣が、この後主に忠節をつくして討死し、あるいは捕虜となった以外は、多くの武将は争って逃げ、ついに開皇九年一月、隋兵は、張貴妃《ちょうきひ》と孔貴嬪《こうきひん》とともに井戸に隠れていた後主を捕らえて、おびただしい戦利品とともに洛陽《らくよう》に連れて帰った。

こうして開皇九年、陳は滅び、百七十年間続いた南朝は終わった。この中国において異例の、揚子《ようす》江《こう》流域を都とした南朝という文明は、いったいどんな文明であり、それは後世に何を残したか。それはたいへん大きな問題で、ここでよく答えることはできないが、日本は、とりわけこの南朝文明の影響を強く受けたように思われる。この南朝の文明が日本に与えた影響については、今後もっと研究せねばならないと私は思う。

こうして隋は天下を統一したわけであるが、このような隋の勢いが、周辺の国に影響を与えないはずがない。しかも開皇四年ごろまでに、突厥、吐谷渾、契丹らが隋の威に伏したとすれば、残った高句麗に隋の圧力がおよぶのは当然であろう。

隋帝国をめぐる東アジアの情勢

もう一度、隋《ずい》と高句麗《こうくり》をはじめとする朝鮮三国との関係を『隋書《ずいしょ》』などでふり返ることにしよう。

この隋が天下を統一する開皇《かいこう》九（五八九）年までの隋と高句麗と百済《くだら》との外交を、『隋書』「帝紀《ていき》」から拾えば次のようになる。

（開皇元年／五八一）冬十月乙酉《いつゆう》、百済王《くだらわう》・扶余昌《ふよしやう》、使を遣はし、来《きた》りて賀《いは》ふ。昌《しやう》に上開府儀《じやうかいふぎ》同三司帯方郡公《どうさんしたいはうぐんこう》を授《さづ》く。

（十二月）壬寅《じんいん》、高麗王《かうらいわう》・高陽《かうやう》、使を遣はし、朝貢す。陽に大将軍遼東郡公《だいしやうぐんりやうとうぐんこう》を授く。

（開皇二年正月）辛未《しんび》、高麗、百済、並びて使を遣はし、方物《はうぶつ》を貢ぐ。

十一月景午《けいご》、高麗、使を遣はし、方物《はうぶつ》を献《たてまつ》る。

（開皇三年正月）癸亥《きがい》、高麗、使を遣はし、来朝す。

（四月）辛未《しんび》、高麗、使を遣はし、来朝す。

（五月）甲辰《こうしん》、高麗、使を遣はし、来朝す。

（開皇四年四月）丁未《ていび》、突厥《とつけつ》、高麗、吐谷渾《とよくこん》の使者を大興殿《たいこうでん》に宴《うたげ》す。

開皇九年までの高句麗、百済関係の記事は以上であり、新羅《しらぎ》の記事はない。

この簡単な記事から、われわれはいろいろなことを考える。まず高句麗も、百済も、隋に使を出し、隋国の成立を祝うことがはなはだ早いということである。文帝《ぶんてい》が北周《ほくしゆう》の静帝《せいてい》から位を譲られたのは、開皇元年二月である。そのニュースを聞いて、さっそく百済も高句麗も使を遣わしたのであろう。『隋書』には、この七月「靺鞨《まつかつ》の酋長《しうちやう》、方物《はうぶつ》を貢ぐ」とあり、八月に「突厥《とつけつ》の阿波可汗《あはかかん》、使を遣はし、方物を貢ぐ」とある。靺鞨、突厥に続いて、その十月、百済が朝貢し、遅れじとばかり、その十二月、高句麗も朝貢したのであろう。

このとき百済王・昌《しょう》（威徳王《いとくおう》）に上開府儀同三司《じょうかいふぎどうさんし》帯方郡公《たいほうぐんこう》を、高句麗王・陽《よう》（平原王《へいげんおう》）に大将軍《だいしょうぐん》遼東郡公《りょうとうぐんこう》を授けていることに注意する必要がある。帯方郡、遼東郡ともに漢のおいた郡であるが、儀同三司は従一品、大将軍は正一品の官である。隋は高句麗と百済の間に差別をつけたのであろう。また百済の場合「来賀」という言葉をつかい、高句麗の場合「朝貢」という言葉をつかったのは、高句麗は隣国だから隋に朝貢するのは当然だが、百済は遠いのにはるばるやって来て、隋の成立を祝ってくれたという労をねぎらう意味を含めたのであろうか。

新羅は日本とともにこのとき祝賀の使を送っていない。二国とも極東の国、中国の政治的状況にそれほど意をもちいなくてもよかったからであろう。

また翌開皇二年正月、高句麗と百済は、ともに使を遣わして方物を貢いだという。おそらくこのとき、高句麗、百済は積年の恨みを捨てて、力を合わせて新羅にあたろうとしていたのであろうか。そして外交においても共同歩調をとろうとしていたのであろう。この記事はその証拠と考えられる。

しかしこのような共同歩調も、隋の受けとり方は少しちがうと思われる。高句麗のほうは近い国、百済は遠い国。近い国は遠い国より礼儀を厚くするのが当然である。はたしてこのとき、高句麗は隣接する靺鞨や契丹《きったん》とトラブルを起こしていた。隣国のすべてを中国の属国と考える考え方を、代々受け継いでいる隋が、一つの属国が力をもって他の属国を征服するのを好まないのは当然であろう。

高句麗は隋の機嫌をとっておく必要を感じたのであろう。開皇二年十一月、三年正月、四月、五月とたてつづけに朝貢している。これは高句麗と隋との関係が親密さを増したことを示すのか、あるいは緊張関係があるので、その緊張を和らげるためであったか、いちがいに断定することはむずかしい。

こういう状況を考えると、開皇四年四月の「突厥、高麗、吐谷渾《とよくこん》の使者を大興殿《たいこうでん》に宴《うたげ》す」という記事が問題となる。この開皇四年という年は、文帝の分裂政策が成功し、突厥では内乱が続き、ついに沙鉢略可汗《いしばるかがん》が隋に降伏し、突厥は弱体化し、またその前年吐谷渾もその王が殺され、隋の大規模な征伐をこうむろうとしていた年である。

「宴す」とあるが、こういう中国の朝廷における宴というものは、はなはだ複雑な意味をもつものであろう。もちろん山海の珍味を集めて夷狄《いてき》の使をもてなすことは、ひとつのデモンストレーションであり、同時に臣属の儀式である。高句麗の使は、すでに征伐された、あるいは征伐されようとする突厥と吐谷渾の間に並ばされ、複雑な思いを抱いたにちがいない。とにかく序列は吐谷渾の前である。高句麗もいちおう重んぜられたといえる。しかしそれは属国としての順序である。やがて隋の征伐の軍隊は、突厥や吐谷渾などのようにわが国にもおよぶだろう、そういう恐怖を高句麗の使は感じたにちがいない。高句麗の使は、それを高句麗王にどう報告し、高句麗王はそれにどう対処したのか。

ここで高句麗の外交方針の変化があったと思われる。高句麗王はおそらく隋による高句麗への侵攻は必然とみたのであろう。その侵攻に備えなければならぬ。後に隋の文帝の高句麗王・陽にあてた国書が示すように、このとき隋と高句麗との間に気まずい関係があったのであろう。開皇四年以後、高句麗王は隋に朝貢せず、かえって陳に朝貢している。『陳書《ちんしょ》』は語る。

（至徳《しとく》二年／五八四）十一月戊寅《ぼいん》、百済国《くだらこく》、使を遣はし、方物《ほうぶつ》を献《たてまつ》る。

（至徳三年）十二月癸卯《きう》、高麗国《かうらいこく》、使を遣はし、方物を献る。
（至徳四年）九月丁未《ていび》、百済国、使を遣はし、方物を献る。

なぜ高句麗はこのとき、隋への朝貢をやめて陳に朝貢したのか。しかもどうしてそれは一度きりなのか。

高句麗は隋と気まずくなったので、陳と親善を結ぼうとしたのであろうが、なぜかそれは一度にとどまってしまった。これはどういうわけであろう。これを推察させるものとして、『陳書』の列伝二十四の「傅縡伝《ふさいでん》」に、陳の傅縡という者が高句麗の金を受けた件で罰せられた記事がある。このことを『資治通鑑《しじつがん》』は至徳三年のこととしている。もしもこのことが真実であるとすれば、高句麗はどうして陳の高官に金をつかう必要があるのか。強く対隋政策を主張するか、それとも賄賂《わいろ》をつかって物か人かを持ち出そうとしたのであろう。私は後のあの隋の文帝の国書からみて、後者ではなかろうかと思う。

このような事件によって高句麗は陳とも気まずくなったのであろう。以後、高句麗は陳にも隋にも使を送っていないが、百済は二回も使を送っている。

これが隋による中国統一の前夜の隋および陳と、高句麗および百済との関係であった。そしてこの隋による中国統一とともに、徐々にこの関係は緊張を高めるのである。

六世紀末の朝鮮半島

われわれはここで、この朝鮮の政情とその王について一瞥《いちべつ》しておきたいと思う。

高句麗《こうくり》は三国の中でもっとも古く、またもっとも大きい。朝鮮半島北部から遼東《りようとう》半島にかけて広い領地をもつ国であった。その王は扶余《ふよ》の王の子孫といい、平壌《へいじょう》に都していた。このときその王は第二十五代の平原王《へいげんおう》で、名は陽成《ようぜい》、前王・陽原王《ようげんおう》の長子で、「胆力《たんりょく》あり、騎射《きしゃ》をよくす」と『三国史記《さんごくしき》』にある。おそらく武勇すぐれる騎馬民族の面影を残す王であったろうが、あるいは外交というものが苦手であったかもしれない。

先にいったように六世紀後半は仏教の影響もあり、朝鮮半島はいちおうの平和を保っていたが、高句麗は西に北斉《ほくせい》および隋《ずい》の巨大な武力を恐れ、南に徐々に強くなってゆく新羅《しらぎ》の力に不安を感じていたのである。

百済《くだら》の王は第二十七代の威徳王《いとくおう》で、『日本書紀』にでてくる余昌《よしょう》であり、『日本書紀』では、その軽率な行動により父の聖明王《せいめいおう》を殺さしめ、百済を亡国の淵《ふち》に陥《おとしい》れた王子として評判が悪いが、『隋書《ずいしょ》』や『三国史記』によって王の事績を推定すると、彼はけっして愚かな君主でないことがわかる。

威徳王は、父・聖明王の、あまりに無謀な外交姿勢に懲りて、もっぱら内政につとめ、百済の滅亡を救った王ともいえる。彼はたしかに父・聖明王とちがって、必ずしも親日的ではないが、それは当然といえば当然である。聖明王は日本の武力援助をあてにして、新羅にたいして無謀な戦いを挑み、大打撃を受けた。日本をあてにすれば危ない。威徳王は日本より高句麗に近づいて、新羅にたいして備えたのであろうと思われる。威徳王は、しばしば北斉や北周《ほくしゅう》や陳《ちん》や隋に使を出し、外交関係にも積極的であった。百済のような小さな国は、隣国の情勢に敏感に気をつかい、それらの国々との貿易や仲介でやってゆくよりしかたがなかったのであろう。

ところが一方、この時代の新羅の王は第二十六代の真平王《しんぺいおう》であった。真平王は名を白浄《はくじょう》といい、真興王《しんこうおう》の太子・銅輪《どうりん》の子である。新羅興隆の名君・真興王の死後、真興王の次男の真智王《しんちおう》・舎輪《しゃりん》が即位したが、三年で死に、五七九年に真平王が即位した。この真平王は『三国史記』に「王、生まれながらにして奇相あり。身体は長大にして、志識《しき》は沈毅《ちんき》にして明達《めいたつ》」であったとある。この王は祖父の真興王の遺志を継いで、実に五十四年の間、新羅に君臨し、新羅を強大ならしめたのであるが、この真平王について、はなはだ興味深い話が『三国遺事《さんごくいじ》』に載っている。

真平王はその即位元年に天から玉帯を賜って、それをつけていたという。それで高句麗の王が新羅を討伐しようとしたが、「新羅に三宝あり、犯すべからず」といって討伐を止めたという。この三宝というのは、皇龍寺《こうりゅうじ》の丈六《じょうろく》の尊像と、その寺の九層の塔と、この玉帯である。皇龍寺の仏像は、陳《ちん》の宣帝《せんてい》、太建《たいけん》六年、真興王《しんこうおう》の三十五(五七四)年に、そして九層の塔は、真平王の次代の王である善《ぜん》徳《とく》女王十二(六四三)年に建てられた。

新羅の三つの宝というのは、このように真興、真平、善徳の父祖三代の新羅の興隆に大いに力をつくした英王の功績を記念するものであろう。この三代の王を経て、新羅は百済を滅ぼし、高句麗を降《くだ》し、ついに朝鮮三国を統一するのである。この三つの宝は、この新羅興隆のときを記念する、新羅の鎮国の三神宝というべきものであろうか。真興王から善徳王までの時代は、このように新羅はさかんに仏教をとり入れて、遅れた国を文明化するとともに軍事に意をもちい、国の基礎を固めていったときなのである。

皇龍寺の丈六の仏像は、真興王の三十五年に完成したが、その翌年、春から夏にかけて日照りが続いたとき、その仏像の流した涙は踵《きびす》まで達したという。皇龍寺の仏像はそういうふうに国民とともに喜び、国民とともに泣く仏像であったのであろう。

また塔に関して『三国遺事』には、次のような伝説が語られている。

善徳王のとき、慈蔵《じぞう》という僧が中国の大和池というところを歩いていると、文殊菩薩《もんじゅぼさつ》が神人に化身してあらわれ、「なぜお前はここにいるか」とたずねた。慈蔵は「菩提《ぼだい》を求めるためである」と答えた。神人は、「お前の国に何の難があるか」とたずねた。そこで慈蔵は「私の国は、北は靺鞨《まっかつ》に連なり、南は倭《わ》に接していて、高句麗と百済の二国は、しばしば国境を侵して争いが絶えません。これが民の災いです」と答えた。すると神人は、「お前の国は女が王である。王は徳はあるが、女なので威厳がない。それで隣国が国を侵そうとしている。だから、急いで本国へ帰り、皇龍寺に塔を建てよ。わが皇龍寺には護法龍《ごほうりゅう》がいる。この龍はわが長子で、梵王《ぼんおう》の命を受け、この寺を護《まも》っている。そしてこの寺に九層の塔を建てれば、隣国は降伏して、周囲の諸国も朝貢するにちがいない」といった。いい終わったら忽然《こつぜん》と見えなくなった。

慈蔵は貞観《ていかん》十七（六四三）年に新羅へ帰った。百済から阿非知《あひち》という大工を招聘《しょうへい》して工事にかかって塔を完成した。この九層の塔はそれぞれ一層ずつ、九夷《きゅうい》の侵攻を鎮める力をもっているという。第一層は倭、すなわち日本、第二層が中華、第三層が呉越《ごえつ》というふうに。

この話でわれわれは、二つのことを知るのである。一つは、この六世紀末から七世紀にかけての新羅の対外政策である。もとより新羅は、真智王、真平王の時代になって、百済を破り、高句麗を討ち、日本を追い、朝鮮半島の南に強国を築いた。しかしそれでもやはり不安にさらされているのである。その不安が、神人に語った慈蔵の言葉によくあらわれている。

そしてこういう国難の中でも、とりわけ日本はもっとも恐ろしい敵なのである。皇龍寺の九層の塔の第一層は日本を鎮めるためであり、第二層は中華すなわち北朝を鎮めるためであり、第三層は呉越すなわち南朝を鎮めるためということになっている。もとより北朝、南朝は、ともに日本と比べられないほどの大国なのである。しかしこの二つの大国よりも、日本の脅威が新羅により強く意識されているのは、その地理的条件による。日本は新羅にとって、いつおしよせて来るかもしれない恐ろしい蛮夷《ばんい》の国なのである。

もう一つここで注意すべきことは、七世紀の半ばになっても、新羅は塔を建てるのに百済から工人を連れて来たということである。まだこのとき、新羅には、九層の塔を建てることができるような技術者がいなかったのであろう。この百済の工人・阿非知は工事の途中、百済滅亡の夢を見たという。おそらく阿非知は、敵国の護国寺をつくることに抵抗を感じたにちがいない。しかし、おそらく当時の百済にとって、こういう技術者の輸出が自国の生きる道であったのであろう。

新羅の真興王が国家鎮護のために造営した皇龍寺跡（慶州）

今日、慶州《けいしゅう》をおとずれると、われわれは皇龍寺の発掘の跡を見ることができる。最近発掘が行われて、皇龍寺はほぼその全貌《ぜんぼう》を人々の前にあらわした。慶州の地は周囲が山に囲まれて、どこか飛鳥《あすか》を思わせる。そして皇龍寺は法興寺《ほうこうじ》を思わせるが、規模がちがう。それは想像以上に巨大な寺である。わが国ではわずかに東大寺《とうだいじ》がそれに匹敵するが、皇龍寺は東大寺より雄大である。

新羅仏教は華厳《けごん》仏教の影響が強い。それは、どこかで当時の帝王の面影を宿している盧遮那《るしゃな》を本尊とした国家鎮護の色彩の色濃い寺である。日本では華厳仏教はそれほど普及しなかったが、朝鮮では仏国寺《ぶっこくじ》、石窟庵《せっくつあん》、通度寺《つうどじ》そして海印寺《かいいんじ》、いずれも華厳仏教の寺である。この違いは二つの国の文化を考えるとき、大きな意味をもつ。

先に述べたように、新羅は隋が建国しても使を送らず、むしろ陳に僧を送って、さかんに仏教を求めた。五八五年には智明《ちめい》が陳に行き、五八九年には円光《えんこう》が陳に行き、仏教を求めた。隋から遠く離れた新羅には、このような純粋な文化移入の関係が、陳との間に可能であったのである。

こういう状況が、隋が陳を滅ぼす開皇《かいこう》九（五八九）年、わが国の崇峻《すしゅん》二年の東アジアの国際関係であった。約三十年間、朝鮮半島はいちおうの安定を保っていた。しかし隋が陳を滅ぼし、天下を統一したからには、情勢の変化は必至である。

隋が責める高句麗の四つの大罪

陳を平《たひ》らげし後に及び、湯《たう》（平原王《へいげんおう》）、大いに懼《おそ》れ、兵を治め、穀《たなつもの》を積みて守り、拒《ふせ》ぐ策《はかりごと》をなす。（『隋書《ずいしょ》』「高麗伝《こうらいでん》」）

おそらく高句麗の平原王は、少し情勢を甘くみていたのである。隋が陳を破ることはできない。破るにしても、まだかなりの時間がかかると思ったのであろう。しかしわずか半年で陳が滅び、隋の軍隊は意気揚々と都へ引きあげて来た。今や隋の勢いは、とどまらざるものとなった。こういうときに、歴史に照らしても、中国の皇帝は四夷《しい》の討伐をはじめることはまちがいない。高句麗王は悪い予感にかられつつ、武力をととのえ、穀物を蓄え、防戦の備えをしたが、その予感は事実となってあらわれた。

翌開皇《かいこう》十（五九〇）年、隋《ずい》の文帝《ぶんてい》・楊堅《ようけん》は平原王《へいげんおう》に国書を賜った。『隋書』「高麗伝」には、この国書を開皇十七年のこととしているが、開皇十七年には、すでに平原王は死んでいるので、『三国史記《さんごくしき》』のように、やはりこれは開皇十年のことと考えるべきであろう。

この手紙はまったく恐ろしい手紙である。少し長いが全文を『隋書』から引用し、平原王の恐怖を追体験することにしよう。

朕《われ》、天命を受け、率土《そつど》を愛育《あいいく》し、王に海隅《かいぐう》を委《ゆだ》ね、朝化《てうくわ》を宣揚《せんやう》し、円首方足《にんげん》をして各《おのおの》其の心を遂げしめんと欲す。王、毎《つねづね》使人《つかひ》を遣はし歳ごとに朝貢す。藩附《はんぷ》と称するといへども、誠節《せいせつ》をいまだ尽さず。王、既に人臣《じんしん》たれば、すべからく朕と徳を同じふすべし。

これが文帝の璽書《じしよ》の書き出しである。「私は全世界の王であるので、お前に一隅《いちぐう》の土地をまかせている。お前は毎年使を遣わして朝貢してきているが、忠節が十分ではない」。これは全中国を統一した皇帝の言葉である。世界はすべて私のもの、お前の国も仮にお前にまかせてあるだけだ。私と志を一にすべきである。

而《しか》るにすなはち、靺鞨《まつかつ》を駆逼《くひつ》し、契丹《きつたん》を固禁《こきん》す。諸藩は顙《ひたひ》を頓《ぬか》きて我が臣妾《しんせふ》となる。善人の義を慕《した》ふを忿《いか》り。何ぞ毒害の情の深からんや。

いよいよ難詰《なんきつ》がはじまる。文帝の責める高句麗王の第一の罪は靺鞨《まつかつ》を追い出し、契丹《きつたん》をとどめた件である。靺鞨は高句麗の東北にいる遊牧民族で、いつも高句麗との間に争いを起こしていた。この靺鞨を高句麗が東北に追いやったことをいうのであろう。契丹は高句麗の西北にいる民族で、高句麗の発展によって契丹が隋に入朝するのを妨げられたことをいうのであろう。お前は、同じくわが家来である靺鞨や契丹がわが国に朝貢するのを妨げている。何とひどいことをしているではないか。

太府《たいふ》の工人、其の数少なからず。王、必ず之《これ》を須《もち》ふれば、自《みづか》ら聞奏《もんそう》すべし。昔年《むかし》、潜かに財貨を行ひ、利をもつて小人《せうにん》を動かし、私《ひそ》かに弩手《どしゅ》を将《ひき》ゐて下国《げこく》に逃竄《たうざん》す。豈《あに》、兵器を脩理《しうり》し、意《こころ》に不臧《ふざう》（善）を欲せざれば、外聞《ぐわいぶん》あるを恐れて、ことさらに盗窃《たうせつ》をなさんや。

おそらくこういうことは実際にあったにちがいない。開皇のはじめ以来、高句麗はやがて、突厥《とつけつ》や吐谷渾《とよくこん》のように自国も隋の侵略をこうむるにちがいないと覚悟していたのであろう。どうしたらよいか。それには何より兵器を蓄えねばならぬ。隋からすぐれた軍人や技術者を引きぬき、そしてそれで高句麗の軍人を教育し、高句麗の兵器を改良する。こういう場合は平原王ならずとも、こういうことを考えるにちがいない。このことが隋に見破られて、隋と高句麗はまずくなったのであろう。また高句麗が陳の高官に賄賂《わいろ》をつかって求めようとしていたものも、やはり兵器と軍人であったと思う。

隋の文帝は、申し出とあらば分けてやろうというけれど、軍人や兵器などを容易に敵国となる可能性のある隣国に分け与えることができるとは思われない。

時に使者《つかひ》に命じて、王の藩《くに》を撫慰《ぶゐ》せしは、本は彼《か》の人情を問ひ、彼に政術《せいじゆつ》を教へんと欲せしなり。王、しかるに、之《これ》を空しき館《やかた》に坐し、厳しく防守を加へ、其れをして、目を閉ぢ、耳を塞《ふさ》ぎ、永く聞見《ぶんけん》するをなからしむ。何の陰悪ありて、人の知ることを欲せず、官司《くわんし》を禁制し、其の訪察《はうさつ》するを畏《おそ》るるや。

これは、はからずも隋が周囲の国に使者を遣わすほんとうの理由を語っている。それは表面は周囲の国々をねぎらうということであるが、裏はちがう。それはいわばスパイなのである。周囲の国々が隋に異心を抱いているかどうかを調べるための使なのである。そういう使を高句麗は、人気のない宿にとどめておいて、国内を見せようとしなかった。そのことを文帝は平原王に責めているのである。お前は何かを隠している。

もしも平原王の心が『隋書』に書かれたもののようであれば、平原王が隋の使者に国内を見せなかったのは当然である。兵器を蓄え、穀を積む、そういうことを見れば、使者はどんな報告を隋王にするか。事実はそのとおりかもしれないが、平原王をして、ここに追いこんだ理由は何か。明らかに大国の覇権《はけん》政策ゆえであろう。原因を向こうでつくっておきながら、われわれを責める。平原王はどうにもならない力の差を感じたにちがいない。

また、数《しばしば》馬騎《ばき》を遣はして辺人《へんじん》を殺害し、屡《しばしば》、姦謀《かんぼう》をほしいままにし、ややもすれば邪説《じゃせつ》を作《な》し、心に賓《したが》はざるあり。

これまた昔も今もよくある国境紛争である。国境紛争というものは、どちらに原因があるかはよくわからない。たいていの場合は、やはり強い国のほうに、その原因の多くがあるとみてよいであろう。

朕《われ》、蒼生《さうせい》における悉《ことごと》く赤子《あかご》の如し。王に土宇《どう》を賜《あた》へ、王に官爵《くわんしやく》を授《さづ》け、深き恩《めぐみ》、殊《こと》に沢《うるほ》ひ、遐《とほ》く邇《ちか》くに彰《あき》らかにして著《いちじる》し。王、もつぱら不信を懐き、恒《つね》に自《みづか》ら猜《ねた》み疑ひ、常に使人《つかひ》を遣はして密かに消息を覘《うかが》ふ。純臣の義、豈《あに》、是《かく》の若《ごと》しや。蓋《けだ》し、まさに朕の訓導《くんだう》の明らかならざるによるべし。王の愆《あやま》り、違《よこしま》は、一たびは已に寛恕《ゆる》す。

ここでまず隋の皇帝はおのれの慈愛を強調する。皇帝は、世界のあらゆる人民を赤子のごとくかわいがらねばならぬ。私はお前を愛している。しかしお前は心に疑いを抱き、私を信じないのはどうしたわけか。それでいいと思っているのか。しかしそれも私のお前にたいする教え方が悪かったのであろう。ひとたびは許してやる。

以上が、隋の文帝が高句麗を責める四つの罪である。その一つ一つはたいしたことではないであろう。しかし、一つ一つはたいしたことでなくとも、高句麗王は重大な罪を犯していたのかもしれない。

この巨大な国・隋にもう六年も朝貢せず、隋にとって喜ぶべき中国統一の大事業に祝賀の使も出さないではないか。隋にとって高句麗が朝貢しないことは、すなわち大いなる罪であった。四つの罪をあげた後に、隋王はそれを責めるのである。世界の王者にふさわしい慈愛と威厳をもって。

今日已後《こんにちいご》、必ず改革すべし。藩臣《はんしん》の節を守り、朝正《てうせい》の典《のり》を奉《たてまつ》り、自《みづか》ら爾《なんぢ》を藩と化《くわ》し、他国《くに》に忤《さから》ふこと勿《なか》れば、則ち、長く富貴《ふうき》を享《う》け、実《まこと》に朕《わ》が心に称《かな》はん。

心を改めるがよい、そうすればお前は末永く富貴を受けるであろう。しかしそうしなかったら、お前はどうなるか。以上は、いってみれば世界の王者にふさわしい慈愛と寛容の言葉である。しかし世界の王者の言葉はけっして慈愛や寛容のみに終わらない。そこに威嚇《いかく》が含まれているものである。

彼の一方は地狭く、人少なしといへども、しかれども普《あまね》く天の下、皆、朕《わ》が臣《しん》なり。今、もし王を黜《しりぞ》くれば、虚しく置くべからず。つひにすべからく、更に官属《くわんぞく》を選びて、彼《かれ》により安撫《あんぶ》すべし。王、もし心を洒《あら》ひ、行ひを易《か》へ、由りて憲章に率《したが》へば、即ち是、朕《わ》が良臣なり。何ぞ別に才彦《さいげん》を遣はすを労《らう》せんや。昔、帝王、法を作れるに、仁、信を先となす。善あれば必ず賞し、悪あれば必ず罰す。四海の内、具《つぶさ》に朕が旨《こころ》を聞く。王、もし罪なくして、朕《われ》、忽《たちま》ちに兵を加はば、自余《じよ》の藩国《はんこく》は朕を何と謂《い》はんや。王、必ず心を虚しくして朕の此の意を納め、慎《つつし》みて、疑ひ惑ひ、さらに異図《いと》を懐くなかれ。

これはまったく恐ろしい言葉である。こういう恐ろしい言葉を平気でいえるのは、まさに世界の王者に限られる。

お前を罷免《ひめん》してもよいのだ。しかしそうなれば、お前のかわりに誰かを任命し、高句麗の王としなければならぬ。しかしそれはいささかめんどうだ。中国には儒教《じゆきよう》があり、それは人間の間に行わるべき道徳を定めている。善があれば賞し、悪があれば罰せられるという規則である。世界の王たる私は、必ずしもそういう道徳にしばられる必要はないが、私もまあこのような規則にさからうことはしまい、もし私がお前の国に罪なくして兵を出したら、周囲の藩国たちは私をどう思うことであろう。悔い改めよ、悔い改めよ、そうすれば、私はお前を廃するというめんどうなことをしなくてもすむのであるが。

往者《かつて》、陳叔宝《ちんしゆくほう》は代《かはるがはる》、江陰《かういん》に在りて人庶を残害《そこな》ひ、我が烽候《ほうこう》を驚動し、我が辺境を抄掠《かすめと》る。朕《われ》、前後、誡勅《いまし》むるに十年を経歴す。彼《かれ》、則ち長江《ちやうかう》の外を恃《たの》みて、一隅の衆を聚《あつ》め、惽狂《こんきやう》、驕《けう》傲《がう》して朕《わ》が言《ことば》に従はず。故に将に命じて、師《いくさ》を出《いだ》し、彼の凶逆《きようぎやく》を除くに、往来すること旬月《じゆんげつ》に盈《み》たず、兵騎《へいき》は数千に過ぎず。歴代の逋《のが》れ寇《あだ》すを一朝《いつてう》にして清蕩《せいたう》し、遐《とほ》く邇《ちか》くもまた安らかにして、人神、胥悦《みなよろこ》ぶ。王、歎《なげ》き恨みて、独り悲傷を致すと聞く。幽明を黜《しりぞ》け陟《のぼ》するは有司《いうし》の是、職なり。王を罪するは陳を滅ぼすをなさざるなり。王を賞するは陳の存するをなさざるなり。禍《わざはひ》を楽しみ、乱るるを好むは、何ぞ爾《なんぢ》が為ならんや。王、遼水《りやうすい》の広きこと長江に何如《いかん》、高麗《かうらい》の人、陳国に多少と謂《い》ふ。朕にもし含育《がんいく》が存せず、王の前《さき》の愆《あやま》ちを責むれば、一将軍に命じ、何ぞ多くの力を恃《たの》まんや。懇懃《ねんごろ》に暁《さと》し示す。王、自《みづか》らを新《あらた》むを許すのみ。宜《よろ》しく朕が懐《おも》ひを得て、自ら多き福《さいはひ》を求むべし。

最後の言葉はとりわけ恐ろしい。高句麗王よ、お前は陳の後主《こうしゆ》・陳叔宝《ちんしゆくほう》の運命を知っているのか。これは戦勝の自信からでてくる言葉である。隋建国以来十年、この十年の間、陳は隋にさからってきた。隋の文帝にとっては陳の国土もぜんぶ隋の領地のはずである。「逋寇《ほこう》」とは、税金を納めない無頼者のことをいうのであろうが、南朝は実に百七十年の間、正当な政府である北朝に税金を納めなかったというのであろうか。これはすごい言葉である。

とにかく中国の南半分を占領していた陳は滅んだ。文帝は、兵騎数千をもって一月たらずで滅ぼしたというが、それはオーバーである。兵五十一万八千、日月は約四ヵ月である。

おそらくこの意外に簡単な陳の滅亡に、高句麗の朝廷はなす術《すべ》を知らず嘆いていたのであろう。そういう状況が、スパイを通じて文帝の耳に入っていたのであろう。中国では人も物もみな陳の滅亡と隋の天下統一を喜んでいるのに、お前ひとり悲しんでいる。いったいそれはどういうわけか。お前は、遼《りょう》河《が》が揚子江《ようすこう》より広く、高句麗の人口が陳の人口より多いと思うのか。私がやると思ったら一人の将軍で十分なのだ。これはまさに無頼者の脅迫を思わせるような威嚇の言葉である。おそらく世界の王者という絶対の自信をもつ人間のみが、かかる言葉を平然と語りうるのである。

この国書が高句麗にきたのは、開皇十（五九〇）年、わが崇峻《すしゅん》三年のはじめであった。これを見て平原王はどう思ったのであろうか。身体中のすべての血が凍ってしまうような恐怖を感じたにちがいない。高句麗の平原王の目には、今にもおしよせて来ようとする隋の大軍の姿がはっきりと見えていたにちがいない。『隋書』に、

湯《たう》、書《ふみ》を得て惶恐《くわうきよう》して、将《まさ》に表《ふみ》を奉《たてまつ》りて、陳謝せんとす。病《やまひ》に会ひて卒《を》はる。

とある。おそらく平原王は恐怖のあまり死んだのであろう。

高句麗からの出兵要請と馬子の計算

平原王《へいげんおう》が死んだのは開皇《かいこう》十年の十月であった。そして、その後を受けて即位したのが、長子の嬰陽《えいよう》王《おう》・元《げん》である。王について『三国史記《さんごくしき》』には、「風神《ふうしん》は俊爽《しゅんそう》にして、世を済《すく》ひ、民を安《やす》んずるを以《もち》て自《みづか》らの任《つとめ》とす」とある。まさにこの嬰陽王は未曾有《みぞう》の国難の中で王位についた人である。そして彼は『三国史記』の語るような名君で、世を救い民を安んじることを任となしたのであろう。この王こそ、わが太子ともっとも関係の深い三韓《さんかん》の王であり、大興王《だいこうおう》という名で『日本書紀』に登場してくる人である。この嬰陽王の即位を祝って、隋《ずい》の文帝《ぶんてい》は使を遣わして上開府儀同三司《じょうかいふぎどうさんし》となし、遼東郡公《りょうとうぐんこう》を襲《しゅう》爵《しゃく》させて、衣一襲《きぬひとかさね》を賜ったと『隋書』にあるが、ここで嬰陽王の位が、父の平原王より一段低いのに注意する必要がある。平原王は大将軍《たいしょうぐん》で、正一品に相当するが、嬰陽王は儀同三司で、従一品に相当する。一段階位を低くしたのは、罰の意味であろう。

開皇十一（五九一）年正月と五月、翌年の正月と三度、高句麗《こうくり》は隋に朝貢する。おそらくそれはひたすら恭順《きょうじゅん》の意をあらわして、文帝の怒りを和らげようとしたものであろうが、こうした努力を続ける一方、高句麗の使はいくら努力を重ねても結局、隋はいつかは高句麗に攻めて来る、それは道義の問題ではなく、政治力学の問題であることを感じざるをえなかったであろう。このころはまた、高句麗と仲の悪い契丹《きったん》や靺鞨《まっかつ》がしきりに隋に朝貢している。おそらく契丹や靺鞨はあることないことを隋に告げ、隋はそれを信じ、あるいは信じるようなふりをして高句麗を責めたのであろう。使者は帰ってどのように嬰陽王に報告したのか。そして嬰陽王は、この事態にどう対処したのであろうか。

開皇十二年の正月以来、高句麗は五年間隋に朝貢していない。隋に朝貢しないということがどういう意味をもつか、高句麗も十分よく知っていたにちがいない。高句麗ははっきり覚悟をしていたのである。大国隋と戦うこと、それにはどうしたらよいか。

後に、嬰陽王十八（六〇七）年、隋の煬帝《ようだい》が突厥《とっけつ》の啓民可汗《けいみんかかん》のところへ行ったとき、そこに高句麗の使がいるのを見て怒ったという記事が『三国史記』にあるが、おそらく隋との交わりを絶った後、高句麗は周囲の国に使を出して、高句麗の国際的立場をよくしようとしたのであろう。それは外交の常識であり、世を救い民を安んじることを自らの任とする嬰陽王がそれをしないはずはない。

こういう高句麗のおかれた状況の中で、崇峻《すしゅん》四（五九一）年に、にわかに法興寺《ほうこうじ》を建てるために日本に僧や技術者を送り、そして後に黄金まで送る基盤をつくったのは、どういうわけであろうか。この国難のときに、にわかに日本に僧や技術者を送るということを、やすやすと高句麗がするはずはない。おそらく、今はすべての人間をあげて、すべての物をつかって隋の侵攻に備えるべきときである。そういうときに、なぜ高句麗ははるばる遠い日本に人や物を送ることができるのか。

このようなことがまったくの文化的行為であるなら、この危急のときにそういうことをするはずはないのである。何らかの代償がなかったら、世を救い民を安んじることができるような代償がなかったら、彼がこのような行為をするはずはない。今、ただ何の目的もなく僧や技術者を多大の国費をつかって日本に送るのは、高句麗の民にとってけっして慈悲の行為ではないのである。

その代償は何か。私は、その代償が崇峻四年八月に決議され、この十一月に実行された新羅《しらぎ》征伐軍の出発ではないかと思う。

高句麗と隋との関係は、開皇十二（五九二）年に断絶したのである。とすれば、いつ隋が攻めて来ても不思議ではない。隋が攻めて来なかったのは、それは主として国内的な事情によろう。高句麗の嬰陽王にとっては、もう翌年にも隋が攻めて来ると思われたのであろう。その場合、どうしたらよいか。高句麗にとって心配なのは南の守りである。南には新興国の新羅がいる。そして新羅と高句麗との間には、今は一時中断しているとはいえ国境紛争がある。おそらく大規模な戦いはないとはいえ、小規模な国境紛争がずっと続いていたのであろう。だから隋が高句麗へ攻めて来るとしたら、新羅もそれに応じるにちがいない。そうなれば、高句麗は二方に敵を受け、ひとたまりもない。それを避ける途は一つしかない。それは新羅が攻めて来ないようにさせることであるが、積年の敵対関係はどうしようもない。今、新羅へ使を出したら、新羅は高句麗の弱みを知り、かえって結果は悪いであろう。それなら、新羅に怨念《おんねん》をもつ他国をして新羅を攻めさすがよい。

まさに高句麗の、そういう要求を満たす絶好の国として日本があった。百済も新羅の仇敵《きゆうてき》であるが、なんとしても力が弱く、しかも高句麗との間に昔からの仇敵関係がある。しかし日本は新羅、百済に比べて大国であり、その武勇の噂《うわさ》は朝鮮半島にいまだに残っており、新羅は日本を北朝や南朝よりむしろ恐れている。この日本をして、高句麗、百済と三国同盟を結び、新羅を牽制《けんせい》せしめよ。

私は、高句麗が日本に新羅出兵を迫ったのではないかと思う。とにかく九州まで兵を出して、新羅を脅かしてほしい。そうすれば新羅は日本を恐がって、とても高句麗に兵を出せないであろう。そうすれば高句麗は安心して隋にあたることができる。

これが高句麗の提案で、百済もこの提案にのったと思われる。なぜなら百済も新羅をもっとも恐るべき敵国としているからである。自国を守るため、百済は日本の助けを借りなければならぬ。そのために高句麗と日本を結びつけることは、自国の安全にとっても有利なのである。

おそらく、東アジア世界をおそった状況の急変について、崇峻三年に来朝したはずの百済の使が報告したのであろう。そして崇峻三年から四年にかけて、しばしば高句麗、百済、日本の間に使の交換があり、ついに新羅征討軍の派遣となったのであろう。

このとき馬子《うまこ》は真剣に新羅征討を考えていなかった、と私は思う。またそれは、崇峻帝暗殺の用意のためでもないのである。これは馬子の計算なのであろう。今、九州まで兵を出すことによって、高句麗から僧や技術者が来て法興寺が建つとすれば、それは遅れた日本国家を文明国家にする絶好の機会である。日本のためにもよい。しかもそれは蘇我《そが》氏のためにもよい。なぜなら蘇我氏は自分の権威を示すために、ひとつのシンボルを必要とするからである。文明の象徴である巨大な寺院、それを建てれば、豪族たちは、文明に裏づけられた蘇我氏の権力に恐れをなして、蘇我氏に服従を誓うにちがいない。

あるいはそのとき、馬子の頭に、崇峻帝暗殺のことがちらついたかもしれない。私は、まだそのときそういう考えはなかったと思うが、たとえそれがちらついたとしても、それは新羅征討軍を九州に派遣する主なる理由ではなかった。この馬子というすぐれた政治家の頭には、われわれの気づかない深い計算が隠されていたのである。

第二部　憲法十七条

第一章　江戸時代の太子批判

林羅山の太子批判——邪教を日本に定着させた責

現代の日本において、聖徳太子はもっとも尊敬されている人物である。言論、思想の自由が許されている戦後の日本においても、太子にたいして悪罵《あくば》の声を放つ人はまったくない。かえって、太子を愛する心のはなはだ厚い上原和《うえはらかず》氏などの著書が、一部の熱狂的な信奉者によって太子誹謗《ひぼう》の罪をもって告発されるという有様である。

しかし百年前まではそうではなかった。徳川三百年の間、太子はむしろ評判の悪い人物であった。太子を不忠不臣の徒、はなはだしきは、奸智《かんち》にたけた悪党よばわりした学者が少なくない。しかもそういう学者たちは、多くその時代を代表するすぐれた学者なのである。

この太子にたいする非難の理由は何か。それには表の理由と裏の理由があると私は思う。表の理由は、太子が蘇我馬子《そがのうまこ》の崇峻帝《すしゅんてい》殺害に責任があるということであり、裏の理由は、太子が仏教をもって日本の国教としたことである。

徳川時代は儒教《じゅきょう》の時代である。分裂していた日本国家を統一した織田信長《おだのぶなが》をはじめとする戦国の武将たちは、仏教にたいする根強い反撥《はんぱつ》をもっていた。仏教はまさに、その迷信的な邪説でもって民衆を迷わせ、国家の統一を妨げる前時代的な宗教なのである。この邪教を滅ぼさねば、日本国の統一も近代化もありえない。武将たちは多く合理主義者であり、いっさいの伝統的権威を恐れず、現実的理性に従って、新しい国をつくることを政治的理想にしていた。

徳川家康《とくがわいえやす》は、このような時代の収拾者としてあらわれたが、彼は、新しい歴史の方向にそって大きな宗教改革を行った。それは、仏教にかわって儒教を国教とすることであった。もとより家康は、民衆統治の手段としての仏教の効用を十分に知っていた。しかし仏教は支配者の宗教としてふさわしくない。支配者はやはり理性の教え、つまり儒教で心を武装しなければならない。そういう、いわば上からの宗教改革にもっとも大きな役目を果たしたのは林羅山《はやしらざん》であろう。羅山はまさに徳川時代という時代をつくった最大のイデオローグであろうが、この羅山が『本朝神社考《ほんちようじんじやこう》』で聖徳太子について語っているのは、はなはだ象徴的なことである。

林羅山は、まず聖徳太子をおおっていた厚いベールを一枚一枚はいでゆく。聖徳太子はすでに『日本書紀』において、神秘のベールにつつまれている。そしてそのベールは『聖徳太子伝暦《しようとくたいしでんりやく》』においてますます厚くなり、ついに太子はさまざまな神秘的伝説の中に没してしまった観がある。この太子をとりまく神秘な伝説の偽りを、羅山は一つ一つ論破してゆく。これは、後に近代史学の父・久米邦武《くめくにたけ》氏によって、はっきり自覚的にとられる近代史学の方法の先駆をなすものであろう。そして羅山は、その神秘のベールをはがされた後の歴史的存在としての太子についても、容赦なく批判を加える。しばらく羅山の立場にたって、太子を眺めてみることにしよう。

或《あるい》は又問ふて曰《いは》く、太子の守屋《もりや》を殺すこと其の説有りや。昔より太子を聖と為し、守屋を暴《ばう》となす。果して然《しか》りや否や。余《よ》答へて曰く、敏達《びだつ》の時、守屋勝海《もりやかつみ》仏法《ぶつぽふ》を停《とど》めんと奏《そう》す。蘇我《そが》の馬子《うまこ》

> 仏法を行はんと奏す。守屋と馬子と郤《ひま》あり。是時《このとき》穴穂部皇子《あなほべのみこ》国《くに》家を謀《はか》る。用明《ようめい》の時、馬子大臣《おほおみ》たり。守屋大連《おほむらじ》たり。共に故《もと》の如し。穴穂、推古《すいこ》を奸《をか》さんと欲す。三輪《みわ》の君之《きみこれ》を拒む。守屋三輪の君を斬る。馬子大いに之《これ》を歎く。崇峻《すしゅん》の時、守屋穴穂を立て帝《みかど》と為さんと欲す。馬子推古を奉ず。而《しか》して穴穂を殺す。馬子、諸王《しよわう》及び群臣《ぐんしん》と謀りて守屋を殺す。上宮太子《じやうぐうたいし》亦其軍《またそのぐん》に在り。迹見赤檮《とみのいちひ》、守屋を千朴枝下《ちぼくのえだした》に射る。遂に物部族《もののべぞく》を滅し、其の奴宅《ぬたく》を天王寺《てんわうじ》に納《をさ》む。是《ここ》に由《より》て之を観るに馬子必ずしも義兵ならず。守屋必ずしも寇賊《こうぞく》ならず。守屋の仏を廃する、我が神国たるを以てなり。馬子の仏を崇《あが》むる、神祇《じんぎ》を蔑如《べつじよ》するなり。穴穂は皇子なり。推古は皇女《ひめみこ》なり。穴穂を立てるを是となすか、推古を立てるを是となすか。是れ未だ定む可らず。即ち馬子未だ得《え》たりと為さず、而して守屋未だ失へりと為さず。
>
> （『本朝神社考』）

羅山の叙述には、多少、あいまいな点がある。「崇峻の時、守屋穴穂を立て帝と為さんと欲す」というのは正確ではない。穴穂部皇子《あなほべのおうじ》が殺され、物部《もののべ》征伐が終わった後に、崇峻帝は即位したのである。「崇峻の時」というのは、誤解を与える表現である。実際この不用意な言葉が、後に荻生徂徠《おぎゆうそらい》をして、歴史的事実そのものを大きく誤認せしめるのである。また、いったい羅山は馬子《うまこ》の崇峻殺害を非難しているのか、穴穂部殺害を非難しているのかよくわからない。崇峻殺害と穴穂部殺害を道徳的に同一とみることはできない。

たしかにそうだが、彼の歴史を見る目は、あくまで冷静である。彼はこの蘇我―物部戦争を、冷たい第三者の目で見ている。馬子は仏教を崇拝し、推古《すいこ》を奉じようとした。それにたいし守屋《もりや》は、神祇《じんぎ》を崇拝し、穴穂部を推戴《すいたい》しようとした。

この点において、どちらが善だとか、どちらが悪だとかいえないと羅山はいう。羅山はこのように歴史を相対化することによって、つまり太子が善で、守屋が悪であるという従来の歴史観を克服しようとしている。そしていちおう、太子と守屋を平等の立場においた後に、太子と馬子の側に悪をおき、従来の歴史観を逆転させようとするのである。

馬子《うまこ》既に穴穂《あなほ》を殺さば則ち首悪帰《しゅあくき》する所有《あ》らん耶《や》。我惟《おも》ふに馬子の意、女主《ぢょしゅ》を立て太子を立て、太子をして政《まつりごと》を委《ゆだ》ねしむ。太子素《もと》より善く馬子に遇《ぐう》す。然れば則ち太子の政は馬子の心なり。位に即《つ》かずして其の威《いきほひ》を有《も》つものは馬子なり。其の後《のち》、果して崇峻《すしゅん》を弑《しい》す。太子何ぞ馬子に党《たう》して賊《ぞく》を討たざるや。太子は宗室《そうしつ》なり。已《すで》に守屋の悪を揚げて稲城《いなき》の役《えき》を発《おこ》す。守屋未《いま》だ嘗《かつ》て君を弑《しい》せざるなり。其の悪、其の罪何《いづ》くにかある。

つまり、馬子と太子の崇仏派と、守屋と穴穂部の排仏派が対立しているときは、善悪はいずれともはっきりしなかったが、馬子が穴穂部を殺すことによって、善悪ははっきりしたというのである。つまり馬子は臣下の身で天皇予定者を殺したからである。臣下にして天皇予定者を殺すのは、儒教の倫理に照らしても許されないと羅山は考える。ここで羅山は、太子は穴穂部と同じ皇室の一員として、天皇予定者を殺した馬子の罪を責め、馬子を殺すべきであったと考えるのである。しかるに太子は、何の罪もない守屋を殺してしまった。

親《した》しく馬子《うまこ》の弑殺《しさつ》を見て、因循《いんじゅん》として以《もつ》て従ふときは則ち馬子の罪亦分《またわか》つ所あらんや。ああ、太子孔子《たいしこうし》沐浴《もくよく》の告無《つげむなし》うして帰生不武《きせいふぶ》の名あり。季子然《きしぜん》問はく、仲由《ちゅういう》、冉求《ぜんきう》をば大臣《だいじん》と為す可けんや。子曰《しいは》く大臣は道を以て君に事《つか》ふ。不可なれば則ち止《や》む。今由《いう》と求《きう》とや具臣《ぐしん》と謂《い》ふべし。曰く、然らば則ち之《これ》に従はんか。子曰く、父と君とを弑《しい》せんには亦従はずと。太子の馬子に於ける、之に従へるや、非ずや。其の後《のち》馬子疾《や》む。太子之に勧めて剃髪出家《ていはつしゅつけ》せしむ。又相共《あひとも》に力を勠《あは》せて国記を修纂《しゅうさん》す。然れば則ち太子馬子は同志の人なり。

儒者は、人間の行為の規範を孔子《こうし》の行動に求める。こういう場合に、孔子はどうしたか。

羅山は、こういう場合の孔子の行動として『論語《ろんご》』から二つの章をとっている。一つは「憲問篇《けんもんへん》」で、斉《せい》の陳成子《ちんせいし》というものが主君の簡公《かんこう》を殺した。このとき魯《ろ》の哀公《あいこう》につかえていた孔子は、斎戒沐《さいかいもく》浴《よく》して身を浄《きよ》め、哀公に討伐の兵をあげることを進言した、という話である。

もしこの孔子の行為が規範となるとしたら、太子は馬子討伐の兵をあげねばならないが、太子はそうせずに身を全うして戦おうとしなかった。

また、「先進篇《せんしんへん》」に次のような話がある。季子然《きしぜん》というものが孔子に問うた。「仲由《ちゅうゆう》（子路《しろ》）と冉《ぜん》求《きゅう》（冉有《ぜんゆう》）は大臣といえるでしょうか」。それにたいして孔子は、「大臣は道に従って君につかえ、もし正しくなかったら、職をなげうってしまう人間です。由や求はまだまだふつうの家来です」と答えたが、さらに、季子然が「それでは彼らは君主のいいなりになるか」と問うと、「父と君を殺せという命令には従いません」と答えたという。孔子の言葉に従えば、大臣ばかりではなく、具臣すなわち並の役人でも、君を殺すものに従わないということになる。

しかるに太子は、君を殺した馬子に従っている。また仏教興隆と国史編纂《へんさん》において、太子は明らかに馬子の同志である。とすると、太子は具臣、並の役人の資格もないことになる。

先にいったように、羅山の太子にたいする非難には、多少、疑問な点がある。羅山は、馬子の穴穂部殺害を非難しているのか、それとも崇峻殺害を非難しているのか。もとより馬子が穴穂部を殺すこともよくない。しかし、それを必ずしも「君を弑《しい》す」とはいえないであろう。なぜなら穴穂部は、まだ君主候補者であって、君主ではないからである。

しかし崇峻帝はれっきとした君主であり、日本の天皇である。私は、たとえ太子の行動が孔子の行動との比較によって責められるべきだとしても、それは崇峻帝殺害を黙認したという点にあり、穴穂部殺害について、太子を責めるのはあたらないと思う。

羅山の太子批判はきびしすぎて、多少、公平さを欠いている。しかし、ひとつの時代をきり拓《ひら》いてゆく人間は、多少、公平さを欠いた明晰《めいせき》さをもっているものである。

羅山の文章は、千年余の間、太子と守屋にくだされた善悪の烙印《らくいん》を逆転しようとするねらいをもっている。しかし彼はどこかでまだ太子を崇拝している。彼はいう。

太子をして儒《じゅ》を好むこと仏《ほとけ》を好むが如くあらしめば、民《たみ》、今に至つて其の徳に頼らん。惜しい哉《かな》。真《まこと》に惜しむべし。

羅山は、太子が馬子の君主殺害を黙認したという理由で非難する。それは表の理由であるが、もっと大きな理由がある。それは太子が日本を仏教国にしたことである。彼にとって仏教は、迷信でもって民をまどわせる邪教である。太子は邪教を日本に定着させた。それによって日本の理性は曇ってしまった。それが羅山にとってまことに残念なのである。もし太子が儒教を日本に広めたとしたら、われらはいつまでも太子を尊敬するのであるが、惜しむべし、惜しむべしというわけである。

羅山は、まさに徳川時代の最高のイデオローグであった。羅山というイデオローグと羅山をもちいた徳川幕府によって、儒教は仏教にかわって国教となり、その時代の知識人は、多く仏教を見棄てて儒教にはしった。そしてそれに続く儒学者たちは、太子にたいする価値判断を、多く羅山から受け継いだ。

荻生徂徠が責める太子の三つの罪

荻生徂徠《おぎゅうそらい》は、羅山《らざん》にはじまる朱子学《しゅしがく》派の学者ではない。彼は、はげしく朱子学派を批判し、古義学派という学派をはじめた伊藤仁斎《いとうじんさい》の学問の流れをくみ、古文辞学をはじめた。この徂徠もまた太子について一文を草しているが、この太子観も、羅山の思想を受け継ぎ、羅山の思想をもっと激烈にしたものである。

徂徠は自己のことを「物徂徠《ぶつそらい》」というが、物徂徠とは物部徂徠《もののべのそらい》の意味らしい。つまり彼は物部氏の子孫であると称するのである。これは事実であるかどうかわからないが、そう称することは、仏教にたいする彼の態度をはっきり示していると思う。徂徠の太子論は「擬家大連檄《わがやのおおむらじのげきにぎす》」と称するものである。おそらく先にひいた『論語《ろんご》』の文章に暗示されたものであろう。

孔子《こうし》は、斉《せい》の簡公《かんこう》が殺された場合に、斎戒沐浴《さいかいもくよく》して主君の哀公《あいこう》に征討の軍をあげることを進言した。それと同じように、今、守屋《もりや》は正統の君である崇峻帝《すしゅんてい》の殺害に際して檄《げき》をとばし、暗殺者の馬子《うまこ》とその同調者の聖徳太子を征討せよというのである。

ここで徂徠が「家大連《わがやのおおむらじ》」といっているのがおもしろい。彼は物部守屋を自己の先祖と考えているのである。

この文章が、先の羅山の文章の影響を受けていることは明白である。なぜなら先の羅山の文章のあいまいさが、ここでは大きな歴史的事実の誤認となっている。つまり徂徠は羅山の見解を受け継いで、馬子と守屋の間の戦争を、推古《すいこ》天皇をたてる馬子と太子の崇仏派と、穴穂部皇子《あなほべのおうじ》をたてる守屋などの排仏派の戦いとみているのである。「檄」は、まだこの戦いがはじまらず、したがって穴穂部皇子も守屋も健在である状態において書かれた形になっている。しかしここで非難されているのは、馬子による崇峻帝殺害である。つまり徂徠が、馬子によって崇峻帝が殺され、その後、穴穂部をかつぐ守屋と推古をかつぐ馬子が対立して、全面的な戦争になったと考えていることは明らかである。これはむしろ、はなはだひどい歴史的事実の誤認といわねばならぬ。これはひどすぎると私は思う。現在なら、高校生でも犯しそうもない間違いである。徂徠ともあろうものが、なぜこのような初歩的なことをまちがったのか。

私は、ここに国学者の指摘する日本の学者の弊があると思う。もし中国のことならば、徂徠がかかる間違いを犯すはずがない。儒学者は自国のことに無知であり、またそのことを恥としないという国学者たちの憤りは、当然といわねばならぬ。

自国のことに関する学者たちのこの無知は、ただ徳川時代のことだけではないと私は思う。このような無知は現在でもまだ存在していると思う。今でも多くの学者たちは、ヨーロッパの思想や歴史を論じるとき、多くの書物を調べた後に、実に慎重にその見解を述べるが、日本の思想や歴史については、多くの書物を読まず、何の調査もなく実に気楽に論じているではないか。徂徠のこの日本歴史についての無知を、われわれは過去のこととして笑うことはできない。今はこの点について、これ以上ふれることをひかえて、しばらく徂徠の「檄」を読むことにしよう。

今、崇峻天皇が殺されて、皇嗣《こうし》がたたず、人心は不安でとどまるところを知らない。多くの役人たちよ、わが言葉を聞け、わが物部氏の祖先、美摩治《みまじ》は、神武《じんむ》天皇の世に大勲《たいくん》あり、世々、皇室の重臣となり、わが身にいたった。今は諒闇《りょうあん》三年にして、まだ皇嗣がたたない。誰をたてるべきか。皇子・穴穂部が賢明で、もっとも年長であり、かつ先帝・崇峻の兄弟であり、当然、次代の天皇になるべき人である。こう論じて徂徠は次のようにいう。

大行天皇《たいかうてんわう》を弑《しい》せる者は駒《こま》なり。大臣馬子《おほおみうまこ》、実《まこと》にこれをなさしめたれば、すなはち、臣子《しんし》、共に天を戴《いただ》かざるの讎《あだ》なり。爾輩《なんぢがはい》、それ、共に之《これ》を討て。皇子豊聡《みことよと》、その獧巧小慧《けんこうせうけい》をもつて、つとに輿誦《よしよう》を窃《ぬす》みて、天位《てんゐ》を覬《のぞ》み覦《うかが》ひ、挟《たの》むに左道《さだう》をもつてし、譸《あざむ》き張《たぶら》かして幻《まどはし》をなし、もつて之斉民《せいみん》を扇り、まことにしげく馬子に徒《くみ》するあり。すなはち、その母太后《たいこう》を推《お》し、まさにもつて之を奉《ほう》ぜんとす。すなはち、賊をはなちて討たず、かこつけるに因果をもつてす。これその心、必ずその次は我ならんとおもひしなり。本を端《ただ》し、始《はじめ》を探ぬれば、主たるにちかし。爾輩、なんぞ共に之を討たざる。夫《それ》、君を弑す者は、殺して赦すこと無し。その謀《はかりごと》にあづかる者は、皐鈞《つみひと》し。左道をもつて民を惑はす者は、殺して赦《ゆる》すこと無し。婦人天位を践《ふ》むを得ざるは、宝訓《はうくん》の言《げん》なり。蔵して玉府《ぎよくふ》にあり、我が物部氏《もののべうぢ》の、世守《よよまも》るところなり。ただ、守屋および二、三の大臣、天皇とともに、発《ひら》くことを得。爾輩、あるいは知らざらん。知らざる者は皐《つみ》無し。馬子と豊聡《とよと》はすなはち、ともに聞き知ることありて、ことさらに犯す。皐《つみ》これより大なるは莫《な》し。

（「擬家大連檄」）

これはまったく激烈な言葉である。有史以来、これほどひどく聖徳太子をののしった言葉はないであろう。

芥川龍之介《あくたがわりゅうのすけ》の『侏儒《しゅじゅ》の言葉』に、

荻生徂徠《おぎゅうそらい》は煎《い》り豆を噛《か》んで古人《こじん》を罵《ののし》るのを快としている。わたしは彼の煎り豆を噛んだのは倹約のためと信じていたものの、彼の古人を罵ったのはなんのためかいっこうわからなかった。しかし今日《こんにち》考えてみれば、それは今人《こんじん》を罵るよりも確かに当り障りのなかったためである。

という言葉がある。芥川龍之介のいうように、たしかに古人である聖徳太子をののしることは、時の政治家や僧侶たちをののしるより、あたりさわりのないことであったかもしれない。

しかしそれにしても、この太子批判はすさまじい。徂徠というのは、よほど強烈な自我をもった学者なのであろう。ここで徂徠は、何が何でも太子を極悪人に仕立てねばならない意気ごみである。馬子ではなく、かの太子こそ、崇峻暗殺の主犯であると徂徠はいうのである。

崇峻帝を殺した下手人は駒《こま》である。この駒をつかったのが大臣《おおおみ》の馬子である。馬子こそ臣下でありながらともに天を戴《いただ》かない悪人である。当然われわれは馬子を討たねばならない。しかし聖徳太子はずる賢く、小さな智恵で、つまらない人間の評判をとって天皇の位をうかがい、仏教という邪教によって人の心をあざむこうとしている。そして馬子は推古帝を奉じて、彼女を皇位につけようとしている。太子はその賊を討たず、崇峻の殺害を因果の説でごまかし、推古の次には自分が皇位につこうと思っている。こういうふうに考えると、崇峻暗殺の主犯は、むしろ馬子より太子といってよいというのである。

ここでも徂徠は誤謬《ごびゅう》を犯している。推古帝は太子の叔母《おば》であり、母ではない。これもまた初歩的なミスであり、徂徠のために惜しむべきである。以上のことを考え合わせた上で、結局、徂徠が聖徳太子を責めるのは以下の三点においてである。

第一の罪は、太子が崇峻帝暗殺に一役買ったことである。もとより馬子がその暗殺の主役であるが、聖徳太子もその謀《はかりごと》に関与していると考えねばならぬ。天皇暗殺の共犯者は主犯と同じように、死刑が当然である。

太子の第二の罪は、太子が左道をもって民を惑わしたということである。徂徠は仏教を左道、まちがった教えと考える。ありもしない因果の思想で民を惑わして、自己の野心を満たす。この罪も第一の罪同様に死刑に値する。

そしてその第三の罪がまたおもしろい。それは婦人を天位につけたという罪である。徂徠は、婦人が帝位につくことができないというのが日本の宝訓、つまりたいせつな教訓の言葉であったと考える。その言葉は兵器をつかさどる玉府にあり、物部氏はその宝訓の言を代々守ってきた。馬子と太子もその宝訓の言を知っているはずである。知っていながらわざとその言を破って、婦人を帝位につける。これまた死刑に値する罪ではないか。

徂徠はまた、この女帝・推古帝の即位が『日本書紀』の歴史観に大きな影響を与えたと考える。『日本書紀』において、皇祖・アマテラスオオミカミは女子となっている。これは事実ではない。ところが、太子は歴史家をして多くの書物をつくらせて、皇祖を女子としてしまった。おそらく徂徠は、聖徳太子が馬子とともにつくったといわれる『天皇記《すめらみことのふみ》』、『国記《くにつふみ》』が、『日本書紀』に影響を与えたと考えているのであろうが、この見解ははなはだ興味深い。はたして皇祖は女子であるという神話は、古く日本に存在していたものであろうか。これはおそらく、彼以前の誰もがあえて問わなかった歴史的問いであろう。

徂徠はそういう誰もが問わなかった問いを問い、それを推古帝の即位と関係づける。こういう関係づけが成立するのは、奈良時代につくられた『日本書紀』に、飛鳥《あすか》時代に太子と馬子によってつくられたといわれる、わが国最初の歴史書、『天皇記』と『国記』が大きな影響を与えたと考えるからである。私も徂徠と同じく、おそらく古来の日本では、皇祖は女子であるという思想はなかったと思う。そして私は、このことは『古事記』の成立した時代の元明《げんめい》天皇、『日本書紀』の成立した時代の元正《げんしょう》天皇、およびそれに先だつ持統《じとう》天皇の即位と深く関係をもっていることを再三指摘した。

皇祖を女子とみる『古事記』や『日本書紀』の見解が、持統、元明、元正という相次ぐ女帝の即位と関係をもつことは否定しがたい。しかしこの女帝のはじめをたどるとき、われわれは推古帝にいたらざるをえない。もし推古帝という女帝がなかったら、それに続く皇極《こうぎょく》（斉明《さいめい》）、持統、元明、元正、孝謙《こうけん》（称徳《しょうとく》）という七代五人の女帝が存在しえたかどうかはわからない。もちろん徂徠の考えるように、女子を皇祖とする『古事記』や『日本書紀』の考えが、はたして馬子と太子によってつくられた『天皇記』、『国記』にそのままあったかどうかは疑わしい。しかし、女帝の即位を可能にしたのが馬子と太子であったとすれば、馬子と太子こそ、皇祖を女子とする考え方の間接的原因をつくった人といわねばならぬ。

徂徠は日本の国を武勇の国と考える。日本は男性の国であり、その武勇でもって三韓《さんかん》を震撼《しんかん》せしめた。そして代々男性の帝《みかど》が即位した。神功《じんぐう》皇后はその武勇をたたえられても、やはりわが子・応神帝《おうじんてい》を天皇としなければならなかった。日本の天皇を象徴する鏡と剣《つるぎ》、鏡はもちろん太陽のシンボル、剣は益荒男《ますらお》の持ち物なのである。こういう武勇の国を、太子は軟弱な国にしてしまったのである。太子の罪、大といわねばならぬ。

爾輩《なんぢがはい》、すなはち左道《さだう》に惑ひ、豊聡《とよと》に党《たう》す。あるいは豊聡は聖なりといふ。聖にして、国の大《たい》紀《き》ををかすは、すなはち君の讎《かたき》に是れ協《かな》ふなり。なんぞその聖を用ゐんか。爾輩、なほすなはち大順《たいじゅん》に迷ふことありて、蠢《おろ》かにしてあらためず。皇祖、それを殛《ころ》さん。我その弩《こ》を僇《ころ》さん。爾輩、それ能《よ》く乃《なんぢ》が心を洗ひ、乃が慮《おもひ》を革《あらた》め、幡然《はんぜん》として自《みづか》ら奮ひ、その鏃《やじり》を後《のち》にし、その戈《ほこ》を倒《たふ》して、もつて馬子を斬り、もつて豊聡を馘《き》りて、もつて大行天皇《たいかうてんわう》、上にあるの神を慰めば、すなはち皇祖、それ爾《なんぢ》にたまふに、福禄《ふくろく》をもつてせん。皇子孔穂《わうじあなほ》は爾の君なり。我れそれ爾の功を告げなば、爾にむくいるに茅土《ぼうど》の封《ほう》をもつてせん。爾輩、それこれを思へよや。ここに檄《げき》す。

なんという激烈な文章であろう。学者や作家の中には、心の奥底にある一種の憤激がその旺盛《おうせい》な著作活動への原動力となる人がある。徂徠もまたそのような憤激の性《さが》をもち、憤激を生涯の友とした学者なのであろう。彼のような人は何か激することがあって筆をとると、書いているうちにその憤激に一種の快感が加わり、その憤激はいよいよはげしくなり、ついにとどまるところを知らずという状態になるのであろう。

ほんとうは彼は、この憤激の情を現在の社会にたいしてたたきつけたかったのかもしれない。しかしそれをしたら、自らを滅ぼさねばならぬ。それでそれを、古代人を相手に発散させる。これでは古代人もたまったものではない。

徂徠は聖徳太子の聖なる仮面をはぎとろうとしている。太子は聖者として永い間、日本人に尊敬されてきた。しかし、何が聖者だ。天皇を殺した反逆の徒・馬子の共犯者というよりむしろ、太子こそ主犯、その太子の首を馬子の首とともに斬れというのである。

太子を崇峻帝暗殺の主犯とする蟠桃と宣長

以上は、いささか奇矯《ききよう》すぎる太子批判であるが、徳川時代という時代において、このような太子批判は必ずしも徂徠《そらい》一人に限るものではないことが、山片蟠桃《やまがたばんとう》の『夢《ユメ》ノ代《シロ》』によってもわかる。山片蟠桃は大坂の町民の学者である。とすれば、太子批判は武士ばかりか町民の間にも広まっていたのであろうか。

太子《タイシ》、仏《ホトケ》ヲ信ジテ馬子《ウマコ》ニ党《タウ》ス。馬子ハタヾ権《イキホヒ》ヲ震《フル》フト仏ヲ信ズルノミ。天位《テンヰ》ニ望《ノゾミ》ハナカルベシ。天位ヲ願フハ太子也《ナリ》。ユヘニ馬子ニ諂《ヘツラ》ヒ阿《オモネ》リテ、タヾソノ心ニ従フノミ。ユヘニ仏ヲキラヒ馬子ニ逆《サカラ》フ守屋《モリヤ》ヲ滅ボシ、又崇峻帝《スシユンテイ》ヲ弑《シイ》スルノコトニモ預《アヅ》カル。コノ時、馬子ハ太子ヲ天位ニ登セタクハアルベケレドモ、用明《ヨウメイ》ノ兄弟《キヤウダイ》多クアリテ立《タテ》ガタキユヘニ、敏達后《ビダツノキサキ》ヲ立《タツ》ル。コレ推古《スイコ》也。ソレヨリ推古ノ意ヲ用ヒテ廐戸《ウマヤト》ヲ太子トス。ミナ馬子ト太子ノ姦計《カンケイ》ナリ。シカルニ女帝《ヂヨテイ》ヲ立ルコトハ、開闢《カイビヤク》以来ナキ事ナリ。コレハ仲哀《チユウアイ》ノ崩後《ホウゴ》、神功皇后《ジングウクワウゴウ》三韓《サンカン》ヲ伐《ウチ》テ、庶兄《シヨケイ》ヲ誅《コロ》シ応《オウ》神《ジン》ヲ守《モリ》立《タ》テ垂簾《スイレン》ノ政《マツリゴト》ヲキ、玉《タマ》フヲ言《ゲン》トスルナリ。推古ハ敏達ノ后ニシテ妹ナレバ、人心モマヅハ服シタルナリ。シカレドモ一時《イチジ》ハ衆臣《シユウシン》伏《フ》シタレドモ、サスガ例ナキ女帝ノコトユヘニ、マチ〳〵ニ謗議《バウギ》起《オコ》ル。馬子・太子コレヲ畏《オソ》レテ、鎮静《チンセイ》ノ術ヲハカル。コヽニ於《オイ》テ国史ノ編述《ヘンジユツ》ハジマリ、日神《ヒノカミ》ヲ陰体《インタイ》ト称シテ諸臣万民《シヨシンバンミン》ヲ誣《シ》フ。此ニテ上下《ジヤウゲ》帖服《テウフク》ス。コレ全《マツタ》ク太子ノ姦計《カンケイ》ナリ。コレヲ旧事本紀《クジホンギ》ト云《イフ》。シカルニコノ書ハツイニ廃シテ伝ハラズ。今ノ旧事紀ハ後世ノ偽作《ギサク》ナリ。サテマタ太子、始メハ仏道《ブツダウ》ニ因《ヨ》リテ馬子ニ親附《シンプ》シ、ツイニ太子トナルニ至ル。馬子ハ十分ニ志《コヽロザシ》ヲ得テ、天下ノコトヲ掌握《シヤウアク》シテ、我意《ガイ》ヲ振《フル》ヒ、太子ハ摂政《セツシヤウ》ノ名アルノミニテ、国政ニ預《アヅカ》ルコトナク、唯《タヾ》仏法ヲ興隆スルコトバカリヲナス内ニ、思ヒノ外《ホカ》ニ推古長命《チヤウメイ》ニシテ、禅位《ゼンヰ》ノサタモナク、馬子ハ太子ノ英明ヲ憚《ハヾ》カリテ、国政ヲ授《サヅ》クルコトヲネガハズ。太子モツイニ待カネ、又ハ馬子ノ驕《ケウ》暴《バウ》ヲソロ〳〵ト悪《ニク》ミテ不和トナル。ツイニ馬子、太子ヲ毒殺ス。コノコトハ河内《カハチ》ノ国下《クニシモ》ノ太子ニフルキ縁起《エンギ》ノ巻物《マキモノ》アリテ、太子吐血《トケツ》、母・妻・子四人《ヨタリ》一時《イチジ》ニ毒死《ドクシ》ノ図アリ。僧徒《ソウト》等《ラ》コノコトハ秘ストイヘドモ、四人《ヨタリ》同日ニ死《シヽ》タルコトハ、何《イツ》クニテモ云《イフ》コトナリ。大神《オホミカミ》ヲ陰体《インタイ》トスルコトハ、コノ太子ノ姦計ニ出《イツ》ルコトナリトシルベシ。ア、太子、天位ヲノゾミテ、大切ナル皇祖《クワウソ》ヲ陰《イン》ニシ、万代《バンダイ》ヲ欺《アザム》キ、素飡《ソサン》ノ僧ヲコシラヘ、天下ニ寺院ヲ建《タツ》ルコト数十《スジフ》ニシテ終《ツヒ》ニソノ弊《ヘイ》、天下・後世ヲ蠱惑《コハク》スルニ至ル。シカレバ太子、釈迦ノ為ニ忠ナリトイヘドモ、我国家《ワガコッカ》ノ為ニ末代《マツダイ》ノ害ヲ残シ、不忠・不孝・不智・不仁・不義・不礼・不信ノ罪遁《ノガ》ル、処《トコロ》ナカルベシ。……馬子崇峻《スシユン》ヲ弑《シイ》ス。太子コレニ与《アヅカ》ラザルヲ得ズ。然ルニ因果ヲ説《トキ》テコレヲ宥《ユル》メ、ツイニコレニ阿党《アタウ》シテ、開国以来例ナキ女帝ヲ立テサセ、ソノ権勢ニ附《ツイ》テ太子トナル。コレ簒《ウバ》ヘルナリ。コレヲモ忍《シノブ》ベクンバ何《イヅ》レヲカ忍ベカラザラン。崇峻ハ君ナリ。叔父《ヲヂ》也。其仇《ソノカタキ》ヲ報ハズ、却ツテ逆《サカラ》ヒ党《タウ》ス。簒弑《サンシ》ノ罪遁《ツミノガ》ルベカラズ。コノ時太子ハ諸王子庶孽《シヨワウジシヨゲツ》ニシテ威権《ヰケン》ナケレバ、賊《ゾク》ヲ討《ウツ》コトカナフベカラズ。然レバ如何《イカン》セン。馬子ノ罪ヲナラシテ死スベシ。死スルコト能《アタ》ハザルハ本《モト》ヨリ其処《ソノトコロ》ナリ。初《ハジメ》ヨリ謀首《バウシュ》ナレバナリ。已《スデ》ニ太子トナリテハ、コレト同ジク朝《テウ》ニ立《タチ》テ手ヲ拍《ウツ》テ肩ヲ撫《ブ》シテ、王法《ワウバフ》・仏法並ベ行《オコナフ》コトヲハカル。初ヨリ弑逆《シギヤク》ニ党《タウ》スルコト知《シル》ベシ。　（『夢ノ代』）

　これはほとんど徂徠の太子論と同じである。ただここに「王法・仏法並ベ行コトヲハカル」というのは、『愚管抄《ぐかんしよう》』の議論によろう。後に述べるように、『愚管抄』において慈円《じえん》は、この崇峻《すしゆん》暗殺は、日本の国を仏法と王法が両立すべき国、つまり馬子《うまこ》も太子も、日本を仏教国にせんがためにあえて崇峻暗殺を行ったというのである。儒者である山片蟠桃が、このような王法・仏法両立説を認めようはずはない。彼の太子批判は、徂徠の論の歴史的認識の誤謬《ごびゆう》を改めるとともに、彼の論をもっと明晰《めいせき》にしたものであろう。

　また蟠桃は、太子が晩年、馬子と仲が悪くなって、馬子に暗殺されたという説を述べているが、彼は何を根拠にしてこのような奇怪な説をたてたのであろうか。「河内《カハチ》ノ国下《クニシモ》ノ太子」というのは、第一部で述べた八尾《やお》市にある大聖勝軍寺《たいせいしようぐんじ》である。そういう縁起が蟠桃のころにあったのであろうか。

彼は『伝暦《でんりやく》』の、太子と夫人が同時に死んだという記事を、その事実の反映としているが、『日本書紀』の記事からいっても、太子の死が突然の死であり、それがまた大いに世間の話題をさらった事件であったことはまちがいない。蟠桃の指摘を一笑に付すことはできない。

また彼は、アマテラスオオミカミがけっして女神ではなかったという意見をもっている。この点で彼は、野宮黄門定基《ののみやこうもんさだもと》という人のとなえた皇祖＝非女体説を支持している。これはいってみれば、伊勢大神宮の本体に関する問題であり、神学的な大問題である。徳川時代はたしかに封建の時代であり、不自由な時代であったかもしれない。しかし明治以後の日本においてはほとんど想像できない大胆な議論が、そこでは行われていたのである。

山片蟠桃は、いわゆる無神論をとなえたはなはだ自由な思想家である。徳川時代においてかかる自由な思想をもつことができたのは、われわれの誇りでもある。この蟠桃説を受け継いでアマテラスオオミカミ＝非女体説がそのまま継承され研究されつづけたら、日本神話の研究は今よりはるかにすすんでいたのではないかと私は思う。もちろん儒者の中にも太宰春台《だざいしゅんだい》のごとく太子を弁護する人もあるが、やはり時の大勢は羅山、徂徠、蟠桃のような学者に代表されるといってよかろう。徳川時代は聖徳太子にとって、はなはだ苛酷《かこく》な時代であったのである。

徳川時代は、儒教《じゅきょう》の全盛時代であるとともに、また国学の勃興《ぼっこう》の時代であった。国学者たちは一面で、儒者を日本より中国を重んじるものと批判したが、反仏教という点では儒者と意見を同じくしたのである。

本居宣長《もとおりのりなが》も必ずしも聖徳太子に好意をもっていないことが、いろいろの文章によってわかる。彼の弟子の平田篤胤《ひらたあつたね》も『出定笑語《しゅつじょうしょうご》』の中でとりあげているが、本居宣長に蘇我馬子《そがのうまこ》を詠んだ以下のような歌がある。

小菅《コスゲ》ヨシ蘇我《ソガ》ノ馬子《ウマコ》ハ天地《アメツチ》ノ、ソコヒノウラニアマル罪人《ツミビト》

馬子ラガ草ムスカバネ得テシガモ、キリテ屠《ハフ》リテ恥《ハヂ》見セマシヲ

（『玉鉾百首《たまほこひやくしゆ》』）

また太子に関して、

クナタブレ馬子ガ罪モ罰《キタ》メズテ、サカシラ人《ビト》ノセシハ何ワザ

という歌である。この太子についての見解は、また徂徠や蟠桃とほぼ同じである。「サカシラ人」というのは、先の徂徠の文章の「猥巧小慧《けんこうせうけい》」という言葉を思い出させる。宣長は太子をずる賢い人間と考えていたのである。宣長によれば大和《やまと》の国に昔からある神こそが正しい。この神の道の尊さを知らずに新しい外国の宗教を移入して、それによって日本を教化しようとする。それははなはだ思慮の足りないことである。一見「サカシラ」で、底は愚かな人、もし彼に政治的野心があれば、その「サカシラ」は悪でもあろう。

共犯も主犯とする平田篤胤の太子批判

本居宣長《もとおりのりなが》はそこまでいわないが、平田篤胤《ひらたあつたね》になると、いっそう言葉ははげしくなる。

サテ馬子《ウマコ》ハ、カク天皇《テンワウ》ヲ弑《シイ》シ奉《タテマツ》リタル程ノ悪逆《アクギヤク》ヲ致シタナレドモ、誰一人ソレヲ制シ渠《カレ》ガ罪ヲ咎《トガ》ムル者モナイト申《マウ》スハ、実《マコト》ニ馬子ガ勢ヒニ、呑《ノマ》レハテタ、モノト見エルデム。コノ時ハカノ俗ニモ、ヨウ人ノ知テ居《ヲ》ル、聖徳太子ナドモ坐々《マシマシ》テ、重ク朝廷ニモ御用《オンモチ》ヒナサレ、世ニモ殊《コト》ナ

ル御器量ノ坐《マシ》マスヿ《コト》ニ取《トリ》サタ致シ、コレハ実ニ取《トリ》サタバカリデナク、余程ノ御方《オンカタ》ニ坐マシナガラ、此《コレ》ヲ御捨《オンステ》オキアソバサレタルコト、恐レナガラ甚《ハナハダ》 以テ御不埒《オンフラチ》デム。コノ砌《ミギリ》ハ、外《ホカ》ニムネ〳〵シキ皇子《ワウジ》ガタモナク、尤《モツトモ》コノ時、推古天皇《スイコテンワウ》、イマダ御位《オンクラヰ》ニ御《オ》ツキアゾ（ママ）バサンデ、入ラセラレタナレドモ、コレハ御女儀《オンニヨギ》ニマシ〳〵テ、其《ソノ》御位ニ御ツキ遊バシタルノモ、下《シモ》ヨリ推《オシ》テツケ奉《タテマ》ツタルヿデム。カヤウノ事ニ、御心《オンコヽロ》ノ御ツキアソバサヌモ、コリヤ申《マウ》シ奉《タテマツ》ルベキ筋デナク、サシヅメ馬子ノタブレ奴ヲバ、廐戸皇子《ウマヤトノワウジ》ノ、罰シ給ハネバナラヌヿデム。

（『出定笑語《しゆつじようしようご》』）

この太子誹謗《ひぼう》も、先の儒学者、とくに羅山《らざん》の非難とほぼ同じである。

昔カラ国ノ、周《シウ》ト云《イツ》タ世ニ、晋《シン》ノ霊公《レイコウ》ト云《イヒ》タル諸侯《シヨコウ》ノ、大夫《タイフ》ト云テ、第一ノ臣ニ、趙盾《テウトン》ト云ガ有《アリ》テ、ソレガ眷属《ケンゾク》ノ者ガ、其君《ソノキミ》霊公ヲコロシタル時ニ、趙盾《テウトン》コレヲ打捨《ウチステ》サシオイタル所ガ、其時《ソノトキ》ノ記録ヲシルス役ノ、董狐《トウコ》ト云モノ其事ヲ記《シル》シテ、趙盾 弑《シイス》二其君《ソノキミヲ》一ト記《シルシ》タデム。コレハ甚《ハナハ》ダ正シキ書《カキ》カタ故、万世《バンセ》ニ至ルマデ史記ヲ記ス者ノ、則《ノリ》ト致スヿ《コト》デム。孔子《コウシ》モコノ記シザマヲバ、キツク美《ホメ》テオイタデム。コレハ左伝《サデン》ノ宣公《センコウ》二年ノ伝ニアリ　此例《コノレイ》ヲ以《モツ》テ記サウナラバ、廐戸皇子《ウマヤトノワウジ》 弑《シイス》二天皇《テンワウヲ》一トカイタレバトテ、一句モナイ程ノ事デム。コリヤドフシテ捨《ステ》オカレタヿジヤト申スニ、聖徳太子ハ馬子ガ壻《ムコ》デ、夫《ソレ》ニ仏法ヲ弘《ヒロ》メントナサル、御心ヨリ、馬子トカレコレ、示シ合サレタルヿノアル故デム。コリヤ争ツテモアラソハレヌ、事実ノ上ニ能《ヨク》ワカツテヲル。

ここで篤胤は、『論語《ろんご》』のかわりに『左伝《さでん》』から史実の例をひいてくる。趙盾《ちようとん》の眷属《けんぞく》の者が晋《しん》の霊《れい》公《こう》を殺した。それを大夫《たいふ》の趙盾がほうっておいた。それで董狐《とうこ》という歴史家がそれを「趙盾弑《テウトンシイス》二其君《ソノキミヲ》一」と書いた。そのような書き方に従えば、「廐戸皇子《ウマヤトノワウジ》 弑《シイス》二天皇《テンワウヲ》一」と書いてもよいということになるというのである。

聖徳太子主犯説をとる点で、篤胤は徂徠《そらい》や蟠桃《ばんとう》と同じであるが、その主旨がちがうのである。徂徠や蟠桃は、この事件の背後にある太子の野心と陰謀を指摘し、太子主犯説をとるわけであるが、篤胤は、黙認していたことが、結局は主犯と同じだというのである。この点、太子にたいする告発は、徂徠や蟠桃のほうがきびしいが、それはやはり国学者たちは、日本の国を悪くいうことを好まないからであろう。篤胤は仏教を非難しながら、聖徳太子を釈迦ほど悪くはいっていない。

この儒学者、国学者の太子批判は、時代の大勢を占めていたといえる。なぜなら、谷川士清《たにがわことすが》の『日《に》本書紀通証《ほんしょきつうしょう》』には、前述の羅山《らざん》の説をひき、

上宮太子《じやうぐうたいし》、崇峻天皇《すしゅんてんわう》を弑《しい》す。是れ則ち孔子《こうし》、趙盾《てうとん》を論ずるものなり。あにただ、馬子《うまこ》の罪を分かつ所あるのみならんや。首悪《しゅあく》の名、すなはち太子にあり。

とあり、飯田武郷《いいだたけさと》の『日本書紀通釈《にほんしょきつうしゃく》』には、

此時《このとき》朝廷の群臣等《ぐんしんたち》、馬子《うまこ》を誅《ころす》べきほどになくとも、駒《こま》を誅《ちゅう》する人あるべきに、天罰《てんばつ》を以《もつ》て密淫《みついん》をなし、馬子が自ら殺すこと、罪のがれ難きゆゑなり。此時廐戸皇子《このときうまやとのわうじ》まします。始終《しじゅう》馬子を取《とり》立助《たてたす》けんと為玉《なしたま》ふこと、これ亦罪の帰する所あるべしといへる。さることなり。……

駒が如此《かくのごとく》殺さるゝは、本より当然の事なれども、馬子が其罪《そのつみ》を数へたるは甚しき事なり。其《その》悪逆《あくぎゃく》を、太子を始め、誰一人制し咎《とが》むるものだになかりしは、実に馬子が威権《ゐげん》に恐れ居《をり》たるものなれど、余りに遺憾《のこりをし》き世の態《さま》なりかし。

とある。こうしてみると、この崇峻《すしゅん》暗殺事件は、馬子《うまこ》にとってのみならず、太子にとっても見逃すことのできないスキャンダルであるというのが、徳川時代の常識であったことがわかる。

それにたいして、その後、多くの僧侶や学者が弁護の筆をとった。たとえば、時に太子はわずか十

九歳、多くの皇子の一人で、馬子の行為に責任がなかったこと、あるいは、太子は馬子の行為を許しがたいと考えたが、すぐに復讐《ふくしゅう》するわけにはゆかず、じっとその機会をうかがったということなどである。しかし太子の摂政《せっしょう》就任が、崇峻殺害の結果であることを考えると、少なくとも間接的な責任はまぬがれないし、また『日本書紀』その他において、太子が馬子に復讐する機会をねらっていたとする証拠を見いだすことは困難である。この点、儒学者や国学者の太子批判には一理があるように思われる。

第二章　崇峻帝の暗殺と女帝の誕生

猪の首を見てもらした崇峻帝のひとり言

しかしわれわれは、そのような非難に同調する前に、この事件そのものを冷静に観察しなければならぬ。ここでわれわれは、この点についての事実を知る確実な史料として『日本書紀』をもつのみである。『伝暦《でんりやく》』その他は、史料として十分に信頼できないものであろう。

(崇峻《すしゆん》天皇)五年の冬十月《かむなづき》の癸酉《みづのとのとり》の朔《ついたち》丙子《ひのえねのひ》に、山猪《ゐのしし》を献《たてまつ》ること有り。天皇《すめらみこと》、猪を指《ゆびさ》して、詔《みことのり》して曰《のたま》はく、「何《いづれ》の時にか此の猪の頸《くび》を断《き》るが如く、朕《わ》が嫌《ねた》しとおもふ所の人を断らむ」とのたまふ。多く兵仗《つはもの》を設《まう》くること、常よりも異《け》なること有り。壬午《みづのえうまのひ》に、蘇我馬子宿禰《そがのうまこのすくね》、天皇の詔したまふ所を聞きて、己《おのれ》を嫌《そね》むらしきことを恐る。儻者《やからひと》を招《を》き聚《あつ》めて、天皇を弑《し》せまつらむと謀《はか》る。

是の月に、大法興寺《だいほふこうじ》の仏堂《ぶつだう》と歩廊《ほらう》とを起《た》つ。

十一月《しもつき》の癸卯《みづのとのう》の朔《ついたち》乙巳《きのとのみのひ》に、馬子宿禰、群臣《まへつきみたち》を詐《かす》めて曰はく、「今日《けふ》、東国《あづま》の調《みつき》を進《たてまつ》る」といふ。乃ち東漢直駒《やまとのあやのあたひこま》をして、天皇を弑《し》せまつらしむ。或本《あるふみ》に云はく、東漢直駒は東漢直磐井が子なりといふ。是の日に、天皇を倉梯岡陵《くらはしのをかのみささぎ》に葬《はぶ》りまつる。或本に云はく、大伴嬪小手子《おほとものみめこてこ》、寵《めぐみ》の衰へしことを恨みて、人を蘇我馬子宿禰のもとに使《や》りて曰はく、「頃者《このごろ》、山猪を献れること有り。天皇、猪を指《ゆびさ》して詔《のたま》して曰はく、『猪の頸を断らむ如く、何《いづれ》の時にか朕《わ》が思ふ人を断らむ』とのたまふ。且内裏《またおほうち》にして、大きに兵仗《つはもの》を作る」といふ。是《ここ》に、馬子宿禰、聴きて驚くといふ。丁未《ひのとのひつじのひ》に、駅使《はいま》を筑紫将軍《つくしのいくさのきみ》の所《もと》に遣《まだ》して曰はく、「内の乱《みだれ》に依りて、外《ほか》の事を莫怠《なおこた》りそ」といふ。

これだけが、われわれがこの事件について考える場合の、ほとんど唯一の史料である。

崇峻五（五九二）年、この年は、蘇我《そが》と物部《もののべ》の間の大戦争が終わって五年めである。またその年より三年前、隋《ずい》によって中国が統一され、脅迫状ともいえる恐ろしい手紙が、隋の文帝《ぶんてい》から高句麗《こうくり》の平《へい》原王《げんおう》にきたのは、その二年前であった。以後、急に高句麗と日本の間の往来がはげしくなり、その間、中断していた法興寺《ほうこうじ》の建造がはじめられ、それを記念して、法興というわが国はじめての年号がつくられたのが、その前年なのである。そして、その高句麗および百済《くだら》寄りの文化的、経済的援助とのひきかえのように、紀男麻呂《きのおまろ》などの豪族たちからなる二万余の大軍が任那《みまな》回復のために、筑紫《つくし》に出発した。

まさに国の内外ともに緊急のときである。このときに、後世の儒学者や国学者を憤慨させた前代未聞の不祥事が起こったのである。

事は、天皇のひとり言から起こっている。ある男が猪《いのしし》を献上した。天皇は猪を見て、いつかこの猪の首を斬るように、わしの嫌っている男の首を斬りたいといったという。どうして崇峻帝はそんなことをいったのか。この嫌いな男というのは、馬子のことをいっているのだと疑われたのであろうが、ほんとうに崇峻帝は馬子を殺したいと思ったであろうか。この場合、崇峻帝の頭にそういう考えが浮かんだとしても不思議はないと私は思う。

崇峻帝は、れっきとした日本の天皇なのである。つまり日本の最高の権力者なのである。最高の権力者は、何事も自己の意志でできるはずである。しかるにこの場合、政治の実権は蘇我馬子《そがのうまこ》にあった。崇峻帝は馬子によって帝位につけられた、いわばロボットの帝《みかど》である。その帝を背後でいつも馬子が操縦している。帝はその地位を保つために、馬子の意志に従わねばならない。

帝は形式と実際の間の矛盾に不満を感じたのであろう。ロボットの帝といえども、形式的には最高の権力者である。最高の権力者はおのれの意志で動こうとする。その動こうとする帝の意志は、必ずやその背後で帝の行動を操ろうとする馬子の意志と衝突する。この場合、この背後の権力者は帝にとって、おのれの意志を妨げ、おのれの自由を奪う邪魔な存在と映る。

帝はおそらく、自分の権力が馬子に負っていることをよく知り、馬子の力がいかに大きいかをも知らないはずはなかった。馬子の意に反したら、自分は帝位から追われるにちがいない。そういうことは百も承知でありながら、崇峻帝はなおかつ、馬子が憎くて、憎くてしかたがないときがあったのであろう。

これは、こういう状況にあれば、誰しももつ感情である。親が憎かったり、上役を殺してやりたいと思うことが誰でもあると私は思う。黙っていれば、何事も起こらなかったのである。しかしこのときふと崇峻帝は、猪の首を見て、その心をもらしてしまった。おそらく即位してから五年の間、崇峻帝はじっと耐えていたのであろうが、このころ馬子と崇峻帝の間はとくに悪化して、がまんのならないことが続いたのかもしれない。そして崇峻帝は猪を見て、何気なく馬子のことを思い出し、永い間、心の奥底にしまっておいた、永久にしまっておかねばならなかった心の一端を、もらしてしまったのである。

これは帝のひとり言である。しかし悪いことには、このひとり言を馬子に伝える者がいたのである。『書紀』の註によれば、それは崇峻帝の嬪《みめ》の大伴小手子《おおとものこてこ》であったという。大伴小手子は崇峻帝との間に、蜂子皇子《はちのこのおうじ》と錦代皇女《にしきてのおうじょ》の二人の子をもうけている。二人の子をもうけていながら、どうして小手子は、夫を破滅に陥《おとしい》れる原因をつくるようなことをしたのであろうか。註は、その理由として「寵《めぐみ》の衰へしことを恨みて」という。崇峻帝は小手子にかわって別の女性を愛しはじめたのであろう。この別の女性への嫉妬《しっと》に狂って小手子は、わが夫を、ひいては自分自身を破滅に陥れるようなことをしたのであろう。嫉妬に狂った人間は、しばしば常識では考えられない愚かなことをしでかすものである。

密告から実行へ——すでに決められていた暗殺

このことを聞いて馬子《うまこ》は、よいチャンスと思ったのであろう。彼はずっと前から崇峻《すしゅん》帝《てい》を廃す機会をうかがっていたのであろう。それゆえ、崇峻帝のひとり言を聞いて馬子はすぐに事を起こしたのである。崇峻帝が不用意に自分の心をもらしたのは十月四日であるが、馬子はその月の十日に一味を集めて、天皇の暗殺のことを相談している。そして東漢駒《やまとのあやのこま》によって天皇の暗殺が決行されたのはその翌月、十一月三日である。

万事手まわしがよすぎるのである。馬子は天皇に会って、あの言葉の真偽を問いただすべきではなかったか。そしてもし「兵仗《つはもの》を設《まう》くること、常よりも異なる」という有様があったとしたら、それをたずねるべきではないか。「常よりも異なる」という『日本書紀《け》』の書き方からみて、崇峻帝が積極的に馬子を殺そうとしたとは考えられない。

おそらく天皇は、あのひとり言が心配であったのであろう。宮廷には多くの耳や口がある。そして多くの耳や口が、あることないことを馬子に報告する。天皇はまさか密告者が、自分の第一の妻とは思わなかったろうが、やはり自己の身辺に不安を感じて、その防備を固くしたのであろう。そしてこのことが、また馬子の不信を買い、馬子に猜疑《さいぎ》の心を起こさせたのである。

おそらく馬子は、ずいぶん前から決心していたのであろう。あの物部《もののべ》征伐という大事件の後に、いったん泊瀬部皇子《はつせべのおうじ》を即位させた。それは、皇子がこの戦いにまっ先に馳《は》せ参じたこととともに、自分の手で葬った穴穂部皇子《あなほべのおうじ》の同母弟を即位させることによって、彼が公平であることを群臣に示さんがためでもあった。蘇我《そが》氏の血を引く皇子であれば誰でもよい。自分の権力をもって操縦すれば、どうにでもなる。そう馬子は思ったにちがいない。そして馬子は、泊瀬部皇子すなわち崇峻帝をかついで、大胆な仏教政策を行った。

馬子は、真の意味における外交とは何たるかを知っている、日本では珍しいすぐれた政治家であった。大和《やまと》の飛鳥《あすか》という山間にありながら、彼の目は広く大陸の彼方《かなた》をにらんでいた。大きく動こうとする東アジア世界の情勢の中で、高句麗《こうくり》と百済《くだら》は、しばしば日本に使をよこし、その援助により、日本は新しい国家に変貌《へんぼう》しようとしていた。

馬子は、新しい国づくりを行っていたのである。そしてその国づくりの意志が、法興《ほうこう》という年号にはっきりあらわれる。もとより、そのような国づくりは、形式的には、崇峻帝を長《おさ》とし、崇峻帝の意志によって行われていたのである。しかし馬子はおそらく、とっくの昔に、自己の選択が失敗であったことを感づいていたのであろう。崇峻帝は、やはり帝《みかど》の器でないことを。あるいは、帝がふつうの時代の帝であるならば、十分に一国の支配者としての能力をもっていたかもしれない。しかし、今は新しい国づくりのときである。世界の情勢は刻々に動き、その新しい情勢に応じて、新しい手を打たねばならぬ。この非常の時にあたっての新興国・日本の君主として、崇峻帝はふさわしくないと馬子は思いつづけていたのであろう。

法興寺《ほうこうじ》の建造と、それのひきかえとしての筑紫《つくし》出兵、それは高度なマキアベリズムの上にたつ緻密《ちみつ》に計算された政策なのである。崇峻帝は、このような高度のマキアベリズムの上にたつ緻密な政治の最高の責任者ということになるが、それには崇峻帝は、やはり荷が重かったのではないかと思われる。私はつくづく思うが、人にはそれなりの器がある。小さい器に無理やりに大きな役目を与えようとしても、それはやはり無理である。大きすぎる馬子の器にたいして、崇峻帝の器は、あまりに小さすぎたのではないかと私は思う。

たしかに物部戦争後の不安な政治情勢を安定させ、とくに押坂彦人大兄皇子《おしさかのひこひとのおおえのおうじ》の即位を妨げるためには、崇峻帝の即位がぜひとも必要だったかもしれない。しかし五年たって、馬子の体制は安定し、押坂彦人皇子は死亡したか、あるいはその勢力も恐れる必要がなくなった今、どうして崇峻帝に固執する必要があろうか。われわれは、この崇峻帝の立場を後の孝徳帝《こうとくてい》の立場に比したいという誘惑からまぬがれることができない。

孝徳帝も、蘇我氏の滅亡という大事件の後に、実力者・中大兄皇子《なかのおおえのおうじ》と藤原鎌足《ふじわらのかまたり》によって即位させられた(六四五年)。それは、中大兄皇子の異母兄で蘇我氏の血を引く古人大兄皇子《ふるひとのおおえのおうじ》の即位を妨げるためでもあり、また中大兄皇子や鎌足が自己の野心のために入鹿《いるか》暗殺という大事件を起こしたのではないことを、群臣に示さんがためでもあった。そして孝徳帝の即位とともに、大化《たいか》という年号がつくられ、都を難波《なにわ》に遷《うつ》し、続々と改新政治が行われた。しかし古人大兄皇子が殺された後に、この孝徳帝は、中大兄皇子や藤原鎌足にとって邪魔になってきたのである。おそらく孝徳帝には、中大兄皇子や藤原鎌足によってすすめられる改新政治が、腹の底からは理解できなかったのであろう。大化という年号が白雉《はくち》という年号に変わるころ、つまり新政府成立後五年にして、孝徳帝と中大兄皇子たちの間にひびが入り、ついに中大兄皇子は天皇を置きざりにして、再び飛鳥に帰り、置きざりにされた孝徳帝は、悲憤のあまり、孤独のうちに死ぬのである。

この孝徳帝と崇峻帝の立場はよく似ている。どちらも実力者によって戦乱後の混乱をきりぬけるためにつくられたロボットの天皇である。この場合、鎌足の役割を果たしたのはもちろん馬子であるが、中大兄皇子の役割を果たしたのはむしろ炊屋姫《かしきやひめ》、後の推古帝《すいこてい》であったといえようか。例の穴穂部の事件以来、炊屋姫と馬子は固く結びついていた。歴史家の中には、叔父《おじ》―姪《めい》の関係を超えて、男女の関係を指摘する人もあるが、必ずしもそう考える必要はあるまい。たとえ肉体の関係がなくとも、男と女が共通の政治的目的のためには固く結びつくことがある。その場合は、他人の批判を受けないためにも、肉体の結びつきをもたないほうがよい。

この「儻者《やからひと》」、つまり馬子が招き集めた一味の中に、もちろん炊屋姫が入っていたとは思われない。しかし、もし馬子がこの時点で崇峻暗殺を決意したとすれば、炊屋姫との間に暗黙の諒解《りょうかい》がついていたと思われる。

馬子は一味の者を集めて何を相談したのであろうか。この場合、相談する内容は、まずこの事態をどうしたらよいかということであるべきである。崇峻帝をどうするか。忠告するか、それとも位からおろすか、殺すか、こういう相談がまずされるべきであると思われるが、私は、ここで相談されたのはそういうことではあるまいと思う。もうすでに馬子の意志は決まっていたのであろう。天皇は殺すよりしかたがあるまい。殺すのにはどうしたらよいか。そういうことが、ここで一味の者との間で相談されたと思う。なぜなら、どうするかが相談されたとしたら、決断から実行までがあまりに時間が短すぎるのである。あるいは誰か、天皇に忠告をしたらという人もあったかもしれないが、こういう提議は馬子に一蹴《いっしゅう》されたのであろう。忠告しても聞くようなお人ではない、だいたいあの人は天皇の器ではない、この際、災いを根本から断つにこしたことはない、と。

この時代は、天皇は唯一の最高の権力者である。後の時代のように、天皇が退位して上皇となり、院政をとったり、あるいは権力ある地位から退いたりすることはない。馬子にとって、事は一か八かである。崇峻帝をそのままにするか、それとも亡きものにするか。この場合、馬子はすでにはっきり天皇を亡きものにすることを決心していたと思う。それをはっきり部下に伝えて、その方法を考える。まさにそれが馬子のようなすぐれた政治家のすべきことである。この大事にたいして馬子の心に少しでも迷いがあれば、部下は動揺するにちがいない。この場合、命令者はいささかも迷いの心を見せてはならない。

ここで相談されたことは、一つには殺害の方法であるが、一つには事後対策であろう。もとより、このことはひそかに行わねばならぬことで、少数者の間で決せられるべきである。しかし、事件の大義名分と、終わった後の事後処理がたいせつである。

天皇が馬子にたいして殺意を示したのである。そして常より多くの軍隊を集めたとすれば、馬子の行為は正当防衛だということになる。天皇が馬子を殺そうとした。それでやむなく天皇を殺した。それでどうにか大義名分はつく。豪族たちの反応はどうか。

先に主だった豪族は兵を率いて筑紫に行っている。ゆえに、たとえ今、事件を起こしたとしても、豪族たちはただちに兵をあげることはできない。それは絶好のチャンスといえばいえる。馬子のことであるから、豪族たちの出方をいちいち細かく計算したにちがいない。

私は、政治というものは一面、心理学であると思う。政治家であるならば、相手の心理を計算しなければならぬ。こうすればAはどうでる、Bはどうでるか。そういう緻密な計算が政治家には必要である。すぐれた政治家は、こういう一人一人の心を緻密によむことができる心理学の天才でなくてはならない。しかも、そのよみをはなはだ直観的に行わねばならぬ。

おそらく五年の間に、もう馬子の権力は確立し、そして崇峻帝は孤立していたのであろう。馬子と崇峻帝の間にトラブルが起きても、崇峻帝に味方する人はほとんどない。しかも、若干の味方が都を離れて九州に行っているとすれば、まず安心である。九州の軍にも蘇我氏の同調者が多いのであろう。さっそく事を報告し、軍の動揺を鎮めればよい。

事が実行されたのは、例の天皇の軽率なひとり言のときからちょうど一ヵ月後である。そして天皇を安心させるのに、東国の調《みつぎ》を献上するといってあざむく。後の藤原鎌足もまた、この暗殺の方法を馬子から学んだのであろう。馬子の孫の入鹿が殺された日も、三韓《さんかん》からの調がもたらされた日であった。もちろん、これも贋《にせ》の使であった。このときも、東国の調使《みつぎのつかい》が来たといって天皇を安心させ、東漢直駒《やまとのあやのあたいこま》をして天皇を殺させたのであろう。そして翌々日、駅使《はいま》を筑紫の将軍のもとに遣わしているところをみると、すべて、すでに綿密に計算されていたのであろう。

密告者は誰か――背後にうずまく嫉妬

ところでここで、この『日本書紀』の註の文句をどう見るかである。大伴嬪小手子《おおとものみめこてこ》は、大伴糠手《おおとものあらての》連《むらじ》の子である。大伴糠手連は、系図によれば大伴金村《おおとものかなむら》の子で、欽明帝《きんめいてい》、敏達帝《びだつてい》の時代にさかんに活躍する。この大伴小手子が寵《めぐみ》の衰えたことを恨んで、蘇我馬子《そがのうまこ》に天皇のひとり言を密告したというのである。それでは、小手子は、いったい誰に嫉妬《しっと》したのか。彼女は崇峻帝《すしゅんてい》の間に蜂子皇子《はちのこのおうじ》と錦代皇女《にしきてのおうじょ》を産んでいたはずなのに、ここで嫉妬にかられて夫を馬子に密告したという。

大伴嬪小手子の嫉妬の対象は誰か。「崇峻紀」にも『上宮記《じょうぐうき》』にも、崇峻帝の妃《みめ》としては、小手子以外の名はない。しかし『日本書紀』は、先ほどの記事に続いて、以下のように記す。

是の月に、東漢直駒《やまとのあやのあたひこま》、蘇我嬪河上娘《そがのみめかはかみのいらつめ》を偸隠《ぬす》みて妻《め》とす。河上娘は、蘇我馬子宿禰《そがのうまこのすくね》の女《むすめ》なり。馬子宿禰、忽《たまたま》河上娘が、駒《こま》が為に偸《ぬす》まれしを知らずして、死去《まか》りけむと謂《おも》ふ。駒、嬪《みめ》を汙《けが》せる事顕《あらは》れて、大臣《おほおみ》の為に殺されぬ。

ここで蘇我嬪河上娘《そがのみめかわかみのいらつめ》という女性がでてくる。彼女は蘇我馬子の娘であることはたしかであるが、誰の嬪かわからない。前後の関係で崇峻の嬪と考えられる。とすると、あるいは大伴小手子は蘇我河上娘を妬《ねた》んで、密告の行動にでたのであろうか。

此禍機《このくわき》は大伴妃《おほとものみめ》の嫉妬より起《おこ》り、馬子の恐怖に乗じて、駒《こま》が蘇我嬪《そがのみめ》を偸《ぬす》むに訖《をは》りたり。若《も》し其獄《そのごく》を起すならば、駒、馬子、妃、嬪四人《よたり》を拘致《こうち》して鞠問《きくもん》を始め、連累者《れんるいしや》は大伴糠手《おほとものあらて》を首《かしら》となすべし。此事《このこと》を揣摩《しま》するに、大伴妃は寵愛《ちようあい》の蘇我嬪に移るを妬《ねた》みて馬子に密告し、蘇我嬪は駒と密通し、駒これを好機《かうき》として嬪を偸まんと馬子を唆動《そそのか》し、或《あるい》は糠手をも唆動《そそのか》して、弑逆《しぎやく》を敢行《かんかう》せしめたるものと認定さる。大臣《おほおみ》の尊貴《そんき》は帝《みかど》に亜《つぎ》す。東漢直《やまとのあやのあたひ》の蘇我家に於けるは、蘇我家の皇室に於けると同《おなじ》比例の権勢を有《ゆう》するべし。彼等が黒巾者《くろぎれもの》となりて大臣を傀儡《くわいらい》に繰《あやつ》り居《をり》たる状態は、馬子が吾娘《わがむすめ》を偸取《ぬすみとら》れながら、死したりと信じたるにて思ひ遣らる丶。是によりて窮論《きゆうろん》すれば、此弑逆《このしぎやく》は馬子の使嗾《しそう》といふより、寧《むし》ろ駒の教唆《けうさ》と審判を下すべし。

（『上宮太子実録《じようぐうたいしじつろく》』）

これは前に言及した近代歴史学の父・久米邦武《くめくにたけ》氏の言葉である。久米氏は、この事件は大伴妃《おおとものみめ》（小手子）の蘇我嬪にたいする嫉妬から起こったとする。そしてこの事件の主役を蘇我馬子ではなく、東漢直駒《やまとのあやのあたいこま》であると考えている。

私は先に、政治家は心理学者でもなければならないといった。しかし歴史家もまた心理学者でなければならないと思う。一つの事件の背後にある一人一人の人間の心理の動きを的確にとらえられなければ、歴史の事実を正確に把握することはできない。

久米邦武氏はいわば近代歴史学の父であるが、このところの複雑な男女関係のよみは、はなはだ甘いように思われる。そして、そのような甘い判断の上にたって、この事件の主役を東漢直駒と断定してしまうのは、歴史家として客観性を欠くことになる。「此事を揣摩するに」以下の文章の、人間の心理の説明にはかなり無理がある。

大伴小手子は、帝《みかど》の寵愛《ちようあい》が蘇我嬪に移ったのを妬んだ。これは女性の心理としてよくわかる。しかしどうしてその嫉妬ゆえ、天皇の謀叛《むほん》を馬子に密告することになるのか。彼女がいちばん嫉妬したのは蘇我馬子の娘のはずである。娘が憎くなれば、父も憎いにちがいない。どうしてその憎い馬子に、自分の夫の滅びをまねくような話をしたのか。

そしてまたその事件の結果、どうして蘇我嬪は駒と密通することになるのか。蘇我嬪は、大伴小手子にかわって崇峻帝の寵愛を深く受けるようになったのである。とすれば、彼女は崇峻帝の心を独占することができる。そしてもしも蘇我嬪が崇峻帝と結びつきが深くなればなるほど、馬子と崇峻帝の関係が深くなり、馬子は崇峻帝を除く必要はなくなるのである。こういうときに、どうして蘇我嬪は駒と密通するのか。

そして駒はこれを好機として嬪を盗まんとして、馬子を煽動《せんどう》して帝の殺害を決行したというが、嬪を盗むことと崇峻殺害とどういう関係があるのであろう。崇峻を殺害しなくても、嬪は盗みだせるのではないか。

東漢《やまとのあや》一族は、代々陰謀家として有名であった。陰謀家は巧みな計算をする。しかしここで東漢駒は、どういう計算をしたというのか。

事件にたいする久米氏の説明には無理がある。事件が久米氏のいうように動いたと考えることは、人間心理の動きとしてとうてい不可能である。久米氏は人間の心がまったくよめていない。私は歴史家の書くものを多く読み、そういう感をいだくことがしばしばある。歴史学は人間を知ることである。『史記《しき》』を見よ、トゥキディデスを見よ、そこにはみごとな人間把握があるではないか。

私は、この事件を大伴小手子の蘇我嬪にたいする嫉妬とみるのは無理であると思う。もしそうならば、こともあろうに、その嬪の父・馬子にわざわざ密告に行くはずはない。そしてその密告によって馬子は崇峻を殺すはずはない。私は、大伴小手子が嫉妬した相手は蘇我河上娘ではないと思う。とすれば、それは誰か。

私は『旧事本紀《くじほんぎ》』の次の記事に注目したい。

十四世ノ孫《トヲアマリヨツノセイ》物部大市御狩連公《モノノベノオホイチノミカリノムラジノキミ》　尾輿大連《ヲコシノオホムラジ》之子ナリ。

敏達《ビダツ》

此連公《コノムラジノキミ》ハ訳語田宮《ヲサダノミヤ》ニ御宇《アメノシタシラシメ》ス天皇《スメラミコト》ノ御世《ミヨ》ニ、大連ト為《ナリ》テ神宮ヲ斎《イツ》キ奉《タテマツ》ル。

弟贄古《ニヘコノ》大連ノ女《ムスメ》宮古郎女《ミヤコノイラツメ》ヲ妻ト為《ナシ》テ二《フタ》リノ児ヲ生ム。

弟物部守屋《モノノベノモリヤ》大連公　亦ハ弓削《ユゲ》大連ト曰フ。

用明《ヨウメイ》

此連公ハ池辺双槻宮《イケベノナミツキノミヤ》ニ御宇ス天皇ノ御世ニ、大連ト為テ神宮ヲ斎キ奉ル。

弟物部今木金弓若子《モノノベノイマキカネユミワカコ》連公　今木連《イマキノムラジ》等ノ祖《オヤ》。

崇峻《スシュン》

妹物部連公布都姫夫人《フツヒメノオホトジ》　字《アザナ》ハ御井《ミキ》夫人。亦ハ石上《イソノカミ》夫人ト云フ。

此夫人ハ倉梯宮《クラハシノミヤ》ニ御宇ス天皇ノ御世ニ、立テ夫人ト為ル。亦朝《ミカド》ノ政《マツリゴト》ニ参《アヅカ》リ神宮ヲ斎キ奉ル。

『旧事本紀』に語られる物部氏の系譜が百パーセント真実であるという保証はない。ほかにもこの系譜には誤りと思われるものがある。しかしそうはいっても、すべてこの系譜が間違いとはいえない。『旧事本紀』なるものは、平安時代のはじめ物部氏によりつくられたものであろうが、この系譜は何らかの記録、または伝承によったものと思われる。

ここで物部大市御狩《もののべのおおいちのみかり》の妹の物部布都姫夫人《もののべのふつひめのおおとじ》なるものに注意してほしい。この夫人は、崇峻天皇の御世に夫人となり、朝政に参《あずか》って神宮を斎《いつ》き奉ったという。神宮というのは、物部氏の祀《まつ》る石上《いそのかみ》神宮をいうのであろう。この石上神宮の祭祀の主宰権は、氏の長《おさ》のなすことであろう。この布都姫夫人は女性でありながら、氏上の地位にあり、しかも朝政に参加したというのである。

守屋《もりや》は殺されても、物部氏はまったく滅び去ったのではなかろう。守屋の兄・大市《おおいち》の一族は以後も続いて物部氏の本流を形成していた。崇峻帝には、大伴小手子と蘇我河上娘のほかにもう一人、物部布都姫夫人があったのである。

『旧事本紀』の系譜がたしかであるならば、この布都姫夫人は天皇の信頼を得て、朝政にも参与したことになる。とすれば、この物部布都姫こそ大伴小手子の嫉妬した相手ではないか。とすれば事態は次のようになるであろう。

崇峻帝には少なくとも三人の夫人があった。一人は大伴小手子、もう一人が蘇我河上娘、もう一人が物部布都姫である。

このうち蘇我河上娘は権力者・馬子の子であり、当然、皇后の位置を占めてもよいはずである。しかしなぜか彼女は皇后の地位につかなかった。河上娘に何らかの欠点があったのであろうか。それとも崇峻帝は、やはり同母兄を殺した男の娘を心から愛する気にならなかったのか。どうも崇峻帝は蘇我河上娘とうまくいっていたとは思われない。

それで帝は大伴小手子を第一の夫人とし、その間に二人の子どもをもうけたのであろう。大伴小手子は、大伴氏の正系・大伴糠手連の娘である。血統からいってもけっして蘇我氏に劣らない。そしてこの時代において大伴氏の権威は蘇我氏に次いでいて、蘇我馬子も大伴氏にたいして、どこかで一目おいていたのである。大伴小手子が崇峻帝のもっとも寵愛する妃であるにしても、蘇我馬子はそれにたいして、そうあらわには文句をいえなかったのであろう。

しかし、もしも崇峻帝の寵が大伴小手子から物部布都姫に移ったとしたら、これは蘇我馬子にとっても、見逃せないことである。物部守屋は馬子に殺された。物部氏がどこかで、反蘇我的感情をもつのは当然である。布都姫は守屋の妹である。もしも『旧事本紀』に語られるように、崇峻帝の寵愛が物部布都姫に移り、物部布都姫が政治の実際に参加したらどうなるか。これは明らかに反蘇我的勢力の台頭を意味する。

大伴小手子は、このような馬子の感情を知ったのであろう。彼女は、馬子に崇峻のことを密告する。おそらくそれは、けっして崇峻を殺せと馬子に頼んだのではあるまい。崇峻を物部布都姫からひき離すために、馬子による崇峻の牽制《けんせい》を頼んだのであろうか。おそらく、嫉妬の感情にかられて、あの猪《いのしし》のことを馬子に告げたのであろう。嫉妬にかられるとき、人は誰しも常軌を逸して、結果的には嫉妬をした人および自分自身をも破滅に陥れる行為をしがちである。

馬子はこのような後宮《こうきゆう》の動きをじっと見ていたのである。わが娘はついに崇峻帝の寵愛を得られなかった。この権力をもつ大臣《おおおみ》と、それに擁立された天皇の間のひびは決定的である。しかし寵愛する夫人がまだ大伴小手子である間はよい、しかし物部布都姫になったら、わが権力は危ない。やはり崇峻帝を亡きものにしなければならない。

馬子はそう決意し、その方法を腹心の者とともに相談したのであろう。

刺客に選ばれた東漢駒

ここで選ばれたのが東漢直駒《やまとのあやのあたいこま》である。東漢直駒という人間はどういう人物か。『日本書紀』には東漢直磐井《いわい》の子というが、東漢直磐井という人は史書に登場せず、よくわからない。

東漢氏は、応神《おうじん》天皇のときに来朝した後漢《ごかん》の霊帝《れいてい》の子孫と称する阿知使主《あちのおみ》の子孫である。十七県の民をひき連れて来朝し、主として朝廷の記録のことをつかさどった。おそらく、不安な朝鮮半島の政治状態を避けての大挙の亡命者であろうと思われるが、この阿知使主の子孫の東漢氏が、王仁《わに》の子孫の西漢氏《かわちのあや》とともに古代日本の文化を発展させるのに大いに貢献した。

「坂上系図」には、阿知使主とともに大量にやって来た帰化人が多くの氏族に分かれて、大和《やまと》の今《いま》来郡《きのこおり》すなわち現在の高市郡《たかいち》に住んでいたことが記せられている。

先に述べたように、欽明帝《きんめいてい》の御世、高句麗《こうくり》から使者が来たとき、東漢や西漢のような古く渡来した帰化人には国書が読めず、新しく渡来した舟史《ふねのふびと》のみが、それを読みえた。つまり東漢氏の外来文化の理解力は低下していたといわねばならない。そのかわり彼らは、別の能力をもって重んじられていた。

彼らは新興氏族、蘇我《そが》氏と結びついて、蘇我氏の政治的陰謀に加担することによって、自己の権力を強めようとしていた。政治にはマキアベリズムが必要である。内政においても外交においても、少なくともマキアベリズムの何たるかを知る政治家でなかったら、とても永らく自己の権力を維持できないであろう。

蘇我馬子《そがのうまこ》がどのような意味において、巧みなマキアベリストであるか、内政においてすでにわれわれは馬子の巧みな政治力を見た。それは、敵を分裂せしめて敵の本体を孤立させて、そしてそれを滅ぼすことであった。こうして馬子は年来の敵、物部《もののべ》氏を葬って独裁的権力を手に入れた。また外交において馬子がどんなに巧みなマキアベリストであるか、すでにその一端をわれわれは見たはずである。そしてそのマキアベリズムを、彼は聖徳太子に教育し、聖徳太子を一人の立派な政治家たらしめたのである。

馬子はこのようなマキアベリズムをどこから学んだか。中国において国を支配する思想は、表面では儒教《じゅきょう》であるが、裏面では永らく、このような政治の智恵が重んじられてきた。太公望《たいこうぼう》の著とされる『六韜三略《りくとうさんりゃく》』はこのようなマキアベリズムの聖典であるが、多くのことを馬子から学んだと思われる藤原鎌足《ふじわらのかまたり》もまた『六韜三略』の熱烈な愛読者であった。

このような政治の智恵は島国の日本より朝鮮半島において、いち早く発達したと思われる。なぜなら朝鮮半島では、三国が鼎立《ていりつ》し、北に大国・中国の圧力を受け、東に強国・日本の侵略を受けていた。こういう国際状況において、マキアベリズムが発達しないはずはない。

蘇我氏は、東漢氏などの多くの帰化人の子孫を自己の配下にかかえていたが、こういう帰化人は文化程度においてばかりではなく、政治の智恵においても在来の日本人よりはるかに高く、おそらく馬子のなしたさまざまな政治的な賭《かけ》は、彼らの進言に負うところ大であったのであろう。

東漢駒はおそらく、そういう馬子の政治的側近の一人であったのであろう。その側近に馬子は、崇峻帝の殺害を頼んだのであろう。また東漢駒は、崇峻帝とも親しい関係にあり、自由に宮廷に出入りすることができたにちがいない。崇峻帝の暗殺は、後の大化改新《たいかのかいしん》の前の入鹿《いるか》の暗殺よりもっと簡単に行われたのであろう。卑怯《ひきょう》な騙《だま》し討ちである。

もとより一国の皇帝の殺人は大事件である。殺人者はその報いを受けねばならない。この場合、おそらく馬子は東漢駒の生命を保証したばかりでなく、多大の恩賞を約束したのであろう。あるいは東漢駒のほうに、何かこの暗殺をことわれない弱みがあったのかもしれない。とにかく、この現役の天皇の暗殺という、日本の歴史にあまり例のない、そして後に儒学者や国学者を激怒せしめた事件は、いとも簡単に終わったのである。

すべて馬子の計算どおりである。筑紫《つくし》の軍隊にこの旨《むね》を伝えたが、もとより軍隊は動く気配はない。馬子の力は絶対的であり、崇峻帝に同情をよせる者も少なかったのであろう。

是の月に、東漢直駒《やまとのあやのあたひこま》、蘇我嬪河上娘《そがのみめかはかみのいらつめ》を偸隠《ぬす》みて妻《め》とす。河上娘は、蘇我馬子宿禰《そがのうまこのすくね》の女《むすめ》なり。馬子宿禰、忽《たまたま》河上娘が、駒が為に偸《ぬす》まれしを知らずして、死去《まか》りけむと謂《おも》ふ。駒、嬪を汙《けが》せる事《こと》顕《あらは》れて、大臣《おほおみ》の為に殺されぬ。

先にも引用したが、『書紀』のこの記事をどう考えたらよいか。もし蘇我嬪河上娘《そがのみめかわかみのいらつめ》が馬子の娘であるとしたら、どうして東漢駒が盗みだしたのか。それは崇峻帝を殺した後か、あるいはそれ以前であろうか。それにしても、どうして馬子はわが子の失踪《しっそう》を知らなかったのか。天皇の殺害は『日本書紀』の書き方からみて、東国の調《みつぎ》の進貢という儀式の最中に行われたのであろう。殺された崇峻帝は倉梯岡陵《くらはしのおかのみささぎ》に葬られ、後宮《こうきゅう》は解散したのであろう。この後宮の一人であるわが娘の安否を馬子が知らないなどということが、いったいあろうか。

この辺の事情はよくわからない。私はその結果からみて、東漢駒は馬子に騙されたのではないかと思う。東漢駒は利口な男であったにちがいないが、この場合、馬子のほうが役者が一枚上であったのではないか。馬子はおそらく、崇峻帝の寵愛《ちょうあい》を失っているわが娘・河上娘にたいする東漢駒の邪恋を計算していたのである。あるいは崇峻帝暗殺以前に、東漢駒は河上娘と通じていたのかもしれない。いわば成りあがり者の東漢駒にとって、最大の権力者の娘であり、かつ現在の帝の嬪《みめ》である河上娘は、たまらない魅力をもっていたのではないか。政治家・馬子は、この場合、東漢駒の情欲まで巧みに計算していたように思われる。

崇峻帝暗殺の背後に、私は、東漢駒のある種の権力意志を含んだ情欲が隠されていたと思う。崇峻帝を殺したらこの女を所有できる、あるいは独占できるという期待に、駒は、あの積年の人生の羅針である用心深さを失ってしまったのではないか。人生にはどこに落とし穴があるかわからない。そしてその落とし穴に、時には、はなはだ用心深い人間が落ちることがあるのである。

東漢直駒は、崇峻帝の死後、永い間の恋愛の、あるいは情欲の対象であった河上娘を手に入れ、ひそかに愛の、あるいは性の関係を続けていたのであろう。私はまだこのころは、東漢駒は馬子を信じていたと思う。馬子のために自分は大事を行ったのである。この天皇の嬪である馬子の娘は、この大事の報酬として当然と彼は考えていたのであろう。

しかし東漢駒の計算は甘すぎたのである。馬子は、崇峻暗殺の責任がおのれにかかることを恐れていたのである。天皇の暗殺者はやはり罰せられねばならぬ。しかも別の罪によって罰せられねばならぬ。もとより自ら命じた暗殺であるから、天皇暗殺の件で彼を殺すことはできない。それゆえ、別件すなわち天皇の嬪を犯した件で、駒は罰せられねばならぬ。天皇暗殺という罪と、天皇の嬪を犯したという罪と、どちらがいったい大きいのであろう。より大きな罪を隠すため、より小さい罪を理由にして東漢駒は殺されたのであろう。これもすでに馬子の計算のうちにはいっていたのであろうと私は思う。馬子はわが娘を餌《えさ》にして、東漢駒にこの天皇の殺害という危険なことを行わせ、そしてわが娘を犯したことを理由にして駒を殺してしまったのではないかと思われる。

以上が、いわゆる馬子による崇峻暗殺事件の、もっともありうる姿と私が考えるところのものであるが、なお東漢駒と河上娘との関係についてよくわからないところがある。後考にまかせたい。

夜明け前の不祥事

もし、崇峻帝暗殺事件がこのようなことだったとすれば、われわれはこの事件をどう考えたらよいか。歴史を見る場合、われわれはできるだけ性急な道徳的判断をひかえたほうがよいと思う。できるだけ事実を冷静に見て、いったいそこで全体として何が起こっているかを客観的に考察することが必要である。

たとえば、歴史においてしばしば英雄とでもいうべき人物が登場し、新しい世界をつくってゆく。その場合、しばしばこの人物が片一方で、はなはだ卓越した能力をもちながら、片一方で、はなはだひどい人間的悪徳をそなえていることがある。傲慢《ごうまん》、貪欲《どんよく》、あるいは好色などは、けっして英雄と無縁な悪徳ではなく、むしろ英雄には伴いがちな悪徳ですらある。それればかりか、彼は権力獲得の段階で、ふつうの道徳に照らせば許しがたいような悪を犯している場合が多い。

たとえば、漢の武帝《ぶてい》は兄を殺し、藤原鎌足《ふじわらのかまたり》は入鹿《いるか》を騙《だま》し討ちにし、織田信長《おだのぶなが》は比叡山《ひえいざん》を焼き討ちにしたごとくである。これらはそれ自身だけをとってみれば、許しがたい暴行であり、悪徳である。しかしそういう暴行、悪徳がなかったら、彼らは権力の座にあがれず、したがって彼らのなした、光に満ちた偉大な仕事もありえないのである。

この場合、われわれは、彼らが全体として何であるかを考えるべきであり、彼らの権力獲得の段階に起こった一事件をもって、彼らを全面的に否定すべきではないと私は思う。今、馬子《うまこ》による崇峻《すしゅん》殺害事件も、そういう見地から見られるべきである。

崇峻が暗殺されて、推古帝《すいこてい》が即位し、太子が摂政《せっしょう》となった。そして推古帝の御世の、あの華々しき時代となる。「冠位十二階《かんいじゅうにかい》」の制定、「憲法十七条」の発布、法興寺《ほうこうじ》の完成、遣隋使《けんずいし》の派遣、『天《すめら》皇記《みことのふみ》』、『国記《くにつふみ》』の編纂《へんさん》など、推古の一代をもって、いわば、わが日本国は未開国から文明国に変わったといってよい。

この輝かしき時代の、夜明け前の不祥事として崇峻暗殺事件があるのである。たしかにこの事件そのものは忌《い》まわしいが、この忌まわしい事件がなかったとすれば、あの輝かしき世界はこなかったのではないか。きたとしても、それはいささか遅く、少々別な形できたにちがいない。

藤原鎌足は、この馬子の事件から、権力者の暗殺の仕方を学んだにちがいない。東国の調《みつぎ》の日を、三韓《さんかん》の調の日に変え、天皇のかわりに一人の権力者を殺したのである。おそらく鎌足は、世界を変えるにはやはり多少忌まわしい闇も必要であるという哲学をもまた、馬子から学んだのであろう。たしかにそれは、光り輝く偉大な時代の夜明け前の暗い事件である。この暗い事件がなかったら、あの光り輝く時代はおとずれなかった。

しかし、とわれわれはあの儒学者、国学者とともに思う。それにしても、それは日本の歴史に例のない忌まわしい事件ではないか。馬子はもちろん推古帝も太子も、その事件の責はやはりまぬがれないのではないか。

『愚管抄』の歴史観

この事件について、すでに慈円《じえん》も『愚管抄《ぐかんしょう》』で太子の責任を指摘し、それを独自の史観によって肯定している。

コノ崇峻天皇《スシユンテンワウ》ノ、馬子《ウマコ》ノ大臣《オホオミ》ニコロサレ給《タマヒ》テ、大臣スコシノトガモヲコナワレズ、ヨキ事ヲシタルテイニテサテヤミタルコトハイカニトモ、昔ノ人モコレヲアヤメサタシヲクベシ。イマノ人モ又コレヲ心得《コヽロウ》ベシ。日本国ニハ当時国王ヲコロシマイラセタル事ハオホカタナシ。又アルマジトヒシトサダメタルクニナリ。ソレニコノ王ト安康《アンカウ》天皇トバカリ也。ソノ安康ハ七歳ナルママコノ眉輪《マユワ》ノ王ニコロサレ給ニケルハ、ヤガテマユワノ王モソノ時コロサレニケレバイカヾワセン。ソノ眉輪モ七歳ノ人也。マ、コニテオヤノカタキナレバ、道理モアザヤカナリ。又安康ハ一定《イチヂヤウ》アニノ位ニツクベキ東宮《トウグウ》ニテオハシマス、コロシテ位ニツキテ、ワヅカニ中一年《ナカイチネン》ノ程ニ眉輪ノ王ノチ、ヲモコロシテ眉輪ノ母ヲトリナドシチラシテ、アラハニドシタ、カヒニテ、サルフシギモアリケレバ、コレハヲボツカナカラズ。此《コレ》崇峻ノコロサレ給フヤウハ、時ノ大臣ヲコロサントオボシケルヲキ、カザドリテ、ソノ大臣ノ国王ヲコロシマイラセタルニテアリ。ソレニスコシノトガモナクテ、ツ、ラトシテアルベシヤハ。ナカニモ聖徳太子オハシマスオリニテ、太子ハイカニ、サテハ御サタモナクテヤガテ馬子トヒトツ心ニテオハシマシケルゾト、ヨニ心エヌ事ニテアルナリ。サテ其後《ソノノチ》カ、リケレバトテ、コレヲ例ト思フヲモムキツヤ〳〵トナシ。

天皇暗殺の例は、それ以前に安康《あんこう》天皇が眉輪王《まよわおう》に殺された例があるだけである。しかもこれは内輪争いの結果だと慈円はいうのである。ところがこの崇峻帝《すしゅんてい》暗殺事件はそうではない。天皇が大臣《おおおみ》を殺そうとし、それにたいして、大臣が先んじて天皇を殺した。これは先例のない不祥事である。

慈円は、このことが不祥事であることをあやしんでいるのではない。というより、この不祥事に、天下の人が平然としていたことをあやしんでいるのである。とくに聖徳太子がいたではないか。太子がいったいこのことをどう考えたのか。これは後に、儒者が太子に投げた最大の疑問であるが、慈円はそれにたいして、以下のように答える。

コノコトヲフカク案ズルニ、タヾセンハ仏法《ブツボフ》ニテ王法《ワウバフ》ヲバマモランズルゾ。仏法ナクテハ、仏法ノワタリヌルウヘニハ、王法ハヱアルマジキゾトイフコトハリヲアラハサンレウト、又物《モノ》ノ道《ダウ》理《リ》ニハ一定軽重《イチヂヤウケイチヨウ》ノアルヲ、オモキニツキテカロキヲスツルゾト、コノコトハリトコノ二《フタツ》ヲヒシトアラハカサレタルニテ侍《ハベル》ナリ。コレヲバタレガアラハスベキゾトイフニ、観音《クワンノン》ノ化身《ケシン》聖徳太子ノアラハサセ給《タマフ》ベケレバ、カクアリケルコトサダカニ心得《コヽロエ》ラル、ナリ。其故《ソノユヱ》ハ、イミジキ権《ゴン》者《ジャ》トハ其人《ソノヒト》ウセテノチニコソ思へ、聖徳太子イミジトハ申セドン其時《ソノトキ》ハタヾノ人ニコソ思《オモヒ》マイラセテアルガ、オサナクテサスガニオサナ振舞《フルマヒ》ヲモシテコソハオハシマスニ、ワズカニ十六歳ノ御《オン》時《トキ》マサシク仏法ヲコロシケル守屋《モリヤ》ヲウタル、モ、オトナシキ大臣《オホオミ》ノ世ニ威勢《キセイ》アリテ、我身タリタル馬子大臣《ウマコノオホオミ》ノヒトツ心ニテサタセシコソ、太子ノセンノ御チカラニハナリニシカ。仏法ニ帰シタル大臣ノ手本ニテコノ馬子ノ臣ハ侍ケリトアラハナリ。コノ大臣ヲ、スコシモ徳モオハシマサズタヾ欽明《キンメイ》ノ御子《オンコ》トイフバカリニテ位ニツカセ給タル国王ノ、コノ臣ヲコロサントセサセ給フ時、馬子大臣仏法ヲ信ジタルチカラニテ、カ、ル王ヲ我ガコロサレヌサキニウシナヒタテマツリツルニテ侍レバ、唯《タヾ》コノヲモムキ也。

これはまた、すさまじい答えである。仏教はインターナショナリズムの立場である。それは場所を超え、時代を超えた真理の教えである。この真理の教え、仏法が日本にきた以上は、国家の法すなわち王法はどうでもよくなり、少なくとも第二義的になった。そういう真理を示すのが、馬子のあの崇峻帝殺害行為であったというのである。

馬子は、太子とともに仏教を興隆すべき人物であった。その仏法にとって重要な人物を、ただ欽明《きんめい》天皇の皇子というだけの崇峻帝が殺そうとする。仏法にとって馬子の身がたいせつか、崇峻帝の身がたいせつか。馬子は仏法を信じた力で、この仏法に無知な崇峻帝を殺したにすぎないと慈円はいうのである。

ソノウエハ又崇峻《スシユン》ヲヲサエラルベキヤウナクテ、マタツギ給《タマヘ》ド、太子相《サウ》シマイラセテ、程《ホド》アラジ、兵《ヘイ》ヤクモオハシマスベシ、御《オン》マナコシカ〴〵也ナド申サレヌ。ソレヲ信ジ給《タマハ》デ、猪《ヰノシ、》ノ子ヲコロシテ、アレガヤウニワガニクキ者イツセンズラント仰《オホセ》ラレヌ。コノ王ウセ給バ、推古《スイコ》女帝《ヂヨテイ》ニツキテ太子執政《シッセイ》シテ、仏法王法《ブッポフワウバフ》守ベキ道理《ダウリ》ノヲモサガ、其時《ソノトキ》ニトリテヒキハタラカザルベクモナキ道理ニテアリケルナリ。本闕《モトケツ》ソレヲコロシツル事ハ、コノ馬子大臣《ウマコノオホオミ》ヨキコトヲシツルヨトコソ、世ノ人思ケメ。シラズ又推古ノ御気色《オンケシキ》モヤマジリタリケントマデ、道理《ダウリ》ノオサルヽナリ。コノ仏法ノカタ王法ノカタノ二道《ニダウ》ノ道理ノカクヒシトユキアヒヌレバ、太子《タイシ》ハサゾカシトテモノモイハデ、臣下《シンカ》ノ沙汰《サタ》ヲ御《ゴ》ランジケンニ、コノ道理ニオチタチヌレバ、サゾカシニテアリケルヨトユルガズ見ユル也。ソノスヂニテ、其後《ソノノチ》仏法ト王法ト中アシキ事ツユナシ。カヽレバトテ国王ヲオカサントイフ心オコス人ナシ。コトガラハ又イマ〳〵シキコトナレバ人コレヲサタセズ。若《モシ》サタセント思ハヾ、コノ道理アザヤカナリニテ侍《ハベリ》ケルナルベシト心エヌル也。コレニツキテ、馬子ニトガヲ行《オコナ》ハレバ、コノ災ヲ常ノサイニモテナスニナランコト本意《ホンイ》ナカルベシ。タヾヲシハカルベシ。

慈円の見解は儒者とちがって、歴史の中に理性がはたらいているとみる立場である。太子の時代はいわばひとつの転換期である。この転換期のもっとも大きな事件は仏教の国教化である。慈円の言葉でいえば、仏法と王法との出会いである。このとき歴史は、日本人に仏法と王法とどちらがたいせつであるかを知らせようとする。馬子の崇峻暗殺事件は、この仏法が王法より、はるかにたいせつであることを知らせるためであった。

こうして崇峻暗殺の結果、推古—太子—馬子のトロイカ方式の政治が固まってきて、仏法と王法が結合した。この事件は、こういう転換期における歴史的事件と解されるべきであった。それで、この際の馬子の行動をあやしんだ人はなく、また推古帝もそれにたいして賛意を与えたのではないかと思われる。また太子もそれをひとつの歴史的必然として理解したというのである。それゆえ、それについて誰も非難する人はなかった。崇峻暗殺はもともと転換期の特異な事件であり、したがって後世の例とならず、このような天皇の暗殺を真似る人もなかったというのである。

この『愚管抄』の考えは興味深い。儒者たちはこの事件を超歴史的な道徳で斬るけれど、慈円は、それをひとつの転換期における歴史的必然の事件と見ているのである。慈円の見方には、仏法を王法より重んじるインターナショナリズムがある。儒者たちとちがう意味で、仏法は永遠の真理であり、この真理はどのような国の掟《おきて》より優先するという考え方がある。

しかし歴史を見る場合、われわれは、儒教《じゆきよう》の道徳主義も仏教の永遠主義もとることができない。とすれば、われわれはこの事件をどう見たらよいのか。『愚管抄』の見方は、仏者の多少の独断を含むとはいえ、歴史の見方としては、儒者たちの見方より当を得ていると思う。この事件は、一つにはその時代の思想の上から考察しなくてはならぬ。

この時代はいってみれば、隋《ずい》のはじめ、思想的には南北朝の思想に支配されている時代である。中国の永い歴史において、この南北朝ほど政治の不安定な時代はなかった。中国の正統な政府と称する南朝の例をとっても、だいたい王朝は五十年間ほどしか続かず、革命が起こり、前王朝の一族は多く殺された。そして一つの王朝の内部でも、王位継承の争いが絶えず、帝王にして殺された者は跡を絶たない。これはただ中国の風潮のみではなく、東アジア世界全体の風潮であった。

そして当時の思想傾向として、儒教は衰え、老荘《ろうそう》や仏教がさかんであった。そして老荘や仏教にとって主君の殺害は、儒教においてのように絶対の悪ではなかった。こういう時代風潮から日本だけが自由になることができたとは思われない。

おそらく、あの万世一系の神話は後につくられたものであり、また日本において帝王の暗殺という事件が少ないのは、律令《りつりょう》時代以後、天皇がむしろ政治の実権から遠ざかってきたことと深く関係していると思われる。

たしかにこの事件は、おそらく他のどの国民より血を見ることを嫌う日本人にとって忌まわしい事件であり、馬子の行為はけっして善であったとは思われず、私もけっして馬子を弁護しようとは思わないが、やはり歴史を考える場合、その時代思潮を考えなければならない。

慈円がいうように、この事件に推古帝がかかわっていた可能性はなくはない。おそらく暗黙の諒《りょう》解《かい》を馬子に与えていたのではないかと思う。また慈円が考えるように、太子もこの事件をけっして悪とばかりに考えてはいなかったと思う。たしかに行為そのものはよくないが、それによって日本に新しい時代がおとずれるとしたら、それは必要悪ではないか。

私はこの点において、一部の太子崇拝の学者のように事件の責任を、まったく馬子一人、あるいは駒《こま》一人に限ることも正しくはないし、また儒学者や国学者のように、太子を極悪な人間として責めることもできないと思う。

女帝の活躍

私は、馬子《うまこ》が崇《す》峻帝《しゅんてい》の暗殺を決意したとき、その後の政治体制がはっきりと彼の頭にあったと思う。そうでなかったら、このような大事を行うはずはない。

ここで馬子は、まったく奇想天外と思われる策をたてた。それは女帝の即位である。これはまさに、わが国の慣習にはない。伝説として、仲哀《ちゅうあい》天皇死後の神功《じんぐう》皇后の場合と、清寧《せいねい》天皇死後の飯豊青《いいどよのあおの》皇女《おうじょ》の一時的な即位が伝えられるのみである。その場合も、はたして彼女が皇位についたかどうかは

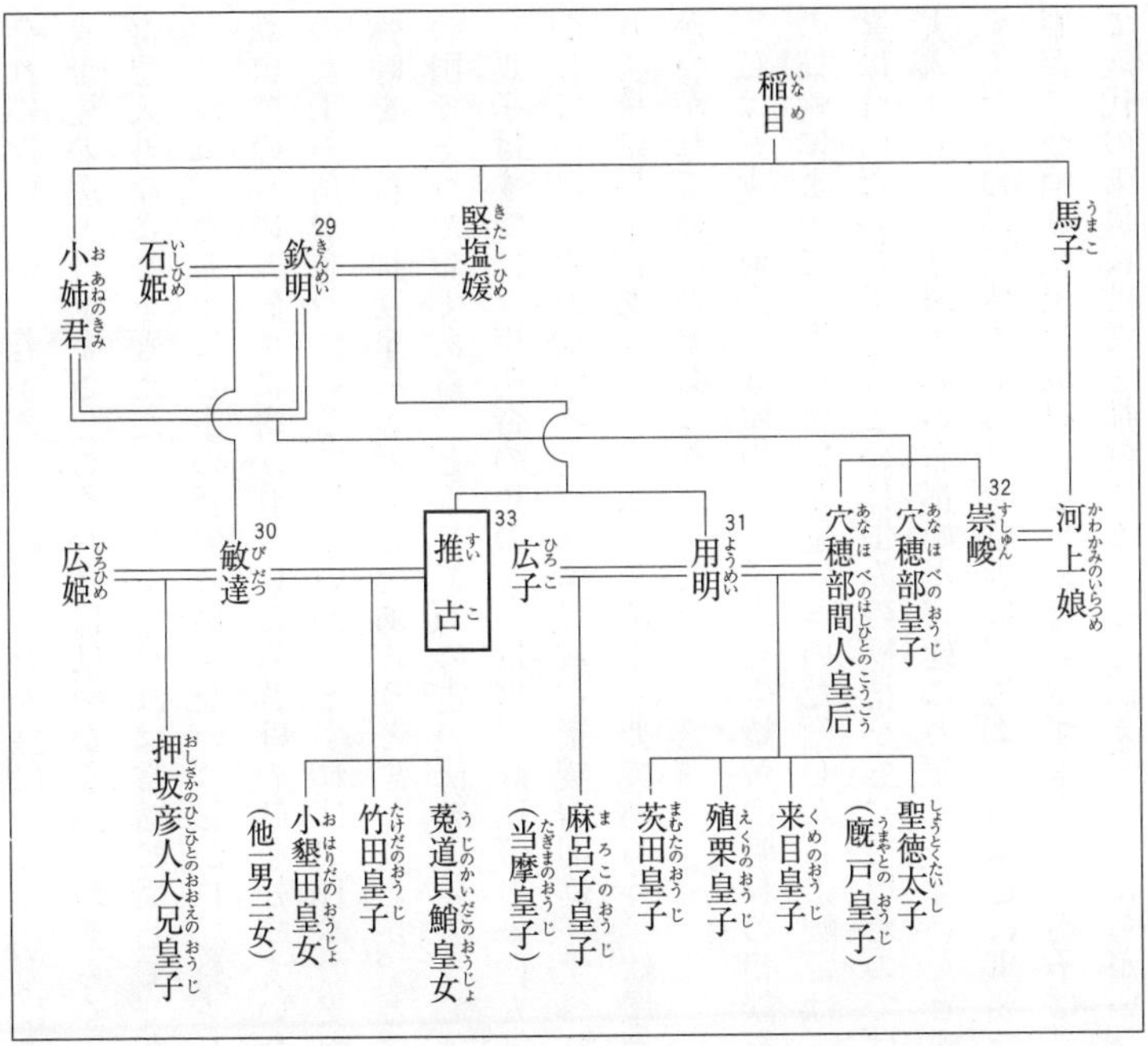

疑わしい。日本の支配者は男性に限られる。それが当時の常識であった。

その常識に従って蘇我馬子《そがのうまこ》は、先に用明帝《ようめいてい》を、後に崇峻帝をかついだ。しかし用明帝はまもなく疫病で死に、崇峻帝は彼にさからって一命を落とした。崇峻帝亡きあと、馬子は擁立すべき皇子をもたなかった。

押坂彦人大兄皇子《おしさかのひこひとのおおえのおうじ》がこのときまで生きていたとしても、彼はこの皇子を皇位につけたくはなかった。蘇我氏の血を引く崇峻帝すら、後に彼と対立した。まして蘇我氏の血がはいってない彦人皇子が即位したら、いったいどうなるのか。現実政治家の馬子が予想できないはずはない。蘇我氏の血を引く皇子の中から選ぶとしたら、用明帝の皇子・聖徳太子か、敏達帝《びだつてい》と推古帝《すいこてい》の間の皇子・竹田皇子《たけだのおうじ》であるが、聖徳太子は十九歳、竹田皇子もそれに近い年齢、若すぎる上に一方を天皇にしたら一方によくない。とくに竹田皇子の場合、やはり異母兄の彦人皇子をさしおくわけにはゆかない。おそらく馬子は迷ったであろうが、その迷いの末に奇想天外なことを考えたのである。それは常識に反して、女性を天皇にすることである。

これは、たしかに日本の歴史に例はない。しかし、おそらく中国の史書に明るい馬子は、『三国志《さんごくし》魏書《ぎしよ》』の「倭人伝《わじんでん》」に書かれている卑弥呼《ひみこ》の話を知っていたにちがいないと思う。中国の史書に日本の女王の話が載っているではないか。とすれば、日本の支配者は昔は女王であったのである。この卑弥呼を、彼は神功皇后と考えたであろうと思われるが、とにかく倭国《わこく》は周辺の他の国とちがって女王の国であったのである。どうしてこの古い伝統に見倣《みなら》ってはいけないのか。

馬子はすでに、用明帝の死のとき以来、敏達帝の未亡人・炊屋姫《かしきやひめ》（後の推古帝）と組んで政治を動かしていた。穴穂部《あなほべ》の殺害、守屋《もりや》謀殺、崇峻の即位、すべて馬子と炊屋姫のはからいである。もとより実権は馬子にあるが、やはり権威が必要であろう。炊屋姫は巧みに馬子の心をよみ、甘んじて彼にかつがれていたのであろう。

私は、少し前から炊屋姫は馬子から崇峻帝の暗殺の相談を受けていたのではないかと思う。炊屋姫の推輓《すいばん》によって、崇峻帝は帝位についた。しかし崇峻帝は、愛する同母兄の失脚の原因になったこの異母姉にたいして、どこかに恨みの感情をもっていたのではないかと思う。そして、もしも崇峻帝の夫人として、守屋の妹の布都姫《ふつひめ》が宮廷に力をもっていたとすれば、崇峻帝と炊屋姫の間がいっそうまずくなるのは当然である。炊屋姫は、物部氏の滅亡に重要な役割を果たしたからである。賢明な炊屋姫がこういう状況を敏感にとらえないはずはない。馬子はこのとき、内密に炊屋姫の諒解を得、そして次代の天皇に彼女を推輓することを伝えていたにちがいない。

まさに女帝の誕生は、日本の歴史において劃期《かっき》的な事件である。これは、後世に大きな影響を与える。この馬子の発想は、藤原鎌足《ふじわらのかまたり》によって受け継がれてゆく。そして女帝の即位はひとつの時代の流行となるのである。推古、皇極《こうぎょく》（斉明《さいめい》）、持統《じとう》、元明《げんめい》、元正《げんしょう》、孝謙《こうけん》（称徳《しょうとく》）と八代、六人の女帝が、次々と輩出し、飛鳥《あすか》、奈良時代は男帝に劣らず女帝も多く、そしてその在位の長さも、相半ばするほどである。

しかも女帝の御世はけっして悪い時代ではなかった。それはむしろ日本が大きく発展した時代なのである。最後の女帝・称徳帝の御世にさまざまな不祥事が起こり、それに懲《こ》りたかのように、以後女帝はなくなったが、女帝の御世に、まさに日本は現在の日本になったのである。女帝万歳といわねばならぬ。

われわれは日本の天皇制というべきものが、女帝の時代につくられたことを忘れてはならない。この女帝の時代に、律令《りつりょう》が固められ、日本国の基礎体制ができた。そしてこの体制はなお現在まで、形は変わっても続いていると私は思う。

天皇を実際の政治の責からまぬがれさせ、象徴的地位におくこと、こういうことはけっして後の時代の産物ではない。そしてこのことが、いわば日本を革命のない平和な国とせしめたのである。このような国家の基礎がどうして女帝の時代でなくして、つくられることが可能であったろうか。日本歴史における女帝の問題は、ふつう考えられる以上に重要な問題なのである。

この女帝の天皇制というべきものを発明したのが、蘇我馬子なのである。この馬子の発明は、国際的状況に先駆けた独創的な発明であったといえる。

後に新羅《しらぎ》もまた女帝の即位にふみきった。それは真平王《しんぺいおう》の死後のこと、六三二年のことである。これが善徳《ぜんとく》女王である。善徳女王が六四七年に死に、またそのいとこの真徳《しんとく》女王が即位した。真徳女王が死んだのは六五四年であるから、二十余年の間、新羅は女帝の御世であったが、この間新羅は高句《こうく》麗《り》、百済《くだら》、日本に囲まれ未曾有《みぞう》の国難にあった。しかしやがてそれらをきりぬけ、きたる三国統一の基礎を築いたのである。この女帝の誕生は、もとより新羅の国内状況のしからしめるものであるが、あるいは日本の例に見倣《みなら》ったのかもしれない。

また唐《とう》において則天武后《そくてんぶこう》が即位するのは六九〇年である。則天武后はその残虐にして淫蕩《いんとう》な行動によって、後の歴史家に非難されるが、政治家として彼女を見るとき、彼女がよく人材を起用した決断に富む政治家であり、そして彼女の時代こそ平和で文化の高かった時代であることは、彼女を嫌う多くの歴史家ですら認めざるをえないところである。

七世紀の東アジアは、女性の政治家が活躍した世界であった。この女性政治家の時代の先駆をなすのが推古帝であり、その演出者が蘇我馬子であった。この点でも、馬子は歴史的洞察力をもつすぐれた政治家であったといえよう。

賢明な推古帝と摂政制度の導入

このように一大決断をもって馬子《うまこ》の選んだ炊屋姫《かしきやひめ》、つまり推古帝《すいこてい》（五九二年即位）ははなはだ賢明なる帝《みかど》であり、馬子の期待によくこたえた。彼女について、『日本書紀』には次のようにある。

豊御食炊屋姫天皇《とよみけかしきやひめのすめらみこと》は、天国排開広庭《あめくにおしはらきひろには》天皇の中女《なかつみこ》なり。橘豊日《たちばなのとよひ》天皇の同母妹《いろも》なり。幼《わか》くましますときに額田部皇女《ぬかたべのひめみこ》と曰《まう》す。姿色端麗《みかほきらぎら》しく、進止軌制《みふるまひをさをさ》し。年十八歳《みとしとをあまりやつ》にして、立ちて渟中《ぬな》倉太玉敷《くらのふとたましき》天皇の皇后《きさき》と為る。三十四歳《みそあまりよつ》にして、渟中倉太珠敷天皇崩《かむあが》りましぬ。三十九歳《みそあまりここのつ》にして、泊瀬部《はつせべ》天皇の五年の十一月《しもつき》に当《あた》りて、天皇、大臣馬子宿禰《おほおみうまこのすくね》の為に殺《し》せられたまひぬ。嗣位《みつぎのくらゐ》既に空し。群臣《まへつきみたち》、渟中倉太珠敷天皇の皇后額田部《ぬかたべ》皇女に請《まう》して、令践祚《あまつひつぎしらせまつ》らむとす。皇后辞譲《いな》びたまふ。百寮《つかさつかさ》、表《まうしぶみ》を上《たてまつ》りて勧進《すすめまつ》る。三《みたび》に至りて乃《すなは》ち従ひたまふ。因りて天皇の璽印《みしるし》を奉る。

彼女を「姿色端麗《みかほきらぎら》しく、進止軌制《みふるまひをさをさ》し」と記す。これを後の女性の名君、持統《じとう》天皇にたいする批評の言葉と比べると興味深い。「天皇《すめらみこと》、深沈《しめやか》にして大度有《おほきなるのりま》します」とある持統帝は、はなはだすぐれた政治家であった。心は奥深く、何を考えているか、容易にはかりがたい。そしてこの奥深い心で大胆なことを考えられる。壬申《じんしん》の乱も大津皇子《おおつのおうじ》の殺害も、そういう「深沈」な心で天皇はかたづけた。大胆不敵な女性である。

しかし推古帝の場合はちがう。推古帝の場合は、そばに一人の男がいる。最高の政治家がついている。帝《みかど》はおそらくこの男の才能の容易ならざることを、すでに前から予感していたのであろう。やがてこの男の時代がくる。敏達《びだつ》の死後、穴穂部皇子《あなほべのおうじ》とのトラブルの中で、この前帝の未亡人は強く馬子と結びついた。

推古帝は、持統帝のように積極的に態度を決する政治家ではなかったのかもしれない。しかし彼女ははなはだ賢明で、自分をよく知っている女性であった。馬子にしてみれば、こういう女性こそまさに天皇としてもっとも適当なのである。よくいえば、政治の大勢を見極め、時代のおもむくところを知った女帝、悪くいえば、多くの人に人望があり、しかも自分の意志のままになる女帝。

この馬子の選択はまちがっていなかったと思う。推古帝の御世は実に三十六年の長きにわたり、歴史的にはっきりたしかめられる天皇の御世として最長の記録を、千二百年の日本の歴史の中で誇った。

この記録が破られたのは明治天皇によってである。「進止軌制」し、自己をよく知る賢明な女帝にして、はじめて長い統治の世を保つことができたのである。

馬子もここにおいて女帝の即位という劃期《かっき》的なことを行ったのみでなく、またわが国はじめての摂《せっ》政《しょう》という制度をおいた。聖徳太子を皇太子とし、それに「録摂政《まつりごとふさねつかさど》らしむ」と『日本書紀』にある。これはどういうわけであろう。

私は、ここにも用心深い馬子の政治があらわれていると思う。たしかに炊屋姫をたてるのはよいことだ。しかし炊屋姫は敏達帝の后《きさき》である。敏達帝の后・炊屋姫をたてれば、次には敏達帝と炊屋姫の間の竹田皇子《たけだのおうじ》に皇位がまわってくる。

それでは用明帝《ようめいてい》の一族は不満であろう。用明帝の皇子は数多く、宮廷社会において敏達帝一族に負けないほどの力をもっている。新しい政治の体制は、敏達帝の子孫とともに、用明帝の子孫をも満足させねばならぬ。

そういう配慮で馬子は聖徳太子を皇太子にしたのであろうか。おそらく物部《もののべ》討伐以来、馬子は太子の才に注目していたのではないかと私は思う。この皇子は不思議な力をもっている。この皇子には、理想に向かってまっしぐらにすすむ力がある。それは、ものが見えすぎる馬子からすれば、まことにうらやましい才能なのである。

政治の世界には理想主義と現実主義が必要である。一国の政治を動かすには、何よりも大きな理想が必要なのである。とくにこの時代のように、わが国が極東の未開国から文化高き仏教国になろうという時期において、何よりも必要なのは高い政治の理想である。このような高い理想のみが、多少の抵抗があるにせよ、利害の対立する多くの人間を引っぱって、ひとつの時代をつくるのである。馬子は永い間、このような理想主義を体現する人間を待望していたにちがいない。そして聖徳太子の中に、かかる人格を見いだしたのであろう。

しかし政治は理想主義だけでは無理である。高い理想とともに現実を見る目がなければならない。現実主義のみの政治家は時として成功するが、理想主義のみの政治家は絶対に成功しない。高い理想とともに、いつも現実を冷静に判断できる才能が政治家に欠くことのできないものである。私は、馬子はかかる意味における、はなはだすぐれた現実政治家であったと思う。この理想主義と現実主義の巧みな協力によって推古時代の政治は展開されていくのである。

推古時代の政治は、いわばトロイカ方式である。推古帝を三角形の頂点として、それを太子と馬子が助ける。この場合、『日本書紀』の記事のように推古帝は祭事を行ったが、現実の政治はやはり太子と馬子にまかせたのであると思う。形式的にはトロイカ方式であるが、実際には馬子と太子の協力によって政治が行われていたのであろう。それゆえ『上宮聖徳法王帝説《じようぐうしようとくほうおうていせつ》』のいう、

> 少治田宮《をはりたのみや》　御宇天皇《あめのしたしらしめすすめらみこと》（推古）の世《みよ》に、上宮廐戸豊聡耳命《うへのみやのうまやとのとよとみみのみこと》、嶋大臣《しまのおほおみ》（馬子）と共に天《あめ》の下の政《まつりごと》を輔《たす》けて、三宝を興隆《おこ》し、元興《ぐわんごう》、四天皇等《してんわうなど》の寺を起《た》てたまふ。爵十二級《くらゐとをちあまりふたしな》を制《さだ》めたまひき。

というのは、この事実を示すものであろう。

女帝を恥じた隋への使者

このトロイカ方式の政治を側面から明らかにするのは、『隋書《ずいしよ》』にある以下のような記事である。

開皇《かいくわう》二十（六〇〇）年、倭王《わわう》、姓は阿毎《あま》、字《あざな》は多利思比孤《たりしひこ》、阿輩雞弥《おほきみ》と号す。使を遣はして、

闕《みや》に詣《まう》でしむ。上《じやう》、所司《しよし》をしてその風俗を訪《たづ》ねしむ。使者言ふ、「倭王、天を以《もつ》て兄となし、日を以て弟となす。天いまだ明けざる時に出でて政《まつりごと》を聴き、跏趺《あぐら》して坐る。日出《い》づればすなはち理務《つとめ》を停《や》め、『わが弟に委《ゆだ》ねむ』と云ふ」と。高祖《かうそ》（文帝《ぶんてい》）曰《いは》く、「此れ大いに義理《ことわり》なし」と。ここにおいて、訓《をし》へて、之《これ》を改めしむ。

（『隋書』「倭国伝《わこくでん》」）

日本の使者は隋の国へ行った。隋の文帝《ぶんてい》は実に百二十年ぶりのこの珍しい倭国《わこく》の使者を見て、お前の国はどうなっているかとたずねたが、この使者は妙な答えをしたのである。

「自分の国は天を兄とし、日を弟としている。王は天が明けないうちに起きて政務をとり、あぐらをかいてすわるが、日が昇ると政治を弟にまかせてやめる」と。この答えは少なからず隋の文帝をおどろかせたらしい。世界には、ずいぶん奇妙な国もあるものだ。そう思って文帝が「大いに義理《ことわり》なし」、つまりそれは途方もなくおかしいことだといった。

しかし私は、そのとき日本はそんなにおかしい社会であったわけではないと思う。そしてまた日本の使者は、隋の文帝にまんざらでたらめをいったわけではない。使者は隋の文帝に、現在の日本の政治状況を、できるだけ正しく伝えようとしたのであろう。つまり、兄すなわち姉にあたる推古帝《すいこてい》が、早朝に祭事を行い、そして日が昇ると、弟にあたる聖徳太子が政治をとることを。使者はたしかに正しく日本の政体を説明したはずであるが、ここで使者が隠そうとしたことがたった一つある。

それは、日本の王が女帝であることである。使者は、日本の王の名前を訊かれ、姓はアマ、名はタリシヒコ、国ではオオキミと称していると答えたが、この答えもおかしい。隋の文帝は、皇帝の個人の姓名を訊いたのであろうが、使者のほうは、一般的名称で答えたのである。

ほんとうならば、トヨミケカシキヤヒメと答えるべきであろう。しかしそう答えたら、王が女性であることがわかるかもしれない。使者は徹底的にこの事実を、この事実のみを隠そうとしたのである。そして推古と太子の関係を、使者は兄と弟と偽った。

使者が、日本の王が女帝であることを隠そうとした気持はよくわかる。中国では、女性が帝位につくことはありえないし、またあるべきことではなかった。それから百年後には、中国もまた女帝を戴《いただ》くことになるが、そういうことが起ころうとは、隋の文帝は夢にも思っていなかったであろう。後に唐《とう》の太宗《たいそう》の時代、新羅《しらぎ》の王は善徳《ぜんとく》女王であったが、太宗は新羅の使にたいして、女性を王にもっている国は周囲の国の侮蔑《ぶべつ》を受けやすいと警告している。女帝と聞いただけで野蛮な国と思うのが、中国の宮廷の常識であろう。

日本の使者は、そうでなくとも、この大国の宮廷で自国が辱《はずかし》められることを恐れている。もし女帝の国と聞いたら、隋の文帝は、どんなにわが国を野蛮国と思うであろう。それでこの点だけ、あくまで嘘《うそ》をいいつづけた。

ところがこの一つの嘘のため、全体がいっそうおかしいことになった。もし女帝ではなかったら、どうして王は、朝の暗いうちだけ政治をとり、夜が明けると弟にまかせてしまうということがあろうか。一つのことを隠したために、いっそう説明がおかしくなって、何のことかまったくわからなくなってしまったのである。隋の文帝が「大いに義理なし」といったのは当然である。

法興寺――仏教的文化国家の象徴

『隋書《ずいしょ》』に語られた使者の言葉が、一つのことのみをのぞいて、まさに日本の政情を正しく語っているとしたら、当時の日本は、やはり『日本書紀』に語られるように、推古《すいこ》は祭事を、太子は政治をとるという形をとっていたのであろう。そしてこの太子の政治の補佐役が馬子《うまこ》であったのは、『法王《ほうおう》帝説《ていせつ》』の語るとおりであろう。

これが推古元（五九三）年に成立した政治体制であろうが、この推古体制の政治的課題は何であろう。

内政と外交。内政においては、やはり新しい国家体制の樹立であろう。いってみれば、それは仏教的文化国家の樹立といってよい。推古や太子や馬子の周辺には、高句麗《こうくり》や百済《くだら》からの多くの帰化人がいた。こういう帰化人が、この推古体制、あるいは馬子体制の政治顧問のごとき役目を果たしていたのであろう。そして彼らの目には、南朝の国家が、わけても梁《りょう》が理想として映っていた。梁の武帝《ぶてい》は、その仏教的理想主義ゆえに国を滅ぼしたことをもって、後世において反面教師になった皇帝である。しかし彼は、中国にならって仏教的文化国家をつくろうとしていた周辺の国々の政治指導者、とくにその政治顧問の僧侶たちからみれば、理想の天子に映ったのであろう。本国では、もう古く時代遅れとなっている理想が、周辺の国では、何十年と遅れて流行し、そこに時代遅れではあるが、はなはだ美しいみごとな花を咲かせることがある。

今まさに日本は、仏教的文化国家樹立に朝野をあげて熱中していたのである。この推進者が蘇我馬子《そがのうまこ》、そしてその責任者が推古帝、またその理想の熱情あふれる信奉者が聖徳太子なのである。

このような理想のもっとも大きな表現が、法興寺《ほうこうじ》建造なのである。おそらく崇峻帝《すしゅんてい》は、このような政治理想に反対ではないにしても、その責任者として適当な人ではなかったのであろう。それゆえ馬子は、この政治理想に不適当なトップをかえ、その政治理想に邁進《まいしん》しようとしたのである。もう誰に遠慮することがあろうか。

太子や馬子が情熱を傾けて建立した日本最古の寺、法興寺
（奈良県明日香村）

『元興寺縁起《がんごうじえんぎ》』は、日本における仏教興隆の功を推古帝と聖徳太子に帰せしめようとし、推古帝を用明帝《ようめいてい》とともに、欽《きん》明帝《めいてい》の皇女や皇子の中でとりわけ仏教崇拝の心の深かった人としているが、まんざらそれは『元興寺縁起』の作為でもないであろう。初期のキリスト教信者がそうであったように、まだ公に認められない時期において、新しい宗教の普及にたいして女性信者の果たす役割は大きい。また、馬子がこの時期に推古帝を帝《みかど》に選んだのは、ただ彼女の政治的賢明さを買ったのみではなかろう。推古帝が、やはり数ある欽明帝の皇子や皇女の中でも、とりわけ仏教崇拝の心が強かったゆえでもあろう。

法興寺建造は、国の理想ではあるが、同時に蘇我氏の政治的デモンストレーションであった。政治には、ひとつのデモンストレーションが必要である。古今東西の権力者は、好んで巨大な建造物を建てた。それは後世からみると、まったくの無駄であり、金と物の浪費と思われる場合が多い。しかしおそらく、それは多くの意味をもっていたにちがいない。一人の権力者が、巨大な建造物をつくって力を誇示する。そしてその誇示された建造物を見て、他の権力者は驚嘆し、恐怖し、それによって、起こりうるであろう衝突を避けるという効用をもっている。

法興寺建造は、まさに蘇我氏という新しい権力のデモンストレーションなのである。この権力は、巨大な古墳によって自らの権力を誇示しようとした権力と、質がちがう。それは、外来の新しい高い文化によって権威づけられた権力なのである。

次第にできあがってゆく法興寺を見て、多くの日本人たちはここに、今までとちがっているが、今までのいかなる王朝よりも、強いマジカルな権力をもつ王朝が出現したことを感じざるをえなかったであろう。この法興寺は、蘇我氏のためにどうしても完成させねばならない。

内政が、法興寺の建造という大目的にしぼられるとしたら、外交はどうか。それはいってみれば、高句麗との関係を主体とした外交である。法興寺建造のためには、百済のみではなく、大国・高句麗の援助を受けねばならぬ。折よく、高句麗は、しきりに日本に積極的な援助の手を差しのべている。その背後には、隋の高句麗にたいする脅迫があろう。おそらく高句麗の要請であろう、すでに崇峻《すしゅん》四（五九一）年に、日本は筑紫《つくし》に二万余の大軍を送った。この大軍は、ほんとうに新羅へ侵攻する気はなかったと思われる。隋が高句麗に攻め入るという変にそなえて、新羅の動きを牽制《けんせい》するための軍であろう。

もともとこのような一連の外交は、馬子の策であって、崇峻の策ではあるまい。したがって崇峻亡きあと、遠慮することなく、この外交策をおしすすめることができる。

推古帝にとっても、任那《みまな》回復は父・欽明帝の遺言でもあり、夫・敏達《びだつ》帝の悲願でもあった。少なくともそういう名目で出している軍隊に、彼女が異議をとなえるはずがない。

たしかにこの軍隊は一種の囮《おとり》の軍の性格をもっているが、日本の朝廷では、万一事が起こったら、つまり隋の侵攻があったとき、どうするかという議論が行われなかったのであろうか。兵を出すのは、ひとつの大きな賭《かけ》である。万一の場合は、なりゆき上、新羅へ侵攻しなければならないこともあろう。そのときどうするか。こういう点において、推古、太子、馬子の意見が一致していたかどうかわからない。

たしかにそれは、日本にとってもひとつの賭であるし、ひとつの危険でもあった。しかし幸いに、東アジアの情勢は、高句麗の嬰陽王《えいようおう》があわてたほどでもなく、いちおうの安定を保っていた。

高句麗への脅迫状――陳を滅ぼした隋の勇み足

はっきりいえば、隋《ずい》の文帝《ぶんてい》は、あの脅迫ともとれる手紙を高句麗《こうくり》に送ったものの、高句麗を攻める余裕が自国にはなかったのである。

隋の文帝が、今にも隋が侵入してくるのではないかと思われる手紙を高句麗に送ったのは、開皇《かいこう》十（五九〇）年のはじめであったと思われる。高句麗は、急いで陳謝の使を送ったが、平原王《へいげんおう》はその年の十月に死んで、長子の嬰陽王《えいようおう》・元《げん》が即位した。その即位を祝って隋の文帝は使者を遣わして、彼を上開府儀同三司《じょうかいふぎどうさんし》となし、遼東郡公《りようとうぐんこう》を襲爵《しゆうしやく》せしめて、衣一襲《きぬひとかさね》を賜った。開皇十一年正月、嬰陽王は使者を隋に遣わし、表《ふみ》を奉じて恩を謝して、祥瑞《しようずい》を賀《よろこ》び、封王《ほうおう》を請《こ》うたので、文帝は元を冊封《さくほう》して、高句麗王となし、車と衣服を賜った。そして朝貢はこの開皇十一年三月、五月、翌開皇十二年正月と続く。

このような朝貢の記録は、おそらく高句麗の隋にたいする忍従を示すものであろう。これはたいへんだ、どんなに忍従しても、今は隋王の機嫌をとっておかねばならない。こうして『隋書《ずいしょ》』にあるように、高句麗は一方で隋に朝貢し、恭順の意を示すとともに、他方、隋の侵攻を必至とみて、軍隊を強くし国境を固めたのであろう。

ところで、『隋書』によれば、開皇十二年正月以後、高句麗が次に朝貢するのは開皇十七年の五月である。朝貢は五年間ストップしている。このことをわれわれはどのように考えたらよいか。

それは高句麗は、隋がとうぶん攻めてくるはずはないと判断したからではないかと、私は思う。隋は今、国内的にたいへんな問題をかかえて、四苦八苦している。とすれば、この問題を解決するまでは大丈夫である。ゆえにまず防備を固めることがたいせつであり、隋にたいして、これ以上、朝貢する必要はない。そうとも考えられるが、またはこの間における朝貢で、二国間に何か気まずいことがあったのかもしれない。そう考えたほうが、より自然かもしれない。

たしかに隋はこのとき、外征どころではなかったのである。開皇十年十一月、江南《こうなん》すなわち旧南朝の地で叛乱《はんらん》が起こった。

隋はこの江南の地を治めるために、「五教をつくり、民をして長幼なく、ことごとく之を誦」させたという。あるいは例の『毛沢東語録《もうたくとうごろく》』のごときものであろうか。こういう隋の上からの統治策に、江南の民衆は不満であった上に、隋が江南の民を北に連れていくという噂《うわさ》が広まった。それで、婺州《ぶしゅう》の汪文進《おうぶんしん》、越州《えつしゅう》の高智慧《こうちけい》、蘇州《そしゅう》の沈玄懀《しんげんかい》などが兵をあげて叛《はん》し、自ら天子と称して百官をおいた。この叛乱に相応ずる者は多く、ついに旧陳《ちん》の地、ことごとく賊の勢力下に帰した。

しかし文帝によって行軍総管に任ぜられた楊素《ようそ》は、策をもって賊を破り、江南は平穏に帰した。これは開皇十年の暮のことであったが、この乱の完全な解決には、いましばらくの時が必要だったのであろう。

開皇十一年が、このような年であったとすれば、隋に海外遠征の余裕がないのは当然であろう。おそらく高句麗の朝貢の使は、この間の隋の国内事情を十分よみとったにちがいない。今すぐには隋は侵攻しまい。しかし、この混乱が終わったら危ない。しばらく時をかせいで軍隊を強化しよう。文帝は、戦勝の興奮にかられて高飛車な手紙を高句麗の王に送ったものの、今は、やはり内政の充実の時であることを百も承知であったにちがいない。

律令制と科挙制の導入

隋《ずい》の文帝《ぶんてい》は身の丈《たけ》、八尺、堂々たる偉丈夫《いじようふ》であった。閻立本《えんりつぽん》作と伝えられる『歴代帝王図巻《れきだいていおうずかん》』の文帝像を見ても、やはり人々を圧する風貌《ふうぼう》をもっていたように思われる。しかし、とにかく臣下から成りあがった帝《みかど》であり、その権力の基盤を固めるのは容易ではない。

隋の朝廷はきびしい法の精神で維持されていたといえる。

文帝《ぶんてい》は隋朝《ずいちよう》創業の年、すなわち開皇《かいこう》元（五八一）年十月に新律を公布し、開皇三年これを改訂した。開皇律とよばれている。律とは刑罰法規で、これを根幹とすることが中国法制の特色である。すなわち、国家体制の維持を刑罰に求めているのであって、総則を刑名法例、略して「名例」という。以下に、皇帝の身辺警護を主とする「衛禁」、官吏《かんり》の服務規律である「職制」、戸籍・婚姻を規制する「戸婚《ここん》」などがある。つまり、婚姻のような私法的分野にまで刑罰で規制を加えている。

この開皇律の模範となったのは、隋が政治的に継承した北周《ほくしゆう》の律ではなく、北周によって亡ぼされた北斉《ほくせい》の律であった。北周は、その王朝名が示しているように、中国上古の周制を理想的に記載した『周礼《しゅらい》』に拠《よ》っていたため、これをモデルにすることは、現実には種々の不便があったからであろう。また南北朝の各王朝は、漢および三国魏《さんごくぎ》の律令《りつりょう》を歴代改訂してきたが、文帝はむしろ漢魏《かんぎ》の旧に復することをモットーとした。

この開皇律の特色は、苛酷《かこく》な法を除くことを趣旨としたとあるが、その詳細は伝わっていない。しかし、次代の唐《とう》の律が開皇律に拠り、それをいちじるしく改正した跡が見えないから、後述の唐律と大差のないものとみなしてよい。

（布目《ぬのめ》潮渢《ちょうふう》・栗原益男《くりはらますお》『中国の歴史4　隋唐帝国』）


この隋における律令の制度は、日本の歴史を考えるとき、けっして無視することのできない事実である。隋の律令ができたのは開皇元年である。このような律令にもとづいて、隋とそれに続く唐は国づくりを行うのである。そして、この律令国家の理想はまた、続く時代の日本の理想となるのである。日本に完備された律令がはじめてできたのは大宝元《たいほう》（七〇一）年のことであり、実にこの隋における律令の制定の百二十年後なのである。

また、隋の文帝は思いきった人材登用法を考えたらしい。それは科挙《かきょ》である。これは、それ以後ずっと清《しん》にいたるまで続けられ、中国の政治を支える重要な制度となる。これが成立したのは、文帝の開皇七（五八七）年であると、宮崎市定《みやざきいちさだ》氏は指摘する。

ところで当王朝に勲功《くんこう》を立てた特権貴族の存在を認め、任官の上に優先権を認めるとすると実際問題の上で困ったことが生ずる。それは政治は結局人民の利益のためにあるべきものだというのが専制君主の理想であり、この専制君主の理想を達成するには、純官僚的な政治を行わねばならず、それには官僚を採用するには専ら個人の才徳によるべくして、勲功に対する賞与の意味を含ましめてはならない筈《はず》のものだからである。天子独裁を徹底させるためには、当然の論功行賞の結果として生じた武勲貴族の既得権をも制限して、別に新たな方法を案出しなければならない。そしてその方法とは結局、屡々《しばしば》試みられて遂《つい》に永続しなかった試験制度を復活強化するより外はないという結論に落付くのである。……

隋《ずい》代に入って選挙制度を改革することを促《うなが》した新しい事情が二件発生した。第一は文帝《ぶんてい》の開皇《かいこう》三年に郡を廃して、州を以て直ちに県を支配せしめたことであり、第二はこれに伴って州県の属僚を、州県長官に辟署《へきしょ》せしめずして、その任命権を中央に収めたことである。その結果、第一に、既に郡が廃止されると、漢以来の郡からは孝廉《こうれん》という名目が立たなくなり、第二に、州県の属僚を中央から派遣することになれば、中央の吏部が多数の官吏有資格者を絶えず自己の手中に握っていなければならなくなった。そこで必然的に選挙制度の改革が行われるが、開皇七年には制を下して、諸州より毎歳《まいとし》三人の貢士《こうし》を中央に推薦せしむることとした。この貢士《こうし》には秀才と明経と進士とが含まれていたと思われる。尤《もっと》も相互の差違は既に推薦者が州と郡とであると言うことでなく、挙ぐ可《べ》き当人の才能が非常の人才であるか、或《あ》いは普通の学者であるかの差異を示す名称に変化していたに違いない。（『九品官人法の研究』）

隋および唐は、南朝と政治形態を異にする。それはやはり、貴族の特権を廃して広く人材を登用すること、それが隋唐国家の革新性であった。そしてその国家を支配しているのは、あくまで信賞必罰《しんしょうひつばつ》の精神であった。功績があれば賞するが、不都合な行動があれば遠慮なく処罰する、文帝の政治方針も、そういう律令の精神であったと思われる。

たとえば、楊堅《ようけん》（文帝）が北周《ほくしゅう》で実権をにぎる（五八〇年）ことができたのは、宣帝《せんてい》の死のときの詔書《しょうしょ》の偽造による。宣帝の寵臣《ちょうしん》である鄭訳《ていえき》と劉昉《りゅうほう》は、おそらくある期待のもとに、宣帝の遺詔をいつわって楊堅に政治の実権を与えた。楊堅は、彼に予想外の権力を与えてくれたこの二人に、高位を与えてこの功にこたえたが、やがて尉遅迥《うっちけい》の乱が起こるや、この二人の高官は口実をもうけて出征せず、かえって高熲《こうけい》、韋孝寛《いこうかん》がこの乱の平定にあたった。乱後も、この二人は何かと横柄な態度が多く、まもなく劉昉は謀叛《むほん》の罪で殺され、鄭訳もまた除名された。

また、陳《ちん》の討伐に功績があった武将・賀若弼《がじゃくひつ》や、韓擒虎《かんきんこ》なども、戦後は厚くその功がむくわれたが、韓擒虎は病死し、賀若弼も驕慢《きょうまん》な行動があり、しりぞけられた。

文帝の政治方針はまさに信賞必罰の精神であり、臣下に罪があれば、皇帝自ら鞭《むち》をとり難詰したという。

上《じやう》、性猜忌《せいさいき》にして、学を悦《よろこ》ばず。既に智に任じて以《もつ》て大位を獲《え》、因つて文法《ぶんぱふ》を以て自ら矜《ほこ》り、明察にして下《しも》に臨《のぞ》み、恒《つね》に左右をして内外を覘《うかが》ひ視《み》せしめ、過失有らば則ち加ふるに重罪を以てす。又、令史《れいし》の贓汙《ざうを》を患《うれ》へ、私《ひそか》に人をして銭帛《せんぱく》を以て之《これ》に遺《おく》らしめ、犯すを得れば立ちどころに斬る。毎《つね》に殿庭《でんてい》に於《おい》て人を捶《う》ち、一日の中《うち》に、或は数四《すうし》に至る。嘗《かつ》て問事《もんじ》が楚《むち》を揮《ふる》ふこと甚だしからざるを怒り、即ち命じて之を斬らしむ。尚書左僕射高熲《しやうしよさぼくやかうけい》・治書侍御史柳彧《ちしよじぎよしりうゐく》等諫《いさ》めて以為《い》はく、「朝堂《てうだう》は人を殺すの所に非ず、殿廷《でんてい》は罰を決するの地に非ず」と。上、納《い》れず。熲等《けいら》乃ち尽《ことごと》く朝堂に詣《いた》りて罪を請《こ》ふ。上、顧《かへり》みて領左右都督田元《りやうさいうととくでんげん》に謂つて曰はく「吾が杖重《ぢやう》きか」と。元曰はく、「重し」と。帝、其状《そのじやう》を問ふ。元、手を挙げて曰はく、「陛下の杖は、大《おほき》さ指の如し。人を捶《う》つこと三十なる者は、常杖《じやうぢやう》の数百に比す。故に多く死す」と。上、懌《よろこ》ばず。乃ち殿内に令して杖を去《す》てしむ。罰を決する有らんと欲すれば、各所由《おのおのしよいう》に付す。後《のち》、楚州《そしう》の行参軍李君才《かうさんぐんりくんさい》、上に言《まう》す。「上の高熲《かうけい》を寵《いつく》しむこと過甚《くわじん》なり」と。上、大に怒り、命じて之を杖《う》たしむ。而るに殿内に杖無し。遂に馬鞭《ばべん》を以て之を捶ち殺す。是より、殿内に復《ま》た杖を置く。未だ幾《いくばく》ならずして、怒ること甚だしく、又、殿廷に於て人を殺す。兵部侍郎馮基《へいぶじらうふうき》、固く諫《いさ》む。上、従はず、竟《つひ》に殿廷に於て之を殺す。上も亦尋《つ》いで悔い、馮基《ふうき》を宣慰《せんゐ》し、而して群臣の諫《いさ》めざる者を怒る。

（『資治通鑑《しじつがん》』）

八尺を超える偉丈夫の皇帝が自ら鞭をとり臣下を責め、日夜何人かを惨殺する。これは、はなはだ恐ろしい光景であるが、これは文帝の特殊な性格とみるより、遊牧民族の習慣とみたほうがよいかもしれない。遊牧民族は、やはり掟《おきて》を守ることが必要なのであろう。掟を破ったら、死は当然であるという考えがあるのであろう。北朝の律令重視の精神は、遊牧民族の風習とかかわりがあるのかもしれない。

文帝はこのように広く人材をもちいて、功ある者を賞し、罪ある者を罰しているうちに、おのずから文帝をとりまく人脈が定まり、この政権を安定させたように思われる。

彼によって重んじられた者は、尉遅迥《うつちけい》の討伐にも陳の討伐にも活躍し、すぐれた政治的手腕をもっていた高熲《こうけい》と、律令制定に功績があった蘇威《そい》、それに陳の討伐と、それに続く江南《こうなん》の叛乱に功があった楊素《ようそ》であった。このように、文帝を中心とする人間関係が徐々にできあがり、政権の基礎が固められたのが、この開皇十一年から十六年ころ（五九一―五九六）であったとみてよいのである。

したがって、この間には外交的に隋は周囲の国に格別に攻勢をかけていないが、隋に朝貢した国を見ると、開皇十年七月に吐谷渾《とよくこん》、十一月に契丹《きつたん》が朝貢している。翌十一年正月に高句麗《こうくり》、二月に吐谷渾、四月にまた突厥《とつけつ》の雍虞閭可汗《ようぐりよかかん》（都藍可汗《とらんかかん》）、五月に高句麗、十二月に靺鞨《まつかつ》。おそらくこの使は、隋の中国統一の快挙を祝うとともに、その政治情勢視察のためであろう。十二年正月に高句麗、十二月に突厥と吐谷渾、靺鞨、十三年正月に契丹と奚《けい》、霫《しゆう》、室韋《しつい》、七月に靺鞨、十四年に新羅《しらぎ》、十五年五月に吐谷渾、六月に林邑《りんゆう》、十六年はなしという有様である。十三年以後、朝貢する国が少なくなったのはどういうわけであろう。おそらく隋は内政に急で、外のことを顧みる余裕がなかったのであろう。この状況を見て周囲の国も、隋の機嫌をとる必要はないと判断したのであろうか。

突厥にたいする隋の対策も、あくまで分裂政策である。権力闘争を続けている突厥の可汗たちの利害につけこみ、分裂をはかる。たとえば、突厥の王である都藍可汗が隋に公主との婚姻を求めてきたのに彼に与えず、かえって彼と対立する突利可汗《とつりかかん》に公主を妻《めあわ》せたことでも明らかである。こうして都藍可汗と突利可汗との離間をはかる。つまりうちつづく突厥の内紛を利用することによって、突厥を撫循《ぶじゆん》せしめる。弱い可汗に力を貸せば、分裂はますますひどくなり、制禦《せいぎよ》しやすくなるというわけである。

このように、隋には今まで高句麗に侵入する意志はなく、東アジアにはしばらく平和な日が続いているように思われたが、ここに一つ注目すべき歴史の動きがある。それは新羅《しらぎ》の動きである。

日本の高句麗寄り外交を警戒する新羅

「新羅本紀《しらぎほんぎ》」に次のような話がある。

（真平王《しんぺいおう》）十三（五九一）年春二月、領客府令《りやうきやくふれい》、二員《にゐん》を置く。秋七月、南山城《なんざんじやう》を築く。周《しう》、二千八百五十四歩なり。

十五年秋七月、明活城《めいくわつじやう》を改築す。周、三千歩なり。西兄山城《さいけいさんじやう》、周、二千歩なり。

十六年、隋帝《ずゐてい》、詔《みことのり》して王に拝《さづ》けて、上開《じやうかい》府《ふ》楽浪郡公《らくらうぐんこう》新羅王《しらぎわう》と為す。
十八年春三月、高僧、曇育《どんいく》、隋に入り、法を求む。遣使《けんし》、隋に如《ゆ》き、方物《はうぶつ》を貢ぐ。

真平王《しんぺいおう》十三年は、隋《ずい》の開皇《かいこう》十一年にあたり、あの隋の文帝《ぶんてい》の国書が、高句麗《こうくり》の平原王《へいげんおう》のもとにとどけられた翌年である。

新羅の真平王は、隋が陳《ちん》を滅ぼして中国を統一したことを知り、同時に、隋と高句麗との間の雲行きがあやしくなったことを知ったのであろう。外交を重視しなければならぬ。今まで新羅は半島の東南にいて、中国との外交関係も少なく、文化も遅れていた。しかし新羅は、前々代の真興王《しんこうおう》のときから積極的な文化政策を行っていた。梁《りよう》、陳に僧を派遣して積極的に仏教文化を移入する。後に、新羅の三韓《さんかん》統一にも貢献した名僧・円光《えんこう》が陳に行ったのは、真平王十一(五八九)年のことであった。円光は陳に入ってまもなく陳の滅亡にあったわけであるが、このように中国との間の関係が密接になると、外交をつかさどる機関が必要となる。

この真平王十三年の領客府令《りようきやくふれい》の設立は、このような時代の要求にこたえようとしたものであろう。真平王は、今この東アジア世界で何かが起ころうとしているのを敏感にキャッチした。外交においても、高句麗や百済《くだら》に遅れをとってはならない。

また新羅は、この年の七月に南山城《なんざんじよう》を築いた。その周囲は二千八百五十四歩であったという。「新羅本紀」には、城の建造の記事がしばしばでてくるが、このように、その周囲が二千八百五十四歩であったとくわしく報告したものはない。おそらくこの城は、従来の城に比べて飛躍的に大きい城であったのであろう。なぜに新羅は、この時期に、このような大きな城を築いたのか。

この真平王十三年は、日本では崇峻《すしゆん》四年であり、その八月一日に崇峻帝は任那《みまな》回復の詔《みことのり》を出した。

その十一月には二万人余の兵は筑紫《つくし》に出発した。この新羅の南山城の建造と日本の筑紫出兵が、はたしてまったく関係のないことなのであろうか。

私は、それはまずありえないと思う。当時の新羅にとってもっとも恐るべき敵は、北方の高句麗と南方の日本であった。百済は積年の敵であるが、もう国力は新羅の比ではない。単独で新羅を攻めることはできない。もし新羅が百済を攻めなかったとすれば、今西龍《いまにしりゅう》氏のいうように、仏教の影響があるにしても、やはり高句麗と日本の援助を恐れていたからである。

新羅はおそらく、この急速に親密になってゆく高句麗と日本の関係を警戒したのであろう。何かがある。何らかの策謀が新羅を目標にして、高句麗、百済、日本の間で行われている。おそらくそういう新羅の恐れが、巨大な城の建造になったのであろう。案の定、その年の暮には、日本は筑紫まで任那回復の名目のもとに出兵してきた。

もちろん、この軍隊の動きの報は、すぐに新羅にもたらされたにちがいない。いったい日本は、どういうつもりなのであろう。ほんとうに新羅に攻めてくるつもりであろうか。おそらく新羅王には、日本のほんとうの意志がわからなかったのであろう。しかしなんといっても、筑紫にいる二万人余の日本軍の存在は無気味である。おそらく、この動きに相呼応するかのように、高句麗と百済もまた、何らかの動きをしたのであろう。こういう状況において、新羅は守りを固くして万一にそなえるよりしかたがない。

真平王十五年七月に、明活城《めいかつじょう》を改築したという。その周囲は三千歩で前の南山城より大きい。また西兄山城《さいけいさんじょう》もこのとき、改築したのであろう。その周囲は二千歩。この真平王十五年は、推古《すいこ》元年である。まだ二万人の軍が筑紫にいるのである。日本の兵が筑紫にいるかぎり、新羅の君臣は枕を高くして眠れなかったと思われる。

そして真平王十六年、王は隋に使を遣わして朝貢した。『隋書《ずいしよ》』「新羅伝《しらぎでん》」に、

開皇《かいくわう》十四年、使を遣はして方物《はうぶつ》を貢《こう》ず。高祖《かうそ》（文帝《ぶんてい》）、真平《しんぺい》に拝《さづ》けて、上開府楽浪郡公新羅《じやうかいふらくらうぐんこうしらぎ》王《わう》となす。

とあり、高句麗王、百済王と同格の王に真平王は冊封《さくほう》された。

新羅が隋に朝貢したのは、このときがはじめてであるが、これは明らかに極東の政治情勢の結果である。新羅は、高句麗を中心として高句麗、百済、日本との間に一種の同盟関係が成立していることを隋の文帝に報告したのであろう。この三国の協力関係は、日本の法興寺《ほうこうじ》の建立において示されるが、その裏には深い利害関係がある。表面上は対新羅、裏では対隋の陰謀がめぐらされているのではないか。新羅の使は、こういうことを隋の文帝に報告したにちがいない。

もとより新羅は自国に援助を求めるために、こういうことをいささかオーバーに報告したにちがいない。文帝はそれを聞いて、どう判断したかわからないが、高句麗の動きにはおもしろくないものを感じたにちがいない。ここで隋は、新羅の存在に今さらのように気づいた。高句麗は新羅を恐れて、日本に近づいたとすれば、新羅は高句麗にとって恐ろしい敵なのである。敵の敵は味方。大いに新羅を利用しなければならぬ。私は嬰陽王《えいようおう》の先をよんだ日本接近が、かえって新羅を隋に近づかしめ、隋をして新羅の存在に着目させたのではないかと思う。

真平王十八年は開皇十六年、隋と高句麗の間に戦端がひらかれる前々年である。新羅と隋とはますます深く結びつくが、それには先に陳から隋に入った円光や、新たに隋へ行った曇育《どんいく》などの僧の力が大きいであろう。こういう状況が、崇峻四（五九一／開皇十一）年から推古四（五九六／開皇十六）年

までの政治的状況であった。

寺院建立と慧慈の来日

崇峻帝《すしゅんてい》の御世の事件については先に論じた。推古帝《すいこてい》の御世になって何が行われたのか。

元年《はじめのとし》（五九三）の春正月《むつき》の壬寅《みづのえとら》の朔《ついたち》丙辰《ひのえたつのひ》に、仏《ほとけ》の舎利《しゃり》を以て、法興寺《ほふこうじ》の刹《せつ》の柱の礎《つみし》の中に置く。丁巳《ひのとのみのひ》に、刹《せつ》の柱を建つ。

夏四月《うづき》の庚午《かのえうま》の朔《ついたち》己卯《つちのとのうのひ》に、厩戸豊聡耳皇子《うまやとのとよとみみのみこ》を立てて、皇太子《ひつぎのみこ》とす。仍《よ》りて録摂政《まつりごとふさねつかさど》らしむ。万機《よろづのまつりごと》を以て悉《ことごとく》に委《ゆだ》ぬ。橘豊日天皇《たちばなのとよひのすめらみこと》の第二子《ふたはしらにあたりたまふみこ》なり。母の皇后《きさき》を穴穂部《あなほべの》間人皇女《はしひとのひめみこ》と曰《まう》す。皇后、懐妊開胎《みこあれま》さむとする日に、禁中《みやのうち》に巡行《おはしま》して、諸司《つかさつかさ》を監察《み》たまふ。馬官《うまのつかさ》に至りたまひて、乃ち厩《うまや》の戸に当《あた》りて、労《なや》みたまはずして忽《たちまち》に産《あ》れませり。生《あ》れましながら能《よ》く言《ものい》ふ。聖《ひじり》の智《さとり》有り。壮《をとこさかり》に及びて、一《ひとたび》に十人の訴《うたへ》を聞きたまひて、失《あやま》ちたまはずして能く弁《わきま》へたまふ。兼ねて未然《ゆくさきのこと》を知ろしめす。且《また》、内教《ほとけのみのり》を高麗《こま》の僧慧慈《ほふしゑじ》に習ひ、外典《とつふみ》を博士覚哿《はかせかくか》に学びたまふ。並に悉《ことごとく》に達《さと》りたまひぬ。父の天皇《すめらみこと》、愛《めぐ》みたまひて、宮《おほみや》の南の上殿《かみつみや》に居《はべ》らしめたまふ。故《かれ》、其の名を称《たた》へて、上宮厩戸豊聡耳太子《かみつみやのうまやとのとよとみみのひつぎのみこ》と謂《まう》す。

秋九月《ながづき》に、橘豊日天皇を河内磯長陵《かふちのしながのみさざき》に改め葬《はぶ》りまつる。

是歳《ことし》、始めて四天王寺《してんわうじ》を難波《なには》の荒陵《あらはか》に造る。是年、太歳癸丑《おほとしみづのとのうし》。

二年の春二月《きさらぎ》の丙寅《ひのえとら》の朔《ついたちのひ》に、皇太子《ひつぎのみこ》及び大臣《おほおみ》に詔して、三宝を興し隆《さか》えしむ。是の時に、諸臣連《もろもろのおみむらじたち》等、各《おのおの》君親《きみおや》の恩《みめぐみ》の為に、競ひて仏舎《ほとけのおほとの》を造る。即ち是を寺と謂ふ。

三年の夏四月《うづき》に、沈水《ぢむ》、淡路嶋《あはぢのしま》に漂着《よ》れり。其の大きさ一囲《ひといだき》。嶋人《しまびと》、沈水《ぢむ》といふことを知らずして、薪《たきぎ》に交《か》てて竈《かまど》に焼《た》く。其の烟気《けぶり》、遠く薫《かを》る。則ち異《け》なりとして献《たてまつ》る。

五月《さつき》の戊午《つちのえうま》の朔丁卯《ついたちひのとのうのひ》に、高麗の僧慧慈《ゑじ》帰化《まうおもぶ》く。則ち皇太子、師《のりのし》としたまふ。

是歳、百済の僧慧聡《ゑそう》来《まう》けり。此の両《ふたり》の僧、仏教《ほとけのみのり》を弘演《ひろ》めて、並に三宝の棟梁《むねうつはり》と為る。

秋七月《ふみづき》に、将軍等《いくさのきみたち》、筑紫《つくし》より至《まういた》る。

四年の冬十一月《しもつき》に、法興寺《ほふこうじ》、造り竟《をは》りぬ。則ち大臣《おほおみ》の男善徳臣《こぜんとこのおみ》を以て寺司《てらのつかさ》に拝《め》す。是の日に、
慧慈・慧聡、二《ふたり》の僧、始めて法興寺に住《はべ》り。

五年の夏四月の丁丑《ひのとのうし》の朔《ついたちのひ》に、百済の王《きし》、王子阿佐《せしむあさ》を遣《まだ》して朝貢《みつきたてまつ》る。

冬十一月《しもつき》の癸酉《みづのとのとり》の朔甲午《ついたちきのえうまのひ》に、吉士磐金《きしいはかね》を新羅《しらき》に遣す。

（『日本書紀』）


これが推古元（五九三）年から五（五九七）年までの間の政治的、文化的事件であるとすれば、推古初期の政治方針がだいたいわかる。

それは、はっきり仏教振興政策が天皇によって公言されたことである。二年二月に天皇は、聖徳太子と馬子《うまこ》に三宝興隆の詔《みことのり》を出したという。それは、やはり劃期《かっき》的なことである。すでに用明帝《ようめいてい》は、死の床で仏教崇拝を公言した。そしてそのときから仏教は国教になったが、それに反対する守屋《もりや》は兵をあげ、滅ぼされた。仏教の振興は、崇峻帝の方針でもあり、崇峻四年には法興《ほうこう》という年号がつくられ、法興寺の建造がはじまった。しかしすでに、『愚管抄《ぐかんしょう》』が指摘したように、崇峻帝は、心から仏教に賛成していなかったのかもしれない。

しかし今や、仏教崇拝の心の篤《あつ》い天皇と皇太子と大臣《おおおみ》が政治をとっている。もうここにきて、仏教崇拝は国家の大方針なのである。この国家の大方針が発せられたからには、やはりこの気運に乗らねばならぬ。この気運にさからっては、もう豪族たちは生きていけない。こういうときに、われもわれ

もと、いっせいに雪崩《なだれ》現象が起こるのが日本の常である。「諸臣連等《もろもろのおみむらじたち》、各《おのおの》君親《きみおや》の恩《みめぐみ》の為に、競ひて仏舎《ほとけのおほとの》を造る」とある。「君親の恩」というけれど、まず自家の寺をつくって、新しい時代に乗り遅れまいとしたのであろう。この場合、この時代風潮にさからうことは、支配者の猜疑《さいぎ》をまねくことになる。

このとき多くの寺がつくられたことが、発掘の結果、明らかになっている。しかし、ここで仏教が祖先崇拝に結びつけられたことに注意すべきであろう。日本人は、おそらくは本来、祖先崇拝と関係のないはずの仏教を、すでにこのとき祖先崇拝の教えに還元しようとしているのである。

推古三年に淡路島《あわじしま》に流れてきた沈《じん》水（香木《こうぼく》の一種）の話も、このような異常な仏教崇拝の空気の中でうまれた話なのであろう。あるいはお釈迦様が、日本に崇仏のときがおとずれたのを嘉《よみ》して、はるばるインドから沈水を流し賜ったのかもしれない。このような風潮の中での最大の事件が、慧慈《えじ》の来朝であろう。推古三年五月十日、高句麗《こうくり》から慧慈がやって来た。

この慧慈が、聖徳太子の仏教の師となったのである。『日本書紀』にはこのとき、百済《くだら》から慧聡《えそう》が来て、慧慈とともに仏教を広めて、三宝の棟梁《とうりよう》となったとある。なぜ太子は、百済の慧聡より高句麗の慧慈を師としたのであろうか。これはまた「内教《ほとけのみのり》を高麗《こま》の僧《ほふし》慧慈《えじ》に習ひ、外典《とつふみ》を博士覚哿《はかせかくか》に学びたまふ」とあることによってもわかる。覚哿《かくか》は例の段楊爾《だんように》以来、百済が日本に送っていた五経《ごきようの》博士《はかせ》なのであろう。覚哿は、おそらく母国・百済においても一、二を争うすぐれた学者であったのであろう。百済の第一級の学者に太子は外典《とつふみ》を学び、高句麗第一級の学者・慧慈に内教《ほとけのみのり》を学んだ。おそらく太子が慧聡より慧慈に仏教を学んだのは、やはり学者として慧慈のほうが慧聡よりはるかにすぐれていて、それを慧聡自身もある程度、認めていたからであろう。

慧慈の名は、日本の書物にしかでてこないが、『日本書紀』も、『元興寺縁起《がんごうじえんぎ》』も、『法王帝説《ほうおうていせつ》』も、等しく慧慈がなみなみならぬ学力をもっていて、太子とはなはだ親しい関係にあったことを語る。おそらく太子の仏教たるもの、慧慈に負っているところ大であろう。そして当時の高句麗仏教の水準ははなはだ高度であったことが、「高僧伝《こうそうでん》」などでもわかる。

われわれは、どう考えても、この聖徳太子という政治家、学者、宗教家によって、日本の仏教が飛躍的に発展したと考えなくてはならない。これは、一つには政治家・太子の力であるが、一つには、学者・太子の力である。その太子の仏教学の師は慧慈である。三経の講讃《こうさん》も慧慈がいなかったら不可能であったろうし、『三経義疏《さんぎょうぎしょ》』も慧慈がいなかったら、とうてい成立しなかったであろう。『三経義疏』について、後にくわしく論じたいが、たとえこれを太子の真撰《しんせん》と考えないとしても、慧慈の力に負っていることは認めざるをえないであろう。

とすれば、日本仏教の興隆に果たした慧慈の役割は、はなはだ大といわねばならぬが、どうしてこのとき、慧慈が日本に来たのであろうか。

高句麗は朝鮮半島の北部である。ここから日本に来る道は遠い。すでに欽明帝《きんめいてい》のとき、高句麗の使が通交を求めて日本に来た。半島の南を新羅《しらぎ》と百済に占領されているとしたら、船を陸から離して日本海を横断するよりしかたがない。こういう航路をとって高句麗の使が、欽明三十一（五七〇）年と敏達《びだつ》二（五七三）年、三年に日本にやって来たが、『日本書紀』に記されるように、この航海はまことに危険な航海で、難破、漂流する可能性が高かった。慧慈もまた、かかる危険な航路をとって来たのか。そうではないと思う。その後は、高句麗の船が北陸に着いたという話は『書紀』にない。おそらくこのころは、高句麗と百済との国交関係がととのっていたので、百済を通って高句麗の使は日本に来たのであろう。これなら航路はまず安全である。あるいは慧慈と慧聡は、ともに一緒の船でやって来たのかもしれないと私は思う。

しかしそれにしても、高句麗から日本への道のりは遠い。とくにこのときの高句麗は未曾有《みぞう》の国難を前にして、緊張しきっているのである。隋の侵攻は時間の問題だと嬰陽王《えいようおう》は考えて、国をあげてこの国難にそなえようとしている。このとき、どうして慧慈は日本へ来たのか。

慧慈が日本へ渡るには、多大の費用がいることは当然である。この費用はどこからでるのか。ちょうど新羅が多大の国費をかけて円光《えんこう》や曇育《どんいく》を、国王の命で陳《ちん》や隋に派遣したように、慧慈も、多大の国費をかけて日本に派遣されたのであろう。曇育や円光は、仏教を学びに文明国・陳や隋に行ったので、遠い国とはいえ喜び勇んで出発したにちがいない。しかし慧慈の場合はちがう。彼は文明国である高句麗から、未開国である日本に行くのである。もとより後世の鑑真《がんじん》のように仏教を布教しようとする情熱がなかったわけではあるまい。鑑真は、政府の力を借りずに、あるいは政府の力にさからって、日本に仏教を布教しようとしたゆえに、あれほどの苦難な目にあった。慧慈の来朝は、鑑真のときより二世紀も前であり、したがってこの長旅は、たいへんな困難を伴ったであろうと思われるが、格別、それが困難であったという話は聞かない。

それは、やはり慧慈が嬰陽王の命で日本におもむいたのであり、厚く国王の庇護《ひご》を受けていたゆえであると思われるが、なぜこの国難のときに、嬰陽王は多大の国費をかけて、国内においても有数の学識をもつ、この高僧・慧慈をして、わざわざ東の果ての島国、日本におもむかせたのか。この謎を解く鍵は、やはり国際関係に求められると私は思う。いったい何のために慧慈は日本に来たのか。そして彼は何をなしたのか。

私は慧慈《えじ》のさしあたっての仕事は、やはり法興寺《ほうこうじ》の建造と関係があると思う。この法興寺建造が、推古《すいこ》四（五九六）年十一月にいちおう完成したのであろう。『日本書紀』には「四年の冬十一月《しもつき》に、法興寺、造り竟《をは》りぬ」とある。

この法興寺完成の年月については問題がある。なぜなら「丈六《じようろく》の光背銘《こうはいめい》」には、推古十七（六〇九）年に法興寺の金堂の本尊がつくられたとある。また『日本書紀』には、この本尊が鞍作鳥《くらつくりのとり》によって推古十四年につくられた話がでてくる。この時期も問題だが、いずれにしても、永い間金堂に本尊がなかったことになる。推古四年に法興寺が完成したかどうかは疑わしいが、またそこで、工事の第一期の終了があり、いちおう寺の体裁はととのい、僧を住まわしてもいい状態になったのであろう。そこで馬子《うまこ》の息子の善徳《ぜんとこ》が寺司《てらのつかさ》となり、寺を管理し、慧慈と慧聡《えそう》がそこに住み、法要を行うということになるのであろう。

寺ができたからには、そこには僧が必要だ。今、国立のすばらしい大寺院ができつつある。それゆえその住職もまた、偉大な僧でなくてはならない。慧慈、慧聡はかかる僧として招かれたのであろう。もちろん慧慈も慧聡もただ一人で来たわけではなかろう。多くの僧や技術者を連れて来たにちがいない。そして、この建物を完成するとともに、そこでの儀式をつつがなく挙行する準備をしたのであろう。しかし慧慈の仕事はそれだけであろうか。

私はそうではないと思う。先に述べた新羅《しらぎ》の円光《えんこう》や曇育《どんいく》の例にあるように、僧は一方で、インターナショナルな存在であるとともに、一方でその国の官臣である。僧はインターナショナルな教えの布教者として多くの国を自由に往き来したが、そういう僧の性格はまた、国の利益をはかる国王が目をつけるところとなろう。『三国史記《さんごくしき》』は、僧のインターナショナルな性格を利用して、他国のスパイをする僧の話を報告している。

私は、慧慈もまた高句麗《こうくり》が多大の費用をつかって日本に送った者だとすれば、やはり高句麗王の命を受けてきたにちがいないと思う。彼は一方でインターナショナルな教えを説く僧であるとともに、一方では高句麗王が日本へ送ってきた外交使節でもある。

慧慈が日本へ来た前年、推古二（五九四）年に、新羅王がはじめて隋《ずい》に朝貢した。おそらくそこで新羅は、高句麗と日本の間に結ばれた新羅包囲網のことを述べたのであろう。そして隋は、この高句麗を主役とした東アジア情勢の展開を知ったのであろう。おそらくこの包囲網は、あらためて隋に高句麗を警戒させ、高句麗にたいする怒りを強めたことであろう。

『隋書』には記載されていないが、このことを咎《とが》める使が、あるいは隋から高句麗へ遣わされたかもしれない。あるいは高句麗は、この作戦はいちおう成功したけれど、これ以上、この作戦を続けることは、かえって隋の猜疑《さいぎ》を買うことになると判断したのかもしれない。あるいは東アジアの情勢はひとまず落ち着いて、日本に筑紫《つくし》から兵をひきあげさせても大丈夫と思ったのかもしれない。

慧慈が日本に来たのは推古三年五月、その七月には将軍たちは筑紫から帰っている。この二つの事実は、私は無関係ではないと思う。おそらく慧慈によって、日本軍の撤退についての話が日本の朝廷にもたらされたのであろう。

『日本書紀』は事実のみを記載するが、この事実と事実の間には深い関係が隠されていると思う。われわれはこの深い関係を知ることによって、この事実の真の意味を知ることができるのである。

このとき、慧慈は高句麗の嬰陽王《えいようおう》の国書をたずさえて来たと私は思う。その国書には何が書かれていたか。もとよりそれは想像にゆだねるよりしかたがないが、たとえば、このような内容の国書ではないであろうか。

日本の王様はいかがお暮らしですか。さて、高句麗の王である私は、日本の国の法興寺の建造を助け、その竣工式を無事終え、その新しい寺院の寺務をとどこおりなく行わせるために、慧慈をはじめとする僧たち、ならびに技術者若干を送ります。

この慧慈なるものは、深く仏教の学問に通じ、行いも高く、高句麗でも指折り数えるすぐれた僧です。このすぐれた僧を、東の果ての貴国に送るのは仏教興隆のためでもありますが、また貴国のわが国によせられた好意に感謝するためでもあります。

高句麗国王は、貴王がわが国の要請にこたえて、二万の軍を筑紫に派遣されたことに、深い感謝を表する次第であります。おかげで新羅は貴国の軍隊の勢いを恐れて、蠢動《しゅんどう》せず、わが南辺の国境は安堵《あんど》を得ました。

また驕慢《きょうまん》な隋の国も国内の整備におわれ、またわが国の武勇を恐れて、とうぶん侵犯の様子がありません。極東の危険は少しの間、遠ざかったような気がします。

どうか筑紫に派遣した兵を、おひきとりください。今はとにかく安泰を得ましたが、これで危険は去ったわけではありません。あなどりがたい強大国は、またどんなことをするかもしれません。そのときには、また今回のように友情あふれるご援助をお願いします。

慧慈その他の僧および技術者は、そのご援助の返礼の意味であります。彼らはすぐれた知識人で、同時にすぐれた技術者であります。遠慮なく彼らをおつかいください。彼らは十二分に、あなたのお役にたつことができると思います。彼らの力で国立寺院・法興寺が完成され、その寺としての儀式がとどこおりなく行われることを祈ります。

この慧慈の来朝は、多くの困難をかかえている法興寺建造の仕事をいっそうすすめたにちがいない。とにかく、多少の無理をおして、翌推古四年十一月、ついに寺をつくり終えたのである。

そしてこのことには、また百済の力がはたらいていることはもちろんである。百済は古くから日本との関係が深い。しかし今は百済の国は衰え、かろうじて高句麗と日本の力によって、その安泰を得ている。今、百済はここに高句麗と日本を結びつけ、自国の立場を有利にしようとしていた。慧慈がたずさえた高句麗の嬰陽王の手紙は、以上のような意味をもっていたものであったと思われる。

これを見て、馬子は喜んだかもしれない。高句麗は兵をひけという、もとよりこれは日本にとっても有利なことである。なにも日本は自分から二万の兵を筑紫に出す必要はなかったのである。新羅を攻める気はさらさらない。しかも、国際情勢はどう転ぶかわからない。脅しのつもりの軍隊が、ほんとうに海を渡って新羅の地を攻める日がこないともかぎらない。そのときは昔日のように勝利を収めることができるかどうか心もとない。

また、筑紫に派遣された将兵も、いったい何のために自分たちはここにいるのか、ほんとうに日本政府は新羅を攻める気があるのか不安であったであろう。もう筑紫滞在が四年にもなって、将兵は退屈している。一日も早く故郷に帰りたがっている。しかし高句麗との約束があるからには、勝手に兵をひきあげるわけにはいかない。中央政府も、筑紫の将兵も、もう兵をひきあげたくてうずうずしていたところである。そこに国書がきたとすれば、それを喜ばないはずはない。

この四年にわたる、相当の国費をついやした筑紫への軍隊派遣は大きな効果を収めたのである。その代償に、高句麗と百済から多くの僧や技術者が来て、法興寺が建造されたのである。これは日本にとっても、けっして損な取り引きではなかった。一兵も損せずして日本は文化を発展させることができたのである。

これは日本にとって損な取り引きではなかったが、とりわけ馬子にとっては、はなはだ有利な取り引きであった。馬子はこの国立寺院の建造によって、日本の国民に新しい時代の到来と蘇我《そが》氏の権威を十二分に知らしめることができたのである。そしてその副産物として、崇峻《すしゅんてい》帝の殺害を容易にしたということがあったとすれば、それは二重にもうけものであったのである。

馬子はすぐに手紙を筑紫の軍隊に送り、ひきあげを通達したのであろう。この筑紫から帰った将軍、兵たちは、彼らの留守の間に変わりはてた都の状況をどのように見たのか。

都の真ん中に、まったく想像を絶した巨大な寺院が建造されていたのである。その寺院は中央に巨大な塔があり、そこに釈迦の骨が埋められているという。塔を囲んで三つの金堂、光り輝く巨大な建造物である。彼らは瓦 葺《かわらぶ》きの家というものを知らなかった。宮廷でさえ板葺《いたぶ》きであった。しかし今や、瓦葺きの寺院が出現した。

このような寺院の出現とともに、政治も変わった。彼らに筑紫出兵を命じた崇峻帝の姿はない。かわって帝位についたのは女帝である。女性が帝位につくとは、今まで誰も夢にも思わなかった。この夢にも思わなかった奇妙なことが実現されていたのである。おそらく、都に帰った将軍たちは、不思議な思いで、この寺を眺めていたにちがいない。日本にはまったく新しい、ふつうの人では想像もできないような時代がきている。いったいこれから何が起こるのか。

多くの臣下は時代の行方について不安であったが、馬子と太子はきわめて自信ありげであった。彼ら二人は遠く歴史の行方を眺めていた。しかし、いくら人が遠い未来を見る目をもっているとしても、歴史の世界は一寸先が闇であるともいえる。

推古六（五九八）年、隋の開皇《かいこう》十八年に、大きな事件が起こった。そしてこの事件は、以後約八十年もの間続く、朝鮮動乱の先駆けをなす戦いとなったのである。

第三章　国際政治家への第一歩

隋と高句麗の緊張関係

開皇《かいこう》十八（五九八）年、わが推古《すいこ》六年に起こった隋《ずい》と高句麗《こうくり》の間の戦争の端緒については、よくわからないところがある。八年前、隋の文帝《ぶんてい》が、高句麗の平原王《へいげんおう》にあの恐ろしい国書を送って以来、両国の間には緊張状態が続いていた。平原王の後を継いだ名君・嬰陽王《えいようおう》は、すでに隋の侵攻を覚悟し、防備をおこたらなかった。しかるに、開皇十八年まで隋の侵攻がなかったのは、主として隋の国内態勢が十分でなかったことによろう。隋の国内態勢が落ちつけば、侵攻は必至である。

『隋書』「高麗伝《こうらいでん》」に次のようにある。

明年《あくるとし》、元（嬰陽王《えいようおう》）、靺鞨《まつかつ》の衆、万余騎《まんよき》を率《ひき》ゐて遼西《れうせい》を寇《をか》す。営州総管《えいしうそうくわん》・韋沖《ゐちゆう》、撃ちて之《これ》を走らす。高祖《かうそ》（文帝《ぶんてい》）、聞きて大いに怒り、漢王諒《かんわうりやう》に命じて元帥《げんすい》となし、水陸を総《ひき》ゐて之を討たしむ。詔《みことのり》を下して、其の爵位《しやくゐ》を黜《しりぞ》く。

また『資治通鑑《しじつがん》』には、

（二月）高麗王《かうらいわう》・元、靺鞨の衆、万余を帥《ひき》ゐて遼西を寇す。営州総管・韋沖、撃ちて之を走らす。上《じやう》、聞きて大いに怒り、乙巳《おつし》に漢王諒を以て、王世積《わうせいせき》（績）と並びて行軍元帥《かうぐんげんすい》となし、水陸、三十万を将《ひき》ゐて高麗《かうらい》を伐たしむ。尚書左僕射《しやうしよさぼくや》・高熲《かうけい》を以て漢王の長史《ちやうし》となす。周羅睺《しうらこう》を水軍総管となす。……

六月丙寅《へいいん》、詔《みことのり》を下して高麗王・元の官爵《くわんしやく》を黜《しりぞ》く。

とあり、『隋書』よりくわしい。また『三国史記《さんごくしき》』「高句麗本紀《こうくりほんぎ》」にも、次のようにある。

王、靺鞨の衆、万余を率ゐて遼西を侵す。営州摠管《そうくわん》・韋沖、撃ちて之を退く。隋の文帝、聞きて大いに怒り、漢王諒に命じて、王世績と並びて元帥となし、水陸、三十万を将ゐて来りて伐たしむ。夏六月、帝、詔を下して王の官爵を黜く。

つまりここではっきり、高句麗と隋との間の緊張に満ちた対立関係を破り、ついに両国の間に戦闘をもたらしたのは、隋ではなく高句麗であると語られているのである。

高句麗の嬰陽王は靺鞨《まつかつ》の衆、万余を率いて国境を突破し、隋に侵入したというのである。あれほど隋の侵攻を恐れていた高句麗が、自ら危険を求めるというようなことがあろうか。私はそれをいささか疑問とするのである。嬰陽王は、世を救い民を安んずることを自らの務めとしたといわれる名君である。こういう名君が、どうしてこのような無謀な侵攻をするのか。

『隋書』「高麗伝」では、例の国書事件を開皇十七年のこととし、この戦闘を「明年《あくるとし》」としている。国書を送ったときを開皇十七年とすれば、おそらく嬰陽王が隋の侵攻を必至とみて先に手を打ったと考えられるが、もし国書が送られたときを「高句麗本紀」のように開皇十年とすれば、いったん平穏をとりもどした隋と高句麗との関係を、なぜ高句麗のほうから破ったのか理解に苦しむのである。

この営州《えいしゆう》というのは遼西《りようせい》の中心地で、開皇のはじめ総管が置かれたところである。韋沖《いちゆう》というのは、安州《あんしゆう》、信州《しんしゆう》総管を歴任し公平な人事をする政治家として令名が高かった韋世康《いせいこう》の弟で、彼もまた、しばしば辺境の役人となり、夷狄《いてき》を懐柔させるに大いに功があったと伝えられる。「韋沖伝」にもこの高句麗の侵攻のことは書かれているので、まったく事実でないとは思えないが、なおかつ国際情勢からみて多少の疑問があるように思われる。

また、ここで高句麗王が靺鞨の兵を率いて、というのも多少気にかかるのである。この靺鞨というのは、高句麗の東北、今の中国の東北部、旧満州の東北に住む民族で、はなはだ原始的な狩猟生活をしていた民族らしい。『隋書』に「諸《もろもろ》の夷《えびす》のうちもっとも不潔をなす」とあるので、まあそうとうな原始生活をしている民族とみてよい。開皇のはじめ、はじめて来貢したので、文帝は「朕《われ》、爾《なんぢ》らを視ること子の如し」というと、使は「内国に聖人ありと聞き、故に来りて朝拝《てうはい》す」といったという。後に述べる日本の使が語った言葉に似ている。

靺鞨は七部族に分かれていたが、しばしば南の高句麗、西の契丹《きったん》などと相戦ったという。先の文帝の国書に、高句麗がしばしば靺鞨や契丹が隋に朝貢するのを妨げたことを責めているので、このとき、靺鞨は高句麗の勢力下にあったのであろう。しかしそれにしても、はたしてこの記事のように、高句麗軍はほとんど出陣せず、ただ靺鞨の兵、万余が、高句麗王に率いられて遼西《りょうせい》に侵入するということがはたしてあったのであろうか、この点もいささか疑問なのである。

われわれは以上の二点に多少の疑問を感じざるをえないが、そう詮索《せんさく》しないでもよいかもしれない。なぜなら、朝鮮側の史料である『三国史記』が『隋書』の記事を百パーセント認めている以上、この国境侵犯の責任が隋にあるか、高句麗にあるかをあれこれ詮議《せんぎ》して、事を荒だてる必要はないと思われるからである。

高句麗の嬰陽王が戦いを仕かけたとしておこう。もしも嬰陽王が先に戦いを仕かけたとすれば、当時の国際情勢をよくよく考慮した結果であろう。先に述べたように、文帝は突厥《とっけつ》の内部分裂をはかり、突厥の長・都藍可汗《とらんかかん》が隋の公主の降嫁《こうか》を願ったのにこれをことわり、かえって都藍可汗の対立者・突《とつ》利可汗《りかかん》に公主を与えた。これにたいして都藍可汗が怒らないはずはない。「われは大可汗なり、反《かへ》りて染干《せんかん》（突利《とつり》）にしかず」と怒って、以後、朝貢はとだえたという。またこのとき、西に達頭可汗《たつとうかかん》あり、はなはだ勢い強く、この情勢に、両者は積年の争いをやめて協力して隋を侵そうとしていた。

あるいはあの賢明な嬰陽王は、このような状況をいち早くつかみ、乾坤一擲《けんこんいってき》の賭《かけ》にでたのであろうか。あるいは後に、彼の使者が突厥の啓民《けいみん》（突利《とつり》）可汗《かかん》のところへ行っているのを煬帝《ようだい》に見つけられているのをみると、そのときも突厥との間に、何らかの外交的交渉があったのであろうか。

失敗に終わった隋の高句麗遠征

高句麗《こうくり》のほうから戦いを仕かけた以上、隋《ずい》がそれをほうっておくはずがない。むしろ、高句麗征伐のよい口実が見つかったといわねばならぬ。さっそく、高句麗征伐の軍を派遣しなければならぬ。

その軍隊の長は漢王諒《かんおうりょう》と王世積《おうせいせき》（績）である。漢王諒は文帝《ぶんてい》の五男で、とくに文帝にかわいがられたという。おそらく文帝は、陳《ちん》征討のとき、次男の晋王広《しんおうこう》と三男の秦王俊《しんおうしゅん》を行軍元帥《げんすい》としたのにならって、このたびは五男の漢王諒を行軍元帥とし、彼にも手柄をたてさせようとしたのであろう。

もう一人、王世積を臣下として行軍元帥に任じたのも、陳征討のとき、臣下として楊素《ようそ》を行軍元帥とした例にならったのであろう。王世積は高熲《こうけい》とともに北周《ほくしゅう》の遺臣であるが、早くから文帝につき従い、尉遅迥《うっちけい》の乱や陳征討などに数々の功をたて、文帝の信頼が厚かった。そして文帝は陳征討の例にならって、彼がもっとも信頼し、かつ王世積と親しかった政治家・高熲を、漢王諒の長史としたのである。おそらく、若い諒が全軍の指揮をとれるかどうか心配であったのであろう。老練な政治家・高熲をつけておけば、まず安心である。

また水軍のリーダー・周羅睺《しゅうらこう》（睺《こう》）は陳の遺臣であるが、その果敢なる戦いぶりが文帝に愛され、一命を許され、隋につかえた。おそらく文帝は、水軍はやはり北朝より南朝のほうが巧みであると思ったのであろう。抜擢《ばってき》されて、水軍総管となった。

この隋の軍の構成を見ると、隋がけっして高句麗をあなどっていないことがわかる。もちろん陳のときより軍隊は少ないが、それでも当時としては最高の軍隊である。どんなことがあっても高句麗を滅ぼさねばならない、そういう決意に、文帝をはじめ隋の朝廷はあふれていたと思われる。

もちろん文帝は、このたびの戦いも陳の場合と同じように、短期間でかたづくと思っていたであろう。陳はわずか四ヵ月で滅んだ。なるほど高句麗は東夷《とうい》の中でもっとも強国である。しかし突厥《とっけつ》とちがい、遊牧民族ではなく町に住んでいる。そういう町に住んでいる夷狄《いてき》を攻め落とすのは、わけもなかろう。おそらくあの国書にあるように、高句麗は大きいとはいっても陳におよばない、遼《りよう》河《が》は広いといっても揚子江《ようすこう》には比べられないという感覚が、隋にあったにちがいないのである。

そういう敵に最高のメンバーであたる。負けるはずがないではないか。私は、開皇十八（五九八）年二月、隋の軍隊三十万は意気揚々として、長安《ちようあん》の都を出発したと思う。

しかし戦局は、予想外の展開を見せたのである。

九月己丑《きちう》、漢王諒《かんわうりやう》の師《いくさ》、疾疫《はやりやまひ》に遇ひて旋《かへ》る。死者は十のうち八、九。（『隋書《ずいしよ》』「帝紀《ていき》」）

時に餽《おく》り運ぶこと継《つづ》かず、六軍食《りくぐんくひもの》は乏しく、師《いくさ》は臨渝関《りんゆくわん》を出づ。また疾疫に遇ふ。王の師、遼東《れうとう》振《ふる》はず。遼水《れうすい》に次《やど》るに及びて、元もまた惶懼《くわうく》し、使を遣はして、罪を謝り、表《ふみ》を上《たてまつ》りて、糞土《ふんど》の臣《しん》、元、云云《うんぬん》と称す。上《じやう》、是《ここ》において兵《いくさ》を罷《や》め、之を待《もてな》すこと初めの如し。元もまた、歳ごとに朝貢を遣はす。
（『隋書』「高麗伝《こうらいでん》」）

漢王諒の軍《いくさ》、臨渝関《りんゆくわん》を出づ。水潦《おほみづ》に値《あ》ひて、餽《おく》り転《はこ》ぶこと継《つづ》かず、軍中に食《くひもの》乏し。また疾疫に遇ふ。周羅睺《しうらこう》、東萊《とうらい》より泛海《ふね》にて、平壌城《へいじやうじやう》に趣《おもむ》く。また風に遭ひ、舡《ふね》、多く漂ひ没む。秋九月、師《いくさ》、還る。死者は十のうち八、九。王また恐懼《きようく》し、使を遣はして罪を謝り、表《ふみ》を上《たてまつ》りて、遼東糞土《れうとうふんど》の臣・某《ぼう》と称す。帝、ここにおいて兵《いくさ》を罷《や》め、之を待すこと初めの如し。
（「高句麗本紀《こうくりほんぎ》」）

第一次高句麗戦争の記事は、このほか『資治通鑑《しじつがん》』や『隋書』の漢王諒、王世積、高熲、周羅睺の「列伝」などにもあるが、それ以上の記録はなく、詳細はよくわからない。残っている史料は隋側の記録が多く、高句麗側の記録は「高句麗本紀」の簡単な記事のみである。

この事件から一世紀もたたない六六八年、嬰陽王《えいようおう》の二代後、嬰陽王の甥《おい》の宝蔵王《ほうぞうおう》二十七年に、高句麗は、唐と新羅の連合軍のために滅ぼされた。とすると、隋の敗戦は後世の勝利のための一時の敗戦にすぎない。高句麗にとっても、これは亡国の前の一時の勝利、そんなに自慢できることではない。それゆえ、この戦いについて戦敗国の史料が多いのは当然であるが、しかし、隋のような大国の敗戦の歴史である、そういう歴史を中国の史書がそんなに得々と語るはずがない。『隋書』の「帝紀」にも「高麗伝」にも、史家の心の苦渋が感じられる。

隋は、陸軍と水軍において手痛い敗戦をこうむったことは確実である。陸軍の敗戦の原因は二つである。一つは補給が続かなかったことであった。高句麗へ遠征するには、人里のない場所を何日も通らねばならない。三十万の大軍を遠征させるには、それに何倍する物資輸送隊が必要であろう。この点はおそらく、集落の続いている陳との戦争の場合とちがうであろう。隋はこういう計算が十分ではなかったのであろう。食糧がとぼしく、軍隊は飢えに苦しんだ。その上、疫病である。おそらく衛生設備を欠き、流行病がはやったのであろう。この疫病のことは、漢王諒や王世積などの「列伝」にも少しあり、あるいは将軍が自ら疫病に苦しめられたのであろうか。食糧の欠乏の上に疫病にあっては、戦意があがらなかったのも当然である。

そしてまた、海軍は大風にあって船が多く沈没したという。おそらく隋は水軍、とくに海の軍には自信がないので、陳の降臣の周羅睺を総管に任じたのであろうが、周羅睺とて、はたして海の戦いの経験があったかどうか。やはり不慣れな海戦で、敗戦はやむをえないといってよいかもしれない。『隋書』にあるように、この戦いで隋軍三十万のうち死者は、十中八九という有様であったのであろう。たしかに隋は敗北したのである。

勝って謝罪の使を出した高句麗王

ここでとりわけ興味深いのは、このとき高句麗《こうくり》の嬰陽王《えいようおう》のとった態度である。もし『隋書《ずいしょ》』の語るように、「遼水《れうすい》に次《やど》るに及びて」が事実とすれば、隋の兵が高句麗の都に近づいていたのである。しかしその兵は疫病や飢餓で重大な損失をこうむっていたはずである。おそらくその軍を全滅させることも、そうむずかしいことではなかったであろう。しかるに高句麗王は、かえって謝罪の使を隋に送ったのである。『隋書』に「惶懼《くわうく》」とある。これをそのままとれば、高句麗王は隋の軍を大いに恐れたということになるが、それは戦況と矛盾しているのではないか。

私は、このときの嬰陽王、すなわち元《げん》のとった態度は、まことに賢明であったと思う。たしかに戦いに勝ったのである。しかし、この戦勝は多分に僥倖《ぎょうこう》であった。疫病や大風や、そして隋の不用意が、思わざる勝利を高句麗にもたらしたのである。しかし、そう僥倖が続くとはかぎらない。誇り高い中国の王者・隋である。必ず復讐《ふくしゅう》をするにちがいない。隋が全力をあげて攻めて来たら、高句麗はひとたまりもないことを嬰陽王はよくわきまえていたのであろう。そして王は、かえって下手にでたのである。私が悪かった。どうか許してほしい。

それにしても、この表《ふみ》の「遼東糞土《れうとうふんど》の臣」という言葉はひどすぎると思う。それはちょっと卑屈すぎる。一国の王が自ら「糞土の臣」と名のる。それはその国の人民にも耐えられないことだ。嬰陽王は、この耐えがたいことに耐えたのである。しかも彼は敗北者でなくて、戦勝者なのである。私は、これはよほどの決断であると思う。とても凡庸《ぼんよう》の王のよくなしうることではない。凡庸の王ならば、この僥倖の戦勝にわれを忘れて、隋軍に大打撃を与え、それによって隋の恨みを買って、亡国をまねいたことはまちがいない。

政治家に必要な徳の一つは、忍《にん》であると私は思う。こういう場合には、ややもすれば人は激情にかられて、思慮のない行動にはしる。しかし激情にかられた行動は、多く失敗に終わる。「遼東糞土の臣」という国書を出した嬰陽王の心は、煮えくり返らんばかりであったであろう。誰より、彼自身がそういう屈辱に耐えられないはずだ。しかし彼はそれに耐えた。それだけが、今、高句麗を救う道であると彼は思っていたにちがいない。

こういう国辱的な言葉が、後の史家に書きとどめられることを、彼は好まなかったにちがいないが、この言葉は隋の朝廷に広まり、後の史家に記録された。嬰陽王は、このことを深く恥じているかもしれない。いったいどこの国の、どの王が自らの治めている国を糞土といったことがあるのか。嬰陽王の言葉は高句麗の人民にとっても許されないことのように思われる。しかし私は思う、それはけっして嬰陽王の恥ではない。血を吐くような思いで、この屈辱的な言葉を国書に託し、高句麗を救った嬰陽王こそ、まさに仏教でいう忍辱《にんにく》の徳を誰よりもそなえたすぐれた王者ではなかったか。

私は、この間をおかず、嬰陽王が中国へ謝罪の使者を送ったことは効果をあげたと思う。とくに「遼東糞土の臣」という言葉が、大いに隋の文帝《ぶんてい》の誇りをくすぐったと私は思う。たしかに外征は失敗だ。この恨みはどうしても果たさねばならぬ。こう思っている文帝に、「遼東糞土の臣」からの謝罪状がとどく。遼東糞土の臣、糞の国だって、糞の国ならしかたがない。そんな国をいくら攻めたところで無駄だ。だいたい糞の国を攻めること自体が間違いだったのではないか。

隋は、歴代の中国の王朝がそうであるように、誇りの高い国である。彼はどうしても世界の王者でなければならない。世界の王が東夷《とうい》の酋長《しゅうちょう》に負けるはずはない。もし負けたなら、何度も何度も兵を出し、徹底的に相手をやっつけなければならない。たしかに隋は今、三十万の軍隊のほとんどを失った。しかし高句麗は「遼東糞土の臣」といって謝罪してきたではないか。そうなると、戦いはわれわれの負けではなく、勝ちであったのではないか。

私はこの表は、文帝の自尊心を満足させ、文帝の怒りを鎮めるには十分に役だったと思う。糞土の臣が謝罪に来たのである。兵をひいて、糞土の臣に前のように爵位《しゃくい》を与えようではないか。この文帝の態度に、高句麗もまた、前のように朝貢を欠かさなかった。

これが第一回の隋—高句麗戦争について、今のところ知りうるすべてである。

隋の国内事情――嫉妬深い皇后と、皇帝の家出

東アジア世界をおおっていた暗雲はいちおう収まり、東アジアはもとのごとく静かになったように見える。しかしこれだけの大事件が、何の影響も二つの国に与えないはずはない。まず隋《ずい》の内政、外交において、この事件は、その後の歴史に尾をひいているように思われる。

開皇《かいこう》十九、二十（五九九、六〇〇）年、続けて隋朝廷の基礎をゆるがすような大事件が起こった。十九年には高熲《こうけい》の失脚、二十年には皇太子・勇《ゆう》の廃嫡と晋王広《しんおうこう》（後の煬帝《ようだい》）の皇太子就任である。この二つの事件は、いずれも隋の滅亡の間接的な原因になるものであるが、そのいずれも文帝《ぶんてい》の文献《ぶんけん》皇后が一役買っているのである。

隋の文帝・楊堅《ようけん》はその堂々たる体格においても卓抜なる智力《ちりょく》においても、代々の中国の皇帝の中でもとりわけすぐれた皇帝であったが、ただこの皇帝は中国の皇帝にはまことに珍しい徳あるいは不徳をもっていたのである。それは后妃《こうひ》が少ないこと、とくに王子はもっぱら文献皇后からのみでているることである。これは中国の皇帝として、まことに異例のことである。後宮に多くの后妃を召しかかえ、それに多くの子をもうける。これは広大な中国の王である英雄にふさわしいことであり、制度的にも許されることであったが、文帝は文献皇后以外の女性に子をもうけなかった。

文帝は、このことについて日ごろから、歴代の王は異なった腹から多くの王子をもうけ、その不和のために天下は乱れ、王朝の滅ぶ原因をつくったが、わが隋にはそういう心配はないと誇らしげに語った。文帝が異腹の王子をもたなかったのは、けっして彼が後々の隋の国家の安泰をおもんぱかったためのみではなく、それ以上に、文献皇后の異常なまでの嫉妬がその原因であった。

この文献皇后は西魏《せいぎ》、北周《ほくしゅう》の権臣の娘で、皇后の姉は明帝《めいてい》の后《きさき》、その娘は宣帝《せんてい》の后、つまり文帝・楊堅は妻の縁で外戚《がいせき》となり、ついに禅譲《ぜんじょう》を受けたのである。にもかかわらず、この皇后はまことに「柔順《じゅうじゅん》にして恭孝《きょうこう》、婦道《ふどう》を失はず」という様であった。いってみれば、皇后は文帝を助けて功業を達成せしめた模範的な婦人であったが、ただ一つ彼女に欠点があった。それは嫉妬深さである。彼女は、文帝が他の婦人を愛することをけっして許さなかった。

開皇十九年六月、例の高句麗《こうくり》征討の翌年である。文帝は尉遅迥《うつちけい》の孫娘が美色であると聞いて、召して愛した。これを聞いた皇后はひそかにその娘を殺したので、文帝は怒って山谷の中に入ってしまった。高熲、楊素《ようそ》らの高官はこの家出した皇帝を追って山谷に出かけて、いましめたが、文帝は「吾《われ》、貴《たふと》きこと天子となりて、自由を得ず」と答えた。皇帝であっても、浮気の自由がないと嘆いたわけであるが、この自由なき皇帝をなぐさめるために、高熲はつい口をすべらせた。「陛下、豈《あ》に一婦人を以て、天下を軽《かろ》んぜんや」と。皇帝ともあろうものが、一人の女の嫉妬で家出をするとは何事ですかという意味であろう。これで文帝の気持はおさまったが、おさまらないのは皇后のほうであった。やがて皇后は泣いて謝罪し、夫婦はもとのさやにもどったが、皇后はこのときの高熲の言葉を忘れなかった。

そもそも高熲は皇后のひきで文帝の信を得て、尚書左僕射《しょうしょさぼくや》という、臣下として最高の位にいたったのである。実際、ここ二十年間の高熲の出世はめざましい。隋の建国、尉遅迥の乱、陳《ちん》の討伐、そして国内の整備、すべてにおいて高熲は政治的才能を発揮して、ついに尚書左僕射と納言を兼ねるにいたり、隋朝において彼に比肩《ひけん》する権臣はない。すべての臣下が彼の顔色をうかがっている。

皇后は、夫とのトラブルで当然、高熲が自分に味方してくれると思った。しかしこのとき、高熲は

「豈に一婦人を以て、天下を軽んぜんや」といった。高熲の言葉は当然であるが、高熲は百パーセント自分の味方であると思っていた皇后には、この言葉はカチンときたのである。あれほどめんどうをみてやった高熲が私を馬鹿にしている。高熲は許せない。

こうなると女の怨念《おんねん》は恐ろしい。彼女はしきりに文帝に高熲のことを悪くいうのである。前年に起こった高句麗との戦いにおける高熲の態度について、次のように文帝にいったという。

> 后《きさき》、上《じやう》に言ひて曰く、「熲《けい》、はじめ行くことを欲せず。陛下、彊《つよ》くこれを遣はす。妾《わらは》、固《もと》よりその功なきことを知る」と。また上、漢王の年少なるを以て、もつぱら軍《いくさ》を熲《けい》に委《ゆだ》ぬ。熲、任《ゆだ》ね寄《まか》さるること隆《あつ》く重きを以て、毎《つね》に、至公《しこう》を懐《おも》ひ、自《もつ》て疑ひの意《こころ》なし。諒《りやう》の言ふ所、多く用ゐず、甚だ之《これ》を銜《うら》む。還るに及びて、諒《りやう》、泣きて后に言ひて曰く、「児《われ》、幸《さいはひ》にして高熲《かうけい》に殺さるる所を免《まぬが》る」と。上、之を聞きて、弥《いよいよ》、平かならず。（『隋書』「高熲伝」）

ここで皇后は、二つの点で高熲を責めているのである。高熲は、あの高句麗征伐に反対していた。しかるに陛下が無理に行けといったので、高熲は行った。だから私は「失敗するにきまっている」と思ったというのである。

こういう理由で、高熲を責めるのは酷であろう。むしろ高熲は先見の明があったといわねばならない。高句麗征伐に高熲は反対であったのであろう。しかし文帝が行けといった以上、行かねばならない。戦いは高熲の予想したように敗戦に終わった。だから、この責を負うのは高熲ではなく、文帝のほうでなくてはならない。しかし皇后のいい方は、何か高熲のほうに責任があるようないい方である。高熲ははじめから反対していた戦いを一所懸命するはずはない。だから負けたのだ。そういう論理が皇后の論理である。

もう一つの理由も、私は、大臣をやめさせる正当な理由にならないと思う。高熲は歴戦の勇士である。彼は、戦いというものがどういうものか知っている。いちおう、この行軍の元帥《げんすい》は漢王諒《かんおうりよう》ということになっているが、漢王諒が実戦の指揮をとることができるはずはない。だからもっぱら軍事を高熲にまかせたのであるが、戦勝の場合はよいが、敗戦の場合は、とかくこういう関係がうまくゆかない。形式的にこの敗戦の責任は、やはり漢王諒がとらねばならない。おそらく、この困難な戦いの中で行軍元帥の漢王諒と、その長史の高熲はしばしば激論を交わしたのであろう。そしてそのたびに、漢王諒は高熲に従わざるをえなかったのである。いくら漢王諒が皇帝の子であっても、経験の違いはどうしようもない。危機にあたっては、誰しも経験のある人の意見に従うものである。このように戦場においてさんざん屈辱を味わい、そのあげく敗戦の責任をとらされては、たまったものではないと漢王諒は思ったのであろう。

彼はおのれの責任をまぬがれるためにも、長史の高熲のことをできるだけ悪く母に訴えたのであろう。そして高熲にたいしていろいろ癪《しやく》にさわっている皇后は、それをまたオーバーに文帝に報告したのである。こうなると、人間の間というものはどうしようもないものになる。いろいろな流言がそれに加わり、だんだん高熲の立場は不利になってゆく。ついに高熲は、開皇十九（五九九）年八月、上柱国尚書左僕射《じようちゆうこくしようしよさぼくや》を免ぜられた。このすぐれた政治家の無実の罷免《ひめん》が、隋の国家にとってどんなにマイナスであったことか。ここから隋は確実に滅亡への道をたどってゆく。

この新興国家・隋におとずれた最初の暗雲もまた、高句麗戦争の敗北が一つの原因になっているとすれば、自らを糞土《ふんど》の臣と名のった嬰陽王《えいようおう》の苦肉の策は、徐々に効果をあらわしたといわねばならぬ。

太子・勇の廃嫡もまた、文献皇后の嫉妬が原因であったと思う。太子・勇は文帝と文献皇后の間の長男である。『隋書』に彼は「性、寛仁《くわんじん》にして和厚《わこう》、意《こころ》に率《したが》ひ情に任せ、矯飾《けうしよく》の行ひなし」とあるので、とりわけ愚かな皇太子であったわけではない。皇太子を廃さねばならないほどの悪行があったわけでもない。ただ彼は、父の文帝のように簡素で貞潔な生活を送れなかった。これは当然といえば当然であろう。二代目として、彼に、臣下から成りあがった一代目の父のような、つつましい、むしろケチといってもよい生活を送れというのは無理であろう。しかし貧乏な昔を忘れなかった父には、彼ははなはだ華美な生活を好む、ぜいたくな息子に見えた。

また彼に、父のように一人の妻を守れというのは無理なことであろう。母の文献皇后は彼に、自分の気に入った婦人を与えたが、勇は別の女性を愛して、その婦人をして死にいたらしめた。そのほか、彼の閨房《けいぼう》には中国の一般的な王なみの妃《きさき》があり、その腹々から多くの王子が生まれた。潔癖な母にとって、彼は父にも母にも似ない淫蕩《いんとう》な男のように思われ、彼の後宮は淫蕩な女たちが群れている娼《しよう》家《か》のように皇后には思われた。

この勇にたいする文献皇后の道徳的嫌悪をいっそうあおりたてる男がいた。それは勇の弟、すなわち文帝と皇后の間の次男、晋王広《しんおうこう》である。晋王広は、「姿儀《しぎ》美《うるは》しく、性敏慧《せいびんけい》、沈深厳重《ちんしんげんぢゆう》にして、学を好み、善く文を属《つづ》り、敬《つつし》みて朝士と接し」たが、その父母や臣下にたいする接し方はまことに巧みであった。たとえば文帝が皇后とその第《やしき》に幸《わた》ったとき、美姫《びき》を別室に移し、老醜なるもののみを集め、きわめて簡素な着物を着て、しかも清潔にもてなしたので、文帝は、広は声色を好まずと思い、これを愛すること、とくに諸子に異なり、また諸臣も、広の徳をほめたたえたというのである。

このように、父母、群臣に令名を得た晋王広は、また母の文献皇后に「私は皇太子の愛を失い、生命の安全すらおぼつかない」と涙ながらに訴えた。この子の訴えに、母はころりとまいった。お前の兄はとんでもない男だ。私が与えた女を殺して、つまらぬ淫《みだ》らな女を寵愛《ちょうあい》している。お前をそんな淫らな女の足もとに拝跪《はいき》させるにしのびない。

こうして文献皇后は、ひそかに勇を廃して広を皇太子にしようとする。そしてその陰謀に、高熲のかわりに左僕射になった楊素《ようそ》が一枚かむのである。やがて勇は廃嫡され、広が皇太子となる。開皇二十（六〇〇）年十月から十一月にかけてのことである。この太子・広が後の煬帝《ようだい》で、隋を滅ぼした皇帝であるが、このような太子の廃嫡も、おそらく高熲が左僕射のままであったら、不可能であったにちがいない。

もとより太子・勇もすばらしい名君になることができたとは思われない。弁護者の言も、まあふつうの器で、良くも悪くもなれるというのである。この広が位についていたほうがよかったか、それとも勇がついたほうがよかったのかは、容易に決定できない。しかしそれからわずか十八年後に、隋が滅びたことを考えると、広はどうみても皇帝として適当であったとはいいがたい。太子・勇が帝位についても、隋王朝はそれほど長くは続かなかったかもしれないが、広の場合よりまだましだったとも思われる。

文献皇后は賢い女性であった。彼女は自らの血統をうまく利用し、夫の文帝をして隋王朝をつくらしめ、天下統一の偉業を達せしめた。これには『資治通鑑《しじつがん》』も述べるように彼女の内助の功が大きかった。しかし同時に、隋の滅亡の原因をつくったのも彼女であるといえる。人間の賢さと愚かさとは、紙一重で結びついているのであろうか。

私は、開皇十八（五九八）年から二十年までの中国の政治的状況をかいま見た。そして隋と高句麗との間の戦い、そしてその結果としての隋の敗北が、この政治変動の一因をなしていることを見いだした。しかしまたこの変動が、逆に朝鮮半島から日本列島にかけての東アジアの状況に、大きな影響を与えているのである。

伊予「湯岡の碑文」

『日本書紀』を読むと、法興寺《ほうこうじ》を建て終えた推古《すいこ》四（五九六）年以後、日本は百済《くだら》、高句麗《こうくり》、新羅《しらぎ》との三面外交を楽しんでいたように思われるが、ここでもう一度、推古三（五九五）年から推古七（五九九）年までの『日本書紀』を見ることにしよう。


三年の夏四月《うづき》に、沈水《ぢむ》、淡路嶋《あはぢのしま》に漂着《よ》れり。其の大きさ一囲《ひといだき》。嶋人《しまびと》、沈水といふことを知らずして、薪《たきぎ》に交《か》てて竈《かまど》に焼《た》く。其の烟気《けぶり》、遠く薫《かを》る。則ち異《け》なりとして献《たてまつ》る。

五月《さつき》の戊午《つちのえうま》の朔《ついたち》丁卯《ひのとのうのひ》に、高麗《こま》の僧《ほふし》慧慈《ゑじ》帰化《まうおもぶ》く。則ち皇太子《ひつぎのみこ》、師《のりのし》としたまふ。

是歳《ことし》、百済《くだら》の僧慧聡《ゑそう》来《まう》けり。此の両《ふたり》の僧、仏教《ほとけのみのり》を弘演《ひろ》めて、並に三宝の棟梁《むねうつはり》と為る。

秋七月《ふみづき》に、将軍等《いくさのきみたち》、筑紫《つくし》より至《まういた》る。

四年の冬十一月《しもつき》に、法興寺《ほふこうじ》、造り竟《をは》りぬ。則ち大臣《おほおみ》の男善徳臣《こぜんとこのおみ》を以て寺司《てらのつかさ》に拝《め》す。是の日に、慧慈・慧聡、二《ふたり》の僧、始めて法興寺に住《はべ》り。

五年の夏四月の丁丑《ひのとのうし》の朔《ついたちのひ》に、百済の王《きし》、王子《せしむ》阿佐《あさ》を遣《まだ》して朝貢《みつきたてまつ》る。

冬十一月《しもつき》の癸酉《みづのとのとり》の朔甲午《ついたちきのえうまのひ》に、吉士磐金《きしいはかね》を新羅《しらき》に遣す。

六年の夏四月に、難波吉士磐金《なにはのきしいはかね》、新羅《しらき》より至《まういた》りて、鵲《かささぎ》二隻《ふたつ》を献る。乃ち難波社《なにはのもり》に養《か》はしむ。因りて枝《きのえだ》に巣《すく》ひて産《こう》めり。

秋八月《はつき》の己亥《つちのとのゐ》の朔《ついたちのひ》に、新羅、孔雀一隻《くさくひとつ》を貢《たてまつ》れり。

冬十月《かむなづき》の戊戌《つちのえいぬ》の朔《ついたち》丁未《ひのとのひつじのひ》に、越国《こしのくに》、白鹿一頭《しろきかせきひとつ》を献れり。

七年の夏四月の乙未《きのとのひつじ》の朔《ついたち》辛酉《かのとのとりのひ》に、地動《なゐふ》りて舎屋《やかず》悉《ことごとく》に破《こほ》たれぬ。則ち四方《よも》に令《のりごと》して、地《な》震《ゐ》の神を祭《いの》らしむ。

秋九月《ながづき》の癸亥《みづのとのゐ》の朔に、百済、駱駝一匹《らくだひとつ》・驢《うさぎうま》一匹・羊二頭《ひつじふたつ》・白雉一隻《しろききぎすひとつ》を貢れり。

これが、聖徳太子が摂政《せっしょう》になったころの主なる事件である。一見何気ないようであるが、この記事にもう一つの太子についてのもっとも確実ではないかと思われる史料を加えて、背後にあるものを深く考えるとき、東アジア世界の歴史の動きがここにも強く反映していることがわかる。そして、おぼろげながら、太子がそこで目ざそうとしていることがわかると思う。

もう一つの史料とは、仙覚《せんがく》の『万葉集註釈《まんようしゅうちゅうしゃく》』および『釈日本紀《しゃくにほんぎ》』の巻十四に引用される『伊予《いよの》国風土記逸文《くにふどきいつぶん》』の一文である。この文章は今の道後《どうご》温泉のことを語ったものである。オオナモチノミコトがスクナヒコナノミコトを生き返らせたというこの湯は、五度の行幸を迎えた。一度めは景行《けいこう》天皇とその皇后、二度めは仲哀《ちゅうあい》天皇と神功《じんぐう》皇后、三度めは聖徳太子、四度めは舒明《じょめい》天皇とその皇后、五度めは斉明《さいめい》天皇と天智《てんじ》天皇と天武《てんむ》天皇である。この三度めの行幸である太子の行幸について『風土記逸文』は次のように語る。

上宮聖徳《うへのみやのしやうとこ》の皇《おほきみ》を以ちて、一度《ひとたび》と為す。及《また》、侍《みとも》は高麗《こま》の恵慈《ゑじ》の僧《ほふし》・葛城臣等《かつらきのおみたち》なり。時に、湯《ゆ》の岡《をか》の側《かたはら》に碑文《いしぶみ》を立てき。其の碑文を立てし処《ところ》を伊社邇波《いさには》の岡と謂《い》ふ。伊社邇波と名づくる由《ゆゑ》は、当土《このくに》の諸人等《もろひとたち》、其の碑文を見まく欲《おも》ひて、いざなひ来けり。因りて伊社邇波と謂ふ、本《ことのもと》なり。

ここで聖徳太子が恵《え》（慧）慈《じ》と葛城臣《かつらぎのおみ》とともに、この温泉を訪問して、そこに「湯岡《ゆおか》の碑文《ひぶん》」をたてたことが報告されている。ここで慧慈というのはもちろん推古三年、つまりこの前年に来朝した高句麗の僧である。もう一人の葛城臣というのは、葛城臣烏那羅《おなら》であると思われるが、烏那羅は用明《ようめい》二（五八七）年に、馬子《うまこ》に従って守屋《もりや》を討った将軍として名を連ね、崇峻《すしゅん》四（五九一）年に、新羅《しらぎ》征討のために筑紫《つくし》に向かった四将軍の一人でもある。『伝暦《でんりゃく》』などに、太子の寵臣《ちょうしん》の一人として伝えられている人物でもある。太子のもっとも信頼の厚かった武将といってよいであろうか。

この「湯岡の碑文」には、以下のような前書きがあるという。

法興《ほふこう》六年十月《かんなづき》、歳丙辰《ほしひのえたつ》にあり。我が法王大王と恵慈《ゑじ》の法師及葛城臣《またかづらきのおみ》と、夷与《いよ》の村に逍遥《あそ》び、正しく神の井を観て、世の妙《くす》しき験《しるし》を歎きたまひき。意《おもひ》を叙《の》べ欲《ま》くして、聊《いささ》か碑文一首《いしぶみひとつ》を作る。

法興《ほうこう》六（五九六）年、推古四年に法王大王が、慧慈と葛城臣とともに、この伊予《いよ》の村に遊んで、温泉を見て、その妙験《みょうけん》に感嘆して、この「碑文」をつくったというのである。

これがもし太子自らつくった碑文であるとしたら、おかしなことがある。ここで「我が法王大王」といっているからである。推古四年当時、太子はたとえ摂政《せっしょう》にせよ、皇太子である。とても大王ではない。そしてそれと同時に法王ではない。法王大王なる称号は、聖徳太子という称号と同じく、彼の死後つけられたものであろう。しかもおそらくは、一族二十五人の惨殺という悲劇的事件が起こってからであろう。この前文はどう見ても、後の時代につくられたものであろう。

しかし本文はどうか、本文はここでいうように、聖徳太子のつくったものであろうか。久米邦武《くめくにたけ》氏は、この文章を法隆寺金堂《ほうりゅうじこんどう》の「薬師如来像光背《やくしにょらいぞうこうはい》の銘《めい》」とともに、太子に関する、もっとも信頼すべき史料としている。

しかし、後の学者たちは必ずしも久米氏の意見に賛成せず、聖徳太子について論じる学者は、上原《うえはら》和《かず》氏を除いて、この碑文を積極的に自己の太子論に活用していない。一つには、この文章がはなはだむずかしく、容易にその意味を捕捉《ほそく》しえないからである。原文を読むことにしよう。

惟夫　日月照於上　而不私　神井出於下　無不給　万機所以妙応　百姓所以潜扇　若乃照給無偏私　何異于寿国随華台而開合　沐神井而瘳疹　詎弁于落花池而化弱　窺望山岳之巘崿　反冀子平之能往　椿樹相蔭而穹窿　実想五百之張蓋　臨朝啼鳥而戯哢　何暁乱音之聒耳　丹花巻葉而映照　玉菓弥葩以垂井　経過其下　可優遊　豈悟洪灌霄庭意与　才拙実慚七歩　後出君子　幸無蚩咲也

この文章が四六駢儷体《しろくべんれいたい》で書かれていることはまちがいない。四六駢儷体というのは、主として六朝《りくちょう》時代にもちいられた、四字、六字からなる句を連ね、それを必ず対句としてもちい、しかも必ず典拠にのっとる文章である。それゆえ四六駢儷体の文章を解釈するには、古典に通じていなくてはならないが、六朝時代は、儒教《じゅきょう》ばかりか、道教《どうきょう》、仏教もさかんであったので、こうした文章を正確に解釈するには、儒教、道教、仏教のあらゆる古典に通じていなければならない。

だから、それを解釈するのは容易なことではない。作者と同じ教養をもたないかぎり、この文章の真意はわからない。とてもこういう文章は、私の手に負えない。それで例によって、福永光司《ふくながみつじ》氏に訊きに行った。福永氏は、ゆっくり調べたものでないから少しあいまいなところがあるが、とことわって、たちどころに、次のように読みくだした。

惟《おも》ふに夫れ、日月は上に照らして、私《わたくし》せず。神井《じんゐ》は下《しも》に出でて、給《あた》へざるなし。万機《まつりごと》の妙応《めうおう》する所以《ゆゑん》、百姓《おほみたから》の潜《ひそ》かに扇《うご》く所以なり。若乃《かのて》照らし給《あた》へて、偏私《へんし》なきは、何ぞ寿国《じゆこく》、華台《くわだい》に随《したが》ひて、開合《かいがふ》するに異ならんや。神井に沐《よく》して、疹《やまひ》を瘳《いや》すは、詎《なに》ぞ花池《くわち》に落ちて、弱《よわき》を化《くわ》するに弁《ことな》らんや。山岳の巘崿《がんがく》たるを窺《うかが》ひ望み、反《かへ》りて子平《しへい》の能《よ》く往きしを冀《こひねが》ふ。椿樹《ちんじゆ》、相蔭《あひおほ》ひて穹窿《おほぞら》のごとし。実に五百の蓋《きぬがさ》を張れるを想《おも》ふ。臨朝《あした》に啼鳥《ていてう》の戯《たはむ》れ哢《さへづ》る。何ぞ乱音《らんおん》の耳に聒《かしま》しきを暁《さと》らんや。丹《あか》き花、葉を巻いて映照《えいせう》し、玉の菓《このみ》、葩《はなびら》を弥《おほ》ひて、もつて井に垂る。其の下を経過して、優《ゆた》かに遊ぶべし、豈《あ》に洪灌霄庭《こうくわんせうてい》の意を悟らんや。才拙《つたな》くして、実に七歩に慚《は》づ。後出の君子、幸《ねが》はくは蚩咲《あざわら》ふこと無からむ。

この読み方は、たとえば「日本古典文学大系」の『伊予国風土記逸文』の読み方とだいぶちがう。興味のある方は、比較をしていただきたい。おそらく福永氏の読み方のほうが正しいであろう。少なくとも福永氏のように読んで、はじめてその意味がはっきりわかる。この若き日の太子の心の秘密を解く文章が、今まで十分その意味が明らかになっていなかったことは、悲しむべきことである。

福永氏は、この文章を読んで、以下のような感想をつけ加えた。

　これはまさに堂々たる四六駢儷体の文章だ。少しつたないところがあるが、きちんと文章の理にかなっている。思想的には道教あるいは仏教である。ふんだんに仏教や道教の典拠がふまえられている。「寿国《じゆこく》、華台《くわだい》に随《したが》ひて、開合《かいがふ》する」、つまり「極楽が、蓮の花の台《うてな》に従って開いたり閉じたりする」というのは明らかに仏典をふまえている。『観無量寿経《かんむりようじゆきよう》』にこの言葉はある。次いで、「詎《なに》ぞ花池に落ちて、弱《よわき》を化《くわ》する」とは、『大無量寿経《だいむりようじゆきよう》』にある。そして「五百の蓋《きぬがさ》を張」るというのは『法華経《ほけきよう》』だ。そして「子平《しへい》」のことは『文選《もんぜん》』にあり、「啼鳥《ていてう》」は『左伝《さでん》』にあり、「丹《あか》き花」、「玉の菓《このみ》」というのは道教的表現であり、「洪灌霄庭《こうくわんせうてい》」は、はっきり道教の言葉である。「洪灌」は天の川、「霄庭」はその仙宮《せんきゆう》をいうのであろう。この文章の感じは「十七条憲法」や『三経義疏《さんぎようぎしよ》』の文章とだいぶちがう。何といったらよいか、軟派の文章と硬派の文章の違いといったらよいか。ちょうどあなたの文章と私の文章の違いのようなものだ。とくにこの最後の文章、赤い椿《つばき》の花に葉がからまっていて、陽の光に照りはえ、丸い椿の実が花びらをおおって温泉にたれさがっているというのは、エロチックな感じさえする。

福永氏は、日本の中国学は、儒教ばかりを重視し、仏教や道教の研究をおろそかにしているが、それではとても中国の、とくに六朝や隋唐の思想も文学もわからないと、つねづね主張している学者である。今ここでわれわれは、仏教や道教の古典をふんだんにふまえた華麗な文章に出会った。こういう文章が、今まで十分よく理解されなかったのは、福永氏のいうような日本の中国学の欠点ゆえであったかもしれない。

福永氏は、道教の教典を集めたものである『道蔵《どうぞう》』をかたっぱしから読んでいる。そして今すでに、その『道蔵』の半ばを読み終えたという。氏の研究がすすめば、この今までよくわからなかった六朝の思想に大きな光があてられ、ひいては日本の思想の研究も劃期《かっき》的に前進するのではないか。

福永氏の教えを聞いて、いちおう訳してみよう。私は福永氏の出来の悪い弟子なので、聞き違え、とり違えもあるかもしれないが、まあ、この文は以下のような意味であろう。

思うに、日月は上にあって、すべてのものを平等に照らして私事をしない。神の温泉は下から出《い》でて、誰にも公平に恩恵を与える。すべての政事《まつりごと》は、このように自然に適応して行われ、すべての人民は、その自然に従って、ひそかに動いているのである。かの太陽が、すべてのものを平等に照らして、偏《かたよ》ったところがないのは、天寿国《てんじゅこく》が蓮の花の台《うてな》に従って、開いたり閉じたりするようなものである。神の温泉に湯浴《ゆあ》みをして、病をいやすのは、ちょうど極楽浄土《ごくらくじょうど》の蓮の花が池に落ちて、弱い人間を仏に化するようなものである。険しくそそりたった山岳を望み見て、ふり返って自分もまた、五山《ござん》に登って姿をくらましたかの張子平《ちょうしへい》のように、登っていきたいと思う。椿の樹はおおいかさなって、丸い大空のような形をしている。ちょうど『法華経』にある五百の羅漢《らかん》が、五百の衣傘《きぬがさ》をさしているように思われる。朝に、鳥がしきりに戯《たわむ》れ鳴いているが、その声は、ただ耳にかまびすしく、一つ一つの声を聞き分けることはできない。赤い椿の花は、葉をまいて太陽の光に美しく照りはえ、玉のような椿の実は、花びらをおおって、温泉の中にたれさがっている。この椿の樹の下を通って、ゆったりと遊びたい。どうして天の川の天の庭の心を知ることができようか。私の詩才はとぼしくて、魏《ぎ》の曹植《そうしょく》のように、七歩歩く間に詩をつくることができないのを恥としている。後に出た学識の人よ、どうかあざ笑わないでほしい。

こういうことになるが、問題は、この文章がはたして太子の作かどうかということである。多くの学者は、この文章を太子の文章とすることに否定的である。もとより『三経義疏』や「十七条憲法」をも太子の作と認めることを肯《がえ》んじない学者が多いとすれば、この出典の定かならぬ文章を太子の作とするのは、学問的にむずかしい。

この文章は太子の作か、それともそれは別人の、同時代あるいは後世の何人かの作か。

この文章を誰よりもはっきり太子の作とするのは上原和《うえはらかず》氏である。上原氏は、寿国とあるのは、太子の死後、その后《きさき》・橘郎女《たちばなのいらつめ》がつくったといわれる「天寿国繡帳《てんじゆこくしゆうちよう》」の天寿国と相応ずることと、ここに、儒、仏、道教に根ざした支配者の政治理想が語られていることを理由にして、この文章を聖徳太子の作とみている。

この時代の漢文について十分な知識のない私は、はっきりしたことを語ることはできないが、この文章には、どこか若さとあだっぽさがある。書き手の若い情熱のようなものが、文章からあふれでている。私は、これを読みながら、空海《くうかい》の『三教指帰《さんごうしいき》』を思い出した。はなやかな言葉をちりばめた四六駢儷体の文章といい、行間にみなぎっている気負った若い才気といい、両者には共通なものがあると思う。

福永氏の指摘によれば、この文章は、三ヵ所にわたって仏典がひかれている。これは仏教崇拝の心篤《あつ》い太子の心のあらわれと思われる。しかもここで、道教と仏教が一体になっている。これは六朝思想の特徴であろうか。たしかに福永氏のいうように、この文章は「十七条憲法」や『三経義疏』と多少ちがう。聖徳太子は、硬軟両方の才をもっていたように思われる。ちょうどこの詩は、柿本人麿《かきのもとのひとまろ》の略体歌にあたる。人麿も若き日にあだっぽい恋愛詩のみをつくった。太子が若き日に、こういうあだっぽい詩をつくったとしてもおかしくはないと思う。

以後の太子を研究するには、この詩を考慮のうちにおかねばならないと思う。読み方についても、さらに研究が深められるべきであろう。まだ日本の古代学は、基礎的なことができていないように思われる。たしかにこの詩には、温泉にひたって遊ぶ太子の姿があらわれている。そこに太子の私生活がある。

太子と慧慈の伊予湯治の政治的意味

しかし太子は皇太子であり、万機を総摂したという。いわば事実上の天皇であったといえる。そういう太子の行動は、たとえ遊びといえども、政治的な意味をもっているはずである。政治家は時に、遊びにかこつけて、大きな政治的意味をもつ行為をする。この法興《ほうこう》六(五九六)年の太子の行為にも、政治的意味ありや否や。この場合、この行幸には、太子自ら意識すると意識せざるとを問わず、政治的意味が秘められていると私は思う。

法興六年というのは、推古《すいこ》四年にあたる。推古四年十月といえば、法興寺完成が十一月であるから、その一ヵ月前である。法興寺の完成は盛大に祝われ、高句麗僧《こうくりそう》・慧慈《えじ》は、百済僧《くだらそう》・慧聡《えそう》とともにその寺務をとったはずである。聖徳太子のお伴をした伊予の湯の行楽は、この忙しいであろう寺務をはじめるにあたっての骨休めであろうか。必ずしもそのように骨休めばかりとはいえないものがこの旅にはあると思う。なぜなら、伊予の湯をおとずれた前後五度の行幸は、多く軍事行動を目的としての行幸の途中にたち寄ったものであるからである。

舒明帝《じよめいてい》の場合はよくわからないが、景行《けいこう》、仲哀《ちゆうあい》、斉明《さいめい》の場合は、それぞれ大和朝廷の運命を賭けての外征の旅の途中であった。してみると、太子が慧慈と葛城臣《かつらぎのおみ》を同道して伊予の温泉をおとずれたことは、けっしてのんきな湯治の旅とのみ考えられない。

瀬戸内海は大和朝廷にとっていろいろな意味をもつ。そこから海外の新しい文化がやってくる。瀬戸内海は、当時の日本人にそういう意味をもっていたであろう。しかしそれのみではなく、そこから日本の軍隊が海の彼方《かなた》におしよせる海、そういう意味をまだその当時の瀬戸内海は失っていなかった。太子以前に二人の帝《みかど》がこの地に来た。景行帝と仲哀帝。おそらく戦勝の祈願のためであろう。あるいは困難な戦いにそなえて英気を養おうとしたためであろうか。この二人の帝の力によって日本は国の基礎を固めることができたのである。

聖徳太子は、この二人の帝のことを知らなかったであろうか。もちろん十分知ってのことであろう。もし太子がそれを知っていたとすれば、彼らにならって太子はここに来たとみなければならない。何のために彼はここに来たのであろう。太子もまた景行帝のごとき、あるいは仲哀帝のごとき意志をもってここに来たのであろうか。葛城臣は、崇峻四年、新羅《しらぎ》征伐のために筑紫《つくし》に行き、前年帰ってきたばかりの将軍である。海外遠征軍の将軍と高句麗の外交官を伴った旅を、どうしてたんなる物見遊山《ものみゆさん》の旅とみることができようか。

こう考えると、私はこの太子の慧慈を伴っての瀬戸内海の視察は、けっしてたんなる物見遊山ではないと思う。そこにひとつの政治の方向がはっきり示されていると思う。

百済の阿佐太子の来日を促した伊予旅行

こういう湯治に名をかりた、慧慈《えじ》を伴っての瀬戸内海の視察は、近隣の国にひとつのショックを与えたにちがいないと思う。私は、推古《すいこ》五年から七年の百済《くだら》と新羅《しらぎ》の動きは、この慧慈を伴っての瀬戸内海の視察と関係をもっていると思う。

推古五（五九七）年、百済は阿佐太子《あさたいし》を遣わして朝貢したという。太子を使いに遣わすのは異例のことである。百済の王子が日本に使いに来たのは、欽明《きんめい》十六（五五五）年、威徳王《いとくおう》が弟の王子・恵《けい》を遣わして以来である。しかもここで日本に遣わされたのは、並の王子ではない、すなわち皇位予定者の皇太子であるとされる。よほどこの使は重要な意味をもっていたのであろう。

阿佐太子とは何者か。このとき百済は威徳王の四十四年。威徳王は例の聖明王《せいめいおう》の王子で、『日本書紀』では余昌《よしょう》とされて、はなはだ評判が悪い人物である。王はその翌年、在位四十五年で死んだことを思うと、おそらくそのときは老年で病の床に臥《ふ》していたのであろう。阿佐太子は誰の王子かよくわからないが、聖明王か威徳王か、あるいは威徳王に次いで王位につき、わずか在位一年で死んだ恵《けい》王《おう》の王子か、いずれかであろう。

この阿佐太子について、興味深い伝承が法隆寺《ほうりゅうじ》に伝えられている。かつて法隆寺にあり、今は御《ぎょ》物《ぶつ》となっている聖徳太子の画像は阿佐太子作と伝えられている。われわれが子どものころからよく見なれている、右に殖栗王《えぐりおう》、左に山背大兄皇子《やましろのおおえのおうじ》がいる像である。一万円、五千円札の聖徳太子像はこの像からとられていた。この像は今は、七世紀後半の作品で阿佐太子の作ではないとされている。そしてこれは明らかに三尊形式であり、法隆寺の釈迦三尊が、仏像の形をとりながら太子一家を表現しようとしているのにたいし、これは人間の像の形をとりながら、三体の仏像を表現しようとしたものである。とすれば、当然この像は太子の一家の悲劇以後に描かれたと考えねばならない。それゆえこの画像を阿佐太子の作とすることはできないが、そういう伝承があることは、阿佐太子は聖徳太子と深い関係をもっている人物であることを物語るものであろう。聖徳太子と阿佐太子との関係はよくわからない。そしてこのとき、阿佐太子が何のために日本に来たかもよくわからない。

井上秀雄《いのうえひでお》氏は三品彰英《みしなしようえい》氏とともに、このとき阿佐太子が日本にもって来た書物の中に、『日本書紀』のとくに「継体紀《けいたいき》」や「欽明紀《きんめいき》」を書くときの重要な史料となった「百済本記《くだらほんき》」があったろうと指摘する。

これははなはだ興味深い指摘である。「百済本記」は、朝鮮における日本の領地の変遷についてくわしく語った史料であるが、そこには明らかに日本にたいして阿諛《あゆ》の記事がある。日本の国王を天皇といい、百済と任那《みまな》は、この日本の官家《みやけ》であるという。

これは、朝鮮側からいえば国辱的史料であろう。そこに書かれていることも百パーセント事実でないかもしれない。しかし、もしもこのような史料がそのとき、阿佐太子によって日本にもたらされたとしたら、それはどういうことを意味するのか。

私は、そのとき百済は外交的危機を感じていたのではないかと思う。考えてみるがよい、百済は小国である。永い間、北は高句麗に苦しめられ、南に日本の脅威を受け、また東からは新羅の圧迫をこうむっている。おそらく百済の国にはいつも緊張感がただよっていたのであろう。このとき日本は高句麗と結び、何かたくらもうとしている。高句麗の全権大使と思われる慧慈が、聖徳太子と将軍・葛城臣《かつらぎのおみ》とともに瀬戸内海を視察したという。こういう報告は、すぐに百済にもたらされる。これを聞いて、百済が黙っていられないのは当然である。もし日本と高句麗がしめし合わせて百済に兵を出したらどういうことになるか。この不安に、百済は阿佐太子を遣わしたのではないかと私は思う。阿佐太子は、いわば百済の日本にたいする阿諛の史書ともいうべき「百済本記」を日本にもたらした。それは、そのときの百済の政治当局者の苦渋を物語ってはいないか。

もしこの四十何年ぶりかの百済の王子の来朝が、あの慧慈をひき連れての聖徳太子の瀬戸内海視察が原因であるとすれば、太子の外交手腕は恐るべきものであるといわねばならぬ。

新羅から鵲、孔雀の贈り物

しかし聖徳太子は、ただ一方的に百済《くだら》に朝貢を迫ることだけでは満足しなかったようである。この推古《すいこ》五（五九七）年の十一月、吉士磐金《きしのいわかね》を新羅《しらぎ》に遣わした。吉士磐金は朝鮮系の帰化人で、一族はもっぱら朝鮮への使節として活躍する。おそらく朝鮮の言葉が堪能《たんのう》だったのであろう。また彼は推古三十一年にも新羅へ行っている。

この磐金は翌六年四月に鵲《かささぎ》をもって帰って来た。鵲はチョウセンガラス、コウライガラス、カチガラスといい、中国、朝鮮、日本に分布するが、日本の鵲は文禄《ぶんろく》・慶長《けいちょう》の役《えき》のときに遠征軍がもって来たものが増殖したものといわれる。中国および朝鮮では縁起のよい鳥として庭木に巣をつくるのを喜び、喜鵲《きじやく》の名があるという。朝鮮ではカチという。カササギは、おそらく朝鮮語カチ・サギの転《てん》訛《か》であろう。

このときはじめて日本に鵲が来たのであろう。これははなはだ珍しい鳥で、しかも縁起のよい鳥である。あるいは、もうそのとき、日本の朝廷には七夕《たなばた》の趣味があり、この鳥が七夕と関係のあるものであることを知り、ひそかにそれを見たいと思っていた人があったのかもしれない。とすれば、聖徳太子がその人であろうか。それはとにかく、これはまことに的を射た贈り物である。

おそらくこれだけで、すでに新羅の日本の政治の動きにたいする、ただならぬ関心が示されていると思われるが、それだけでは不十分であると新羅は考えたのであろう。その年の八月、孔雀《くじやく》を贈ってきたのである。孔雀はまったく珍しい鳥である。もちろん新羅にいるはずはない。孔雀にはマクジヤクとインドクジヤクがあり、前者は中国南部からインドシナ半島、ミャンマー、マレー半島に、後者はインド、スリランカに分布するという。おそらくこれはマクジヤクであると思われるが、それにしても中国南部より南でないと産しない。おそらく新羅が隋《ずい》の国から移入したものであろう。新羅でも、隋の国から移入したばかりのまことに珍しい孔雀を日本にもって来たのであろう。

おそらくこれは、日本から新羅にもたらした何かのお返しとして日本に来たものであろうが、新羅がこういうことをする裏には、やはり外交的脅威があったと思われる。高句麗と日本が結ぶ、これは新羅にとって無気味なことである。この危険を回避するために、たとえそれが隋から移入したばかりの貴重な動物であろうとも、あえて日本に贈る。孔雀一羽で外交的脅威が少しでも和らげば結構なのである。この推古六年は隋の開皇《かいこう》十八年にあたる。開皇十八年というのは、先に述べた隋と高句麗の戦いのあった年である。漢王《かんおう》諒《りよう》を元帥《げんすい》とする三十万の軍隊が結成されたのはこの二月である。そして六月に高句麗王の官爵をしりぞけ、九月には隋の敗勢がはっきりしたのである。新羅はこのころしきりに隋との関係を深めたが、このとき新羅の軍が戦いに加わった形跡はない。おそらく隋は、高句麗を攻撃するのに新羅の助けの必要を認めなかったのであろう。しかし、当然この戦いの結果について、新羅は無関心でありえなかったであろう。

推古六年四月は、隋が戦いの準備をしているときである。八月はほぼ戦いの結果が明らかになったときである。そのときに日本に孔雀を贈る。それはいったい何を意味するのであろうか。

失敗した百済の隋追従外交

この戦いのとき百済《くだら》のとった態度ははなはだ奇妙である。『隋書《ずいしよ》』「百済伝《くだらでん》」には、次のようにある。

> 開皇《かいくわう》十八（五九八）年、昌《しやう》、其の長史《ちやうし》・王弁那《わうべんな》をして来《きた》りて方物《はうぶつ》を献ぜしむ。遼東《れうとう》の役《えき》を興すに属《およ》び、使を遣はして表《ふみ》を奉《たてまつ》り、軍《いくさ》の導きをなすを請《こ》ふ。帝、詔《みことのり》を下して曰く、「往歳《わうさい》、高《かう》麗《らい》、職貢《みつぎもの》を供《ささ》げず、人臣の礼なきをなす。故に、命じて将に之《これ》を討たんとす。高元《かうげん》の君臣、恐《お》懼《そ》れ畏《かしこ》まり服《したが》ひて罪に帰す。朕《われ》、すでに之を赦《ゆる》す。伐つことを致すべからず」と。その使を厚く之を遣《おく》る。高麗、頗《すこぶ》る、その事を知り、兵を以て、その境《さかひ》を侵掠《しんりやく》す。

これと同じ記事が「百済本紀《くだらほんぎ》」にもあり、これをこの年の九月のこととしている。この昌《しよう》というのは威徳王《いとくおう》であるが、以上の記事から、威徳王が隋《ずい》の文帝《ぶんてい》に表《ふみ》をたてまつり、高句麗《こうくり》遠征の軍の導きをなそうといったのは開皇《かいこう》十八年九月のことと考えてよいだろう。この開皇十八年九月というのは、まさに高句麗からあの「遼東糞土《れうとうふんど》の臣」という手紙が隋にとどき、二国の間に和平が成立したのと同じころのことなのである。

隋の敗戦が決定的になったのは、その年九月であり、また高句麗の嬰陽王《えいようおう》の謝罪の使者が来たのも、その年の九月のことであった。おそらく百済は、再び隋が高句麗を攻めるにちがいないと思って、軍の導きをしようという使を出したのであろう。この開皇十八年十二月には、四十五年もの長きにわたって君臨した威徳王は死んで、その弟の恵王《けいおう》が後を継いだ。

百済の威徳王は、先に陳《ちん》征討のための隋の戦船が、耽牟羅《たんむら》国に漂着して本国へ帰ろうとして、百済を通過したとき、厚く遇《もてな》し使者を派遣して、陳を平らげたことを賀《ことほ》いだ。これを隋の文帝は厚くねぎらったと『隋書』にある。おそらく過去のこういう関係を利用して隋の機嫌をとったわけであるが、こういうことの背後に、頭ごしに結びつく高句麗と日本にたいする不安があったのではあるまいか。

今回の百済の外交は失敗であった。隋はもう高句麗との間の戦いをやめてしまったのだ。そしてこの百済の申し込みは高句麗の知るところとなり、高句麗は百済に侵入したらしい。しかしこの記事にも、私は少なからず疑問を感じる。百済と高句麗の間には新羅《しらぎ》があって、百済と高句麗は直接に国境を接していない。とすると、どういうふうにして高句麗は百済に侵入したのか。『日本書紀』にはこのような戦いを推察させる記事はない。

そして推古《すいこ》七（五九九）年、百済から駱駝《らくだ》その他が贈られてきた。恵王の御世であろう。この動物の寄贈は、やはり前の新羅の動物の寄贈に刺戟《しげき》されたものではないかと思われる。新羅が鵲《かささぎ》、孔雀《くじやく》を献上するならば、それ以上に珍しい動物を献上せねばならぬ。そのとき献上されたものは、駱駝一頭、驢《うさぎうま》一頭、羊二頭、白雉《しろきぎす》一羽である。

動物の寄贈が続いたわけであるが、『日本書紀』を見ると、外国からの動物の寄贈はそれまではあまりない。応神《おうじん》十五年に百済から良馬が二頭、雄略《ゆうりやく》十年に呉《くれ》から鵝《がちよう》が日本に贈られてきたのが、『日本書紀』にある主だった動物寄贈の記事である。ところが、この時代になって急に動物の寄贈が増える。われわれは、先に中国からパンダが来て、それが日中平和友好条約の締結の前ぶれになったことを思い出す。東アジア世界では動物の寄贈ということは大きな意味をもつ。

百済から献上された動物、駱駝も驢も羊も百済のものではあるまい。駱駝は砂漠の動物である。遊牧民のつかうところであろう。驢はロバであるが、これまたパキスタンからインド、チベット、モンゴルに分布する動物である。そして羊は新疆《しんきよう》からチベット、モンゴルにいる家畜、三つの動物すべて、中央アジアの乾燥地帯にいるものである。百済はおそらくこの動物を高句麗から手に入れたのであろう。

もう一つ考えると、新羅は孔雀の贈呈によって、隋との関係の深さを示そうとし、百済は駱駝その他の贈呈によって、高句麗との間の親密さを示すとともに、その背後の中央アジア民族との関係を暗示しようとしていたのであろう。この百済の動物の献上も、先の新羅の動物の献上に刺戟されたものであろう。

日本が高句麗と結ぶ外交の同盟に、百済も黙ってはいられなくなったからであろう。しかしこういう状況が、推古八（六〇〇）年になると、大きな変化をとげるように思われる。

推古八年——新羅侵攻の真相

（推古《すいこ》）八年の春二月《きさらぎ》に、新羅《しらき》と任那《みまな》と相攻《あひせ》む。天皇《すめらみこと》、任那を救はむと欲《おもほ》す。是歳《ことし》、境部臣《さかひべのおみ》に命《ことおほ》せて大将軍《おほきいくさのきみ》とす。穂積臣《ほづみのおみ》を以て副将軍《そひのいくさのきみ》とす。並《ならび》に名を闕《もら》せり。則ち万《よろづ》余《あまり》の衆《いくさ》を将《ゐ》て、任那の為に新羅を撃つ。是《ここ》に、直《ただ》に新羅を指して、泛海《ふね》から往く。乃《すなは》ち新羅に到りて、五つの城《さし》を攻めて抜きえつ。是に、新羅の王《きし》、惶《かしこ》みて白き旗を挙げて、将軍の麾《しるしのはた》の下《もと》に到りて立つ。多多羅《たたら》・素奈羅《すなら》・弗知鬼《ほちくゐ》・委陀《わだ》・南迦羅《ありひしのから》・阿羅羅《あらら》、六つの城を割《さ》きて、服《したが》はむと請《まう》す。時に、将軍、共に議《はか》りて曰はく、「新羅、罪を知りて服ふ。強ひて撃たむは可《よ》くもあらじ」といふ。則ち奏《まう》し上《あ》ぐ。爰《ここ》に天皇、更《また》、難波吉師神《なにはのきしみわ》を新羅に遣《つかは》す。復《また》、難波吉士木蓮子《いたび》を任那に遣す。並に事の状《かたち》を検校《かむが》へしむ。爰に新羅・任那、二つの国、使を遣《まだ》して調貢《みつきたてまつ》る。仍《よ》りて表《まうしぶみ》を奏《たてまつ》りて曰《まう》さく、「天上《あめ》に神有《ま》します。地《つち》に天皇有します。是の二《ふたはしら》の神を除《お》きては、何《いづこ》にか亦畏《かしこ》きこと有らむや。今より以後《のち》、相《あひ》攻むること有らじ。且船柁《またふなかぢ》を乾《ほ》さず、歳毎《としごと》に必ず朝《まうこ》む」とまうす。則ち使を遣して、将軍を召し還《かへ》す。将軍等、新羅より至《まういた》る。即ち新羅、亦任那を侵す。

もしこの記事が真実であるならば、これは大事件である。日本から朝鮮半島への軍隊の派遣は、任那《みまな》滅亡の五六二年以来三十八年ぶりである。先に崇峻帝《すしゅんてい》のとき二万余の軍隊を筑紫《つくし》にまで送ったが、ついに半島には兵を送らなかった。しかるに今、突如として、万余の軍隊を出して新羅《しらぎ》を討ち、六つの城をとったという。これは大事件中の大事件である。

しかしそれにしては、戦闘の叙述はあまりに簡単である。将軍の境部臣《さかいべのおみ》と副将軍の穂積臣《ほづみのおみ》も、氏だけは記載されているが、名は書かれていない。境部臣は蘇我《そが》氏の一族、穂積臣は物部《もののべ》氏の一族であろうが、なぜ名がないのか。先の崇峻帝のときの、朝鮮半島へ渡らなかった軍隊の四人の将軍の名は、すべてはっきり記されている。

これは、考えてみれば妙なことである。実戦をしなかった将軍の名が、実戦をした将軍よりはるかにくわしく『日本書紀』に記されている。しかもこの時代は、『日本書紀』ができた時代をわずか百年少ししかさかのぼらない。もしこのことが事実であるならば、三十八年ぶりに新羅を討つという大功績をたてた大将軍や副将軍の名が記録されていないはずはない。しかもこの戦闘の記事はまことに無内容である。一つの国が一つの国と戦うのは容易ではない。そこにははげしい戦闘があり、思いがけない事件が起きてくるものである。ここにはそういうことは少しも書かれていない。日本側の具体的な戦闘の記事もなければ、新羅側の具体的な抵抗の記事もない。何か簡単に新羅は日本に負け、日本に六つの城を割譲して降参したような印象を与える。

またこの休戦の条件として新羅は朝貢を約束するが、実際それが実現するのはそれから十年後、推古十八（六一〇）年のことである。

この記事は、とても事実を記したとは思えない。それゆえ、この記事は多くの学者たちによって否定されている。池内宏《いけうちひろし》氏もこの記事を否定した。しかしいったい、この日本が攻め落としたという六つの城とは何であり、新羅が日本に割譲した、多多羅《たたら》以下の六つの城はどういう意味をもっているのか。これについて、はなはだ明快な説明をされたのは、末松保和《すえまつやすかず》氏である。

このとき新羅が割譲した六つの城は、継体《けいたい》二十三（五二九）年に新羅が日本から奪った四つの村、それに四つの村の総称としての南迦羅《ありひしのから》と、南迦羅と並んだ任那の大国・阿羅《あら》を加えたものであるというのである。しかもこの四村は敏達《びだつ》四（五七五）年、新羅が調《みつぎ》を奉ったという四つの邑《むら》と同じだというのである。末松氏の指示に従って『日本書紀』を見ると、次のような記事がある。

（継体二十三年四月）上臣《まかりだろ》、四つの村を抄《すき》き掠《かす》め、金官《こむくわん》・背伐《へほつ》・安多《あた》・委陀《わだ》、是を四つの村とす。一本《あるふみ》に云《い》はく、多多羅《たたら》・須那羅《すなら》・和多《わた》・費智《ほち》を四つの村とすといふ。尽《ことごとく》に人物《おほみたから》を将《ゐ》て、其の本国《もとつくに》に入りぬ。

（敏達四年）六月《みなづき》に、新羅《しらぎ》、使《つかひ》を遣《まだ》して調進《みつきたてまつ》る。多《にへさ》に常の例《あと》に益《まさ》る。并《あはせ》て多多羅《たたら》・須奈羅《すなら》・和《わ》陀《だ》・発鬼《ほちくゐ》、四つの邑《むら》の調を進る。

末松氏はこの「継体紀」の四村、「敏達紀」の四邑《しゆう》と「推古紀」の六城とは、次のように対応しているという。

継体廿三年紀の四村（甲説）	継体廿三年紀の四村（乙説）	敏達四年紀の四邑	推古八年紀の六城
2 背伐《へぼつ》	1 多多羅《たたら》	1 多多羅《たたら》	1 多多羅《たたら》
1 金官《こんかん》	2 須奈羅《すなら》	2 須奈羅《すなら》	2 素奈羅《すなら》
3 安多《あた》	4 費智《ほち》	4 発鬼《ほちき》	3 弗知鬼《ほちき》
4 委陀《わだ》	3 和多《わた》	4 和陀《わだ》	4 委陀《わだ》
			6 阿羅羅《あらら》

（1〜4 の四城）＝5 南迦羅《ありひしのから》

（『任那興亡史』）

（備考）○須＝素　○迦＝加　○費＝発＝弗　○委＝和　○多＝陀

末松氏はまた、日本がとったという六城はそこから南迦羅をのぞいたものであろうと考える。南迦羅は先の四村の総称であるからである。これは、はなはだ明晰な指摘であり、多くの学者もそれに従っている。そしてそれに続いて末松氏は、次のようにいう。

以上の推定に大誤なしとすれば、所謂《いはゆる》任那《みまな》の調《みつぎ》の実体が、結局、任那の本源地たる任那加羅《から》（南《ありひしの》加羅《から》）の四邑《しいふ》のそれであつたことを知る、と同時に、その調の日本への進貢《しんこう》は、任那併合後、新羅《しらぎ》の義務として原則的に約せられたか、或《あるい》は五七五年に至つて約束せられたかに起原を置くと考へられ、その約はとかく怠られ勝ちであつたので、六〇〇年に至つて、積極的要求、即ち穂積《ほづみ》ノ臣《おみ》らの出征となり、その結果、かの約は再確認されたといふことが出来る。任那滅亡後の任那問題の枢軸《すうぢく》は、要するにこの四邑の調の進貢にあることは、以上を以て見通されたと思ふから、次に問題を総括的に考へねばならぬが、それに先立つて、ここに六〇〇年の出兵の意義について、気付くことを附言して置くことにする。

六〇〇年は、任那滅亡後、新羅に対してはじめて、そして最も積極的に対処した年である。この年の重要性は、単に新羅に対してのみでなく、日本の対外政策全般に、一大転開の試みられた年である点に認められねばならぬ。といふのは、かの四七八年を最後とした日本の中国通交が、百二十年ぶりに再開された年であるからである。中国通交の再開をこの六〇〇年に置くことは、日本書紀には全く見えぬけれども、中国の史書＝隋書《ずゐしよ》の明記、即ち「開皇《かいくわう》二十年、倭王《わわう》姓阿毎《せいあま》、字多利思北《あざなたりしひ》（比《ひ》）孤《こ》、号阿輩雞弥《がうおほきみ》、遣使詣闕云云《けんしけいけつうんぬん》」を信用してよい。即ちかの劃期《かつき》的遣隋使《けんずゐし》の派遣は、この半島への積極的出兵と相表裏して、当年の外交政策を形成せしめるものである。

末松氏は、他の学者とちがって、この推古八年のこの記事を、必ずしも事実ではないものと考えていない。つまり、「積極的要求、即ち穂積ノ臣らの出征となり、その結果、かの約は再確認されたということが出来る」という言葉は、氏がそれを事実と認めていることを示している。しかし、この戦闘の有様がすべて事実であるとは氏も認められないであろう。この六城が、継体二十三年の四村および敏達四年の四邑と同じであることは、かえってこういう城を攻めとったという事実を疑わせるものであろう。この点について、氏の考えはもうひとつ明確さを欠いているように思われる。

氏が推古八年のこの記事に事実、あるいは事実の可能性を認めるのは、氏がこの推古八年という時期を、日本の外交方針が大転換をしたときと考えるからである。そしてその転換の原因を、氏は百二十年ぶりに再開された中国との通交にみるのである。この日本外交史の劃期的な事件である遣隋使の派遣と、この半島への積極的出兵とが、何らかの関係をもっているのではないかと末松氏は考える。私はこの末松氏の考えは正しいと思う。一国の外交は、必ず有機的連関をもっている。中国との外交と朝鮮との外交、同じ政治的意志がそこに貫かれているとみるのは当然である。『隋書』に報告されるこの日本の使の朝貢の話と、『日本書紀』に記録されるこの朝鮮半島への出兵の話はどのように関係するのか。

『書紀』に記述のない隋への使

開皇《かいくわう》二十（六〇〇）年倭王《わわう》、姓は阿毎《あま》、字《あざな》は多利思比孤《たりしひこ》、阿輩雞弥《おほきみ》と号す。使を遣はして、闕《みや》に詣《まう》でしむ。上《じやう》、所司《しよし》をしてその風俗を訪《たづ》ねしむ。使者言ふ、「倭王、天を以《もつ》て兄となし、日を以て弟となす。天いまだ明けざる時に出でて、政《まつりごと》を聴き、跏趺《あぐら》して坐る。日出《い》づればすなはち理務《つとめ》を停《や》め、『わが弟に委《ゆだ》ねむ』と云ふ」と。高祖《かうそ》（文帝《ぶんてい》）曰《いは》く、「此れ大いに義理《ことわり》なし」と。ここにおいて、訓《をし》へて、之《これ》を改めしむ。

（『隋書《ずいしよ》』「倭国伝《わこくでん》」）

これが開皇《かいこう》二十年の倭王《わおう》の朝貢の記事である。『隋書』「倭国伝」には、前の史書から伝えられたことや、後の大業《たいぎよう》三（六〇七）年、推古《すいこ》十五年の使者による情報などが混じっていて、このとき使者が伝えたことはこれだけだったか、あるいは次の、

王の妻は雞弥《きみ》と号す。後宮《こうきゆう》に女六《をんなろく》、七百人あり。太子を名《なづ》けて、利（和《わ》）歌弥多弗利《かみたふり》となす。城郭《じやうかく》なし。

までがはいるかどうかはわからない。さらに続いて「冠位十二階《かんいじゆうにかい》」のことがあるが、このときにはまだ、「冠位十二階」が制定されていなかったので、それは後の使者の報告であろう。ひとまず、「之

を改めしむ」までを、このときの記事としよう。もしもこの記事が事実であるとすれば、それは雄略《ゆうりゃく》帝《てい》が宋《そう》に使を派遣して以来、実に百二十年ぶりの中国への使者の派遣である。とすれば、それははなはだ重要な歴史的意味をもつ。この歴史的意味をもつ事件が、なぜ『日本書紀』に書かれていないのか。

『日本書紀』に書かれているが、中国の史書に書かれていない使節がある。たとえば、推古二十二（六一四）年の犬上御田鍬《いぬかみのみたすき》を長とする遣隋使《けんずいし》のことは、何一つ『隋書』に書かれていない。ほかにもこういう場合が多い。よほど印象に残った使節以外には、中国の正史には記載されないのであろう。

　この場合は百二十年ぶりの日本の使節である上、この使節は文帝《ぶんてい》に奇妙な印象を与えた。それでくわしく記載されたのであろう。しかるにこれは先の場合とはまったく逆である。中国側の正史に記載されている記事がなぜ、日本の正史に記載されていないのか。開皇二十年、推古八年の遣隋使派遣は、実際あったのかなかったのか。もしあったとすれば、なぜこのことを『日本書紀』は記載しなかったのか。

　このことを否定する学者も多い。このときの日本の使者の国情報告が、文帝がいうように、何のことかさっぱりわからず、とても当時の日本の現状を正確に伝えているとは思われないからである。だいいち、このときの帝《みかど》は女帝であるはずなのに男帝となっている。しかし私は、先に述べたように、この話はけっして荒唐無稽《こうとうむけい》の話ではないと思う。使者はただ一つのことをのぞいて、できるだけ忠実に日本の現状を伝えたのである。

　『隋書』「倭国伝」は開皇二十年と大業三年の、二回にわたる日本の使節の来朝について語っている。大業三年は推古十五年、『日本書紀』に語られる小野妹子《おののいもこ》を長とする遣隋使である。『隋書』は前者と後者をひと続きのものとしてみている。後者が事実であるならば、前者も事実でないはずはない。だいたい『隋書』が、倭王の使者の来朝の記事を偽作するはずはないと私は思う。そういうことをしても何の利益にもならない。また贋《にせ》の使者が行ったと考えられないこともないが、しかしもしそうだったら、大業三年に行った使者・小野妹子は、前の使者が贋であることをあばいているはずである。とすると、やはりこの開皇二十年の、この倭王の使者の派遣は事実であると考えねばならない。

としたら、その使者はいったい何の目的でどのような形で行ったのか。他の場合でもそうであるが、はじめて、あるいは久しぶりで中国に朝貢するとき、その国の使は中国と通交のあるどこか他の国の使に伴われて行く場合が多い。この場合も、日本の使はどこか他の国の使に伴われて行ったと考えられる。

『隋書』「帝紀」、開皇二十年の朝貢の記事は、「二十年春正月、辛酉朔《しんいうさく》、上《じやう》、仁寿宮《じんじゆきゆう》に在り。突厥《とつけつ》、高麗《かうらい》、契丹《きつたん》ならびて使を遣はして、方物《はうぶつ》を貢《こう》ず」とあるのみで、それ以外にはない。

当時の外交関係からみて、日本の使は高句麗《こうくり》の使に伴われて行ったと考えるのがいちばん自然であろう。高句麗としてもこのときの使は重要な使である。隋と高句麗との戦いが収まったのは二年前である。高句麗の謝罪によって、いったん平和が回復されたとしても、やはり隋と高句麗との間には強い緊張関係が続いている。こういう場合に、珍しく百二十年ぶりに来朝する日本の使を伴って行くことは、隋の文帝を喜ばし、高句麗にたいする文帝の怒りを和らげることになる。そういう計算の上で、高句麗の使は日本の使を伴って行ったのではないかと思う。

日本の都に太子の師として慧慈《えじ》がいる。慧慈が日本へ来てからもう五年、太子の仏教の師であると同時に、高句麗の外交官でもあったと思われる慧慈の政治的な影響がぼちぼちあらわれるころである。

私はこの第一回めの遣隋使の派遣の裏に慧慈がいると思う。推古帝や聖徳太子や馬子《うまこ》が日本の使を中国に出すことに反対するはずがない。とにかく隋は世界第一の大国である上に、世界第一の文化国だ。いったいそれはどんな国か、国情を視察することだけでも大きな意味がある。私は、高句麗のすすめに従い、日本は軽い気持で使節を遣わしたのではないかと思う。

しかしこの使節は予想外な局面にぶつかったのである。文帝にいきなりその風俗を訊かれたのである。とっさの問いに日本の使節はたいへん困った。この使節は、はじめに倭王の姓はアマ、字《あざな》はタリシヒコといい、号はオオキミという者が遣わした使である、と名のったのである。ここで使者は最初から嘘をいっているのである。このとき、日本の天皇は女帝である。しかしここで天皇は男性だといった。アマ、タリシヒコ、それにオオキミ、すべて一般的な名称である。女帝であることを隠し、天皇は男性であるように見せかけようとしたが、固有名詞を名のるわけにはゆかないので、一般的な名称を名のったわけである。

言葉が通じないのをいいことにしたとぼけた話であるが、日本の使者とすれば、日本がもし女王の国であることがわかったら、隋の国にきっと軽蔑《けいべつ》されるにちがいないと考えたからであろう。中国においては、帝王は絶対に男性でなくてはならず、女性の王をもつ国はよほどの未開国であると考えられていた。後に新羅《しらぎ》は、善徳《ぜんとく》、真徳《しんとく》という二人の女帝をいただき、その時代に唐《とう》との関係が深かったが、唐は露骨にこの女王の国にたいする侮蔑《ぶべつ》の態度をあらわしている。

日本の使が女帝を隠そうとしたことはよくわかるが、あとがいけない。風俗すなわち政治の状況を訊かれて、使者は困ったのである。

天を以て兄となし、日を以て弟となす。

例の「百済本記《くだらほんき》」からみても、この時代には天皇という名称がすでにあったのであろう。アマ、タリシヒコというのは、やはり漢字で書けば「天皇」であろう。天皇は今、推古女帝である。天を兄としている。そして日を弟とする。この日が聖徳太子に擬せられていることはまちがいない。太子信仰はどこかで太陽信仰と重なっているように思われるが、推古帝と聖徳太子は叔母《おば》と甥《おい》であるが、姉と弟とみなしてもよいであろう。

天いまだ明けざる時に出《い》でて政《まつりごと》を聴き、跏趺《あぐら》して坐る。

このとき推古帝は、主に祭事をつかさどっていたのであろう。そして祭事は未明に行われる。推古天皇は、未明に起きて祭事をし、それとともに政治をとった。おそらく国家の大事についてのみ相談にあずかったのであろう。

「跏趺して坐る」というのは、おそらく何か神事や仏事をなす姿であろうと考えられる。日出《い》づればすなはち理務《つとめ》を停《や》め、「わが弟に委《ゆだ》ねむ」と云ふ。

おそらく推古帝は祭事と政治のごくだいじなことを担当し、あとはすべて聖徳太子にまかせたのであろう。これについて、『日本書紀』には「仍《よ》りて録摂政《まつりごとふさねつかさど》らしむ。万機《よろづのまつりごと》を以て悉《ことごとく》に委《ゆだ》ぬ」とあり、『法王帝説《ほうおうていせつ》』には「上宮厩戸豊聡耳命《うへのみやのうまやとのとよとみみのみこと》、嶋大臣《しまのおほおみ》（馬子）と共に天《あめ》の下の政《まつりごと》を輔《たす》」くとある。

このように考えれば、この使者はけっしてでたらめを語ったわけではない。むしろはなはだ正確に、当時の日本の政治的状況を伝えているのである。しかし、もっとも肝心な女帝のことを彼は隠した。はじめにそれを隠した以上、今さらそれをいうことはできない。それでこの話は何のことやら、まったくわけがわからなくなった。文帝は兄の天のほうは人間であると考えたが、弟の日というのは人間であると考えず、文字どおり太陽だと考えたのであろう。どこの国に朝の暗いうちだけ政治をとる王がいるものか。文帝が「大いに義理なし」といったのは当然である。

日本の使者は何ともじれったかったにちがいない。そうではないと説明したかったと思われるが、それをはっきりさせようとすれば、はじめの嘘がばれてしまう。嘘をついたと知ったら、文帝は烈火のごとく怒るであろう。そういう文帝の怒りをまねくより、まだ日本を野蛮国であるとみられていたほうが安全だと判断したのであろう。もし高句麗の使者が日本の使者を伴って行ったとしたら、そういう日本の抗弁を極力抑えたにちがいない。

国家的恥辱からの出発

この日本の使者は、いったいどのような思いで日本に帰ったのか。そしてそれをどのように、日本の政治権力者・推古帝《すいこてい》や太子や馬子《うまこ》に話したのか。そしてそれを聞いて、推古帝や太子や馬子はどのように思ったであろうか。もしも使者がこの状況をありのままに伝えたら、日本の政治指導者をおそった感情は何よりもまず恥辱という感情ではなかったろうか。この、政治的にも文化的にも世界の王者である中国の皇帝から、はなはだ野蛮な国とみられたのである。恥ずかしい、くやしい、何とかしなくてはならぬ。それが使者ばかりか、その報告を聞いたすべての日本の政治指導者の気持であったと私は思う。

歴史というものは、しょせん人間がつくるものである。人間のつくる歴史には、人間の感情がにじみでている。愛、嫉妬《しっと》、憎悪など、さまざまな感情が歴史の中に脈うっているのを、すでにわれわれは見た。

今、ここに国家的恥辱の感情が存在していると私は思う。そしておそらくこの恥辱の感情が、この事実を『日本書紀』に記録せしめなかったもっとも大きな理由でもあろう。世界第一の強大国であるとともに、世界第一の文明国である中国から、日本ははなはだ野蛮国、未開国と思われた。そういう恥ずかしいことを、どうして国の記録にとどめられようか。日本側として、おそらくあまり用意なくして隋《ずい》をたずねたこの遣隋使《けんずいし》を、第一回の遣隋使として認めたくなかったにちがいない。いつか堂々たる遣隋使を派遣しよう。それがまさに、日本が隋に送る第一回の遣隋使であるべきである。日本の政治当局者は、できたらこの第一回の遣隋使の記録を抹消したいと思ったにちがいない。だから彼らは、日本側の記録から抹消したが、中国側の記録を抹消することができず、この恥ずかしい話は、『隋書《ずいしょ》』「倭国伝《わこくでん》」に載り、後世、永く伝えられたのである。

私はこの使は、この年正月に隋をたずねた高句麗《こうくり》の使に伴われて行ったのではないかと考えた。これはこのときの状況からみて、もっとも可能性が高いが、高句麗は、ここで隋の文帝《ぶんてい》に敬意を表するためにのみ朝貢したのではあるまい。それは表に、恭《うやうや》しく朝貢し、文帝の怒りを鎮めるためであるとともに、裏に、ひそかに隋の政治的状況を探らんがためであったにちがいない。そしてそのとき、高句麗の使節は、隋の政治的状況が、はなはだ不安定なことを発見したであろう。隋王朝の最大の権臣・高熲《こうけい》はつい先ごろしりぞけられた。そしてその混乱は、まだ収まらないばかりか、皇太子・勇《ゆう》をめぐって、何やら政治的策謀があるらしい。

朝貢の使者が情報収集の外交官を兼ねているかぎり、そのような情報を、このときの高句麗の使者はさっそく母国へもたらしたと思う。その報告を聞いて、嬰陽王《えいようおう》は「まあとうぶん、隋の政治的状況が安定するまでは、隋の侵攻はないであろう」と胸をなでおろしたが、同時にまた、次のように考えたと私は思う。「今がチャンスだ、新羅《しらぎ》を攻め、南の国境を安全にするチャンスだ」と。

そして高句麗の王は、恥辱の思いにしょげかえっている日本の使に、新羅征討のことをさかんにけしかけたにちがいない。隋はたしかに大国だ、そして文化国だ、しかしなんという横暴な国であることか。高句麗は、今その国の横暴に苦しめられている。しかし幸いに隋の国内に乱れがある。今のうちに、高句麗と日本と、それに百済《くだら》を加えて三国同盟を結成して、新羅を討とうではないか。

この高句麗の提案に日本は、ほぼ全面的に従ったのではないかと私は思う。もとより新羅を討ち、任那《みまな》を回復するのは、年来の課題である。高句麗のこの申し出に、日本がのらないはずはない。あの国辱的な記憶を忘れるためにも、ここで国威を発揚しなければならない。

八年の春二月《きさらぎ》に、新羅《しらき》と任那《みまな》と相攻《あひ》む。天皇《すめらみこと》、任那を救はむと欲《おもほ》す。

推古八(六〇〇)年二月というのは、私は、日本の使が隋から帰国したときであると思う。帰国してすぐ、新羅の討伐が計画されたのであろうか。

もちろん「新羅と任那と相攻む」というのは、事実ではあるまい。このころ、もう任那の国というものは存在しないはずである。あるいは、旧任那の叛乱《はんらん》がそのころあったとも考えられるが、あったとしてもそれはまったく新羅の国内問題であり、日本が干渉する筋合いのものではない。ただ「天皇、任那を救はむと欲す」という意志を理由づけようとしただけである。どうして天皇は、そう思ったか。私は末松《すえまつ》氏がいうように、これはあの隋への朝貢と関係していると思う。それは天皇の意志であるとともに、高句麗王の意志でもあろう。

推古八年二月、天皇が任那回復、新羅征討の意志をあらわしたことはまちがいない。しかし『日本書紀』は、その年に存在したのは、新羅征討、任那回復の意志のみでなく、新羅征討、任那回復の戦闘の事実であると語る。先にいったように、この記事は幾多の矛盾がある。とても事実を記したものとは思われない。そしてこの戦闘の記録は、朝鮮側にもまったくない。新羅はこのとき、真平王《しんぺいおう》二十二年にあたるが、『三国史記《さんごくしき》』の「新羅本紀」にはこの戦闘の記事は何もない。私は、この任那回復、新羅征討のための戦闘の事実はなかったと考える。

とすれば、この長い記事は、『日本書紀』編集者の間違いということになるが、それは、『日本書紀』編集の百年少し前の事件である。一行や二行の間違いならわかるが、かくも長い記録がぜんぶ間違いであるというのは、どうしたわけであろう。

間違いには、二種類あると私は思う。一つは単純な間違いである。偶然起こった間違いであるが、もう一つ、何かその間違いが、まちがえた人間の隠れた意志を示す間違いがある。この第二の間違いを、精神分析家は、人間の隠された意識を説明するために好んで利用する。

この場合の間違いは後者であると私は思う。私はこの間違いの中には、二つの無意識の願望が隠されているのではないかと思う。一つは、推古八年における日本の政治権力者の願望、もう一つは、養老《ようろう》四（七二〇）年における『日本書紀』編集者の願望である。

先の文章をよく読んでほしい。そこでは、この四十年ぶりの新羅との戦闘が、まったく日本の思いどおりに実現してゆくのである。まず、船による日本の大軍の派遣、上陸、そして勝利、六つの城の占領、新羅の降伏とその条件の提示、日本の停戦、外交官の派遣、そして朝貢の約束と、任那にたいする日本の支配権の承認。すべてのことが日本の意志どおりにすらすら行われて、何の抵抗もそこには起こっていないのである。そして推古八年の日本側の意志どおりに、戦闘も、たいして拡大していないのである。最初の戦闘で新羅は降伏した。しかも日本が、もともと領していた六城の調《みつぎ》の献上を約束するのである。

こんなありがたい戦いがあったら、政治家も軍人も、何も苦労することはないのである。

私はこの文章のもとになったのは、推古八年における日本の作戦計画書であると思う。作戦計画書というより、こういうふうに事がゆくとよかろうという、希望的観測にもとづく、ひとつの戦争小説の筋書きといったほうがよいであろう。おそらく誰も、このような計画書どおり、事がうまくゆくとは思っていなかったにちがいない。しかし国論を統一するためにも、このような計画が、あたかもうまくゆくかのように幻想をばらまく必要があったと思う。

『日本書紀』の編集者は、どこかでこういう計画書を見たのであろう。それを彼は、ここで多少の疑いをもちつつも史料として採用したのではなかろうか。『日本書紀』には、新羅にたいする敵意がはっきり示されている。あるいは、この書はひとつには、中国にたいして日本の主張をはっきり示そうとする意志をもってつくられているのかもしれないと思う。そして私は、この『日本書紀』の編集に、まちがいなく百済の遺臣が多く参加していると思う。もしそうだとすれば、彼らは、日本の政治的指導者以上に、新羅に深い恨みをもっていたはずである。

それゆえ彼らは、新羅にたいする日本の戦勝をオーバーに表現しようとした。神功《じんぐう》皇后のことがそうである。新羅と日本が戦い、日本が新羅を負かした。そういう記事は、『日本書紀』編集者、とくに百済からの帰化人の編集者にとって、はなはだ快い話である。今は日本人となった百済人の新羅にたいする恨みが『日本書紀』に投影されないはずがない。とすれば、多少、真偽が怪しくても、そういう資料を史料としてとりあげるということは、百済からの帰化人編集者にとって快いものである。

私は津田左右吉《つだそうきち》氏や池内宏《いけうちひろし》氏がいうように、この記事を事実として認めがたいと思う。それは事実ではなく偽りであるとしなければならぬ。しかしその偽りの中に、私は重大な歴史の秘密が隠れていると思う。おそらく推古八年に、日本は高句麗と百済との間の話し合いにより、新羅征討、任那回復の方針をほぼ固めたのであろう。

それには口実が必要である。そしてその口実は、例の敏達《びだつ》四（五七五）年、新羅がもって来た四つの邑《むら》の調《みつぎ》の催促である。この四つの邑は、継体《けいたい》二十三（五二九）年に、新羅に奪われた恨みの土地である。そしてそれに、後に日本府の置かれていた阿羅《あら》を加える。つまり強引に、七十年以上も前の領地を返せ、返さなければ、せめてその調を出せという要求をする。

あるいは推古八年、そういう要求が現実に新羅にたいして行われたのかもしれない。名前のはっきりしない大将軍・境部臣《さかいべのおみ》と副将軍・穂積臣《ほづみのおみ》にたいして、使者のほうは、難波吉師神《なにわのきしみわ》と難波吉士木蓮子《いたび》というように名前がはっきりしているのは、この使者のことだけは事実であったゆえかもしれない。

もしこれが事実とすれば、新羅はさぞかしびっくりしたであろう。まったく寝耳に水である。朝鮮半島における日本の領地が滅んでから、三十八年になる。そして、日本が返還を迫っている四つの邑が新羅のものになってから、すでに七十一年もたっている。この七十一年前の領地の権利を、今ごろ、日本は要求してくるのである。

おそらく新羅の政治当局者は、敏達四年、今から二十五年前に、この四つの邑の調を日本に送っていたことを忘れていたのであろう。当時は何らかの危機感が新羅にあって、そして日本の外交も、親百済外交から親新羅外交に大きく転回しようとしていた。この四つの邑の調によって、おそらく新羅は、日本において何らかの外交的に有利な立場をつかもうとしたのであろう。新羅はおそらく、それを忘れていたのではないかと思う。

しかしそのことを日本はよく覚えていて、それを理由にして調を要求してくる。それは、どだい無理な話である。もちろん新羅は、ノーと答えたにちがいない。ノーの答えは当然であるが、この当然の答えが日本の出兵の口実となるのである。これで十分、国際的に新羅討伐の口実はできたはずである。後はそれを実行しなければならない。推古九（六〇一）年から、東アジアには急に戦雲が広がるのである。

第四章　三国同盟と日本の立場

十年間に集中する太子の政治的事績

(推古《すいこ》) 九 (六〇一) 年の春二月《きさらぎ》に、皇太子《ひつぎのみこ》、初めて宮室《みや》を斑鳩《いかるが》に興《た》てたまふ。

私は、『日本書紀』の、この記事をけっして見落としてはならないと思う。太子が、宮を斑鳩《いかるが》に建てた。それははっきり聖徳太子の支配権の主張である。

この記事について今までとかく、それは太子の政治の世界からの逃避であると考えられてきた。なぜなら飛鳥《あすか》の都から斑鳩への道は遠い。徒歩で通ったとしたら、何時間かかかる。太子自身は馬で通ったとしても、家来たちは徒歩で通わねばならぬ。こういう遠い道を馬で通う太子の像が絵に描かれているが、それはおかしい。はたして太子は、この十数キロもの道を毎日通ったのであろうか。そういうことから、この記事は太子と馬子《うまこ》あるいは推古《すいこ》との政治的離別であり、太子の政治的隠遁《いんとん》をあらわすのではないかと考えられてきた。私の『隠された十字架』でも、かかる見解がなきにしもあらずである。

しかしこの見解はまちがっていると私は思う。なぜなら、太子が斑鳩宮《いかるがのみや》を建てたのは推古九年、そして、太子が斑鳩宮へ移ったのは推古十三 (六〇五) 年であるが、この時代こそは、まさに政治家・

聖徳太子がもっとも活躍した時代だからである。

実際、太子が摂政《せっしょう》になったのは推古元（五九三）年であり、亡くなったのは推古三十（六二二）年と考えられるが、太子がその政治力を十二分に発揮したのは推古九年から推古二十（六一二）年までではないかと思う。そして太子の年齢も、二十八歳から三十九歳までの働きざかりである。その前、推古九年までは太子の政治家としての準備期間であり、また推古二十年以後は、むしろ太子は政治の第一線から引退して、学者あるいは宗教家として活躍した時期ではないかと思う。

この政治家・太子の全盛時代が、隋《ずい》による第一次高句麗《こうくり》遠征（五九八年）と第二次高句麗遠征（六一二年）の間にあることは、太子の事績を考える上で見逃すことができないと私は思う。先に私は、太子の事績を考える場合、この隋による中国統一と隋の滅亡を考えなければならないといったが、もう一つ厳密にいえば、太子のほとんどの政治的事績を、第一次隋―高句麗戦争と第二次隋―高句麗戦争との間の事績として理解しなければならない。

すぐれた政治家は、時代を遠く見ている。そしてそういう時代を遠く見る視点でなされた彼の行動は、歴史の将来に永く影響をおよぼす。その意味で彼は、永遠なものをその歴史の中に実現する人である。聖徳太子は、第一次隋―高句麗戦争と第二次隋―高句麗戦争の間という短い時間の中に、永遠なる歴史的課題を残したのである。

推古四（五九六）年の瀬戸内海の旅によって彼は、すでに独自の外交をはじめているのである。広く東アジア世界を見わたしたパワー・ポリティクスを、彼はすでに試みはじめていたのである。すでに若干の成果をあげたが、まだ仕事はこれからである。隋への使節を出したのも、おそらく太子の提案であろうが、これは必ずしも成功とはいえなかった。日本は、もっとも尊敬する文化国・中国からいたく恥をかかされたのである。この恥をどうしてそそごうか。推古八（六〇〇）年から日本外交は大きく変わるが、それはこのとき日本がこうむった恥辱が原因だったと私は思う。

一般に、人は自分がもっとも尊敬する人から恥辱を受けたらどうするか。これにたいする反応は二種類あると私は思う。

一つには、この恥辱の原因を自分に求め、努力して自分を改善し、もう一度、自分を侮辱したその当の人に、自分がもっとすぐれた人間であることを認めさせることである。恥辱は、しばしば信ずることのできないことを人間にさせることがある。人間をして短期間に、おどろくべき偉大なことをなさしめるものは、多く恥辱の力である。ただこの場合、恥辱からうまれた行為には、どこかに無理と歪《ゆが》みを隠しきれないものがある。

もう一つ別の反応の仕方がある。それは、彼が恥辱を受けた対象を否定するという形であらわれる。これは永い間、彼が尊敬した人間を否定することになる。たとえば、明智光秀《あけちみつひで》が織田信長《おだのぶなが》を殺したのは、こういう反応ゆえであろう。いわば反逆の生き方であるが、こういう反逆者の心境には、どこかにアンビバレントなものがある。一方では対象にあこがれつつ、一方では対象を憎むという複雑な心が彼にあるのである。

これは人間と人間の場合でも、国家と国家の場合でも同じであるが、私はこの場合、日本ははじめに後者の態度をとり、次には前者の態度をとったと思う。あるいは、前者のような態度が根柢《こんてい》にあり、それを実現するため後者のように見える態度をとったのであろうか。

推古八年――日本外交の転換

推古《すいこ》八年、隋《ずい》からの使が帰ってから、日本の外交方針がはっきり変わる。それは高句麗《こうくり》と百済《くだら》と日本との三国同盟をとり結び、対新羅《しらぎ》強硬政策をとるという外交政策の方向に日本はふみきったのである。この外交の動きを追ってみよう。

(推古九年/六〇一)三月《やよひ》の甲申《きのえさる》の朔《ついたち》戊子《つちのえねのひ》に、大伴連囓《おほとものむらじくひ》を高麗《こま》に遣《まだ》し、坂本臣糠手《さかもとのおみあらて》を百済《くだら》に遣して、詔《みことのり》して曰《のたま》はく、「急《すみやか》に任那《みまな》を救へ」とのたまふ。(『日本書紀』)

大伴連囓《おおとものむらじくい》は、先の物部《もののべ》征伐のとき、第二隊の筆頭にその名があり、また崇峻《すしゅん》四(五九一)年に筑紫《つくし》まで行った新羅《しらぎ》征討軍の第三番めにその名を連ねる人である。おそらく大伴氏の長《おさ》にあたる人であろうが、このとき、大伴氏が蘇我《そが》氏に次いで権力ある氏族であったことを思うと、彼は、副総理にあたる地位にあったとみて差しつかえない。そして坂本臣糠手《さかもとのおみあらて》は物部征伐のときの第二隊の四人めにその名があり、後に新羅の使をもてなすときには四人の大夫《まえつきみ》の三番めに名を連ねる。推古朝の外務大臣級の重臣であったと考えられる。とすれば、ここでは副総理を高句麗に、外務大臣を百済に派遣したということになる。

政府の中心人物が二人も外国へ使節として行く。これは前代未聞、後代にも例のないことである。よほど重大な外交関係を結ぶためにちがいない。この大伴囓と坂本糠手は、翌年六月に百済経由で帰ってきている。明らかに二人は同じ目的で連絡をとり合い、それぞれ高句麗と百済に使いし、百済で落ちあって帰って来たのである。

大伴囓は坂本糠手より明らかに位は上である。それは両国の国力の違いであろうか。またこの件に

七世紀はじめの東アジア

おいて、高句麗が百済よりイニシアティブをとっていることを示しているのであろうか。

この大伴囓の高句麗派遣、坂本糠手の百済派遣は何を目的とするものであろうか、『日本書紀』は「急に任那を救」うことが、その目的であるとはっきりいう。しかし任那は、四十年前の日本の領地である。こういう領地を新羅からとり返すことに、どうして高句麗と百済が協力するのか。

これは明らかに、新羅にたいする三国同盟の結成を意味するものであろうが、この三国同盟が結成されるには、それを可能にする、あるいは必然とする状況が、三国それぞれに存在しなくてはならぬ。私は、この同盟の主謀者はやはり高句麗であると思う。なぜなら高句麗にとって、この時期に、この同盟を結成することがはなはだ望ましいことであったからである。

かろうじて、隋の第一次高句麗征伐は、くいとめることができた。それは隋の油断と、大風や疫病のためである。天は高句麗を見棄てなかったといわねばならぬ。しかしこのまま隋が引きさがるはずはない。大国の面子《メンツ》にかけても、いつか必ず高句麗に攻めてくる。

開皇《かいこう》二十（六〇〇）年正月、高句麗は隋との間にある、どうにもならない関係を感じとったのかもしれない。日本の使を連れて行って、隋の文帝《ぶんてい》のご機嫌をとろうとした高句麗の苦肉の策も、あまり成功を収めなかったらしい。私は、このとき高句麗の使者は、もうどうにもしようのない隋と高句麗との関係を感じとってきたのではないかと思う。以後、ずっと高句麗は隋に朝貢していない。そしてそれから七年後、大業《たいぎょう》三（六〇七）年に突厥《とっけつ》の啓民可汗《けいみんかかん》のところへ行った高句麗の使が、隋の煬帝《ようだい》に見つかり、大いに煬帝を怒らせた。おそらく大業三年以前にも高句麗は突厥に使を出していたのであろう。

もう隋に朝貢せず、かえって他の国と外交関係をもつ。これは開皇二十年を契機としてはっきり高句麗の外交方針が変わったことを意味する。末松保和《すえまつやすかず》氏のいう日本の外交方針の変化も、この高句麗の外交方針の変化と対応していると思う。

三国同盟にこめられた高句麗の思惑

このとき、高句麗《こうくり》の嬰陽王《えいようおう》は以下のように考えたと思う。

中国は誇り高い国である。それは世界の中央にあり、その天子は天の命令でその国に君臨する。そしてその国は、他の国が自国と同じ権力で並びたつことを許さない。国の広大さと文化の高さからいって、とても周囲の国はこの国にかなわず、すべて周囲の国はこの国に臣下として屈従すべきだと考えている。楊堅《ようけん》すなわち文帝《ぶんてい》による中国の統一以来、隋《ずい》は高い誇りをもって周囲の国に君臨している。この誇りは隋だけのものではなく、どうしようもないこの国の体質を形成している。

とすれば、隋は自分が受けた汚辱にたいして必ずや復讐《ふくしゅう》するであろう。三十万の軍隊のうち十中八、九が帰らなかった。これは、どう弁解しても大敗戦である。世界の中央にいる世界の支配者が、東夷《とうい》の一国に大敗戦をこうむった。これはたいへんな屈辱である。隋がかかる屈辱に耐えうるはずはない。とすれば、いくら朝貢して隋の機嫌をとっても駄目である。それより他の隣国との関係をよくするとともに、国内の防備を固めることがまず第一である。

今は幸いに隋の国内は乱れている。大臣の高熲《こうけい》が失脚し、皇太子・勇《ゆう》をめぐって陰謀がうずまいている。国内問題の解決に追われて、とうぶん隋は高句麗を攻める余裕がない。その間に国内体制をととのえるとともに、隣国との関係をしっかり固めて、きたるべきときに備えなければならぬ。高句麗の目は自然に東アジアに向かっている。東アジアにおける高句麗の外交関係をまず安定させよう。それにはどうしたらよいか。幸いに慧慈《えじ》は日本の皇太子と深く結びつき、強い影響力を日本政府にもっている。そして日本もすっかり親高句麗的態度をとりつづけている。

しかし、百済《くだら》は問題である。百済は、一方で高句麗の機嫌をとりつつ、一方で隋に通じて、しきりに高句麗の悪口をいう。とくに、あの開皇《かいこう》十八年の、隋の第一次遠征のときの百済の態度はまったくけしからん。隋の戦いの先導をするといったではないか。今度は、どうしても百済を味方にしなければならぬ。それには日本の力を借りねばならぬ。百済は昔から日本とは友好関係をもち、日本の威光を恐れている。この東アジアの三国の間で三国同盟を結ぶ、そして三国共通の敵である新羅《しらぎ》にあたり、新羅を封じこめる。

これが、高句麗がこのとき提案した三国同盟の内容であったと私は思う。しかしこれは防衛的な面であるが、攻撃的な面もあったと思う。明年を期して新羅を攻める。おそらくその期日とその方法、そしてその戦闘の分担など、くわしいことを打ち合わせようとしたのではないかと思う。

三国同盟に積極的な日本と微妙な百済

日本はこの高句麗《こうくり》の三国同盟の提案に積極的にとびついていったのではないかと思う。なぜなら任那《みまな》回復は欽明帝《きんめいてい》の遺勅であり、敏達帝《びだつてい》以後の、欽明帝の血を引く天皇にとっては、あらがうことのできない政治的課題であったからである。この場合、日本の主張はただ防衛的同盟ではなく、攻撃的同盟であったにちがいない。二国の援助を受けて新羅《しらぎ》を討ち、任那を回復する、それが日本の主張であったと私は思う。

百済《くだら》は百済で、この提案にのらざるをえなかったと私は思う。百済はしばしば新羅と戦い、新羅にたいして積年の憎悪をもっている。しかし、小国の百済ではとても独力で独立を保持することができない。しかも永い間、中国から文化を移入し、それを日本に高く売りつけてきた百済としては、隋《ずい》との関係もこわすことができない。高句麗や日本ばかりか、隋とも親しくつきあわねばならぬ。隋と高句麗が戦うことは百済にとっては困ることであるが、百済は、この国際情勢からできるだけ利益を得ることを忘れない。『隋書《ずいしょ》』にあるように、百済は一面で、隋によしみを通じて隋の機嫌をとるともに、一面で、この隋の情報を高句麗に売りつけ、高句麗からも利を得ていたのであろう。この百済の二重スパイのような態度が高句麗を怒らせたのである。おそらく百済は、このことについて高句麗に謝罪を入れたのであろう。

しかし、このように高句麗と日本の両方から三国同盟の提案があった場合、とても百済は反対することができなかったであろう。二つの国を敵にしたら、百済はもちこたえることができない。そしてまた二国の援助で新羅を討つことは百済にとっても有利なことである。私は、こうして三国それぞれの思惑や利害を含みつつ、三国同盟の線で会議をもとうとしたのではないかと思う。

三国をめぐる、このような外交の動きに新羅が気がつかないはずがない。

（推古《すいこ》九年／六〇一）秋九月《ながづき》の辛 巳《かのとのみ》の朔 戊 子《ついたちつちのえねのひ》に、新羅《しらき》の間諜《うかみ》の者迦摩多《ひとかまた》、対馬《つしま》に到れり。則ち捕へて貢《たてまつ》る。上 野《かみつけののくに》に流す。（『日本書紀』）

おそらく新羅は、わが国ばかりか百済にも高句麗にもスパイを放ったのであろう。そのスパイの一人をとらえて上野《かみつけ》に流した。罪は少し軽すぎるようであるが、まだこのときの日本は、はっきり新羅征討を決定していたわけではないからであろう。続いて、

冬十一月《しもつき》の庚辰《かのえたつ》の朔 甲 申《ついたちきのえさるのひ》に、新羅《しらき》を攻むることを議《はか》る。

とある。いよいよ、ここで正式に新羅征討が討議されることになる。おそらく高句麗に行った大伴《おおともの》嚙《くい》とか、百済に行った坂本糠手《さかもとのあらて》などの使は、しばしば日本の朝廷に会談の経過報告をしていたのであろう。

新羅征討の決定と来目皇子の任命

おそらく二国は、日本が態度を明確にすることを要求していたのであろう。はっきり朝議で新羅《しらぎ》征討を決める必要がある。崇峻帝《すしゅんてい》のときとちがって、すでに一年以上前から、天皇の意志が表明されている。当時の日本では、欽明帝《きんめいてい》の遺勅はやはり絶対の意味をもっていたと思う。馬子《うまこ》も太子も、それに反対できなかったのであろう。推古帝《すいこてい》と馬子と太子が同じように新羅征討を表明すれば、誰がそれに反対するであろう。いつも日本の会議がそうであるように、満場一致で新羅征討は朝議で可決されたのであろう。

（推古）十（六〇二）年の春二月《きさらぎ》の己酉《つちのとのとり》の朔《ついたちのひ》に、来目皇子《くめのみこ》をもて新羅《しらき》を撃つ将軍《いくさのきみ》とす。諸《もろもろ》の神部《かむとものを》及び国造《くにのみやつこ》・伴造等《とものみやつこら》、并《あはせ》て軍衆《いくさ》二万五千人《ふたよろづあまりいつちたりのひと》を授《さづ》く。

新羅征討が決まったとすれば、軍隊が編成されねばならぬ。ここで将軍に来目皇子《くめのおうじ》が任命されていることに注意をすべきである。来目皇子は太子のすぐ下の同母弟である。『法王帝説《ほうおうていせつ》』には、久米王《くめのみこ》とある。来目皇子が将軍として任命されたことは、この新羅征伐が、太子の意志であることを示したものである。崇峻四（五九二）年には紀男麻呂《きのおまろ》をはじめ四将軍が任ぜられたが、今度は将軍は一人であり、しかも皇族である。これははっきり、従来のように氏族によって率いられた軍隊から、皇室を中心とする軍隊への編成方針を示している。

聖徳太子の大きな意志は、天皇を中心とした官僚国家をつくることであった。したがって、軍隊も天皇が統率しなければならない。これは「冠位十二階《かんいじゅうにかい》」や「憲法十七条」にあらわれた同じ精神である。推古十年の軍隊の編成も、こういう精神にもとづいている。その点、崇峻四年の軍隊とこの軍隊とは組織原理がちがっている。しかし、そうはいってもわずか十年少しの間に、日本の状況が変わるはずはない。その軍隊は、名目上は来目皇子を将軍とする軍隊であるが、実際はやはり前と同じく諸氏族の混成軍であったのであろう。このとき太子は、少しでも天皇軍の軍備を固めるためであろうか、諸国から神部《かむとものお》、国造《くにのみやつこ》、伴造《とものみやつこ》の軍を徴集した。おそらく地方から多くの軍隊を動員しようとしたのであろう。

この中に神部がはいっていることが、やや異様な印象を受ける。神部については『日本書紀通証《にほんしょきつうしょう》』で「諸国の神社を奉祀《ほうし》する隷属《れいぞく》の氏人《うぢびと》なり」というだけであるが、『書紀集解《しょきしゅうげ》』は『古語拾遺《こごしゅうい》』の文章をひき、中臣《なかとみ》・斎部《いんべ》・猨女《さるめ》・鏡作《かがみつくり》・玉作《たまつくり》・盾作《たてつくり》・神服《かむはとり》（部）・倭文《しつおり》・麻績《おみ》などの氏であるとしている。また『日本書紀通釈《にほんしょきつうしゃく》』は、この神部は同時に軍事にも携わるものであり、武将が神部を兼ね、神部が武将を兼ねたものであるという小寺清之《こでらきよゆき》という人の説に反対し、今の世の例をひき、この神部は純粋に、戦勝を祈るためだけのものであったと考える。

しかし必ずしも、そのように神部というものを、純粋な宗教的役割をするものとのみ考えることはできないであろう。たとえば、物部《もののべ》氏は一面、もののふの武勇の家であるとともに、一面「もの」すなわち霊をつかさどる家柄であった。

二万五千の軍隊とフツの大神の加護

こうして集められた軍隊は二万五千人、崇峻帝《すしゅんてい》のときより五千人多い。

(推古《すいこ》十年/六〇二)夏四月《うづき》の戊申《つちのえさる》の朔《ついたちのひ》に、将軍《いくさのきみ》来目皇子《くめのみこ》、筑紫《つくし》に到ります。乃《すなは》ち進みて、嶋郡《しまのこほり》に屯《いは》みて、船舶《つむ》を聚《あつ》めて軍《いくさ》の粮《かて》を運ぶ。(『日本書紀』)

いよいよ出陣である。例によって筑紫《つくし》へ行って渡海の用意をする。嶋郡《しまのこおり》は、筑前国志摩《ちくぜんのくにしま》郡、今の福岡県糸島《いとしま》郡志摩町である。「船舶を聚めて軍の粮を運ぶ」とあるのは、はっきり出陣の用意である。

この来目皇子《くめのおうじ》を将軍とする二万五千の大軍の話が、この地方に残らないはずはない。『肥前国風土記《ひぜんのくにふどき》』に、二ヵ所にわたって、この遠征軍の記事がある。

物部《もののべ》の郷《さと》 郡《こほり》の南にあり。此の郷《さと》の中《うち》に神の社《やしろ》あり。名を物部の経津主《ふつぬし》の神といふ。曩者《むかし》、小墾田《をはりだ》の宮に御宇《あめのしたしろ》しめしし豊御食炊屋姫《とよみけかしきやひめ》の天皇《すめらみこと》、来目《くめ》の皇子《みこ》を将軍《いくさのきみ》と為して、新羅《しらき》を征伐《う》たしめたまひき。時に、皇子、勅《みことのり》を奉《うけたまは》りて、筑紫に到り、乃ち、物部の若宮部《わかみやべ》をして、社を此の村に立てて、其の神を鎮《いは》ひ祭らしめたまひき。因《よ》りて物部の郷といふ。漢部《あやべ》の郷《さと》 郡《こほり》の北にあり。昔者《むかし》、来目の皇子、新羅を征伐たむ《う》として、忍海《おしぬみ》の漢人《あやひと》に勅《おほ》せて、将《ゐ》て来て、此の村に居《す》ゑて、兵器《つはもの》を造らしめたまひき。因りて漢部の郷といふ。

こうしてみると、遠征軍は筑紫だけではなく、北九州一帯にいて出陣を待っていたらしい。前者の記事は、この戦争に物部氏《もののべ》が参加し、その神を将軍・来目皇子の命によってここに祀《まつ》ったことを示している。これは明らかに十五年前に滅ぼされた物部氏の神の復活である。用明《ようめい》二（五八七）年の、あのはげしい蘇我《そが》氏と物部氏の戦い、それは二つの古代氏族が雌雄を決しての戦いであったが、同時にそれは、蘇我氏の奉ずる仏教と物部氏の奉ずる神道との戦いであった。そして物部氏の奉ずる神は、主として石上《いそのかみ》に坐《いま》すフツの大神である。物部守屋《もののべのもりや》は最後まで、このフツの大神を頼りとしたわけであるが、どうやら四天王《してんのう》はフツの大神より霊験《れいげん》あらたかで、ついに物部氏は滅び、仏教の支配する世界がきたのである。

ところが今、新羅《しらぎ》にたいする戦いをしようとするとき、わが軍は、四天王よりフツの大神を頼りとしたらしい。しかもこの物部のフツの大神を祀ることは、来目皇子の命である。来目皇子は聖徳太子の同母弟であり、太子と同じく、仏教崇拝の心が深い皇子であると考えられる。その皇子がどうしてここで、おそらくはいったん国賊になっていたにちがいないフツの大神を祀ったのか。

私は、この事実を考えるとき、ちょうど一九六〇年、日米安保条約が改定されるころから、少し前まで迫害されていた旧軍人が、かつての敵国であるアメリカから急にたいせつにされてきたことを思い出す。そのときも、ちょうど戦後十五年ほどたったときである。十五年もすぎると、歴史的状況は、大きく変化せざるをえないのである。

おそらく、この新羅征討にさいして、かつて物部氏との戦いにおいて蘇我氏を助けた仏神・四天王は、そんなに力を貸してはくれなかったのであろう。なぜなら蘇我氏と物部氏の戦いは、仏教と反仏教との戦いである。ここで仏神がはっきり仏教側につくことは当然である。しかるに、今度討とうとする新羅は日本に増して仏教国なのである。今の真平王《しんぺいおう》の二代前の王・真興王《しんこうおう》は、世にも熱狂的な仏教信者で、この王一代にして、新羅は仏教国になった。真興王の孫の真平王は、また祖父の政策を受け継いで深く仏教を信じ、しかも新羅仏教は、国家主義的色彩が強く、四天王信仰がさかんであった。こういう仏教国を攻めるのに仏神・四天王が力を貸すはずはない。新羅を攻めるには、もっとナショナルな神の加勢が必要なのである。物部のフツの大神は日本固有の神であり、かつて朝鮮半島に勇名をはせた。そういう神の加護を祈るのは、二万五千の日本の軍隊を率いる将軍として、たとえそれが自己の信仰にもとるとしても、当然の義務ではないか。

私は、ここに来目皇子のジレンマがあったと思う。そしてそのジレンマは、聖徳太子のジレンマでもあるし、蘇我馬子《そがのうまこ》のジレンマでもあるし、また推古天皇その人のジレンマでもあったと思う。

(推古十年)六月《みなづき》の丁未《ひのとのひつじ》の朔《ついたち》己酉《つちのとのとりのひ》に、大伴連囓《おほとものむらじくひ》・坂本臣糠手《さかもとのおみあらて》、共に百済《くだら》より至《まうい》る。

(『日本書紀』)

大伴囓《おおとものくい》と坂本糠手《さかもとのあらて》は百済から帰って来た。私は、この年の三月ごろに、最終的な三国会議が開かれたのではないかと思う。場所はおそらく百済の首都。高句麗からも大伴囓や坂本糠手級の副総理、外務大臣級の政治家が来て、百済の政治責任者を交えて三国会談を開き、具体的な行動を決めたのではないかと思う。

しかし、たとえ新羅にたいする憎悪において三国は一致していたとしても、それぞれ異なった利害と、異なった関心をもっている。容易に意見はまとまらなかったと思う。外交というものは、結局、騙《だま》し合いという面が強い。お互いにできるだけ自国を有利にしようとする駆け引きである。この場合も、三国ともにできるだけ自国の軍事的消耗を抑えて、相手の兵力を利用して、その結果、できるだけ有利な結果を自国にもたらそうとしたのであろう。

高句麗にしたら、日本が新羅を討ってくれたら有利なのである。その戦いの結果はとにかく、新羅の兵力ができるだけ消耗することはまことに望ましい。百済からいえば、たしかに日本と高句麗の軍によって、新羅を討つことはありがたいことである。しかし同時に、その軍隊は自国の脅威ともなるのである。日本にしてもそうである。四十年ぶりの半島への侵攻である。武力でもって新羅を征討できる自信はない。まあ三国ともに多少あやふやな態度をとりながら、いちおうこの会談は終わった。そして推古十年の八月に一斉攻撃と決めたのであろう。『三国史記《さんごくしき》』によれば、この年の八月に百済は新羅を攻めた。大伴囓および坂本糠手が帰ったのは六月三日。二ヵ月あれば十分に侵攻を開始することができる。日本にしても、あまり兵を永く滞在させたら、士気がにぶる。推古十年八月が、三国の間で約束された期日ではないかと私は思う。

出撃前の椿事——来目皇子の病気

（推古《すいこ》十年六月）是の時に、来目皇子《くめのみこ》、病に臥して征討《う》つことを果さず。

しかしこのときたいへんなことが起こった。これからいよいよ征討軍の出発というときになって、総大将・来目皇子《くめのおうじ》が病気になったのである。

人間の病気というものは、しばしば精神的な悩みを原因として起こるものである。これは現代人も古代人も同じであろう。このとき、来目皇子の心は不安の塊《かたまり》であったと思う。太子の弟である年若き来目皇子が、軍事に通暁《つうぎょう》していたとはとうてい思えない。来目皇子について、この新羅《しらぎ》征伐の将軍となったこと以外に、『日本書紀』にも他の書物にも何も伝えられないところをみると、彼は、とくに目だった才能をもっていたとは考えられない。おそらく、聖徳太子のすぐ下の同母弟というだけの理由で、彼は将軍とさせられたのであろう。しかし、この二万五千の対外征討軍の将軍という重い地位に、彼は耐えかねていたのではなかろうか。

二万五千の軍隊は、諸国より集められた混成軍である。太子の方針で、その軍は天皇直属の軍という形をとり、同母弟の来目皇子を将軍としたが、実際は各氏族の混成軍である。こういう軍隊をどうして統制するか。国内で軍隊の統制をとるだけでもたいへんな苦労なのに、兵を新羅に出さねばならぬ。新羅というのはどういう国か。新羅に軍を出したのは、伝説として語り継がれる神功《じんぐう》皇后の昔から、欽明《きんめい》二十三（五六二）年までのことで、その最後の出兵も実に四十年の昔である。それ以来、新羅との国交はほとんどなく、その国の事情を知る人も少ない。もう残り少なくなった老人の口からしばしば語られる昔話によってのみ、その事情が知られる。新羅の国へどのように侵攻し、どのように戦うというのであろうか。

永い間の平和と仏教信仰によって、日本の軍隊はだいぶん弱くなっていたにちがいない。それにたいして、新羅は仏教を移入したとはいえ、武勇を誇る花郎《かろう》の精神がみなぎっている。おそらく勇猛な新羅の軍のことは、百済や高句麗を通じて日本に伝えられていたであろう。たとえ高句麗と百済の助けがあるにせよ、そういう状況で、どうして新羅を攻めることができようか。

しかも来目皇子を悩ませたのは、そういうことばかりではないと私は思う。もし彼が聖徳太子の弟で、熱烈な仏教信者であるならば、仏教精神とこの戦争との間に矛盾を感じなかったであろうか。仏教の第一の戒は殺生戒《せっしょうかい》である。人間はもとより、いっさいの生きとし生けるものを殺してはいけない。これが慈悲の精神にもとづく仏教の第一の戒律である。しかしこの戒律を、彼は二万五千の兵を率いる将軍として守るわけにはいかない。できるだけ多くの敵兵を殺す。それが彼に与えられた任務である。仏教信仰者の青年・来目皇子が、かかる残酷な任務に耐えることができるか。

このような疑問が若い来目皇子の胸の中にあったとすれば、皇子が病気になっても不思議はないのである。しかしおそらく、推古天皇も馬子も、聖徳太子ですら、この来目皇子の疑問にたいして十分に答うべきものをもっていなかったにちがいない。

実戦を避けたい馬子の立場

私は、このとき、日本の政治当局者の間に、多少の意見の対立があったのではないかと思う。というより、政治当局者のいずれにも迷いがあったと思う。推古帝《すいこてい》と聖徳太子と蘇我馬子《そがのうまこ》、この三人の政治家がこの問題について、どう考えたかを推察してみよう。

蘇我馬子、五十二歳。任那《みまな》回復のための新羅《しらぎ》征伐の軍の派遣は、老練な現実政治家にとってもけっして生やさしい問題ではなかった。

崇峻《すしゅん》四（五九一）年、十一年前に彼は同じように任那回復を目的として、新羅征討の二万余の軍を筑紫《つくし》に送った。それはおそらく高句麗《こうくり》の要請にこたえてのことであったろう。今、高句麗から再び三国同盟の提案があったのである。馬子は、もちろん今回の提案が、前の提案と少し意味を異にしていることを知っている。前のは防衛的な同盟であるが、今度は攻撃的な同盟である。日本の力を得て、背叛《はいはん》の疑いのある百済《くだら》をわが側につけて、新羅を懲らしめようとする高句麗の策である。それに高句麗は、前のときとちがって、今は自信をもっている。たとえ天の助けがあったとはいえ、大国・隋《ずい》の軍隊を敗走せしめたのである。高句麗が自信をもたないはずはない。こういう状況のもとで、三国の力で新羅を討つ。高句麗は南の国境の不安を除き、百済は新羅の脅威を弱め、日本は任那を回復しようとするのが、この同盟の意味であろう。

馬子はもちろん、今度は前とは事情がちがっていることは、百も承知している。今度は危険なのである。ただ見せかけの戦わない軍隊の派遣ではいけないのである。朝鮮半島に行き、高句麗軍、百済軍とともに新羅軍と戦わねばならないのである。

欽明《きんめい》二十三年以後、日本は対外戦争の経験をもたない。わけても蘇我《そが》氏は、主に文化と経済をつかさどった氏族である。たとえ物部《もののべ》氏との戦いで馬子が全軍の指揮をとったとはいえ、戦争に自信はないのである。戦争になれば、どうしても大伴《おおとも》氏や物部氏などの力を借りなければならない。そうすれば、勝っても負けても蘇我氏の独裁体制はくずれる。おそらく馬子は、筑紫にまで兵を出したものの、どこかで戦争を避けたいと思っていたにちがいない。できたら前のように筑紫まで兵を出し、それによって高句麗と百済から、文化的、経済的援助を受けることはできないものか。

新羅征討に積極的な推古帝

推古帝《すいこてい》、四十九歳。美しくて賢い女帝である。女帝の父は欽明帝《きんめいてい》である。彼は死ぬとき（欽明三十二年／五七一）に、後継者の敏達帝《びだつてい》に、

「朕《われ》、疾甚《やまひおも》し。後《のち》の事を以て汝《いまし》に属《つ》く。汝《なんぢ》、新羅を打ちて、任那《みまな》を封《よさ》し建つべし。更《また》夫婦《をうとめ》と

造《な》りて、惟旧《これもとの》日《ひ》の如くならば、死《みまか》るとも恨むること無けむ」

という遺言をする。よほど残念無念、死んでも死にきれない思いであったにちがいない。

推古帝は父が死んだとき、十八歳であった。彼女はすでにそのとき、異母兄の敏達帝に嫁いでいた。おそらくこの父のいまわの際《きわ》の言葉と、それを受けた夫・敏達帝の緊張した態度を、彼女ははっきり覚えていたはずである。そして敏達帝は、この任那《みまな》回復のためはなはだ苦労をしたのである。夫のほうは、どちらかといえば、新羅《しらぎ》と平和的に交渉して、それによって任那の回復をはかろうとする立場であったが、父の遺勅は同時にまた夫の悲願であった。

しかし夫の悲願もならず、用明《ようめい》、崇峻《すしゅん》という兄弟の後に、彼女が即位した。そういう彼女が、どうして任那回復、新羅征討に熱心でないことがあろうか。『日本書紀』の、推古八（六〇〇）年の新羅征討に関する記事が、「天皇《すめらみこと》、任那を救はむと欲《おもほ》す」ではじまるのは偶然ではないと思う。そして後、推古十一年に来目皇子《くめのおうじ》が死んだとき、

爰《ここ》に天皇《すめらみこと》、聞きて大きに驚きて、皇太子《ひつぎのみこ》・蘇我大臣《そがのおほおみ》を召して、謂《みことのり》して曰《のたま》はく、「新羅を征《う》つ大将軍《おほきいくさのきみ》来目皇子《くめのみこ》薨《みう》せぬ。其の大きなる事に臨みて、遂ぐることえずなりぬ。甚《はなは》だ悲しきかな」とのたまふ。

とある。この新羅征討にいちばん積極的であったのは、推古帝であったことはまちがいない。推古帝が一方で熱心な仏教信者であったことは、『元興寺縁起《がんごうじえんぎ》』などによって推察できる。この仏教の信仰が、このような大量の殺人をもたらさざるをえない戦争とどう関係するのか。こういう問いは女帝の頭には、あまり存在しなかったと思われる。ただ彼女は、父と夫の遺言を果たしたいと思う一念であったにちがいない。もし彼女が、父と夫の

遺言を果たすことができたら、亡き父は、亡き夫は、どんなに喜ぶことか。彼女の頭を占めていたのは、おそらくその一念であろう。彼女は、昔からの彼女の協力者・馬子《うまこ》の意見が、この点についてあまりに実利的でありすぎると不満を感じていたにちがいない。

仏教と戦争の間で悩んだ太子

聖徳太子、二十九歳。彼は推古帝《すいこてい》や馬子《うまこ》と同じ仏教信者である。しかし仏教崇拝の意味が二人とは少なからずちがっていた。彼は何よりも内省の人である。彼は誰よりも、蘇我馬子《そがのうまこ》からパワー・ポリティクスを学んだ。馬子は、太子の中に高潔な人格とともにパワー・ポリティクスの才を認めて、彼を皇太子に推したのであろう。彼は十分、あるいは十二分に、馬子の考えていることがよくわかった。しかし彼は、馬子とは別な何かをもっている。これはどういう言葉でいってよいか、人間にたいする、世界にたいする理想が、馬子より一段と高いのである。

馬子の世界観はやはり、世界をひとつの利益共同体とみる考えであろう。すべて人間は自己の利を追求するものである。国家として、あるいは個人として、利益を追求することはよいことである。国家の利を図りつつ、それ以上に氏族や個人の利益を図る。そういう政治が馬子の望む政治であった。仏教は、馬子にとっては、このように国家を利し、個人を利するものであった。仏教はけっして実利主義と矛盾するものではなかった。

しかし太子は、この点では自己の政治の教師である馬子に、あき足らないものを感じていたにちがいない。政治はたしかに、すぐれた意味で現実的策略である。しかし同時にそれは理想なのである。人間の世界をどれだけ高貴なものとするか、それが政治の理想である。この理想を実現する、そのためにのみ、現実的な策略が必要なのである。彼は、馬子の政治理念はその目的と手段が転倒していると考えたにちがいない。太子の政治理念について後にくわしく考えたいが、今、当面の問題を、太子は以下のように考えていたのではないかと思う。

ここで太子を苦しめた問題は、やはり仏教と戦争という問題ではないかと思う。これは実は、梁《りょう》の武帝《ぶてい》をも、百済《くだら》の聖明王《せいめいおう》をも、新羅《しらぎ》の真興王《しんこうおう》をも悩ませた大問題なのである。

太子が愛誦した『維摩経』の思想

仏教は紀元前五世紀に、釈迦のはじめたものであるが、それは、人間を苦悩の存在とみて、その原因を欲望にありとして、欲望を滅ぼすことによって苦悩を去り、安楽を得るという教えであった。そして仏教は戒律を重んじたが、その戒律の第一が殺生戒《せっしょうかい》であった。人間ばかりか、すべての生きるものを殺してはならない。それは釈迦の同時代の、マハービーラのはじめたジャイナ教ほど極端ではなかったが、仏教の僧は肉食妻帯《にくじきさいたい》を禁じ、町を離れて、林や森で簡素で静寂な集団生活をしていた。仏教は、はじめはインド東北の地方に若干の信者をもつにすぎなかったが、やがて紀元前三世紀ころに、この地方からでたアショカ王がインド全体を統一し、仏教を国教にするにおよんで、全インドに広まることとなった。アショカ王は、その猛烈な武勇によって多くの国を征服し、多くの人間を殺した。こういう自己への懺悔《ざんげ》から仏教を信じたのであろうが、彼にはまた仏教の平和思想が、彼がいったんつくった巨大な国を統治するのに役だつという計算があったからであろう。

こうして仏教が国教化すると、もう仏教は初期の時代にもっていた厭世《えんせい》的、隠遁《いんとん》的性格を棄てざるをえなかった。悟りを開いた者は山へ閉じこもったり、林に隠れたりしてはいけない。この世へでて、悩める民衆を救わねばならない。こうして興ったのが大乗仏教である。大乗仏教は、小乗仏教の厭世的、隠遁的な性格をきびしく批判する。その批判をもっともはっきり示している経典が『維摩経《ゆいまぎょう》』である。太子は『維摩経』の義疏《ぎしょ》を書いた。

維摩は、居士《こじ》つまり在家の人間であり、出家の人ではない。しかし彼は、出家の人つまり僧より深く大乗仏教の智恵をもっている。釈迦の直弟子の舎利弗《しゃりほつ》は、ここでは嘲笑《ちょうしょう》の対象である。釈迦の直弟子においては、釈迦の教えは形骸化《けいがいか》してしまって、ほんとうに生き生きした自由な仏教精神はなくなってしまった。釈迦の弟子ではただ一人、文殊《もんじゅ》がこの維摩の相手をするが、彼とても議論すれば、維摩にかなわない。釈迦の弟子のうちでもっとも知識のある文殊すら、維摩にさんざんやっつけられるという話である。この『維摩経』は、大乗仏教でははなはだ人気のある経典であった。それは小乗仏教にたいする、実にきびしい批判の書であるが、こういう経典が在家の仏教信者、とくに仏教を信ずる王侯貴族に気に入られたのは当然であろう。維摩が文殊より、大乗仏教の奥義をきわめているとすれば、仏教の保護者である彼らが、いかなる僧より仏教に通じていることになるからである。私は、『維摩経』は、仏教保護者の王侯貴族の自尊心をもっともくすぐる経典であったと思う。

『維摩経』は、聖徳太子のもっとも愛誦《あいしょう》するところの仏教経典であったことはまちがいない。しかしそれ以上に、それは、あまり仏教を信仰したとは思われない藤原鎌足《ふじわらのかまたり》、不比等《ふひと》の尊崇するところとなったのは、この経典のかかる性格ゆえであろう。

とにかく仏教は、大乗仏教の出現によって、隠遁の教えの性格を棄てて現世救済の性格を強くした。世界否定の思想ではなく、世界肯定の思想となった。そしてこのような世界肯定の思想をもっとも強くうたったのが六朝《りくちょう》思想であり、そこでもっとも尊ばれたのが『涅槃経《ねはんぎょう》』であった。『涅槃経』の教えは、ふつう「常楽我浄《じょうらくがじょう》」という言葉で表現される。世界は常に楽しく、われは浄《きよ》いものである。これは一見、釈迦の説いた教えと正反対の教えのように思える。釈迦の説いた教えは、世界は無常であり、不浄《ふじょう》であるということである。これにたいし『涅槃経』の説く教えは、世界は永遠であり、浄であるということである。とすれば涅槃仏教は、釈迦仏教とはまったく相反する教えではないか。厖大《ぼうだい》な、四十巻におよぶ『涅槃経』という経典は、こういう批判に答えて、つまりそれはけっして釈迦の教えにもとるものではなく、もっとも正しい釈迦の真実の教えであり、このような教えこそ、真に人間救済を可能にすることを綿密に弁証したものであるという。

たしかに現実の世界は無常であり、そしてその世界に住むわれは不浄である。しかし人間は、現実のこの世界、無常で不浄の世界にのみ住むものではない。人間の中には永遠の仏性《ぶっしょう》がある。この仏性に目ざめた人間の世界は永遠であり、また喜びに満ちている。そしてそこに住むわれは浄くて汚れがない。こういう永遠の楽しい世界を生きよ、というのが『涅槃経』の教えである。

こういう教えがまた、当時の中国の王侯貴族を喜ばせたことも当然である。小乗仏教のような現世否定的な教えであれば、彼らはとても信じなかったであろう。それを信仰すれば、それは彼らの生活を否定することになる。彼らは山にこもり、野に隠れねばならぬ。しかし大乗仏教、とくに涅槃仏教はちがう。それは現実世界がそのまま仏の世界であると宣告し、この世界を永遠の極楽に満ちたものと考えている。『涅槃経』が、華麗な享楽生活を送る南朝の王侯貴族に愛誦されていたのは当然である。常楽我浄の名で、彼らは自己の美的享楽生活を合理化し、その美的享楽生活に宗教的裏づけを与えることができたからである。

こういう仏教の変化とともに、戒律の問題もまた変わらざるをえない。僧は肉食を避け、もっぱら菜食をするが、植物といえども、また生命をもっている。人は生きているかぎり、他の生命を殺さずには生きてゆけない。しかし殺生の中でもっとも罪の重いものは、人間を殺すこと、殺人である。殺人は仏教にとってもっとも悪である。どんなことがあっても人を殺してはいけないと初期仏教は教える。もし仏教が世を避け、山に隠れる人の信仰にとどまろうとすれば、それでもよかろう。しかしそれが世俗の人、とくに戦国の世の王侯貴族の宗教になった場合、この殺生戒をどうするのか。

王侯貴族は一国の支配者である。国家とは、他の国家とともに存在している。そうすれば、必然的に他国との戦争が起こる。そして不幸なことに、昔からこの国と国との間のトラブルの最高の調停者は戦争であった。しかも戦争は、必然的に多数の人間の生命を奪う。

一国をあずかる支配者は、その国の民の幸福を第一義としなければならぬ。そうであれば、その民の利益のためにはあえて武力を行使しなければならぬ。ただ防衛のためではなく、攻撃のためにも、あえて武力を行使することが、一国の支配者に与えられた義務である。

しかし、たとえ攻撃のためではなく防禦《ぼうぎょ》のためとしても、武力を行使し人を殺すことは、仏教徒にとって第一の戒律である殺生戒を犯すことになるのではないか。仏教が世俗の、とくに王者の宗教になるとき、仏教はかかるジレンマに陥る。

このような疑問に、『涅槃経』はひとつの答えを出している。力のない人間はほんとうに人間を救済することはできない。仏教者といえども、悪にたいして戦わねばならぬ。有徳《ゆうとく》国王は、護法のために刀杖《とうじょう》をとって破戒の悪比丘《あくびく》と戦い、持戒無欠《じかいむけつ》の覚徳比丘《かくとくびく》を助けたために、その功を認められ、死後、阿閦仏《あしゅくぶつ》の国に生まれて、仏の第一の弟子になったという。

この『涅槃経』の武力肯定思想に目をとめたのが日蓮《にちれん》であり、彼は元《げん》の襲来という国難に気づかず、安逸にふける幕府の指導者に、正法護持《しょうぼうごじ》のため刀杖をとれ、と警告を発したわけである。

このように、大乗仏教にとって、とくに大乗仏教信者の王侯にとって、仏教と戦争というのはまことに大きな問題であった。

梁《りょう》の武帝《ぶてい》は、はなはだ忠実な大乗仏教の信者であった。彼は、大乗仏教、とくに『涅槃経』の精神に従って、きびしく戒律を守り、肉食をせず、淫行《いんこう》をつつしみ、政治にはげみ、学問をきわめ、模範的な王者の生涯をおくった。当時は南北朝の時代であり、北魏《ほくぎ》は内乱で東と西に分裂した。戦略的にみれば、北朝を制圧する絶好の機会であったかもしれないが、彼はあえてそういうことをしなかった。梁がそれほどの武力をもっていなかったせいでもあるが、やはり仏教精神の影響でもあろう。彼のもとにくだった将軍たちを許したのも、彼の慈悲と寛容の徳ゆえであろうが、この慈悲と寛容の徳が、ついに国を滅ぼす原因となったのである。後世、中国の歴史家は梁の武帝を、仏教ゆえに国を滅ぼしてしまった皇帝と考え、反仏教のための反面教師としていつも彼の名があげられるが、それは必ずしも理由なきことではない。

この梁の武帝を誰よりも尊敬したのが百済《くだら》の聖明王《せいめいおう》である。王は三国鼎立《ていりつ》の朝鮮半島のきびしい緊張関係の中で王となり、父・武寧王《むねいおう》にならって、衰えつつある百済を往時の強国にすることを自らの政治課題とした。このような聖明王が熱烈な仏教信者であったことは、まことに悲劇的なことであった。彼は梁の武帝の死後五年めに乾坤一擲《けんこんいってき》の戦いにでて敗死した。仏教と戦争との関係について、聖明王はどのように考えたかよくわからないが、彼は自己の信仰と自己の課題との矛盾の中で生き、自らを滅ぼした悲劇的な運命の国王であったような気がする。

こういう二人の悲劇的運命の国王にたいして、新羅《しらぎ》の真興王《しんこうおう》は、仏教の信者であるとともに、国を興した功労者であるという名誉をになった幸福な国王であった。新羅には、伝統的に武勇を尊ぶ花郎《かろう》制度が残っている。真興王は仏教の興隆者であるとともに、花郎制度の創設者として知られる。そしてこういうところでは、仏教もまた、国家主義的に変容されざるをえない。後にわれわれは、円光《えんこう》によってはなはだ大胆な国家主義的な仏教解釈がなされるのをみるのである。仏教をナショナリズムに従属させることによって、真興王は仏教興隆の王であるとともに、新羅の国を強くさせた王であるという栄誉を後世に残したのである。

梁の武帝、百済の聖明王、新羅の真興王が悩んだ同じ問題は、ここで日本の摂政《せっしょう》・聖徳太子の悩んだ問題なのである。

摂政として、仏教信者として

太子は今、二つの立場にたっている。一つは日本国の摂政《せっしょう》としての立場である。この立場にたつかぎり、国の利益を第一にしなければならない。新羅《しらぎ》征討の問題もこの見地から、つまりいかにそれが日本国の得になるかどうかという、この見地からのみ検討すべきであろう。しかし同時に、彼は熱烈な仏教信者であった。それゆえ、この問題も仏教という思想からその善悪を考えねばならない。

この二つの立場から、今回の新羅征討はどのように考えられるか。

明らかにこの遠征は仏教の精神に反している。戦争は多数の死者を生ぜしめるからである。古来から、海を渡って朝鮮半島におしよせた日本の軍隊が、どれだけの死者を出したか。伝説となった神功《じんぐう》皇后の時代はとにかく、継体帝《けいたいてい》以後のことはいろいろ話が伝わっていよう。時とともに戦局はきびしくなり、多くの軍隊が海を渡って朝鮮半島におもむき二度と帰らなかった。二万五千の軍隊、いったん海を渡り、帰る者いくばくぞや。たとえ高句麗《こうくり》、百済《くだら》の軍の助けを得るとも、敵地での戦争である。いろいろ予想されざる困難が、一度も敵国で戦ったことのない日本の軍隊におそいかかるのは必至である。

また、たとえこの戦争においてわが国の軍隊の奮戦によって勝利を得たとしても、それによって新羅の国民を多く殺傷しなければならぬ。いったん戦争になったら、兵も民も区別はなかろう。敵国にはいったら、すべてが敵兵と思わねばならない。それゆえ、わが兵は阿修羅《あしゅら》のごとく新羅の民を殺さねばならない。いずれにしても戦争は多くの人間の殺害を結果とする。これはとうてい仏教信者の太子として許されないことではなかったか。

後に太子の子の山背大兄皇子《やましろのおおえのおうじ》は斑鳩《いかるが》の地において官軍に囲まれたとき、一戦をすれば勝算があろうという三輪文屋君《みわのふみやのきみ》のすすめに、戦いをすれば多くの人民の命を傷つけるといって、自らの身を敵のえじきにさらしたという。この山背大兄皇子の思想は、聖徳太子の思想を受け継ぐものであろう。太子一家には、仏教の思想、不戦の思想が浸透していたのである。

山背大兄皇子が自分の身に危険がおよんだときでさえ、戦うべきではないと考えたとすれば、別にわが国が危険にさらされなかったこのときに、聖徳太子が戦うべきではないと考えたのは当然であろう。新羅征討は、とうてい仏教徒として許されない。

それでは、この新羅征討は国の益であるのかどうか、それにたいしても太子は疑問であったにちがいない。今、明らかに、日本の軍隊はかつてのような強い兵ではない。そしてそれは永い間の平和に慣れて、実戦の経験をほとんどもたない。国外で外国の兵と戦争をするということに、かつて日本の軍隊は慣れていたが、今や国際戦争の経験をもつ軍人は戦いに役だちそうもない老人をのぞいてほとんどいない。そしてまた、いったんこの戦争に勝ったとしても、その後どうするか。朝鮮半島の領地を統治することは戦争に勝つこと以上にむずかしい。こういうことは過去の経験で、よくわかっているではないか。半島に兵を送ることは日本の立場からいっても、けっして好ましいこととはいえない。

では、どうして事はここまできたのか。それは欽明帝《きんめいてい》の遺勅ゆえである。この遺勅は、欽明天皇の血を引く後継者たちには絶対の重みをもっていた。また任那《みまな》回復はナショナリズムの感情に自然に訴え、俗耳にひびきやすい。日本を再びかつてのような大帝国にしたい、そうした欲望が多くの日本人の心に、とくにかつて朝鮮半島で武勇をほしいままにした英雄たちの血を引く豪族にはある。そしてそれは、ともすると政府の弱腰を批判する声となるのである。

推古帝《すいこてい》は、父の遺勅とともに、こういう豪族たちの声に従おうとするのであろう。もちろん聖徳太子にとっても、この遺勅はけっして無視できるものではなかった。彼もまた欽明帝の血を引く、孝心の厚い皇子であった。欽明帝の遺勅は、彼の前に絶対的な重みをもって存在している。この遺勅は、明らかに時代遅れの願望であることを、聖徳太子はとっくの昔から感じていたにちがいない。それは仏教の精神とも矛盾し、おそらく国益にもならない。しかしそれは祖父の遺勅であり、またどうにも抗しがたい世論でもある。

とすればどうしたらよいか。この仏教精神にものっとり、国益を図り、その上、遺勅を実現する道はないか。戦いに訴えずに、祖父の遺勅を実現できる方法はないものか。

私は、すでにこのときから太子は、彼に与えられた二つの課題、つまり仏教国家の建設と、欽明帝の遺勅の実現という二つの課題を両立させる道を模索していたと思う。彼がこういうふうに考えていたとすれば、大軍を筑紫《つくし》まで派遣することに賛成しても、それを朝鮮半島に出すことにたいして、彼は消極的であったと考えられる。三国同盟の形だけととのえて新羅を牽制《けんせい》し、それによって高句麗《こうくり》や百済《くだら》を利せしめるという形で、なんとか約束を果たせないものか。

私は、結果からみれば、太子は馬子《うまこ》と同じ意見であったと思うが、その理由はだいぶちがうと思う。太子にとって第一の問題は、やはり思想の問題であるが、馬子にとっては、やはり国家の、併せて自家の利益の問題であった。

以上、推古帝、馬子、太子三人の意見は、このとき以前、あるいはその後の三人の行動を、残された史料から類推した私の想像である。しかし、人間というものは、思わぬ場面で思わぬ主張をすることがあるので、三人がはっきりそう主張したとは断言できない。しかしこのとき、推古朝の政治支配者の間に意見の対立、あるいは意見の違いがあったことはまずまちがいないと思う。

なぜなら来目皇子《くめのおうじ》の病気を理由にして、新羅派兵を中止しているからである。もしどうしても戦いたいという意志があるならば、たとえ将軍が病気になっても、さっそく別の将軍を任命して、兵を発せしめることもできるはずである。そういうことをせず、荏苒《じんぜん》として日を送った感があるのは、どうしたわけであろう。私は、これは来目皇子の病気をいいことにして、出兵を中止させたのではないかと思う。これで出兵を中止する口実ができる。さっそく日本は、高句麗や百済に将軍が病気のため出兵が遅れる旨を通告したのであろう。

日本軍を待たず新羅に侵攻した百済

(武王《ぶおう》)三(六〇二)年秋八月、王、兵《いくさ》を出《いだ》して新羅《しらぎ》の阿莫山城《あまくさんじやう》を囲む。羅王《らわう》の真平《しんぺい》、精騎《せいき》数千を遣はして、之《これ》を拒《ふせ》ぎ戦ふ。我が兵《いくさ》、利を失ひて還る。新羅、小陁《をた》、畏石《ゐせき》、泉山《せんざん》、甕岑《をうしん》の四城を築き、我が疆境《さかひ》を侵逼《しんひつ》す。王、怒りて、佐平《さへい》の解讎《かいしう》をして、歩騎四万を帥《ひき》ゐて、其の四城に進攻せしむ。新羅の将軍の乾品《かんぴん》、武殷《むいん》、衆《いくさ》を帥ゐて拒ぎ戦ふ。解讎《かいしう》、利あらず、軍を引きて、泉《せん》山《ざん》の西、大沢《おほさは》の中に退き、伏兵《ふくへい》をもつて之《これ》を待つ。武殷《むいん》、勝《かち》に乗じて、甲卒一千《かふそついつせん》を領《ひき》ゐて、追ひて大沢に至る。伏兵を発して、急に之を撃つ。武殷《むいん》、馬より墜ち、士卒《しそつ》、驚駭《きやうがい》し、為すところを知らず。武殷《むいん》の子・貴山、大言して曰く、「吾、嘗て師に教《をしへ》を受くるに、曰く、『士《さむらひ》は軍《いくさ》に当たりて退くことなし』と。豈《あに》、あへて奔《はし》り退きて、もつて師の教を墜とさむや」と。もつて、馬を父に授《さづ》け、即ち、小将《せうしやう》の箒項《さうかう》と、戈《ほこ》を揮《ふる》ひ力闘し、もつて死す。余《ほか》の兵《いくさ》、此を見て、益《ますます》奮《ふる》ふ。我が軍《いくさ》、敗績《はいせき》して、解讎《かいしう》わずかに免れ、単馬《たんば》をもつて帰る。

（「百済本紀《くだらほんぎ》」）

この戦闘は、例の聖明王《せいめいおう》の死のとき（五五四年）以来の、新羅《しらぎ》と百済《くだら》の間のもっとも激しい戦闘である。

このとき、百済の王は、法王《ほうおう》がわずか在位一年で死んだので、その子の武王《ぶおう》が即位した。つまり威《い》徳王《とくおう》の後、百済の王は、恵王《けいおう》、法王と一年ずつしか続かなかったのである。何か王位継承のトラブルでもあったのではないかと思う。あるいは、このトラブルに、高句麗《こうくり》や日本が関与しているのかもしれない。とにかく、聖明王の曾孫《そうそん》にあたる武王は、六〇〇年に即位した。彼は「風儀は英偉《えいゐ》にして、志気は豪傑《がうけつ》」といわれる英君であった。百済の新羅討伐策も、彼の政治路線であろう。

私はおそらく、この八月に日本からも兵が来て、同時に新羅を攻めることになっていたと思う。しかるに日本の派兵は、来目皇子《くめのおうじ》の病気で中止になった。百済はどうするか。私は、血気にはやった武王は、日本の兵の到来を待てずに、新羅に侵攻を仕かけたのではないかと思う。

この戦いは、結果としては百済の敗北であった。

百済の武王が兵を出し、新羅の阿莫山城《あまくさんじょう》を囲んだ。明らかに戦いを仕かけたのは、百済のほうである。しかし新羅の真平王《しんぺいおう》は、数千の精兵を出して防いだ。それで利あらずとみた百済は、新羅の領地から兵をひいたのであろう。おそらくその時点で、百済は、日本軍の援助がないことを知ったのであろう。百済軍は兵をひいて、自国へひきあげたわけであるが、当然、新羅は、百済軍を追って百済の国境を越える。とうとう戦争は大規模となり、佐平《さへい》の解讎《かいしゅう》が四万の兵を率いて、四つの城を攻めることになるが、どうしても勝てない。そこで一計を案じて、大沢の中に伏兵を置き、追撃する新羅軍を沢地に追いこみ、行動力を失わせて、敵兵を討ちとろうとしたのであろう。この策は成功して、新羅の軍は窮地に陥り、大将の武殷《むいん》は殺されそうになる。この新羅の急場を救ったのが、武殷の子の貴山《きざん》である。

円光の説く五つの戒

この貴山《きざん》の話は、『三国史記《さんごくしき》』の「列伝」にもあり、このことは前にも述べたが、貴山が円光《えんこう》に「何か一言賜りたい、それを一生の誡《いまし》めとしたい」と願うと、円光は、「仏戒《ぶつかい》に菩薩戒《ぼさつかい》があって、その別に十ある。お前は、人の臣子として、それを守るに耐えがたいであろうが、世俗の五戒があるから、それを守れ」といって示したのが、

一、君に事《つか》えるに忠《ちゅう》を以《もっ》てす。
二、親に事えるに孝《こう》を以てす。
三、友と交わるに信《しん》を以てす。
四、戦《たたかい》に臨んで退《しりぞ》くことなし。

五、生を殺すに択《えら》ぶことあり。

という五戒であった。これを聞いて貴山が、「四番めの戒まではよくわかるが、五番めの戒はよくわからない」というと、円光は「それは、六斎日《ろくさいにち》、つまり陰暦の八日、十四日、十五日、二十三日、二十九日、晦日《みそかび》の六日の春夏の月には殺さない。また馬、牛、鶏《にわとり》、犬などの家畜や、肉が一切れの身にもならない小さい生き物は殺さない。つまり殺すには、時と物とを選ぶというのが『生を殺すに択ぶことあり』という戒である」といったというのである。

この円光が貴山にさずけた戒律は、はなはだ興味深い。彼は、殺生戒《せっしょうかい》をはじめとするふつうの戒律を貴山が守れないのを知っている。それを守ったらとても強い軍人となれない。それで新しい倫理規定を貴山にさずけるのである。このはじめの三つの戒律は、明らかに儒教《じゅきょう》の道徳である。ここでもおそらく第一の道徳「君に忠」が強調されているのであろうが、この三つの倫理規定は、わが国が戦前まで採用していた道徳、「教育勅語」に示されている道徳と、そんなに変わりはない。

仏教の精神は、ここで、わずかに第五の戒律によって、しかも部分的にのみ示される。つまり仏教の第一の戒律・殺生戒が、ここでかろうじてわずかに保たれているのである。大量の人間を殺害する戦争を、人の臣子たる軍人は避けることができない。しかし、そういう殺生を仏教徒としてすすめることはできない。それゆえ、仏教徒として、せめて無益な殺生を避けよ。たまには殺生をしない清浄な日をもてというよりしかたがない。春夏の月の六斎日、せめてこの日だけはそういう清浄な日であってほしい。家畜や小さいものを殺さない。つまり人間が生活していくのに必要なものの殺生はやむをえないが、人間と親しくしている生きものを殺したり、無用な殺生をするな。それがせめてもの仏教の戒律である。円光は仏教の戒律を、わずかこの一項に、しかもはなはだ省略した形に限定してしまった。

ここで「戦に臨んで退くことなし」という第四の戒に注意しよう。これは儒教でも仏教でもない。まさにこれは今、新羅が直面している国家危機からくる戒である。こういう戒を貴山にさずけた円光は、ただの仏教者ではあるまい。むしろ彼は、新羅がおかれた歴史的状況から、新羅の民に新しいひとつの倫理規定を与えた思想家であるといわねばならない。このとき、若い貴山をして、阿修羅《あしゅら》のごとき奮戦をさせ、国と父を救ったのは、円光のさずけた戒律、主として第四の戒律であった。そして貴山の奮戦の模様は、新羅《しらぎ》の人々の永く記憶するところとなった。『三国史記』の「列伝」に、若くして死んだ貴山のことが語られるのは、彼の死がまことに激烈であったことにもよろうが、一つには、やはりこのときの戦いが、後の新羅の興隆のもとになったからであろう。

軍隊派遣と文化の交換

この年（六〇二）の「新羅本紀《しらぎほんぎ》」には、以下のような記事がある。

（真平王《しんぺいおう》）二十四年、大奈麻《おほなま》の上軍《じやうぐん》を使に遣はし、隋《ずゐ》に入りて、方物《はうぶつ》を進《たてまつ》る。秋八月、百済《くだら》、来《きた》りて阿《あ》莫城《まくじやう》を攻む。王、将士をして逆《さから》ひ戦はしめ、大いに之《これ》を敗《やぶ》る。貴山、箒項《さうかう》、死す。九《く》月《ぐわつ》、高僧の智明《ちめい》、入朝使《にふてうし》の上軍に随ひて還る。王、明公《めいこう》の戒行《かいぎやう》を尊敬し、大徳と為す。

新羅の動向は、この記事によって知られる。この年の二月には、日本が新羅侵攻の軍を用意した。そしてその前年の九月には、新羅のスパイが対馬《つしま》に来てつかまった。これはつかまったスパイの例で、つかまらないで無事に新羅に帰り、ただならぬ日本の国情を報告したスパイがあるにちがいない。すると、この六〇二年の隋《ずい》への朝貢の使は、新羅をめぐって展開されている三国同盟の動きを隋に報告し、援助を求めたものであろう。そしてこの使は、九月に帰って来たが、ここで、僧がこういう外交と政治問題の顧問をしていたことはまちがいない。

おそらく、かつて聖明王《せいめいおう》が〃幻の日本軍〃を待ち、やっと願いがかなって、派遣された一千の日本軍とともに新羅を攻め、大敗戦をこうむったように、このとき、百済《くだら》の武王《ぶおう》もまた〃幻の日本軍〃に裏切られて、大敗戦を喫《きつ》したのではないか。

(推古《すいこ》十年/六〇二)冬十月《かむなづき》に、百済《くだら》の僧《ほふし》観勒《くわんろく》来《まうおもぶ》けり。仍《よ》りて暦《こよみ》の本《ためし》及び天文地理の書《ふみ》、幷《あはせ》て遁甲方術《どんかふはうじゆち》の書を貢《たてまつ》る。是の時に、書生《ふみまなぶるひと》三四人《みたりよたり》を選びて、観勒に学び習はしむ。陽胡史《やごのふびと》の祖《おや》玉陳《たまふる》、暦法《こよみ》を習ふ。大友村主高聰《おほとものすぐりかうそう》、天文遁甲《てんもんどんかふ》を学ぶ。山背臣《やましろのおみ》日立《ひたて》、方術《はうじゆち》を学ぶ。皆学びて業《みち》を成しつ。

潤十月《のちのかむなづき》の乙亥《きのとのゐ》の朔《ついたち》己丑《つちのとのうしのひ》に、高麗《こま》の僧《ほふし》僧隆《そうりゆう》・雲聰《うんそう》、共に来帰《まうおもぶ》けり。(『日本書紀』)

またしても新しい文明の移入である。どうしてこうなのか。いつも日本が兵を新羅に出したら、あるいは出すふりをしたら、朝鮮から文化が移入される。これを私は、日本の軍隊の派遣と文化の交換と考えてきたけれど、このときも、それと同じことが起こっている。

この暦について、『三代実録《さんだいじつろく》』の貞観《じようがん》三(八六一)年六月十六日に、

陰陽頭従五位下兼行暦博士《おんみやうのかみじゆごゐげけんぎやうこよみのはくし》の大春日朝臣真野麻呂《おほかすがのあそんまののまろ》、奏して言はく「謹《つつし》みて撿《しら》ぶるに、豊《とよ》御食炊屋姫天皇《みけかしきやひめのすめらみこと》(推古)十年十月《かむなづき》、百済国《くだらのくに》の僧・観勒《くわんろく》、始めて暦術《れきじゆつ》を貢《こう》ず。而《しか》して未だ世に行はれず。高天原広野姫天皇《たかまのはらひろのひめのすめらみこと》(持統《じとう》)四年十二月《しはす》、勅《みことのり》ありて、始めて元嘉暦《げんかれき》を用ふ。次に儀鳳暦《ぎほうれき》を用ふ……」と。

とある。とすれば、このとき、観勒《かんろく》の伝えた暦法は世に行われず、正式の暦法に認められたのは持統《じとう》

帝《てい》の御世の元嘉暦《げんかれき》ということになるが、一条兼良《いちじょうかねら》の『日本書紀纂疏《にほんしょきさんそ》』は次のようなことをいっている。

開皇《かいこう》二十年に、劉焯《りゅうしゃく》が高祖《こうそ》（文帝《ぶんてい》）の命令で暦をつくった。これが皇極暦《こうぎょくれき》である。推古十年は、開皇二十二年にあたっている。おそらく観勒《かんろく》の暦は、皇極暦ではなかろうか。以後、元嘉《げんか》、儀鳳《ぎほう》、大衍《たいえん》、五紀《ごき》などの暦が用いられ、清和《せいわ》天皇の貞観《じょうがん》三年にいたって、宣明暦経《せんみょうれききょう》が用いられ、天徳《てんとく》二年には符天暦経《ふてんれききょう》が行われるようになった。

このとき、観勒がもって来た暦が、兼良がいうように、開皇二十年につくられた皇極暦《こうぎょくれき》ならば、それがつくられてわずか二年で日本に来たことになる。ちょっと早いような気がするが、当時の文化移入の早さを考えれば、まんざらありえない話ではあるまい。

こうして新しい文明が移入されると、必ずそれをわが国の学者に習わせるのが常である。暦法を学んだのは陽胡史《やごのふびと》の祖の玉陳《たまふる》であるが、この陽胡史および楊侯忌寸《やごのいみき》の祖は、『姓氏録《しょうじろく》』に「隋《ずゐ》の煬帝《やうだい》の後、達率《だちそち》楊侯阿了王《やごのあれうわう》自《よ》り出《い》づ」とある。自分の先祖を隋の煬帝《ようだい》に関係せしめようとしているわけであるが、年代が合わない。事実とはいえないが、それは、玉陳が観勒から学んだ暦法が隋から来たものなので、その縁で隋の煬帝の子孫といったのであろうか。同じ年、高句麗《こうくり》から僧隆《そうりゅう》、雲聡《うんそう》が来た。おそらく、慧慈《えじ》の仕事を助け、日本との間により密接な関係を結ぼうとするものであろう。

来目皇子の死と新羅征討の中止

こうしているうちに、来目皇子《くめのおうじ》は死んでしまう。続いて『書紀』を見よう。

（推古《すいこ》）十一（六〇三）年の春二月《きさらぎ》の癸酉《みづのとのとり》の朔丙子《ついたちひのえねのひ》に、来目皇子《くめのみこ》、筑紫《つくし》に薨《う》せましぬ。仍《よ》りて駅使《はいま》して、奏《まう》し上《あ》ぐ。爰《ここ》に天皇《すめらみこと》、聞きて大きに驚きて、皇太子《ひつぎのみこ》・蘇我大臣《そがのおほおみ》を召して、謂《みことのり》して曰《のたま》はく、「新羅を征つ大将軍《おほきいくさのきみ》来目皇子薨《みう》せぬ。其の大きなる事に臨みて、遂ぐることえずなりぬ。甚《はなは》だ悲しきかな」とのたまふ。仍《よ》りて周芳《すはのくに》の娑婆《さば》に殯《もがり》す。乃ち土師連《はじのむらじ》猪手《ゐて》を遣《まだ》して、殯《もがり》の事を掌《つかさど》らしむ。故《かれ》、猪手連《ゐてのむらじ》の孫《うみのこ》を娑婆連《さばのむらじ》と曰ふ。其れ是の縁《よし》なり。後に河内《かふち》の埴生山《はにふのやま》の岡《をか》の上に葬《はぶ》る。

とうとう来目皇子は死んでしまった。国家の一大事である。さっそく使者が大和《やまと》へ飛んだ。この知らせを聞いて、天皇は大いにおどろいて、新羅《しらぎ》を討てなくなったのをはなはだ嘆いたという。当然である。この遠征は彼女の政治生命をかけての大事である。父・欽明《きんめい》の遺勅と夫・敏達《びだつ》の悲願が、それによって実現されようとしているのである。彼女は聖徳太子と馬子《うまこ》に、この来目皇子の死という事態にどういう手を打つかをはかったにちがいない。

しかし二人の反応は冷たかったのではないかと思う。もとより聖徳太子は、彼がもっとも信頼している同母弟を亡くしたのである。悲しくないはずがない。しかしここで、この事態にもっとも動揺したのは推古帝《すいこてい》であり、太子ではなかろう。私は、太子と馬子はここで、軍を新羅に派遣しなくてすむひとつの口実を得たと、ひそかに喜んだのではないかと思う。

夏四月《うづき》の壬申《みづのえさる》の朔《ついたちのひ》に、更に来目皇子の兄《いろね》当摩皇子《たぎまのみこ》を以て新羅を征つ将軍《いくさのきみ》とす。

次いで任命されたのは当摩皇子《たぎまのおうじ》である。当摩皇子は、母は聖徳太子とちがう。母は葛城直《かつらぎのあたい》磐村《いわむら》の娘であり、『古事記』には飯女之子《いいめのこ》、『日本書紀』には広子といい、『法王帝説《ほうおうていせつ》』には伊比古《いひこ》といわれる女性である。当摩皇子は一名、麻呂子皇子《まろこのおうじ》といい、この皇子には多くの伝説があり、後の当麻寺《たいまでら》の建立者ともなった人である。兄とあるので来目皇子《くめのおうじ》より年上であろう。まあ来目皇子の後任の将軍とするのに、もっともふさわしい人物であろう。

秋七月《ふみづき》の辛《かのとのうし》丑の朔《ついたちみづのとのうのひ》癸卯に、当摩皇子《たぎまのみこ》、難波《なには》より発船《ふなたち》す。丙午《ひのえうまのひ》に、当摩皇子、播磨《はりま》に到る。時に、従ふ妻舎人姫王《つまとねりのひめおほきみ》、赤石《あかし》に薨《みう》せぬ。仍《よ》りて赤石の檜笠岡《ひかさのをか》の上に葬《はぶ》る。乃ち当摩皇子返りぬ。遂に征討《う》つことをせず。

ここでまた事件が起こった。当摩皇子の妻の舎人姫王《とねりのひめおおきみ》の死である。当時、従軍するときに妻を連れて行ったのであろうか。この従軍の妻、舎人姫王《とねりのひめおおきみ》が明石《あかし》で死んだ。それで当摩皇子は帰って来て、ついに新羅征討をやめてしまったというのである。

これは妙な話である。海外へ戦争に行くのに、妻を連れて行くというのもおかしいが、妻が死んだからといって帰って来るのは、いっそうおかしい。そして朝廷は、そういう公私混同の将軍を罰しもせず、かえって征討そのものをやめてしまう。

これは、はじめから、おそらく来目皇子が死んだとき以来、もう朝廷には征討軍を派遣する意志がなかったからであると思う。ただ高句麗《こうくり》や百済《くだら》のために、将軍を派遣するふりをする。そして妻の死を理由に、朝廷は当摩皇子を明石からひきあげさせ、討伐そのものを中止したのではないかと思う。これは推古天皇の意志であるより、太子と馬子の意志であったと私は思う。

三国同盟の失敗

（嬰陽王《えいようおう》）十四（六〇三）年、王、将軍の高勝《かうしよう》を遣はし、新羅の北漢山城《きたかんざんじやう》を攻む。羅王《らわう》、兵《いくさ》を率《ひき》ゐて漢水《かんすい》を過《わた》り、城中にて鼓《つづみ》を噪《さわ》がせ、相応《あひおう》ず。勝《しよう》、彼衆《おほ》く、我寡《すく》なきを以て、恐れて克《か》てずして退く。

（「高句麗本紀《こうくりほんぎ》」）

（真平王《しんぺいおう》）二十五（六〇三）年秋八月、高句麗、北漢山城を侵《をか》す。王、親《みづか》ら兵《いくさ》一万を率《ひき》ゐて、以て之《これ》を拒《ふせ》ぐ。（「新羅本紀《しらぎほんぎ》」）

この事件も、この三国同盟のひとつの過程で起こった事件ではないかと思う。三国は同盟したけれど、けっして一枚岩ではなかったのである。高句麗《こうくり》は百済《くだら》が動くのをじっと見ていたが、どうも戦況は思わしくないらしい。先の約束もあるので、兵を出して北漢山 城《きたかんざんじょう》を攻めたのであろう。北漢山城は、今のソウルのあたりである。しかしここでも、やはり高句麗は勝てなかったのである。高句麗としては無理な戦いを起こして、軍隊を労するのを何よりも恐れたのであろう。軍隊はできるだけ温存し、きたるべき隋《ずい》の侵攻に備えなければならない。

これが三国同盟による新羅《しらぎ》征伐のほぼ全容である。結果的に、これは失敗であったと私は思う。そしてその失敗のほとんどの責任を日本が負うべきであると思う。なぜなら日本は、筑紫《つくし》まで兵を送り、兵を出すようなふりをしたが、けっして兵を出さなかった。六〇二年の百済と、翌年の高句麗の敗戦は、こういう日本のにえきらぬ態度に大いに関係があろう。高句麗と百済は日本にたいして多くの怒りを感じたのであろう。

しかし彼らは、そうは思っても、日本を怒らすつもりはなかった。高句麗にとっては、隋の侵攻は近い将来に、ほぼ確実におとずれる事態であった。そのときに独力で高句麗は隋と戦わねばならぬ。せめて南のほう、百済と新羅は中立にしておきたい。百済はとにかく、新羅はここ数十年間の紛争からみて、とても中立ではありえない。それゆえ、やはり新羅を牽制《けんせい》するには、どうしても日本の力を借りなければならない。日本はたしかに、高句麗の要請に二度にわたって、筑紫《つくし》まで兵を出して新羅を牽制してくれた。新羅もうかつには動けまい。

日本は、極東の孤島である。それは海を隔てているので、外国の侵略をこうむることが少ない。高句麗や百済のように、二つ以上の敵国から攻められるということは考えられない。海は島国・日本の最大の安全保障であった。聖徳太子や馬子《うまこ》は、この日本の地理的有利さを最大限に利用しているように思われる。新しい東アジアの風雲の中で、朝鮮三国は、戦々競々《せんせんきょうきょう》として、よしみを日本に求めてきている。今こそ、この外交的に有利な立場を利用して、文化を海外から安く移入して、日本を近代国家にしなければならない。もう二度と中国の皇帝の前で恥をかかないような国家組織を、早急につくらねばならない。太子と馬子は協力して、海外から文化人をよび、その力で日本を近代化しようとしていたのである。

第五章　小墾田遷都と政治の革新

一代一宮制を破った小墾田遷都

先に私はいった。推古《すいこ》九（六〇一）年以後、広い意味での太子の政治がはじまる、それ以前は、政治の主導権は馬子《うまこ》にあり、太子にとってその期間は政治の見習い期間にすぎなかったのではないか、と。とくに真の太子政治の開始が、推古十一年十二月の「冠位十二階《かんいじゅうにかい》」の制定と、翌十二年正月のその実施、および同年四月の「憲法十七条」の制定にあることは、いうまでもない。この二つの事績は、太子の政治のはじめであるとともに、新しい日本の政治のはじめでもあった。ところが、『日本書紀』はこの劃期《かっき》的ともいうべき太子政治のはじまる前に、三つの事件を報告している。


(推古《すいこ》十一年) 冬十月《かむなづき》の己巳《つちのとのみ》の朔《ついたち》壬申《みづのえさるのひ》に、小墾田宮《をはりだのみや》に遷《うつ》る。

十一月《しもつき》の己亥《つちのとのゐ》の朔《ついたちのひ》に、皇太子《ひつぎのみこ》、諸《もろもろ》の大夫《まへつきみたち》に謂《かた》りて曰《のたま》はく、「我、尊き仏像《ほとけのみかた》有《たも》てり。誰か是の像《みかた》を得て恭拝《ゐやびまつ》らむ」とのたまふ。時に、秦造《はだのみやつこ》河勝《かはかつ》進みて曰はく、「臣《やつかれ》、拝みまつらむ」といふ。便《すで》に仏像を受く。因《よ》りて蜂岡寺《はちのをかでら》を造る。

是の月に皇太子、天皇《すめらみこと》に請《まう》したまひて、大楯《おほたて》及《およ》び靫《ゆき》を作り、又旗幟《はた》に絵《ゑが》く。

もしも「冠位十二階」と「憲法十七条」の制定をもって、太子の政治の第一幕とするならば、これらは序の幕を示す事件であろう。われわれはこの劃期的な第一幕を論じる前に、序の幕の考察に入らねばならない。

この序の幕である三つの事件のうち、はじめの事件は、他の二つの事件と意味を異にする。はじめの事件は遷都《せんと》である。それはいわば、これから起こるべき大いなる事件の舞台設定なのである。この遷都の意味について、今まではほとんど注意がはらわれなかった。しかしこの遷都は、それまでの日本の政治の慣習からいって、たいへん異例なことなのである。

それまで日本の都は、原則として一代一宮であった。おそらく死を忌《い》む心が強かったためであろう。日本の宮殿は、前代の天皇が死んだら、見棄てられるのである。そして次代の天皇は、新たに自分の家を宮殿として、そこで政治をとるのである。それゆえ厳密にいえば、それまで日本には都というものがなかったといってよい。天皇のいる宮殿のあるところ、そこが都である。そしてその天皇が死ねば都はかわる。この風習は、さぞ不便なことであったろうと私は思う。すでに三韓《さんかん》に出兵し、対外関係も深くなったからには、恒常の都をもたないと、さまざまな不便が生じたにちがいない。

だいいち、それではとても巨大な宮殿や都市をつくることはできない。すでにそうとう多くの財宝と臣下をもつ宮廷が、まるごと引っ越すのはたいへんである。それゆえ当時の日本の宮殿は、日本の国力に比べて、はなはだ粗末なものであったと思われるが、三韓との関係も深まったころになると、それではどうにも国家の体面上困ることが多かったにちがいない。

一代かぎりの遷都は、困ったことであったにちがいないが、日本人が過去、何百年の間続けてきた風習を、容易にやめることができず、このころまで原則として都は一代にしてかえられていた。それ

磯城瑞籬宮跡（桜井市）

で天皇の名も磯城瑞籬宮《しきのみつかきのみや》御宇《あめのしたしらしめしし》天皇《すめらみこと》（崇神《すじん》）とか、あるいは泊瀬朝倉宮《はつせのあさくらのみや》御宇《あめのしたしらしめしし》天皇《すめらみこと》（雄略《ゆうりゃく》）というふうに、都の名称でよばれるのである。こういうよび方は、おそらく日本のみに、日本の上代のみに通用するよび名であろう。

ところがこういうよび名が通用するのは、その天皇一代かぎりである。それは、その天皇が在位中は、都を勝手にかえてはいけないという原則があるからである。都は一世一代かぎりのもの、しかも一代の間はかえてはいけない、それが当時の日本の不文律であったのであろう。それゆえ継体帝《けいたいてい》のように、まだ権力の基礎が定まらず、用心しながら大和《やまと》に入ってきた天皇などの場合をのぞいて、都はその天皇が在位の間はかわらなかった。

しかし今、この原則を推古帝《すいこてい》は破ろうとしているのである。これはまさに重大な出来事であるといわねばならない。何事においても、先代までの慣習が重んぜられる古代の宮廷社会である。前例を破るには、よほどの覚悟が必要であろう。何のために推古天皇はそのような覚悟をしたのか。そしてもし聖徳太子が、この遷都の主唱者であるとすれば、なぜ太子は、かかる前例を破った大胆な行動をしたのか。

聖書に曰《いわ》く「新しいぶどう酒は、新しい革袋《かわぶくろ》に」と。まこと、聖書の言葉のように、新しい酒は、新しい革袋にもらねばならない。古来からの政治改革者は、改革の前に、必ずといってよいほど遷都を行った。古い都には、古い政治の体質がしみついているのである。新しい土地に都を遷《うつ》して、人心を一新して、政治の革新を行わねばならない。

その後の日本の歴史を考えてみよう。

蘇我《そが》氏を滅ぼして大化改新《たいかのかいしん》を行おうとした孝徳《こうとく》天皇と、それを助ける中大兄皇子《なかのおおえのおうじ》（天智《てんじ》天皇）と藤《ふじ》原鎌足《わらのかまたり》は、大和の都を棄てて難波《なにわ》へ都を遷した。新しい政治は新しい都でのみ可能であったのである。また持統《じとう》帝とそれを助ける藤原不比等《ふじわらのふひと》は、藤原京《ふじわらきょう》へ遷都した。「大宝律令《たいほうりつりょう》」は、この藤原京でできたのである。そしてまた平城《へいじょう》遷都、そしてそこで律令がより整備され、「養老律令《ようろうりつりょう》」ができるとともに、『古事記』、『日本書紀』の撰上《せんじょう》などが行われた。今の日本の政治形態をつくったといえる新しい政治は藤原京ではじめられ、平城京で完成したといえる。以後の政治革新、たとえば桓武《かんむ》天皇の場合、源頼朝《みなもとのよりとも》の場合、徳川家康《とくがわいえやす》の場合も同じことがいえる。新しい政治は新しい場所、京都、鎌倉、江戸で可能であったとすれば、日本におけるすべての新しい政治は、新しい政治の舞台を選ぶことからはじめられたといえる。

今、わが聖徳太子は、今までの日本の天皇の誰もがなしえなかったような、新しい政治を行おうとしている。太子が、その新しい政治に必要な新しい舞台を必要としなかったであろうか。いったい、小墾田《おはりだ》（少治田・小治田）遷都はどういう意味をもつのか。

先に述べたように、この遷都の意味について、今まで一人の学者も注意していない。たとえば、推古天皇は豊浦宮《とゆらのみや》に即位されたが、十年後に少治田宮《おはりだのみや》にうつり、以後ここに在したので古事記はじめ諸史は、少治田天皇《おはりだのすめらみこと》と記す。ちなみに豊浦宮も少治田宮も同じ飛鳥《あすか》の指呼《しこ》の間にあり、遷都のごときものではない。ゆえに少治田宮をもって推古朝をあらわす。また少治田一帯を飛鳥とも称したのである。

（亀井《かめい》勝一郎《かついちろう》『上代思想家の悲劇――聖徳太子』）

というような見解が、代表的見解である。亀井氏はすぐれた文化史家である。私は氏に教えられるところが多いが、ここでこの小墾田遷都を、「遷都のごときものではない」という。遷都の意味は、ここではほとんど完全に無視されている。しかしそれでは、私は、太子の行った政治の革命的意味が十分に理解されないと思う。

ここで亀井氏が「少治田宮をもって推古朝をあらわす」といったのは、たとえば『古事記』の推古帝についての記載の文章を考えているのであろう。『古事記』では、推古帝のことを「豊御食炊屋比《とよみけかしぎやひ》売命《めのみこと》、小治田宮《をはりだのみや》に坐《ま》しまして、天《あめ》の下治《したし》らしめすこと、参拾漆歳《みそぢまりななとせ》なりき」とある。ここで推古帝の宮殿は、小治田とのみあり、豊浦《とゆら》とは一言も記せられていないのである。『古事記』は、一代一宮制の記載を守ろうとしたのであろう。『古事記』に書かれているのは推古天皇の御世までのことであるが、この推古帝の御世から一代一宮制はくずれてゆくのである。それゆえ『古事記』は、宮の記載において、この原則をくずそうとせず、推古帝の宮を小墾田に代表させたのであろう。

しかし、そのことが、亀井氏のように、小墾田が豊浦であるとか、豊浦の近くにあるということにはならない。また「少治田一帯を飛鳥とも称」すると亀井氏はいうが、そういうことはいえない。古文の文献においてそうであるし、また、現代でも飛鳥が小墾田とよばれているわけではない。しかし、この小墾田を豊浦あるいは飛鳥と同一であると考えるのは、亀井氏一人の見解ではなく、現代の学者の共通な意見である。小墾田を豊浦、あるいは飛鳥と同一であるとすれば、この遷都はほとんど無意味になる。なぜなら、同じところ、あるいはほとんどちがわないところに都を遷しても、それは正しい意味における遷都といえないからである。亀井氏のいうように、遷都というようなものではないとすれば、今までのほとんどの学者は、この遷都の記事を本気にしなかったといえる。

〝小墾田〟という地

小墾田《おはりだ》は、いったいどこにあるのか。それは豊浦《とゆら》そのものか、あるいは豊浦とほとんどちがわないほど豊浦の近くにあるのか。それともそれは飛鳥《あすか》と同じ意味なのであろうか。われわれは、こういう詮索《せんさく》に入る前に、小墾田というのはどういう土地か、『古事記』や『日本書紀』や『万葉集』などで考えてみることにしよう。

小墾田あるいは小治田《おはりだ》の名は、『日本書紀』の「允恭紀《いんぎょうき》」、あるいは「安閑紀《あんかんき》」にでてくるが、なんといっても当時の人々、とくに推古帝《すいこてい》や聖徳太子や馬子《うまこ》にとってその名が忘れられなかったのは、それが日本仏教の発祥地ともいえるべき場所であったからである。

欽明《きんめい》十三（五五二）年、仏教が日本に伝来したとき、欽明帝《きんめいてい》は、物部《もののべ》氏や中臣《なかとみ》氏をはばかって、仏教を蘇我《そが》氏の私的宗教として許可した。

　大臣《おほおみ》、跪《ひざまづ》きて受けたまはりて忻悦《よろこ》ぶ。小墾田《をはりだ》の家に安置《ま》せまつる。懃《ねむごろ》に、世を出づる業《わざ》を修《をさ》めて因《よすが》とす。向原《むくはら》の家を浄め捨《はら》ひて寺とす。

と『日本書紀』にある。欽明帝の御世に、蘇我稲目《そがのいなめ》は小墾田の家に住んでいたのである。そして彼は、自分の家で仏像を祀《まつ》って、日々それを拝んでいたわけである。そして別に向原《むくはら》の、おそらくは別荘であろうと思われる家を寺としたというのである。

この向原（牟久原《むくはら》）は、豊浦寺《とゆらじ》であると『元興寺縁起《がんごうじえんぎ》』は語るが、『縁起』によると、この寺は推古帝の家であり、欽明帝は推古帝の家で仏を祀ることを命じたが、敏達《びだつ》十一（五八二）年に、この寺を桜井《さくらい》に移して、桜井道場にしたというのである。

この点、『書紀』の記事とちがうが、この欽明十三年には、推古帝はまだ生まれていなかった。とすれば『元興寺縁起』のほうは、仏教発祥の聖地を向原すなわち豊浦におこうとする元興寺側の創作と考えられる。やはり仏教の発祥地は、豊浦より小墾田におくべきであろう。

もう一つたいせつなのは、仏教弾圧の場所である。ひとつの宗教、あるいは思想というものは、弾圧によってエネルギーを獲得する。キリスト教が、どんなに殉教の場所を聖地として尊んだことか。イスラム教もしかりであるが、仏教も例外ではありえない。かつての仏教弾圧の土地こそ、現在の仏教信者にとって、篤い信仰の証《あかし》の思い出の場所であり、それによっていっそうその信仰の心を燃えあがらせることができる。

仏教弾圧は二度起こった。一度は欽明三十一（五七〇）年、稲目の死の後に、もう一度は敏達十四（五八五）年に。

『日本書紀』によれば、最初の場合はよくわからないが、状況からいって、小墾田か向原においてである。後の場合は、馬子の「宅《いへ》の東《ひむがし》の方《かた》に経営《つく》」られた仏殿がその場所であろう。馬子の家がどこにあったかよくわからないが、もし馬子が、父・稲目の家を受け継いだとすれば、それは小墾田であることになる。尼たちは馬子の家から追い出されて、海石榴市《つばいち》で鞭打《むち》たれた。

『元興寺縁起』のほうでは、第一回のときは、仏像は難波《なにわ》の堀江《ほりえ》に流されたが、向原の寺は焼かれなかったという。ところが、第二回の弾圧が起こる三年前、向原の寺を桜井に移して、桜井道場になったという。そして翌年、そこに尼を置き、その翌々年、つまり敏達十四年に弾圧にあったという。尼たちは、明らかに桜井道場から連れ出され、海石榴市の長屋で法衣を脱がされ、辱められたのである。

こう考えると、小墾田は仏教発祥の地であるのみならず、仏教弾圧の地であるらしい。とすれば、この地はまことにゆゆしき地、仏教徒にとっては忘れられない聖地である。

われわれは、このことをよく銘記しなければならない。今、太子は推古帝のもとで、馬子の助けを得て新しい政治をしようとしているのである。それは仏教にもとづく理想主義的な政治である。この政治を、仏教の聖地を舞台として、今、行おうとしているのである。

そしてこの地は、推古帝にとっては父・欽明と祖父・稲目の思い出の地、そして馬子にとっても、父・稲目の思い出の場所である。太子がこの地を選んで遷都を提案しても、誰がいったい反対しえようか。こうして小墾田に遷都が行われ、それから推古三十六（六二八）年まで、実に二十五年の間、そこに都があった。「冠《かん》位《い》十《じゅう》二《に》階《かい》」や「憲法十七条」が制定され、小野妹子《おののいもこ》が隋《ずい》に行き、隋の大使・裴世清《はいせいせい》が来たのも、この小墾田の都においてであった。

こうして小墾田は、ここにはじめて都となったわけであるが、この都は一代一宮の原則を破って、どういうわけか、後にもまた都となるのである。推古天皇の次の舒明《じょめい》天皇は、都を飛鳥岡《あすかのおか》の傍《ほとり》に遷《うつ》した（六三〇年）。これを飛鳥岡本宮《あすかのおかもとのみや》という。しかも、どうやらこの政権は不安定であったらしく、宮殿が焼けたりして、後に田《た》中宮《なかのみや》へ遷り、さらに廐坂宮《うまやさかのみや》へ、次いで百済宮《くだらのみや》へ遷った。宮はだんだん飛鳥から遠ざかっていったのである。

次に舒明帝の皇后・皇極《こうぎょく》天皇が即位したが、天皇は再び小墾田宮に遷都される。しかし天皇は、飛鳥板蓋宮《あすかのいたふきのみや》をも別宮としてもっていたらしく、しばしばそこへ行幸した。例の入鹿《いるか》暗殺、蘇我氏壊《かい》滅《めつ》という事件が起こったのは、小墾田宮か飛鳥板蓋宮かよくわからない。そして次にたった孝徳帝は、都を難波に遷そうとするが、事はなかなかうまくすすまず、白雉《はくち》二（六五一）年、難波の豊碕宮《とよさきのみや》にはっきり遷るまで、まだ小墾田の都がつかわれていたらしい。

ところで、この難波の都で孝徳帝と中大兄皇子《なかのおおえのおうじ》（天智帝《てんじてい》）との間に齟齬《そご》が起こり、孝徳帝を残して中大兄皇子らは飛鳥へ帰って来る（六五三年）。そして翌年、孝徳帝の死とともに、再び皇極帝が即位する。これが斉明帝《さいめいてい》であるが、斉明帝は飛鳥板蓋宮にいながら、どういうわけか、小墾田の地に瓦《かわら》葺《ぶ》きの宮殿を建てようとする。しかし材木不足で失敗し、天皇はやむなく飛鳥川原宮《あすかのかわらのみや》に遷った。やがて天皇は、百済《くだら》に援軍を送るために九州におもむき、そこで死ぬ。

次にたった天智帝はこの難局を乗りきろうとするが、うまくゆかず、ついに天智六（六六七）年、都を近江《おうみ》に遷す。そして五年後に壬申《じんしん》の乱が起こり、勝った大海人皇子《おおあまのおうじ》（天武帝《てんむてい》）は、飛鳥浄御原宮《あすかのきよみはらのみや》に都を遷す（六七二年）。そしてその都は二十年余続き、持統帝《じとうてい》は持統八（六九四）年、藤原宮《ふじわらのみや》に遷都した。藤原宮は今までの宮とちがって恒久的な都城としてつくられたが、うまくゆかず、十六年後、和銅《わどう》三（七一〇）年には、平城《へいじょう》の地に遷都する。

これが推古十一年以後、平城遷都にいたるまでの都の推移状況である。こうしてみると、この一世紀の間、小墾田宮は実に大きな意味をもっていることがわかる。それは推古天皇の御世、二十五年間の都であり、輝かしき太子政治の本拠地であったばかりか、皇極天皇の御世の都でもあり、大化改新《たいかのかいしん》も、はじめのうちはこの都を舞台として行われたと考えられる。そして不思議なことには、難波から再び大和へ帰った斉明帝も、この地に板葺きではなく瓦葺きの宮殿を建てようと欲したのである。小墾田は、何か権力者を惹きつける、よほど強い魅力をもっていたらしい。

いったいこれはどういうことであろうか。小墾田は七世紀の権力者にとって、そこへ帰るべき心の故郷であったのであろうか。小墾田とは何か。そしてそれはどこにあったのか。

根拠のない小墾田＝豊浦説

小墾田《おはりだ》は豊浦《とゆら》の近くにあり、しかもそれは飛鳥《あすか》と同義であるというのが、現代の常識である。この常識はどこからきたのか。

この常識は、やはり本居宣長《もとおりのりなが》から発しているように思われる。

小治田宮《をはりだのみや》、此の地、穴穂宮《あなほのみや》の段に出《い》づ。また書紀の安閑《あんかん》の巻《まき》に、小墾田《をはりだ》の屯倉《みやけ》、欽明《きんめい》の巻に、蘇我稲目大臣《そがのいなめのおほおみ》の小墾田の家など見ゆ。さて此の御巻《おんまき》に、泊瀬部天皇《はつせべのすめらみこと》(崇峻《すしゆん》)五年十一月《しもつき》、天皇、大臣馬子宿禰《おほおみうまこのすくね》のために殺せらると見え玉《たま》ひて、嗣位《みつぎのくらゐ》、既に空し。群臣《まへつきみたち》、渟中倉太珠敷天《ぬなくらのふとたましきのすめら》皇《みこと》(敏達《びだつ》)の皇后《きさき》、額田部皇女《ぬかたべのひめみこ》に請《まを》して、令践祚《あまつひつぎしらせまつ》らむとす。皇后、之《これ》を辞譲《いな》ぶに、百寮《つかさつかさ》、表《ふみ》を上《たてまつ》りて勧進《すすめまつ》る。三《みたび》に至りて乃ち従ひたまふ。因りて天皇の璽印《みしるし》を奉る。冬十二月《しはす》の壬申《みづのえさる》の朔己卯《ついたちつちのとのうのひ》に、皇后、豊浦宮《とゆらのみや》に即天皇位《あまつひつぎしろしめ》す。十一年冬十月《かむなづき》の己巳《つちのとのみ》の朔壬申《ついたちみづのえさるのひ》に、小墾《をはり》田宮《だのみや》に遷《うつ》る、と見ゆ。また皇極《くわうぎよく》の巻、元年十二月《しはす》に、天皇、小墾田宮に遷移《うつ》る。孝徳《かうとく》の巻に、小墾田宮、云々。斉明《さいめい》の巻に、元年冬十月、小墾田に宮闕《おほみや》を造り起《た》てて、瓦覆《かはらぶき》に擬《ぎ》せむとす、云々。天武《てんむ》の紀に、小墾田の兵庫《つはものぐら》。続紀《しよくぎ》二十三に、小治田宮に幸《いでま》す。また小治田岡本宮《をはりだのをかもとのみや》。二十六に、紀伊国《きいのくに》に行幸《いでま》す、云々。是の日、大和国高市《やまとのくにたけち》の小治田宮に到る。万葉十一に、小墾田の坂田の橋の(今の本、坂の字を板に誤れり)。霊異記《りやういき》に云々。其の雷《いかづち》の落ちたる処は、今、雷《いかづちの》岡《をか》と呼ぶ(古京《いにしへのみやこ》の小治田宮にあり)、などあり。小治田は、即ち飛鳥《あすか》と同じ地にて、飛鳥を此の御世《みよ》のころ、小治田と云《いひ》しなるべし。(其の故は、右に引《ひけ》る続紀に、小治田岡本宮とあるは、即ち飛鳥岡本宮と聞《きこ》え、霊異記に雷岡とあるは、即ち今も雷土村《いかづちむら》と云《いひ》て、飛鳥の神奈備山《かむなびやま》と云ふ処なり。また万葉に、小墾田の坂田の橋とあると、用明紀《ようめいき》、椎〈推《すい》〉古紀《こき》に、南淵《みなぶち》の坂田寺《さかたでら》とあると同地にて、今、飛鳥の東南の方《かた》近く南淵村《みなぶちむら》、坂田村《さかたむら》などあり。これらを思ふに、飛鳥の地を広く小治田と云しなるべし。此の小治田宮を、大和志《やまとし》に、豊浦村《とゆらむら》にあり、と云《いへ》り。豊浦村も近き地にはあれども、此の天皇、初めに坐《いま》し豊浦宮ぞ、彼の村のあたりにはあるべき。小治田宮は、今の雷土村、飛鳥村、岡村、坂田村などのあたりの地の内にぞありけむ。また或説《あるせつ》に、十市郡《とをちのこほり》の大福村《だいふくむら》、其の地なりと云《いへ》るは、違《たが》へり

（『古事記伝《こじきでん》』）

本居宣長はここで、小治田《おはりだ》は雷土村《いかづちむら》、飛鳥村《あすかむら》、岡村《おかむら》、坂田村《さかたむら》を含む飛鳥の総称であるという。彼はその理由を三つあげる。

『続日本紀《しょくにほんぎ》』に小治田岡本宮《おはりだのおかもとのみや》とある。これはもちろん飛鳥岡本宮《あすかのおかもとのみや》のことであろう。とすれば、小治田と飛鳥とは同意義であることになる。また『日本霊異記《にほんりょういき》』に雷岡《いかづちのおか》とあるが、それは今、雷土村という村である。ところが、この雷岡の註に「古京の小治田宮にあり」とある。だから小治田も雷岡の近く、つまり飛鳥にあるというのである。また『万葉集』の巻十一に「小墾田の坂田の橋の……」という歌があるが、この坂田は南淵《みなぶち》の坂田寺というところと同地で、飛鳥の東南、今の南淵村、坂田村の場所であろうという。

この三つを総合して考えると、まちがいなく小治田は飛鳥と同じ意味、飛鳥地方の総称ということになる。こうして宣長は、小治田について二つの説をしりぞけている。一つは『大和志《やまとし》』の、小治田宮は「豊浦村《とゆらむら》にあり」という説である。豊浦は飛鳥に近いが、必ずしもそこに含まれていない。豊浦村にあるのは、小治田宮ではなく豊浦宮であろう。宣長は、小治田をもっと広い地に求めている。最後に宣長のしりぞけた説は、小治田は十市郡《とおち》大福村《だいふくむら》であるという説である。この説を宣長はどこ

かで見たのであろう。貝原益軒《かいばらえきけん》の『大和めぐり記』に「大仏供村《だいふくむら》は大《おほい》なる邑也《むらなり》。推古《すいこ》天皇の都・小墾田の宮の所也」とあるので、それによったのであろう。宣長にとっては、この説は文献的証拠によって明らかに誤りである。それゆえ彼は、「また或説に、十市郡の大福村、其の地なりと云るは、違へり」と、この説を一笑に付す。こうして本居宣長は、小墾田＝豊浦説、小墾田＝大福説をしりぞけ、小墾田＝飛鳥説をとる。

この説は、その後も多くの学者によって採用されている。

記伝《きでん》に云《いは》く「……小治田《をはりだ》は、即《すなは》ち飛鳥《あすか》と同じ地にて、飛鳥を此の御世《みよ》のころ、小治田と云《いひ》しなるべし……」と云れたるにて明《あき》らけし。（飯田武郷《いいだたけさと》『日本書紀通釈《にほんしょきつうしゃく》』）

奈良県高市《たかいち》郡飛鳥の地であるが、詳しくは不明。推古《すいこ》天皇は一般に小治田宮治天下天《おはりだのみやにあめのしたしらしめししすめら》皇《みこと》といわれた。（『日本書紀』註「日本古典文学大系」）

しかしこの説には、いくつかの大きな難点がある。

その一つは、容易に小墾田宮跡が見つからないことである。小墾田宮という以上、たんなる一般的な地名ではなく、どこか特定の場所でなければならぬ。その場所がいっこうに見つからないのである。だから多くの文献が註に「不明」「詳しくは不明」と書いているのである。これは、今後、また何らかの機会に見つかるかもしれない。

しかしもっと都合の悪いことは、本居宣長の論証そのものに問題があることである。宣長は、三つの文献的根拠によって、小墾田は飛鳥と同意義、飛鳥地域の一般的名称だという。しかし宣長のあげる三つの文献的根拠のうち、二つはまったくつかいものにならないといってよい。

宣長のいう『万葉集』の「小墾田の坂田」という歌は、巻十一の「小墾田の板田《いただ》の橋の壊《こぼ》れなば桁《けた》より行かむな恋ひそ吾妹《わぎも》」という歌であり、これは諸本に「板田」となっていて、けっして「坂田」と書かれていない。賀茂真淵《かものまぶち》は、「板田」を「坂田」と改め、それを坂田村にあるとした。宣長もそれに従って「今の本、坂の字を板に誤れり」というわけであるが、今の万葉学者は、誰一人として、この「板田」を「坂田」の誤りとしない。それゆえ、小墾田を飛鳥に求める一つの根拠はくずれる。

また『日本霊異記』の文章も全面的には信じがたい。その文章は、『日本霊異記』の上巻第一の「雷《いかづち》を捉《とら》ふる縁《えにし》」という話の中にある文章である。小子部栖軽《ちいさこべのすがる》が雷《かみなり》を、豊浦寺《とゆらじ》と飯岡《いいおか》との間で捕らえた。それを天皇に見せたが、天皇はそれを、栖軽が雷を捕らえたところに葬らしめた。それが今の雷岡《いかづちのおか》であるという。この本文の下に、「古京の小治田の宮の北に在り」という註がある。宣長の引用文では、「古京の小治田宮にあり」とあるが、これはおかしい。

この『霊異記』の本文には、一言も小治田という言葉はでてこない。あくまでこれは、豊浦寺の付近のこととなっている。おそらくこの註は、後人のつけたものであろうが、ここにすでに、小墾田と豊浦との間の混同があると思われる。推古帝は、はじめ豊浦に都され、後に小墾田に都された。この、はじめて二つの宮をもった推古帝の宮は、その後、百年も二百年もたつと、混同されがちであったであろう。『日本霊異記』が書かれたころには、まだそのような混同は起こらなかったが、註が書かれるようになると、そのような混同が起こることになる。

もし、この註のようであるならば、まことに変なことになる。豊浦寺は、推古帝の豊浦宮の跡である。そしてそこと飯岡との間に雷が落ちた。おそらく、この飯岡に雷が祀られて後、雷岡になったのであろう。今、現地へ行くと、この豊浦寺の東北に雷岡がある。そしてこの豊浦寺と雷岡の間には、川以外の何もないのである。もしこの註のごとくであれば、小治田宮すなわち豊浦宮となる。これは小治田宮と豊浦宮が近くにあるというのではなく、小治田宮がそっくりそのまま豊浦宮であるということになる。これは明らかに小治田宮と豊浦宮の混同であろう。あるいは小治田宮を、小治田天皇《おはりだのすめらみこと》すなわち推古天皇の宮と考えればよいのかもしれない。つまり雷岡は小治田宮、つまり推古帝の宮の北にあったとすれば意味がわかる。

小墾田宮跡伝承地（奈良県明日香村豊浦）

宣長は、底本をまちがえている。本文註に「古京の小治田の宮の北に在り」とあるが、宣長は「古京の小治田宮にあり」とする。もしこの「宮の北」と記す底本を読み、それを現地で確かめたら、この小治田宮が豊浦宮の誤りであることはすぐにわかるはずであった。この辺の文献引用と論理の杜撰《ずさん》さは、宣長らしくないのである。宣長は伊勢《いせ》に住んで、容易にこの地に行けなかった。この豊浦寺を彼は一度たずねたが、一度くらいでこの地がよくわかるはずはない。この『日本霊異記』の記事は、まったく信用できない。

残るところは、『続日本紀』である。『続日本紀』に、淳《じゅん》仁帝《にんてい》が小治田岡本宮に行幸したとあるが、それは飛鳥岡本宮と同じものであると宣長は考える。小治田岡本宮すなわち飛鳥岡本宮であるとすれば、小治田すなわち飛鳥になるというわけである。

しかし、この論理はあまりに粗雑である。たとえば郡山《こおりやま》というところで有名なのは、大和郡山《やまとこおりやま》と、もう一つは会津郡山《あいづこおりやま》である。会津郡山という名を見て、それを大和郡山と同一視し、会津、すなわち大和であるという人があったら、それは大いにおかしいことである。

この場合、宣長はこのおかしい誤認をしていないかどうかである。小治田岡本宮が、飛鳥岡本宮と同じものであるという根拠はない。岡本宮には、舒明帝《じよめいてい》の岡本宮があり、斉明帝《さいめいてい》の後岡本宮《のちのおかもとのみや》がある。しかし、それらはすべて飛鳥の中にある。「推古紀」に、聖徳太子が岡本宮で『法華経《ほけきよう》』を講じたとある。この岡本宮はどこなのであろう。当時、都は小墾田にあったので、小墾田に岡本宮があったのかもしれない。あるいは、これらは斑鳩《いかるが》であったとも考えられる。とすると、小治田岡本宮をすぐ飛鳥岡本宮と同一視することはできない。ましてそこから小墾田＝飛鳥という結論を出すにいたっては、問題外である。

この淳仁帝の行幸された小治田宮、あるいは小治田岡本宮については、よくわからない。それは、小治田にある岡本宮なのか、それとも小治田天皇、すなわち推古帝、あるいは皇極帝、あるいは孝徳帝のいた岡本宮をいうのかよくわからない。ただこの一つの記載から、小墾田すなわち飛鳥と結論する宣長の推論はまったく誤認であることは、はっきりいえる。とすると、宣長のあげた三つの文献的証拠は、すべて駄目。この大学者は、この点では大きなミスを犯したといわねばならない。宣長説にはまだ都合の悪いことがある。

それはまず、『日本書紀』の記述を見ると、飛鳥にある宮は、いずれも飛鳥岡本宮（舒明）、飛鳥板《いた》蓋宮《ふきのみや》、飛鳥川原宮《かわらのみや》、後飛鳥岡本宮（斉明）、飛鳥浄御原宮《きよみはらのみや》（天武《てんむ》）とよばれているのにたいし、小墾田宮は、ただ小墾田宮とよばれていることである。しかも推古帝、皇極帝、孝徳帝、斉明帝の宮の場合、同じように小墾田宮とよばれている。

そして飛鳥から小墾田へ、あるいはその逆の遷都が行われる場合、「遷《うつ》る」という言葉をつかっている。これは明らかに、飛鳥と小墾田はちがった場所を意味する証拠である。同じ文献において同じ時代のことを叙述した文章で、別の名が記載されている以上、別の土地とみるのが自然であろう。

また宣長のように、小墾田を飛鳥と同義で広い土地をさすと考えると、一方で飛鳥岡本宮とか飛鳥板蓋宮とかいうのに、小墾田宮だけをただ小墾田宮というい方をするのは、はなはだおかしいことになる。要するに、小墾田＝飛鳥説はまったく根拠がない。

しかしわれわれは、古代研究をしてみてよくわかるのであるが、くだらない人間の犯すミスは罪がない。ただ笑われるだけである。しかし権威ある偉い学者の犯すミスは罪深い。それは、何十年、何百年の間、人々を誤らしめ、正しい判断を狂わせるのである。今は宣長のように、小墾田をそのまま飛鳥と考える人は少ない。しかしやはり権威ある人の説は、すべての学者の肩に重くのしかかって、小墾田についての正しい認識を妨げているのである。

先に述べたように、宣長は、小墾田＝豊浦説をしりぞけた。彼は、この雷岡と豊浦寺の間の狭い谷間に線を引き、豊浦を飛鳥から離すのである。もし豊浦と飛鳥を一緒にしたら、小墾田は豊浦の中に解消するのを、彼は十分よく知っていたからであろう。

二つの宮の混同から生じた小墾田＝豊浦説

ところが、宣長《のりなが》の小墾田《おはりだ》＝飛鳥《あすか》説を信じられなくなった今の多くの学者は、かえって宣長のしりぞけた小墾田＝豊浦《とゆら》説を採用しようとしている。この小墾田＝豊浦説も、古くからある説である。

高市郡《たけちのこほり》豊浦村《とゆらむら》に在り。

阿闍梨《あじやり》皇円《くわうえん》略記《りやくき》（扶桑略記《ふそうりやつき》）に曰く、天皇《すめらみこと》、小墾田宮《をはりだのみや》に遷《うつ》る。大和国高市郡《やまとのくにたけちのこほり》の葛野王《かどののおほきみ》の居《を》る所の地なり。大和志《やまとし》に曰く、豊浦村《とゆらむら》に在り。

（『書紀集解』）

これらのもとをなすのは『大和志《やまとし》』であろうが、『大和志』が何を根拠に、小墾田を豊浦であると断定したかはわからない。

一つの根拠は、『集解《しゆうげ》』のいうように、『扶桑略記《ふそうりやつき》』であることがわかる。ここにはっきり小墾田《おはりだの》宮《みや》は大和国高市郡《やまとのくにたけちのこおり》にあると書かれているではないか。しかし『扶桑略記』をよく読むと、これが全面的に信じがたいことがわかる。この『扶桑略記』の推古《すいこ》天皇の項に「大和国高市郡小治田宮《をはりだのみや》に都す。一《ひとつ》に豊浦宮《とゆらのみや》と云ふ」とある。つまりここでは、『扶桑略記』の著者・皇円《こうえん》は、推古帝の都をはじめから小治田宮と考えている。そしてそれは豊浦宮ではないかともいっている。ここで皇円には、小治田宮と豊浦宮との明らかな区別がない。そして十一年十月の項に「天皇、小墾田宮に遷る。大和国高市郡の葛野王の居る所の地これなり」とある。はじめから都が小墾田にあるとすれば、わざわざここで小墾田へ遷ることはありえない。この辺の認識があやふやで、この二つの宮が混同されているのであろう。われわれは、『扶桑略記』を全面的に信用することはできない。しかし『扶桑略記』に、はっきり小墾田＝豊浦説が述べられているわけではない。小墾田＝豊浦説はどこからきたのか。

小墾田＝豊浦説を根拠づける文献的証拠が一つある。それは、「持統紀《じとうき》」に「天《あまの》渟《ぬ》中《な》原《はら》瀛《おきの》真《ま》人《ひとの》天《すめら》皇《みこと》（天武《てんむ》）の奉為《おほみため》に、無遮大会《かぎりなきをがみ》を五つの寺、大官《だいくわん》・飛鳥《あすか》・川原《かはら》・小墾田豊浦《をはりだのとゆら》・坂田《さかた》に設《まう》く」とある記事である。ここに小墾田豊浦寺なるものが見える。この小墾田豊浦寺を、小墾田にある豊浦と考えれば、小墾田＝豊浦という考え方ができる。つまり小墾田は広いところで、そこに豊浦が含まれるというふうに。

しかしこの小墾田豊浦という言葉を、そのようにのみ解しうるとはかぎらない。寺院というものは、その多くがいくつかの名をもつが、その名は、もとあった場所の名をもっていることが多い。たとえば興福寺《こうふくじ》は永い間、山階寺《やましなでら》といわれた。それは、はじめは山科《やましな》の地に藤原氏の氏寺が建てられ、それが奈良へ移ってきたからであろう。この場合も、小墾田豊浦寺のみが、二つの名をもつ。そしてこの豊浦寺は、『元興寺縁起《がんごうじえんぎ》』によれば、桜井寺《さくらいじ》が移ってきたものであった。この小墾田豊浦寺というのは、そういう意味ではないか。とにかくこの小墾田豊浦寺から、小墾田すなわち豊浦という結論をひきだすことは、先の小治田岡本宮《おはりだのおかもとのみや》から、小墾田＝飛鳥を結論するように、はなはだむずかしいことであるといわねばならぬ。

私は、この説は、「持統紀」の読み違いと、すでに『日本霊異記』の註にも、『扶桑略記』にも起こっている推古帝の二つの宮の混同がなさしめたものといえると思う。推古帝以前には原則として二つの宮はない。推古帝から二つの宮がはじまる。そういう歴史的事情がわからない人は、安易に、推古帝の宮跡とされる二つの宮を混同し、『扶桑略記』のようなあいまいな記事になり、『日本霊異記』の註のように、安易な間違いが生じることになるのである。そしてその間違いが、今度は一つの根拠となって、小墾田＝飛鳥説または豊浦説がうまれたのであろうが、実をいえば、それには何の実証的根拠もないのである。

「小墾田宮に遷る」という意味

しかし永い間の誤謬《ごびゅう》は、容易に修正されないものである。たとえば、今日、『明日香村史《あすかそんし》』に以下のようにあるのも、ひとつの歴史的な意味をもっているのであろうか。

飛鳥《あすか》川の左岸、豊浦《とゆら》の北方に「古宮」の小字名《こあざ》があり、小さな土壇《どだん》が残っている。また明治初年にこの付近から現在は御物《ぎよぶつ》となっている金銅製四鐶壺《しかんこ》が出土した。それらのことからこの付近が小墾田宮《おはりだのみや》の有力な推定地と考えられていたが、最近一部の発掘調査が行なわれた。その結果七世紀前半から中ごろの時期のものとみられる掘立柱《ほつたてばしら》建物や石組みの溝《みぞ》、小規模な庭園とみられる遺構が出土し、また百済軍守里廃寺《くだらぐんしゆりはいじ》のものに類似した単弁蓮華文《れんげもん》の塼《せん》の破片が出土した。ただ土壇は中世のもので、直接の関係のないことが明らかとなった。

なお小墾田宮の構造については、つぎに述べる推古《すいこ》十六年の隋使《ずいし》と、同じく十八年の新羅《しらぎ》・任《みま》那《な》の使の入朝に関する『日本書紀』の記事によって推測できる。すなわち南門《みなみのみかど》を入った朝庭に、庁《まつりごとどの》が並び、さらに北に大門《みかど》があって内裏《だいり》に通じていたらしく、のちの朝堂院の原型がすでに整っていたのではなかろうか。

また、小墾田の地名に関しては平城宮朱雀門址《すざくもんあと》の発掘で、平城宮造営以前の下ッ道の側溝《そつこう》とみられる溝から出土した過所木札《かそもくさつ》の記載が注目される。

（表）「関々司□解近江国蒲生郡阿伎里人大初位上阿□勝足石許田作人」
（裏）「同伊刀古麻呂　大宅女右二人左京小治町大初上笠阿曾弥安戸人右二　送行乎我都　鹿毛牡馬歳七　里長尾治都留伎」

文意の的確にとれない点があるが、近江《おうみ》国蒲生《がもう》郡阿伎《あき》里の里長《さとおさ》が署名し、京に向う途中の関の通過のために与えた通行手形で、もし確実に平城京以前のものとすれば、中に記された「左京小治町」は藤原京の坊名《ぼうめい》をさしたものとなり、「小治」は「小治田」であろうから、それが藤原京の左京にあったこととなり、さきの推定とは矛盾しない。なお万葉集には、

小墾田の板田《いただ》の橋の壊《こぼ》れなば桁《けた》より行かむな恋ひそ吾妹《わぎも》　（巻十一ノ二六四四）

の一首があるが、板田の橋は飛鳥川に架せられた橋であろうから、この地方の古道を想定すれば、その位置は推定できそうである。

この記事を読むと、われわれは、はたしてこの『明日香村史』の結論のように、小墾田《おはりだ》を豊浦《とゆら》の地においてよいかどうか、はなはだ疑問に思うのである。ここには、一つとして小墾田を豊浦の地に求める確たる根拠がないのである。これは小墾田が豊浦であるとすれば、こんなこともいえようかという類《たぐい》の話にすぎないように思われる。

豊浦の北に「古宮」の小字《こあざ》があり、そこに小さな土壇《どだん》が残っている。そしてそこに金銅製四鐶壺《しかんこ》が出土し、発掘の結果、そこに若干の遺跡があった。しかし土壇は中世のものであることがわかった。このことは、何ら小墾田宮を豊浦宮と断定する根拠にはならない。豊浦宮といっても宮殿であったはずである。そうとう広い地が必要である。今の豊浦寺は、南と西は山であり、東はすぐ飛鳥《あすか》川、広い地は北にしかない。とすればこの「古宮」の地こそ、小墾田宮ではなく豊浦宮の所在地と考えねばならない。発掘調査によってそこに宮跡が確認されたとしても、それは小墾田＝豊浦説を証明したことにならない。

また小墾田宮の構造についても、ここでの小墾田＝豊浦説と何のかかわりもない。

また平城京《へいじょうきょう》出土の過所木札《かそもくさつ》についても、私はくわしいことはわからないが、よほどのことがないかぎり奈良時代のものとしなければならないであろう。またこの側溝も、平城京の側溝と考えねばならぬであろう。また一歩ゆずって、それを藤原京《ふじわらきょう》と考えても、「小治町」が小墾田であるかどうかは疑問である。また万に一つ、藤原京の左京に「小治町」があり、それが小墾田であったとして、それが豊浦になるという根拠はまったくない。

また「板田の橋」のことについては、これはもう、証明といえるほどのものではないであろう。板田の橋は飛鳥川に架けられてもいいし、倉橋《くらはし》川に架けられてもいいし、初瀬《はつせ》川に架けられてもいい。それが飛鳥川に架けられたという証拠は一つもなく、またそれが飛鳥川に架けられたとしても、それが豊浦にあるという証拠はない。

『明日香村史』は、すぐれた学者たちによって書かれた、すぐれた著書であり、私は愛読している。しかし、そのすぐれた学者たちの力をもってしても、やはり小墾田を豊浦におくことはできない。本居宣長《もとおりのりなが》のいうように、豊浦寺の近くにあるのは豊浦宮であり、小墾田宮ではないのである。

小墾田を豊浦におくときに、この『日本書紀』の「冬十月《かむなづき》の己巳《つちのとのみ》の朔《ついたち》壬申《みづのえさるのひ》に、小墾田宮に遷る」という記事がまったくナンセンスになる。もし小墾田が豊浦であり、そこに新しい宮を建てそこへ遷ることであるならば、そうは書かないはずである。そういうときは、後岡本宮《のちのおかもとのみや》の「飛鳥の岡本に、更に宮地《みやどころ》を定む」の例にならって、「豊浦に、更に宮地を定む」と書くはずである。ここではっきり「小墾田宮に遷る」とあり、この遷都によって、新しい改新政治がはじめられようとしているのである。この遷都の意味は、どれだけ重視しても、重視しすぎることはない。

われわれは、小墾田の場所について、根本的に考え直すことを余儀なくさせられる。いったい小墾田はどこにあるのか。

古代天皇の宮殿の変遷

この問題を考えるとき、われわれは、もう一度、それ以前の天皇の宮殿の所在地を考えなければならぬ。日本の第一代の帝《みかど》とされる神武帝《じんむてい》は、神日本磐余彦天皇《かむやまといわれびこのすめらみこと》と称せられ、橿原宮《かしはらのみや》を都とした。そして神武帝に次いで有力な帝であったと思われる崇神帝《すじんてい》は、磯城瑞籬宮《しきのみつかきのみや》で天《あめ》の下《した》をしろしめしたのである。またあの武勇で有名な雄略帝《ゆうりやくてい》も泊瀬朝倉宮《はつせのあさくらのみや》にいたのである。つまり古代のもっとも王らしい王は、応神《おうじん》、仁徳《にんとく》などの数代をのぞけば、この三輪山《みわやま》の南側あるいは西側、つまり大和《やまと》盆地の東南を都と定めたのである。

日本国を敷島《しきしま》の大和国《やまとのくに》というが、この敷島は三輪山の南にあるのである。欽明帝《きんめいてい》が、この敷島《しきしま》（磯《し》城嶋《きしま》）の金刺《かなさし》の地を都としたのも、このような強力な古代天皇にならおうとしたのである。そしてそれに続く敏達帝《びだつてい》の訳語田幸玉宮《おさたのさきたまのみや》、用明帝《ようめいてい》の磐余池辺双槻宮《いわれのいけのへのなみつきのみや》、崇峻帝《すしゅんてい》の倉梯宮《くらはしのみや》は、多少、位置は変わるが、この三輪山の南という聖地からあまり離れていない。むしろ推古帝《すいこてい》の豊浦《とゆら》への遷都が異例である。そして飛鳥《あすか》への遷都は、舒明帝《じょめいてい》と皇極帝《こうぎょくてい》、および後の斉明帝《さいめいてい》のときと、そして最後に壬申《じんしん》の乱後の天武帝《てんむてい》のときの都合五度行われたのである。この五度の遷都の場合に共通なものは、政権の基盤の弱さであると私は思う。

推古帝の場合は、蘇我馬子《そがのうまこ》の崇峻殺戮《さつりく》の後に即位したのである。この即位はまったく馬子の力によっている。馬子の別宅のあったという豊浦に都を定めたのは、推古政権の基盤の弱さであろう。そして舒明帝も、聖徳太子の子・山背大兄皇子《やましろのおおえのおうじ》の即位を妨げようとした蝦夷《えみし》の力で、帝位についたのである。都を斑鳩《いかるが》からはるかに離れ、蝦夷《えみし》の家があったと伝えられる嶋《しま》の地の近くの岡本宮《おかもとのみや》に定められたのも、十分うなずける。

同じく斉明帝は、孝徳帝《こうとくてい》の死後、重祚《ちょうそ》された帝である。彼女も、いったん飛鳥板蓋宮《あすかのいたふきのみや》におちつくが、どういうわけか、小墾田《おはりだ》に瓦《かわら》葺《ぶ》きの宮を建てようとし、それに失敗した後、夫（舒明）の岡本《おかもとの》宮《みや》の近くに宮殿を建てた。これを見ても、彼女の権力の基盤は、けっして強くなかったことがわかる。そして天武帝も壬申の乱に勝ったとはいえ、まだまだ、その政権は安定していなかった。

飛鳥は日本の故郷であるといわれる。たしかに、この六、七世紀の日本において、飛鳥は重要な意味をもっている。ここに多くの宮殿があったことはまちがいない。

蘇我氏の権力に吸引された飛鳥の宮々

飛鳥《あすか》を訪れた人は、大きな疑問におそわれたにちがいない。なぜこの山間《やまあい》の狭い土地に、この時代の日本の政治の中心部があったのかという疑問である。山に囲まれた猫の額のような土地である。

この地はいわば、応神《おうじん》天皇のときに百済《くだら》から渡来した阿知使主《あちのおみ》の子孫で、東漢《やまとのあや》を名のる帰化人の根拠地である。この東漢は、檜隈《ひのくま》を中心として、その技術とともにある政治的才能でもって発展し、一族はすでに書《ふみ》（文）、坂上《さかのうえ》、民《たみ》、長《なが》らの多くの氏族に分かれていたらしい。そして飛鳥地方には、雄略帝《ゆうりやくてい》のとき来朝した飛鳥衣縫部《あすかのきぬぬいべ》が住んでいた。

要するにこの地は、未開地であったのである。未開地であったゆえに、そこに帰化人を住まわせた

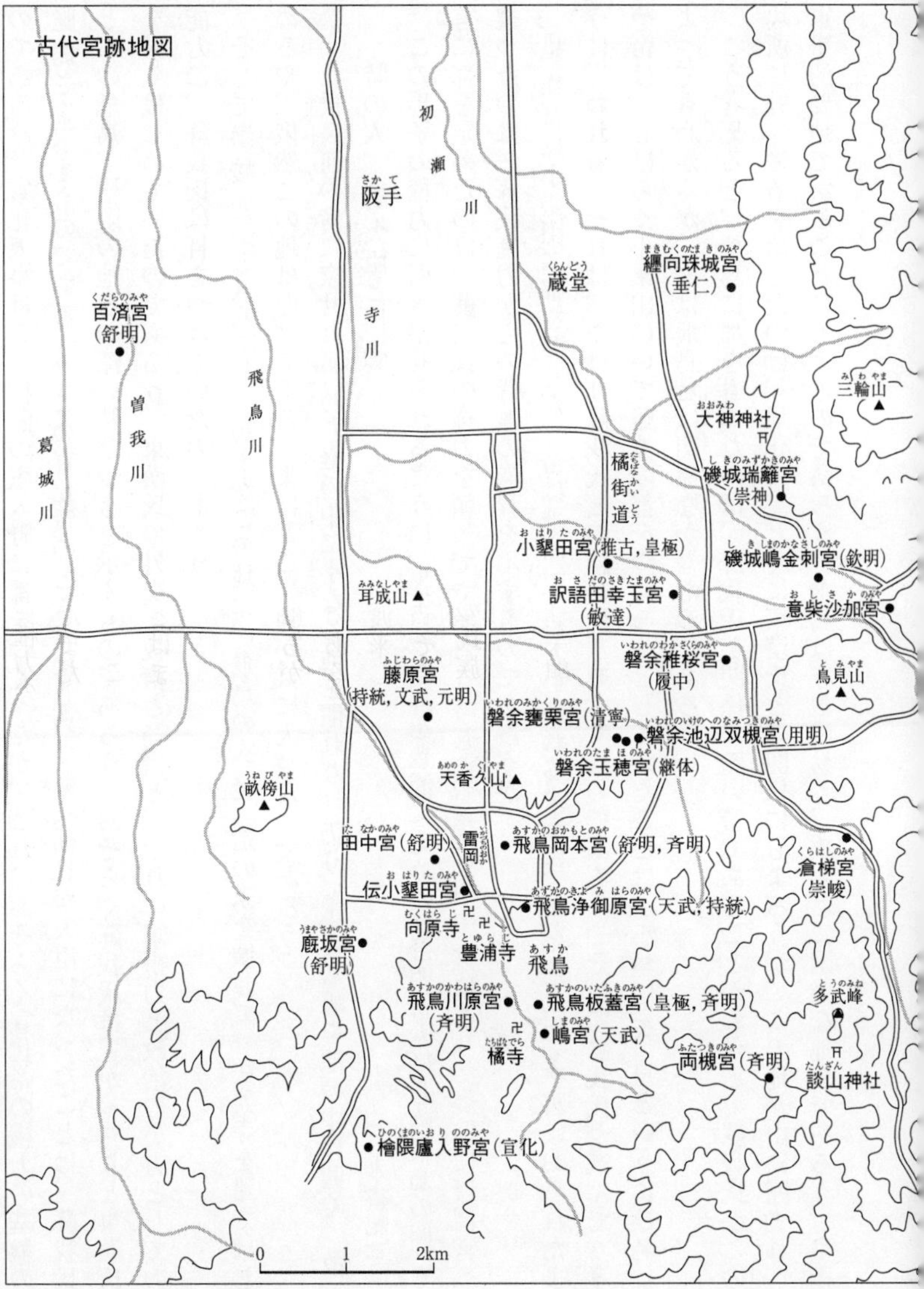
古代宮跡地図
阪手《さかて》
初瀬川
寺川
飛鳥川
曽我川
葛城川
百済宮《くだらのみや》(舒明)
蔵堂《くらんどう》
纒向珠城宮《まきむくのたまきのみや》(垂仁)
三輪山《みわやま》
大神《おおみわ》神社
橘街道《たちばなかいどう》
磯城瑞籬宮《しきのみずかきのみや》(崇神)
小墾田宮《おはりたのみや》(推古, 皇極)
磯城嶋金刺宮《しきしまのかなさしのみや》(欽明)
耳成山《みみなしやま》
訳語田幸玉宮《おさだのさきたまのみや》(敏達)
意柴沙加宮《おしさかのみや》
磐余稚桜宮《いわれのわかさくらのみや》(履中)
鳥見山《とみやま》
藤原宮《ふじわらのみや》(持統, 文武, 元明)
磐余甕栗宮《いわれのみかくりのみや》(清寧)
磐余池辺双槻宮《いわれのいけのへのなみつきのみや》(用明)
磐余玉穂宮《いわれのたまほのみや》(継体)
天香久山《あめのかぐやま》
畝傍山《うねびやま》
田中宮《たなかのみや》(舒明)
雷岡《いかづちのおか》
飛鳥岡本宮《あすかのおかもとのみや》(舒明, 斉明)
倉梯宮《くらはしのみや》(崇峻)
伝小墾田宮《おはりたのみや》
飛鳥浄御原宮《あすかのきよみはらのみや》(天武, 持統)
向原寺《むくはらじ》
厩坂宮《うまやさかのみや》(舒明)
豊浦寺《とゆらじ》
飛鳥《あすか》
飛鳥川原宮《あすかのかわはらのみや》(斉明)
飛鳥板蓋宮《あすかのいたぶきのみや》(皇極, 斉明)
多武峰《とうのみね》
嶋宮《しまのみや》(天武)
橘寺《たちばなでら》
両槻宮《ふたつきのみや》(斉明)
談山《たんざん》神社
檜隈廬入野宮《ひのくまのいおりののみや》(宣化)
0 1 2km

のであろう。宣化《せんか》天皇はこの檜隈の廬入野《いおりの》に都をつくったが、これはおそらく宣化帝の権力の基盤の脆弱《ぜいじゃく》さを示すものであろう。この宣化帝のとき、はじめて蘇我稲目《そがのいなめ》が大臣《おおおみ》になったことは、蘇我氏とこの飛鳥、檜隈の地との深い結びつきを示すものであろう。おそらく蘇我氏は、がっちりと東漢氏を握りはじめていたのであろう。東漢氏の外交と技術と経済と、それに軍事力と政治の裏方としての能力に、蘇我氏は目をつけていたのであろう。

そして崇峻《すしゅん》元（五八八）年、馬子《うまこ》がこの地に、飛鳥の衣縫造《きぬぬいのみやつこ》の家を壊して、法興寺《ほうこうじ》を建てはじめるや、俄然《がぜん》この地は開けてくる。よほどこの地が気に入ったのであろう。

飛鳥河《あすかがは》の傍《ほとり》に家《いへゐ》せり。乃《すなは》ち庭の中《うち》に小《いささか》なる池を開《は》れり。仍《よ》りて小なる嶋《しま》を池の中《うち》に興《つ》く。故《かれ》、時の人、嶋大臣《しまのおほおみ》と曰ふ。　（『日本書紀』）

この馬子の権力に引き寄せられるように、推古帝《すいこてい》は都を豊浦《とゆら》に定めた。舒明帝《じょめいてい》もはじめ飛鳥の岡本《おかもとの》宮《みや》に都を定めたのは、蘇我氏の権力を頼ってであろう。しかし後に田中宮《たなかのみや》に遷り、ついに百済宮《くだらのみや》へ遷ったのは、蘇我権力からの背離の過程を示すものであろうか。

皇極帝《こうぎょくてい》は小墾田《おはりだ》に都をおくが、帝は飛鳥天皇《あすかのすめらみこと》といわれるように、主に飛鳥板蓋宮《あすかのいたふきのみや》におられたように思われる。それは、やはり蘇我氏との結びつきを示すものであろう。そして蘇我氏が滅んで、孝《こう》徳帝《とくてい》は、しばらく小墾田にいて難波《なにわ》の都をつくろうとしていたことは、小墾田天皇《おはりだのすめらみこと》というよび名によってもわかるが、彼は飛鳥とは関係なかったのであろう。

こう考えると、飛鳥に都をもったのは、蘇我氏と関係の深い帝であることがわかる。蘇我氏がこの場所に強い愛着を感じたのは、帰化人、とくに東漢氏との関係にもよろうが、この地が山に囲まれ、軍事的要地であることにもよるのであろう。飛鳥は守るに易く、攻めるに困難な地形であろう。皇極三（六四四）年、蘇我蝦夷《そがのえみし》とその子・入鹿《いるか》が甘檮岡《うまかしのおか》に家をつくって、そこに城柵《きかき》をつくり、兵庫《つわものぐら》をつくったのは、そこに自らの城をつくろうとしたからであろう。飛鳥全体がひとつの要塞《ようさい》になる。私は、馬子は最初からそういうことを考えて、この地に自らの根拠地を定めたと思う。

それは、見方を変えれば新興氏族・蘇我氏の不安をあらわすものである。そして蘇我氏の不安は、蘇我氏に擁立された天皇の不安でもある。私は飛鳥に都を定めた時代は、不安定な権力の時代であったと思う。難波から帰った斉明帝《さいめいてい》が、小墾田に都をつくることができず、飛鳥の岡本宮に都したのも、天武帝《てんむてい》が壬申《じんしん》の乱後、飛鳥の浄御原《きよみはら》に都を定めたのも、やはり権力の不安定を示すものではないかと思う。不安な時代には、山にいて、権力の基礎を固めねばならない。

そして権力が固まったら、広い平地にでてくる。舒明帝の飛鳥岡本→田中→廐坂《うまやさか》→百済というのもそういうコースであり、持統帝《じとうてい》の飛鳥浄御原→藤原というのもそういうコースである。とすれば、飛鳥から小墾田へのコースもそういう意味あいをもっているのではないか。

なぜ、聖徳太子は豊浦から小墾田へ遷都したのか、なぜ皇極帝は小墾田へ遷都したのか。そしてまた飛鳥板蓋宮に住んでいた斉明帝は、なぜ小墾田に瓦葺《かわらぶ》きの宮を建てようとしたのか。ここから、飛鳥は政治の不安定な時代の都、小墾田は国の中央で、政治の安定した時代の恒久的な宮の所在地でなければならないという想定が浮かんでくるが、いかがであろう。

石井繁男氏の小墾田＝大福説

近鉄の大和八木《やまとやぎ》駅は、京都から橿原《かしはら》へ行く南北線と、難波《なんば》から中川《なかがわ》を通って名古屋あるいは伊勢《いせ》へ行く東西線とが交叉《こうさ》する交通の要地である。この八木から東へ一つめの駅が耳成《みみなし》駅で、その次が大福《だいふく》駅で、その次が桜《さくら》井《い》駅である。この大福駅の北に大福という五十戸余の集落があり、そこに三十八《みそや》柱《はしら》神社がある。この神社の宮司《ぐうじ》・石井繁男《いしいしげお》氏は、かねてから一つの疑問にとらわれていた。

　それはこの三十八柱神社の『由緒記《ゆいしよき》』に「当社本殿の棟札《むねふだ》に、『奉遷宮《ほうせんぐう》小治田宮《をはりだのみや》五穀《ごこく》成就《じやうじゆ》村中安《そんちゆうあん》全《ぜん》、享保三《きやうほうさん》戊戌《ぼじゆつ》年八月二十三日、祭主　大神朝臣《おほみわのあそん》富房《ふばう》、代勤《だいきん》　土屋《つちや》左近《さこん》』」とあることである。ここで明らかに「小治田宮《をはりだのみや》」とあるが、社伝でもこの神社は、古くから小治田神社とよばれ、小墾田宮《おはりだのみや》のあったところと伝えられている。三十八柱というのは宮中三十六神にイザナギ、イザナミ二柱を加えたものである。

　また大福の名は、昔から大仏供《だいふく》といわれているが、貝原益軒《かいばらえきけん》の『大和めぐり記』の中に「大仏供村は大《おほい》なる邑《むら》也。推古《すいこ》天皇の都・小墾田の宮の所也」とある。この説がおそらく本居宣長《もとおりのりなが》の目にとまり、「また或説《あるせつ》に、十市郡《とをちのこほり》の大福村《だいふくむら》、其の地なりと云《いへ》るは、違《たが》へり」という言葉になったことは先にふれた。またこの神社に伝わる「寛永《かんえい》五年写し畢《おわ》る」と書かれている『聖徳太子伝暦《しようとくたいしでんりやく》』の註に「少墾田《をはりだの》宮《みや》は敏達《びだつ》の宮所《みやどころ》磐余《いはれの》訳《を》（語《さ》）田宮《たのみや》の近所」さらに「小治田宮は大仏供なり」と記されている。

　このようなことから、小墾田の地はこの大福の地にちがいないと石井氏は考えた。石井氏は永らく教職にあり、桜井や三輪《みわ》の小学校の校長をしていたが、この土地の伝承を知れば知るほど、学者のとなえる小墾田＝飛鳥《あすか》説、あるいは小墾田＝豊浦《とゆら》説に合点がゆかなかった。それで学校退職後、小墾田に関する多くの文献を読み、そして足であちこち歩き、勤めておられる奈良文化女子短期大学の紀要に、五回にわたって「小墾田の宮とその大福説について」と題する論文を発表した。

　この論文は、従来の小墾田＝飛鳥説、さらに小墾田＝豊浦説をしりぞけて、小墾田＝大福説を主張するものであるが、文献的根拠として、『太子伝玉林抄《たいしでんぎよくりんしよう》』の「注ニ云フ、小墾田宮ハ当時大仏供ト云フ里ニ、ヲハル田《タ》ノ宮《ミヤ》トテ小社《セウシヤ》アリ、其ノ宮所《ミヤドコロ》也」という文章と「或人《アルヒト》云フ、大仏供ト云フ里ニ、ヲハルタノ宮トテ小社アリ、此其《コレソ》ノ宮跡《ミヤアト》也。于今在之《イマニココニアリ》」という文章をあげる。

彼はまた、推古《すいこ》朝のとき隋《ずい》の使・裴世清《はいせいせい》を出迎えた場所、あるいは壬申《じんしん》の乱の小墾田の兵庫《つわものぐら》の場所、あるいは『万葉集』にでてくる小墾田など、小墾田に関する多くの文献を調べ、それを実地に確かめて、小墾田はどうしても飛鳥ではなく、この地、大福でなければならぬとする。

またこの地には、ミカド（帝）、ミヤノマエ（宮の前）、ボケダ（法華田）、マトバ（南庭）、トネリ（舎人）、ジキンデン（直務田）、ノウデン（納殿）、クラノマチ（蔵の町）、クモンデン（公文田）、ヤグラ（兵庫）などの名をもった坪《つぼ》が多い。こういうことから、石井氏は、小墾田が大福の地であることはまちがいないと断定している。

石井氏の論文には、この種のものにありがちな、地元びいき感情、歴史的由緒の地をどうしても自分の故郷にもってこようとする感情がないでもない。また私も、石井氏の論証の仕方に多少問題がないでもないと思う。しかしここには、見逃すことのできない真実が隠されているのではないかと思うようになった。

私は、聖徳太子に関するこの論文を書くために、何度か現地をおとずれた。そして現地の人々は、偏見をもった一部の寺院や考古学者をのぞいて、おおむね親切であり、知っているかぎりのあらゆることを私に教えてくれた。現地の人たちは多少、故郷びいきがあるとしても、やはりその土地についてのことは、実によく知っている。机の上で考えたことの誤りをはっきり教えてくれるのである。

桜井市文化会館の館長・米田一郎《よねだいちろう》氏も歴史が好きで、郷土の歴史について一隻眼《いっせきがん》をもっておられる。一昨秋（一九七八年）その米田氏の案内で、欽明《きんめい》以来の歴史の舞台となったいろいろの地を巡ったの

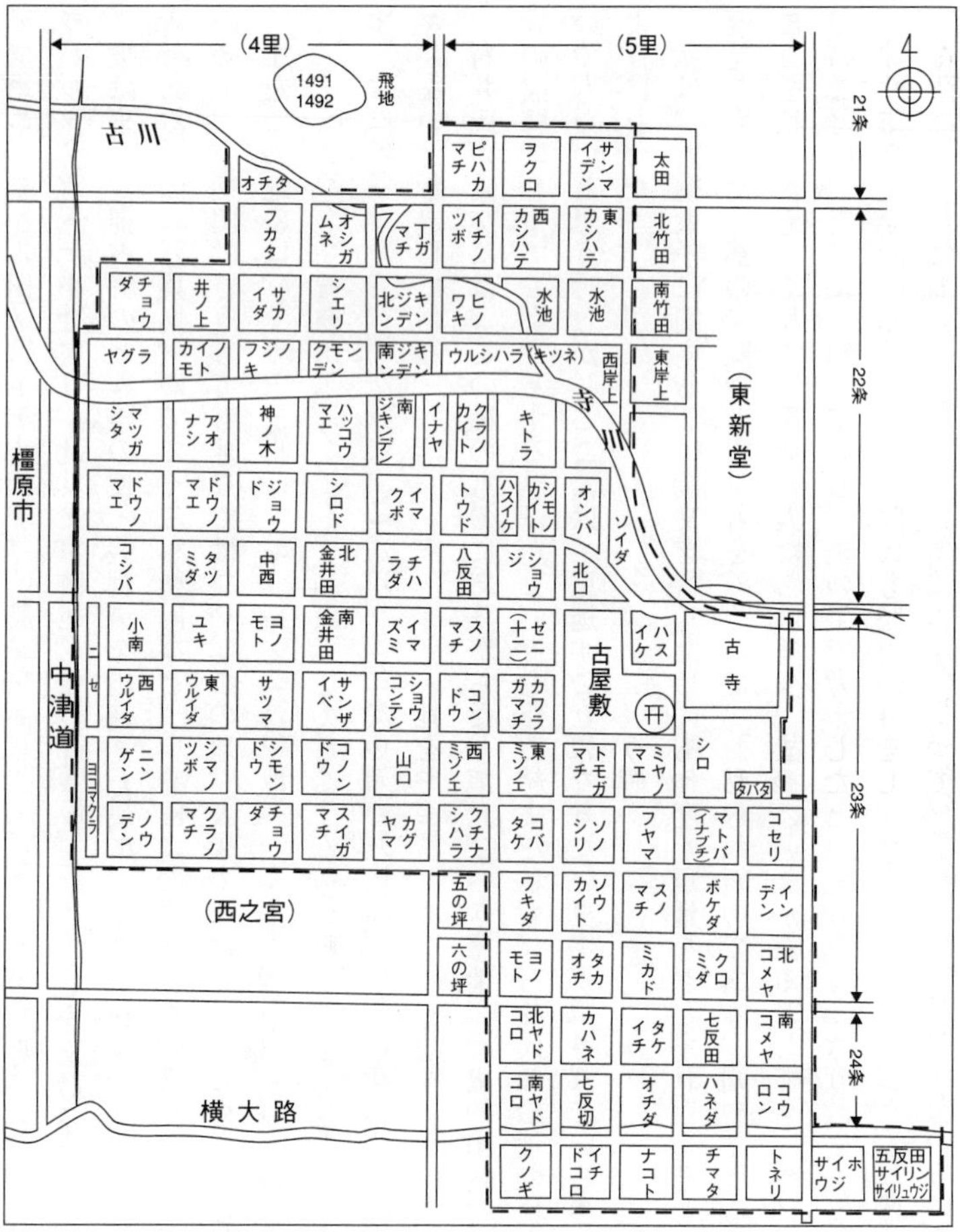

桜井市大福字名図（石井繁男氏の地図をもとに作成）

であるが、米田氏は最後にこの大福の三十八柱神社へ案内してくれた。それが小墾田宮跡であるが、宣長以来、そう認められなくなったのは残念であるといわれた。ここの宮司の石井氏は、あいにく留守であったが、論文があるので送るといって、後に送ってこられたのが前述の論文であった。私はこのとき、この米田氏の言葉に何らの意味も感じていなかった。私も漠然と小墾田は飛鳥であり、こんなところにあるはずはない、米田氏の言葉は郷土史家によくある身びいきのこじつけであろうと思っていた。ところが、聖徳太子のこの論文を書きつづけ、推古十一年の小墾田遷都のことを書こうとして、石井氏の論文を読み、そしてそこに石井氏のひく多くの文献を一つずつくわしく検討するにつれて、私は、この石井氏の説は十分に真理を含んでいると思うようになった。

それでそれからまた、米田氏の案内で再び現地をおとずれた。そして石井氏と米田氏、それに小学館の前芝茂人《まえしばしげと》氏と四人であちこち現地を歩き、そして何度もおとずれた豊浦や飛鳥をあらためて調べた結果、よけい、私はその可能性は高いと思うようになった。そして帰ってまたいろいろ考え、いっそう確信を深くした。小墾田＝大福説は、今のところもっとも可能性が高い仮説ではないか。

私は先に、小墾田＝飛鳥説や小墾田＝豊浦説が、まったく脆弱《ぜいじやく》な根拠にたっていることを明らかにした。それは宣長の権威によって、真理らしい風貌《ふうぼう》をしていたにすぎないが、実はまったくの誤りといってよい。

横大路と中津道（右）の交叉点

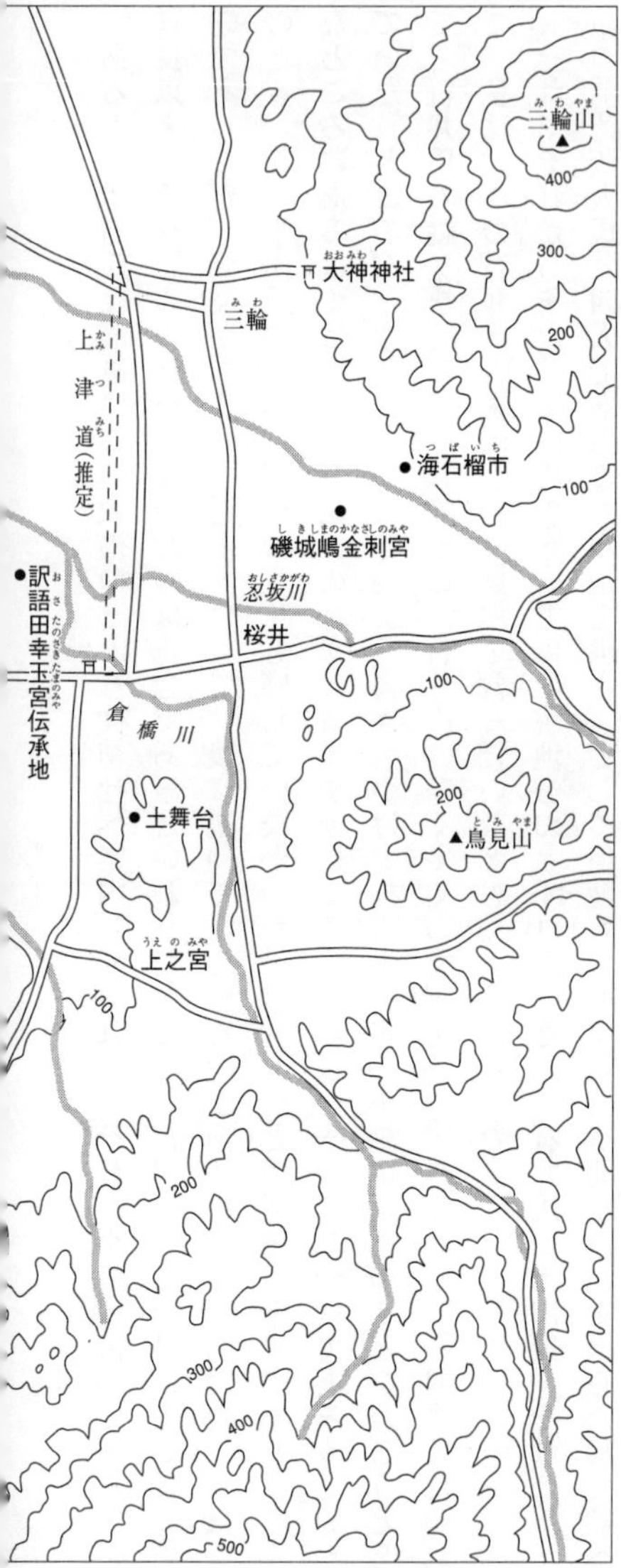

私は小墾田＝豊浦説、あるいは豊浦の北説、西説にも、宣長説の残影があると思う。小墾田を飛鳥全体の名称と考えがたいとすると、人はすぐに『扶桑略記《ふそうりゃくき》』や『日本霊異記《にほんりょういき》』の註の時代からの混同に従って、豊浦を小墾田と考えているだけのことである。宣長は、どういうわけか豊浦を飛鳥からひき離したが、豊浦も今は飛鳥村である。誰も小墾田を飛鳥から離して考えようとしないのである。やはりここでも宣長の権威が、人々を呪縛《じゅばく》しているのである。

この小墾田＝飛鳥説、小墾田＝豊浦説はほとんど根拠がないと思われるが、なお小墾田＝大福説を採用するには、多少の問題がある。それは『続日本紀《しょくにほんぎ》』の記事である。

淳仁帝《じゅんにんてい》は、天平宝字《てんぴょうほうじ》四（七六〇）年八月十八日から翌五年一月七日まで小治田宮《おはりだのみや》にいた。つまり、八月十四日に、諸国からの糒《ほしいい》を「転《うつ》して、以て小治田宮に貯《たくは》へしむ」、同十八日に「小治田宮に幸《みゆき》す」

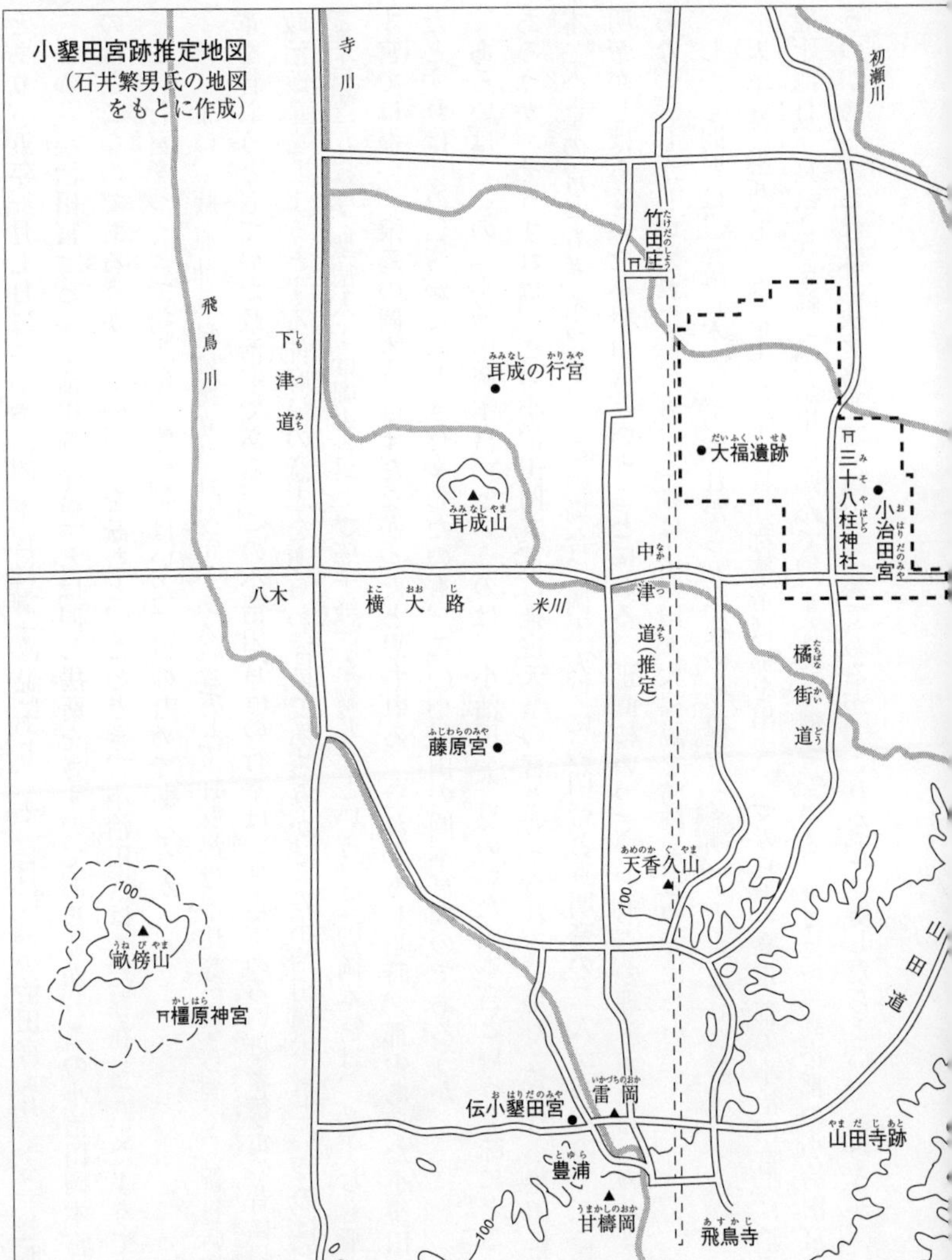
小墾田宮跡推定地図
（石井繁男氏の地図
をもとに作成）
寺川
初瀬川
飛鳥川
下《しも》津《つ》道《みち》
竹田庄《たけだのしょう》
耳成の行宮《みみなしのかりみや》
大福遺跡《だいふくいせき》
三十八柱神社《みそやはしら》
小治田宮《おはりだのみや》
耳成山《みみなしやま》
八木
横大路《よこおおじ》
米川
中《なか》津《つ》道《みち》（推定）
橘《たちばな》街《かい》道《どう》
藤原宮《ふじわらのみや》
天香久山《あめのかぐやま》
100
畝傍山《うねびやま》
橿原神宮《かしはら》
山田道
伝小墾田宮《おはりだのみや》
雷岡《いかづちのおか》
山田寺跡《やまだじあと》
豊浦《とゆら》
甘樫岡《うまかしのおか》
飛鳥寺《あすかじ》
0
1
2km

とあり、五年一月七日に「小治田岡本宮《をはりだのをかもとのみや》に御す《いでま》」とあり、十一日に「小治田宮より至る」とある。

この「小治田宮」と「小治田岡本宮」とは同じ場所をさすのであろうか。この小治田岡本宮というのはどこなのであろうか。この記事を読むと、このとき、小治田宮はまだ存在していたようである。そこに行宮《かりみや》をつくって約半年、淳仁帝はいた。何のためであろうか。

淳仁帝は、藤原仲麻呂《ふじわらのなかまろ》に擁立された帝《みかど》である。そして仲麻呂は不比等《ふひと》にならって、新しい政治改革を行おうとしていた政治家である。この小治田宮への行幸は、推古帝あるいは孝徳帝《こうとくてい》の昔に帰って、政治改革をしようとする仲麻呂の意志をあらわすのであろうか。この小治田岡本宮というのはどこか。「推古紀」には、聖徳太子は岡本宮で『法華経《ほけきよう》』を講じたという。この岡本宮は、必ずしも飛鳥の岡本宮ではない。飛鳥の岡本宮はまだなかったと思われる。それがもし当時、都のあった小墾田であったとすれば、淳仁帝がこのとき行幸したのも、この小墾田の岡本宮なのであろうか。

あるいは、この「小治田岡本宮」というのは、小治田天皇《おはりだのすめらみこと》のいた岡本宮という意味にとるべきであろうか。そうすれば、この小治田岡本宮は推古天皇の宮と考えられる。またこれは小墾田にある岡《おか》本天皇《もとのすめらみこと》の宮とも考えられる。この場合、岡本天皇に舒明帝と斉明帝の二人があるので、これは斉明帝がしばらくいた小墾田宮ということになる。正直にいって、どちらの理解が正しいのかよくわからない。しかしいずれにしても、これは小墾田=大福説を妨げるものではない。

しかし問題は、『続日本紀』のそれから五年後の称徳帝《しようとくてい》(孝謙帝《こうけんてい》)の記事である。天平神護《てんぴようじんご》元(七六五)年十月十三日、称徳帝は都を出て、その日、「高市郡《たけちのこほり》の小治田宮」に泊まり、翌十四日、真弓丘《まゆみのおか》を経て飛鳥川に臨んで、また宮に帰っている。ここに「高市郡の小治田宮」というのがある。これは『扶桑略記』と同じ言葉であるが、これをどう解したらよいであろうか。

ふつうの解釈をとれば、高市郡にある小墾田宮と解せねばならぬ。とすれば、小墾田宮は高市郡にあることになる。大福は十市《とおち》郡あるいは磯城《しき》郡に属する。『倭名抄《わみようしよう》』では十市郡に入っているが、今は磯城郡である。とすると、この記事を信ずるかぎり、小墾田を大福におくことは困難となる。しかし、これはそういう意味ではなかろう。小墾田宮は、小墾田天皇つまり推古帝の宮をいうのであろう。推古帝の宮が二つあり、その一つが高市郡にあるので、そのほうだという意味であろう。とすれば、この小墾田宮は、今は豊浦寺《とゆらじ》となっている豊浦宮ということになる。これは仏門に帰した称徳帝にはふさわしいことである。とすれば、この称徳帝の泊まった小墾田宮は、淳仁帝の滞在された小墾田宮とちがうことになる。その違いをわざわざ「高市郡の」という言葉であらわしたのではないかと考えられるのである。

率直にいえば、私にはまだこの点に若干の疑問がある。しかしそれは、決定的に小墾田=大福説をしりぞける理由にはならないと私は思う。

小墾田=大福説の根拠

私が石井繁男《いしいしげお》氏の小墾田《おはりだ》=大福《だいふく》説を支持するのは、以下の四つの理由による。

一つは、小墾田は、何よりも稲目《いなめ》の家のあったところである。稲目は、そこに百済《くだら》の聖明王《せいめいおう》が献上した仏像を安置して祀ったとある。稲目は、二人の娘を欽明帝《きんめいてい》の妃《きさき》としている帝《みかど》の寵臣《ちようしん》である。当然、彼の家は欽明帝の宮の近くにあったと考えられる。大福の地は、欽明帝の磯城嶋金刺宮《しきしまのかなさしのみや》から西に二キロほどである。しかし飛鳥《あすか》は、直線距離で南西へ五キロ、山をかかえているので、歩いて八キロほどになろう。それに飛鳥は当時はまだ未開の地で、飛鳥が政治の中心地になるのは、推古《すいこ》天皇の

三十八柱神社を取材する（1979年７月　桜井市）

とき馬子《うまこ》がこの嶋の地に家を建て、豊浦《とゆら》に都が遷《うつ》ってからである。当時としては、まだ帰化人の根拠地にすぎなかった、そういう辺鄙《へんぴ》な地に、欽明天皇の第一の寵臣が住んでいるとは思えないのである。

そしておそらく、この小墾田が舞台となると思われる第二回の仏教弾圧のときに、尼たちは海石榴市《つばいち》で鞭《むち》打たれた。海石榴市は、現在の桜井《さくらい》市金屋《かなや》である。とすると、小墾田は桜井の近くにあることになる。『元興寺縁起《がんごうじえんぎ》』では、二回めの弾圧は、桜井道場で起こったことになっている。とすれば小墾田の寺、すなわち桜井道場ということになる。そして『縁起』でも、尼たちは海石榴市で辱められている。これは、小墾田が桜井の近くにある何よりの証拠ではないか。

またこの大福、すなわち大仏供《だいふく》という名である。大福の三十八柱《みそやはしら》神社に伝わる伝承によれば、そこで飛鳥大仏に供えるものをつくったというのである。ところが『元興寺縁起』に、崇峻《すしゅん》元（五八八）年のこととして、「また、桜井寺《さくらゐでら》の内に屋《やかた》を作りて工《たくみたち》等を住まはしめ、二《ふたつのてら》寺を作らむがために、寺木《てらのき》を作らしめき」とある。まさに、ここは飛鳥寺《あすかでら》すなわち法興寺《ほうこうじ》をつくる工人の根拠地であったのである。そして崇峻三年、尼たちが百済から帰って来ても、この場所は、やはり新しい寺院建造のための基地の役割をしていたらしい。「かくのごとくして、桜井寺の内に堂略構《だうあらましかまへ》を作りて置き在《はべ》りき」とあり、文字どおり、大福は、大仏供の役割をしていたのである。
私は仏教伝来に関する問題は、小墾田を大福に比定せしめる有力な理由であると思う。しかし、これにとどまるものではない。

第二の理由は交通路の問題である。これについても、すでに石井氏がくわしく論じられている。推古十六（六〇八）年八月、小野妹子《おののいもこ》の連れて来た隋《ずい》の大使・裴世清《はいせいせい》は、筑紫《つくし》から難波《なにわ》を経て都に入った。そのときの『日本書紀』の記事に、次のようにある。

秋八月《はつき》の辛丑《かのとのうし》の朔《ついたち》癸卯《みづのとのうのひ》に、唐《もろこし》の客《まらうと》、京《みやこ》に入《い》る。是の日に、飾騎《かざりうま》七十五匹《ななそぢあまりいつぎ》を遣《まだ》して、唐の客を海石榴市《つばきち》の術《ちまた》に迎ふ。額田部連比羅夫《ぬかたべのむらじひらぶ》、以《も》て礼の辞《ゐやこと》を告《まう》す。壬子《みづのえねのひ》に、唐の客を朝庭《みかど》に召して、使の旨《むね》を奏《まう》さしむ。

海石榴市というのは、桜井市金屋にある広場で、人の集まるところである。かつてこの広場で、物《ものの》部守屋《べのもりや》は尼たちを辱めた。今、この人の集まるところで、隋の使・裴世清を迎えようとしている。裴世清は大和《やまと》川から初瀬《はつせ》川をさかのぼって、船で着いたのである。その使を七十五匹の飾馬《かざりうま》で、海石榴市まで迎えに行く。その華麗なようすに、当時の人々はおどろいたのであろうが、海石榴市は大福の東方二キロほど、その二キロほどの間を、華麗な行列が通ったのであろう。

ふつう中国の礼では、外国の使節が来るときは、都の門の外まで迎えが出るのである。海石榴市は、都の東門と考えてよいであろう。もし都が飛鳥や豊浦であるならば、使節がこういうコースをとることはあるまいし、また海石榴市は飛鳥や豊浦から遠い。

また推古十八（六一〇）年に、新羅《しらぎ》と任那《みまな》の使を迎えたときの記事に、次のようにある。

冬十月《かむなづき》の己丑《つちのとのうし》の朔《ついたち》丙申《ひのえさるのひ》に、新羅《しらき》・任那《みまな》の使人《つかひ》、京《みやこ》に臻《まういた》る。是の日に、額田部連《ぬかたべのむらじ》比羅夫《ひらぶ》

今も痕跡を残す中津道
（桜井市大福）

に命《みことおほ》せて、新羅の客《まらうと》迎ふる荘馬《かざりうま》の長《をさ》とす。膳臣大伴《かしはでのおみおほとも》を以て、任那の客迎ふる荘馬の長とす。即ち阿斗《あと》の河辺《かはへ》の館《むろつみ》に安置《はべ》る。丁酉《ひのとのとりのひ》に、客等《まらうとたち》、朝庭《みかど》拝む。

この阿斗《あと》というのは、大和国《やまとのくに》城下郡阿刀《あと》村、つまり今の田原本町阪手《さかて》と考えられる。これは、大福の北西方約五キロであるが、飛鳥までは倍ほどある。この日に、使者は宮殿に入って天皇に拝した。また、この使者たちは「南の門《みかど》より入《まゐ》り」とある。先の隋の使の場合はそういう記事はないのに、ここだけある。それは隋の使は東から来たので、当然、西行し南門から入るのに、ここでは都は阿斗の南なので、迂回《うかい》して下津道《しもつみち》を南行し、東に廻って南の正門から入ったという意味であろう。飛鳥ならば、隋の使と同じコースになる。そういうことを、わざわざことわるはずはない。

この二つの使者のコースを考えると、私は、小墾田＝大福説は、小墾田＝飛鳥説や小墾田＝豊浦説より、はるかに蓋然性《がいぜんせい》が高いと思う。

この交通路の問題に、石井氏はもう一つ横大路を考えて大福説の根拠にするのである。推古二十一年の記事に「難波《なには》より京《みやこ》に至るまでに大道《おほち》を置く」とある。これは飛鳥や豊浦を都とすれば、不可能に近いと石井氏はいう。この大道を、『通証《つうしよう》』では「今謂《い》ふ所の南都路《なんとぢ》」といい、『集解《しゆうげ》』では「太《たい》子伝備講《しでんびかう》に曰く、按《あん》ずるに欽明帝より推古帝に至る五代は、橘の京《たちばなきやう》に都す。言ふところの大道《おほち》は、天王寺《てんわうじ》より橘の京に至る道なり。今、横の大道と云ふは、即ち是なり」という。また『通釈《つうしゃく》』はそれらの説を引用した上で、大道にあたるのは「今の竹内街道《たけのうちかいだう》なり」という。また「日本古典文学大系」の註には、「今の竹内街道をいうか。河内丹比《かわちたちひ》方面から東進して古市《ふるいち》に至り、石川を渡り、竹内《たけのうち》峠《とうげ》を経て、大和の当麻《たいま》・飛鳥に至るもの」とある。

橘街道というのは、飛鳥の橘寺《たちばなでら》から北へ行き、大福の北の蔵堂《くらんどう》というところで中津道《なかつみち》と交叉《こうさ》して西北に向かい、斑鳩《いかるが》にいたる街道である。横大路というのは、桜井から西へまっすぐ大福を過ぎ、竹《たけの》内《うち》峠を通って難波へぬけるもの。竹内街道がそれである。石井氏は、大福ならば横一線の横大路をとれば来れるが、飛鳥ならそこから中津道を南に折れねばならぬ、大福より北には中津道がはっきりしているが、南には、そういう大路はない、だから難波から飛鳥へは大路はないというのである。

第三の理由として、伎楽《ぎがく》の問題がある。推古二十（六一二）年の記事に、次のようにある。

又百済人《くだらびと》味摩之《みまし》、帰化《まうきおもむ》けり。曰はく、「呉《くれ》に学びて、伎楽《くれがく》の儛《まひ》を得たり」といふ。則ち桜井に安置《はべ》らしめて、少年《わらはべ》を集《つど》へて、伎楽の儛を習はしむ。是《ここ》に、真野首《まののおびと》弟子《でし》・新漢《いまきのあやひと》済文《さいもん》、二《ふたり》の人、習ひて其の儛を伝ふ。此今《これいま》、大市首《おほちのおびと》・辟田首等《さきたのおびとら》が祖《おや》なり。

これは、わが国における演劇のはじめであるが、それを「桜井に安置らしめて、少年を集へて、伎楽の儛を習はしむ」とある。この場所が、今の国鉄（現JR）桜井駅の南数町のところにある「土舞《つちぶ》台《たい》」といわれる場所である。これは、太子が生まれたと思われる上宮《うえのみや》の近くでもある。

聖徳太子は、第三十一代用明《ようめい》天皇の皇子で、第三十三代推古《すいこ》天皇の摂政《せっしょう》をせられた。推古天皇は欽明《きんめい》天皇の皇女で、用明天皇の御妹《おんいもうと》である。用明天皇の御所は、磐余《いわれ》の池の辺の、二本の大きい槻《つき》の木のあるところにあったので、磐余《いわれ》の池辺双槻宮《いけのべのなみつきのみや》と申し上げた。今の桜井の谷と長《なが》門《と》の間あたりである。ここから少し南、上宮と今もいっているところに、聖徳太子の御所があった。上宮は旧町村制の始めから桜井町の大字だった。推古天皇が飛鳥のをはり田の宮へ移られた頃は、太子は斑鳩宮《いかるがのみや》におられた。日帰りで、飛鳥と斑鳩を往来せられたと伝えている。しかしもともとの太子御誕生の御所は、この桜井の上宮にあった。この上宮から出土した美事な鴟尾《しび》が長く大和《やまと》歴史館に展陳《てんちん》されていた。

聖徳太子の御名を「上宮太子」と古来よりとなえてきたのは、この上宮御所によってである。用明天皇の磐余宮《いわれのみや》の地から見て、上の宮に当るというのが、この名のよりどころとされている。太子が飛鳥あたりに御生誕せられたと云うのは、『日本書紀』の伝承に反するもので、さらに何の根拠もない俗説である。

百済人《くだらびと》味摩之《みまし》が「伎楽舞《くれのうたまい》」を伝えたころは、太子はこの上宮にいまして、時に斑鳩にいでますこともあったようで、斑鳩にゆかれた時に限っては、そのよしを『書紀』にしるされている。これらの点から見ても、御晩年以前の大凡《おおよそ》は上宮にいましたと推定されるのである。しかし本居《もとおり》宣長《のりなが》先生は、上宮の名の由来は、磐余宮《いわれのみや》の上にあった、という意味にもとれるが、以前からここが神聖な土地だったので出た名でなかろうかと想像されている。この考え方は過去の多くの学者が尊重したものである。現地土民の間では、古くからにぎはやひの尊の上宮だったという伝承が語られている。……

桜井の「土舞台《つちぶたい》」と、上宮は地つづきの隣合い数町の近さである。太子は上宮の御所に近い桜井に味摩之をはべらせられたのである。土舞台は大和国原の景観の佳い丘の上であった。今この丘の下に桜井市の小学校がある。

(保田与重郎《やすだよじゅうろう》『土舞台《つちぶたい》について』)

私は以前、聖徳太子の生誕の地とされたところについて、上宮説を橘寺説とともに考察してみたが、太子生誕の場所について、それほどくわしく考証しなかった。しかしだんだん調べてゆくにつれて、どうしても太子の生誕の場所を、この上宮としなければならないと思うようになった。太子が生まれた敏達《びだつ》三（五七四）年は、まだ飛鳥は未開地で、やはり用明帝の宮の近いこの上宮の地を太子の生誕の地とすべきであろう。

太子は、この生誕の地の近くに、百済人・味摩之を招いて伎楽をさせたのであろう。ここではじめて伎楽を習った真野首《まののおびと》弟子《でし》と新漢済文《いまきのあやひとさいもん》の子孫の大市首《おおちのおびと》と辟田首《さきたのおびと》のいる大市および辟田は、いずれも三輪山《みわやま》の西の地にあるのである。

土舞台（桜井市）

もとよりこのことは、大福説を決定的に証明するものではないが、やはり都の近くの地で、そういう伎楽を習わせしめたと考えるのがもっとも自然である。このことと関係あるのであろうか、天武《てんむ》十二（六八三）年の「紀」に、「是の日に、小墾田儛《をはりだのまひ》及《およ》び高麗《こま》・百済《くだら》・新羅《しらき》、三国《みつのくに》の楽《うたまひ》を庭《おほば》の中に奏《つかへまつ》る」とある。小墾田儛《おはりだのまい》は、小墾田に伝わる舞をいうのか。小墾田天皇《おはりだのすめらみこと》のときの舞をいうのか。いずれにせよ、この小墾田儛の根拠地は、この桜井の土舞台に近いところにあるはずである。飛鳥より大福がその点でも有利な条件をそなえている。

第四の理由は、小墾田は早くから歴史にでてきて、允恭《いんぎょう》天皇の御世に、葛城襲津彦《かつらぎのそつびこ》の孫の玉田宿禰《たまたのすくね》というものが無礼なので、小墾田采女《おはりだのうねめ》を遣わして、玉《たま》田宿禰《たのすくね》のようすを探らせたことが『書紀』に見えている。小墾田は、すでにそのころ釆女を出すほどに、開けていたのであろう。

この小墾田に住んでいたのが小墾田臣《おはりだのおみ》と小治田連《おはりだのむらじ》を名のる氏族であろうが、天武十三（六八四）年に八色《やくさ》の姓《かばね》を賜った際、小墾田臣のほうは朝臣《あそん》、小治田連のほうは宿禰《すくね》を賜っている。『新撰姓氏録《しんせんしょうじろく》』によれば、小墾田朝臣は「武内宿禰《たけしうちのすくね》の五世の孫、稲目宿禰《いなめのすくね》の後《のち》なり」とあり、小治田宿禰のほうは「石上《いそのかみ》と同祖。欽明《きんめい》天皇の御代《みよ》、小治田の鮎田《あゆた》を墾開《こんかい》するに依りて、小治田大連《をはりだのおほむらじ》を賜ふ」とある。二つの氏族は別であり、前者は蘇我系、後者は物部系である。後者は先住者で、前者がそこに移り住んでいた稲目の子孫だと思われるが、もちろん両者は帰化人ではない。

馬子がここに都をつくるまで、飛鳥、檜隈《ひのくま》の地が帰化人の住処《すみか》であったことを考えると、飛鳥にこういう古い豪族が住んで、早くから農業を行っていたことは考えられない。

石井氏は、この大福には倉橋川の下流にあたる寺川があり、その水利権をこの大福がもっていることを重視している。小墾田という名は、よく開墾されている田を意味するが、そのころまだ、飛鳥はほとんど未開の地ではなかったろうか。大福には太田《おおた》とか豊田《とよた》とかいう名が多いが、飛鳥には川原、真師原《ましはら》とかいう原の名のつく地名が多い。

小墾田宮跡の発掘

このような四つの理由に、もう二つの理由を加えることができると思う。それは考古学的発掘の結果である。つまり、今、小墾田《おはりだ》の地として候補にのぼっている二つの地、豊浦《とゆら》と大福《だいふく》は、いずれも考古学的な調査報告書がでているのである。

このうち豊浦のほうは、いってみれば予定発掘、つまりあらかじめここにこういう遺物がでてくるであろうという発掘であり、大福のほうは、開発に迫られての発掘なのである。豊浦の発掘は昭和四十五年五月二十日から十一月十一日までの六ヵ月間であり、大福の発掘は昭和四十九年七月一日から十二月二十日までの六ヵ月間である。そしてその面積は、前者は二一・四アールであるのにたいして、後者は三四・六アールである。

この豊浦の発掘は、この地が聖徳太子の小墾田宮《おはりだのみや》の跡ではないかという推定のもとに行われた。

したがって、小墾田宮《おはりだのみや》の所在地を大字豊浦《おおあざとゆら》付近に認める点については、現在では通説化している。前述した持統紀《じとうき》の「小墾田豊浦《をはりだのとゆら》」として一体のものとして表現していることや、『霊異記《りよういき》』が小治田宮《おはりだのみや》の北に雷岡《いかづちのおか》があるとしていることなどからいっても、この説はほぼ認められてよいであろう。また、最近の岸俊男《きしとしお》『飛鳥《あすか》と方格地割《ほうかくじわり》』によると、飛鳥は、古くは小墾田とは別に飛鳥川東岸の地を示したとされる。これは本居宣長《もとおりのりなが》『古事記伝』以来、飛鳥と小墾田をほぼ同一地域とみる従来の見解を改めたものであるが、そうであるとすれば、逆に小墾田の地は飛鳥川の西岸をさすことになる。したがって、『古都略記図』等の説はとりえないことになる。

（『飛鳥《あすか》・藤原宮《ふじわらのみや》発掘調査報告Ⅰ』）

つまり調査は今までの通説にしたがって行われたのである。しかし私は、この通説が誤った仮説にもとづいていることを明らかにした。「持統紀」の「小墾田豊浦」という言葉は、小墾田が豊浦にあることを意味しないし、さらに『日本霊異記《にほんりよういき》』の説は、豊浦と小墾田を混同したもので、とても信頼することはできない。

ここでこの報告書のひく岸俊男氏の説は注目すべきである。それは、飛鳥は飛鳥川の東岸をさしたものであるという説である。つまり岸氏によれば、この時代において、飛鳥とは天《あめの》香《か》具山《ぐやま》の南、飛鳥川の東をさすというのである。上田正昭《うえだまさあき》氏も、この岸氏の見解に賛意を示している。この岸氏の説は、宣長のように小墾田を飛鳥に求めることの誤謬《ごびゅう》をはっきりと指摘している。これは重要なことである。

しかしそうかといって、小墾田は飛鳥川の西ということにはならない。この岸説からの正確な論理的帰結は、もし飛鳥の南と東が山地であり、宮殿が広大な地域を占めているとすれば、小墾田は天香具山の北か、あるいは飛鳥川の西に求めるべきであるということである。この報告書のように、この岸説をつかって、小墾田を飛鳥川の西とするのは、論理の飛躍以外の何ものでもない。

とにかくこの調査は、豊浦の地が小墾田であるという前提によって行われた。私はこの前提そのものがおかしいと思うが、それはそれでいいのであろう。考古学というものは、あくまで実証の学である。実際にでてきたもののみで判断すべきである。この推定にもとづく調査は、どのようなものであったか。調査によって、この地が聖徳太子の小墾田宮跡であることが証明されたのか。

ところでこの調査は、あらかじめ次のように想定していた。

『日本書紀』の伝える小墾田宮の殿舎、門等の名称は次のとおりである。

大門《みかど》　推古《すいこ》十六年八月壬子《みずのえねのひ》条
南門《みなみのみかど》　同十八年十月丁酉《ひのとのとりのひ》条
閤門《うちつみかど》　舒明即位前紀《じょめいそくいぜんき》
庭中《おおば》　推古十六年八月壬子《みずのえねのひ》条・同十八年十月丁酉《ひのとのとりのひ》条・舒明即位前紀
南庭《おおば》　推古二十年是歳《ことし》条・同三十六年三月癸丑《みずのとのうしのひ》条

大殿《おおとの》　舒明即位前紀
庁《まつりごとどの》　推古十八年十月丁酉《ひのとのとりのひ》条

これらの記事のなかで、殿舎の位置関係をやや具体的に記しているのは、推古十六年八月壬子条、推古十八年十月丁酉条および舒明即位前紀の三つで、前者は隋使《ずいし》・裴世清《はいせいせい》について、後者は新羅使《しらぎし》・竹世士《ちくせいし》についての外交記事である。

推古十六年八月壬子条には、

（原文略）

壬子《みずのえねのひ》に、唐の客《もろこしまらうと》を朝庭《みかど》に召して、使の旨《むね》を奏《まう》さしむ。時に阿倍鳥臣《あへのとりのおみ》・物部依網連抱《もののべのよさみのむらじいだき》、二人《ふたりのひと》を、客《まらうと》の導者《みちびきひと》とす。是《ここ》に、大唐《もろこし》の国の信物《くにつもの》を庭中《おほば》に置く。時に使主《おみ》裴世清《はいせいせい》、親《みづか》ら書《ふみ》を持ちて、両度《ふたより》再拝《をが》みて、使の旨を言上《まう》して立つ。……時に阿倍臣《あへのおみ》、出《い》で進みて、其の書を受けて進み行く。大伴囓連《おほとものくひのむらじ》、迎へ出でて書を承けて、大門《みかど》の前の机の上に置きて奏《まう》す。

とある。この記事によると、「庭《おおば》」は「大門《みかど》」の前面にあると考えられ、天皇の出御《しゅつぎょ》する場所は「大門《みかど》」より奥であると判断される。また、推古十八年十月丁酉条には、

（原文略）

客等《まらうとたち》、朝庭拝《みかどをが》む。是《ここ》に、秦造河勝《はだのみやつこかはかつ》・土部連菟《はじのむらじうさぎ》に命《おほ》せて、新羅《しらき》の導者《みちびきひと》とす。間人連《はしひとのむらじ》塩蓋《しほふた》・阿閉臣大籠《あへのおみおほこ》を以て、任那《みまな》の導者《みちびきひと》とす。共に引きて南の門《みかど》より入りて、庭中《おほば》に立てり。時に大伴咋連《おほとものくひのむらじ》・蘇我豊浦蝦夷臣《そがのとゆらのえみしのおみ》・坂本糠手臣《さかもとのあらてのおみ》・阿倍鳥子臣《あへのとりこのおみ》、共に位より起《た》ちて、進みて庭《おほば》に伏せり。是に、両《ふた》つの国の客等《まらうとたち》、各《おのおの》再拝《をが》みて、使の旨《むね》を奏《まう》す。乃ち四《よたり》の大夫《まへつきみ》、起ち進みて大臣《おほおみ》に啓《まう》す。時に大臣、位より起ちて、庁《まつりごとどの》の前に立ちて聴く。（下略）

とある。これによると、「庭」は「南門《みなみのみかど》」の内側にあって、そこが外交使節との儀式の場であったと考えられ「庁前《まつりごとどののまえ》」の語からすると、「庭」は「庁前」に広がっていたと考えられる。

さらに舒明即位前紀によると、

（原文略）

吾《おのれ》（筆者注—山背大兄王）、天皇《すめらみこと》、臥病《みやまひ》したまふと聞《うけたまは》りて、馳上《まうのぼ》りて門下《みかきもと》に侍《はべ》りき。時に中臣連弥気《なかとみのむらじみけ》、禁省《みやのうち》より出《まか》でて曰《まう》さく、「天皇の命《おほみこと》を以て喚《め》す」とまうす。則ち参進《まうすす》みて閤門《うちつみかど》に向《まう》づ。亦栗隈采女黒女《くるくまのうねめくろめ》、庭中《おほば》に迎へて、大殿《おほとの》に引《ゐ》て入《まゐ》る。（下略）

とあって、天皇の臥病《がびょう》している「大殿《おおとの》」の前に「閤門《うちつみかど》」が存在したと考えられる。この記事と前出二つの記事とを併せ考えると、小墾田宮には天皇の居住する「大殿《おおとの》」を中心とする区画があり、その南前に「大門」＝「閤門」があって、さらにその南に「庭」がある。この「庭」は外国使節の接見等の公的儀式の場として使用されたものである。また、この「庭」は『日本書紀』推古二十年是歳条に見える「須弥山《すみのやま》」や「呉橋《くれはし》」をつくり、また推古三十六年三月癸丑条に見える推古天皇の殯《もがり》をおこなった「南庭《おおば》」と同一のものかも知れない。さらにこの「庭」の南に「南門」があったことが知られる。以上『日本書紀』にみえる「門」、「庭」および「大殿」の位置が信頼できるとすれば、宮は天皇の居住する「大殿」を中心とした大王家の私的な空間と、公的儀式の場である「南庭」の二つの部分とから構成されていたと考えられよう。この二つの部分が、藤原《ふじわらの》宮《みや》、平城宮、平安宮における内裏と朝堂院との関係の原型を示しているかとも考えられるが、これらの点については、今後の発掘調査の進展をみて考えるべきことであろう。

（『日本書紀』の部分は、「日本古典文学大系」により訓《よ》みを補った）

これは、さすがに考古学者らしい鋭い文献の読み方である。おそらく、とぼしい『日本書紀』の記事から、発掘者はそうとう巨大な宮殿を想定していたのであろう。この宮殿は、今までの一世一代かぎりの小さな宮殿とはちがう。宮は天皇の起居する「大殿《おおとの》」と、公的儀式の場である「南庭《おおば》」の二つの部分からなっている。これは、藤原宮《ふじわらのみや》、平城宮、平安宮の内裏と朝堂院の関係の原型を示しているという。とすれば当然、この地にこのような巨大な宮殿の存在が予想される。しかしこの豊浦の地に、先にあげた通説以外に、この地を小墾田宮と推定あるいは想像させるものが何かあったのか。豊浦寺《とゆらじ》の北に和田町古宮《ふるみや》というところがある。そしてそこに四角い土塁がこしらえられている。ちょうど藤原宮にもこのような土塁があり、それが宮所の一部を形成した。もしこの地が小墾田宮とすれば、それは宮殿の何らかの遺構であることが予想される。

今回の調査は、これまで文献や地上の観察などから小墾田宮跡《おはりだのみやあと》と推定されている地で行なった始めての発掘調査であって、発掘前には遺構の所在や埋没《まいぼつ》状況については、まったく予測することができなかった。建物の基壇跡かと考えられる古宮土壇が現存することと、その付近から明治十一年に金銅製四鐶壺《しかんこ》が出土していることの二点を手がかりに、調査を開始したのである。したがって、発掘はまず遺構探索のためのトレンチを調査予定地の全域に入れる調査から始めて、その結果に基づいて発掘区を拡大するという方法をとらざるを得なかった。また、この地が小墾田宮跡であるならば、推古《すいこ》天皇の小墾田宮の遺構と皇極《こうぎょく》・孝徳《こうとく》・斉明紀《さいめいき》などにみえる小墾田宮の遺構、さらには奈良時代の小治田宮《おはりだのみや》の遺構が重複して存在することも当然予想されたので、水田床土《しょうど》直下から地山面までの各層位ごとに綿密な調査を行なった。このため、二一・四aという狭い発掘面積にもかかわらず、六ヵ月という長い調査期日を要したのである。

こうして入念な調査が行われたのである。

たしかに、そこには古墳時代から平安、鎌倉時代にいたる各時期にわたって造営された数多くの遺構が見いだされた。とくに、七世紀の造営とみられる庭園跡を見いだしたのは、大きな収穫であった。しかし、はたしてその遺構が宮殿跡であったのか。さらにそれが聖徳太子の小墾田宮跡であることが確認されたのか。

これについて報告書ははっきり語っていないが、けっしてそれが小墾田宮の跡だと確認されたとはいっていない。

最後に、小墾田宮跡の位置推定の根拠の一つにされてきた古宮土壇の一部を発掘した。内部には中世につくられた石積遺構があり、すくなくとも現存する土壇が古い建物基壇である痕跡《こんせき》は全くなかった。さらに、ＳＤ０５０の延長部を確かめて、今後の調査の見通しを得るために、調査地域西端部に46トレンチを設けたが、ＳＤ０５０の延長部は検出できなかった。

豊浦の最初の目やすとなった四角い土壇も中世の遺構であったのである。

今回発見した遺構や遺物が小墾田宮のものであるか否かについては、これだけの調査では確言できない。遺構は大半が部分的にしか明らかにされておらず、その規模や性格についても不明な点が多いし、遺構も小墾田宮であることを確証するものは出土しなかった。しかし七世紀前半期に造営されたかなり大規模な遺構群は中に庭園という特殊なものを含んでおり、それに、瓦類《かわら》がほとんど出土していないことをあわせ考えると、これらが寺院であったとするよりは、宮殿か貴族の邸宅であった可能性が大きいといえよう。かりに、今回検出した遺構が小墾田宮跡の一部であったとしても、文献からうかがえる推古《すいこ》朝の小墾田宮の内部構造との直接的な関連は認めがたい。わずかに、今回検出した庭園遺構は、『日本書紀』推古二十年是歳《ことし》条に百済人路子工《くだらびとみちこのたくみ》が南庭《おおば》に築いたと記す庭園との関係を推測させるが、確かなことは明らかでない。遺跡全体の規模や内部の構造の解明、あるいは今回検出した遺構と皇極《こうぎょく》朝以降の小墾田宮や奈良時代の小治田宮との関連についても、今後の課題として残された。また、発掘調査の結果、新たに生じた疑問も多い。各造営期の遺構の究明、玉石組大溝《だいこう》や掘立柱《ほったてばしら》建物の方位から考えられる地割りの問題、出土遺物のより詳細な編年的研究なども、今後の本格的な調査によって解決しなければならない課題である。しかしながら、今回の調査は、少なくとも七世紀前半の宮殿跡らしい遺構の存在を実証した点で、小墾田宮の実体の究明を一歩進めたものであることを明言してこの報告を終りたい。

私はこの報告書の態度は、はなはだ率直であると思う。正直にいえば、発掘のはじめに予想された小墾田宮の遺構は何一つでてこなかったといってよい。そして遺物も小墾田宮に結びつくものは、まったくなかったといってよい。庭跡がでてきたが、それはただ、宮殿が豊浦の北方にあった可能性があるというのにとどまる。それは豊浦宮の遺跡か、あるいは蝦夷《えみし》のいた豊浦の家であった可能性もある。

この綿密な調査と報告書の言葉には、私は深い敬意を表するが、最後の言葉は、必ずしも明確ではない。「小墾田宮の実体の究明を一歩進めた」とは、どういう意味であろう。小墾田宮が、七世紀前半に豊浦の地にあったというのであろうか。しかしこの場所を小墾田宮と推定する根拠が見つからなかったのであるから、そういうことはいいえないはずである。この調査は、この地に小墾田の遺構らしいものが見つからず、小墾田の所在地を白紙にかえして第一歩から推定し直す必要を提起したという点において、「小墾田宮の実体の究明を一歩進めた」のではないか。

私はこのすぐれた発掘調査報告書にけちをつける気持は少しもない。私は多くのことを報告書に教えられた。しかしそのことによって、かえって私の小墾田宮を豊浦に求めることへの疑問は、いよいよ増してきたのである。私の疑問は、どこかまちがっているのであろうか。何度も何度も、このことについて推論したはずである。まちがっていたら教えてほしい。

ところが、今度は大福遺跡である。こちらは豊浦のような予定発掘ではなく開発に迫られての発掘である。

昭和四十八年、奈良県教育委員会は、当地域に大規模な宅地造成を計画した株式会社東急不動産より埋蔵文化財の取扱について協議をうけた。県教委はその取扱方について検討した結果、遺跡が工事中発見されることを未然に防ぐため試掘調査を実施し、遺跡の有無の確認を行なうことをすすめる旨の回答を行なった。この回答をうけた同社より引続き試掘調査実施の依頼があり、昭和四十八年十一月二十六日〜二十九日の四日間、開発予定地内十七ヵ所を試掘した。その結果、第1〜4・第6〜8の地点（第4図——略）で弥生時代を中心とする遺跡の存在が明らかとなった。県教委は試掘の結果を同社に報告するとともに、当地域で土木工事等を行なう場合には、文化財保護法による所定の手続が必要である旨を通知した。

発掘届を提出し、文化庁の指示を受けた同社より、県教委に発掘調査実施の依頼があり、昭和四十九年七月一日より同年十二月二十日まで県教委は今、報告しようとする発掘調査を実施した。

その結果、縄文時代から中世にわたる多くの遺物を発掘した。

（『大福遺跡』）

約半年間の現地調査と断続的ではあったが一年間の整理期間を費やして大福《だいふく》遺跡の調査は一応

終了した。後述するように大福遺跡の調査はこれで完了したのではなく、むしろその一端を把握できたにすぎず今後の調査に期待するところが大きい。今回の報告では大量の遺物のうち一部を記述したにすぎず、遺物整理も不充分であると言わざる得ない。

大福遺跡は縄文晩期から中世にわたる複合遺跡であり、雑多な遺構・遺物からなっている。この遺跡をまとまりのないものにしている理由としては、遺跡を一まとまりの集落として検出できず、むしろ時代を隔てた別個の集落の一隅を検出したことによる。

つまり約半年の発掘と、その後の一年間にわたる調査の結果、この報告書にはほんの一部を記述したというのである。

豊浦が古墳時代以後の遺物であるのにたいして、大福は縄文時代からの多くの遺物が発掘された。これは私は、この豊浦の地と大福の地の性格を考える上で重要なことであると思う。大福の地はいわゆる平野であり、縄文時代以来、多くの人間が住んでいたところであるが、豊浦の地はやはり辺境で、古墳時代になってやっと人の住みはじめたところであるのであろう。

問題の奈良時代については、次のようにある。

奈良時代前期～後期の時期の遺構としては掘立柱建物・土壙《どこう》・井戸があり、遺物としては須恵《すえ》器《き》・土師器《はじき》の他、海獣葡萄鏡《かいじゆうぶどうきよう》・三彩小壺蓋《さんさいしようこがい》がある。同時代の土器は調査地域に散布している。遺物のうち三彩小壺蓋・海獣葡萄鏡などは一般的な住居址《あと》では見られないものである。建物・柵《さく》列《れつ》・井戸は一体となって生活域を構成していたものと考えられる。建物は二棟《むね》で、同時代の他の建物に比べて特に大きいものではないし又、建て方も散漫である。ないが、郡衙《ぐんが》などの大規模な公的な建物とも考えられない。建物の建替などはみられなかったから比較的短い期間に使用されたらしい。

ここで海獣葡萄鏡や三彩小壺蓋が見つかった。これらは一般的な住居址には見られないものだという。この海獣葡萄鏡は、小さいもので、法隆寺《ほうりゅうじ》や、高松塚《たかまつづか》にあるものより悪いものであるらしいが、どうしてそれがここにあるのか。

また報告書には、次のようにある。

この地域には条里遺構が歴然と残っているが発掘調査の結果から見れば、奈良時代には建物などの遺構があり、水田化されていなかったことは明らかである。前述の素掘溝《すぼりこう》についても水田にはふさわしい遺構とは考えられない。条里の坪境《つぼざかい》の堤《つつみ》を切断して堤の変遷を検討したがその時期的変遷は明確ではなかった。

これは、石井氏が、この辺にははっきりした条里制があり、その条里制の名が一つ一つ田の坪名《つぼな》として残っているといっていることと期せずして一致する。なぜこの地にかくも整然たる条里遺構が残っているのか。

石井氏はこのほかにも、小墾田を飛鳥あるいは豊浦ではなく、大福に求めるいくつかの論拠をあげている。たとえば、『日本書紀』における壬申《じんしん》の乱にでてくる小墾田の兵庫《つわものぐら》の記事、『万葉集』にでてくる額田王《ぬかたのおおきみ》の三輪山の歌など、小墾田は大福で、天智帝《てんじてい》もおそらくそこに永くいたにちがいないと論証している。私は、この石井氏の説のうち、壬申の乱に関する記事は、やはり小墾田を豊浦ではなく大福に求めたほうが有力な論拠になると思う。これについて『飛鳥とは何か』という私の著書でくわしく論じたので、それを見てほしい。

小墾田遷都の意味すること

今、われわれは多少問題はあるが、小墾田《おはりだ》＝大福《だいふく》説をとることにしよう。それは一つの仮説であるが、そういう仮説をとることによって、今まで見えなかったものが、どのように見えてくるかが問題である。

この遷都の理由については、『元興寺縁起《がんごうじえんぎ》』には『日本書紀』に書かれていない隠された理由が語られている。それは豊浦宮《とゆらのみや》を寺にせんがためであるというのである。法興寺《ほうこうじ》建造はすでに崇峻《すしゅん》四（五九一）年以来、順調にすすんでいる。しかし尼寺がないのである。推古帝《すいこてい》は女帝である。女帝は尼寺をつくりたいと思う。日本では僧よりも早く尼が誕生したのである。そして百済《くだら》に渡って戒《かい》を受けた尼は、早く立派な尼寺をつくってくれとしきりに要求しているのである。そういう状況の中で、推古帝は一大決心をしたのであろう。今、自分のつかっている宮殿を尼寺にする。それはたいへんなことである。そのことだけでもたいへんな仏教信仰を示したことになる。そしてそうとしたら、宮殿をどうするか。その宮殿を小墾田につくる。小墾田はそれまで尼寺のあったところなのである。なんのことはない、宮殿と寺とが入れかわったのである。

この小墾田の地に宮を遷《うつ》す。それは太子にとっては新しい政治の舞台を獲得することである。そしてそれによって、日本の古代からの習慣である一代一宮制を廃止しようとするのである。太子は、おそらく中国や三韓《さんかん》にならって恒久的な都づくりを目ざしたのであろう。横大路と中津道《なかつみち》の交叉《こうさ》する地、大和《やまと》盆地の南の地、大和川をさかのぼっての舟便もある交通の要地に都を遷して、そこで新しい政治を行おうとしたのである。

太子の政治は、後の律令《りつりょうせい》制の先駆をなしたものだといわれる。「冠位十二階《かんいじゅうにかい》」と「憲法十七条」の制定、それらに寺院の建造や国史の編纂《へんさん》、すべて律令制の時代になって完成される事業を先どりするものであった。その点においても、太子は不世出の大政治家であったといえる。

しかも後の律令制の完成者たちの政治計画の一つが、恒久的な都の建設であった。新しい都市計画を伴わない新しい政治はない。たしかに律令制を先どりする多くの事績を太子に見る学者も、この点についてひと言も語らない。これは公平を欠くのではないか。近代的な都城の建造なくして、どうして日本の近代化が可能なのであろう。私はこの小墾田遷都は、このような都城の建設計画を含んでいるのではないかと思う。この小墾田宮《おはりだのみや》は、後世の藤原宮《ふじわらのみや》ほどではないにしても、かなり近代的な都城の体裁をととのえていたのではないか。

その後、太子の後継者である山背大兄皇子《やましろのおおえのおうじ》を次代の天皇にしたくはなかった蝦夷《えみし》は、この都城を棄てて、彼の本拠地である飛鳥《あすか》の岡本《おかもと》に、舒明帝《じょめいてい》の宮殿を遷した。しかしまた皇極帝《こうぎょくてい》の御世に小墾田に都がかえるのは、小墾田がそういう半永久的な都のイメージをどこかに宿しているゆえではないか。そして後に再び即位した斉明帝《さいめいてい》は、またこの地に瓦葺《かわらぶ》きの宮を建てようとしたが、材木が足りなくてやめた。それは、この地には飛鳥とちがって壮大な建物がふさわしく、そういうものが建てられなかったら都づくりが不可能であることを物語っているのではないか。

もしも、大福が小墾田であるとすると、この遷都は太子にとっても、大きな意味をもつ。太子はおそらく、馬子《うまこ》の圧力を離れて、独自の政治を行おうとしたからであろう。馬子の巨大な邸宅のある飛鳥にいたのでは、どうも自由な政治はできない。馬子の圧力からのがれて、小墾田へ移ろう。小墾田は馬子ではなく稲目《いなめ》の土地、仏教発祥の地であると同時に、二度の仏教弾圧の地である。聖徳太子は、祖父・欽明《きんめい》と曾祖父《そうそふ》・稲目《いなめ》の、あるいは仏教伝来の、あるいは仏教弾圧の昔にかえって、仏教の理想にもとづく新しい政治を行おうとしたのであろう。

またこの地への遷都については、推古天皇も賛成されたことであろう。なぜならこの地は、夫・敏《び》達帝《だつてい》がそこにいて、天の下をしろしめした訳語田幸玉宮《おさたのさきたまのみや》のすぐ近くである。東に五〇〇メートルも行けば、背の君のもとの宮がある。そしてこの地はまた、外祖父・稲目のいたところ、また東に二キロメートルも行けば、父・欽明帝《きんめいてい》の磯城嶋金刺宮《しきしまのかなさしのみや》がある。太子の父の用明帝《ようめいてい》の宮も、太子の生まれた上宮《うえのみや》も指呼《しこ》の間にある。また馬子も、この遷都には少なくとも反対するわけにはゆかなかったであろう。今の宮を寺にして、父・稲目の邸《やしき》のあった仏教発祥の地・小墾田の地に、中国や三韓なみの都を建設しようとする、そういう提案にたいしてどうして馬子が反対できようか。

そう考えると、この小墾田遷都は実に大きな意味をもっていることになる。小墾田を大福と考えるとき、今まで完全に隠されていた太子の政治の一面が、ほぼ全面的に姿をあらわすのである。

それは私の幻想であろうか。幻想と思いたい人は、そう思うがよい。幻想と私はいうが、その前提にさしたる矛盾がなく、しかもそう考えることによって、今まで隠されていた歴史の暗部がはっきりと説明できる仮説は、それ以上に多くの事実がより明確に説明することのできる仮説があらわれるまでは、真理の座にすわっていてもよいと私は思う。私は、小墾田＝大福説ほど、おそらくは都市計画においても、後の政治を先どりしたであろう太子の政治家としての隠された一面を明らかにするものはないと思う。

推定小墾田宮の発掘調査書がいみじくも指摘したように、小墾田宮は、やはり従来のような一世一代かぎりの小さな都ではないのである。藤原宮や平城宮、さらに平安宮の先駆となるような堂々たる都城であり、もちろん条里制もはっきりとしていたにちがいない。この古くからの王城の地に巨大な都をつくる、それが律令制社会をつくる一つの大きな条件である。

この宮は、中津道と横大路の交叉する地にある。藤原宮とは斜めに対し、また平城宮は北の延長上にある。私は、ここに小墾田宮をおくことによって、後の藤原宮や平城宮の場所選定の意味もわかると思う。いちおう小墾田宮を大福におくことにしよう。

蜂岡寺の建立と広隆寺の弥勒菩薩

(推古《すいこ》十一年／六〇三)十一月《しもつき》の己亥《つちのとのゐ》の朔《ついたちのひ》に、皇太子《ひつぎのみこ》、諸《もろもろ》の大夫《まへつきみたち》に謂《かた》りて曰《のたま》はく、「我、尊き仏像《ほとけのみかたたち》有てり。誰か是の像《みかた》を得て恭拝《ゐやびまつ》らむ」とのたまふ。時に、秦造河勝《はだのみやつこかはかつ》進みて曰はく、「臣《やつかれ》、拝みまつらむ」といふ。便《すで》に仏像を受く。因《よ》りて蜂岡寺《はちのをかでら》を造る。

(『日本書紀』)

聖徳太子はどこかで、はなはだ尊い仏像を手に入れた。よほどすぐれた仏像、もちろん三韓《さんかん》伝来の仏像であろう。その仏像の立派さに驚いている群臣を前にして、太子は、この仏像をやるから誰か祀《まつ》ってくれという。それを聞いて、群臣は困ったにちがいない。たしかに仏像はすばらしい。しかも太子の仏像である。ほしいにはちがいない。しかし、容易にそれをくれとはいえない。仏像を祀るには立派な寺を建てねばならない。寺を建てるには金がいる。困っている群臣を尻目に、一人の男がすすみでた。「私にください、私が祀りますから」。

この秦造河勝《はたのみやつこかわかつ》という男は、山城《やましろ》に蟠踞《ばんきょ》する帰化系の豪族である。この秦氏の一族、秦大津父《はたのおおつち》は、欽明帝《きんめいてい》に寵愛《ちょうあい》されて宮廷に登場した。大蔵の管理、出納にあずかって、大いに功あったというが、秦大津父は、この一族のもつ巨大な経済力をもって欽明政権を実現し、それを安定させたのであろう。

その後の内乱の時代に秦氏の名はないが、秦氏は政治の争いにはかかわらず、もっぱら経済力を養ったのであろう。

秦河勝は、この秦氏の一門、おそらくは秦大津父の血を引く秦氏の長であろう。彼は、秦氏一族の巨大な経済力を所有している。秦河勝が、この仏像をもらい受けても、誰もあやしまなかったかもしれない。あの男ならしかたがないと、あらためて秦氏の経済力を認めざるをえなかったというところであろうか。このことは、太子と河勝の間ですでに打ちあわせができていた話であったかもしれない。太子は河勝の力を群臣に見せるために、こういう芝居を演じたのかもしれない。

この話は、どこかで五十年前の仏教伝来のときの話を思い出させる。きらきら光る仏像、そしてそれを尊崇する国王、そしてそれをもらい受けてそれを祀る臣下。もとより以前とは事情が異なっている。今は仏教が国教となった時代である。しかしここで太子と河勝の関係は、どこか欽明帝と稲目《いなめ》の関係を思い出させる。まして河勝が欽明帝に寵愛された秦大津父の血を引く経済人であるとすれば、なおのこと。

このときつくられた蜂岡寺《はちのおかでら》が、今の広隆寺《こうりゅうじ》の前身をなすものであることは疑いえない。そうすれば、この仏像というのは、あの有名な弥勒半跏思惟像《みろくはんかしいぞう》ではないかと考えられる。もっとも、推古《すいこ》三十一（六二三）年にも新羅《しらぎ》が仏像をたてまつり、それを「葛野《かどの》の秦寺《うつまさでら》に居《ま》しまさしむ」という記事がある。

広隆寺に残る、仁和《にんな》（九世紀末）の『資財交替実録帳《しざいこうたいじつろくちょう》』には、「金色《こんじき》の弥勒菩薩像《みろくぼさつぞう》壱軀《いっく》 居高二尺八寸 所謂《いはゆる》、太子本願の御形《おんかたち》」とある。今日、広隆寺には、これにあたるものとして二体の弥勒仏がある。一体はあの有名な宝冠《ほうかん》弥勒仏であるが、もう一体は「泣き弥勒」と称せられているものである。このうち

広隆寺の弥勒像二体（左が「泣き弥勒」）

前者はアカマツ、後者はクスノキでつくられているが、このころの日本の仏像の原材は、ほとんどクスノキであるので、前者はまちがいなく外来の仏像と考えられる。どちらが蜂岡寺建造のときの仏像なのか、どちらが推古三十一年、新羅から渡来した仏像なのか、決定するのはむずかしい。推古三十一年は、太子が亡くなった翌年である。河勝は、この仏像を亡き太子の形見としてもらい受けたのかもしれない。しかしこの二体の仏像の、なんとその表情の異なることか。弥勒思惟像は、弥勒菩薩が、兜率天《とそつてん》で思索をしている像である。弥勒菩薩は未来の仏である。五十六億七千万年の後に、この世界に下りて来て、この世界を支配する仏である。この未来の仏が、どのような理想の世界をつくろうかと、静かに思索

新羅の弥勒像（韓国国立中央博物館）

している像である。

この弥勒像は、三韓、とくに百済《くだら》や新羅で数多くつくられた。それが、とくに新羅では花郎《かろう》制度と結びつき、菩薩の中に救国の青年戦士の姿を見たのである。この広隆寺の弥勒菩薩像とほとんど同じものが、ソウルの博物館にある。日本でも太子関係の寺に弥勒菩薩が多い。広隆寺の二体の弥勒菩薩像、そして中宮寺《ちゅうぐうじ》のあの豊満な弥勒菩薩像、小さいが線がきれいな野中寺《やちゅうじ》の弥勒菩薩像、なぜに太子関係の寺に弥勒菩薩像が多いのか。

それは、ひとつには時代のせいであろう。太子のころに弥勒信仰がさかんであったが、やがて衰える。しかしそれだけではなく、私は、それは太子の理想とどこかでかかわっているからであると思う。太子もまた生ける弥勒菩薩であったといってよい。彼は弥勒のごとく、深い深い智恵でもって未来の世界を思惟していたのである。日本の国をどのように建設すべきか。私は、青年政治家・聖徳太子は、広隆寺の弥勒菩薩のように端正で静謐《せいひつ》に、深く深く日本の運命、人類の運命を思索していたように思われる。

かつてこの弥勒菩薩を見て、哲学者のヤスパースは、世界でも、もっとも哲学的な彫像であるといった。そこに人類のもっとも深い理想が表現されている。また亀井《かめい》勝一郎《かついちろう》氏は、それをロダンの「考える人」と対峙《たいじ》させて、西洋の思索の苦しげな表情にたいして、東洋の思索の甘美な静けさを指摘した。

実際この像を見ていると、甘美な空想が無限にわいてくる気持がするが、今は厳密な歴史を論じる場合である。空想はこれ以上つつしむことにしよう。

儀式の確立と法体制の整備

推古《すいこ》十一（六〇三）年十一月の事件として、『日本書紀』はもう一つのことを報告している。

是の月に、皇太子《ひつぎのみこ》、天皇《すめらみこと》に請《まう》したまひて、大楯《おほたて》及《およ》び靫《ゆき》を作り、又旗幟《はた》に絵《あが》く。

『日本書紀通証《にほんしょきつうしょう》』は、大楯《おおたて》、靫《ゆぎ》について、「蓋《けだ》し是れ、儀衛《ぎゑい》の器《うつは》なり」といって、持統《じとう》四年の即位の条の「大盾《おほたて》を樹《た》つ」という記事を参照している。また『書紀集解《しょきしゅうげ》』は、この大楯は『礼記《らいき》』でいう朱干《しゅかん》であろうという。朱干というのは朱《あか》い大楯である。靫は矢を入れるものであり、『礼記』にはないが、弓矢をよくしたわが国ではこの靫にたいする崇拝は強いので、楯とともにそれを儀仗《ぎじょう》用に加えたのであろう。それと絵の描かれた旗幟《はた》、これは『延喜式《えんぎしき》』に、元旦および即位のときに、殿の前に烏《からす》の像の幢《はたほこ》、左に日像の幢、ついで朱雀《すざく》、青龍《せいりゅう》の旗、右に月像の幢、白虎《びゃっこ》の旗、玄武《げんぶ》の旗をたてることが定められている。

この大楯、靫、旗幟の作製は、太子が朝廷の儀式をととのえたことを示している。これはもちろん、次の「冠位十二階《かんいじゅうにかい》」の制定と「十七条憲法」の発布に関係がある。「十七条憲法」の第四条に「礼をもって本とせよ」とある。太子が「冠位十二階」をもうけたのも、この礼の思想による。礼の整備は、太子においては天皇を中心とした律令《りつりょう》体制を確立することにあった。天皇の権威を確立するには、まず天皇を尊厳化する儀式を確立せねばならない。この大楯、靫、旗幟が礼の思想にもとづいてつくられた儀式用のものであることはまちがいない。

そして興味深いことは、このような太子のはじめた儀式は以後中断し、再び持統帝《じとうてい》になってはじめられたことである。そして「大宝律令《たいほうりつりょう》」において、それは成文化されるのである。ここにおいても太子の政治が、はるか時代を先どりしていることがわかる。

こうして、いよいよ「冠位十二階《かんいじゅうにかい》」が実施され、「十七条憲法」が制定されるのである。

（推古《すいこ》十一年）十二月《しはす》の戊辰《つちのえたつ》の朔《ついたち》壬申《みづのえさるのひ》に、始めて冠位《かうぶりのくらゐ》を行ふ。大徳《だいとく》・小徳《せうとく》・大仁《だいにん》・小仁《せうにん》・大礼《だいらい》・小礼《せうらい》・大信《だいしん》・小信《せうしん》・大義《だいぎ》・小義《せうぎ》・大智《だいち》・小智《せうち》、幷《あはせ》て十二階《としなあまりふたしな》。並《ならび》に当《あた》れる色の絁《きぬ》を以て縫《ぬ》へり。頂《いただき》は撮《と》り総《す》べて嚢《ふくろ》の如くにして、縁《もとほり》を着く。唯元日《むつきのついたちのひ》には髻花《うず》着《さ》す。

十二年の春正月《むつき》の戊戌《つちのえいぬ》の朔《ついたちのひ》に、始めて冠位を諸臣《まへつきみたち》に賜ふこと、各差《おのおのしな》有り。

夏四月《うづき》の丙寅《ひのえとら》の朔戊辰《ついたちつちのえたつのひ》に、皇太子《ひつぎのみこ》、親《みづか》ら肇《はじ》めて憲法十七条《いつくしきのりとをあまりななをち》作りたまふ。

『日本書紀』は「冠位十二階」の制定を推古十一（六〇三）年十二月、その実施を翌十二年正月として、「十七条憲法」の制定をその年の四月においているが、『法王帝説《ほうおうていせつ》』では少しその時期がちがっている。『法王帝説』では「冠位十二階」を乙丑《きのとうし》の年、すなわち推古十三（六〇五）年五月のこととし、「十七条憲法」の制定を同年七月のこととしている。

この点に関してくわしい考証を行ったのは岡田正之《おかだまさゆき》氏である。彼は、推古十二年が甲子《きのえね》の年にあたることに着目する。甲子というのは干支《えと》のはじめの年である。『詩経《しきょう》』の緯書《いしょ》に、

戊午《ぼご》、革運《かくうん》。辛酉《しんゆう》、革命《かくめい》。甲子《かっし》、革政《かくせい》。

また、『易経《えききょう》』の緯書に、

辛酉《しんゆう》、革命《かくめい》を為し、甲子《かっし》、革令《かくれい》を為す。

とあることを指摘し、次のようにいう。

此の両緯書の説に従へば甲子《きのえね》は革政革令の年なり。推古天皇の十二年の干支は恰《あたか》も甲子に当れり。されば太子は甲子の革政革令の期に遭遇せるに因り、十二年を以《もっ》て憲法を公布せられたるものにして、全く讖緯《しんゐ》思想に拠らせ給ひたるものなるを断定すべし。

（岡田正之「憲法十七条に就いて」）

こう考えると、どうしても「冠位十二階」の実施と「十七条憲法」の制定を『書紀』のように、推古十二年甲子の年におかざるをえない。すでに三善清行《みよしきよゆき》もこのことに注意し、「然れば則ち、本朝の冠位法令を制するは、于《ここ》に推古天皇の甲子の年に始まれり。あに甲子《かふし》革令《かくれい》の験《あかし》にあらずや」といっているではないか。岡田正之氏は『書紀』その他の史料から、すでにこのとき天文とともに讖緯《しんい》の思想が日本にきていて、太子の政治改革の理想もこの讖緯《しんい》思想の上にたてられていると論じている。岡田正之氏の論証に疑いの余地はない。「冠位十二階」の実現と「十七条憲法」の制定の年は、『日本書紀』のように甲子の年とすべきであって、『法王帝説』のように乙丑の年とすべきではない。聖徳太子に、讖緯思想にもとづく政治理想があったことはまちがいない。そして太子に、このような理想を認めることによって、前年十月の小墾田《おはりだ》遷都以下の事実が、いっそう生き生きと理解されるのである。

人間の運命というものはまことに定めがたい。明日の運命がどうなるのか、それを正確に知る人間はないのである。明日死が待ちかまえていないことを、誰も自信をもって断定することはできないのである。人間の運命はまことに定めがたい上に、政治というものには、何か容易に人智によってはかりがたい暗いものがひそんでいる。ある老練な政治家がつくづくいった言葉は、「政治は魔物である」という言葉であったそうである。われわれは歴史を、過ぎてしまったものとして把握し、そしてそこにある種の因果関係を指摘する。しかしそれは、歴史を終わった時点で見るからである。

しかしその時代に生きる人間には、未来がまったくといってよいほど見えていない。歴史の中に大きな足跡を残した人は、多くは偶然と気まぐれに満ちているかのような歴史の方向をある程度見越し、その展望に従って何かをなしとげた人である。しかし彼らといえども、この歴史の中にひそむ暗いものにおののかざるをえなかったであろう。

自分の力の無力さを知る人間は、運命というものの力を信じようとする。世界には人間の意志を超えた必然的な運命が存在していて、それが人間を支配しているのではないか。人間はこの必然的な世界の運命を知ることによって、かえって自由を得るのではないか。

讖緯思想は、世界は運命的ロゴスで支配されていることを教えるのである。この世界のロゴスを、天子たるものはよく知り、これに応じて行動しなければならない。

そして讖緯思想によれば、甲子の年は、革政革令の年である。推古十二年は甲子の年にあたる。推古十一年、三十歳の太子は、明年に迫った甲子の年に、ある運命を感じていたにちがいない。いよいよ革政革令の年はきたのである。日本を、中国や三韓《さんかん》なみの文化国家、近代国家にするときがきたのである。中国や三韓なみというより、日本の国をかつて地上にないほどの理想の国家につくり変えねばならないのだ。

こういうことは、もう現実政治家・馬子《うまこ》ではできない。それには、やはり理想に燃える青年政治家・聖徳太子自身の力が必要なのである。これは今の日本の国家の要求であり、また歴史の必然である。

そして時あたかも甲子の年、革政の年、革令の年、天そのものが、こういう革政革令を太子自身に要求しているではないか。

政治の第一線に登場した聖徳太子

推古《すいこ》十一（六〇三）年十月の小墾田《おはりだ》遷都から、太子は積極的に政治の第一線に登場してくる。このとき太子は、理想に燃え使命感にみなぎっていたのではないか。おそらく蘇我馬子《そがのうまこ》は、そういう太子に、頼もしさと同時に不安を感じたにちがいない。この、火のように燃える太子の理想のゆきつく先はどこか。馬子は期待と不安でもって、太子の言動を見つめるよりしかたがなかったように思われる。「冠位十二階《かんいじゆうにかい》」と「十七条憲法」が、聖徳太子の行った政治改革の中心であったことはまちがいない。そして、この二つは深く関係している。「冠位十二階」、その精神は「十七条憲法」であるともいえる。

継体帝《けいたいてい》のとき以来、六世紀から七世紀にかけて、日本は急速に近代化、文明化の方向に向かっていた。いわば、かつての氏族の連合体からなる軍事国家から、天皇を中心とする官僚国家に、日本は変《へん》貌《ぼう》しようとしていた。継体帝のときの五経博士《ごきようのはかせ》の渡来、欽明帝《きんめいてい》のときの仏教の伝来、そして隋《ずい》帝国の出現による新しいアジア情勢、それらすべては、日本国家の再編成をひとつの歴史的必然として強く要請するものであった。

こういう状況のもとで、やっと而立《じりつ》の年に達し、干支《えと》あたかも甲子《きのえね》の年にあたって、太子は政治改革に大きな情熱を燃やしたのである。もちろん、この改革は、推古帝と馬子の助力なしには不可能であろうが、その主役は、『日本書紀』の記載どおり、どうしても太子と考えなくてはならない。

太子はとりわけこのような改革の必要を、隋の開皇《かいこう》二十（六〇〇）年、わが国の推古八年に派遣したあの第一回の遣隋使《けんずいし》の報告を聞いて強く感じたにちがいない。日本の使者は、日本の国情を聞かれて、しどろもどろであった。隋の国王は、日本にどのような政治制度があるかを訊こうとしているのである。しかしそれにたいして、使者は答えられなかった。日本には、中国や三韓《さんかん》なみの整備された官僚制度がないからである。官僚制度をつくって、日本を近代化しなければならない。聖徳太子の政治改革の情熱は、ひとつにはやはり外からの刺戟《しげき》、とくに第一回遣隋使のもたらした国際的恥辱の感情に原因しているものであろう。

宮崎市定《みやざきいちさだ》氏の『九品官人法の研究』によれば、漢から六朝《りくちょう》を経て唐にいたる時代は、この官僚制度が徐々に形をととのえてゆく、永い歴史的実験の期間であったらしい。漢と魏《ぎ》との政治的交替期に、新しい権力により、古い権力につかえる官僚たちの一種の資格審査として起こった九品官人法は、それ自体において、貴族の特権の保護という性格をもっていたのである。南朝は、まさにこのような貴族社会であるが、たとえば梁《りょう》の武帝《ぶてい》は五経博士をおき、国学をつくって、試験によって人材を登用する道を開いた。そしていく度かの曲折を経ながら、この方法は隋の文帝《ぶんてい》にもちいられ、科挙《かきょ》制となるのである。つまり中国において、官僚制は二つの意味をもっていたのである。一つはもちろん、皇帝を頂点とするピラミッド型の権力機構をつくって社会の安泰をはかるという意味である。このような権力機構にはそれぞれの役割があり、その役割の上下がある。官僚制が発達すればするほど、それぞれの官の役割とその官位の上下がくわしく規定されねばならない。

しかし、ただその官を整備するのみではいけない。それは、ほっておくと、一部の貴族にその特権を独占されるのである。中国において、やはり貴族の子は一定の試験を受けることなく、はじめからそうとうに高い官位から出発することができた。それにたいして寒門の子は、はなはだ低い身分から出発し、そしてその出世の限度もおのずから決められていたのである。こういう状況の中では、おのずから政治は活力を失い国家は疲弊し、やがて滅亡にいたるのである。官僚制に新しい血を入れなければならない。そのために、寒門の子弟といえどもすぐれた人材を登用し、それを高くもちいねばならぬ。つまり官僚制は、人材の登用という、もう一つの意味をもっている。

梁の武帝と隋の文帝、われわれがこの書物でとりあげた、聖徳太子にもっとも関係のある二人の偉大なる中国の皇帝は、この点についてもはなはだ進歩的であったのである。

革命的な「冠位十二階」の制定——君主権の強化と人材の登用

「冠位十二階《かんいじゅうにかい》」も、けっしてたんに隋《ずい》や三韓《さんかん》との外交的面子《メンツ》のためにのみつくられたものではなく、従来、貴族の手に掌握されていた日本の政治権力を天皇のもとに帰せしめ、広く人材を登用することによって天皇を助けるすぐれた官僚機構をつくって、それによって天皇の権力を強化しようとするねらいをもったものであった。

君主は一国を支配するものであるが、その君主はいかなる権力をもつのか。権力というものは、一人の人間が他の人間を支配することである。支配は二つの方法で行われる。それはその人間に、栄誉と刑罰を与えるという方法である。君主は自分の意志で、臣下に位階とそれに相当する財産を与え、また自分の意志で臣下から、その位階とそれに相当する財産を奪うことができる。

「冠位十二階」の制定は、このような君主の力をあらためて臣下に見せることなのである。ここで冠位を与える者と与えられる者との間に、はっきりした主従関係が成立するのである。君主のもっている栄誉権が、ここにおいてはじめて確認された。そしてこのような権利は、太子のとき以来、現在にいたるまで、日本の天皇が保持しているもっとも大きな権力なのである。

日本の天皇は、中国の皇帝のように絶対の権力を所有する専制君主ではなかった。日本の律令《りつりょう》は、中国の律令とちがって、そういう皇帝の絶対的権力を保証しない。天皇は、八世紀初頭から、どちらかといえば、ひとつの象徴的存在であった。それは、意のままに臣下を死にいたらしめるような懲罰権をもってはいない。天皇はそういう権利を自ら放棄しているように思われる。日本の天皇は、臣下に賞と恩寵《おんちょう》を与える栄誉権のみをもっている。

とくに鎌倉時代以後、政治権力は幕府のもとにあり、天皇は実際の政治と無縁な人になってしまった。しかしそれでもなお、天皇は栄誉権のみを維持していた。江戸時代になっても幕府の高官や大名は、天皇から授けられる、実際には何の意味ももたない大納言《だいなごん》とか備中守《びっちゅうのかみ》とかいう名称でよばれていたのである。そして、天皇がそのときまだ栄誉権を保有していたことが、明治維新のひとつの原動力になるのである。そして現在でも、われわれが天皇の力にあらためて気づくのは、秋の叙勲とか死後の叙勲とかいう栄誉の授与の際においてである。

「冠位十二階」制定の太子の意志が、栄誉権の独占による君主権の強化という点にあることはまちがいない。しかしそれとともに、やはり人材の登用によって貴族の専制を打破しようとするねらいをもっていることも、否定できない。

「冠位十二階」はもとより個人に与えられるものであって、個人は功績によってだんだん上の冠位に昇進しうるものなのである。ここで評価されるのは、その人の生まれた身分ではなく、その人の能力であり、人格である。日本の律令制度では姓《かばね》を重視する。当時、姓は、人間の価値を決める唯一にして絶対の価値基準であった。臣《おみ》の子は臣、連《むらじ》の子は連、こういう臣とか連の姓の人でなかったら、いかなる能力があっても高官に上れなかった。聖徳太子は、人間をしてこの姓という身分制から解き放とうとしている。もちろん完全な解放はできないけれど、彼ができるだけそれを目ざしたことは、彼が大徳《だいとく》、小徳《しょうとく》という高い官を与えたと思われる人間の出身階級を見ればわかる。

この「冠位十二階」の最高の大徳を授けられた人間として、境部臣《さかいべのおみ》雄摩侶《おまろ》と小野臣妹子《おののおみいもこ》と大伴連《おおとものむらじ》咋子《くいこ》（囓《くい》）があげられる。境部臣雄摩侶は、馬子《うまこ》の弟か甥《おい》、大伴連咋子も大伴氏の長《おさ》、推古《すいこ》朝では馬子についで、ナンバーツーの位にある。この二人が大徳を授けられるのは当然である。

小野妹子が大徳を与えられたのは、『続日本紀《しょくにほんぎ》』、『新撰姓氏録《しんせんしょうじろく》』などに明らかであるが、「推古紀」の十五年および十六年の記事には大礼《だいらい》小野妹子とあるので、妹子はこの外交使節などの功が認められて、その後、大礼から大徳にいたったのであろう。

小野《おの》氏は春日《かすが》氏と同族で、雄略《ゆうりゃく》十三年に春日小野臣大樹《かすがのおののおみおおき》と称するものが、播磨国《はりまのくに》の文石小麻呂《あやしのおまろ》というものを討って名をあげて以来、『日本書紀』には登場しない。それゆえ小野氏は春日氏、和珥《わに》氏と同族とはいえ、妹子の時代まではたいした勢力があったとは思えない。おそらく小野妹子は、語学の才と外交の才を太子に認められて、遣隋使《けんずいし》を務めたのであろうが、妹子が大徳にまでいたったとすれば、それは異例の出世といわねばならぬ。

また同じく、太子の寵臣であったと思われる秦河勝《はたのかわかつ》は造《みやつこ》の姓でありながら小徳の位を授けられ、これまた太子の寵臣の一人であると思われる鞍作鳥《くらつくりのとり》は、帰化人にして無姓であったが大仁《だいにん》を授けられている。これらは、私は当時の常識に照らしてはもちろん、後の律令の整備した時代の常識に照らしても、きわめて異例のことであると思う。なぜなら天武帝《てんむてい》は、天武十三（六八四）年に「八色《やくさ》の姓《かばね》」

を定めたが、それは、いわば古い身分社会にたいして、新しい身分社会をつくろうとするものであり、新しくつくられた姓の尊卑は、その後の日本の官僚制における人間の立身出世を強く支配しているのである。

大臣《おおおみ》の位は、真人《まひと》、朝臣《あそん》の姓の人でないと上れない。宿禰《すくね》にして大臣の位に上った人は、橘諸兄《たちばなのもろえ》など、わずかに数人である。また公卿《まえつきみ》の位に上れるのは、やはり宿禰《すくね》の姓まで、それ以外の姓では無理で、せいぜい五位どまりである。こういう状況を考えるとき、太子の定めた「冠位十二階」制度の意味とその実際の適用は、まさに革命的であるように思われる。そこには時代を超えてひとつの思想、つまり人間はみな平等であるという思想が貫かれているように思われる。

彼は出身階級のいかんを問わず人材をもちいた。これはどこかで、仏教の四民平等の精神と連なっていると私は思うが、こういう人材登用の仕方が、古い貴族たちの顰蹙《ひんしゆく》を買ったのであろう。太子は、晩年孤立し、太子一族は、太子死後二十一年にして滅亡してしまうが、豪族たちは、この稀代《きたい》の徳をもつ偉大な人の子弟にはなはだ冷たい。これは、太子のこういう異例の人材の登用が影響していると私は思う。

冠をもって官位をあらわす

この「冠位十二階《かんいじゆうにかい》」が、直接、中国の制度をとり入れたというより、それ以上に、朝鮮諸国、とくに高句麗《こうくり》と百済《くだら》の制度をとり入れたものであることは、すでに多くの学者によって指摘されている。

それは、一つは「冠位十二階」の十二という数に関してである。この十二という数は仁—義—礼—智—信の五常に徳を加えて、それぞれ大小をつけた形である。十二という数は、五プラス一、すなわち六の二倍と考えられるかもしれない。

中国では、だいたい官位は九品に分けられ、九品はまた二階級、三階級に分けられ、十八、あるいは二十七階となる。しかし梁《りょう》の時代に七品以下はきり捨てられて、六品となったという。聖徳太子の「冠位十二階」は、この七品以下がきり捨てられた梁の官制の影響によるのかもしれない。しかしそれ以上に、この十二という数字は、高句麗の官位の影響と考えたほうがよいであろう。高句麗では、(1)太大兄、(2)大兄、(3)小兄、(4)対盧《たいろ》、(5)意侯奢《いこうしゃ》、(6)烏拙《うせつ》、(7)太大使者、(8)大使者、(9)小使者、(10)褥《じょく》奢《しゃ》、(11)翳属《えいぞく》、(12)仙人《せんにん》の十二階の官位があったと『隋書《ずいしょ》』はいう。この太大兄、大兄、小兄という官位は興味深い。これは氏族を指導する長老に与えられた称号であろうが、これが後に官職になり、ついに官位になったのであろう。たしかに、わが聖徳太子の定めた「冠位十二階」とちがって、それは制度的につくられたものであるより、慣習的に生じたものを体系化したものであろうが、十二という数は共通である。

「冠位十二階」は、ただ官位を十二の段階に分けただけではなく、官が冠《かんむり》をもって示されるところにその特徴がある。この冠が、どんな冠であるかよくわからない。ただ細長いもので、それに紐《ひも》がついていたことがわかる。大化《たいか》三（六四七）年に、この冠位は改正され、徳《とく》、仁《にん》などの名称をやめて、大織《たいしょく》、小繡《しょうしゅう》などの冠の形や色でよばれるようになる。そこに一つ一つの冠の材料と色の詳細な説明があるが、この「冠位十二階」も、それとあまり異ならなかったと思われる。

『隋書』「倭国伝《わこくでん》」には次のようにある。

王、始めて冠《かうぶり》を制《つく》る。錦、綵《あやぎぬ》を以て之《これ》を為し、金銀を以て花を鏤《ちりば》め飾《かざり》と為す。

また、『隋書』「高麗伝《こうらいでん》」にも、

人は皆、皮を冠《かむ》る。使人《つかひ》は鳥の羽を加へ挿《さ》す。貴《たふと》き者《ひと》の冠は、紫の羅《うすぎぬ》を用ひ、飾るに金銀を以てす。

とある。つまりこのとき日本の官僚ははじめて冠をかぶり、とくに元旦などは、そこに金銀でつくった花をさしたわけであるが、この制度もまた高句麗を真似たといえる。

また官位は、百済では十六階であるが、これも、「冠位十二階」と似たところがある。(1)左《さ》(佐)平《へい》、(2)達率《だちそち》、(3)恩率《おんそち》、(4)徳率《とくそち》、(5)扞《かん》(杆)率《そち》、(6)奈率《なそち》、(7)将徳《しようとく》、(8)施徳《せとく》、(9)固徳《ことく》、(10)季徳《きとく》、(11)対徳《たいとく》、(12)文督《ぶんとく》、(13)武督《むとく》、(14)佐軍《さぐん》、(15)振武《しんむ》、(16)克虞《こくぐ》という順になっているが、この官位にそれぞれ冠と帯の色が決められていて、奈率以上は冠を銀花で飾り、武督以下は白帯で、それより上は紫、黒、赤、青、黄というふうに、それぞれ帯の色が決まっている。

日本の「冠位十二階」も、百済の冠と帯の色にならって衣服と冠を色によって類別したのであろう。衣服の色はよくわからないが、大化三年の制が、深紫《ふかむらさき》、浅紫《あさむらさき》、真緋《しんひ》、紺、緑、黒の順であることを考えると、それに似た順であったかもしれない。

また新羅《しらぎ》の官位は十七階で、(1)伊罰干《いばつかん》、(2)伊尺干《いしやくかん》、(3)迎干《げいかん》、(4)破弥干《はみかん》、(5)大阿尺干《だいあしやくかん》、(6)阿尺干《あしやくかん》、(7)乙吉干《おつきちかん》、(8)沙咄干《しやとつかん》、(9)及伐干《きゆうばつかん》、(10)大奈摩干《だいなまかん》、(11)奈摩《なま》、(12)大舎《たいしや》、(13)小舎《しようしや》、(14)吉士《きちし》、(15)大鳥《だいう》、(16)小《しよう》鳥《う》、(17)造位《ぞうい》ということになっている。

聖徳太子は、このとき、中国よりむしろ三韓《さんかん》諸国にならって、「冠位十二階」の制度を行ったことは明らかである。そして三韓諸国の中でも、高句麗と百済、とくに高句麗との類似がいちじるしい。これについて、すでに井上光貞《いのうえみつさだ》氏は『日本古代国家の研究』で、次のようにいっている。

朝鮮三国の官位に学んだことは、もはや動かしがたい事実であろうとおもわれる。そこでその三国の中の、どの国のものに最も近いかといえば、階数は高句麗と全く同じであり、冠を色でわける点は高句麗・新羅に通じ、冠の飾物《かざりもの》では高句麗・百済に似ていることが指摘できるが、いずれかといえば、高句麗との類似性が最も強い。

後にくわしく論じるが、もう一つ、日本の官位の特徴は、それが高句麗や新羅とちがって徳—仁—礼—信—義—智というように、まったく観念的な徳の体系としてつくられていることである。この点についても、百済のそれにならったのではないかと井上氏は指摘する。

ところが百済の十六等は、これを仔細《しさい》にみると、佐平《さへい》と、達率《だちそち》以下武督《むとく》までの十二等と佐軍《さぐん》以下の三種が截然《せつぜん》と区別され、中間の十二等は、五つの率位《そちい》(達・恩・徳・杆《かん》・奈《な》)、五つの徳位(将・施・固・季・対)、二つの督位《とくい》(文・武《む》)という整然たる系列をなしているのである。これは、少なくとも、この十二階が、日本の冠位十二階と同じく、はじめから位階として机上で立案されたものであることを示唆している。

とすると、「冠位十二階」は高句麗、百済の官位制を参考にしながら、太子によってつくられたものといわねばならぬ。

太子の独創的な思想体系

前章において、私は、推古《すいこ》八(六〇〇)年以後における東アジアの情勢をくわしく述べた。東アジアには、隋《ずい》の高句麗《こうくり》への侵略という事件のために、強い緊張感がただよっていたのである。

隋はいったん敗れたが、また再来するにちがいない。高句麗は、隋の侵略に対抗するために百済《くだら》および日本にたいして、はなはだ積極的な外交を展開していた。高句麗、百済、日本が三国同盟をつくって新羅《しらぎ》にあたる。これは表面は対新羅作戦のようで、裏面においては対隋作戦なのである。それがやがてきたるべき隋の再度の侵入に備えて、高句麗のとった苦肉の策である。高句麗が多くの人と物をわが国に送ったのは、そういう状況においてであった。

その状況を、聖徳太子はまことにうまく利用する。今こそ高句麗の助けを得て、わが国を近代化する絶好のチャンスではないか。この政治情勢を積極的に利用して、わが国は、高句麗、百済から多くの文化人や技術者を迎える。わけても高句麗から来た慧慈《えじ》と、百済から来た覚哿《かくか》は、それぞれ太子の仏教、儒教《じゅきょう》の師となった。太子は、こういう帰化人、あるいは渡来人から、それぞれ二国の政治制度についてくわしく聞いたにちがいない。そしてそれによって、「冠位十二階《かんいじゅうにかい》」をつくったのであろう。外国の、とくに高句麗と百済の二国の制度を参考にして、ここに太子は日本ではじめての官制をつくりだしたのである。

「冠位十二階」の特徴は、何といっても、その徹底的観念性にあるのである。儒教の仁―義―礼―智―信に、これら五つの常を統合した徳を加えた六つの冠位を、上下に分けて十二階をつくる。それは、たとえ井上光貞《いのうえみつさだ》氏のいうように、百済にその先例があるにせよ、それよりはるかに徹底した観念の産物である。いってみれば、そこに太子の独創的な思想があらわれているといってもよい。そしてその独創性は、儒教の徳の名をそのまま冠位の名としたという点にあるとともに、この徳の順位を変更したという点にもあるのである。

なぜ太子は、仁―義―礼―智―信という順でなく、仁―礼―信―義―智という順序の冠位を制定したのか。この仁―義―礼―智―信が五行《ごぎょう》の思想によっていることは、『法王帝説《ほうおうていせつ》』に「五行《ごぎやう》に准《よ》りて爵位《くらゐ》を定めたまひき」とあることによってもわかる。仁―義―礼―智―信の徳を五行に配するとき、仁は木に、義は金に、礼は火に、智は水に、信は土に配せられる。ところが五行の順にはいろいろな順がある。木―土―水―火―金とか、水―火―金―木―土とか、木―火―土―金―水とか、水―火―木―金―土とか、いろいろな形の順が考えられる。このうち太子は、木―火―土―金―水の順に五行を並べる説によったというのが、『通証《つうしょう》』や『通釈《つうしゃく》』の説である。

このころ、五行をこのように並べる五行説が流行したのであろうか。それはよくわからないが、今のところは、そういう五行思想が太子の時代に流行していたという証拠は見いだすことはできない。とすれば、どうして太子はそのような順にしたのか。

坂本《さかもと》太郎《たろう》氏は、その著『大化改新の研究』で以下のようにいう。

> 仁義礼智信の順序が改められて仁礼信義智とせられた理由は、今や単なる五行説のみの説明し得る所ではなくなつた。我々はそれ以外にそれの先在条件としての何等《なんら》かを見出すべきの時に至つた。私はここに徳目の解釈に関する聖徳太子の理想を思ひ見る。
>
> 冠位《くわんゐ》の序次に太子の理想を見ることは、すでに恩師黒板勝美《くろいたかつみ》博士 聖徳太子御伝　境野黄洋博士 増補聖徳太子伝　等の注意した所である。これを十七条憲法の条項に照合する場合、この考は最も妥当とせられねばならない。その明白なる一例は信の順位である。五常の生成より云つて最も新参である信の徳は、当然その順位に於いて最後であり、鄭玄《ていげん》・皇侃《くわうかん》等の一説によるも尚《なほ》最後より二番目たるを出でなかつた。然《しか》るに我が冠位に於いては、義智を越えて仁礼に次ぎ、正に五常の中堅を獲得した。それは憲法の第九条に、「信是義本云々《しんはこれぎのもとうんぬん》」とあるに通ずる太子の理想の表示に外なるまい。
>
> 礼も亦同様に考へられる。由来仁義の語は孟子《まうし》に依つて唱導せられてこの方、その結合を極めて鞏固《きようこ》にし、多くの場合相伴つてあらはれる。太子がこれを打破つてその間に礼を挿入した意

気は、憲法の第四条に、「群卿百寮《ぐんけいひやくれう》以レ礼《れいをもつて》為レ本《もととせよ》云々《うんぬん》」とあると相映発すべきである。「以レ和《わをもつて》為レ貴《たふとしとなし》、無レ忤為レ宗《さからふことなきをむねとせよ》」といふ憲法の第一条は或《あるい》は仁と照応し、特に智の働に関した条項の憲法にないことは、或は智の最下位と通ずるものであるかも知れない。これら驚くべき両者の照応によつて、我々は冠位の序次が太子の改革理想を表現したものであることを知る。この事実は五行説の一つの順位木火土金水による五常の名称が冠位に採用せられた理由を説明して余あるものではないか。

これは鋭い指摘であると私は思う。「冠位十二階」と「十七条憲法」は、深く関係している。ふつうの順序では第三位の徳である礼が、第二位にある。これは第四条の「群卿百寮《ぐんけいひやくりよう》、礼をもって本《もと》とせよ」にあたり、第五位の信が、第三位にあるのは、第九条の「信はこれ義の本なり」という条文に相当するという。この坂本太郎氏の指摘する両者の対応については、後によく考えることにしたい。この儒教の制をもって冠位の名としたところに、私は、何か聖徳太子の高い国家理想を見るのである。国家は、聖人、哲人によって統治さるべきなのである。おそらくこの場合、智の位の人は智の徳をもつが、義の位の人は義の徳とともに智の徳を、信の位の人は信の徳とともに義と智の徳を、礼の位の人は礼の徳とともに信、義、智の徳を、仁の位の人は仁の徳とともに礼、信、義、智、つまり五つの徳を同時に兼ねそなえて、さらにその上に徳の位があるという思想を、それはあらわすのであろう。

徳の高い人ほど、高い位につかねばならない。また高い位の人ほど、徳の高い人でなくてはならない。それはたしかに儒教の理想であるが、太子の「冠位十二階」の制定ほど、かかる理想を明白に物語っているものはない。古今東西の君主にして、かくも大胆に道徳国家の理想を語ったものはない。

まさにプラトンの理想国に比すべき哲人国家の理想である。

日本は、古くは三韓や中国から、新しくは西洋から多くの思想を移入した。日本人は、外国の思想を移入することに熱心であったが、独自な思想をまったくうまなかったわけではない。独自な思想は、一つには、独自な思想をうみだそうとする意志によってうまれるが、一つには、外国の思想を、その思想の背後にあるものを考えずに、あまりにも純粋に受けとり、その思想を純粋培養することによってうまれることがある。これは一見、先進文明の模倣に見えて、実はまったく新しい思想の創造である。

「冠位十二階」と「十七条憲法」も、そういう思想の純粋培養の産物であるといってよい。聖徳太子は儒教や仏教で語られる理想を、この世でそっくり実現しようとしたのである。この高い太子の理想にわれわれは驚くとともに、このあまりに高すぎる理想の行方がいささか心配になるのである。

新しき時代の象徴

「十七条憲法」の問題に入る前に、なお一、二考えておくべき問題がある。それは、「冠位十二階《かんいじゅうにかい》」の冠位の中に蘇我馬子《そがのうまこ》が含まれているかどうか、ということである。たぶん、馬子の弟であると思われる境部雄摩侶《さかいべのおまろ》は大徳《だいとく》であり、ナンバーツーの大伴連咋子《おおとものむらじくいこ》も大徳であった。そしてあの小野妹子《おののいもこ》すらも、最後には大徳の位にいたったとすれば、蘇我馬子はどうなのか。彼ははたしていかなる冠位であるのか。黛弘道《まゆずみひろみち》氏や井上光貞《いのうえみつさだ》氏は、この「冠位十二階」の上に大臣《おおおみ》の位である紫冠《しかん》があるが、この時代にはそれに相当する者はなく、蘇我馬子は天皇や太子とともに冠《かんむり》を授ける側であり、冠を受ける側ではなかったというのである。

たぶんそのとおりであろうが、とすれば、馬子はどのような冠をかむり、どのような色の着物を着たのか。また天皇や太子はどのような冠をかむり、どのような着物を着たのか、よくわからない。

また「冠位十二階」の問題において、もう一つの問題がある。この冠位が、大化《たいか》三（六四七）年、天智《てんじ》三（六六四）年の冠位、または「大宝令《たいほうりよう》」（七〇一）の定める官制と、どのように関係するのかという問題である。

以前は、徳冠《とくかん》が一位、仁冠《にんかん》が二位、礼冠《らいかん》が三位、信冠《しんかん》が四位と五位、義冠《ぎかん》が六位と七位、智冠《ちかん》が八位と考えられてきたが、黛弘道氏は「冠位十二階考《かんいじゆうにかいこう》」なる論文によって、『釈日本紀《しやくにほんぎ》』にひく「私記」の文章によって、このような通説を批判した。「私記」の文章というのは、以下のようなものである。

私記に曰く、大徳（師説に今の四位なり）。小徳《せうとく》（五位なり）。大仁《だいにん》、小仁《せうにん》、大礼《だいらい》（六位なり）。小礼《せうらい》、大信《だいしん》（七位なり）。小信《せうしん》、大義《だいぎ》、小義《せうぎ》（八位なり）。大智《だいち》、小智《せうち》（初《はじめ》の位なり）。

この「私記」の説は「冠位十二階」の最高の大徳を四位に相当させるものであり、『冠位通考《かんいつうこう》』などで、一、二、三位がない官などありえないと一笑に付されたが、黛氏は、その『通考』などの批判が必ずしも正しい論拠にたっていないことを指摘するとともに、巨勢徳太《こせのとこだ》、大伴馬飼《おおとものうまかい》などの授けられた大化三年以前の旧冠位と、大化三年以後の新冠位の対照表をつくって、「私記」の説が必ずしも間違いでないことを示した。

たとえば、巨勢徳太は、「皇極紀《こうぎよくき》」には小徳《しようとく》としてでてくるが、「孝徳紀《こうとくき》」の大化五年の条では、小紫《しようし》としてでてくる。従来の冠位のあてはめ方に従えば、彼は従一位から従三位に転落したことになる。そういうことはありえない。また大徳は、小紫の下の大錦上《だいきんじよう》、つまり正四位にあたるものではないか。「私記」の説は一考の余地がある。

黛氏は、いちおう、従来の通説のように大徳以下を一位、二位とあてはめるのは間違いであることを証するとともに、「私記」の説を再考する必要をうながしているが、はっきり大徳が四位にあたるといっているわけではない。

ここで更《あらた》めて私記説を批判しよう。私記が冠位十二階を後世の四位から始まるとしたのは冠位制度の構造比較から推して行く限りあくまで正しい。しかし冠位・官職の授与基準が推古《すいこ》十一年から大宝《たいほう》元年に至る約一世紀の間に右にみたように変化したことから推せば、冠位十二階は決して後世の四位程低い位から始まるものではあるまい。私見を以ってすれば徳冠《とくかん》などやはり公卿《まえつきみ》の階に当るのであろうが、それにしても尚《なお》これが一位に当るほどの高位でないことは大化の制と比較して明らかである。

黛氏の説は、「私記」の説を弁護したものと考えられているが、必ずしもそうではない。

私は、「冠位十二階」は、その性格上、そして次章に述べる「十七条憲法」との関係においても、けっして後世の官位に正確にあてはめられるようなものではないと思う。おそらく蘇我馬子をのぞいて、大徳の上にいる宮臣はいまい。とすると、やはり一、二、三位が欠如した官などというものは考えられないという『通考』の批判は、むげにしりぞけられない。

革命によって権力をにぎった新しい権力は、自己の権力を示すために、古い官位の上に新しい官位をつけるものであろう。現在の官位を下げることはできない。しかも新しい権力は、好んで現在の官位の上に新しい官位をつけようとする。おそらく「私記」の説は、こういう大化改新《たいかのかいしん》を契機とした権力のひとつのあり方を示すものであろう。従来の最高の位である大徳といえども、大錦上、つまり四位にあたり、新しい権力に忠誠を誓う者のみにそれ以上の昇進が認められる。

たとえば、皇極《こうぎょく》二（六四三）年まで小徳だった巨勢徳太は、大化五（六四九）年には小紫になり、その年、大紫になった。大伴馬飼も同じである。しかし大化二（六四六）年に小徳であった高向玄《たかむこのくろ》理《まろ》は、白雉《はくち》五（六五四）年には大錦上であった。また小徳であった中臣国《なかとみのくに》は大錦上であり、同じ小徳であった秦河勝《はたのかわかつ》は大花上《だいかじょう》であった。これを見ると、小徳は、大錦上、大花上、つまり正四位に自然にスライドして、新しい政治権力にもちいられる者は、それ以上の小紫、大紫に任ぜられたと考えられる。とすれば、いたずらに後世の官位の表で「冠位十二階」を解するわけにはゆかない。私は、どうも信の位までが、後世の五位にあたり、義、智がそれ以下であるような気がするが、その理由は後に述べる。

この「冠位十二階」の制定が、時の宮臣にどのように受けとられたかはわからない。宮臣には、たいへんな時代がきた、従来の家柄の上にあぐらをかいていてはいけないと思わせたであろうが、一般の人民は色とりどりの服装をして、奇妙な帽子をかぶった宮人の装束に目を見はったことであろう。新しい小墾田《おはりだ》の都には、冬とはいえ、時ならぬ五色の花が咲いたのである。

『書紀』は推古十九（六一一）年五月五日と、二十年五月五日に催された、華麗な薬狩《くすりがり》の有様を報告している。色とりどりの着物、色とりどりの冠、そしてその冠には髻花《うず》をさす。つまり飾花《かざりばな》であろう。大徳と小徳は金、大仁《だいにん》と小仁《しょうにん》は豹《ひょう》の尾、大礼《だいらい》より下は鳥の尾をもちいている。

この華麗な服装は、推古十九年にはじまるものではなく、それまでにも元旦には、このような服装をしたのであろう。この異国風の華麗な服装によって、一般の人民は、何か今までとは別な政治が宮廷ではじまっているにちがいないと思ったであろう。

「十七条憲法」は後世の偽作か

その大きな動きの一つが憲法の制定である。『書紀』は、次のように記す。

（推古《すいこ》十二年／六〇四）夏四月《うづき》の丙寅《ひのえとら》の朔《ついたち》戊辰《つちのえたつのひ》に、皇太子《ひつぎのみこ》、親《みづか》ら肇《はじ》めて憲法《いつくしきのり》十七条《とをあまりななをち》作りたまふ。

「十七条憲法」について、すでに多くのことが語られている。古今の多くの学者が、「十七条憲法」についていろいろの説をだした。私はこれらすべてを読んだわけではないが、その論点はだいたい三つにしぼられると思う。

一つは、「十七条憲法」が、はたして太子の作であるかどうかという問題である。これについて『日本書紀』には、はっきり「皇太子、親《みづか》ら肇めて憲法十七条作りたまふ」とある。ここで「親ら」という言葉に注意する必要がある。それは憲法をつくったのが太子その人であることを、はっきり語っているのである。

ふつう詔勅は天皇の名で出されるが、天皇自らが文章をつくるわけではない。担当の役人が天皇にかわって書くのである。この「親ら」という言葉は、ふつうの詔勅とちがって、これは太子自らが文章をつくったという意味であろう。このことは『法王帝説《ほうおうていせつ》』の「聖徳王《しやうとくのみこ》、嶋大臣《しまのおほおみ》と共に謀《はか》りて仏《ほとけの》法《みのり》を建立《おこ》したまひ、更に三宝を興したまふ。即ち五行に准《よ》りて、爵位《くらゐ》を定めたまひき、七月《ふみづき》に、十《とをちあまり》七条《ななをち》の法《のり》を立てたまひき」という文章によって証明される。また『補闕記《ほけつき》』、『伝暦《でんりやく》』などすべての太子伝は、「十七条憲法」をつくったことを太子の大きな功績としている。また『弘仁格式《こうにんきやくしき》』の序には「古《いにしへ》は世の質《もと》にして、時の素《はじめ》なり。法令《はふれい》未だ影《かたち》なく、無為にして治《をさ》まり、粛《いまし》めずして化《したが》ふ。推古天皇十二年に曁《およ》び、上宮太子《じやうぐうたいし》親《みづか》ら憲法十七条を作る。国家の制法、茲《ここ》より始まれり」とある。また『令集解《りようのしゆうげ》』には「上宮太子《じやうぐうたいし》ならびに近江朝廷《あふみてうてい》、唯、令《りやう》のみを制《さだ》め、律を制めず」とある。

すべての文章は、「十七条憲法」は聖徳太子が自らつくったものであることを示しているが、ここにも疑い深い文献歴史学者の懐疑の目がそそがれるのである。すでに狩谷棭斎《かりやえきさい》は、これが太子の作であることを疑い、その懐疑は榊原芳野《さかきばらよしの》にも受け継がれるが、あの、『古事記』、『日本書紀』の研究において劃期《かつき》的な成果をあげた津田左右吉《つだそうきち》氏は、これを太子のものでないと断定した。

津田氏は、「十七条憲法」には、たとえば国　司《くにのみこともち》や群卿《まえつきみ》とかいうように、大化改新《たいかのかいしん》後の制度でないと見られない言葉があり、太子の時代の社会的現実に合わないと、「十七条憲法」を『日本書紀』の編者のつくった作文としたのである。この説は、あの『記紀』についての独創的な見解を出し、津田史学の名をもって一世を風靡《ふうび》した津田氏の説であったが、記紀神話についての彼の説のように学界で認められるにはいたらなかった。この説には滝川政次郎《たきかわまさじろう》氏、坂本太郎《さかもとたろう》氏などの反論があり、今の学界においても津田氏の懐疑に従う人は少ない。この津田説がなりたたないことについて、前記の学者、とくに滝川政次郎氏の反論は、余すところがないと私は思う。

この津田氏の「十七条憲法」にたいする懐疑は、ある意味では、津田史学の弱点を十二分にあばきだしているといえる。結局、津田史学の功績は、わが国の古典研究に懐疑精神をもちこんだ点にあろう。この懐疑精神は、国家主義的歴史観のみが大手をふって通用した当時にあって、ひとつの理性の証明の役割を果たしたことはまちがいない。

津田氏の武器は、何よりも矛盾律であった。矛盾律を唯一絶対の武器として、古典を斬ってゆく。そしてそこに矛盾律に反する多くの事実を見て、それは不合理、したがって贋物《にせもの》である、と断罪するのである。この「十七条憲法」にたいする懐疑においても、彼のもっとも大きな懐疑は、第十二条の「国司《くにのみこともち》・国造《くにのみやつこ》、百姓《ひやくせい》に斂《おさ》めとることなかれ」という文章にある。津田氏によれば、ここに矛盾律を犯す最大の不合理があることになる。なぜなら、国造は大化改新以前の諸国の権力者であるが、大化改新とともに国司が任命されたので、国造は完全に権力を失い、わずかにその家から郡司を出すのみとなる。とすれば、国司と国造は両立できない矛盾概念である。それが無造作にここに並び称せられているのは、この文章が後世につくられた贋物である証拠であるというのである。

こういう矛盾にたいする津田氏の指摘は鋭いが、しかし私は、そうであっても、その文章が贋である証拠にならないと思う。この国司を大化改新以後の国司と考えることはできないが、このころ、やはり国司の先駆をなしたものが派遣されたことが、多くの歴史家によって指摘されている。そういう国司が巨大な権力をもっていた上、しかもなお、従来からの土地の支配者である国造も強大な権力をもっていて、国司ばかりか、国造も人民から税をとりあげるというようなことがあったのであろう。こうしてみると、「国司・国造、百姓に斂めとることなかれ」という言葉は、かえって大化改新以前の不安定な地方の政治の実態を示しているといわねばならぬ。われわれは津田氏のように、矛盾のあるところ、そこに不合理を見、その不合理なものをすべて後世の偽作とかたづけずに、矛盾のあるところ、そこにかえってその時代のかかえている、生々しい苦悩を見なければならないのである。

津田氏は文献の矛盾にたいする鋭い感覚をもつ歴史学者であったが、生にたいして、とくに生のもっとも生き生きあらわれた芸術に関しては、はなはだ鈍い感覚をもっていたように思われる。たとえば津田氏の『文学に現はれたる我が国民思想の研究』を見ると、津田氏は『万葉集』も、『源氏物語』も、世阿弥《ぜあみ》も、芭蕉《ばしよう》も、ほとんど理解することができず、わが国の文学の最高の傑作として一茶《いつさ》を絶讃している。一茶を日本文学の最高傑作として絶讃するのも、一見識であろう。しかしその一見識が、芸術に関する、文学に関する鈍感さから生じているように思われるのは、どうしようもない。

戦後の日本の古代歴史学は津田氏の懐疑に、あまりにも懐疑なく従いすぎたように思われる。津田氏からわれわれが受け継ぐべきものは、徹底的な懐疑精神である。津田氏の結論に徹底的な懐疑を向けること、そのことによってわれわれは、津田氏が疑っていないことを疑わねばならぬものであることを見いだすであろう。そして、「十七条憲法」が、いかなる状況における太子の心をどのように表現しているかが明確にとらえられたとき、その疑いは雲散霧消すると私は思う。

われわれは今、聖徳太子を新しい角度から見直そうとする。東アジア全体の中で日本を見、しかも政治と文化、あるいは宗教を一体として考慮する視点をとった。その中で聖徳太子は、今までと別の相貌《そうぼう》をもって、われわれの前にその姿をあらわしはじめた。そしてそこで、思いがけなく、彼のつくった都も、今まで想定されていた場所と別の地点に求められねばならないことがわかった。

こういう状況の中で、「十七条憲法」もまた別の目で見られてくるにちがいないと、われわれは期待する。そしてこの憲法の条文が、そういう歴史的状況と調和し、その上、この状況の中に生きる太子の理想や苦悩がそこにあらわれていることがわかったとしたら、もう、「十七条憲法」が太子の作であることを疑う人はいまい。

津田氏の懐疑が少しでも人の心を迷わせたとすれば、それは一つには、そういう歴史的状況にたいする理解が浅いためであろう。そしてもう一つには、その条文にたいする認識が不完全なためであろう。

「十七条憲法」は憲法か

「十七条憲法」に関するもう一つの疑問は、はたして「十七条憲法」が、言葉の正しい意味において憲法であるかどうかということである。

憲法の意味については、植木直一郎《うえきなおいちろう》氏の詳細な考証がある。「憲」は「法」と同義語であり、憲法の二字をもって法の意味と考えてよいし、また憲には、明らかにするという意味があり、法を明らかにすることであるとも解せられる、と植木氏はいう。とにかく憲法という言葉の意味は、法、あるいは法律と同義であると考えられる。

そしてまた先にひいた『弘仁格式《こうにんきやくしき》』の序や『令集解《りようのしゆうげ》』にいうように、この太子の憲法が、後の「近江令《おうみりよう》」、「浄御原令《きよみはらりよう》」の基礎となり、そしてついに「大宝律令《たいほうりつりよう》」によって完成されたことは明らかである。そして後々までも、この太子の憲法は日本の法制の模範となり、足利尊氏《あしかがたかうじ》の「建武式目《けんむしきもく》」、徳川家康《とくがわいえやす》の「公家諸法度《くげしよはつと》」も、この憲法にならって十七条となっている。

このように、太子の憲法が日本ではじめてつくられた法であり、後の多くの法の基礎となったことは明らかであるが、はたしてそれが純粋な法であるかどうかは、問題である。なぜなら、この憲法を、たとえば後世の「大宝律令」と比べると、大いに内容がちがうからである。その違いは、ひとつには「十七条憲法」には律《りつ》、すなわち刑罰規定がないことである。今日われわれが法律という名で、もっともふつうに考えるのは刑法である。これこれの罪を犯せば、これこれの罰を課せられる。われわれは法律という名を聞くとき、裁判官を思い浮かべ、また刑務所を連想する。これは、どこかでわれわれが刑法を法の中心において考えているからである。

ところが、「十七条憲法」には、この刑法すなわち律がないのである。中国では、律令が完成してひとつの法ができたが、日本ではなぜか、まず令のみできて、律はなかなかできなかった。「十七条憲法」ばかりか、「近江令」にも、律がなかったことは明白である。「浄御原令」に、律がなかったかどうか問題であるが、多くの学者は、「大宝律令」によってはじめて律がもうけられたと考えている。聖徳太子の「十七条憲法」は、明らかに令のみで律はない。その意味で、後世の律令とちがうことは明らかである。しかし、違いはもっと根本的なところにある。「十七条憲法」を令のみと考えても、後の「大宝令」と比べると、やはりこれが、はたして同じ令のうちに所属するものであるかどうか、疑わしい気持を起こさせる。

「大宝令」の第一は官位令《かんいりよう》であり、こういう官はどういう位にあたるかという規定である。「大宝令」全体が官吏《かんり》の職務規定であるといってよい。ひとつの大きな秩序をもった宮廷の職務規定である。そこには道徳的な規定はほとんどない。しかるに「十七条憲法」は、そういう体系的な職務規定ではない。それはあまりに多くの道徳的教訓を含んでいる。とすれば、それは憲法と名づけられているが、その名のごとく憲法ではないのではないか。

聖徳太子は、日本仏教の父とされたので、「十七条憲法」の註釈も、主に僧侶によってつくられた。吉野《よしの》朝の僧・玄恵《げんえ》の註がその最初の註であろうが、僧という職業柄、この憲法をひとつの道徳的教訓とみたのである。このような解釈はずっと受け継がれ、形は変わるが、「十七条憲法」をたんなる法と認めず、ひとつの道徳の書とみる点では、亀井勝一郎《かめいかついちろう》氏の見解も同じであろう。「十七条憲法」とは「わが史上はじめてあらわれた人間研究の覚書なのである」と亀井氏はいう。

このような見解にたいし、明治以後、法学者によって、「十七条憲法」が、やはり、それが自らいうように法律であるという論が多く出されている。三浦周行《みうらひろゆき》氏は、「十七条憲法」はやはりその時代の弊を直さんとする法であり、大化改新《たいかのかいしん》の先駆をなしたものと論じ、牧健二《まきけんじ》氏はそれを、ローマ法の先駆をなした「十二表法」と比較し、小野清一郎《おのせいいちろう》氏はそれを、急を告げる東アジアの状況における国家主義的自覚の法律とし、滝川政次郎《たきかわまさじろう》氏はそれを、北周《ほくしゅう》の武帝《ぶてい》の「六条詔書《ろくじょうしょうしょ》」と比較した。すべてこれらは、「十七条憲法」を、たんなる道徳的訓誡《くんかい》とみずに、やはり法とみる立場である。

この二つの見解は、いずれもそれぞれ一理あるが、私は、やはりそれを法、すなわち太子の考えるひとつの理想国家の法と考えるものである。理想国家の法は、後につくられる律令国家、つまり現実国家の法と多少、内容を異にするのも当然である。

「十七条憲法」の思想

この問題と深くかかわっていると思われることが、この「十七条憲法」を規定する思想は何かということである。

「十七条憲法」には、中国の多くの古典に典拠をもった言葉がでてくる。これは、中国の、とくに六朝《りくちょう》の文章の特徴であろうが、どのような古典の、どのような言葉をひくかによって、作者の主張が明らかにされることは明白である。それゆえ「十七条憲法」の註釈は、そこにつかわれている言葉の典拠を、いかに中国の古典に見つけるかにあるように思われる。今までの学者たちの指摘をあげれば、仏典のほかには、『詩経《しきょう》』、『書経《しょきょう》』、『孝経《こうきょう》』、『論語《ろんご》』、『中庸《ちゅうよう》』、『礼記《らいき》』、『孟子《もうし》』、『左伝《さでん》』、『荘子《そうし》』、『墨子《ぼくし》』、『韓非子《かんびし》』、『管子《かんし》』、『説苑《ぜいえん》』、『韓詩外伝《かんしがいでん》』、『千字文《せんじもん》』、『文選《もんぜん》』、『史記《しき》』、『漢書《かんじょ》』などが典拠として、おさえられているということになる。

しかし、このような典拠を探るということは、おのずからその学者の学識の範囲を物語るものであり、ちょうどそれは、わが国における中国学の歪《ゆが》みだけ、この典拠を探る鏡も歪んでいたという指摘がある。

たとえば福永光司《ふくながみつじ》氏は、「十七条憲法」の第一条について、以下のように指摘している。

冒頭の「和を以て貴しと為す」は、『礼記』儒行篇《じゅこうへん》の言葉をそのまま用い、「忤《さから》うこと無きを宗《むね》と為す」は、『荘子』刻意篇《こくいへん》に「忤うところ無きは虚の至りなり」、同じく天道篇《てんどうへん》に「帝王の徳は天地を以《もっ》て宗《むね》と為《な》す」とあり、「党《たむら》有り」は『左伝』僖公《きこう》九年に「党有れば必ず讎《あだ》有り」、「達《さとれる》者《もの》」は『荘子』斉物論篇《せいぶつろんへん》に「唯《た》だ達者《さとれるもの》のみ通じて一たるを知る」などとある。

また「君父」の語は『左伝』僖公二十三年、「隣里《りんり》」の語は『論語』雍也篇《ようやへん》、「上和し下睦《むつ》む」は『孝経』開宗明誼章《かいそうめいぎしょう》、「事を論ず」は『論衡《ろんこう》』定賢篇《ていけんへん》、「事理」の語は『韓非子』解老篇《かいろうへん》などにそれぞれ見え、「何事か成らざらん」は、『礼記』楽記篇《がくきへん》に「敬以て和すれば、何事か行なわれざらん」とあるのをふまえる。

（『日本の名著　最澄《さいちょう》・空海《くうかい》』）

ここに従来の学者によって指摘されていない新しい典拠の指摘がある。それは、二度にわたって『荘子』がひかれていることである。それを見て、福永氏は、「十七条憲法」、とくに第一条に『荘子』の思想の影響が強いのではないかという。

また仏教の思想の影響がそこにあるが、それらの言葉が、仏教経典のどのようなところから引用され、それがどのような思想と関係するのかを、明らかにする必要がある。こういう点、まだ「十七条憲法」の研究は十分ではないであろう。

こういう基礎的研究から、「十七条憲法」の研究をはじめなければならないが、私にはとてもそのような力がない。おそらく、これを書いた聖徳太子は、中国の多くの経典の意味とその文章が、はっきりと頭の中に整理され、記憶されていたのであろう。私にはとても太子ほどの教養はない。

他日、福永氏あたりにそういう研究を望みたいが、今は、できるだけ後々の成果を考えつつ、わが周辺にいる多くのすぐれた中国学者、多くの仏教学者の意見を聞き、多くの中国の古典をひきつつも、そこでいったい太子が何をいわんとしたかを、太子のおかれた歴史的状況と、「十七条憲法」に含まれた思想内容から理解するよりしかたがないのである。

太子のひいた経典を見ると、とくに三種のものが多いことがわかる。一つは四書五経類、とくに『礼記』、『左伝』、『論語』、『孝経』などである。こういう点からみても、先にあげた「冠位十二階《かんいじゅうにかい》」との関係からみても、「十七条憲法」には儒教《じゅきょう》思想の影響が強いことは明らかである。それゆえ「十七条憲法」を、儒教思想を中心に解釈しようとする説は、昔から多くある。しかし注意すべきことは、四書五経の影響とともに、『管子』、『韓非子』などの、いわゆる法家《ほうか》関係の主な経典がはなはだ多いことである。これは憲法が法であるかぎり当然であるが、法家の思想も、「十七条憲法」に大きな影響を与えたと考えねばならない。

また福永氏のいう老荘《ろうそう》の思想も、この法家の思想と深く関係している。中国では、儒教のうちに法家の思想が入り、表は儒教で、裏は法家という考え方がさかんになるが、魏《ぎ》、晋《しん》以来、表にもまた老荘の思想がではじめたという。

儒教および法家の思想の影響が強いにしても、「篤《あつ》く三宝を敬え」というような言葉は、はっきり仏教の言葉である。そのほかにも「十七条憲法」には、仏教の言葉が多くでてくる。とくに人間の内面に嫉妬、怒り、恨みをみる点など、仏教の唯識《ゆいしき》思想とどこかで通じるものがある。それは『三経《さんぎょう》義疏《ぎしょ》』と同じ思想によって書かれているのである。つまり表面は、儒教、法家に見えて、内面は仏教ではないかという説がある。

この三つの説は、それぞれに正しいように思われる。「十七条憲法」には、さまざまな思想がある。とくに儒教と法家と仏教。このように私がいうとき、次のような反論が生ずるにちがいない。お前は、「十七条憲法」には、少なくとも儒教、法家、仏教、三つの思想の影響があるという。そして儒教の、法家の、仏教の思想の影響を指摘する多くの学者の説は、それぞれもっともであるという。しかしそれでは、聖徳太子はどこにいるのか。聖徳太子の思想は何なのか。儒教と法家と仏教の説はそれぞれ同じではない。互いに相矛盾している部分が多い。どうして、このように相矛盾しているものが、一人の人間のつくった憲法に混在しているのか。もし「十七条憲法」が、そういうものであるとしたら、それは憲法というようなものではない。憲法は無矛盾を原則としている。その中に多くの矛盾を含んだ憲法というのは、あるべきではない。

このような矛盾を含んでいる憲法をつくった太子自身も、矛盾した性格の人間ではないか。太子は儒家であり、法家でもあり、仏家でもあったのか。そういうことはありえない。太子は、そういう現実にありえないような、大きな矛盾を含んだ人間であるのか。太子は怪物であるのか、狂気の人であるのか。もしも「十七条憲法」に、そういう相矛盾した思想の混在を認めたとすれば、われわれは、それによって太子を怪物、あるいは狂気の人にしてしまうことになる。それゆえ従来の学者たちは、太子を一方的に、おのれの陣営にひきこみ、太子の他の面を無視するのである。

たとえば姉崎正治《あねざきまさはる》氏や白井成允《しらいなりまさ》氏は、「十七条憲法」を『三経義疏《さんぎょうぎしょ》』との関係からみて、儒教との関係をほとんど無視してしまう。逆に岡田正之《おかだまさゆき》氏や滝川政次郎《たきかわまさじろう》氏は、「十七条憲法」を厳密な法と考え、できるだけ仏教の影響を軽視しようとしている。そう考えたほうがわかりやすく、太子についても明確な人間像を形成することができる。三教《さんぎょう》の一致した、あるいは混在した人格を考えることは、近代人にとってまことにむずかしいことであるからである。こう考えると、われわれの「十七条憲法」にたいする探究は、まったく絶望的となる。

私は、かつて『塔』という書物で、太子の「十七条憲法」について論じたことがある。それは、先に述べた亀井勝一郎《かめいかついちろう》氏の見解に近いものである。私はかつて「十七条憲法」に、パスカルの『パンセ』のような人間洞察を見た。

この憲法の言葉には、いくつかの人間洞察の言葉がある。しかもその言葉は、後に「世間虚仮《せけんこけ》」の言葉を残して死んだ太子の青年時代の言葉として、まことにふさわしい言葉である。

「我既に人を嫉《うらや》むときは、人も亦我を嫉む。嫉み妬む患《うれへ》、其の極《きはまり》を知らず。所以《このゆゑ》に、智《さとり》己《おのれ》に勝《まさ》るときは悦《よろこ》びず。才《かど》己に優るときは嫉妬《ねた》む」

このような文章は、才能が抜群であり、いつも嫉妬《しっと》の眼を自己の周囲に感じている人でなければ語れないのではないかと私は思う。人間は嫉妬する動物である。けれど嫉妬はみにくい。嫉妬を止《や》めよ。

「人皆心有り。心各々執《と》れること有り。彼是《よみ》すれば我は非《あしみ》す。我是すれば彼は非す。我必ず聖《ひじり》に非《あら》ず。彼必ず愚《おろか》に非ず。共に是凡夫《これただひと》ならくのみ。是《よ》く非《あし》き理《ことわり》、詎《たれ》か能《よ》く定むべけむ。相共に賢く愚なること、鐶《みみがね》の端《はし》无《な》きが如し」

古代ギリシャの哲人の言葉のように鋭い言葉である。この言葉には、深い人間洞察、自己洞察がある。多くの歴史家は、十七条の憲法を偽作というけれど、深い宗教的精神なくして、こういう言葉は出てこないのである。太子にとって人間はすべて平等であったが、それは人間がすべて、嫉妬や、我欲や怒りをまぬがれないからである。この嫉妬や我欲や怒りを自覚せよ。その自覚において、はじめて仏性がめざめる。

「佞《かだ》み媚《こ》ぶる者、上に対《むか》ひては好みて下の過《あやまり》を説き、下に逢《あ》ひては上の失《あやまち》を誹謗《そし》る。其れ如此《これら》の人、皆君に忠《いさをしさ》无《な》く、民に仁《めぐみ》无《な》し。是大きなる乱《みだれ》の本なり」

これを読むとき、私は、慄然《りつぜん》とする。下に向って公然と上の悪をときつつ、ひそかに上に向って下の過を嘆くインテリが日本にふえてきた。それは、大乱亡国の兆しかもしれない。

太子にとって、人間はそのように悪なるものであったが、同時に、教育によって、改善される可能性をもつものであった。

「人、尤《はなはだ》悪しきもの鮮《すくな》し。能《よ》く教ふるをもて従ふ。其れ三宝に帰《よ》りまつらずは、何を以《も》てか枉《まが》れるを直《ただ》さむ」

太子は人間の善性を信じようとしている。現実に見る人間は悪であり、自己の中にも悪なる人間がいるけれど、しかし、人間は改善できる。仏教によって、人間は改善できるのである。

こういう解釈は、「十七条憲法」から勝手に私の好きな言葉をとりだして、私の意見を述べたにすぎない。この『塔』は、私が古代研究をはじめた最初の本である。まだ当時、私は古代の歴史を深くわかっていなかった。聖徳太子という人間の、悲しみに満ちた相貌《そうぼう》を直観的に理解したが、それが、どのような政治的現実からでてくるのか、わからなかった。

この『塔』を書いてから、すでに十年以上たっている。そのころの私には、とても見えなかったこの時代の現実の姿が、今はある程度、見えてきた。「十七条憲法」について、前のような理解はもはや許されないのである。

矛盾する三つの思想を統一するロゴス

「十七条憲法」は、その名のごとく、やはり憲法なのである。ひとつの統一的なロゴスのない憲法などというものはありえない。たしかに「十七条憲法」は、多くの古典を典拠としている。その典拠とするものは、相互に矛盾する思想をもった教典である。そして、そのように多くの相矛盾する典拠をもっている憲法に、一貫した思想を見いだすことは困難であるように思われる。しかし一見そうは見えても、そこにやはりひとつのロゴスが貫かれているはずである。このロゴスは、凡人のわれわれにはよく見えないかもしれない。太子のような人間の思想が、容易にわれわれに理解されるはずはないからである。

われわれは、「十七条憲法」に一貫して流れるロゴスを容易に見いだしがたいからといって、この「十七条憲法」にロゴスがなく、それを多くの中国の古典からとられた矛盾の多い言葉の羅列と考えてはならない。太子は、『日本書紀』に語るように、十人が一時に語ることを聴き分けるほどの賢明な人である。この言葉には誇張があるにせよ、彼が恐るべき頭脳をもった人間として、当時の人に恐れられたのは明らかである。このような恐るべき頭脳の人がつくった「十七条憲法」に、われわれがすぐに見つけることのできるロゴスが存在しないとしても、それを太子のせいにすることはできない。「十七条憲法」に、ひとつのロゴスありや、そして一見矛盾しているようにみえる三つの思想を統一するロゴス、ありや否や。

われわれは現在の「十七条憲法」を太子の作とし、順序も現在のまま動かさず、また文章もできるだけ原文を尊重することにしよう。こうして、あらためて再三、「十七条憲法」を読んで、はたしてそこに統一したロゴスを、われわれは見いだすことができるかどうかが問題である。

このように問題をおきかえても、依然として状況は絶望的なように思われる。私はこういうように考え、何度か「十七条憲法」を読み直したが、よくわからなかった。諸氏のいうように、そこには儒《じゅ》教《きょう》あり、仏教あり、法家《ほうか》ありで、しかもどうして憲法が現在のような順序であり、順序であらねばならぬのかが、さっぱりわからなかった。そこには哲学的思想があるとともに、はなはだ日常的な職務規定がある。しかも哲学的思想が前にあり、日常的な職務規定が後にあるというものではなく、哲学的思想と日常的規定が、まことに雑然と混じっているように思われる。いったい太子は、どのような考えで「十七条憲法」を、このような内容とこのような順序によってつくったのか、私は皆目見当がつかなかった。

ほんの最近まで、私はかかる問いに悩んでいた。『聖徳太子』をここまで書きつづけてきたが、これからがたいへんだ。「十七条憲法」がうまく解釈できなかったら、聖徳太子の精神は十分によく理解されない。また聖徳太子の精神が十分によく理解されないとしたら、私の聖徳太子論も失敗に終わらねばならない。

私は、少なからずあせっていた。しかしある日、ひとつの考えが私におとずれた。これは考えてみれば、簡単なことである。すでにこの考えは、先に引用した坂本《さかもと》太郎《たろう》氏の文章に含まれている。しかしその暗示を深く考えるとき、私は「十七条憲法」に内在しているロゴスを明らかにする一つの鍵を見いだしたと思った。それは何か。

私は何度もいった。「冠位《かんい》十二階《じゅうにかい》」と「十七条憲法」はセットである、前者は後者の形式、後者は前者の内容である、この二つは深く内的に連関している、と。このことはすでに多くの学者によって強調されたことであり、坂本太郎氏は上述の論文で、「冠位十二階」において信および礼が重視されたことは、「十七条憲法」の第四条の「礼をもって本《もと》とせよ」、および第九条の「信はこれ義の本なり」という言葉によって明らかであると指摘する。また坂本氏は、第一条の「和をもって貴しとし」の和は仁にあたるものではないかともいうのである。

坂本氏は、「冠位十二階」を説明するのに、「十七条憲法」の条文をもちいたのである。しかしもし「冠位十二階」と「十七条憲法」が、深い内的連関をもっているとしたら、逆に、「十七条憲法」の説明に「冠位十二階」が利用できるのではないか。私は先に「冠位十二階」が、高句麗《こうくり》、百済《くだら》の官制に多少の影響を受けつつも、太子のつくりだした純粋な観念の産物であるといった。「冠位十二階」は少なくとも、すでにその名称において、ひとつの思想なのである。そして、「十七条憲法」もまた太子のつくりだした思想なのである。そしてこの二つの思想は同時につくられ、相互に内的に深く関係している。とすれば、憲法の解釈、とくにその内的なロゴスを探るには、「冠位十二階」の思想ほど、多くの示唆を与えるものがあろうか。

「冠位十二階」は、仁―義―礼―智―信のふつうの順序のかわりに、仁―礼―信―義―智という順序にした。それは徳の体系を並べかえるものであった。そしてこのような徳の配置が、どんなに当然の常識に反していたか、『隋書《ずいしよ》』「倭国伝《わこくでん》」に、この徳の体系がふつうの順序、仁―義―礼―智―信の順序に並びかえられていることによってもわかる。おそらく使者は、太子の順序でいったのであろうが、記録者がおかしいと思って、順序をかえたのであろう。あるいは記録には太子の順序になっていたのに、歴史編纂者がその記録を間違いと思い、順序を改めたのであろうか。この順はたしかにおかしいが、この順の変更のうちにこそ、太子の思想があることはまちがいない。

ところで、問題の「礼をもって本とせよ」という文章は第四条にある。そして、坂本太郎氏のように、和と仁とを照応するものと考えると、この礼の徳を説いた第四条は、和すなわち仁の徳を説いた第一条より下にある。それゆえ「礼をもって本とせよ」というのは、和すなわち仁をのぞいて、礼をもって本とせよという意味にとれる。するとそれは、「冠位十二階」で礼を仁の下においたという説明となる。そして第九条に「信はこれ義の本なり」という文章がある。もし、仁—義—礼—智—信の徳の順において、礼を仁の次においたならば、後には義—智—信が残る。そのとき「信はこれ義の本なり」といえば、つまり信が義の上にくることになる。こうして、信が礼の次にきて、以下、義となり、最後に智となることになる。

このように考えると、「十七条憲法」そのものが、「冠位十二階」の順序を明らかにしていることになる。つまり「冠位十二階」の順序は、第四条の「礼をもって本とせよ」と、第九条の「信はこれ義の本なり」という言葉によって、十二分に説明できるわけである。この短い二つの文章によって仁—義—礼—智—信の順序が、仁—礼—信—義—智という順序に変更できるのである。とすれば、「十七条憲法」は恐るべき文章であるといわねばならない。むだな言葉は少しもないのである。

「十七条憲法」が、実は「冠位十二階」に説かれる徳、つまり仁、礼、信、義、智に分かれるのではないかと考えねばならない。それは、第一—三条は和すなわち仁、第四—八条は礼、そして第九—十一条は信、第十二—十四条が義、第十五—十七条が智ということになる。

この場合、はじめの三つは明らかであるが、下二つについて少し説明が必要であろう。第十二条は「国司《くにのみこともち》・国造《くにのみやつこ》、百姓《ひやくせい》に斂《おさ》めとることなかれ。国に二君なし。民に両主なし」という条文である。

これは明らかに君臣の義を説いたものであるといわねばならない。そして第十五条に「私を背きて公に向《ゆ》くは、これ臣の道なり」とあるのは、多少問題があるが、やはりそれは、公共を第一とする智の徳を教えたものといえよう。第十六条の「民を使うに時をもってす」と、第十七条の「それ事はひとり断《さだ》むべからず」は、明らかに智の徳に関するものであろう。

このように分けると、仁—三条、礼—五条、信—三条、義—三条、智—三条ということになる。他は三条なのに、礼だけ五条あるのは「礼をもって本とせよ」とあるように、太子がとくに礼を重んじられたからであろう。そして、その条のはじめに、それぞれの徳のプリンシプルを出してきている。こう考えると、「十七条憲法」は、その底に、仁—礼—信—義—智の徳に配された、みごとなロゴスをもったひとつの法であることになる。

全体が、当時の群卿《ぐんけい》、群臣百寮《ぐんしんひやくりよう》に与えられた道徳的教訓であるとともに、職務規定であろうが、とくに仁の位の人に仁の徳が、礼の位の人に礼の徳が、信の位の人に信の徳が、義の位の人に義の徳が、智の位の人に智の徳が、それぞれ重んぜらるべき徳とされたのであろう。

そう私が思うのは、この「十七条憲法」に、微妙な言葉の書き分けがあるからである。群卿百寮という言葉は第四条に、また第十一条には群卿という言葉がでてくる。しかし第十四条では、群臣百寮となっている。これはけっして言葉の間違いではない。群卿と群臣は書き分けられているのである。つまり群卿という言葉は、信の項までにでてくるが、義の項以下にはでてこずに、群臣となっているのである。そしてこの義の項は、「国司・国造、百姓に斂めとることなかれ」というように、地方官への誡《いましめ》である。本来ならば「国に二君なし。民に両主なし」というのは、日本の国の基本に関するものである。しかるにそれを第十二条においたのは、こういう規定は、中央よりとくに地方に必要であると太子が考えたからであろう。冠位でいえば、それは義の位にあたるものであろう。

村岡典嗣《むらおかつねつぐ》氏は、この「十七条憲法」を、第一—八条と、第九—十六条の二段に分け、第一、二条は上下君臣のために一般的原理を説き、第三条以後は、もっぱら群卿百寮のための仕官治民の道を説いたものとし、後段の第九、十条で原理を、第十一—十六条で官吏の道を説き、第十七条は結論を出したとしている。村岡氏の説は、必ずしも私の説と一致しないが、前半を官の道、後半を吏の道を説いたというのは、ひとつの卓見であると思う。

このように考えるとき、私は、細い糸のように「十七条憲法」を貫く、ひとつのロゴスを見つけることができたと思う。このロゴスに従って「十七条憲法」を、一条一条、克明に読んでゆくことにしよう。

第六章　十七条憲法の思想(上)

「十七条憲法」へのアプローチ

さて、われわれは、いよいよ「十七条憲法」の解釈にかかるべきである。

この憲法の文章を、真の意味で解釈するのは容易ではない。なぜなら「十七条憲法」は、当時の中国、つまり六朝《りくちょう》から隋《ずい》にかけての時代の文章がそうであるように、多くの古典をふまえているからである。

六朝時代は、中国の文化史において、特異な地位を占めているといってよいかもしれない。なぜなら中国は、二千五百年にわたって、主として儒教《じゅきょう》によって支配されてきた。しかしこの六朝時代は、儒教の支配力が衰え、はじめに老荘《ろうそう》思想が流行し、次いで仏教が全盛した時代である。そしてそれとともに、現実の政治生活の智恵である法家《ほうか》思想も栄えたのである。それゆえ、当時の識者は、儒教、仏教、老荘の三教《さんぎょう》の教典に通じて、それをふまえた華麗な、いわゆる四六駢儷体《しろくべんれいたい》という文章をつくった。この四六駢儷体の文章は、多く四字あるいは六字の対句からなる、はなはだリズムの美しい文章である。そして、その一つ一つの句には、中国の多くの古典の言葉が珠玉のごとくちりばめられているのである。

唐《とう》の中ごろになって、韓愈《かんゆ》によって、このような技巧的な、あまりに技巧的な文章を排して、明快に自己の考えを述べる文章がはじめられたが、それまで東アジア世界の知識人は、こういう文章に憂《う》き身《み》をやつしていたのである。今われわれは、はじめて日本人によってつくられた、かかる四六駢儷体の文章の解釈にたち入ろうとしている。

おそらく、ほんとうの意味で太子の「十七条憲法」を解釈するには、そこに引用された一つ一つの文献にあたり、それを完全に理解するとともに、それを太子がどのように解釈したかを一つ一つ克明に検討しなくてはならない。これはたいへんなことであって、とても私の手に負えない。それでは、どうしたらよいか。この憲法の解釈の方法を、私は聖徳太子その人に学ぶことにしたい。

太子には、「十七条憲法」のほかに、『三経《さんぎょう》義疏《ぎしょ》』という著作がある。この『三経義疏』は永い間、太子の著作として信じられてきたが、例によって、懐疑的な学者は疑いをもった。津田《つだ》左右吉《そうきち》氏などは、『三経義疏』や「湯岡《ゆおか》の碑文《ひぶん》」はもちろん、「十七条憲法」も、太子の著作として疑うものであるが、私は最近、『三経義疏』を通読しつつ、だんだんそれが太子の著作ではないかと思うようになった。何というのか、この『三経義疏』、とくに『勝鬘経《しょうまんぎょう》義疏《ぎしょ》』には、いかにも太子その人が著者であると思わせるところがある。

この著者は、あまりに人間というものに、自分というものに、過大な倫理的負担を負わせすぎていると思う。あたかも全世界の人間の苦悩を自己一身に背負いこんでいるような、この著者の自負と理想がその文章の中からにじみでてくる。私は、このエトスといってよいか、倫理的気負いのようなもの、それは、形はちがうが「十七条憲法」から感じられるものと、ほぼ同一のものではないかと思う。そしてそのエトスは、まさに聖徳太子のものであり、彼以外の誰のものでもないと思われるが、結論はまだ早い。

『三経義疏』が太子のものであるにせよ、ないにせよ、われわれは、この『三経義疏』の原典解釈の方法を「十七条憲法」の解釈に採用することにしよう。

この『三経義疏』は、経典の解釈としてけっして冗漫ではない。むしろ簡潔である。しかしその簡潔な解釈によって、太子は、はなはだ正確に経典の意味をとらえ、一つ一つの句を、太子がとらえた経典の大意との関係において明確に分析している。そして解釈の分かれるところは、はっきり私の解釈はこうであるといっている。これは、ふつうの日本の学者のやり方ではない。ふつう日本の学者は、外国の文献を解釈する場合、ほとんど全面的に外国の学者の説を受け入れて、私はこう思うとはっきりいいきるところはない。ただ、こうではなかろうかと遠慮しながら、自分の説を述べるだけである。しかし太子はちがう。太子は、はっきり自己の説をもっているのである。

もちろん、私は太子とちがう。とても太子のように、十人が同時にしゃべるのを聴き分けるような頭脳を私はもっていない。しかしここで、太子のつくった「十七条憲法」の、いちいち煩瑣《はんさ》な出典の考証に入らずに、この「十七条憲法」の各条が思想的にどのように連関し、そこで太子が何をいおうとしたのかを、私自身の考えに従って解釈することにしよう。

しかしその前に少し用意がいるようである。先に述べたように、太子が「十七条憲法」をつくったとき、中国は隋の時代であった。この隋の時代は、文化理念としてはまだ六朝、とくに梁《りょう》末からの文化理念が支配的であった。思想は、儒教、老荘、仏教の三教一致、文章はあの四六駢儷体の文章である。それゆえその文章には、あらゆる中国の古典の言葉がちりばめられていて、その思想はまた、多くの中国の思想によって影響されている。それゆえこの「十七条憲法」を正しく解釈するためには、やはりそこに太子が引用した中国の古典の大要を、多少は知っていなければならぬ。

私は先に、「十七条憲法」は、「冠位十二階《かんいじゅうにかい》」と密接に関係するといった。儒教の仁—義—礼—智—信の徳の順をこわし、太子は仁—礼—信—義—智とかえたといった。そこにこそ太子の思想があるのである。ここで太子の思想は二重にあらわれている。

一つは、日本の官僚制度を徳の秩序に従ってつくろうとしたことである。つまり、道徳的にすぐれている人間が国を支配しなければならないという哲人政治的な考え方である。それは儒教の理想であるが、太子ほどその理想を真剣に現実の政治の場に実現しようとした政治家は、はなはだ稀である。もう一つ、太子の思想は、その徳の順序をかえたことにあらわれている。仁—義—礼—智—信のかわりに、仁—礼—信—義—智とした。これはユニークな順序で、隋では日本の使者からその順序を聞かされても、おそらく間違いだと思って、『隋書《ずいしょ》』「倭国伝《わこくでん》」には、ふつうの仁—義—礼—智—信の順序にかえた記事があることは前にふれた。この徳の順序という問題は、「十七条憲法」の思想を理解するにあたって大きな問題である。

それゆえ、われわれはここで中国の思想史を、この徳の順序ということを中心にして、展望することにしよう。

儒教における徳

仁の徳

儒教《じゅきょう》の創立者は、紀元前五世紀ころ、春秋《しゅんじゅう》時代に活躍した孔子《こうし》である。孔子の言行録が『論語《ろんご》』である。『論語』を読むと孔子の思想がわかるはずであるが、これは短い文章からなっている上に、思想家というより、より以上に教育者であった孔子は弟子の質問にたいして、その弟子の性格やそのときの状況に応じて異なった答えをしているので、その真意はいずれにあるか、容易にわからない。この『論語』の文章の解釈をめぐって、後世、さまざまな学者が論争したのであるが、この孔子のもっともたいせつな徳とした仁についても、はっきりわからないところがある。

孔子が仁の徳をもっともよく明らかにしたのは、『論語』「里仁篇《りじんへん》」であろう。

子曰わく、里は仁を美《よ》しと為す。択《えら》んで仁に処《お》らずば、焉《いずく》んぞ知なるを得ん。

つまり仁の徳にすみついていることは立派なことである。多くの徳の中で仁の徳を選んで、そこにいないような人は、どうして智者といえようという意味であろうか。

子曰わく、不仁者《ふじんしゃ》は以って久しく約に処《お》るべからず。以って長く楽しみに処るべからず。仁者《じんしゃ》は仁に安んじ、知者は仁を利す。

仁の徳の欠けた人は、永い間、困難な生活を続けることもできないし、安楽な生活を続けることもできない。仁の徳をもつ人は仁に安住しているが、智者は仁の徳を利用する。これは興味深い人間観察である。不仁の人間は、永い間の困難に耐えることができない。また永い間、安楽な生活を続けることができない。困難にあえば人間は駄目になり、安楽な生活をもつようになると、快楽にふけっておのれを失う。これは真実である。私はすぐれた人を何人か知っているが、彼らは、逆境にあっては意気軒昂《いきけんこう》であり、順境にあっては小心翼々《しょうしんよくよく》であった。

子曰わく、富みと貴きとは、是《こ》れ人の欲する所也。其の道を以って之《こ》れを得ざれば、処《お》らざる也。貧しきと賤しきとは、是れ人の悪《にく》む所也。其の道を以って之れを得ざれば、去らざる也。君子は仁を去りて、悪《いず》くにか名を成さん。君子は食を終うる間も、仁に違《たご》うこと無し。造次《ぞうじ》にも必ず是《ここ》に於いてし、顚沛《てんぱい》にも必ず是に於いてす。

誰でも金持になり、高い地位につきたいと思っている。しかし、正当な理由でそれが手に入ったのでなければ、それが手に入っても、そこに安住しない。誰でも、貧乏やいやしい地位についたりすることは嫌がるものであるが、そういう状況になっても、仁の徳のある人は、正当な理由がなかったら、それからのがれようとはしない。君子は仁の徳を離れて、どこに名誉を求めることができよう。君子は食事をとる間も、仁の徳から離れない。どんなあわただしいときも、つまずいて倒れるときも、仁の徳を忘れない。

これらの言葉は、仁の徳こそ、孔子がもっとも重んじるところのものであることをはっきり語っている。君子、すなわち立派な人間は、いつも仁とともにいなくてはならぬ。このように孔子にあっては、仁は、人間たるものがいつもそれとともにあらねばならぬもっとも重要な徳である。したがって、「仁である」というのが、その人にたいする最大のほめ言葉である。

子曰わく、回《かい》や其の心、三月仁に違《たが》わず。其の余《よ》は則ち日月に至るのみ。（「雍也篇《ようやへん》」）

孔子がもっとも愛した弟子は、顔回《がんかい》（淵《えん》）であった。「顔回は、三ヵ月の間、仁から離れていない。その他の弟子はせいぜい一日か一月くらいしか、それができない」というのが、ふつうの解釈である。そう解釈すれば、多くの弟子の中でも顔回だけが、この仁の徳において孔子から及第点をもらうことができたのである。

孟武伯《もうぶはく》、問う、子路《しろ》は仁なる乎《か》。子曰わく、知らざる也。又た問う。子曰わく、由《ゆう》や、千乗《せんじょう》の国、其の賦《ふ》を治《おさ》めしむ可き也。其の仁を知らざる也。求《きゅう》や何如《いかん》。子曰わく、求や、千室《せんしつ》の邑《ゆう》、百乗《ひゃくじょう》の家《いえ》、之《こ》れが宰《さい》たらしむ可き也。其の仁を知らざる也。赤《せき》や何如。子曰わく、赤や、束帯《そくたい》して朝《ちょう》に立ち、賓客《ひんきゃく》と言わしむ可き也。其の仁を知らざる也。

（「公冶長篇《こうやちょうへん》」）

顔回は仁の徳において及第であった。ところが、孔子の弟子の中でとくにすぐれていると思われる子路《しろ》も、冉求《ぜんきゅう》も、赤つまり公西華《こうせいか》もすべてそれぞれすぐれた能力をもっているが、仁の徳があるかどうかはわからないと孔子は答えているのである。子路などは、顔回のように孔子からは仁のお墨付をもらうことができないのである。

また、そのころ中国でたたえられていた令尹子文《れいいんしぶん》や陳文子《ちんぶんし》などは、孔子によって「未《い》まだ知ならず、焉《いずく》んぞ仁なるを得ん」と批判されている。まだ智者とはいえないのにどうして仁といえようかというわけであるが、先の「里仁篇」の言葉でも、仁者はたえず仁にいる人間であるが、智者は、その仁を利用する人間とされる。ここでも智者は仁者より一段低く見られる。

儒教はもちろん、後の老荘とちがって智を重視する。しかしそれはやはり仁をそなえねばならない。その意味で、仁の徳は智の徳より上位におかれているといわねばならない。

この仁と智の関係に関して、『論語』には興味深い章がある。

樊遅《はんち》、知を問う。子曰わく、民《たみ》の義を務め、鬼神《きしん》を敬《けい》して之《こ》れを遠ざく。知と謂《い》う可し。仁を問う。曰わく、仁なる者は先ず難《なや》んで後に獲《う》。仁と謂う可し。

（「雍也篇」）

この章ははなはだ興味深い。弟子が、智とは何かを問うた。それにたいして孔子は、人のなすべき道をつとめて、人間以上のものにたいしては敬意をささげ、遠ざけておいたほうがよいと答えた。

これは儒教の智性のあり方を、はなはだよく語っていると吉川幸次郎《よしかわこうじろう》氏はいう。儒教は人間を教化する智性を説き、そして人間の存在を超えたものの存在は認めつつも、しかしそれを遠ざけておく。

この章に吉川幸次郎氏は注目して、

孔子は鬼神《きしん》の存在を否定する無神論者ではなかった。しかし神よりも先ず人を、と考える合理主義者であったことを、「論語」の他のいくつかの条とともに、この条は示す。またそれは、「論語」ばかりでなく、しばしば秦漢《しんかん》の儒家の書物に見える思想であって、劉宝楠《りゅうほうなん》の「論語正義」には、桓公《かんこう》六年、BC七〇六の「左氏伝《さしでん》」、「民は神の主なり、是《ここ》を以って聖王は先ず民のことを成して、而《しか》る後に力を神に致す」という季梁《きりょう》の言葉などを、引く。のちの宋儒《そうじゅ》の絶対的な無神論の源である。そのまた反動が、徂徠《そらい》であって、「宋儒の見る所は、鬼神無きに帰す、凡《およ》そ鬼神無しと言う者は、聖人の道を知らざる者なり」と、この条でいうのは、再転して、宣長《のりなが》を開く。

（『中国古典選　論語』）

といわれる。吉川氏によれば、中国の智者はまず人間のことを考える合理主義者であるが、神の存在を認めていないわけではない。神の世界を認めながら、あくまで認識を人間の世界に限るところにありとする。そこに中国の智恵の特徴があるとする。そのような智者の代表者として、吉川氏は孔子と杜甫《とほ》をあげる。

また「仁なる者は先ず難《なや》んで」という文章にはいろいろ読み方や解釈があるが、私はそれを「仁というものは、自分で苦労してはじめて獲得できる徳である」という意味にとりたい。実際、孔子はいろいろ世の艱難辛苦《かんなんしんく》をなめた思想家であるが、苦労をしないと、人間にたいする思いやりなどもてようか。

子曰わく、知者は水を楽しみ、仁者は山を楽しむ。知者は動き、仁者は静かなり。知者は楽しみ、仁者は寿《いのち》ながし。

（「雍也篇」）

智者は水を楽しみ、仁者は山を楽しむという言葉は実におもしろい。移りゆくものが智者の楽しみ、移りゆかないものが仁者の楽しみ、それは動と静、智者は日々を楽しむけれど、仁者は悠々自適、命を永らえる。この文章は、『懐風藻《かいふうそう》』にある藤原不比等《ふじわらのふひと》の詩にもとり入れられている。不比等は『論語』を読んでいたのであろうか。おそらく当時の日本のインテリは、少なくとも『論語』は読んでいたにちがいない。

応神帝《おうじんてい》の御世、王仁《わに》が百済《くだら》からもってきたのは、『論語』と『千字文《せんじもん》』であった。おそらく当時から、学問といえば、この『論語』と『千字文』を読むことであったのであろう。そして継体帝《けいたいてい》のときから五経博士《ごきょうのはかせ》が日本に来た。おそらく、太子は『論語』を暗記するほど読んでいたにちがいないのである。

仁はこのように儒教の中心的な徳であるが、この仁とは何であるかというと、どうも簡単には説明できない。

子貢《しこう》曰わく、如《も》し博《ひろ》く民に施《ほどこ》して、能《よ》く衆を済《すく》うもの有らば、何如《いかん》。仁と謂うべき乎。子曰わく、何《な》んぞ仁を事とせん。必ずや聖《せい》か。堯《ぎょう》・舜《しゅん》も其れ猶《な》お諸《こ》れを病めるか。夫れ仁者は、己《おの》れ立てんと欲して人を立て、己れ達せんと欲して人を達す。能く近く譬《たと》えを取る。仁の方《みち》と謂う可きのみ。

国民に広く恩恵を与え、民衆を救うようなことは、仁というより、仁以上の聖というべきであり、自分が立ちたいと思ったら他人に立たせ、自分が達したいと思ったら他人に達せさせる、それが仁であると孔子はいう。つまり仁とは、他人にたいする思いやり、他人の立場でいつもものごとを考えることをいうのである。だから、「仁遠からんや。我れ仁を欲すれば、斯《ここ》に仁至る」（「述而篇《じゅつじへん》」）というようなことになり、仁は最高の道徳であるとともに、もっとも手近な道徳なのである。

ここで問題は、仁とともに孔子《こうし》がもっとも尊んだ礼である。春秋《しゅんじゅう》時代の末期の人である孔子は、世の乱れを嘆いて、平和な理想社会の実現を夢みた。孔子によれば、世の乱れの原因は、周《しゅう》の礼が衰えたからである。孔子の生まれた魯《ろ》の国は、古く周公《しゅうこう》が封ぜられた国である。その周公のつくった周の礼、それが永い間の周の国の平和を維持していた。その礼が衰えて、周の国の統一が失われ、分裂した諸侯が覇《は》を競う春秋時代がきた。この時代に秩序を回復し、再び統一した国をつくるには、周公によってつくられた周の礼の復興しかないというのが孔子の考えであった。

それゆえ礼という言葉は、仁という言葉とともに『論語《ろんご》』において、もっとも多くつかわれる。ところが礼という言葉には二つの意味があると思われる。

子張《しちょう》問う、十世知るべきや。子曰わく、殷《いん》は夏《か》の礼に因《よ》る。損益《そんえき》する所、知るべき也。周《しゅう》は殷《いん》の礼に因る。損益《そんえき》する所、知るべき也。其の或いは周に継ぐ者は、百世と雖《いえど》も知るべき也。

（「為政篇《いせいへん》」）

これはたいへん興味深い言葉である。殷《いん》の礼の制度は夏《か》の礼の制度に、あるところをプラス、あるところをマイナスしたもの、また同じように周の礼の制度は殷の礼の制度にプラスしたりマイナスしたりしたもの、その礼の制度の発展したようすをみれば、周の時代の後にくる王朝の制度も、十世どころか百世をも知ることができる。これについて貝塚茂樹《かいづかしげき》氏は、次のようにいう。

礼、つまり制度史の専門家である若い子張《しちょう》が、十代さきの王朝の制度を予知できるかときいた。現代の歴史学は歴史は連続性をもちつつ、発展するものだと考えている。二千五百年前の中国に生まれた孔子が、この連続性と発展性とを、夏《か》・殷《いん》・周《しゅう》の三王朝の礼、つまり制度の比較から理解していたことは、まことに驚くべきことである。礼の専門家である秀才の子張に、礼の本質から答えている。おまえもよく知っている礼のことだから、よくわかるはずだろうという孔子の返答の調子をよみとらないといけない。

（『世界の名著　孔子・孟子』）

また、

子《し》、大廟《たいびょう》に入りて、事ごとに問う。或るひと曰わく、孰《たれ》か、鄹人《すうひと》の子《こ》を、礼を知ると謂《い》う乎《や》。大廟に入りて、事ごとに問う。子之《しこ》れを聞きて曰わく、是れ礼なり。

（「八佾篇《はちいつへん》」）

孔子は、魯の初代君主・周公旦《しゅうこうたん》を祀《まつ》った神社である大廟《たいびょう》に入って、祭祀《さいし》の次第を事ごとに祭司官に問うた。それを見てある人が、どうして田舎者《いなかもの》の子が礼を知っているのか、大廟に入って、事ごとに問うているではないかといった。孔子はそれを問うのが礼ではないかと答えたというのである。

孔子は、同じ礼という言葉をつかって、ぴしゃっといい返したわけであるが、この場合、最初の礼という意味と、後の礼という意味は少しちがうと思う。前の礼という意味は、先の章の意味と同じように、それは制度であり規則である。それは客観的に定まっているものである。しかし後の意味は少しちがう。それは礼にかなったあり方、つまり客観的な礼の制度にかなった人間の行為の仕方を意味する。

子曰わく、能《よ》く礼譲《れいじょう》を以って国を為《おさ》めん乎《か》、何か有らん。能く礼譲《れいじょう》を以って国を為めずんば、礼を如何《いかん》。

（「里仁篇《りじんへん》」）

ここでも礼譲という言葉と礼という言葉が対立的にもちいられる。礼譲というのは、謙遜《けんそん》の精神をいうのであろうか。謙遜の精神で国家を治めれば、うまくゆく。謙遜の精神で国家を治めることができなかったら、礼が何の役にたつのか。

この場合、礼譲というのは礼にかなった人間のあり方を意味し、礼とは客観的な礼の制度のことをいうのである。礼は、この章のような礼譲という、どちらかといえば主観性が強調された意味と、礼という客観的な制度という面が強調された意味と、二つの意味をもっている。

子貢《しこう》曰わく、貧《まず》しくして諂《へつろ》うこと無く、富んで驕《おご》ること無きは、何如《いかん》。子曰わく、可なり。未《い》まだ貧しくして楽しみ、富んで礼を好む者に若《し》かざる也。子貢曰わく、詩に、切《せつ》するが如く、磋《さ》するが如く、琢《たく》するが如く、磨《ま》するが如しと云うは、其れ斯《こ》れを之《こ》れ謂《い》う与《か》。子曰わく、賜《し》や、始めて与《とも》に詩を言うべきのみ。諸《こ》れに往《おう》を告げて来《らい》を知る者なり。（「学而篇《がくじへん》」）

この場合の礼というのは、礼という制度を好むというより、礼制度にあった行動をとることを好むという意味であり、主観的な徳の意味が含まれるであろう。

こういう礼と仁がどう関係し、どちらが重要であるかが問題である。

子曰わく、人にして仁ならずば、礼を如何《いかん》。人にして仁ならずば、楽を如何。（「八佾篇」）

仁がなかったら礼をどうしようか、仁がなかったら楽をどうしようかというわけであるから、ここで孔子は、仁すなわち人間の主観的愛情を、礼すなわち客観的制度より重んじているように思われる。しかし次のような文章を見ると、むしろ仁の愛を基礎づけるものが、かえって礼であるように思われる。

顔淵《がんえん》、仁を問う。子曰わく、己《おのれ》に克《か》ちて礼に復《かえ》るを仁と為す。一日《いちじつ》己に克ちて礼に復れば、天下仁に帰す。仁を為すは己に由《よ》る、而《し》うして人に由らんや。顔淵曰わく、請《こ》う其の目《もく》を問う。子曰わく、礼に非《あら》ざれば視《み》ること勿《な》かれ。礼に非ざれば聴《き》くこと勿かれ。礼に非ざれば言うこと勿かれ。礼に非ざれば動くこと勿かれ。顔淵曰わく、回不敏《かいふびん》なりと雖《いえど》も、請う斯《こ》の語を事とせん。

（「顔淵篇《がんえんへん》」）

孔子は一方で客観的な礼を強調しながら、一方で主観的な人間の愛情を強調したのであり、この両者は彼の思想においては、けっして矛盾しなかったものであろうか。論理的にはアンビバレントなところがあり、それは、後世の多くの同じ孔子の弟子と称する人たちの意見の分かれるところとなるのである。

義、智、信の徳

義について、『論語《ろんご》』においては、仁や礼ほどくわしく論じられていない。

子曰わく、君子の天下に於《お》けるや、適《よ》きも無く、莫《あ》しきも無し。義《ぎ》にのみ之《こ》れ与《とも》に比《した》しむ。

（「里仁篇《りじんへん》」）

子曰わく、君子は義に喩《さと》り、小人《しょうじん》は利《り》に喩《さと》る。

ここで義というのは何を意味するのか。それはやはり客観的な道徳、正しさをいうのであろう。義は仁よりは客観的なもの、そして礼より主観的なもの、徳の法則をいうのであろうか。この義という言葉は、仁や礼という言葉とちがって、『論語』では前半に少なく後半に多い。これは義という言葉は、孔子がつかったというより、より多く孔子の弟子たちによって、儒教《じゅきょう》の発展とともにつかわれた言葉であることを示すのであろうか。

智についてはは先に語った。儒教はやはり人間の立場にたつので、智を重視する。最も多く言及される人間の徳残るのは信であるが、信は仁と礼とともに、『論語』において、もっとも多く言及される人間の徳である。

子曰わく、人にして信《しん》無くば、其の可なることを知らざる也。大車輗《たいしゃげい》なく、小車軏《しょうしゃげつ》なくんば、其れ何を以ってか之《こ》れを行《や》らん哉《や》。（「為政篇《いせいへん》」）

信というものは、人間関係の基本をいうのであろう。大車は牛車、小車は馬車であるが、いずれも輗《げい》、軏《げつ》、つまり牛や馬の首をおさえる木、そういう木がなかったら、牛車も馬車もすすめることができない。信がなかったら人間生活はなりたたない。

子曰わく、千乗《せんじょう》の国を道びくには、事を敬《つつし》みて信、用を節して人を愛し、民《たみ》を使うに時を以ってせよ。（「学而篇《がくじへん》」）

この信は、信頼関係を意味するのか、吉川幸次郎《よしかわこうじろう》氏は「信用を失うな」と解釈する。

曾子《そうじ》曰わく、吾《わ》れ日に三たび吾が身を省《かえ》りみる。人の為めに謀《はか》りて忠《ちゅう》ならざる乎《か》。朋友《ほうゆう》と交《まじわ》りて信ならざる乎。習わざるを伝《つと》うる乎。

ここで信が忠と並べられるが、この忠と信とは関係の深い言葉であり、『論語』では忠信という形でよくあらわれる。

子曰わく、忠信を主とし、己《おの》れに如《し》かざる者を友とすること毋《な》かれ。過《あやま》てば則ち改むるに憚《はばか》ること勿《な》かれ。（「子罕篇《しかんへん》」）

子曰わく、十室《じゅっしつ》の邑《ゆう》にも、必ず忠信、丘《きゅう》の如き者有らん。丘の学を好むに如《し》かざる也。（「公冶長篇《こうやちょうへん》」）

この後の章を見ると、孔子は忠信の徳を重んじているが、忠信よりも好学の精神をより重んじているようにみえる。吉川氏は、この文章について、次のようにいう。

おおむねの中学校の教科書にも取られたこの有名な言葉は、私が孔子の教えの又一つの特殊さとしてあげるものを、よく現している。

すなわち孔子によれば、素朴なひたむきな誠実、それだけでは完全な人間でないのである。学問をすることによって、人間ははじめて人間である。人間の任務は、「仁」すなわち愛情の拡充にある。また人間はみなその可能性をもっている。しかしそれは学問の鍛錬《たんれん》によってこそ完成される。愛情は盲目であってはならない。人間は愛情の動物であり、その拡充が人間の使命であり、また法則であるということを、たしかに把握するためには、まず人間の事実について、多くを知らなければならない。

（『中国古典選　論語』）

さて私は、『論語』において仁、義、礼、智、信の徳がいかにあらわれているかを見た。しかし、孔子はこのような徳について論じているが、それがどういう論理的関係にあるのか、徳はどのような根拠をもち、またどのように体系化されるのか、そういうことについて孔子はまったく語っていない。そういう、いわば哲学的な問題は、孔子の考慮の外にあったといえよう。孔子の智は、先に述べたように、国家をどうして治めたらよいかという智であって、そういう実際的問題を離れた形而上学《けいじじょうがく》的思弁は、彼の好むところではなかった。

孟子の理想主義

この徳の根拠と、徳の体系化について、哲学的思弁をいっそうすすめたのは孟子《もうし》である。

人皆、人に忍びざるの心有りと謂《い》ふ所以《ゆゑん》の者は、今人《いまひと》乍《たちま》ち孺子《じゅし》の将《まさ》に井《せい》に入らんとするを見れば、皆怵惕《じゅってき》・惻隠《そくいん》の心有り。交《まじはり》を孺子の父母に内《い》るる所以に非《あら》ざるなり。誉《ほまれ》を郷党《きやうたう》・朋友《ほういう》に要《もと》むる所以に非ざるなり。其の声を悪《にく》んで然《しか》るに非ざるなり。是《これ》によりて之《これ》を観れば、惻隠《そくいん》の心無きは、人に非ざるなり。羞悪《しうを》の心無きは、人に非ざるなり。辞譲《じじやう》の心無きは、人に非ざるなり。是非の心無きは、人に非ざるなり。

惻隠《そくいん》の心は、仁の端《たん》なり。羞悪の心は、義の端なり。辞譲《じじやう》の心は、礼の端なり。是非の心は、智の端なり。人の是の四端有るや、猶《なほ》其の四体有るがごときなり。是の四端有りて、而して自《みづか》ら能《あた》はずと謂《い》ふ者は、自ら賊《そこな》ふ者なり。其の君能《あた》はずと謂ふ者は、其の君を賊ふ者なり。凡《およ》そ我に四端《したん》有る者は、皆拡《ひろ》めて之《これ》を充《みた》すことを知らん。火の始めて然《も》え、泉の始めて達するが若《ごと》し。苟《いやし》くも能く之《これ》を充さば、以て四海を保《やす》んずるに足るも、苟くも之を充さざれば、以て父母に事《つか》ふるに足らず、と。

（「公孫丑《こうそんちゆう》　章句《しようく》上」）

これは、昔、漢文の教科書にでてきた有名な文章であるが、孟子の思想がはなはだよくあらわれている。

小さな子どもが、井戸に落ちようとする。それを見れば、誰でもおどろき、憐《あわれ》みの心を抱く。その子の父母に交わりを求めるためにではない。よい評判を、郷党、友人に得ようとするためではない。また、悪い評判のたつことを恐れてでもない。それを見ると、自然に、憐みの心が起こるのである。とすれば、そういう憐みの心のない人は人ではない。それと同じく、恥じる心のない人は人ではない。譲る心のない人は人ではない。よい悪いを判断する心のない人は人ではない。その憐みの心が仁の端《はじめ》、恥の心が義の端、譲る心が礼の端、よい悪いを判断する心が智の端である。この四つの端は、両手両足のようなものである。

このように、四端《したん》、すなわち四つの端があるのに、仁、義、礼、智の行動ができないというのは、自分の素質や能力を自分でそこなっているのである。また、自分の君主にたいしてできないというのは、自分の君主を傷つけ、そこなっているのである。自分自身に四端がある人は、それをよく広め、十分に充《み》ち足らせてゆくと、火がはじめて燃えるとどんどん燃え、泉がはじめて噴きだすとどんどん満ちあふれてゆくように、その徳は満ちあふれて、天下を保《やす》んずるようになる。これを満たすことができなかったら、父母にさえつかえることができない。

これは、ひとつのオプティミズムである。人間は、もともと自然によき心をもっている。それが徳の端である。この端を修養によって、いっそう広め、火のごとく燃えさからせ、泉のごとく滾々《こんこん》とつきないものにしなければならぬ。

孟子曰《いは》く、仁は人の心なり。義は人の路《みち》なり。其の路を舎《す》てて由《よ》らず。其の心を放《はう》して求むることを知らず。哀《かな》しいかな。人雞犬《けいけん》の放《はう》すること有れば、則ち之《これ》を求むることを知る。放心《はうしん》有りて、求むることを知らず。学問の道は他《た》無し。其の放心を求むるのみ、と。(「告子章句《こくししようく》上」)

孟子は存心と放心について語る。つまり、人間には必ず仁、義の心があるものである。ところが今、人が仁、義にもとっているのは、そういう心を放ってしまったからである。その放った心をとりもどさなければならない。ふつう人は自然のままに人間のもっている仁、義の心を放ち、失っている。その放ち失っている心を求めよと孟子はいうのである。そして学問は、そういう放たれた心を求めるにすぎないという。

孟子は、春秋《しゆんじゆう》時代に続く戦国時代の中ごろの人。世の乱れは孔子《こうし》の時代よりなお強くなった。彼は孔子のように、礼の復興を説かない。もう礼は完全に失われたためであろうか。そして、それにかわって彼は、孔子より、より過激と思われる理想主義を説く。人の心に自然にある仁、義の心をとりだし、それを世界におし広げる。

孟子の思想の特徴は、孔子のいう仁の徳を、人間の本性についての考察をもとにして、それを哲学的に基礎づけたことにのみあるのではない。もう一つ、彼の思想の特徴は、徳の体系、仁—義—礼—智の体系をこしらえたことである。彼は、やはり仁、義を礼の上におくのである。これは孟子の主観的な理想主義の立場をはっきり語っている。

彼は、仁の徳のみならず、孔子があまり言及していない義の徳をも礼の徳の上におくのである。仁と義、愛と正義、それが孟子のもっとも愛するところのものである。仁と義と礼を比べると、仁がもっとも主観的、次いで義、次いで礼であると思われるが、この順位に孟子の思想がよくあらわれていると思われる。

そして最後に智である。孟子もまた学問をけっして軽視していない。しかし、学問も彼にあっては、四端として人間の心に含まれる徳の萌芽《ほうが》を育てんがためであった。孔子より学問の概念がやや狭いように思われる。

孟子は、こういう高い理想主義をもって、戦国時代の諸侯に説いてまわったが、その思想は諸侯の入れるところとならなかった。孟子は、孔子より、より以上に世に入れられるところとならなかった。食うか食われるかの力の角逐《かくちく》を演じていた戦国の諸侯と、それを助ける権臣の目から見れば、孟子の説くところが、現実離れの理想主義に映ったことはまちがいない。

理想主義者・孟子の努力にもかかわらず、時代はますます乱れ、人間は、ますます仁、義の徳から遠ざかってしまった。いったいどうしたらよいか。

荀子の孟子批判

荀子《じゅんし》は戦国の末にでた思想家である。それは、もう戦国の諸国が秦《しん》によって併合されようとする前夜であった。彼の弟子の李斯《りし》が秦王政につかえて、秦の国家統一を助け、また同じ弟子の韓非子《かんぴし》も秦王政に献策し、李斯にねたまれて殺されたという。

もうここでは孟子《もうし》の理想主義は完全に破綻《はたん》している。孟子の人間を見る目は甘い。彼の哲学はまちがっている。

孟子曰《いは》く、人の性《せい》は善《ぜん》なり、と。曰く、是《こ》れ然《しか》らず。凡《すべ》て古今《ここん》天下の所謂《いはゆる》善なる者は、正理平治《せいりへいち》なり。所謂悪なるものは、偏険悖乱《へんけんはいらん》なり。是れ善悪の分《ぶん》なり。今誠《まこと》に人の性は固《もと》より正理平治なりと以《おも》へるか、則ち悪《いづく》んぞ聖王《せいわう》を用ひん、悪んぞ礼義《れいぎ》を用ひんや。聖王・礼義有りと雖《いへど》も、将《は》た曷《いづく》んぞ正理平治に加へんや。今然《しか》らず、人の性は悪なり。故に古者《いにしへは》聖人《せいじん》人《ひと》の性は悪なるを以て、以て偏険《へんけん》にして正しからず、悖乱《はいらん》にして治《をさ》まらずと為す。故に之《これ》が為に君上《くんじやう》の埶《せい》を立てて以て之に臨《のぞ》み、礼義を明《あきら》かにして以て之を化《くわ》し、法正《はふせい》を起《おこ》して以て之を治め、刑罰を重くして以て之を禁じ、天下をして皆治《ち》に出でて、善に合《がっ》せしむるなり。是れ聖王の治《ち》にして、礼義の化なり。今当試《こころみ》に君上《くんじやう》の埶《せい》を去り、礼義の化を無くし、法正の治を去り、刑罰の禁を無くし、倚《い》して天下民人《てんかみんじん》の相与《あひくみ》するを観んか、是の若《ごと》くなれば則ち夫《か》の彊《つよ》き者は弱きを害して之を奪ひ、衆《おほ》き者は寡《すくな》きを暴《ばう》して之を譁《くわ》す。天下の悖乱して相亡《あひほろ》ぶること、頃《しばらく》を待たず。此《これ》を用《もつ》て之を観れば、然れば則ち人の性の悪なることは明かにして、其の善なる者は偽《ゐ》なり。（「性悪篇《せいあくへん》」）

荀子の文章は、孔子《こうし》や孟子の文章とちがう。孔子の文章には聖者の落ちつきがあり、孟子の文章には理想主義者の夢があるが、荀子の文章は現実への憤りに満ちている。もっと現実を見て、現実から出発せよと、彼もまた高い理想をもちつつ、そう叫んでいる感がある。

ここで注意すべきことは、荀子が善を正理平治《せいりへいち》、つまり世の治まっている状態と考え、悪を偏険悖乱《へんけんはいらん》、つまり世の乱れている状態と考えていることである。とにかく乱れに乱れた世界に今生きている。こういう世の悪をのぞいて、どういう悪があるといえるのか。そういう強い信念の中で彼は孟子を弾劾《だんがい》しているのである。

もし人の性が善であるならば、世の中は自然に治まっているはずだ。とすれば、この乱れた世を治める聖王も、それを治める礼、義も必要ではなくなってしまう。ところが実際はそうではなく、人の性は悪であり、ほうっておくと世の中は治まらない。それで聖王がでて、礼、義と刑罰でこの乱れた世界を治めるのである。

人の性は悪、其の善なるものは偽《ゐ》なり。今人《いまひと》の性、生れながらにして利を好むこと有り、是に順《したが》ふ、故に争奪《さうだつ》生じて辞譲《じじやう》亡《ほろ》ぶ。生れながらにして疾悪《しつを》すること有り、是に順ふ、故に残賊《ざんぞく》生じて忠信《ちゆうしん》亡ぶ。生れながらにして耳目《じもく》の欲《よく》有りて、声色《せいしよく》を好むこと有り、是に順ふ、故に淫乱《いんらん》生じて礼義文理《れいぎぶんり》亡ぶ。然《しか》れば則ち人の性に従ひ、人の情に順へば、必ず争奪に出で、犯文乱理《はんぶんらんり》に合《がつ》して、暴《ばう》に帰す。故に必ず将《は》た師法《しはふ》の化《くわ》、礼義の道有りて、然る後に辞譲に出で、文理に合して、治に帰す。此《これ》を用《もつ》て之《これ》を観れば、然れば則ち人の性の悪なること明《あきら》かなり。其の善なる者は偽《ゐ》なり。故に枸木《こうぼく》は必ず将《は》た檃括《いんくわつ》烝矯《じようけう》を待ちて、然る後に直《なほ》く、鈍金《どんきん》は必ず将《は》た礱厲《ろうれい》を待ちて、然る後に利《するど》し。今人の性の悪なるも、必ず将た師法《しはふ》を待ちて、然る後に正しく、礼義を得て、然る後に治まる。今人師法無ければ、則ち偏険《へんけん》にして正しからず、礼義無ければ、則ち悖乱《はいらん》にして治まらず。古者《いにしへは》聖王《せいわう》人《ひと》の性悪なるを以て、以て偏険にして正しからず、悖乱にして治まらずと為す。是《ここ》を以て之《これ》が為《ため》に礼義を起《おこ》し、法度《はふど》を制して、以て人の情性を矯飾《けうしよく》して之を正し、以て人の情性を擾化《ぜうくわ》して之を導《みちび》き、皆治《ち》に出で、道に合せしむる者なり。今の人師法に化し、文学を積み、礼義に道《よ》る者を、君子と為し、情性を縦《ほしいまま》にし、恣睢《しき》に安んじて、礼義に違《たが》ふ者を、小人《せうじん》と為す。此を用て之を観れば、然れば則ち人の性の悪なること明かなり。其の善なる者は偽なり。

この荀子の文章は、木全徳雄《きまたとくお》氏がいうように、どこかでホッブスの思想を思い出させる。人間の自然状態は、万人の万人にたいする闘いであるとホッブスはいう。そしてこの闘いの状態を収めて、秩序を与えるのが国家であるという（木全徳雄『荀子』）。荀子とほぼ同じ考えである。

これは、いってみれば孟子の四端《したん》の心の完全な否定である。四端の心は嘘《うそ》だ。人間の心は欲の塊《かたまり》だ。ほうっておくと、争いと憎しみと、そして淫乱、世の中は滅茶苦茶だ。人の性は悪、善なるものは偽《い》である。ここで偽というのは、それは人為、つまり人間のつくりだしたものという意味である。荀子は偽をたいせつにする。この人間のつくりだしたものをたいせつにする。それのみが世を治める道であると荀子はいうのである。荀子にあっては、性と偽は対立概念である。性は悪、それを善へ導くには偽しかない。

こういう立場において、仁、義よりむしろ礼、義が重んじられることはたしかである。主観的な愛情とか正義感などというものを、荀子はもう頼りにすることができない。客観的な礼と法、それをしっかり行って世を治めることが、荀子にとって聖王の道なのである。ここで仁より礼がむしろ優位となる。この見解は孟子とは正反対であるが、孔子にはそういう見解ととれない点がないでもない。荀子は孔子の弟子を自負しつつ、かかる客観的道徳論の立場をとるのである。

老子の説く徳の体系

以上は、儒家《じゅか》の思想であるが、一見このような思想と正反対の思想がある。それは老子《ろうし》、荘子《そうし》の思想である。これは、儒教が国家社会における人間の徳を説くのにたいし、無為自然を説くという。しかし老子、荘子の思想も、戦国時代の中から、ひとつの人間の生き方の探求としてでてきたことはまちがいない。

老子は孔子《こうし》の先輩ともいわれるが、それは彼の教えをくむ人々が虚構したもの。彼の思想は、孟子《もうし》あるいは荀子《じゅんし》との関係において考えるべきものであろう。

上徳《じょうとく》は徳とせず、是《ここ》を以《もっ》て徳有り。下徳《かとく》は徳を失わざらんとす、是を以て徳無し。上徳は無《む》為《い》にして以て為《な》す無く、下徳は之《これ》を為して以て為す有り。上仁《じょうじん》は之を為して以て為す無く、上《じょう》義《ぎ》は之を為して以て為す有り、上礼《じょうれい》は之を為して之に応ずる莫《な》ければ、則ち臂《うで》を攘《はら》って之に扔《つ》く。故《ゆえ》に道《みち》を失《うしな》いて而《しか》る後《のち》に徳《とく》あり、徳《とく》を失《うしな》いて而《しか》る後《のち》に仁《じん》あり、仁《じん》を失《うしな》いて而《しか》る後《のち》に義《ぎ》あり、義《ぎ》を失いて而《しか》る後《のち》に礼あり。夫れ礼は、忠信の薄《はく》にして乱の首《はじ》めなり。前識《ぜんしき》は、道の華《か》にして愚《ぐ》の始めなり。是を以て大丈夫は、其の厚きに処《お》りて、其の薄きに居《お》らず、其の実に処りて、其の華に居らず。故に彼を去《す》てて此《これ》を取る。（『中国古典選　老子』「下篇」第三十八章）

老子ははなはだ哲学的な思想家であり、その意味はよくわからない。少し説明する必要があろう。福永光司《ふくながみつじ》氏の訳によれば、次のようである。

最上の徳は己れの徳を意識しない。だから徳があるのだ。低級な徳は己れの徳にしがみつく。だから徳がないのだ。

最上の徳は無為《むい》であり、わざとらしいところがない。
低級な徳は有為《うい》であり、わざとらしいところがある。
最上の仁は有為であり、わざとらしいところがない。
最上の義は有為であり、わざとらしいところがある。
最上の礼は有為であり、その礼に応《こた》えないと、腕まくりして詰めよってゆく。
だから、こういう言葉がある。
無為自然の道が廃《すた》れると、無為自然の徳が説かれ、
無為自然の徳が廃れると、人為的な仁の道徳が説かれ、
人為的な仁の道徳が廃れると、人為的な義の道徳が説かれ、
人為的な義の道徳が廃れると、人為的な礼の道徳が説かれるのだ、と。
この言葉からも知られるように、
いったい礼の道徳というものは、
人間の忠信《まごころ》の薄くなったもので、
世の乱れの首《はじ》まりである。
ものごとを予見するさかしらの知識というものは、
道の実なきあだ華《ばな》のようなもので、
人間を愚劣にする始まりである。
だから大丈夫たるものは、
厚い方に居て薄い方には居らず、

実《み》のある方に居て、あだ華の方には居ないのだ。
だから、あちらの礼と知とを捨てて、こちらの道を取るのだ。
ここに孟子のたてた四つの徳が説かれていることはまちがいない。仁、義、礼、そして前識というのが智の徳であるとすれば、ここに四つの徳の体系が語られている。もしそうとすれば、思想史的には老子を孟子の後におかねばならないであろう。
ところで、ここで興味深いことに、この仁、義、礼をそれぞれ上仁、上義、上礼として、しかもその上に上徳なるものをおいていることである。老子は、徳の段階を五段階に考えているのであろうか。つまり、彼は儒教の最高の徳である仁の徳の上に、なお上徳をおいている。この上徳は「無為にして以て為す無く」であるにたいし、上仁は「之を為して以て為す無く」である。しかし、上義は「之を為して以て為す有り」ということになる。つまり、
上徳＝無為の無為
上仁＝有為の無為
上義＝有為の有為
ということになる。つまり老子にとっては、無為自然の徳が最高の徳である。人為を加えるほど価値が低くなる。そして義はまさに有為の有為である。礼となると、これはまったくの強制となってしまう。だから、この無為自然の道を失ってはじめて徳があり、徳を失ってはじめて仁がある。仁を失って義があり、義を失って礼がある。だから礼は「忠信の薄にして乱の首めなり」、智すなわち前識は「道の華にして愚の始めなり」ということになる。だから礼や前識を棄てて、天然自然の無為の世界に生きよというのである。

これは理論としては、孟子の説の徹底である。仁は、孟子においては人の性であった。それはひとつの自然であった。その自然を老子は人間を超えて拡大するのである。そしてもう一度、人間をこの社会から離して、自然の虚無にもどそうとするのである。

ここでも性と偽《い》、自然と人為は対立するが、老子は、荀子とちがって偽、人為のほうではなく、性、自然のほうに価値を認める。こういう考えからは、もはや国家社会を治めようとする考え方はでてこない。できるだけ世の煩わしさを避けて、世の中から隠遁《いんとん》して生きる。この老子の哲学を、さらに積極的に展開したのが荘子といえようか。

荘子は必ずしも老子のように、隠遁主義をすすめない。世の中にいながら世の中にとらわれずに自由に生きる。老子の虚無の道は消極的な隠遁主義に陥っていたのにたいし、彼は虚無の大道を説き、自由に大鳥のごとく生きる人間の自由を讃美する。

世の乱れとともに、この老荘思想に共感をおぼえる人が多くなる。そこには国家社会に生きる道は説かれていない。それより個人が自由に、しかも安全に生きる道が説かれている。それはどこかで、中国の昔からの思想である、不老長生の術を説く道教《どうきょう》と結びつく。

法家の思想

人間不信の書――『韓非子』

紀元前四〇三年から約二百年続いた戦国時代は、多数の老荘《ろうそう》の徒をうみだしたが、もう一方で、多くの法家《ほうか》の思想家をうんだ。

すでに荀子《じゅんし》は礼とともに法を重んじた。しかし、儒家《じゅか》である彼には、まだ理想主義が残っている。

当然、いっさいの理想主義を排して、もっぱら法でいこうとする思想がでてくる。その代表的思想家が、荀子の弟子の韓非子《かんぴし》である。韓非子は韓《かん》の国の王子であるが、どうやら彼は庶子《しよし》で、しかも、正統な子として認められないという出自の苦悩をもつ王子として、おそらく宮廷社会のありとあらゆる悪を見たのであろう。

『韓非子』、これは悪の書である。人間がどれほど悪いか、この書は、まさに人をして慄然《りつぜん》たらしめる書物であると思う。一節を引用しよう。

人主《じんしゆ》の患《うれひ》は人を信ずるに在り。人を信ぜば則《すなは》ち人に制せられむ。人臣《じんしん》の其の君に於けるは、骨《こつ》肉《にく》の親《したしみ》有るに非《あら》ざるなり、勢《いきほひ》に縛《ばく》せられて、事《つか》へざるを得ざるなり。故に人臣たる者、其の君の心を窺覘《きてん》するや、須臾《しばらく》も休むこと無し、而《しか》も人主は怠慠《たいがう》して其の上《かみ》に処《を》る、此れ世に君を劫《おびやか》し主を弑《しい》する有る所以《ゆゑん》なり。人主と為《な》りて大《おほい》に其の子を信ぜば、則ち姦臣《かんしん》は子に乗じて以て其の私《わたくし》を成すことを得む。故に李兌《りたい》は趙王《ていわう》に傅《ふ》となりて、主父《しゆほ》を餓ゑしむ。人主と為りて大に其の妻を信ぜば、則ち姦臣《かんしん》は妻に乗じて以て其の私を成すことを得む。故に優施《いうし》は驪姫《りき》に傅《ふ》となり、申生《しんせい》を殺して、奚斉《けいせい》を立つ。夫れ妻の近きと子の親《したし》きとを以てして、而も猶《な》ほ信ず可からずば、則ち其の余《よ》は信ず可《べ》き者無からむ。（「備内篇《びないへん》」）

信は、孔子《こうし》においては人間にとってもっともたいせつな徳である。人間と人間の信頼関係、それがなかったら人間社会は成立しないと孔子はいう。しかし韓非子は、反対にいう。信こそは危険な徳である。

君主の患いは人を信ずることにあるという。なぜか。彼はいう。人を信じると人に支配される。君主と臣下の関係、それは骨肉の関係ではない。愛があって臣下は君主に服従しているのではない。君主が権力をもっているので、臣下は権力を恐れて服従しているのみである。だから臣下はいつも君主の動静をうかがっている。そして隙《すき》があったら、それに乗じようとしている。しかも君主は、その地位に甘んじて、ノホホンとしている。油断に乗じて君主を脅かしたり、殺したりする臣下がでてくる。君主がわが子を信じていると、その子に乗じて悪い臣下が利をはかる。またその妻を信じていると、その妻に乗じて臣下が利をはかる。妻と子はもっとも近い人間である。しかもその妻子を信じることが危険であるとしたら、いったい誰を信じたらよいのか。

恐ろしい人間不信の言葉である。もう少し先を読もう。

且《か》つ万乗《ばんじょう》の主、千乗《せんじょう》の君の、后妃夫人《こうひふじん》の嫡子《てきし》の太子《たいし》たる者、或《あるい》は其の君の蚤《はや》く死せむことを欲する者有り。何を以《もつ》て其の然《しか》るを知る。夫れ妻は骨肉《こつにく》の恩《おん》有るに非《あら》ざるなり、愛せば則《すなは》ち親《したし》み、愛せずば則ち疎《うと》からむ。語に曰く、其の母好せられて、其の子抱《いだ》かる、と。然らば則ち其の之《これ》が反を為すや、其の母悪《にく》まるるときは、其の子釈《す》てられむ。丈夫《ぢやうふ》は年五十にして、色を好むこと未《いま》だ解《おこた》らざるに、婦人は年三十にして、美色衰ふ。衰美《すゐび》の婦人を以て、好色の丈夫に事《つか》ふ、則ち身疎賤《そせん》せられて、子の後《のち》と為らざらむかを疑ふ。此れ后妃夫人の其の君の死を冀《こひねが》ふ所以《ゆゑん》の者なり。唯《ただ》母、后と為りて、子、主と為らば、則ち令《れい》して行はれざること無く、禁じて止《や》まざること無く、男女の楽《たのしみ》先君《せんくん》よりも減ぜず、万乗を擅《ほしいまま》にして疑はれざらむ。此れ鴆毒《ちんどく》と扼昧《やくまい》との用ひらるる所以なり。故に桃左春秋《たうさしゅんじう》に曰く、人主の疾《や》みて死する者は、半《なかば》に処《を》ること能《あた》はず、と。人主知らずば則ち乱資多《おほ》からむ。故に曰く、君の死を利とする者衆《おほ》くして、則ち人主危《あやふ》し。

これは恐ろしい話であるが、おそらくは戦国の世の宮廷社会の真実であろう。君主は多くの后妃《こうひ》をかかえている。その中に皇太子の母にあたる后妃がある。おそらくは第一夫人であろう。その第一夫人が、ひそかに君主の死を望んでいるというのである。なぜなら、第一夫人はすでに歳をとっている。女の容色は三十で衰える。子どもが皇太子の位にあるとすれば、その夫人はそうとうな年齢となる。夫人はすでに三十歳を超えているが、その夫の君主の性欲はけっして衰えない。男は五十歳にしてまだ色を好むことは怠たらない。そして色を好む君主は次々と若い女を求める。とするると、どうしても寵愛《ちょうあい》は若い夫人のほうに移り、第一夫人への寵愛は衰える。もしその若い夫人に皇子が生まれるとすれば、必然的に彼は皇太子を廃して、若い夫人の産んだ皇子をかわりに皇太子としようとする。

このように、第一夫人はいつも不安定な立場にある。もし夫を殺したら、その子は君主となり、第一夫人は帝《みかど》の母として、権力をほしいままにすることができる。男女の楽しみもまた、別の男性と味わえる。とすれば第一夫人は、いつも夫の君主の暗殺の誘惑を感ずる立場にある。毒を盛るか、それとも絞め殺すか。おそらくこのようなことが、実にしばしば当時の宮廷社会で行われたのであろう。記録に残るのは十に一つか二つ、大部分は闇から闇へと葬られたのであろう。

それが実際に起こらなかったとしても、いつもそれが起こりうる状況にある。それが宮廷社会の常であると、韓非子はいうのである。『韓非子』の中には、いたるところにこういう言葉がある。人間不信の書というべきか。

韓非子は、こうして人間を信じない。彼の信じるのは何か。それは法である。法を厳にせよ。法は人間に恐怖を与える。そして、その恐怖によって秩序が保たれると彼はいうのである。これを刑名《けいめい》という。

韓非子はまた「解老篇《かいろうへん》」、「喩老篇《ゆろうへん》」を書き、老子を祖述している。無為自然を説く老子と、刑名を説く韓非子と、どうして結びつくのかよくわからないが、おそらく韓非子において老荘の思想は、ひとつの君主の世渡りの術として推賞されているのであろう。君主は自分の姿をはっきり示さぬよう、いわば老子の語るように、深く隠して容易にあらわさないほうが、支配者に有利であるにちがいないからである。法家と老荘思想は、儒教の徳の否定において、また、ひとつの人間支配の術としても結びついたのであろう。

令と罰を重んじる『管子』

『韓非子《かんぴし》』とともに、法家《ほうか》の書として重んじられたのは『管子《かんし》』であるが、この春秋《しゅんじゅう》時代の斉《せい》の名宰相《めいさいしょう》・管子《かんし》になぞらえられる書物は、やはり多くは後世のもの、戦国時代につくられたと考えるべきであろう。『管子』も法家の思想を説くが、『韓非子』よりは、はるかに穏健である。

凡《およ》そ国に君たるの重器《ぢゆうき》は、令《れい》より重きはなし。令重ければ君尊《たつと》し、君尊ければ国安《やす》し、令軽ければ君卑《いや》し、君卑しければ国危《あやふ》し。故に国を安《やすん》ずるは君を尊ぶに在り、君を尊ぶは令を行ふに在り、令を行ふは、罰を厳《げん》にするに在り。罰厳《ばつげん》に令行はるれば、百吏《ひやくり》皆恐る。罰厳ならず、令行はれざれば、百吏皆喜ぶ。故に明君《めいくん》は民《たみ》を治《をさ》むるの本《もと》を察す。本は令より要なるはなし、故に曰く、令を虧《か》く者は死し、令を益《ま》す者は死し、令を行はざる者は死し、令を留《とゞ》むる者は死し、令に従はざる者は死す。五《いつゝ》の者は死して赦《ゆる》すなく、惟令《たゞれい》を是れ視ると。故に曰く、令重くして下《しも》恐ると。（「重令篇《ちようれいへん》」）

「十七条憲法」は多く『管子』の文章を引用している。当時、『管子』はよく読まれていたのであろう。ここでもやはり令を重んずべきことが語られている。令をないがしろにする人には刑を授けよと『管子』はいうのである。令を減らしたり、つけ加えたり、行わなかったり、やめたり、従わなかった者は死刑である。これはたしかにきびしい。しかしそういうきびしい罰がなかったら国家の秩序はとうてい維持しがたいというのである。

以上が、だいたい春秋・戦国時代における儒家《じゆか》、老荘《ろうそう》、法家の説の概要である。春秋・戦国時代は、このほかにも多くの思想がうまれ、中国の思想史の上でまことに百華繚乱《ひやつかりようらん》の時代であった。儒教も老荘も法家も、この多くの思想の中の一部にすぎない。もっと興味深い思想もあるが、後世に生き残ったのは、主にこの三つの思想であったと思う。

戦国時代は、紀元前二二一年の秦《しん》による天下統一で終わる。そして、秦漢《しんかん》時代なるものがはじまり、秦の時代には、法家の思想が興ったが、やがて前漢《ぜんかん》のとき、武帝《ぶてい》が董仲舒《とうちゆうじよ》の建議により儒教を国教として採用した。以来、法家は衰え、儒教のみが栄えた。法家の思想は、戦乱の時代の思想となりえても、平和の時代の思想とはなりえないからであろう。そして、その平和の時代において、しきりに教典の編纂《へんさん》が行われ、儒教は、ひとつの思想体系として成立するようになるのである。

孔子《こうし》が重んじた『詩経《しきよう》』、『書経《しよきよう》』に、孔子がつくったといわれる『春秋《しゆんじゆう》』、それに『礼記《らいき》』と『易経《えききよう》』を加えて、五経が儒教の聖典として重んじられ、『論語《ろんご》』に『孟子《もうし》』、それに『礼記』の一部である『中庸《ちゆうよう》』と、どうも漢代の著作ではないかと思われる『大学《だいがく》』が四書として、五経に次いで尊敬されるようになる。

こうして、儒教思想が体系化されたわけであるが、その後、仁―義―礼―智の徳に、信の徳が加わり、五経に応じて五徳とされたのであろう。

漢代《かん》の思想は、このようにもっぱら儒教《じゆきよう》であったが、漢が滅び、魏《ぎ》が興ると、儒教は衰え、老荘《ろうそう》がさかんになった。それはおそらく、一つには漢を滅ぼした魏《ぎ》の曹操《そうそう》の好みにもよったのであろうか。やはり時代はだんだん乱れ、社会秩序が失われると、人は社会の中で社会人として生きるより、個人として生きる生き方に魅力をおぼえたのであろう。そして魏に次ぐ晋《しん》の時代には、「竹林《ちくりん》の七賢《しちけん》」といって、世を遁《のが》れ山林に入り、そこで清談、つまり抽象的な哲学談義に時を過ごす奇人たちの風がしたわれたのである。

そして、その風潮の中で、南北朝になるとさらに仏教が台頭してくるのである。老荘の虚無の思想は、仏教の空《くう》の思想を受け入れる素地を十分つくっていた。しかも仏教のほうが、老荘より、よくいえば形而《けいじ》上学《じようがく》的、悪くいえば空想的であり、開国以来、自国の思想でやってきた中国人は、ここにいたって外国の思想に夢中になった何世紀かを過ごすのである。

この中国への仏教移入に大きな役割を果たしたのは、五世紀はじめ、後秦《こうしん》のときに中国へ来た鳩摩《くま》羅什《らじゆう》である。羅什は多くの仏典を訳した。彼の仏教は大乗仏教であり、『般若経《はんにやきよう》』を中心としていた。それは有にもとらわれず、無にもとらわれない、自由な、空の中道の智恵を説く。

この思想が、中国人にとって、どこかで荘子《そうし》の思想と通じるものとして受けとられる。仏教は荘子の思想をもっと哲学的にしたものであり、このような思想に当時の中国のインテリが、『論語《ろんご》』や『孟《もう》子《し》』のもたない思想的な深遠さを見いだしたのはよく理解できる。かくて仏教は北朝から南朝に入り、胡《こ》族の国ばかりか、漢族の国をも精神的に支配したのである。そしてそこではやった仏教は、主に『涅《ね》槃経《はんぎょう》』を中心とするものであった。『般若経』の有無を離れた空の思想を、もっと肯定の意を強くした教えである。

人間ばかりか、森羅万象《しんらばんしょう》、ありとあらゆるものに仏性が宿っている。汚れのない永遠の仏性が宿っている。この普遍にして平等な仏性を悟《さと》り、その悟りに目ざめ、永遠の楽しみに生きること、そういう教えを説く『涅槃経』を中心として仏教が、南朝とくに梁《りょう》の時代を支配した。

南北朝は仏教のさかんな時代であるが、必ずしも仏教ばかりではなく、依然として儒教は国家を治める思想であり、老荘もまた宮廷人の愛好する思想であった。南北朝の知識人にとって、儒教も老荘も仏教も、結局は同じものであった。三教《さんぎょう》はその思想を極めれば、結局は一に帰する。それゆえ士たる者は、この三教をすべて身につけねばならぬ。これはいってみれば、はなはだ高度な教養主義であり、折衷主義でもあった。本来、この三教はそれぞれ矛盾している。矛盾している三教が一致するはずはない。儒教を信じたら、仏教を棄てなければならない。老荘を採用したら、儒教を批判しなければならない。仏教に熱中したら、儒教も老荘も見棄てられる。理論的にはそうではあるが、この時代の多くの中国の知識人は、そういう矛盾に気づかず、あるいは気づこうとせず、三教の折衷主義に満足していた。教養としては、どの一つも棄てがたいからである。

聖徳太子の時代は、このような時代である。三教一致の教養主義、あるいは折衷主義が、聖徳太子に教えられた思想である。太子の「十七条憲法」が、かかる思想のもとにあることはまちがいない。その上、ここは文化の光が差すことの困難な極東の島国、海外からきた思想はすべてすばらしく思われて、容易に批判できるものではない。

外国思想にたいする無批判的な尊敬は、今でも同じである。今でも外国の一流の思想を批判するという風潮は日本にはない。そういう思想家を批判するのは畏れ多いことである。それゆえ、それ自身の中に矛盾を含む外国の思想を日本人は区別なく尊敬する。一論文にプラトン、カント、マルクス、ニーチェもでてくるというように、相矛盾する思想が一つの論文に同居しているのは常のことである。今でもそうだとすれば、聖徳太子のころにそうであったとしても不思議ではない。

われわれは、太子の文章が、実に多くの中国の古典からひかれた文章によってなっていることを知る。儒教、老荘、法家《ほうか》、仏教、それらの経典をふまえつつ、太子は自身の思想を語っているはずなのに、太子の思想は、多くの経典の言葉の裏に隠れて、容易にその本体をあらわさない。おそらく十人の話を聴き分けるというような明晰《めいせき》な智性がなければ、太子の真意は容易に捕捉《ほそく》しがたいと思う。ここで、もう一度、前章における私の立場を確認したいと思う。

私は「十七条憲法」を「冠位十二階《かんいじゅうにかい》」との関係で考えた。「冠位十二階」は「十七条憲法」の形式であり、「十七条憲法」は「冠位十二階」の内容であると考えた。聖徳太子は、政治にたいして高い理想をもっていた。それは哲人政治の理想である。高い位につく人間ほど高い徳をもたねばならない。その徳の順序は、仁―礼―信―義―智である。そして「十七条憲法」は、この五つの徳の項目に従って、それぞれ、三、五、三、三、三というふうに配分されている。つまり第一―三条が仁、第四―八条が礼、第九―十一条が信、第十二―十四条が義、第十五―十七条が智にあたると考えた。もしこう考えると、第一―三条が儒教の根本的徳である仁の徳にあたることになる。

われわれは、いちおう、このような考えのもとに「十七条憲法」を考察しようと思うが、それに不賛成な人もあろう。しかし不賛成な人も、この第一―三条が、「十七条憲法」の基礎を示していることは認めるであろう。この基礎の部分の考察に入ることにしよう。

「十七条憲法」の文体

まず第一条から第三条までの原文をあげ、その文体を考えた後に、それを現代語訳して、その上で考察に入ろう。

一曰 以和為貴 無忤為宗 人皆有党 亦少達者 是以 或不順君父 乍違于隣里 然上和下睦諧於論事 則事理自通 何事不成

二曰 篤敬三宝 々々者仏法僧也 則四生之終帰 万国之極宗 何世何人 非貴是法 人鮮尤悪 能教従之 其不帰三宝 何以直枉

三曰 承詔必謹 君則天之 臣則地之 天覆地載 四時順行 万気得通 地欲覆天 則致壊耳 是以 君言臣承 上行下靡 故承詔必慎 不謹自敗

これが第一条から第三条までの原文である。原文といっても、これ以外にないわけである。われわれは、この原文を返り点と送り仮名とをつけて読みくだすが、この憲法はやはり中国語をもって書かれていたと考えねばならぬ。

私は、日本における漢字の受容は予想以上に早く、そして普及していたのではないかと思う。雄略《ゆうりゃく》帝《てい》と思われる倭王武《わおうぶ》は、堂々たる文書を宋《そう》の朝廷に送っている。しかしそれは国外向けである。国内で、臣下にたいして、このような漢文の文書が発せられたのははじめてであろう。

この「十七条憲法」が漢文として、中国の文章としても、よい文章であるということを吉川幸次郎《よしかわこうじろう》氏は、次のように語っている。

この文章の原文は、大体において一句、すなわち意味の一と区切りが、四字でできております。

それを中国の人が読むといたしますと、四シラブルずつで、ひと区切りになる。はじめの方を、中国人が読むであろうように読んで見ますと、まず、

yi he wei gui　（以和為貴）

wu wu wei zong　（無忤為宗）

四シラブルの二句です。ついで、

ren jie you dang　（人皆有党）

yi shao da zhe　（亦少達者）

やはり四シラブル二句です。そのあとの「是こを以って或いは君父に順《したが》わず、乍《ある》いは隣里《りんり》に違《たが》う」、そこのところは、

(shi yi) huo bu shun jun fu　（是以或不順君父）

zha wei yu lin li　（乍違于隣里）

ここは四シラブル一句でなく、五シラブル一句ですが、やはり五シラブルずつで、リズムをととのえています。そのあと「然《しか》れども上和らぎて下睦《むつ》び」云云は、はじめの「然」と「則」だけをとりのけますと、あとは又もや、

(ran) shang he xia mu　（然上和下睦）

xie yu lun shi　（諧於論事）

(ze) shi li zi tong　（則事理自通）

he shi bu cheng　（何事不成）

と、ずっと四字句の連続です。このように、これは詩でなく、散文でありますけれども、四字、

すなわち中国音では四シラブルずつの区切りが、積み重なってリズムを作るように、文章が構成されています。

ところでこれは、太子がいかにおえらくとも、太子ご自身の独創ではありません。当時の中国の文体が、大体こういうふうに大変リズムに気をつける習慣にあったのであります。

簡単に申しますと、大体一句を四字ずつに整え、四シラブルのリズムが積み重なるようにまとめる傾向を、当時の中国、即《すなわ》ち六朝《りくちょう》の末から唐《とう》の初めでございますが、そのころの中国の文体は、普遍にもったのでありまして、太子もまたその流れの中にいらっしゃったわけなのであります。その次の第二条も、

du jing san bao（篤敬三宝）

と、やはり四字ではじまっております。

またこの文体は、一句四字を原則とするだけでは、完全なよいリズムとしませんでした。中国語には平仄《ひょうそく》というものがあります。平というのはアクセントの弱いシラブル、仄というのはアクセントの強いシラブル、一一の字は固有のものとして、そのいずれかをもっていますが、この二つを適当な場所に交互に配置すると、一そうリズムがよくなる。「和を以って貴しと為す」は、

yi *he* wei **gui**

であり、「忤《さから》う無きを宗《むね》と為す」は、

wu **wu** wei *zong*

「人皆《み》な党《たむら》有り」は、

ren *jie* you **dang**

全部の句がそうなっているのではありませんが、これまた当時の文体のリズムの技巧です。そういう点でも、「十七条憲法」は、当時の中国の文章のリズムに合致いたします。

一般に文章というものは、思う通りに書けばいい、リズムなどに注意せずに書いたらいい、そうお考えの方があるかもしれませんが、人間の言語というものはそういうものではございません。なるだけリズミカルである方が、意味もよく伝達され、人を説得する力の強い文章になります。ところでこうした工夫も、太子の発明ではない。当時の中国の一般の文体がそうでした。太子からのち二百年ばかり、唐《とう》の中ごろから、この文体は変化いたし始め、より自由な文体が、いわゆる「古文」として求められるのでありますが、それまではこれが標準的な文体だった。それによって書かれている。

（「聖徳太子の文章」）

「十七条憲法」は、このように中国語としても美しいリズムをもった文章である。

氏のいうように、この時代の中国の文章は、美しいリズムをもった四六駢儷体《しろくべんれいたい》の文章であるが、このような四六駢儷体の文章のもう一つの特徴は、典拠をひくことである。この時代は何度も述べたように、三教《さんぎょう》一致の理想をもった時代である。教養ある人間は、儒教ばかりか、老荘《ろうそう》や仏教の教典に通じていなければならない。それゆえ、その文章は、そのような三教の教典の文章を十分にふまえていなくてはならない。多くの教典の文章をひいて、その意味をどこかに保たせるよう二重写しにして、そこに深遠な情趣をただよわす。それが当時の名文である。

「十七条憲法」も、こういう文章の理想のもとにつくられている。それゆえ、その文章を理解するには、その典拠を知り、その典拠を正しく解釈し、太子がそれをどのようにつかったかを、精細に検討しなくてはならぬ。

このような仕事は私の手に負えない。それは儒、仏、老荘、三教に通じる福永光司《ふくながみつじ》氏のような学者にいつかやってもらうよりしかたがない。それで私は、太子の『三経義疏《さんぎょうぎしょ》』の註釈の仕方によって、この「十七条憲法」の大意をとり、そしてそこで太子が何をいいたかったかを思想的に検討することをここでの課題としたい。

「十七条憲法」の典拠

この仕事に先だって、この三条を読みくだして、現代訳をつくらねばならぬ。いろいろ試みてみたが、どうもうまくゆかない。ここに幸いよき仕事がある。中村元《なかむらはじめ》氏の『聖徳太子』である。それは、いろいろな原文を検討した結果の、苦心の末の読みくだしであり、また現代語訳である。それをそのまま借りることにしよう。

一に曰《いわ》く、和をもって貴しとし、忤《さから》うことなきを宗《むね》とせよ。人みな党《たむら》あり。また達《さと》れる者少なし。ここをもって、あるいは君父に順《したが》わず。また隣里《りんり》に違《たが》う。しかれども、上和ぎ、下睦《むつ》びて、事を、論《あげつら》うに諧《かな》うときは、事理おのずから通ず。何事か成らざらん。

二に曰く、篤《あつ》く三宝を敬え。三宝とは、仏と法と僧なり。すなわち四生の終帰《よりどころ》、万国の極宗《おおむね》なり。いずれの世、いずれの人か、この法を貴ばざらん。人、はなはだ悪《あ》しきもの少なし。よく教うるをもて従う。それ三宝に帰《よ》りまつらずば、何をもってか枉《まが》れるを直《ただ》さん。

三に曰く、詔《みことのり》を承りてはかならず謹《つつし》め。君をば天とす。臣をば地とす。天は覆《おお》い、地は載《の》す。四時《しいじ》順《したが》い行ないて、万気通うことを得。地、天を覆《おお》わんとするときは、壊《やぶ》るることを致さん。ここをもって、君言《のたま》うときは臣承る。上行なうときは下靡《なび》く。ゆえに詔《みことのり》を承りてはかならず慎《つつし》め。謹《つつし》まずば、おのずから敗れん。

「十七条憲法」について、最初のすぐれた註釈書をつくったのは、南北朝の僧・玄恵《げんえ》である。彼は、この第一条について以下のようにいっている。

論語《ロンゴ》ニ曰《イハ》ク、礼《レイ》之《ノ》用《ヨウ》ハ和《ワ》ヲ為《ス》レ貴《タフトシ》ト云々　又曰ク君子ハ和シテ而《シカシテ》不《ズ》レ同《ドウ》ゼ。ヲヨソ物々ニ体用アリ。礼ハ体《タイ》、和ハ用ナリ。故ニ礼之用ハ和ヲ為《ス》レ貴トイヘリ。和ニ二《フタ》ツアルベシ。人ニアイ遇《アフ》ニ、顔色《ガンシヨク》柔和《ニウワ》ニシテ、温蕩《ヲンタウ》ノ気《ケ》アルハ顔ノ和ナリ。指《サシ》テ大義ナラヌ事ニハ、異義ヲイハズ、人ニ順ズルヲ、心ノ和ト申《マウ》スナリ。舜《シユン》ハ善《ヨ》ク与《ト》レ人同《ドウ》ジ舎《ス》テレ己ヲ従《シタガ》フレ人ニトイヘリ。以《モツ》テレ和ヲ為ルレ貴トモノ也。我ニ礼ヲ致ス人ハ、ナツカシキ心アリ。是ヲ礼ノ和ヲトルト申《マウ》ス也。常ノ礼容《レイヨウ》ハ、衆人《シユウジン》ニ和合《ワガフ》スルトイフトモ、大儀ニ至《イタリ》テハ、非儀ニ同ズベカラズ。是《コレ》ヲ和シテ而《シカシテ》不《ズ》レ同ゼトイフ。人皆有《ア》リレ党《タウ》トハ朋党比周《ホウタウヒシウ》トテ、理ニ任《マカ》セ義ニ従フ事ハナクシテ、衆力《シユウリヨク》ヲタノミテ、嗷訴強義《ガウソガウギ》致スヲ党ト申ス也。多勢ヲタノマズ、権家《ケンカ》ニホコラズ、理ヲ本《モト》トシ、義《ギ》ニシタガヒテ、善ニハ同ジ、悪ニハ与《クミ》セザル人ヲ、達《タツ》スル者ト申ス也。カヽル人世《ヨ》ニ希《マレ》ナレバ、少シトハ申ス也。書《シヨ》ニ曰《イハ》ク亡《ナ》クレ党亡《ナ》クレ偏王道平々《ヘンワウダウヘイ〳〵》タリト。不《ズ》レ順《ジユン》ゼ二君父《クンプ》一ニトハ不忠不孝《フチユウフカウ》ノ者ナルベシ。

違《タガ》フ二于鄰里《コレリンリ》一ニトハ、隣里郷党《キヤウタウ》ノ交《マジハ》リニ、老者《ラウシヤ》ヲカロシメ、親族ヲアナドリ、衆議ニモ同ゼズシテ、自由ノフルマヒヲスルモノ、一旦《イツタン》ハ幸《サイハヒ》ニシテ、免《ノガ》ルトイヘドモ、遂ニハ十目ノ視《ミ》ル所、十手《ジフシユ》ノ指ス所ニ落テ、身ヲ全クスル事ナシ。

上和《カミヤハラ》ギ下睦《シモムツ》ブトハ、君臣好合《カウガフ》シテ、琴瑟《キンシツ》ノゴトクナルヲ申ス。孝経《カウキヤウ》ニ云《イハ》ク、先王有《ア》リテ二至徳要道《シトクエウダウ》一順《ジユン》ニス二天下一ヲ、民用《タミモチ》ヒテ和睦《ワボク》シ上下亡《ナ》シレ怨《ウラミ》、女《ナンヂ》知《シ》ルレ之《コレ》乎《ヤ》。政道ノ得失ヲ論ジ、窮民《キユウミン》ノ訴訟ヲコトハル事、互ニ異議ナクシテ遵行《ジユンカウ》停滞セザルヲ、事理《ジリ》自《オノヅカ》ラ通ズトハ申ス也。毎事如《ゴト》クレ此《コ》ノアラバ、何事カ成就《ジヤウジュ》セザランヤ。　（『法印玄恵《ほういんげんえ》註《ちゅう》　憲法十七条』）

玄恵は、天台《てんだい》の僧で朱子学《しゅしがく》に長じ、後醍醐帝《ごだいごてい》にもちいられて、建武中興《けんむのちゅうこう》に参加した。彼は、はじめて「十七条憲法」の学問的註をつくった。この註は二つの点で注目される。一つは、憲法に書かれている言葉の典拠を中国の教典にあたったこと、もう一つは、当時の政治的状況の中で憲法を解釈したことである。足利尊氏《あしかがたかうじ》は、「建武式目《けんむしきもく》」十七条を定めたが、それはこの「十七条憲法」の影響を多分に受けている。おそらく玄恵の建白であろう。

憲法第一条の註においても、彼は、この条文が多くの典拠をふまえていることを明らかにする。たとえば「和をもって貴しとし」というのは、『論語《ろんご》』の「和を用《も》って貴しと為す」、「君子は和して同ぜず」という言葉をふまえ、「党《たむら》あり」というのは、『書経《しょきょう》』の「党《たう》なく偏なく、王道平々《わうだうへいへい》たり」という言葉をふまえ、「上和ぎ、下睦《むつ》びて」とは、『孝経《こうきょう》』の「先王、至徳要道《しとくえうだう》有り、以《もつ》て天下を順《したが》へ、民《たみ》用て和睦し、上下《しやうか》怨《うらみ》無しと。汝之《なんぢこれ》を知るか」という言葉をふまえていることを明らかにしている。

玄恵は朱子学に長じているので、彼は多く儒教の教典をよりどころにしたが、その後、多くの学者によって、「十七条憲法」は、儒教ばかりか、法家、仏教、あるいは老荘の経典を典拠としていることが指摘された。今まで指摘されていることをあげれば、以下のようになる。

最初の「和をもって貴しとし」というのは、『論語』以外に『礼記《らいき》』の「礼は和を以て貴しと為し」が典拠としてあげられる。「党あり」は、『左伝《さでん》』僖公《きこう》九年の「亡人《ばうじん》は党《たう》無し。党有れば必ず讎《しう》有り」、および『論語』の「人の過《あやま》ちや、各《おの》おの其の党に於《たぐい》いてす」があげられるとともに、『管子《かんし》』「任法篇《にんぱうへん》」の「群党比周《ぐんたうひしう》、以て其の私《わたくし》を立て、請謁任挙《せいえつにんきよ》、以て公法《こうはふ》を乱る」、および『韓非子《かんぴし》』「難三篇《なんさんへん》」の「比《ひ》周《しゅう》すること無くば則ち公私分《こうしわか》れ、公私分るるときは則ち朋党《ほうとう》散じ」などがあげられる。

「達《さと》れる者」は、『礼記』「礼器篇《らいきへん》」の「君子の人は達《たつ》せり」、および『左伝』昭公《しょうこう》七年の「将《まさ》に達《たつ》者《しゃ》有らんとす、孔丘《こうきゅう》と曰ふ」、および『論語』「顔淵篇《がんえんへん》」の「夫れ達《たつ》なる者は、質直にして義を好み、言を察して色を観、慮《おも》んぱかって以って人に下《くだ》る。邦《くに》に在りても必ず達し、家に在りても必ず達す」という典拠があげられる。

「隣里《りんり》」は『論語』「雍也篇《ようやへん》」の「隣里郷党《きょうとう》」の鄭玄《ていげん》の註による「五家《ごけ》を隣《りん》と為す、五隣《ごりん》を里と為す」という典拠があげられる。

「上和ぎ、下睦《むつ》び」は、『千字文《せんじもん》』の「上《かみ》和し、下《しも》睦び」、および、先の『孝経』の文章があげられる。

「事理おのずから通ず」というのは、『韓非子』「解老篇《かいろうへん》」に「思慮《しりょ》熟せば、則ち事理《じり》を得……。事理を得ば、則ち必ず功《こう》を成し」があげられる。

また先にも引用したように、あらためて『荘子《そうし》』の影響が指摘され、また新しく滝川政次郎《たきかわまさじろう》氏によって、「和をもって貴しとし」という言葉については、『資治通鑑《しじつがん》』、建武元年に「凡《およ》そ、使人《しじん》、和を以て貴しと為す」とか、『医心方《いしんほう》』の巻二十八房内に「交接《かふせつ》の道、……和を以て貴しと為す」という言葉があり、それは南北朝末の俗諺《ぞくげん》であると指摘された。

おそらく、まだこれからも、こういう典拠は次々に発見されることであろう。たしかに、「十七条憲法」のような四六駢儷体《しろくべんれいたい》の文章の解釈には、このような典拠を調べ、それをふまえて、この文章の意味をとることが必要であろう。それを行って、はじめて「十七条憲法」の完全な解釈ができるのである。

しかし先に述べたように、私にはそういうことをする能力はとてもない。それでやむなく、いちおう、先人の指摘した典拠を考慮しつつも、ここでは、太子が何をいいたかったかに重点をおいて、「十七条憲法」の条文を解釈しようと思う。

二重の折衷主義

もし「十七条憲法」が太子のつくったものとすれば、そこに一貫した太子の思想があらわれているはずである。その思想とは何か。そしてその思想は当時の歴史的状況の中で、どういう意味をもつのか。

さしあたって、今、憲法の中心をなすと思われる第一条から第三条までの文章を熟読することにしよう。この三条を熟読すれば熟読するほど、われわれは一つの疑問にとらわれる。ということは、そこに一貫した思想があるかどうかということである。十七条のうち、この三条を選んで、そこに一貫した思想を見いだすのはむずかしい。たとえばそれは儒教《じゆきよう》だとか、仏教だとか、法家《ほうか》だとかということは、はなはだ決めにくい。

今まで多くの論者は、「十七条憲法」から自己によく理解される文句、たとえば儒学者なら儒教の、法学者なら法家の、仏教学者なら仏教の思想をあらわす文句をとりだして、憲法を、儒教の、あるいは法家の、あるいは仏教の思想であると決めつけた。これは憲法の思想の客観的解釈であるより、それぞれの学者の教養の限界を示すものであった。われわれは、そういう解釈を許さない。一条一条、言葉を追いながら、そこに示された思想が何であるかを客観的に解釈したいと思っている。

しかし、そういう客観的態度で、「十七条憲法」にあらわれた思想を明らかにすることは、ほとんど絶望的であるように思われる。なぜなら、このはじめの三条を見ても、第一条は玄恵《げんえ》などがいうように儒教の教典から言葉がとられていて、儒教思想の色彩が濃厚である。それにたいして第二条には、仏教の崇拝がすすめられている。思想は明らかに仏教的である。そして第三条は、それにたいして、まったく法家的、管子《かんし》や韓非子《かんぴし》の思想に近い。とすればわれわれは、ここにまったく矛盾する思想によって書かれた憲法の文章を見るのである。

法の文章というのは、何よりも論理的でなくてはならない。論理矛盾があるような法は、法としての資格がない。とすれば、「十七条憲法」はほとんど法としての資格を欠いているということになる。

この思想の矛盾は条と条との間のみにあるのではない。一つの条文の言葉の中にもあるのである。たとえば第一条に「人みな党《たむら》あり。また達《さと》れる者少なし。ここをもって、あるいは君父に順《したが》わず」という文章がある。「党あり」というのは『論語《ろんご》』というより法家的思想であり、「達れる者」というのは老荘《ろうそう》的思想であり、「君父に順わず」というのは儒教的思想であるならば、一文の中に、法家と老荘と儒教の思想が含まれていることになる。そしてそれらは先に述べたように、それぞれ矛盾した内容をもった統一的な思想体系である。そういう矛盾した思想体系をもつ思想の言葉が、一文においても混在するとすれば、それははたして思想の名にふさわしい統一的世界観をもつことができようか。

先に述べたように、南北朝の思想は三教《さんぎょう》一致の、いってみれば折衷主義の立場にあった。もっぱら中国の文化を受け入れようとした後進国の日本には、中国の思想といえば、すべてすばらしいもののように思われる。よけい折衷主義の立場が濃厚である。

太子のつくった「十七条憲法」には、折衷主義が見られる。この二重の折衷主義によって、この憲法はほとんど太子の真意がどこにあるかわからないほど、文章は飛躍に満ち、そこに一貫した論理を見つけることを困難にしている。私はすでに三ヵ月の間、この第一条から第三条までの条文に悩まされている。容易に太子の論理が見つからない。『三経《さんぎよう》義疏《ぎしよ》』において、論理的連関を理解するのに、きわめて難解な経典の文章にみごとな一貫した論理――太子流に解釈された論理であるが――を見いだした太子である。自分の書いた文章に、一貫した論理をもたないはずはない。そう思ってもみたが、なかなかその論理は見つからなかった。

しかしいま一つの解釈が私の頭にひらめく。それが正しいかどうかはわからない。しかしいちおう、ここでその解釈を語ってみよう。

第一――三条の論理的連関

第一条から第三条までは、前述した私の解釈によれば、仁の徳にあたるものであり、それは一貫していて、「十七条憲法」の基本をなすものであった。第一条と第二条と第三条はどういう関係があるのか。この三条は、いずれも最初にひとつの命法を出している。そしてその次には、命法の説明の文章がある。第一条の命法の部分は「和をもって貴しとし、忤《さから》うことなきを宗《むね》とせよ」という部分であり、第二条では「篤《あつ》く三宝を敬え」という部分であり、第三条では「詔《みことのり》を承りてはかならず謹《つつし》め」という部分であり、各条の以下の文章は、その命法の説明であると考えられる。この三つの条文の関係は、三つの命法の関係でもある。三つの命法がどう関係するのか。

私はこの三条を通して、太子は和の道徳を説いたと解釈する。そしてその根本の命法は「和をもって貴しとし、忤うことなきを宗とせよ」である。そしてこの前半の実現の手段が「篤く三宝を敬え」であり、この後半の実現の手段が「詔を承りてはかならず謹め」であると考える。

つまり、和の実現には二つの面があるのである。一つは積極的側面である。それは人間の精神の根本的改造である。それは「篤く三宝を敬」うことによって可能である。しかしそういうことは必ずしも、すぐに可能ではない。せめて「忤うことなきを宗と」しなければならぬ。それは「詔を承りてはかならず謹」むことによって可能である。

第一—三条は、こういう論理的連関において成立すると思う。そういう論理的連関を考えながら、一条一条を読んでゆくことにしよう。

第一条は、和の徳について語っている。私は先に、「十七条憲法」を「冠位十二階《かんいじゆうにかい》」との関連において五分し、第一—三条、第四—八条、第九—十一条、第十二—十四条、第十五—十七条を、それぞれ仁—礼—信—義—智の五つの徳に対応することを述べた。そしてそれは、主としてその名のある官位にある役人にたいする命法であると解釈した。こういう解釈をするならば、第一—三条までは、仁の徳を説いた条文になっていなくてはならぬ。しかるにここに仁のかわりに和の徳が説かれている。明らかに私の解釈とちがう。私の先の解釈はまちがっているのではないか。

たしかにそのとおりである。第一条も第二条も第三条も、仁の徳ではなく、和の徳が説かれている。しかし以下は、礼—信—義—智の徳がそれぞれにまさしくその名のある官位にある役人を対象として説かれていると思う。しかしそうであっても、その最初に仁の徳でなく和の徳がおかれているとなれば、それはやはり、正確に「冠位十二階」に対応しているとはいいがたいのではないか。

そのとおりである。それは正確に「冠位十二階」に対応しない。しかしこの「冠位十二階」に正確に対応しないところに、太子の思想の特徴があるのである。太子は「十七条憲法」をもっぱら儒教《じゆきよう》思想を根柢《こんてい》にしてつくったのではない。儒教以外の他の思想、仏教、法家《ほうか》、老荘《ろうそう》をとり入れている。

したがってその根本の徳を仁としなかった。もし根本の徳を仁としたら、「十七条憲法」の思想は、まったく儒教の思想になる。彼はとくに礼の思想を重視したが、仁を徳の根本におくことに賛成しなかったのであろう。そして仁のかわりに和をおいた。しかし「冠位十二階」のほうは、まさか、和―礼―信―義―智とするわけにはゆかないので、仁―礼―信―義―智としたのであろう。

なぜ太子はそのように、第一条に仁をおかず和をおいたのか。なぜ道徳の中心に、仁を排して和をすえたのか。その問題は後にゆずることにして、まず一つ一つの条文の論理的関係を明らかにしよう。

和の命法とその証明

もしも第一条から第三条までが和の徳を述べたものであるとすれば、第一条はその総論である。そして「和をもって貴しとし、忤《さから》うことなきを宗《むね》とせよ」までが、その総論の核をなす命法である。

そして、第一条以下の文章がその総論の命法の説明であって、その説明の文章がまた二つに分かれ、「人みな党《たむら》あり。また達《さと》れる者少なし。ここをもって、あるいは君父に順《したが》わず。また隣里《りんり》に違《たが》う」というのは、不和の原因と不和の状況の実践的弊害について述べたものであり、そして、次の「しかれども、上和ぎ、下睦《むつ》びて、事を、論《あげつら》うに諧《かな》うときは、事理おのずから通ず。何事か成らざらん」は、和の状況の実践的利益について述べたものである。

ここで和が最高の徳であるとすれば、和を実現することが何よりもたいせつである。もし、和を積極的に実現できなかったならば、せめて消極的に実現しなくてはならぬ。そのためにはさからってはいけない、反抗してはいけないというのである。

次いで「人みな党あり。また達れる者少なし」というのは、不和の原因とその結果について述べている。不和の原因は二つある。一つには「人みな党あり」ということであり、もう一つには「達れる者少なし」ということである。「人みな党あり」の党というのは集団である。集団があるところ、その集団のエゴイズムがある。とくにこの最初の集団が家族とか郷党である。儒教《じゆきよう》は一面でこの集団的エゴイズムを抑制しながら、一面で、この集団的エゴイズムを奨励している。この集団的エゴイズムの悪をもっとも強調したのは、管子《かんし》や韓非子《かんぴし》などの法家《ほうか》であることは、先にあげた文章によっても明らかである。この党、すなわち集団は、小にしては家族、郷党から、大にしては国家、世界にいたる。太子はこの党という字に、どのような集団を含ませたのか。私は以下の「あるいは君父に順わず。また隣里に違う」という文章からみて、少なくとも国家以上のものは含まれていないと考える。そしてまた、この言葉からみて家族も含まれていないのではないかと思う。

ここで聖徳太子が、党すなわち集団という名で意味しているのは、この言葉からいっても、また当時の政治的状況からいっても、氏族集団のことをさしているのではないかと思う。氏族制度の弊は、まさに頂点をきわめようとしていた。大和朝廷は、雄略帝《ゆうりやくてい》のころから衰微の一途をたどっているように見える。その原因は、一に氏族集団の不和にあった。多くの氏族が互いに争い、天皇家もその氏族の争乱にまきこまれて、多くの天皇や皇子が悲運にあった。多くの皇族の絶滅、三韓《さんかん》からの撤退、蘇我《そが》—物部《もののべ》の戦いなど、太子は、その禍《わざわい》の最大の原因を、このような氏族集団の争いに見たのであろう。

日本国は、ただ相争う氏族の集合体で、統一国家ではない。聖徳太子は、日本国を仏教精神に満ちた文化国家にするとともに、強い武力をもった統一国家にしようとしていた。こういう太子にとって、党の悪として、氏族集団の悪が第一の悪として映ったのは当然であろう。この党を主として氏族の党と考えると、以下の「あるいは君父に順わず。また隣里に違う」という言葉の意味がよく理解されるであろう。

和の実現——集団エゴイズムの超克

「党《たむら》」がこのような意味とすれば、「達《さと》れる者」というのはどういう意味であろうか。それは、『論《ろん》語《ご》』「顔淵篇《がんえんへん》」では、素朴で正義を好み、相手の感情をよく観察して、よく考えて人にへりくだる人間を意味するとされるが、このところはそういう意味ではあるまい。その意味は、福永光司《ふくながみつじ》氏のいうように、老荘《ろうそう》思想でいう意味に近いのであろう。それはその集団的エゴイズムをよく知り、それを超越している人間をいうのであろう。

聖徳太子のときでも、今でも同じであるが、人間は多くエゴイズムで行動すると思う。金銭がほしいか、権力がほしいか、名誉がほしいか、異性がほしいか、人間のほとんどの行動は、この四つで説明できると思う。そうでないものは、ほとんど集団的エゴイズムで説明できる。この集団というものは、その内部において、個人に忠誠を誓わせ、ある種の道徳を強要するが、その外部にたいしては、この集団エゴイズムを抑制するものを何ももたない。内部にある種の道徳をもつだけ、外部には抑制のないエゴイズムがそのまま通用する。そしてこの集団はひとつの世界観を強要するが、その世界観はいつも歪《ゆが》んだ眼鏡なのである。集団の利益という歪みがその眼鏡に仕かけられていて、その眼鏡を通して世界を見る人は、その歪みにまったくといっていいほど気づいていないのである。

老子《ろうし》は、儒教のもっているそういう集団的エゴイズムに強い警告を発した思想家であった。孝の徳、忠の徳、郷党への愛、すべてそれは集団エゴイズムの助長ではないか。

太子のこの「達れる者」という言葉には、やはり集団的エゴイズムの悪をさとって、それを超越した人間という意味があろう。その意味で、太子の中に、老荘思想があることはまちがいないが、この太子の老荘思想は、仏教と一体のものであると考えられる。

太子はここで、人間の執《しゅう》について思いを馳《は》せていると思う。人間は存在に執する。自己あるいは集団、そういう存在に執することによって偏見がうまれる。そういう執を離れて、ものを見よ。そうしたらものの真理があらわれ、そのような執から人間は超越することができる。ブッダはまさにそういう人である。仏典においては、かかる意味で「達者」はブッダを意味する。太子の語る言葉は、多義的であるが、そういう意味を含んでいると思う。

和の状況――事理一体

「上和ぎ、下睦《むつ》びて、事を、論《あげつら》うに諧《かな》う」。ここで彼は、和の状況について論じている。上下、つまり君臣が和睦《わぼく》して、和気あいあいのうちに事を論じてゆく。そうすれば集団はうまく運営される。それが和の状況である。

ここで「事を、論うに諧う」とある言葉に注意しよう。つまり太子は、ここで民主的会議の精神をすすめているのである。この言葉は、智の徳を説いていると思われる後の第十五条にくり返されているし、また第十七条にも、大きなことを決めるには、衆とともに論うことをすすめている。和がないと議論が十分に行われない。議論が十分に行われないと、間違いが生じやすい。和の徳は智の徳とつながっているのである。

これが和の状況である。そして以下がその和から生じる実践的利益である。和が生じると事理がおのずから通じ、何事も成らないことはない。

「事理」というのは、『韓非子《かんぴし》』「解老篇《かいろうへん》」や『漢書《かんじょ》』「司馬遷伝《しばせんでん》」や『論衡《ろんこう》』「宣漢篇《せんかんぺん》」などにあって、事のわけ、ものごとの道理という意味であるが、何よりその言葉は仏教で多くもちいられる言葉である。事というのは因縁によって生じる現象、理というのは、不生不滅《ふしょうふめつ》の真理、仏教とくに『涅槃経《ねはんぎょう》』、『法華経《ほけきょう》』の仏教では、この事と理、現象と本体が一体であり、事を離れて理はなく、理を離れて事はなく、理はそのまま事であり、事はそのまま理であるとされるのである。太子の『三経義疏《さんぎょうぎしょ》』も、このような事理一体の立場をとる。

この言葉も、また仏教でいう意味ではないかと思う。事すなわち現象と、理すなわち本体がどのようなものであるかが明らかになる。世界を認識することは、世界の本体を知ることとともに、その現象を知ることである。この本体を知り、その現象がどのようになっているかを知る、そういう意味がこの文章に含まれていると私は思う。

こういうふうに、十分に事を論じてこの本体を明らかにすれば、すべてのことが明白となると太子はいうのであろうか。もしもこのように解釈すれば、この条の意味は明らかであるが、この「達者」とか「事理」という言葉に、太子は何重かの意味を含ませているように思われる。世間的な意味と同時に、深い仏教的な意味、そういう二重三重の意味を含ませて、太子は和の徳の重要性について語っている。

第二条――仏教崇拝の志

第二条について玄恵《げんえ》は以下のようにいう。

我朝《ワガテウ》ニハ神代ヨリ、仏法ノ名字《ミヤウジ》ヲ聞《キカ》ザリシニ、太子始メテアガメ貴《タフト》ビ給ヒシヨリ弘《ヒロ》マリテ、今ニ至ルマデサカンナリキ。仏法王法《ワウハフ》トテ、人ノ両手ノゴトクニシテ、互ニ擁護《ヨウゴ》シ闕《カク》ル事ナシ。宝祚《ハウソ》ノ延長《エンチヤウ》モ仏法ノ威力ナル故ニ、百王《ヒヤクワウ》守護ノ神明《シンメイ》モ、ミナ内証《ナイシヨウ》ハ仏菩薩《ボサツ》ノ化現《ケゲン》ナレバ、東漸《トウゼン》以前ニモ此理《コノコトワリ》ハ神代ヨリアリケリト覚ユル也。

四生《シシヤウ》トハ胎卵湿化《タイランシツケ》ナリ。

人鮮《スクナ》シ二尤《モツト》モ悪《アシ》一キハトハ、人々仏性《ブツシヤウ》ヲ具足《グソク》スル謂《イハレ》ナルベシ。孟軻《マウカ》性善《セイゼン》ノ理《コトワリ》モ、仏教ニ校《カウ》シテ、天下コレニ帰シテ、荀卿《ジユンキヤウ》・楊子等《ヤウシトウ》ヲバ捨タル也。（『法印玄恵註《ほういんげんえちゆう》　憲法十七条』）

第二条は玄恵のいうように、仏教の崇拝を語っていることはまちがいない。論理的連関をいえば、第一条において「和をもって貴しとし」といわれた。そして聖徳太子は、和を実現する手段として、仏教崇拝を強調されたと考えるべきであろう。

「篤《あつ》く三宝を敬え」というのがその中心的命法であり、「三宝とは、仏と法と僧なり。……この法を貴ばざらん」までが三宝の意味とその重要性の説明で、「人、はなはだ悪《あ》しきもの少なし。……何をもってか枉《まが》れるを直《ただ》さん」までがその実践的効用を述べている。第二条の基本的な命法は「篤く三宝を敬え」ということである。これは玄恵などがいうように、仏教崇拝の命法である。このように憲法の中に、堂々と仏教崇拝を述べることは、はなはだ異例なことである。

聖徳太子は第二条にはっきり仏教崇拝の志を述べる。仏教が日本に伝来してすでに五十二年がたっている。そしてこれが国教になってから十七年たっている。そして今の天皇は推古帝《すいこてい》、そして大臣《おおおみ》は蘇我馬子《そがのうまこ》、そして皇太子が聖徳太子。すべて蘇我氏の血を引く仏教崇拝の志の篤い人である。太子は彼らの同意を得て、今、国の掟《おきて》である憲法に、大胆にも仏教崇拝の言葉をもちこもうとしている。もとより、それにひそかに反対する者もあったろう。しかし物部《もののべ》氏敗北後、仏教反対を大声で叫ぶ人はなくなっていた。国家の大勢は滔々《とうとう》として仏教崇拝の方向に流れている。そういう流れを受けて、太子は今、「篤く三宝を敬え」といって三宝の解釈を行っている。

三宝とは、『老子《ろうし》』にもいわれるが、ここで太子は、いうまでもなく仏教の言葉、仏法僧を意味していることをあらためて強調しているのであろう。この三宝とは仏法僧であるでは、あまりにあたり前のことなので、註釈がまちがって入ったとして、それをとりのぞく説があるが、当時として、必ずしも三宝は、すぐに仏教の三宝を示す言葉ではなかったのであろう。あるいは、仏教の知識のない人に、こういうわかりきったことも説明する必要があると太子は考えたのかもしれない。

三宝は、仏と法と僧、仏は釈迦、そして法は釈迦の説いた教え、そして僧は釈迦の教えを説き、かつ実践する人間であろう。仏教はまさにこのように、釈迦すなわち仏、そしてその教義すなわち法、それとともにそれを実行する人間、すなわち僧からなりたっている。それが三宝である。

そして三宝は、「四生《ししょう》の終帰《よりどころ》」であるという。四生は卵生《らんしょう》、胎生《たいしょう》、湿生《しつしょう》、化生《けしょう》、仏教でいうすべての生きとし生けるものである。「終帰」は出典が見つからないが、終局的に帰するところという意味であろう。すべての生きとし生けるものは、この三宝によって成立する。そして「万国の極宗《おおむね》」というのは、すべての国でもっともすぐれた法であるという意味であろう。潮音《ちょうおん》は、この「万国」を仏教的な微塵《みじん》の刹土《せつど》と考えるが、これは現実の国と考えたほうがよいであろう。つまり「四生の終帰、万国の極宗」というのは、仏教がすべての存在の根拠であるとともに、すべての国において、もっともすぐれた教えという意味であろう。前者は、存在的優越性を説き、後者は、価値的優越性を説いたのであろう。

次の「いずれの世、いずれの人か、この法を貴ばざらん」。これは、仏教の二つの面における優越性の結果として、仏教が時間と空間を超えて、普遍的に崇拝されていることを示している。仏教は永遠に正しい法である。だから、それは永遠に空間的枠を超えて崇拝され、また崇拝されるべきであろう。

まさに、太子が「十七条憲法」をつくったころ、仏教はかかる勢いにあった。中国の仏教的帝王・梁《りよう》の武帝《ぶてい》は非業の死をとげたが、新しく中国を統一した隋《ずい》の文帝《ぶんてい》は仏教を崇拝し、菩薩《ぼさつ》の帝《みかど》という名があった。同じく梁の武帝を誰よりも尊敬した百済《くだら》の聖明王《せいめいおう》は、また非運に死んだが、その聖明王を殺した新羅《しらぎ》の真興王《しんこうおう》もまた、聖明王に劣らぬ仏教信者であり、三韓《さんかん》は競って仏教をとり入れ、仏教国家をつくろうとしていた。先の言葉は、このような思想的風潮の中で発せられたものであろうが、太子にとって仏教こそは永遠の真理であり、その真理にもとづいて国家をつくることが彼の大いなる理想であった。

ここで、「この法を貴ばざらん」というふうに、三宝が法によって代表されていることに注意するがよい。三宝は不即不離《ふそくふり》、一体であって分かつべきではない。しかし三宝のうち、いずれを強調するかで、仏教の説は分かれる。

聖徳太子は、大乗仏教の徒である。大乗仏教では、何よりも法を重んじる。法とは釈迦の説いた教えであるとともに、すべての存在の根本をなすものである。いっさいのことがらがそれによって生じる。永遠不滅なもの、それが法である。そういう法を、むしろそれを説いた歴史的人物である釈迦、あるいは今それを教えている僧より重視する。この法について、太子は『三経《さんぎよう》義疏《ぎしよ》』においていろいろ思索を加えている。法がもっともたいせつなのだ。

続く文章は、この三宝崇拝の実践的効用を説明しているのであろう。これがまた二つに分かれ、「人、はなはだ悪《あ》しきもの少なし。よく教うるをもて従う」までが前半で、「それ三宝に帰《よ》りまつらずば、何をもってか枉《まが》れるを直《ただ》さん」までが後半である。前半は、仏教による人間の救済の可能性を示し、後半は、仏教以外の教えによる救済の不可能性を示しているのである。この「人、はなはだ悪しきもの少なし」というのは、第一条の「また達《さと》れる者少なし」という言葉と対応すると思われる。

先に聖徳太子は、自らのエゴイズムを知り、それを克服する人は少ないといった。それは一見、性悪説の立場にたっているように思われる。この「十七条憲法」のいたるところに、人間の悪への摘発がある。賄賂《わいろ》と汚職、おべっかと誹謗《ひぼう》、怒りと憎しみ、嫉妬《しっと》、人間のさまざまな悪が太子によって摘発されている。太子は、けっして現実の見えない理想主義者ではない。現実の悪が、太子には見えすぎるほど見えていたのである。その悪が見えすぎる太子の理想主義は、かかる悪を見通して、悪の根を断とうという意志によってなりたっているのである。

「達れる者少なし」という言葉で語られているものは、そういう太子の世界観である。むしろそれは性悪説に近い。太子は容易に人間の善性が信じられないのである。人間は悪であるがゆえに、争いが起こる。しかし、と太子は考える。人間はさほど悪いものではない。どうにも救済しがたい人間は少ない。玄恵《げんえ》がいうように、これは明らかに仏教の思想である。つまり人間すべて仏性を有しているのである。『涅槃経《ねはんぎよう》』に「我レ常ニ一切衆生《イッサイシユジヤウ》悉《コトゴト》ク仏性《ブッシヤウ》アリ、乃至《カツ》一闡提《イッセンダイ》等《ナド》ニモ亦《マタ》仏性アリト宣説《センセツ》ス」とある。太子が学んだ仏教は、『涅槃経』中心の仏教である。そして仏教の中でも『涅槃経』がもっともはっきり、すべての人間、どんな悪人にも仏性があることを説くのである。

この太子の言葉は、かかる『涅槃経』の思想をもととしていることは明らかである。どうにも救いがたい人間は少ない。すべての人間は仏性をもっているので救うことができる。だからよく教えて、この仏性に従わせれば、善となすことができる。

これが仏教による人間の救済可能性の説明であるが、以下は仏教以外の教えでは、救済が不可能であることを説いている。三宝に帰依《きえ》しなかったら、どうして人間の心の枉《まが》っているのをまっすぐにすることができようか。玄恵は、この章を「孟軻《マウカ》性善《セイゼン》ノ理《コトワリ》モ、仏教ニ校《カウ》シテ、天下コレニ帰シテ、荀卿《ジユンキヤウ》・楊子《ヤウシ》等《トウ》ヲバ捨タル也」というが、このように中国の思想の概要を述べたとしても、この章の説明にはならないであろう。

太子の性悪説

前の文章と比べてこの文章をよく読んでみると、太子は、いちおう性悪説の上にたっているのである。つまり彼は孟子《もうし》のように、徹底した性善説の上にたったとはいえないのである。それは「達《さと》れる者少なし」という言葉によっても明らかであるし、「憲法十七条」の条文の人間の悪を責める言葉、あるいは太子の晩年の言葉とされる「世間虚仮《せけんこけ》」という言葉によってもわかる。人間は悪なるもので、ほうっておいたら争いが絶えない。それが太子の世界観なのである。

しかし、と太子は考える。人間はそれほど絶望することはない。仏教がいうように、人間には仏性が宿っているではないか。仏教は、すべての人間、どんな悪人にもこの仏性が宿っていること、そしてそれに目ざめ、善行をすべきことを教える。この仏教によれば、人間は必ず善に帰することができると考える。

それゆえに、この思想は、一見、性善説と似通っているが、根本的に孟子のそれとはちがう。それは、いったん性悪説を通った上で〝それにもかかわらず〟という性善説なのである。ここで儒教《じゅきょう》的な性悪説が、仏教的な性善説によって止揚《しよう》されている。われわれは、太子の思想を考えるときに、この関係を何よりも重視しなければならない。

第三条の基本的な命法は、「詔《みことのり》を承りてはかならず謹《つつし》め」ということである。これは先に述べたように、第一条の「忤《さから》うことなきを宗《むね》とせよ」ということを敷衍《ふえん》したものであろう。和の世界は、仏教による人間改造によって積極的に実現できる。しかしそれは遠い理想である。だから手近に、詔を承りて、天皇の命を受けては必ずつつしんで従うことによって実現できるというのである。これが第三条の基本的命法で、その後はその説明であろう。

その説明を、太子は君臣関係を天地の関係にたとえることによって行おうとしている。「君をば天とす。臣をば地とす」という譬喩《ひゆ》を述べ、「天は覆《おお》い、地は載《の》す。四時《しいじ》順《したが》い行ないて、万気通うことを得」までが、天地の秩序にかなった状態。「地、天を覆わんとするときは、壊《やぶ》るることを致さん」というのは、その秩序が逆転した状態を述べ、「君言《のたま》うときは臣承る。上行なうときは下靡《なび》く。ゆえに詔《みことのり》を承りてはかならず慎《つつし》め」という文章は理論的説明にあてている。天地の譬喩を君臣にかえって、この命法を説明しようとしているのである。

このように、太子の条文は、まことに簡潔であるとともに、まことに説得的である。

天と地の譬喩は、『管子《かんし》』「明法解篇《めいほうかいへん》」に「君臣相与《あひとも》に高下《かうげ》する処《ところ》は、天の地に与《お》けるが如し」という言葉、および『礼記《らいき》』「中庸《ちゅうよう》」に「天の覆《おほ》ふ所、地の載《の》する所」とあり、天を君に、地を臣にたとえるのは、儒教や法家《ほうか》の教典によくでてくる。聖徳太子も先の「湯岡《ゆおか》の碑文《ひぶん》」で、このような天地の徳をたたえている。「天は覆い、地は載す」、つまり天は上にあり地は下にあって、それによって春夏秋冬の四季が順調に推移し、すべての万物が発展するのである。もし反対に、地が天を覆うとしたら、世界の秩序が破壊されてしまう。

ここで聖徳太子は、君主の権威の絶対性を天にたとえて主張する。天と地があるように君と臣があり、上と下があり、それゆえ地すなわち臣、すなわち下は、天すなわち君、すなわち上のいうことに従うべきである。詔を承れば必ず謹まねばならぬ。

ここでわれわれは、天皇絶対主義の思想にぶつかる。これはいったい何であろうか。儒教の思想であろうか。あるいは法家の思想であろうか。私は、たとえよく似た思想が儒教や法家にあるにせよ、ここにはやはり太子独自の考え方が示されていると思う。

天子と天皇

中国では、国王のことを天子という。それは天の命令を受けて、中国の支配者になるからである。しかし、もしこの天子が不徳であると、天はその天子を見限って、別の人間に命を授ける。これが革命であり、この易姓《えきせい》革命の思想は、儒教の教典、とくに『孟子《もうし》』において強調される。ここでは、天がすなわち君主ではなく、君主は天の子として、天の命によってこの国の支配権をまかされているのである。

この第三条の思想は、こういう関係を無視して、君主をそのまま天にたとえて、君主の命令を天の命令として、絶対化しようとするものである。これはけっして儒教あるいは法家《ほうか》の考え方ではないと思われる。

以前に隋《ずい》の文帝《ぶんてい》が日本の使者に日本の国情をたずねたとき、使者は、天を兄とし、日を弟として、天は弟すなわち日が出てくると政治をやめると答えて、文帝をびっくりさせた。ここで天というのは天皇すなわち推古帝《すいこてい》のことで日というのは聖徳太子のことであり、推古帝は夜の明けないうちに祭事を務め、そして夜が明けると推古帝にかわって、太子が政治をとると語ったものであろう。こういう政治の二重機構と女帝であることを、使者は恥じて報告しなかったので、文帝はおどろいて、なんという野蛮国かとあきれたわけである。ここでも日本の君主を、使者は天にたとえている。

天皇はアマタリシヒコとよばれる。このように天皇が天にたとえられるのは、いつのころであろう。天皇という名が生じたのはいつのころであろう。中国において天皇という名が君主の名としてもちいられるのは、則天武后《そくてんぶこう》の夫・唐《とう》の高宗《こうそう》がはじめてである。私はこの高宗のよび名が日本に入って、天武帝《てんむてい》から天皇という言葉がはじめられたと考えたが、あるいは多くの学者が考えるように、推古帝のときに、かかる称号がはじめてもちいられたのかもしれない。

天皇という言葉は、どうみてもこの推古天皇のころをさかのぼることはできない称号だと思う。それまでは天皇は大王《おおきみ》とよばれていた。これは、すべての王のうちの王を意味するのであろう。王《きみ》というのはおそらく日本の地方の支配者にもちいられた称号であろうが、この日本全国を支配するのは、大王といわれたのであろう。

天皇という呼称は、律令制と深く関係すると思われる。それは一つには権力の絶対化であるが、同時にそれは、権力の棚あげでもある。なぜなら大王が天皇とよばれると、それは天のことをつかさどるもの、つまり、もっぱら祭事にかかわるもの、地上の権力は別の人間、皇子や大臣にまかされることなる。

しかし、天皇を有することは、権力者にとって有利である。なぜなら、彼は天皇の名のもとにおのれの意志を絶対化することができる。すでに推古帝の御世において、かかる体制が立法化されていたとは思われない。しかしおそらく政治機能としては、このようなことが可能な状況にあったのであろう。そしてこのような政治機能が、後の律令《りつりよう》制の建設者・藤原鎌足《ふじわらのかまたり》や不比等《ふひと》によって意識的にもちいられるのである。この問題ははなはだ興味深い問題であるが、ここではくわしく語る暇はない。いずれこの問題をめぐってくわしく語ることにしよう。

矛盾する二つの理想とその克服――仏教と律令

以上、私は第一条から第三条までの条文をくわしく解釈し、そこに存在する論理的関連を明らかにした。それによれば、第一―三条は和について語られる。そして第一条では和の徳を原理的に説明し、第二条には和の積極的実現としての仏教の崇拝を説き、第三条には和の消極的実現、天皇の命令への絶対服従を説く。ここで、積極的和と消極的和が語られていることはまちがいない。しかしこの二つの和は明らかに内容がちがうのではないか。

一つは、いわば仏教の思想にもとづく和である。仏教においては人間のすべての執着《しゆうじやく》をなくすことを教える。すべての執着をなくして空《くう》の心になる。そういう空への執着すらも否定する。不空不滅《ふくうふめつ》なる、永遠なる世界、そういう世界に生きる人間はいっさいの執着を棄てている。そういうふうに人間がいっさいの執着を棄てて自由になったときに、人間の世界に真の和の世界がおとずれる。第二条でいう仏教の和というものは、そういう和である。

しかし第三条の和はちがう。それはいわば強いられた和である。天皇の命令に絶対服従するところから生じる和である。もはや第二条や第十条で説く高い仏教的理想も、あるいは第一条や第十七条で説く民主的意見の交換も必要としない。この二つの和は明らかに性質のちがったものである。どうしてこのような和が一致するのか。太子は、この二つの性格のちがった和をいかに結びつけようとしているのか。

私はここにおいて、当時の太子のうちにあった二つの理想について語らねばならない。

一つは、もちろん仏教の理想である。それは祖父の欽明帝《きんめいてい》や、曾祖父《そうそふ》の稲目《いなめ》から伝えられた理想である。仏教は、聖徳太子にとってここで述べられるように、「四生《ししょう》の終帰《よりどころ》」であり、「万国の極宗《おおむね》」であった。その言葉は、仏教伝来のときの百済《くだら》の使節の言葉を思い出させる。この百済の使節の伝えた言葉が、聖徳太子の理想の基礎にあったにちがいない。仏教を日本に広めねばならぬ。それが太子の義務であり、理想である。

こういう理想とともに、もう一つの理想を太子はもっていたと思う。それは日本の国家を中国なみの国家にしたいという理想である。中国なみの国家、それはやはり律令《りつりょう》制度の国家なのである。すべての文化国家は律令制と官僚制度を有している。しかしわが国は、まだそういう律令も官僚制度もなく、氏族の連合体が昔ながらの習慣に従って、国家をつくっているにすぎない。日本の国を律令国家にする。それが日本を近代化することであるとともに、日本を強国化することであった。祖父・欽明帝が任那《みまな》を失ったのも、日本に国家的統一が欠けていたからである。天皇を中心に一致団結した律令国家をつくる。それが太子のもう一つの理想であった。

第二条には、先の仏教国家建設の理想がでている。しかし第三条には、後の律令国家建設の理想がでている。律令国家をつくるには、天皇を絶対化し、その命令によって氏族の横暴を抑えるのがいちばんよいと、太子は考えたにちがいない。「臣承る」の臣の中に大臣《おおおみ》であった蘇我馬子《そがのうまこ》が入るかどうか、はたして疑問である。おそらくこれは、条文においてアンビバレントであったにちがいない。そのことはあいまいにしておく、しかしやはりそこに明らかに臣である蘇我馬子を含ませている。おそらくこの短い言葉に、太子の苦心が含まれていたにちがいない。

とすれば、太子のいだいた二つの理想が、互いに相矛盾するかにみえる第二条と第三条の条文になってあらわれたということができる。これはどうにもならない矛盾である。憲法の条文が、こういう矛盾を含むとすれば、それはもう法律とはいえない。多くの法学者が「十七条憲法」を法律というより道徳的訓誡《くんかい》と考えたのも、その意味で当然である。しかしわれわれはこの矛盾の中に、当時の太子がいだいた二つの理想の相克を見るのである。しかし、この二つの条文が太子という一個人から発せられるとすれば、それはどのように結びつくのか。第二条と第三条が共存しうる条件は何か。

その条件はたった一つであるように思われる。それは国王が、仏教の菩薩《ぼさつ》であるという条件においてのみである。国王が菩薩であるとすれば、それは十分に第二条の条件が満たされる。「四生の終帰」、「万国の極宗」はまさに菩薩である国王に表現されている。したがって国王を敬うことは、仏教を敬うことである。そして国王が菩薩であれば、自然に人民は仏教に帰するのである。

そしてまた国王が菩薩であれば、国王の命に従うことが、すなわち仏教国を現出することである。第二条と第三条とが矛盾しないためには、国王がその人格においてまったく欠点のない菩薩であることが必要である。

もしも国王が菩薩ではなく、いろいろ欲望に満ちた人間であるならば、第三条の命法は、和の国どころか、闘争と怨恨《えんこん》に満ちた国を出現させることになってしまうのである。第二条と第三条が両立可能であるためには、どうしてもそういう菩薩の天子という前提が必要である。

しかし、一人の人間が菩薩であるためには、絶えざる自覚と反省が必要である。この国王に自覚と反省なく、第二条と第三条の両立も可能でないとしたら、聖徳太子は自らに、はなはだ重い、あまりに重すぎる責務を負わせたことになる。このように第二条と第三条の間に、聖徳太子の語られざる大きな自覚と反省の心があったとしたら、このような心が、どのように後の太子の生涯を変えてゆくのか、われわれはいずれそれをくわしく観察することにしよう。

儒教における和の徳

さて、われわれは以上において、この憲法の基本ともいうべき、第一条から第三条までの条文の解釈を行った。しかし残った問題がある。それはこの章のはじめに指摘し、しばらくさしひかえた問いである。もしも、私が先にいったように、「憲法十七条」が「冠位十二階《かんいじゅうにかい》」に対応し、第一条から第三条までが仁の徳に対応しているとすれば、なぜにここで仁の徳が説かれず、和の徳が説かれているのか。この問いの前半、仁の徳が説かれていないことについては、すでに答えは十分与えられているように思われる。

聖徳太子は、まったくの性善説に与《くみ》することができないのである。孟子《もうし》がいうように、人間の性を善とみる楽天的理想主義の立場を彼はとることはできない。あくまで彼の立場は「達《さと》れる者少なし」とする立場であり、人間の内なる悪を直視する立場である。そして第四条に述べるように、彼は礼を重視する。「礼をもって本とせよ」と彼はいい、同時に彼は法を重視する。第三条の「詔《みことのり》を承りてはかならず謹《つつし》め」という立場は、そういう法を重視する立場である。

この点、彼の思想は荀子《じゅんし》や法家《ほうか》と共通するものがある。仁よりは礼、義よりは法の立場を彼はとっている。彼が、仁について何も語らず、仁の徳のかわりに和の徳をおいたのは、かかる彼の思想によるものと思われる。

とすれば和とは何か。聖徳太子はなぜ和を徳の中心においたのか。たしかに和は儒教《じゅきょう》においてまったく無視された徳であるわけではない。この「和をもって貴しとし」という言葉の典拠として、先にも述べたように、『論語《ろんご》』や『礼記《らいき》』などの文章があげられる。「和をもって貴しとし」というのは、たしかに儒教の教典にある言葉である。その言葉を太子はつかったにちがいない。

しかし、この教典の文章をよく見ると、『論語』の言葉は、けっして和を重視しているわけではない。この「学而篇《がくじへん》」の文章は、次のようになっている。

有子《ゆうし》曰わく、礼の和を用《も》って貴しと為すは、先王《せんのう》の道も斯《こ》れを美と為す。小大《しょうだい》之《こ》れに由《よ》れば、行われざる所有り。和を知って和すれども、礼を以って之れを節せざれば、亦《ま》た行《おこの》う可からざる也。

この章について、吉川幸次郎《よしかわこうじろう》氏は、次のようにいう。

礼という重大な事象が、調和という事柄をもって、その重要な側面とすることは、先王、すなわち、人類の法則を定めたすぐれた先代の王たちの、道、方法も、その点でこそ美、りっぱ、であった。しかし大小にかかわらず、それればかりに、すなわち調和ばかりに、由《たよ》っているとすると、行動できない点も、おこって来る。調和ということは、なるほど大切であるから、調和ということをよく認識して、調和を得たとして、強い意志の表現でもある礼、礼のそうした側面で、折り目をつけなければ、やはり動きがつかない。（『中国古典選　論語』）

また、さらに同じ章を貝塚茂樹《かいづかしげき》氏は「礼はこれ和を用うるを貴しと為す」と読んで、次のように説明する。

礼を実現するには調和がたいせつである。昔の聖《ひじり》の王の行き方は、この点すなわち礼においてすばらしかった。しかし、大小となくすべて礼をむねとしていると、うまくゆかないことがでてくる。それは、礼の実現の手段が調和であることを知らなかったからだ。しかし、調和がたいせつだという認識をもって調和をはかるのはいいが、礼の本質にかえって、身分的な秩序にしたがって節制を加えないと、悪平等となって、またうまくゆかなくなるものだ。

（『世界の名著　孔子・孟子』）

吉川氏と貝塚氏とは、はなはだ『論語』の解釈がちがっている。この同時代の両碩学《せきがく》が、同じ書物に、かくもちがった解釈をされていることは、はなはだ興味深いが、この和と礼の関係については、さほど意味が異なるわけではない。

つまり、ここで礼には和がたいせつであるが、しかし和だけではいけない。やはりそこにけじめをつけないといけないといっているのである。とすれば『論語』は、和をけっして第一の徳としているわけではない。また『礼記』の文章も、魯《ろ》の哀公《あいこう》の、儒者というものはどうもおかしな人間が多いのではないかという問いに、孔子《こうし》が儒者にもこんな立派な人間がいると答えた中にある言葉である。けっして、和をもって決定的な儒教の徳としているわけではない。

このように、儒教において和という思想は、さほど重んじられなかった。とすれば太子の和の思想はどういう思想なのか。

『法王帝説《ほうおうていせつ》』には、太子は「三玄五経《さんげんごきやう》の旨《むね》を知り」とあるので、老荘《ろうそう》思想に通暁《つうぎょう》していたことは明らかである。また若き太子の作と思われる「湯岡《ゆおか》の碑文《ひぶん》」には、老荘思想あるいは道教思想が濃厚にあらわれている。また福永光司《ふくながみつじ》氏のいうように、「憲法十七条」の第一条に、道教はじめ『老子《ろうし》』や『荘子《そうし》』の言葉が多くつかわれている。老荘思想において、和はどういう意味をもつのか。

『老子』および『荘子』において、和の徳はいろいろ説かれる。『老子』五十五章には「終日《しゅうじつ》号《な》いて嗄《こえか》れざるは、和の至りなり。和を知るを常と曰い、常を知るを明《めい》と曰う。生を益《ま》すを祥《わざわい》と曰い」という言葉がある。この言葉を福永氏は以下のように解釈している。

> 『荘子』(在宥篇《ざいゆうへん》)にも「其の一を守って其の和に処《よ》る」とあったように、和の境地に身を置くことは一を守ること、すなわち老子のいわゆる「一を抱く」(第十章、第二十二章)ことでもあり、「一」とはいうまでもなく常なる道をよぶ言葉であるから、和の境地を体認することを道と同じく恒常不変《こうじょうふへん》な在り方とよぶといったのである。「和」が道を体得した者の在り方であるとともに道そのものの在り方でもあることは、『荘子《そうし》』の「王徳の人は……冥冥《めいめい》の中《うち》、独り暁《あきら》かなるを見、無声の中、独り和を聞く」(天地篇《てんちへん》)、「(至人は)和を以って量と為し、万物の祖に浮遊《ふゆう》す」(山木《さんぼく》篇《へん》)などの論述によって一そう明らかである。
>
> (『中国古典選　老子』)

虚無の理《ことわり》をさとって、「一」なる常道にいる人間は、ほんとうの意味で和の世界に遊ぶ人といえようか。

仏教においても、また和は、はなはだ尊ばれる徳である。これについて、姉崎正治《あねざきまさはる》氏および白井《しらい》成《なり》允《まさ》氏は、次のようにいう。

第一条には、続いて上下和睦《わぼく》等実際の事を示してある為《ため》に、その首題の「和」を只《ただ》世間的の意味でのみ解釈しては恐らく太子の御趣意に副《そ》はぬこと、その条の終に「事理自《おのづか》ら通ず」と云《い》つて、「和」は、理法を根柢《こんてい》とすべきを示され、而《しか》して其《それ》を結むで「何事か成らざらん」といふ「何事か」といふ中に大含蓄《だいがんちく》のあるを看《み》のがしてはならぬ。

斯《か》く見来《きた》れば「和」といふのは人生の根柢であり帰趣であり、一乗法を光とし力とする人生の全面目である。而《しか》して一乗は即ち三宝の根源である。そこでこの法を開示顕揚《けんやう》して衆生《しゆじやう》を感化し統率する聖人が現れて人生の光となれば、此《これ》に導かれて心を同じうし、志を共にして、一乗団結和合の力ある衆生の生活が国土社会の事実となる。この三者一聯《いちれん》の理《ことわり》が即ち三宝であつて、仏（聖人化主の人格）、法（一乗法の真理）、僧（所化衆生《しよけしゆじやう》の一心和合団結）の三者一体の関係になる。即ち第二条の「篤《あつ》く三宝を敬へ」とは、第一条の「和」の根柢と活用と帰趣とを宣明し又充実《じゆうじつ》したに外ならぬ。（姉崎正治「御筆集成《おんひつしゆうせい》の三経義疏抄《さんぎようぎしよしよう》と十七条憲法の条章及外国語訳文に就《つい》て」）

第一条は「以和為貴《わをもつてたふとしとなし》、無忤為宗《さからふことなきをむねとせよ》」を教へたまふ。思ふに和は是れ吾が国体に本具せる徳本、国史を一貫せる道である。憲法の初条に和を教へたまうたことはまことに天壌《てんじやう》と与《とも》に窮《きはみ》無き国の実体を照覧したまひし御心《みこころ》に発することと窺《うかが》はれる。然《しか》るに和は又実に仏法の宗《むね》とする所である。仏法は和を証さしめる教法である。今之《これ》を御疏《ごしよ》に見るも、一切衆生皆《いつさいしゆじやうみな》有真実之性を明かし、すべて五乗をして皆一乗に入らしめ、一乗の因によりて万徳之正体たる法身の果を証せしめるところに経の宗旨《しゆうし》を認めしめたまふと謂《い》ひ得よう。是れ即ち一切の衆生を挙げて如来《によらい》の法身を証せしめんとするもの、即ち和の精神の顕現《けんげん》である。

（白井成允「十七条憲法と勝鬘経義疏《しょうまんぎょうぎしょ》との思想的連関」）

これらの説は、いずれも憲法にあらわれた和の精神を、仏教思想から理解しようとし、しかもその仏教思想を『三経義疏《さんぎょうぎしょ》』で語られる一乗《いちじょう》思想とみる考えである。

儒教《じゅきょう》は、いってみれば国家的な道徳を説くが、老荘では虚《こ》を説き、仏教では空《くう》を説く。この虚とか空とかいう論理は、現実との相克を避けようとする考えであり、そういう考え方をすることによって、世界との和合が推進されることはまちがいない。

聖徳太子独特の和の思想――時代を反映した叡智

聖徳太子は、一見、儒教《じゅきょう》的道徳に従って、「冠位十二階《かんいじゅうにかい》」を定め、「十七条憲法」を制定したかにみえるが、この「十七条憲法」では、肝心要《かんじんかなめ》のもっとも重要な点が儒教と異なっていたのである。そのもっとも中心的な理念は、儒教とは矛盾しないにせよ、より以上に老荘《ろうそう》的、仏教的な徳である和の徳が説かれているのである。なぜこのように和の徳が説かれるのか。それはもちろん、その時代の政治的状況がしからしめるところであろう。

何度も論じたように、当時、さまざまな氏族が、さまざまな利害をもって争っていた。そして古い思想と、新しい思想と、あらゆる思想が日本に混在し、それがまた、この氏族たちの利害と密接に結びついていた。おそらく、こういう時代に天皇を中心として統一国家をつくろうとするには、和の精神がもっともたいせつだと考えるのは、現実政治家の判断としては正しいように思われる。

聖徳太子が、仁の徳にかえて和の徳を「十七条憲法」の中心にしたのは、太子が、ある面では仏教や老荘を儒教以上に重視したことにもよろうが、もう一つは、そこで三教《さんぎょう》一致、すべての思想の統一をはかろうとされたからであろう。この「和をもって貴しとし」という聖徳太子の言葉は、おそらく当時の政治的状況の中からでてきたと思われるが、その言葉が、後の日本の思想に大きな影響を与える。この聖徳太子の言葉ほど、多くの日本人に感銘を与えた言葉はなく、まさに日本の歴史は、この言葉を中心に動いているように思われる。和の徳がとにかく重視された。それを重んじないような政治家は、日本の政治家として失格である。

今でもよく日本の政治家、あるいは宗教家が、書の揮毫《きごう》を求められてもっともよく書くのは、この言葉である。和というものは日本人の心に深く根づいている特性なのであろうか。

日本のことをヤマトというが、それを大和と書く。そして日本の国は、たしかに中国やヨーロッパと比べれば、血なまぐさいことが少なく、万世一系の皇統が連綿として続いているという人もある。とすればこの「和をもって貴しとし」というのは、こういう日本の国の歴史的特徴を述べたものであろうか。これについて、小野清一郎《おのせいいちろう》氏は以下のようにいう。

第一条に「和を以て貴しと為す」云々の規定のあることはあまねく知られてゐるが、これを以《もつ》て道徳的訓誡であると為すは未《いま》だ其の真義を解せざるものである。私見によれば其《それ》は実に日本国家の倫理的基礎を明らかにするものである。其は個人的な道徳を含んで、しかもより高次なる国家的共同体の倫理であり、道義である。日本国家の拠《よ》つて立つ人倫的道義は「和」であることを宣明されたものである。和とは何であるか。其は単なる外形的な平和ではない。内部的・精神的な和諧《わかい》であり、和合である。人倫理の差別的秩序に即して、しかも本質的に平等なる共同体的精神の一致を実現することである。これこそは国家の永遠性と全体性と統一性とを担保する倫理でなければならない。……

斯《かく》の如き和の倫理は如何《いか》にして自覚されたものであらうか。惟《おも》ふに其は其の実体において日本民族固有の精神であつた。此の大八洲《おほやしま》における有史以前からの民族的生存は、氏族的・家族的な社会組織を有し、其の上に天皇の統治があつた。いはば血縁的な共同体の階層であり、其は自らなる「和」の生活であつたのである。然《しか》るに人口の増加、生産力の発展、大陸文化との接触、などに伴つて本来の血縁共同体的な氏族的統制が弛緩《しくわん》し、大氏族が「党」的なものとなつて、其の閥族的《ばつぞくてき》勢力は国家的統一をさへ紊乱《びんらん》するに至つたのである。けれども、神代ながらの共同体的な「和」の精神は決して失はれて了《しま》つたわけではなかつた。憲法第一条は実に大氏族的「党」の跳梁《てうりやう》によつて生じた、古き日本民族的精神の新なる自覚であると謂《い》ひ得るであらう。

（『憲法十七条に於ける国家と倫理』）

たしかに氏のいうように、和は日本建国以来、日本人がはなはだ重視した徳である。小野氏は、その根柢《こんてい》に、建国以来、君臣一体となって平和裡《り》に国家を営んだ日本古代世界を考えているのであろう。実はここで語る暇はないが、津田左右吉《つだそうきち》氏の古代日本観も、かかる和にもとづいた日本観なのである。日本は、古くから一民族、一国家。そこに、世界に類のない平和国家がうまれたというわけである。

しかし私は、多少ちがった見解をもつ。日本国家は、おそらく朝鮮半島からやってきた水稲《すいとう》農業と金属器をもった民族が、狩猟生活を営む原住民を征服してつくった国家にちがいない。そしてその征服の当時、多くの戦いがあり、非道、残虐なことが行われたと思われる。そして何世紀かの間、絶え間のない争乱が続いたのであろう。

おそらく和の道徳は、こういう何世紀かの間のはげしい争いの中でつくられたものにちがいない。

そしてそこで征服者と被征服者に妥協がうまれたのであろう。政治の世界において、征服者の権利を認めるかわりに、宗教の世界において、被征服者の権利を認めるというような妥協が大いに行われたのであろう。

和というものは、はじめから日本に存在した道徳ではなく、むしろ何世紀かの動乱の中で、征服者と被征服者が、この人口密度の高い島国で生きてゆく智恵としてうまれたものであると思う。そしてこのような智恵の総決算として「十七条憲法」の第一条があるのではないかと思う。この解釈はもとよりここで十分に論じることはできない。ここでは「十七条憲法」の第一条は、おそらくは永い日本の歴史の現実をふまえたものであることを指摘するにとどめなくてはならない。

聖徳太子が、仁の徳のかわりに、和の徳を「十七条憲法」の基礎においたのは、そこに幾重かの彼の思いがこめられていたからなのである。

第七章　十七条憲法の思想(下)

「冠位十二階」と「十七条憲法」の徳

前章において私は、「十七条憲法」の第一条から第三条までの解釈を試みた。そこで第四条以下の解釈に入るべきであるが、その前にもう一度、「十七条憲法」を解釈する私の論点を確認することにしよう。

私は、推古《すいこ》十二（六〇四）年四月に、聖徳太子によってつくられた「十七条憲法」と、前年十二月につくられ、その年一月に実施された「冠位十二階《かんいじゅうにかい》」は深い関係をもつものと考えた。それは、同一人によって同時になされた政治の改革であるならば、両者が深い内面的関係をもっていることは、きわめて当然である。

「冠位十二階」にはひとつの思想が存在している。それは有徳なものが、有徳なものこそが権力ある地位につくべきであるという考えである。すなわち哲人政治の理想である。聖徳太子は、わが国はじめての官位制をつくり、しかもその官位に儒教《じゅきょう》の徳の名前をとった。徳―仁―礼―信―義―智がその順序である。そしてそこで徳の順序が、ふつうの仁―義―礼―智―信とちがった順序になっている。その順序に、聖徳太子の独自な思想が宿っていると、多くの学者は考える。

もし「冠位十二階」が、かかる思想を宿しているとしたら、「十七条憲法」にも、それと同じ思想があり、その思想がより明瞭《めいりよう》にあらわれているのではないかと私は考えた。「十七条憲法」にも、儒教的な哲人政治の理想があらわれていることはまちがいない。そればかりか「十七条憲法」には「冠位十二階」のように、条文にそって五つの徳が説かれ、それが同時に、その徳の名をもつ官吏たちの守るべき命法となっているのではないか、と私は考えた。

「十七条憲法」には、こういう考え方を支持する言葉が若干ある。たとえば第四条に「礼をもって本《もと》とせよ」という言葉があり、第九条に「信はこれ義の本なり」という言葉がある。ここで「冠位十二階」の五つの徳のうち、三つの徳がその順序に並べられている。礼と信と義。また群卿百寮《ぐんけいひやくりよう》という言葉は第四条と第八条に、群卿という言葉は第十一条に見られ、第十四条に群臣百寮という言葉がもちいられている。卿と臣が区別されていることは明らかである。また第九条以下の条文は、主に地方官や下級官吏にあてられている感がある。すでに村岡典嗣《むらおかつねつぐ》氏は、このような考え方にもとづいて、第八条以前は官に、第九条以下は吏にあてられたものではないかと考えた。

こういう考え方にもとづいて、私はいちおう、第一―三条までが仁の徳に、第四―八条が礼の徳に、第九―十一条が信の徳に、第十二―十四条が義の徳に、第十五―十七条が智の徳にあたり、それは、とりわけこの徳の名をもった官にある官吏にあてられたものではないかと考えた。もちろん、これはひとつの仮説である。しかしそのような仮説は、今までのように、その論理的構造を明らかにせず、条文から勝手に自分の都合のよい文句をとりだして、それを、あるいは儒教だ、あるいは仏教だ、あるいは法家《ほうか》だ、あるいは老荘《ろうそう》だと決めつけるより、はるかに妥当な解釈の仕方だと考えた。

そしてこの仮説は、実際の条文に照らしてその可否が決定されねばならない。もしこの仮説をとることによって、「十七条憲法」の条文が今までよりはるかに明瞭に解釈され、それによって聖徳太子の思想がより明確に理解されるならば、この仮説はいちおう意味をもっているわけである。その反対に、そのような仮説が条文の意味と構造をいっこうに明らかにせず、太子の思想の解明に何らの積極的役割を果たさないならば、その仮説は何ら意味のない、無用あるいは誤謬《ごびゅう》の仮説ということになる。

この際われわれは、自分のつくった仮説に強引に条文をあてはめることを警戒しなければならぬ。すでに「十七条憲法」は、儒教学者や仏教学者や法学者によって、あまりにしばしばプロクルステスのベッドに寝かされた。われわれは、今一度、「十七条憲法」をして、プロクルステスのベッドに寝かせることを好まない。

このような仮説をとるとき、私はひとつの難問にぶつかった。もしこのように、「十七条憲法」において「冠位十二階」に相当した徳が説かれているとすれば、はじめに仁が説かれるべきであるのに、仁が説かれず、仁のかわりに和が説かれているのはなぜか。

この疑問に、私は先に答えた。聖徳太子は儒教思想を中心にした哲人政治の理想をもったが、それは儒教思想のみにつきるのではない。それは仏教思想や老荘思想を含むばかりか、法家の思想をも含むものであった。南朝的な三教《さんぎょう》一致、あるいは四教一致が太子の理想であった。それゆえ、その徳のトップに仁ではなく、和をおいた。もし仁をトップにおいたら、すべてその徳は、儒教の徳となってしまう。いちおう、名称において太子は儒教の徳の名称に従ったが、その実際において、儒教の徳を超える必要があると考えたのであろう。

もとより和は仁と矛盾しない。仁を含み、しかもそれは仁を超えている。太子は三教あるいは四教をつつむ理念を和の中に見いだした。そして同時に、その和の徳こそが、わが国の歴史の伝統の中で培われた徳であり、当時の政治的状況の中でもっとも必要な徳であると彼は考えたのであろう。

そして、和が仁にかわって徳のトップとなることによって、「十七条憲法」は仏教的色彩を濃くするのである。第二条に「篤《あつ》く三宝を敬え」という言葉がでてくるのは、その論理的必然である。そして和は、積極的には三宝を敬うことによって実現されるが、消極的には「詔《みことのり》を承りてはかならず謹《つつし》む」ことによって実現される。第三条までが、和の徳に関するものであることはまちがいない。そしてそれらの徳は、とりわけ最高の権力者に向かって説かれたものであるともいえる。とくに第三条には、馬子《うまこ》の存在が意識されているのではないかと考える学者もあるが、この考えも、あながちしりぞけられない。

第三条までは、いわゆる総論である。それは国の政治の最高理念が述べられているのである。次には、各論に入らねばならぬ。具体的に政治のあり方はいかにあるべきか。

私は第四条から第八条までを、礼の徳に関するもので、実際の政治の根本を述べたものであると考える。これについても疑問があろう。なぜなら、礼について語っているのは第四条のみで、これ以外の条文には礼という言葉はなく、かつ、もしこの礼の徳が第四条から第八条までであるならば、これは他の徳の各三条ずつという規定と調和しないからである。もしそうとしたら、なぜに礼の徳だけが五条になったのか。

私が礼の徳を第四条からと考えるのは、第四条に「礼をもって本とせよ」という文章があるからである。また第九条には「信はこれ義の本なり」とあって、明らかに信の徳が説かれている。その徳の名目的な総論は、その徳の最初におかれるのが当然であるとすれば、礼の徳は第四条から、信の徳は

第九条からはじまると考えねばならぬ。とすれば、礼の徳は第四条から第八条までということになる。
また第四条および第八条は群卿百寮というよびかけではじまっている。「十七条憲法」には、卿と臣と民という言葉が用心深く書き分けられている。臣は支配者である官僚、民は被支配者である。卿はもとより臣であるが、臣のうちでも官位の高いものである。後世、三位以上を卿という。この時代にはそういう意味がどれだけあったかは、もうひとつ判明しない。やはり卿は位の高い人、少なくとも後の三位以上、あるいは五位以上の人に授けられるべき名称であろう。第四条と第八条に群卿百寮という言葉がつかわれるのは、偶然ではあるまい。

こういう理由によって、私は第四条から第八条までを礼の徳にあたるものと考えたが、これはもとより形式的理由であり、内容が問題である。第四条はとにかく、他の四条の内容がはたして礼の徳にふさわしいか。それは、内容の精細な検討によって、その可否が問われねばならない。

また、なぜこの礼の徳のみが五条からなり、他の徳が三条からなりたっているかということも、内容の検討によって答えられねばならないが、このほうは比較的答えはやさしいように思われる。これは「礼をもって本とせよ」とあるように、礼はまさに「十七条憲法」の、すなわち聖徳太子の考える礼にもとづく官僚社会の中心的な徳なのである。この中心的な徳にたいしては、とりわけていねいに説く必要があり、したがってこの条文が三条ではなく、五条になったとみるべきであろう。

それでは、この五条を一条ずつ考察してゆくことにしよう。

第四条——礼の社会

四曰　群卿百寮　以礼為本　其治民之本　要在乎礼　上不礼　而下非斉　下無礼　以必有罪

是以　君臣有礼　位次不乱　百姓有礼　国家自治

四に曰《いわ》く、群卿百寮《ぐんけいひやくりよう》、礼をもって本《もと》とせよ。それ民を治むる本は、かならず礼にあり。上、礼なきときは、下、斉《ととのお》らず。下、礼なきときは、かならず罪あり。ここをもって、君臣礼あるときは、位次《いじ》乱れず。百姓《ひやくせい》礼あるときは、国家おのずから治まる。

この条の「君臣有礼」という言葉は、多くの本では「群臣有礼」となっている。これは『日本書紀』の版本では「君臣」となっているのに、古写本などでは「群臣」となっている。

第四条は、第八条とともに群卿百寮《ぐんけいひやくりよう》という言葉ではじまる。この卿というのは後世の三位、あるいは五位以上、つまり日本の政治を支配する権力の中枢部にいる、もっとも位の高い官吏である。聖徳太子は、この官吏に親しくよびかけているのである。どうかおのおの方、これだけは守ってほしい、と。この群卿百寮という言葉は、この条が第八条とともに、とりわけ重要な条文であることを示している。

「礼をもって本とせよ」という言葉は、第一条の「和をもって貴しとし」という言葉と対比される。そしてともに条文のはじめにきている。本と貴とはどうちがうか。貴はたいせつだ、重要だという意味である。それにたいし、本は根本だ、原則だという意味であろう。つまり前者は、より理念的意味であり、後者は、より現実的意味であろう。和は国家の精神的理念であるが、礼は現実の官僚社会を支配する根本的原則であると聖徳太子は考えたのであろう。

「それ民を治むる本は、かならず礼にあり」。この条文は、『孝経《こうきよう》』の「上《かみ》を安んじ民を治むるは、礼より善きは莫《な》し」という言葉によるものだと学者は指摘する。そのとおりであろう。礼は仁とならんで儒教《じゆきよう》の政治理念の中心である。礼をもって国を治める、これが孔子《こうし》、孟子《もうし》の理想であり、漢《かん》の武帝《ぶてい》以後、少なくとも外面的には、この礼がもっともたいせつな徳であると考えられてきたのである。礼のみが人間を動物から区別する。そしてこの礼によって民を治めれば、必ず国はよく治まる。

　これは、きわめて常識的な儒教の説である。そして聖徳太子は、ちょうど第一条と同じように、まず礼のない社会の悪を述べ、それと対照的に礼のある社会の善を説いている。「上、礼なきときは、下、斉《ととのお》らず。下、礼なきときは、かならず罪あり」。これは礼のない社会の悪である。上に礼がなかったら、社会の秩序はなりたたない。社会秩序が無茶苦茶になる。また下に礼がなかったら、上の怒りを買い、罰せられる。上に礼のない場合、下に礼のない場合、いずれにしても無秩序、あるいは不幸な結果となる。

　「ここをもって、君臣礼あるときは、位次《いじ》乱れず。百姓《ひやくせい》礼あるときは、国家おのずから治まる」。礼の存在する社会はよい社会である。君と臣に、つまり上下にすべて礼があれば、社会秩序がきちんと保たれ、乱れることがない。「君臣礼あるときは」とすれば、そういう意味になり、上文を受けるが、しかし「群臣礼あるときは」とすれば、礼は一方的になってしまう。私は、聖徳太子の思想は、けっして臣にだけ礼を要求し、君に礼を要求しないような一方的なものではないと思う。この点については後の第九条の解釈でくわしく説明するが、「君臣有礼」とする版本に従うべきであろうと私は思う。

　この礼の有無を説いた言葉の前半の部分、すなわち礼のない社会の悪を説いた部分の原典として、『韓詩外伝《かんしがいでん》』の「詩に曰《いは》く、民をして迷はざらしむ、上《かみ》に礼なくば則ち患《わざはひ》を免《のが》れず。下《しも》に礼なくば則ち刑を免れず」という言葉をあげる。「十七条憲法」の条文が、直接この言葉にもとづいているかどうかはわからないが、思想的にほぼ同一のものと考えてよかろう。『韓詩外伝』の言葉にも、同じ礼がない場合でも、上と下とはちがう、上は「患を免れず」というふうに、刑罰をこうむるとはいわない。しかし下の場合は、すぐに刑罰をこうむる。この思想は「十七条憲法」の中にも、そのままもちいられるのである。

ところで、この条において二つの問題がある。一つは、この下文の「百姓礼あるときは、国家おのずから治まる」という後半の部分である。この文は、その出典が容易に見つからないのである。私は、これはあるいは儒教の教典には、その例を見つけることのできない条文ではないかと思う。この下文のうち、前の文、「君臣礼あるときは、位次乱れず」はよいが、以下の「百姓礼あるときは、国家おのずから治まる」という言葉が、はたして儒教の教典にあるのであろうか。

この思想は、私は儒教の一般的な思想ではないのではないかと思う。なぜなら、儒教では「礼は庶《しょ》人《じん》に下《くだ》らず、刑《けい》は大夫《たいふ》に上《のぼ》らず」（『礼記《らいき》』）という言葉があるからである。つまり儒教では、大夫と庶人つまり民は、はっきり分かれる。大夫は支配者であり、民は被支配者である。結局、孔子の教えは、この支配者にたいする教えなのである。そしてこの支配者に君臣の別があり、君臣の礼がある。この支配者が礼をもって秩序づけられたら、人民は必然的に支配者に従い、国家は治まるというのである。人民までが礼をもって行動することは困難である。人民は法によって治められねばならぬ。それが「礼は庶人に下らず、刑は大夫に上らず」という考え方である。儒教はこういうエリート思想をまぬがれることができない。

しかし聖徳太子は、ここで君臣ばかりか、百姓にまで礼あることを要求している。これは儒教の理想を、儒教のもっている限界を超えて拡大したものといってよい。つまり彼の考える理想国家は、上から下は百姓にいたるまで礼にもとづいた行動をとる道徳的国家である。

今は亡き吉川幸次郎《よしかわこうじろう》先生は、つねづね日本には純粋培養の思想が育つといわれていた。つまり中国の思想を、一見、日本が模倣するように見えても、その思想が、それをうみだした土地から離れて、別の地に移入されたとき、まったく別の思想をうみだし、そしてこの思想は、そのうまれた地の限界をやぶることによって、かえって純粋に培養され、本国より美しい花を咲かせることがあるといわれていた。

吉川先生がそこで考えておられたのは、儒教における伊藤仁斎《いとうじんさい》の思想、荻生徂徠《おぎゅうそらい》の思想などであろうか。仏教における親鸞《しんらん》や道元《どうげん》の思想がそういう意味の純粋培養であったともいえる。ここで聖徳太子も、儒教の純粋培養をしているように思われる。もともと儒教の徳に従って官位の名をつけることも、儒教の本国・中国にはない。それは人間にとって、あまりに高すぎる理想なのであろう。ここにもうひとつの純粋培養が見られるが、太子の思想が、君臣ばかりか百姓まで礼にもとづいて行動する社会をつくろうとすることであるならば、それは孔子すら考えなかった高い理想であるといわねばならない。儒教のエリート主義が、ここでは完全に棄てられている。礼において支配者と被支配者の根本的な区別はここには存在しない。

日本は、やはり他国よりはるかにデモクラティックな国であると私は思う。それは古い昔から日本の伝統である。他国のようにそんなにひどい暴君も少ない。これは本質的に君主の権力が他国より弱かったからだと思う。それにもかかわらず、日本の国はそんなに乱れていない。それはどこからくるのかよくわからないが、これはよい日本の伝統である。太子の思想も、そういう日本の伝統からくる思想であろう。

ついでにいえば、「刑は大夫に上らず」というのが儒教の考え方の根柢《こんてい》であるが、日本の「大宝律《たいほうりつ》令《りょう》」は、刑が六議《りくぎ》という最高の権臣にもおよぶことを規定している。もちろんこれは隋《ずい》、唐《とう》の律令の精神を、日本におよぼしたものにすぎないが、記紀神話は、このような精神をイデオロギー化しているのである。

記紀神話の中心は、スサノオノミコトの追放とオオクニヌシノミコトの鎮魂にあると私は考える。スサノオはアマテラスの同母弟で、血統上は天皇になる権利を主張してもよい貴い神なのである。しかるにこの貴い神といえども、罪を犯せば流罪をまぬがれない。これは、「刑は大夫に上らず」どころか、刑は天皇に次いで貴い位の皇子にまでおよぶというきびしい思想をあらわしている。オオクニヌシノミコトは、葦原中国《あしはらのなかつくに》を建設したはなはだ国に功のある貴い神である。この貴い神といえども、天皇の命によって、この国を天皇に譲らねばならぬ。そしてその返礼にオオクニヌシノミコトが主張したことは、神社に祀《まつ》られることである。伊勢《いせ》神宮よりもっと巨大な神社を出雲《いずも》に建ててもらい、そこに永久に鎮座する、これがオオクニヌシノミコトの国譲りの条件である。

ここで神道は、神々の流罪と鎮魂にかかわっている。どんな貴い神といえども天皇の命令にそむけば、流罪、死罪になる。これが日本神話の思想なのである。そしてこの流罪、死罪は、士、卿はおろか、もっとも貴い皇族にまでおよぶ。それは、ある意味ではデモクラティックな思想である。

律令制の創造者・聖徳太子は、天皇から人民まで礼によって行動する、その意味ではデモクラティックな社会をつくろうと考えたが、律令制の完成者・藤原不比等《ふじわらのふひと》は、法が、とくに律が、刑罰が、天皇以下のすべての皇族から人民にまでおよぶ、その意味ではデモクラティックな社会をつくりだしたのである。少し話がすすみすぎたようである。次の条に移ろう。

第五条——不正裁判と賄賂政治の糾弾

五曰　絶餮棄欲　明弁訴訟　其百姓之訟　一日千事　一日尚爾　況乎累歳　頃治訟者　得利為常　見賄聴讞　便有財之訟　如石投水　乏者之訴　似水投石　是以貧民　則不知所由　臣道亦於焉闕

五に曰《いわ》く、あじわいのむさぼり〈餮〉を絶《た》ち、たからのほしみ〈欲〉を棄《す》てて、明らかに訴訟《うったえ》を弁《さだ》めよ。それ百姓《ひゃくせい》の訟《うったえ》は、一日に千事あり。一日すらなお爾《しか》るを、いわんや歳を累《かさ》ねてをや。このごろ訟を治むる者、利を得るを常とし、賄《まいない》を見てはことわりもうす〈讞〉を聴《き》く。すなわち財あるものの訟は、石をもって水に投ぐるがごとし。乏しきものの訴は、水をもって石に投ぐるに似たり。ここをもって、貧しき民は所由《せんすべ》を知らず。臣道またここに闕《か》く。

この「あじわいのむさぼり〈餮《てつ》〉を絶ち、たからのほしみ〈欲〉を棄てて」という言葉の「……を絶ち、……を棄てて」というフレーズは、第十条の「こころのいかり〈忿《ふん》〉を絶ち、おもてのいかり〈瞋《しん》〉を棄てて」という言葉のフレーズと同じく、『老子《ろうし》』からとったものである。『老子』の「上篇」第十九章に「聖《せい》を絶ち智を棄つれば、民《たみ》の利《り》は百倍し」という言葉がある。

老子の思想は、先に述べたように、欲望の否定である。老子は儒教《じゅきょう》の聖人を、まだとらわれている人間とみる。聖者になり、智者になろうとする、それもひとつの欲望である。こういう欲望から脱却しないといけない。ほんとうの人間、真人はそういう聖を求め、智を求めることを、もうひとつ超越しなければならぬ。何かをしてやろうという意志が聖人や賢人にはある。そういう意志を棄てて、智を棄てて無の心になる。そうすることによってはじめて人間は自由になれる。支配者がこういう無の自由にいたったとき、かえって国家はよく治まるというのである。「聖を絶ち智を棄つれば、民の利は百倍し」というのは、老子のそういう無為の理想を述べたものである。

聖徳太子は『老子』から、そういうフレーズを借りたが、思想は少しちがう。彼の立場は、けっして聖を絶ち智を棄てる立場ではない。むしろ彼は智の徳を重視し、聖人の政治を礼讃《らいさん》する。

ここの「あじわいのむさぼり〈饕〉を絶ち、たからのほしみ〈欲〉を棄てて」という言葉は、老荘《ろうそう》的意味より、より以上に仏教的意味でもちいられていると思われる。仏教において、饕〈あじわいのむさぼり〉、欲〈たからのほしみ〉によって代表される貪《どん》と、後の第十条の忿《ふん》〈こころのいかり〉と瞋《しん》〈おもてのいかり〉によって代表される瞋とは、もっとも否定されるべき悪徳である。貪と瞋を棄てること、それが仏教のもっとも根本的な実践である。太子は、この『老子』のフレーズに仏教の思想を盛ったことは明らかである。

この時代において、仏教は、老荘とほとんど同じ思想のものと考えられていた。仏教が中国に入ってきたとき、中国は老荘思想の全盛時代であった。仏教は、老荘思想のボキャブラリーによって理解された。後になってこの二つの思想の違いが意識されるようになったが、太子の時代においても、まだ三教《さんぎょう》一致の精神が支配的であった。太子が「……を絶ち、……を棄てる」という言葉に仏教と老荘の二つの思想をこめようとしたのは明らかである。この思想はともかく、以下は、裁判の公正さを述べたものであることは明らかである。「明らかに訴訟《うったえ》を弁《さだ》めよ」、公正に裁判を行うことが必要である。

次の「それ百姓《ひゃくせい》の訟《うったえ》は、一日に千事あり。一日すらなお爾《しか》るを、いわんや歳を累《かさ》ねてをや」というところで聖徳太子は、前条のように公正な裁判の必要性を述べずに、いきなり訴訟の多いことを述べる。百姓の訴訟は一日千事。当時どれだけの人口が日本にあったのか。この時代の日本の人口を、だいたい五百万と推定する説がある。当時、天皇は直接畿内《きない》を統治したのであろうが、他の国においてもいろいろもめごとが多く、その解決を、日本における最大の権力者・天皇に求めたのであろう。このような訴訟を公平に、かつ迅速に裁くことによって、朝廷の権威は確立されるのである。

この訴訟の風習は、やはりひとつのデモクラシーの風習かもしれない。日本では古くからもめごとがあると、それを部族の長老に訴え、長老は双方のいい分を聴き、公平に裁くことを務めとしていた。昔から日本では支配者の権力は、公平な裁判を行うことによって確立していたのである。おそらく当時も、多くの訴えが朝廷にもちこまれ、それを太子は「百姓の訟は、一日に千事あり」といったのであろう。一日でもそうであれば、日を積み、年を重ねるとどうなるか。一日千事というのは、もちろん誇張であり、数の多いことの表現であるが、もしそうだとしたら、一年三十六万事、それに年を重ねると何十万事、何百万事になることになる。もちろん言葉の修辞であろうが、それは人民の訴訟が多くて、ゆるがせにできないことを述べたものである。

この言葉は、第八条の「公事盬《いとま》なし。終日《ひねもす》にも尽《つ》くしがたし」という言葉と相対している。実際、少しでも公務にたずさわり、それを忠実にこなそうとした経験をもつ人間ならば、この言葉の意味はよくわかるであろう。仕事は次から次にやってくる。しかもそれらは、いずれも少なからざる難問であって、当の人間を苦しめる。次から次へとかたづけても、完全にかたづくことはない。太子の言葉は、そういう実際に政治にあずかった施政者の実感に満ちている。「一日に千事あり」とか「終日にも尽くしがたし」という言葉に、私は、朝早くから夜遅くまで政務にはげみ、まだその努力が足りないと、深く反省している青年政治家・聖徳太子の面影《おもかげ》を見る。

太子の別名を豊聡耳皇子《とよとみみのおうじ》という。これは人のつけた名であろう。『日本書紀』によれば、太子は一時に十人の訴えを聴き、『法王帝説《ほうおうていせつ》』によれば一時に八人の言葉を聴き、それを理解したという。これは、私は、人民の訴訟をよく聴いて、それを公平かつ迅速に裁いた太子の姿を、人が評した言葉であると思う。この太子評の中に、私は、もっぱら政治にはげんだ当時の太子の面影があると思う。そしてこの条文の言葉も、そういう実践の中からうまれたものであるにちがいない。

「このごろ訟を治むる者」以下で、一転して太子は、はげしい言葉で当時の政治の現状を批判する。このごろは裁判する人が、それによって利益を得ることを、きわめて当然のこととしている。賄賂《わいろ》をもらってはじめて訴訟を聴く。それでは裁判が公平に行われるはずはない。だから金持の訴訟は、容易に聴き入れられ、貧乏人の訴訟は、まったく聴き入れられないことになる。

この「水をもって石に投ぐるに似たり」とか「石をもって水に投ぐるがごとし」というのは、『文選《もんぜん》』の運命論からきた言葉であると指摘されている。張良《ちようりよう》が黄石公《こうせきこう》から符《おつげ》を受け、『三略』の説を諸侯に説いたが、「其の言ふや、水を以《もつ》て石に投ずるが如し。之《これ》を受くる莫《な》きなり」という有様で、誰にも受け入れられなかったが、彼が漢《かん》の高祖《こうそ》に会うと、「その言ふや、石を以て水に投ずるが如し。之に逆《さか》らふ莫きなり」というように受け入れられたというのである。

この『文選』の言葉を、聖徳太子がここでもちいたことは明らかであろう。『文選』も当時の日本のインテリには必読の書物であった。「之を受くる莫きなり」とか「之に逆らふ莫きなり」の意も含めて、この譬喩《ひゆ》をつかったのであろう。貧しい者の訴訟は、どんなことでも受け入れられない。しかるに、金のある者の訴訟はどんなことでも受け入れられる。

こういう不正の裁判の結果はどうなるか。「ここをもって、貧しき民は所由《せんすべ》を知らず」ということになる。明らかに不正が行われている。人民はがまん強いので、少しの不正にはだまって耐える。しかし耐えられなくなったらどうするか。耐えられなくなったら上に訴えるよりしかたがない。しかし訴えてもその結果、貧しい民の訴訟がまったく聴き入れられないとしたらどうなるか。「所由を知らず」ということになる。まったく世界は闇である。悪いことをするか、それとも政府をひっくり返すか、どちらかである。

聖徳太子の政治理念は、礼の秩序にもとづく国家をつくることである。そして彼は、百姓まで礼に従った人間であることを命じている。百姓すなわちすべての人民が礼に従うためには、人民の権利を認めなければならぬ。人民の訴訟権を空しくするようなことがあってはならない。政府にたいして人民をして悪と反抗にかりたてるのは、支配者が悪いからである。訴訟の不公正が、人民をして悪と叛《はん》逆《ぎゃく》にかりたてるもっとも大きな原因になる。人民の訴訟権を尊重し、公正な裁判をすること、それが礼にもとづく国家建設の第一の条件であると、聖徳太子は考えた。これはまさに、十人の訴えを一時に聴いたという太子の像にまことにふさわしいことである。この条には強く人の胸をうつものがある。この文章には太子の施政者としての良心がまことによく表現されているからである。

いつの時代でも人間は変わりはない。権力というものが、いつの時代においても人間にとって魅力があるのは、その権力ある地位につくことによって人の尊敬を得られ、権力欲が満足されることにもよるが、権力ある地位は、多くの利が得られ財をつくることが容易であるからであろう。

彼は訴訟を裁く権力をもっている。訴訟はその当事者の運命を支配する。とすれば、誰でも訴訟を有利にはかろうとするにちがいない。それがためには、裁判を行う者のご機嫌をとらなくてはならぬ。さまざまの手をつかって、裁判が自分に有利になるように頼むのは、きわめて当然のことである。機嫌をとるのには、財ほど手早いものはない。多くの財を裁判官のところへもって行き、それによって訴訟が自分に有利になるようにする。しかし、もしそのようにして裁判が行われるとしたら、訴訟において、富者は必ず勝ち、貧者は必ず負けるにちがいない。貧者は、裁判官にもって行くにしても、たいした財はない。それにたいして富者は裁判のために、万金を用意することができる。裁判には富者は必ず勝つ。

これが当時の現状であったのであろう。その点、現代のわれわれは安心かもしれない。今は司法権、立法権がいちおう行政権から独立している。司法権の独立がある以上、当時のようなことはあるまい。そのとおりであろう。おそらくまだはっきりした法律もなく、司法権や行政権や立法権が分かれていなかった当時においては、たいへんひどい裁判が行われていたにちがいない。その現状にたいして、聖徳太子は腹の底から怒っているのである。この条文は、この「十七条憲法」の条文の中では、もっとも激烈なものである。腹の底からの怒りがないと、こういう言葉は語れない。

裁判官は厳正でなければならない。裁判官ばかりか、一般に人民を治める官吏は、厳正にして、けっして賄賂をとってはならないのである。権力ある者は、さまざまな賄賂の誘惑にさらされている。誘惑どころか、実際に賄賂をもって来る。そして誰しも賄賂の誘惑にたいしては弱いものである。財は誰でもほしいにきまっている。まあたいしたものでないから、とっておいてもかまわないとか、あるいは、もらったって自分は公平さを失わないとか、あいつももらっているからかまわないだろうとか、そういうふうに自分の心をごまかして、賄賂を受けとってはいけない、と聖徳太子はいっているのである。

そして、それを受けとるお前の心にあるものは、饕《てつ》であり欲であるという。饕は昔から〈あじわいのむさぼり〉、欲は〈たからのほしみ〉といわれている。はなはだおもしろい読み方である。それを受けとる心は、うまいものを食べたいとか、それともお金がほしいという心であるというのである。このように、うまいものを食べたいという欲望を絶ち、またお金がほしいという欲望を棄てよというのである。これはいささかきびしすぎる要求であるように思われる。しかし太子は毅然《きぜん》としていう。そういう欲望を絶て、そうしなかったらお前は上にたって民を治める政治家になれない。

私は、この条文を今の日本の政治家に読んでほしいと思う。上は総理大臣から、下は地方の一公務員にいたるまで、この憲法の条文を必読すべきであると思う。

賄賂政治は政治の最大の悪である。賄賂政治をなくせよ、とくに裁判官は厳正であれ。私は政治のことはよくわからない。しかし聞くところによると、目白《めじろ》の闇将軍という者が、日本の政治を動かしているそうである。その闇将軍が外国の企業から賄賂をもらった件で、今、現に裁判にかかっている。その賄賂をもらった時期は彼が現役の総理大臣のときであり、賄賂は五億円を超えるものであるという。今、われわれは一万円の不正でも訴えられ、裁判にかけられることを知っている。しかるに権力者が、けっして正当とは思われない金を何億、何十億と受けとっても、依然としてその地位と名誉を保っている。それを人々がたいしてあやしまないのは、彼が国家にたいして果たした功績が、彼が犯した罪より大きいと考えている人が多いからであろう。たしかに彼はすぐれた、おそらく今の日本において抜群にすぐれた政治家であり、国に多くの功績があるにちがいない。しかし彼が、どのようにすぐれた政治家であったとしても、法を犯し、不正の金を自らのものとしたならば、厳正な法に照らして裁かれねばならない。幸い日本は、三権の分立を原則としている法治国家である。どうかこの法治国家の原則に従って、法にもとづいて正しい裁判の行われることを期待したい。

民衆は、けっして権力者や金持の生活が自らと同じになることを欲してはいない。もちろん、できるだけ生活をよくしようと思うのは、すべての人間の願いである。しかし人間には才能や運命や、生まれの違いがある。それはしかたがない。しかし、せめて裁判だけは厳正であれと民衆は望んでいる。それが、民衆が国家につなぐ最後の希望である。この希望が絶たれたら、民衆はどこに希望をつなぐことができようか。公平な裁判を行ってほしい。この現役の総理大臣の犯した賄賂という恥ずかしい罪の裁判は、今後の日本の運命にかかわっていると私は思う。どうか聖徳太子の精神で、この第五条の条文に従って裁判を行ってほしいと思う。

　現実政治について、私は禁を犯して少し語った。ついでに語ろう。これまた聞くところによると、鈴《すず》木《き》善《ぜん》幸《こう》元首相は、よく「和をもって貴し」ということを口にされるようである。何度もいうように、この「和をもって貴し」という言葉ほど日本の政治の強い要請はない。それは日本の政治の実の姿であるという人もあるが、私はそうは思わない。

　私はふつう人がいうように、日本は一民族、一国家というようなものではなく、日本は多民族の混血国家であると思う。それは紀元前三世紀に水稲技術と金属器と弥生式土器をたずさえ、北九州にやって来た圧倒的少数の人間が、日本列島に蟠踞《ばんきょ》し、縄文式土器をつかって焼畑農作を兼ねた狩猟採集生活をしていた圧倒的多数の住民を支配し、その混血によってつくられた国家であると考える。

　こういう国家において和は何よりも必要な徳であった。しかもこの狭い島国では、敗者は逃げようにも逃げられない。そこで戦いに一定のルールがもうけられるのである。戦いをできるだけ首領同士の戦いにとどめて、できるだけ多数の殺戮《さつりく》を避けること。そのためにＡとＢが戦い、ＡがＢを殺して勝つと、ＡはＢを祀《まつ》る。こういうことが国家神事にまで高められる。そして『古事記』において、スサノオを、あるいはオオクニヌシを祀る神事となって、皇室の祖先神であるアマテラスを祀る神事とともに、国家の最高の神事にされる。

これが「和をもって貴しとし」という太子の言葉の歴史的背景である。これほど政治において和が、そして神事において敗者の鎮魂《ちんこん》がたいせつにされる国はない。

元首相は、おそらく永い政治の経験で、この和ということが政治においていかにたいせつであるかを身にしみて知っているのであろう。そしてその経験が「和をもって貴しとし」という太子の言葉の強調となってあらわれたのであろう。たしかにこの和の精神の強調は、現実政治家の政治方針として正しいと思われる。しかし、もし彼が和という言葉を太子のいう意味で理解しようとするならば、彼は「十七条憲法」を精読しなくてはならない。太子はどのように和を考えていたのか。

太子の和には、きびしい批判精神が隠されているのである。不正にたいする烈々たる糾弾の言葉を、彼ははっきり語っている。賄賂をとってはならない。賄賂をとるのは、裁判官としてけっしてすべきことではない。いつも裁判は厳正に行われなければならないのである。裁判が公平に行われなかったら、民衆はどこに希望をつなぐことができようか。和を説く聖徳太子の精神の背後には、このような烈々たる不正糾弾の精神が隠れている。そしてまた後に述べるように、この和の精神には、あくまで理に従って衆と議論するという精神があるのである。衆とともに徹底的に論じあって正しい理を求め、その理に従って政治を行ってゆく。そういうことによって和は可能なのである。

つまり太子の和の背後には、はげしい不正糾弾の精神と、あくまで合理をたいせつにする精神があるのである。そしてそのような精神を背景にして、太子は、和をもって貴しとせよというのである。そういう精神なくして、もっぱら「和をもって貴し」となすというのでは、それは不正への屈従とななり、何の方針ももたない恣意《しい》と混乱に国家の運命をまかせることになる。和の徳は、心して説くべきものであると私は思う。

いささか話が横道にそれた感がある。もう一度、条文にもどろう。この条文のはじめの「あじわいのむさぼり〈饕《てつ》〉を絶ち、たからのほしみ〈欲〉を棄てて」という言葉は、はじめに述べたように、いささかはげしすぎる言葉であるが、このはげしすぎる言葉は、後の、それ以上にはげしい当時の政治的状況の批判の言葉に相応するのである。つまりこのような不正の状況をなくすために饕を絶ち、欲を棄てねばならないというのである。

私はここにおいて、仏教および老荘の思想が、儒教および法家《ほうか》の思想と重なり、それを精神的に裏づけているのを見る。裁判の厳正さは、儒教においても、法家においてもしきりに説かれる。しかしおそらく聖徳太子は、このようなことの解決には、儒教や法家においては不可能であると考えていたのであろう。儒教や法家では、不正の裁判の原因になる人間の精神的生活についての規定が不十分である。ほんとうに正しい裁判が行われるには、人間の心の奥深く根づいている欲望を絶たなければならない。それは老荘も説くところであるが、老荘もこの点では不十分であると太子は考えていたにちがいない。それを解決するのは仏教であり、仏教思想のみであると太子は考えていたように思われる。これは後の章でだんだん明らかになる。

太子は二面の道徳を考えていたのではないかと思う。外面的には儒教および法家、しかしこの儒教や法家の理想を真に実現するには、儒教や法家だけでは不十分である。それは仏教あるいは老荘、とくに仏教の理想によらねばならないと太子は考えていたように思われる。もとよりそういうことを、あからさまに太子は語っているわけではない。しかし「十七条憲法」の条文を一条一条精読すると、そういう太子の思想がおぼろげながらわかってくる。

第六条——諂詐と佞媚の排斥と善の実現

六曰　懲悪勧善　古之良典　是以无匿人善　見悪必匡　其諂詐者　則為覆国家之利器　為絶人民之鋒剣　亦佞媚者　対上則好説下過　逢下則誹謗上失　其如此人　皆无忠於君　无仁於民　是大乱之本也

六に曰《いわ》く、悪を懲《こ》らし善を勧むるは、古《いにしえ》の良き典《のり》なり。ここをもって、人の善を匿《かく》すことなく、悪を見てはかならず匡《ただ》せ。それ諂《へつら》い詐《あざむ》く者は、国家を覆《くつがえ》す利器なり。人民を絶つ鋒剣《ほうけん》なり。また佞《かだ》み媚《こ》ぶる者は、上に対しては好みて下の過《あやまり》を説き、下に逢《あ》いては上の失《あやまち》を誹謗《そし》る。それ、これらの人は、みな君に忠なく、民に仁なし。これ大乱の本なり。

聖徳太子によれば、礼をもってつくられる社会の第一の条件は裁判の公正であって、そして、次の条件がこの条にいう善の実現なのである。それも消極的に不正を糾弾するのみでは、十分礼にかなった道徳的社会とはいえない。積極的に悪を匡《ただ》して善を実現する社会、それが太子の理想とする社会なのである。

悪を懲らしめ、善を勧めるのは昔からのよい教えにあるという。この懲悪勧善《ちょうあくかんぜん》は、『左伝《さでん》』の「悪を懲《こ》らして善を勧む。聖人に非《あら》ずんば、誰か能《よ》く之《これ》を脩《をさ》めん」という言葉によっているとされる。この懲悪勧善は、儒教《じゅきょう》でよく語られる言葉である。「古の良き典」とは、『左伝』をはじめ懲悪勧善を説く儒教の教典をいうのであろう。

この言葉に関してわれわれは、山背大兄皇子《やましろのおおえのおうじ》が、皇極《こうぎょく》二（六四三）年、入鹿《いるか》をはじめとする政府語られた、この教えに従って、「今、兵をあげれば、あるいは勝つことがあるかもしれないが、民は苦しむことになろう。従って、今は賊軍のえじきとなって死んだほうがよい」と答えた言葉を思い出す。「諸悪莫作、衆善奉行」は、つねづね聖徳太子が語っていた言葉なのである。そして、太子はそれを語っているばかりか、それを実行していて、山背大兄皇子はじめ太子一族は、こういう身をもって示した太子の道徳に従って自分の身を犠牲にし、民を戦いの混乱から救ったのであろう。

この「諸悪莫作、衆善奉行」という言葉は、七仏通戒偈《しちぶつつうかいのげ》として『増一阿含経《ぞういちあごんきょう》』などに語られる言葉で、太子が愛読していたと思われる『涅槃経《ねはんぎょう》』にも語られているところのものである。懲悪勧善という儒教の言葉と、この「諸悪莫作、衆善奉行」という言葉とはほぼ重なる。とすると、この「良き典」というのは、いちおう儒教の教典をさすと考えられるが、仏教の経典も含まれると考えてよい。この懲悪勧善は、儒教、仏教の教典が説くたいせつな教訓である。だから人間の善を隠してはいけない。悪を見たら必ず匡さねばならぬと聖徳太子はいう。

これは何気ない言葉であるが、実行はむずかしい。人の善を隠さないのはむずかしいのである。人間は本能的に権力志向をもっていて、人の下にたつことを好まない。われわれはやむをえず、社会的には、ある人間の下の立場にいるにせよ、それは、その人が自分よりすぐれているからとは認めたくないのが、われわれの偽らざる心情である。他人の悪について、われわれは敏感である。しかし他人の善については、できるだけ目を閉じようとする。その善が、われわれの利益とかかわるときは、自分の利益のためにも、利益を与えてくれた人の徳をたたえる。しかしもしそうでなかったら、その善行が直接に自分の利益にかかわってこなかったら、われわれはそういう善行をほとんど認めないのである。そういう他人の善行を、けっして喜ばないのである。われわれがものを見る目は、きわめて自己中心的にできていて、他人の善が目につかないようになっている。こういう自己中心的な目を克服して、他人の善をはっきり見ることができ、しかもそれを積極的に賞揚するようにならないと、立派な政治家とはいえないというのである。

もう一つ人間にとってむずかしいのは、人の悪を見て匡すことである。自分の善行を積むのもむずかしいが、他人の悪を匡すことはもっとむずかしい。人間というものは人から悪を指摘されても、容易に悪を改めるものではない。多くの場合、自ら悪と知りつつ、悪を行っているものである。その人の人間としての永い経験が、その人をして、そのような悪なる行為をなさしめているものである。一度や二度の忠告を受けただけで簡単に悪がやめられるなら、人はとっくの昔に悪をやめているにちがいない。それゆえに、たいていの場合、われわれは自分に迷惑がおよばなかったら、悪を見ても見ないような顔をしている。とくにその悪をなす人間が、何らかの意味で権力をもっていたら、われわれはその悪を見ないように、聞かないようにして、何もいわないようにしている。見ざる、聞かざる、いわざるというのは庶民の生きる智恵なのである。へたにものをいったら、ひどいめにあう。だからできるだけ、大勢に従っていたほうがよい。それがわれわれの生活の智恵である。

しかしそれではいけない。とくに政治家たるものは、そうすべきではなく、悪を見たら必ず匡せというのである。聖徳太子は、ここで少なくとも、士たる者に悪と闘う勇気を要請しているように思われる。これは、言葉はやさしいが、実行はむずかしいであろう。太子がこういうことをいうことができるのは、太子が実生活においてこのような悪を匡すきびしい精神をもち、それを実践していたからであろう。こうして太子は、ふつうの人間にはとてもできそうにない二つのことを命じてから、太子がもっとも嫌う二つの人間のタイプに、氷のような冷たい批判をあびせる。

太子が嫌う人間のタイプは諂詐《てんさ》と佞媚《ねいび》である。諂詐はへつらい偽りをいうこと、佞媚はおもねりこびることである。聖徳太子は、それらの人間を二つに分けて考えている。

諂詐なる人間は、国家をくつがえすよい道具、人民をそこなう鋭い剣だというのである。また佞媚の人間は、上に向かっては好んで下の過ちを説き、下に向かっては好んで上の過ちをそしるというのである。いずれも偽りの徒、不誠実な弁舌の徒である。このような不誠実な弁舌の徒にたいする太子の怒りは常識を超えるほどすさまじいものがある。そしてこのような二種の人間を、君にも忠なく、民にも仁なく、大乱の本をつくる人間であると極言するのである。

ここでいう諂詐の人と佞媚の人とはどうちがうか、太子がいかなる人間をさしてそういったかよくわからないが、この語調からいえば、諂詐の人は宮廷の奥深くひそむ陰険なる策謀家、一見、君子のごとくふるまい、機をみるに敏な世才をもちながら、誠実さというものがまったく欠け、たえず人の顔色をうかがい、いかにしておのれの一身の安全と栄達をはかるかということのみを考えている人間のことをいうのであろう。彼には本来、自らの意見というものがない。いつも権力者の顔色によって、自己の意見を変えられる。しかも、彼はつねに権力者に従いながら、ひとたび自己が不利となれば、いつもその失脚に一役買おうとする意志をもっている。

佞媚の人は、もっと軽い人間をいうのであろう。彼は口がうまく、愛想がよい。人を見れば話しかけ、その人間の機嫌をとる。上の人に会えば、上の人の喜びそうなことをいい、下の人に会えば、下の人の喜びそうなことをいう。それはひとつのサービス精神かもしれない。おそらく彼は、人の機嫌をとらずには生きてゆけないような環境の中で育ったのであろう。しかしそれは小人《しょうじん》。そのような人は、国家の役にも人民の役にもまったくたたないというのである。

おそらく当時の宮廷には、このような諂詐と佞媚の人が満ち満ちていたのであろう。そういう人間がどのように宮廷の政治を乱しているか。太子は満身の怒りをこめて、このような人間を弾劾する。そして悪を懲らしめ、善を勧める。しかしここで、おのれ一人で善を行えと太子はいうのではない。他人の善をあらわにし、他人の悪を匡せというのである。これはおのれ一人の悪を匡すより、はるかにむずかしいことである。

太子のいうことは、あくまで正しいと思う。しかしそれは、人間にたいして少し高すぎる要求ではないのか。諂詐と佞媚の人を非難するのはよい。しかし、せめてそのような人にならずに誠実であれ、と太子は説くだけでよかったのではないか。もう一段高い道徳を彼は宮廷人に命じるのである。どれだけの人間が、太子の期待にこたえることができようか。

太子のこのような命法を聞いて、全面的な共感をもった宮廷人もあるにはあったと私は思う。宮廷社会の諂詐と佞媚に耐えかねている人間は、この政治革新者・太子の思いきった言葉に拍手をおくり、太子の政治に期待をかけたにちがいない。しかし大部分の宮廷人は、太子のいうことをもっともであると思いながら、ついてゆけない何かを感じたのではないか。太子は、人間にあまりに多くの期待をかけすぎる。人間は聖人ではありえない。太子は、すべての宮廷人に聖人であることを命じているのである。

そして、太子によって諂詐と佞媚と批判された人間はどうしたのか。諂詐な人間は、おそらく表面で太子に賛成しているが、その内面において、彼は太子が自分を嫌っていることをよく知っている。こんな調子では、いつか太子が失脚するにちがいないと彼は思う。彼は、うわべは太子におもねり、太子の怒りを買わないようにつとめ、裏ではひそかに太子の失脚を待っている。

佞媚の人は、はじめは太子に会うと、お世辞をいったにちがいない。しかし、そういうお世辞は太子には効かないのである。佞媚の人間は、お世辞が効かない人間をもっとも恨むものである。彼は、腹の底で深くそんな太子を恨んでいる。そして機会あれば、太子の徳を否定し、その政治をけなそうと思っている。

「十七条憲法」の中でも、この条文はもっともはげしい。それは太子の高くきびしい道徳的理想をあらわすとともに、どこかにそれは、太子の晩年の孤独を予感させるものであると思う。

第七条――賢哲政治の理想

七曰　人各有任　掌宜不濫　其賢哲任官　頌音則起　奸者有官　禍乱則繁　世少生知　剋念作聖　事無大少　得人必治　時無急緩　遇賢自寛　因此国家永久　社稷勿危故古聖王　為官以求人為人不求官

七に曰《いわ》く、人おのおの任あり。掌《つかさど》ること、濫《みだ》れざるべし。それ賢哲《けんてつ》、官に任ずるときは、頌《ほ》むる音《こえ》すなわち起こり、奸者《かんじゃ》、官を有《たも》つときは、禍乱《わざわいみだれ》すなわち繁《しげ》し。世に、生まれながら知るひと少なし。よく念《おも》いて聖となる。事、大少となく、人を得てかならず治まる。時、急緩《きゅうかん》となく、賢《けん》に遇《あ》いておのずから寛《ゆたか》なり。これによりて、国家永久にして、社稷《しゃしょく》（禝）危うからず、故に、古《いにしえ》の聖王、官のために人を求む。人のために官を求めず。

この条文も、何気ない文章のようであるが、よく読むと、はなはだ起伏にとんだ文章である。まずはじめに「人おのおの任あり。掌ること、濫れざるべし」とある。官僚社会には必ず役割があり、役割によってはその任務が規定されている。その規定どおりに仕事は行われなければならない。それを超えて仕事をしてはならない。これは官僚社会の原則であり、官僚はこのことをよく知っている。この原則にもとづいてすべての官僚組織は円滑に運営されるが、しかしまた、この原則を口実にして官僚は、嫌な仕事を避けたり仕事をさぼることもできる。

聖徳太子は、いちおうこの官僚社会の原則を語るが、ここで太子が語ろうとするのは、必ずしもそのような原則ではない。

「それ賢哲、官に任ずるときは、頌むる音すなわち起こり、奸者、官を有つときは、禍乱すなわち繁し」。賢い人間がしかるべき地位につくと、よい評判がたち、悪い人間がそういう地位にあるときは禍《わざわ》いや乱れがしきりに起こってくる。太子のいうとおりである。権力ある地位であればあるほど、影響が大きい。それゆえ、それによって良い悪いの評判が高くなる。聖徳太子は、このように賢哲が官につくことを願い、奸者《かんじゃ》が官につくことをしりぞけているのであろう。ここまではよくわかる。次が問題である。

「世に、生まれながら知るひと少なし。よく念いて聖となる」という言葉には、典拠として『論語《ろんご》』の「生まれながらにして之《こ》れを知る者は上《じょう》也。学んで之れを知る者は次ぎ也」、『書経《しょきょう》』の「惟れ、聖《せい》も念《おも》ふこと罔《な》くば狂《きやう》と作《な》り、惟れ、狂も克《よ》く念へば聖と作る」という言葉があげられる。また大乗仏教でも、すべての人間に仏心があり、人間をして仏心に目ざめさせることができると説く。これは儒教《じゆきよう》および仏教の思想をあらわしているのであるが、これを第一条の「達《さと》れる者少なし」および第二条の「人、はなはだ悪《あ》しきもの少なし」という文章と併せて考えると、むしろこういう考えこそ、太子の思想の核心であることがわかる。

太子によれば、人間は生まれながらに善でも悪でもない。善にも悪にもなる中間的存在である。この中間的存在である人間に聖教を知らしめることによって反省させれば、善となることができる。賢人、哲人はおろか、聖人にもなることができるというのである。

このような人間観の上に、太子の教育観、政治論はなりたっている。太子はあらゆる決定論に反対である。人間は善でも悪でも、愚でも賢でもなく、不定のものである。どうして善を、賢を志向しないのか。

「事、大少となく、人を得てかならず治まる。時、急緩となく、賢に遇いておのずから寛なり。これによりて、国家永久にして、社稷危うからず」。どんなことでも、重要なことでも、些細《ささい》なことでも、官に人を得ると必ず治まる。どんなときでも、非常のときでも、平常のときでも、賢い人間に出会ったら、自然におだやかになってしまう。それによって国家は永久に安泰である。

これが前の文章とどう結びつくかが問題である。前の文章は、人間というものは、どんな人間でも、教育と修養によって立派な人間になれるということである。今度は、国家がすぐれた人間によってうまく治まるというのである。二つの文章は、どう続くのであろうか。私は前の文章の後に、ちょうど人間が改善可能であるように、国家もまた改善可能であるという思想が隠されていると思う。国家も人間のように改善可能であるので、賢人をしかるべき官につけることによって、国家をかぎりなくよくすることができる。そしていかなる困難でも、このような賢人によって解決され、国家は永久に安泰であるというのである。

私はここに、いささか気負いすぎているようにも思われる青年政治家・聖徳太子の賢哲政治の理想を見る。賢哲が官にあれば、すべてのことがうまくゆく。そう太子はいい、そう太子は信じている。

しかしはたしてそうか。政治の中には、どうにもならない暗いものがあり、どんな聖人でもどうにもならないような状況があるのではないか。いったい堯《ぎよう》や舜《しゆん》や禹《う》のような伝説的人物をのぞいて、中国のあるいは日本の歴史の中で、聖人が政治をとり成功したことがあろうか。孔子《こうし》も、孟子《もうし》も、老子《ろうし》も政治的失敗者であったといってよい。はたして太子のいうように賢哲が官にあることによって、すべてはうまくゆくのか。こういう疑問は、露ほどもこのときの太子にはない。彼はまだ自分の力を十二分に信じていたのである。

この哲人政治礼讃《らいさん》の文を、太子は「官のために人を求む。人のために官を求めず」という文章で結ぶ。この一文は、この条全体が抽象的議論に終わることを救っている。ここの典拠として『韓非子《かんぴし》』の一章が学者によってあげられているが、太子の人材登用の方針を述べたものといえよう。

人間は誰しも権力を得たがり、高い官につきたがる。政治家は、そういう人間の心をよみとり、そういう人間をして適当に官につけることを必要とする。多くの部下のそういう栄達欲をできるだけ満足させる。ここに、政治家の人事のコツがあるかもしれない。ふつう人事は、このように行われがちである。しかしそれではいけない、と太子はいうのである。ここに官がある。その官に、いったい誰がもっとも適任なのか、誰がその官に定められた任務をもっともよく果たすか、そういう見地から人を選べというのである。これは、まったく身分とか経歴とか情実にとらわれず、思いきって人材を抜擢《ばってき》せよということである。そうすることによって、この官僚社会がほんとうに生きてくると太子はいうのである。

おそらくこれが太子の実際にやったことであろう。先に考察したように、この「冠位十二階《かんいじゆうにかい》」の制定も、個人を姓《かばね》という、もともと家につけられた身分から解放して、個人をその能力と徳によって評価しようとするものであった。そしてよく調べると、低い家柄から太子は人材を抜擢している。小《お》野妹子《ののいもこ》、秦河勝《はたのかわかつ》など。秦河勝は造《みやつこ》といって、はなはだ低い姓である。しかし彼は最後に小徳《しょうとく》にいったと思われる。それは後の律令《りつりょう》時代においても考えられぬ抜擢である。これは、太子のこの条文で示された政治方針によると思われる。

最初の公式な遣隋使《けんずいし》として、太子は小野妹子がいちばんいいと思った。それで彼は小野妹子を抜擢して隋《ずい》へおもむかせた。予想どおり、小野妹子は、大きな功績をあげて帰って来た。おそらくこれをねたむものがあったのであろう。国書を奪われた件で、小野妹子を失脚させようとする意見があったのであろうか、太子は妹子をかばって再び隋にやった。思いきった人材登用と、登用した人材にたいする深い信頼、それが太子の政治方針であったのであろう。

「官のために人を求む。人のために官を求めず」。よい言葉である。政治家ばかりか、上にたつ人は、この言葉をモットーとすべきである。大臣を派閥の勢力に応じて配分するのは、下の下であるということになる。太子の政治理想は、はなはだ高い。

しかし、ここにおいても私は、いささか憂えるものがある。太子の政治理想は、たしかに高い、高すぎる。人間は、太子の思うほど賢いものでも、善なるものでもないのではないか。原則として、官のために人を求めることは正しい。しかし政治はやはり妥協である。たとえば、ここに永い間忠実に任務にはげみながら官に恵まれない凡庸《ぼんよう》な人間がいるとする。このような人間には、少しは陽のあたる場所を与えるのも、またひとつの政治ではないか。太子の政治はきびしすぎるのである。春風駘《しゅんぷうたい》蕩《とう》たるところがとぼしい。八割は官のために人を求め、二割は人のために官を求めてもよいのではないか。

第八条――事務処理の能率化

八曰　群卿百寮　早朝晏退　公事靡盬　終日難尽　是以　遅朝不逮于急　早退必事不尽

八に曰《いわ》く、群卿百寮《ぐんけいひやくりよう》、早く朝《まい》りて晏《おそ》く退《まか》でよ。公事盬《いとま》なし。終日《ひねもす》にも尽《つ》くしがたし。ここをもって、遅く朝るときは急なることに逮《およ》ばず。早く退るときはかならず事尽くさず。

この条の意味は明白である。説明の必要はほとんどあるまい。群卿《ぐんけい》たちは、早く出勤して、遅く退出せよというのが、この条の命法である。

当時はまだ、何時に出勤し、何時に退出するという就業規則はなかったのであろう。舒明帝《じよめいてい》のときに卯《う》の刻すなわち午前六時以前に出勤して、巳《み》の刻すなわち午前十時に退出することが、大派王《おおまたのおおきみ》によって提案されたが、大臣《おおおみ》の蘇我蝦夷《そがのえみし》は従わなかったという。まあ、朝早いうちに出勤して、昼前には退出したのであろう。それでは、とても政治は能率的に運用されない。

「公事盬なし。終日にも尽くしがたし」という言葉は、第五条の「百姓《ひやくせい》の訟《うつたえ》は、一日に千事あり」という言葉と対応している。つまり政治の仕事はまことに煩雑である。たとえ朝から晩まで一日働いても、それは簡単にはかたづかない。だから遅く宮廷に出勤したら、急な仕事に間にあわないことがあり、早く退出したら、仕事が処理しきれないというわけである。

私は前に「十七条憲法」を読み、この第八条や第十三条が、第一条や第十条のような哲学的な条文に混じっているのを見て、少なからず失望したのである。この「十七条憲法」なるものは、まったく一貫した立場で編集されていない。第一条や第十条の仏教的、哲学的条文と、この第八条や第十三条のような日常的な服務規定とは、どのように関連するのか。「大宝律令《たいほうりつりよう》」などは、はじめから終わりまでひとつの論理が貫徹している。しかし「十七条憲法」には、そういう論理はない。そこには、はなはだ抽象的、哲学的理念と、はなはだ日常的な服務規定が同居している。もしそれが国の政治の理念を示すものであれば、第八条や第十三条のような条文は省くべきではないか。逆に、これが官吏の服務規定であるならば、第一条や第十条のような高邁《こうまい》な理念は必ずしも必要がないのではないか。「十七条憲法」は、まことに無秩序な、できそこないの法律ではないか。もしこれが、聖徳太子がつくったものであるとすれば、太子はかなり無秩序な頭脳の持ち主ではないか。そう私は、この憲法とともに太子の頭脳そのものを疑ったのである。

しかし、それは私の読み方が浅かったのである。「十七条憲法」には、一貫した論理が貫かれている。ここで太子があまりに簡潔に語っているために、われわれにはその論理が容易に見えなかったのである。

私はこの「十七条憲法」の第四条から第八条までを礼の徳にあたるものであると考えた。礼を本となすというように、この礼の項で彼がつくろうとする官僚社会の基本組織を、聖徳太子は語っているのである。

彼がつくろうとする社会は、礼にもとづく秩序ある社会であった。その礼にもとづく社会の具体的内容は何か。第一は、裁判の公正であった。そしてそれは同時に賄賂《わいろ》政治の撤廃であった。そして第二は、善の実現であった。そしてそれは同時に諂詐《てんさ》と佞媚《ねいび》の排斥であった。そして第三が賢哲の登用、人材の抜擢《ばってき》であった。礼の社会には、このような三つの条件が必要なのである。しかしこれだけでは十分ではない。もう一つ何かがいる。

それは事務の能率的処理ということである。官僚社会に何よりも必要なことは、やはり事務の能率化ということであろう。事務の能率的処理ということがなかったら、いかにその社会に不正がなく、哲人、賢人がその位にあろうとも、官僚制度は駄目なのである。事務の能率化ということなしに官僚社会はなりたたない。事務の能率化をすすめるにはどうしたらよいか。それはやはり官吏の勤勉が必要である。官吏の勤勉のもっとも基本的な条件は、早く出勤して、遅く退出し、終日、公務を務めることである。

聖徳太子は、はなはだ高度な政治的背景をもつ前の四条に、はなはだ実務的な服務規定であるこの一条を加えて、礼の項を完成させた。そこに私は、現実政治家としての太子の本領があると思う。

私は、「十七条憲法」の条文に、あまりに純粋で潔癖な政治理想にもえた太子の姿を見た。そしてこれが、あるいは失敗に終わるのではないかと憂えた。太子の政治理想はあくまで純粋できびしく、いささかの妥協も許さない感がある。太子は、日本の政治家には珍しく、雄大な理想に燃える政治家である。そして太子の晩年の孤独も、子孫の悲劇も、この政治理念の純粋さと無関係ではあるまい。しかし、そうかといって、太子はけっして空想家ではない。彼の政治理想は、仏教、儒教などの外国の思想の影響を受けているとはいえ、この日本の現実から発している。この無秩序で、濁った汚い日本の国を、中国なみの、あるいは中国以上の礼節の国にする。それが太子の理想であるが、太子の偉大さは、とにもかくにも、そのような理想に満ちた国づくりを現実的に実行に移したということにある。彼はけっして現実の見えない空想家ではない。ただ彼の理想はあまりにも純粋で、あまりにも潔癖すぎて、現実と妥協することができなかっただけだ。

この第八条には、現実政治家としての聖徳太子の面目が躍如としていると思う。礼の社会の基本的条件に、事務処理の能率化と官吏の勤勉という条件をつけ加える。それによって礼の社会は画龍点《がりょうてん》睛《せい》を得るのではないか。事務処理の能率化のない官僚制度は、何が官僚制度か。多くの欠点をもちながら、まだ日本の官僚制度がすぐれているのは、この事務処理の能率化ということではないか。もし太子が、日本の官僚制度の生みの親であるとすれば、太子がそのことに気を配らないはずがあろうか。

以上が、だいたい太子の考える社会の組織の根本に関する条文である。ここで憲法は一段落する。ここまでが前半、これから以後は後半と考えねばならぬ。

人間関係論を説く後半の条文

私はこの後半のうち、第九条から第十一条までが信の徳にあたり、第十二条から第十四条までが義の徳にあたり、それは君臣関係、現代の言葉でいえば、人間関係を説いたものと考える。組織の原則論の次に人間関係論が続くことは、まことに当然なことである。

なぜに第九条から第十一条までが信の徳にあたり、第十二条から第十四条までが義の徳にあたるか。第九条に「信はこれ義の本なり」とあり、しかもこの条には信の徳の重要さが説かれている。第九条が信の徳を説いたものであることは疑いえないが、それに続く第十条と第十一条もまた、この信を別の面から説いたものであると私は解釈する。

なぜなら第十条は、怒りを抑制することを説いたものである。この怒りは、何より人間と人間の間の信頼関係、あるいは親愛関係を妨げるものである。人間と人間との間の信頼関係を破る怒りを抑制しなくてはならない。

もう一つ人間と人間の、とくに上下の信頼関係あるいは親愛関係にとってたいせつなことがある。

それは信賞必罰ということである。この信賞必罰のことを説いたのが、第十一条なのである。つまり、信の徳を実現するには、信を妨げる怒りを抑制するとともに、信賞必罰を行い、その信頼関係を強めなくてはならないというわけである。そうしてみると、この両条が信の徳と関係のあることはまちがいない。

また第十二条は、あの有名な「国に二君なし。民に両主なし」という文章のある条文であるが、そこに明らかに君臣の義が語られているのである。第九条で君臣の間の信が語られているのにたいし、第十二条では君臣の義が語られる。これは明らかに義の徳である。

そして第十三条は、官吏は、何らかの事情で職を留守にし、職場に復帰したとき、いつものような親しい人間関係にもどれという実際的教訓である。これは私と公のけじめをはっきりさせるという教訓ではないかと思う。これも義の徳に関したものとみるべきであろう。

第十四条は嫉妬《しっと》について誡《いまし》めたものであるが、私は、怒りが人間関係の信を失わすものであるように、嫉妬は人間関係の義をそこなわすものであると考える。なぜなら嫉妬というものは、優越している人間にたいして劣った人間が感じる感情である。たいていの場合、身分の下の人間が、身分の上の人間にたいして感じる感情である。そしてこの嫉妬は、このような人間関係の上下を破壊する作用をもつものである。それは自らを向上させるよりは、上にいるものを自らの立場より引きずりおろそうとする破壊的感情である。いってみれば、それは君臣の別の徳をそこなうものである。

このように、私は第九条から第十四条までを人間関係論とみて、その前半を信の人間関係論、後半を義の人間関係論とみるのである。

第九条——義より信を優先

九曰　信是義本　毎事有信　其善悪成敗　要在于信　君臣共信　何事不成　君臣无信　万事悉敗

九に曰《いわ》く、信はこれ義の本なり。事ごとに信あるべし。それ善悪成敗はかならず信にあり。君臣ともに信あるときは、何事か成らざらん。君臣信なきときは、万事ことごとくに敗れん。

ここで私は、ことわっておかねばならないことがある。それは第九条の原文が、多くの書物では、「君臣共信、何事不成。君臣无信、万事悉敗」ではなく、「群臣共信、何事不成。群臣无信、万事悉敗」となっていることである。これは、実は第四条にもあり、私が、「君臣有礼、位次不乱。百姓有礼、国家自治」としたところは、多くの本では「群臣有礼、位次不乱。百姓有礼、国家自治」となっている。

私は「憲法十七条」について、いろいろな原本を調べていない。ほんとうならそうすべきであるが、それをする能力と時間がないので、私は誠実な書誌学者の綿密な考証の結果を信用し、そのもっとも高い成果に従うことにしている。しかしここで私が群臣を君臣にかえたのは、ここは君臣にしないと、この信と義の関係があいまいになり、ひいては「憲法十七条」の構造全体も不明になると思ったからである。これは実は、『日本書紀』の版本には君臣とあるが、『書紀』の古写本では群臣となっている。多くの学者は版本を非とし、古写本に従う。しかし飯田武郷《いいだたけさと》氏は、理由は語らないが群臣を非とし君臣をとる。

明治以後の多くの学者が、この「君臣共信」をしりぞけて、「群臣共信」にかえたのは、とくに明治以後、君臣関係がもっぱら忠と考えられて、君臣関係を信と考えるのはおかしいと考えたからであろう。有賀長雄《ありがながお》氏は「君臣の間ならむには忠と謂《い》ふべければなり」という。ところが村岡典嗣《むらおかつねつぐ》氏はこの点について、次のように論じて君臣説をとっている。

我々は群臣説を必ずしもとりえないものである。けだし最初の句の「信是義本也《しんはこれぎのもとなり》。」について考へるに、義といひ信といひいづれも或《あるい》は五常説として宜《ただしく》は断決中を得るなり。信は誠《まこと》也、専《せん》一《いつ》にして移らざる也といはれ（白虎通《びやっこつう》、情性篇《じやうせいへん》）、或は五倫説《ごりんせつ》として君臣義あり、朋友《ほういう》信ありといはれる（孟子《まうし》）たぐひで、すでに信を義の本となす以上、君臣義ありの考へからおして、君臣信ありと考へられる事は決して不合理でない。君臣といへば忠ならざるべからずといふのは必ずしも当らない。君臣に信を考へたところに思想の独創が認められる。

（「憲法十七条の研究」）

私は、この村岡典嗣氏の説を正しいとするものであるが、ここで氏があげた理由に、私は以下のような理由を加えたい。

第四条においても、「君臣礼あるときは、位次乱れず」と読んだほうが、「群臣礼あるときは、位次乱れず」と読むより、はるかに論理的であった。この文の前に「上、礼なきときは、下、斉《ととの》らず。下、礼なきときは、かならず罪あり」といわれる。ここで、上下の関係が強調されている。上下の関係に礼がないと、乱れがちで罪が生じる。とすると、君臣の間に礼があれば社会の秩序は乱れないと考えたほうが、多くの臣の間に礼があれば社会の秩序は乱れないというより、はるかに論理が一貫している。聖徳太子の理想は、上は天皇から下は百姓《ひやくせい》にいたるまで礼を重んじる道徳的社会の建設であった。それゆえ、君主もまた礼に従う必要がある。「群臣礼あるときは」だと、君主の礼について説いている場所はないということになる。君主と百姓、それですべての人間を含める。すべての人間に礼があることを要請するのが、太子の「十七条憲法」の精神である。君主だけが礼をまぬがれるというのはおかしい。よって第四条も「群臣礼あるときは」ではなく、「君臣礼あるときは」と読むべきであろう。

第九条において、これを君臣ではなく群臣と読むことは、もっと致命的な影響をあたえる。もしこれを版本に従って君臣と読めば、この条文は明らかに第十二条とつながっていることがわかる。つまり第九条は君臣の間の信について述べたものである。そして第十二条は君臣の間の義について述べたものである。

君臣の間で信をたいせつにするか、義をたいせつにするかは、はなはだ重大な問題である。つまり上役と部下の間の信頼関係、あるいは親愛関係をたいせつにするか、義すなわち上下の服従関係をたいせつにするかは、組織の中の人間関係にとってもっとも重大なことである。もし義を優先させたら、けじめははっきりするが、それはゆとりがない社会になってしまう。形だけととのっているが、そこには温かい人間関係がない、そういう社会になってしまう。

太子は、ここで信を義の上におくのである。村岡氏のいうように、君臣関係を信の徳で考えたのは、太子の独創である。ふつう信は朋友《ほうゆう》関係の徳である。この朋友関係の徳を、ここで君臣関係に適用し、君臣関係の徳であるべき義の上においた。これは、ふつうの儒教《じゅきょう》の常識ではない。この常識に反して太子が信を義の上においたのは、君臣関係、組織の中心である上下関係に温かい血を通わせようとしたためであろう。

君臣関係に、上下関係に、義より、けじめより、信頼関係が、親愛関係が優先しなければならない。これはすばらしい言葉のように思われる。太子は一見、儒教によるようにみえて、けっして儒教の徳にとらわれていない。「冠位十二階《かんいじゆうにかい》」において、彼が仁—義—礼—智—信というふつうの徳の順序を変更した理由も、ここにいたってはっきり解ける。

彼は、信を義の上におきたかったのである。人間関係の根本を義より信の上におきたかったのである。どこかに彼の思想は、仏教から学んだと思われるデモクラティックな理想を秘めている。「憲法十七条」には、どこか近代的な人間関係観が隠れているのである。

この点をはっきりさせたら、この条文の意味は明白である。

九曰　信是義本　毎事有信　其善悪成敗　要在于信　君臣共信　何事不成　君臣无信　万事悉敗

右にもう一度、原文をひいた。よく見ると、この条は四字の一句、「其《それ》」という頭辞をのぞいて、二句ずつ一節をつくり、ぜんぶで四節、みごとに論理的な文章である。

信が人間関係のもとである。信が人間関係において義より優先し、義の基礎とならねばならぬ。すべてのことに信が、人間と人間との深い信頼関係が必要なのである。すべてのことが成るも成らぬも、その秘訣《ひけつ》は信ということにある。君臣に信があれば何事も成るが、信がなかったらすべてのことが失敗する。そのとおりであろう。この条は、ただ古代の日本社会だけにあてはまるものではなかろう。君臣を上役と部下と読みかえれば、それは現代の社会にもあてはまる。信が、人間と人間との信頼関係が、人間と人間の親愛関係が、すべての組織の基盤である。それがうまくゆけば、その組織は栄え、それがうまくゆかなかったら、その組織は衰える。

信を義の上においた太子の智恵には、千年の未来まで見通しているようなところがある。

第十条――仏教思想にもとづく相対論

十曰 絶忿棄瞋 不怒人違 人皆有心 々各有執 彼是則我非 我是則彼非 我必非聖 彼必非愚 共是凡夫耳 是非之理 詎能可定 相共賢愚 如鐶无端 是以 彼人雖瞋 還恐我失 我独雖得 従衆同挙

十に曰《いわ》く、こころのいかり〈忿《ふん》〉を絶ち、おもてのいかり〈瞋《しん》〉を棄《す》てて、人の違《たが》うことを怒らざれ。人みな心あり。心おのおの執《と》るところあり。かれ是とすれば、われは非とす。われ是とすれば、かれは非とす。われかならずしも聖にあらず。かれかならずしも愚にあらず。ともにこれ凡夫《ぼんぶ》のみ。是非の理、詎《たれ》かよく定むべけんや。あいともに賢愚なること、鐶《みみかね》の端《はし》なきがごとし。ここをもって、かの人は瞋《いか》るといえども、かえってわが失《あやまち》を恐れよ。われひとり得たりといえども、衆に従いて同じく挙《おこな》え。

第十条は、十七条の中でも、もっとも哲学的な条文である。それは第二条とともにもっとも仏教思想の色濃いものであるが、しかし第二条以上に、この条文は思弁的、哲学的である。ふつう法律の条文に、かかる思弁的、哲学的条文を盛りこむことはありえない。これを見ても、この「憲法十七条」なるものは、世界の歴史にもあまり類のない憲法であることがわかる。

「こころのいかり〈忿〉を絶ち、おもてのいかり〈瞋〉を棄てて、人の違うことを怒らざれ」。ここで第五条と同じように「……絶ち、……棄て」というフレーズがもちいられる。これは老子《ろうし》の言葉であるが、ここでも前と同じように老荘《ろうそう》より、より多く仏教の思想をあらわす言葉としてもちいられている。ここでおそらく、老荘の思想が仏教の思想と一致するものとしてみられているのであろう。

ここで絶ち、棄てられるものは、忿《ふん》であり瞋《しん》である。忿は古くから「こころのいかり」と読まれ、瞋は「おもてのいかり」と読まれてきた。はなはだおもしろい読み方である。それに従うと、忿のほうは心の奥底にもっている怒り、瞋のほうはそれが表面にでた怒りであるということになる。ここで太子は、ただ怒りを抑えて表面に出すな、それは人間の信頼関係、親愛関係を維持するのに必要である、しかしそれだけでは不十分である、というのである。心の奥深く隠れている怒りそのものを絶滅せよというのである。第五条で太子が絶滅を命じたのは人間の欲望であった。ここで太子が同じく絶滅を命じたのは怒りである。欲望と怒りは人間の深い本性に根ざしている。この欲望と怒りを絶滅せよと太子はいうのである。

これは、はなはだ人間にとって困難なことである。太子は、人間、とくにすべての役人に、聖人になることを望んでいるようである。おそらくこれは仏教の三悪の思想による。仏教においては、人間の内なる悪に三つある。貪《どん》と瞋と痴《ち》である。第五条は貪の否定であり、この条は瞋の否定である。それがどんなにきびしい道徳的命法にみえるにせよ、人間の中に深く根づいている貪と瞋を棄てないかぎり、人間はけっして自由になることはできない。聖徳太子にいわせれば、ただ仏教者として当然のことを説いたのみかもしれない。

このように怒りを棄てたら、人間は寛容になれるのである。他人が自分の意見にさからっても、けっして怒らないことになる。そしてこのように寛容になることによって、人間と人間の間の信頼関係、親愛関係がそこなわれず、第九条で説かれる信の徳が全《まつと》うされるというわけである。これがここで説かれる道徳的命法であるが、それが深い仏教哲学の理論によって簡潔に説明されているのである。

次の「かれ是とすれば、われは非とす。われ是とすれば、かれは非とす」という思想は、『荘子《そうし》』

の「斉物論篇《せいぶつろんへん》」の思想であると学者は指摘する。『荘子』の「斉物論篇」は、価値の相対論を説いている。人間というものは、はなはだ狭い視野でものを見ている。善だの悪だのといっているが、そういう狭い視野を離れて、広大な宇宙的視野でものを見れば、善もなく悪もなく、善と見えるものは、あるいは悪になり、悪と見えるものは、あるいは善となり、すべてのものは無の前にあっては同一なのである。そこでは、越《えつ》の美女・西施《せいし》も醜婦《しゅうふ》も同じということになる。

ここで善も悪も同一であることが語られているが、それは必ずしも、この『荘子』の「斉物論篇」の思想ではなく、むしろ仏教の思想なのである、老荘思想をいちおうの手がかりとして、実は仏教思想が語られているのである。つまり仏教思想は老荘思想と一致し、それをいっそう深いところで基礎づけるものとして考えられているのである。この仏教思想と一致し、しかもいっそう深いところで基礎づけるものとして考えられている思想は何か。それは心の思想なのである。

太子は七世紀初頭の人である。この七世紀初頭を中国仏教思想史の中で、ごく大ざっぱに位置づけると、般若《はんにゃ》思想から唯識《ゆいしき》思想への展開と考えてよいかもしれない。

太子のころの中国仏教は、大きくいえば、やはり鳩摩羅什《くまらじゅう》のもたらした大乗仏教の流れのもとにたつ。そこで説かれるのは般若の知識である。般若の知識は、主として龍樹《りゅうじゅ》の語った思想である。それは有にも無にもとらわれず自由に生きる空《くう》の智恵を説く。そしてそれは同じように、欲望にとらわれず空の世界に飛翔《ひしょう》する荘子の哲学に、思想的に似ている。中国のインテリは、『荘子』を手がかりに大乗仏教を学んでいった。

しかし大乗仏教は、本国のインドにおいてもう一つの哲学をうんだ。それは唯識の哲学である。それは人間の心をとらわれと考えて、そのとらわれの心を徹底的に分析するのである。この哲学が世親《せしん》によってつくられた唯識の思想であるといってよい。中国にもこの唯識の思想が入り、仏教思想は、自由の哲学から内省の哲学に変わろうとしていた。そしてこの唯識の哲学が直接、かの孫悟空《そんごくう》で有名な『西遊記《さいゆうき》』の三蔵法師《さんぞうほうし》のモデルとなった玄奘《げんじょう》によって中国へもたらされ、その後の中国思想を支配してしまうのである。

唯識の哲学は、心の徹底的分析を行う。人間の心は執《しゅう》である。人間は五感をもっている。その五感から五識がうまれる。この五感はすべて迷いである。五識はすべて対象から生じる。対象から生じるかぎり、それはすべて対象にとらわれている。五識はすべて迷いである。そして五識の底にある一般的意識というべき第六識の意識もまた迷いである。唯識は、この人間の理性というべき意識のもうひとつ底に末那識《まなしき》というものを考える。それはフロイトのいう無意識に近いが、この末那識が意識以上に人間の存在を支配している。末那識もまた迷いの世界であるが、唯識論はさらに、この末那識の底に阿頼耶識《あらやしき》なるものを考える。阿頼耶識は宇宙的意識あるいは宇宙的無意識とでもいうべきものである。唯識思想は、この阿頼耶識の世界を迷いの世界とみるか、悟《さと》りの世界とみるかによって分かれる。正統派は、この阿頼耶識をも迷いとみるわけであるが、とすれば、すべて世界は迷いでできていることになる。とすれば、人間はどうしたらよいか。その迷いの世界を徹底的に知ることによって、わずかに迷いの世界から脱却する。それが、このいささか厭世的《えんせいてき》色彩の濃い唯識思想の結論なのである。

『三経義疏《さんぎょうぎしょ》』を太子の著書とみるならば、聖徳太子の仏教思想の中心は、梁《りょう》の仏教の影響を受けた、般若《はんにゃ》の智恵を徹底せしめた如来蔵《にょらいぞう》思想にあると考えられる。しかしその仏教思想には、仏性への強い確信とともに、どこかに厭世のひびきをたたえた内省の影を宿している。おそらく太子は、すでに当時中国に伝えられはじめた唯識思想をいくらかは知っていたのであろう。

本文にそって、聖徳太子のいわんとするところを考えてみよう。

人間は心をもっている。心というものはすべて、前五識も意識ももちろん、末那識も、阿頼耶識もまた、とらわれているのである。人はただ、とらわれの迷いの世界に生きていて、真実が見えない。それで、相手が正しかったら私が悪いことになり、私が正しかったら相手が悪いことになるといって、互いに争っている。しかし、けっして私が賢くて相手が愚かであるわけではなく、すべて迷いの世界に住む凡夫《ぼんぶ》のなすこと、わが善と見えることも善ではなく、悪であり、悪と見えることも悪ではなく、かえって善であることもあろう。何が善か、何が悪か、何が愚で、何が賢か、どうしてこの凡夫である人間が定められようか。賢いと思っている私が愚かで、愚かと思っている相手が賢いかもしれない。私と相手と、見方を変えれば賢くもなく、愚かでもない、賢愚相連なること鐶《みみかね》のようで定められない。

たしかにここには、仏教思想にもとづく相対論が語られているのである。そればかりかここには、何か厭世思想の匂いすらある。太子は仏教を、心の内面において深く理解していたことがわかる。しかし同時に、われわれはこの文章を読んで、次のような疑問を抑えることができない。この条文にあらわれた、いささか厭世主義の匂いがする善悪、賢愚の相対主義は、先の第六条や第七条で語られる道徳にたいする強い確信や、賢哲政治の理想とどのようにつながるのか。善悪定めなく、賢愚分かちがたいとすれば、賢人の支配する道徳的国家をつくるなどということは、まったく虚《むな》しいことになるのではないか。老荘のとなえる虚無の相対主義は、儒教《じゅきょう》道徳を否定し、世俗を離れ、山野に隠遁《いんとん》することを理想とした。価値の相対性は価値のニヒリズムとなり、結局、隠遁の哲学につながると思うのに、それが太子にあっては、強い道徳的確信と共存しているのは、どういうわけか。

「ここをもって、かの人は瞋《いか》るといえども」に続く言葉を見ると、以上の疑問はほぼ解決されるように思われる。太子は自ら反省の手段として、このような相対論を利用しているのである。他人が怒ることがあったら、ひょっとして私が悪いのではないかと、もう一度反省してみよう。つまり太子は、自分がどれほど正しいと思っても、しょせん凡夫である、もう一度よく反省して、自ら誤りはないかと反省せよといっているのである。絶対的な善悪不可知論、賢愚同一論は、もとより太子のとるところではない。道徳への強い確信を、太子は死ぬまで失わなかった。このように、自らの反省は善なる人間をしてより善にさせ、他人との間の信頼関係、親愛関係を維持するに役だつのである。

「十七条憲法」の言葉は、起伏にとんでいる。一つのことを語るにも、単純には語らない。そこには鋭い人間洞察や反省に満ちた警句が含まれている。エピクテートスの語録や、パスカルの『パンセ』を読むような味もある。この第十条の最後の言葉は、はなはだ興味深い。

たとえおのれ一人が真理を得たとしても、多くの人と一緒に事を行え。これはどういう意味であろう。新しい真理を得ても、それで得意になったり、あるいはそれをわが身一人のものとしてはいけないという意味であろう。それを衆に施《ほどこ》さねばならぬ。衆に施そうとしても、衆はその真理を受けつけないかもしれない。深い誤謬《ごびゅう》の中に生きている人間は、真理をもたらす人間を、かえって偽りの平和を乱す者と圧迫するかもしれない。そのときはどうしたらよいのか。そのときは衆に従って同じく行えというのは、どういう意味であろう。

おそらく太子は、ここで和光同塵《わこうどうじん》という仏教者の徳について語っているのであろう。

仏教の絵によく布袋《ほてい》の絵がある。でっぷり太り、腹を出した布袋が民衆と笑いさざめいている姿が描かれている。この布袋は弥勒《みろく》の生まれ変わりだという。つまり彼はもう十分仏になる条件を積んだ人間なのである。けれど彼はそんなことをまったく隠して、民衆の中で笑いさざめいている。これは和光同塵の仏教の徳をあらわしたものだとされる。

悟りを得ても、ひとりとりすましたような姿をすべきではない。かえってその姿を隠して、何気ない顔をして民衆の中にすわらねばならぬ。太子はこの徳を説いているのであろうか。このことは、太子にとってはなはだ苦しいことであったにちがいない。

あまりに潔癖すぎる太子は、あまりに多くの人間にたいして絶望を感ずることが多かったのではないか。いっそ自分一人だけ、悟りの幸福にひたりたいと太子は思ったのではないか。しかしおそらくそれを、太子の信ずる大乗仏教の思想が許さなかった。ひとりおのれが悟りに安住することは声聞《しょうもん》、縁覚《えんがく》の幸福なのである。声聞、縁覚の幸福を太子の愛読する大乗仏教の経典は、口をきわめて排斥する。ひとり悟った男の孤独な顔をすることなかれ。この言葉は、私は太子の自戒の言葉ではないかと思う。

第十一条――賞罰の公平

十一曰　明察功過　賞罰必当　日者賞不在功　罰不在罪　執事群卿　宜明賞罰

十一に曰《いわ》く、功過を明らかに察《み》て、賞罰《しょうばつ》かならず当てよ。このごろ賞は功においてせず、罰《ばつ》は罪においてせず。事を執《と》る群卿《ぐんけい》、賞罰を明らかにすべし。

この条は、しばしば第七条と比較される。第七条では人材の登用について述べ、この条では賞罰の公平について述べられる。両者は関係がないわけではないが、第七条は、いわば聖徳太子がつくろうとする官僚社会の条件として人材の登用が語られるが、この第十一条は、人間関係論として賞罰の公平についで語られていると思う。

信にもとづく君臣関係、上下関係が可能であるためには、何よりも賞罰を公平にしなくてはならないのである。「功過を明らかに察て、賞罰かならず当てよ」の原典として、『管子《かんし》』の「賞を用ふる者は誠《まこと》（信）を貴《たつと》ぶ。刑《けい》を用ふる者は必《ひつ》を貴ぶ」という句、および『韓非子《かんびし》』の「凡《およ》そ治《ち》の大なる者とは、其の賞罰の当《あた》るを謂《い》ふのみに非《あら》ざるなり」という言葉がひかれる。これは明らかに法家《ほうか》の思想である。「憲法十七条」には『管子』や『韓非子』からとられている言葉が多いが、この条は、とくに法家思想が濃厚である。

「このごろ賞は功においてせず、罰は罪においてせず」という「このごろ」というのは第五条の「このごろ」といういい方と同じであろう。この言葉でもって聖徳太子ははげしい現実批判を展開する。第五条において、「このごろ」という言葉にはじまって、賄賂《わいろ》の横行と裁判のでたらめがはげしく糾弾された。またここで「このごろ」という言葉にはじまって、賞罰の不公平さが指摘される。

おそらく当時、氏族の横暴がはげしくて、よほどでたらめな政治が行われていたのであろう。功績のあった人間に賞が授けられず、えてして何もしない人間や悪がしこい人間に賞がくだされ、また悪いことをした人間が罰せられずに、何もしない人間や、あるいはよい人間すら、権力者に気に入られないという理由で罰せられる。これほどでたらめな政治はない。それはまさに君臣関係の基本をそこなうものだと太子はいうのである。「事を執る群卿、賞罰を明らかにすべし」。太子はここで、賞罰権をもっている実力者たちよ、どうか賞罰を公平にしてほしいとよびかけているのである。太子がこのことをはなはだ重視していることを語っている。

この条も、私は、事はただ太子の時代にのみあることではないと思う。賞罰の公平、これは組織の生命である。賞罰さえ公平に行えば、多少無能力な管理者でも、トラブルを起こさずにすむ。しかし、賞罰が不公平で、でたらめだと、どんな有能な管理者といえども、部下の信頼をつなぐことができない。人事というものは組織の要《かなめ》であり、それがうまくできたら、いちおうの合格点である。信賞必罰こそ、組織の中の人間関係の根柢《こんてい》になければならぬ。

以上のように、私は第九―十一条を信の徳を説いたものと考える。太子は信の徳の原則をまず語り（第九条）、そしてそれを内面的な心情の面から考察し（第十条）、最後に外面的な行為の面から考察しているのである（第十一条）。つまり人間と人間との信の関係を破壊するのは、内面的心情としては怒りであり、外面的行為としては賞罰の不公平であるというわけである。

第九条は儒教《じゅきょう》的な道徳を語る条文である。しかし第十条には仏教的思想が語られ、第十一条には明らかに法家的内容が示されている。このように同じ信の徳を語った各条文に、儒教思想があり、仏教思想があり、法家思想があることが「憲法十七条」をして混乱と不統一の印象を与える。

しかしこれは故意に、はなはだ深い思惑でもって太子自らが行ったことである。つまり「憲法十七条」を貫く太い糸はやはり儒教思想である。それは仁―礼―信―義―智という徳目で示される。そしてこのような五つの徳は、それぞれ内面的仏教思想と外面的法家思想によって裏づけられているのである。太子は、おそらく儒教だけで国を治めることは不十分であると考えたのである。人間を根本的に改善するには、仏教が必要である。しかし国家をつくるには、仏教とともに法家が必要である。そこで彼は儒教思想を基本に、その左右に仏教思想と法家思想をおいた。ちょうど第一条の左右に第二条の仏教思想と第三条の法家思想がおかれているように、ここでも第九条を真ん中に、第十条の仏教思想があり、第十一条の法家思想がおかれているのである。

第十二条——天皇の支配権の主張

十二曰　国司国造　勿斂百姓　国非二君　民無両主　率土兆民　以王為主　所任官司　皆是王臣　何敢与公　賦斂百姓

十二に曰《いわ》く、国司《くにのみこともち》・国造《くにのみやつこ》、百姓《ひゃくせい》に斂《おさ》めとることなかれ。国に二君なし。民に両主なし。率土の兆民は王をもって主となす。所任の官司はみなこれ王臣なり。何ぞあえて公と、百姓《ひゃくせい》に賦斂《おさめと》らん。

この条文が懐疑的歴史家・津田左右吉《つだそうきち》氏をして、「十七条憲法」を偽作と疑わせることになったのである。

津田氏の疑いの中心は、この「国司・国造」という文字である。だいいち国司と国造は矛盾概念である。国司は大化改新《たいかのかいしん》の際におかれたもの、そしてそれと同時に国造は廃せられ、国造の一部は郡司となった。この条文は、こういう論理矛盾を含んでいる。また国司は明らかに大化改新とともに任ぜられたはずなのに、それ以前に、国司の収斂《しゅうれん》をいさめるのはおかしいではないか。また当時、当然の権利として国造は人民から収斂していた。それを禁止するのもまたおかしいことである。要するにこの条文を当時のものと考えると、二重三重におかしいことがある。おそらくそれは、『日本書紀』編集者の作文ではないか、というのが津田氏の説であった。

すでに私が述べたように、この説については多くの学者の反論がある。大化改新以前にも、たとえば『日本書紀』の「顕宗紀《けんぞうき》」に「播磨国司《はりまのくにのみこともち》　山部連《やまべのむらじ》の先祖《とほつおや》伊予来目部小楯《いよのくめべのをだて》」なる者の名が見える。この場合、国司はクニノミコトモチといい、天皇の命で地方へ行き、国を治める者をいうのである。

『日本書紀』の古い訓でも、国司をクニノミコトモチと訓《よ》む。この「国司」というのを、このような大化改新以前の国司と考えれば矛盾はない。

また国造が人民を収斂することを誡《いまし》めているが、これは聖徳太子が、当時すでに一君万民の思想をもち、国造の私的支配を排し、人民の収斂権を天皇一人に集中しようとする意志をもっていたと考えるべきであろう。

先に第四条および第八条において「群卿百寮《ぐんけいひやくりよう》」と聖徳太子はよびかけ、また第十一条では「事を執《と》る群卿」と念をおすようにいう。これはとくに太子が重要だと思ったのであろう。ここで「国司・国造」と太子は親しくよぶ。これは、この条がよほど重要なことであることを示している。百姓《ひやくせい》から税をとってはいけない。これはきわめて断定的な命法である。

次の「国に二君なし」の典拠として、『礼記《らいき》』に孔子《こうし》の言葉として伝えられる「天に二日《にじつ》無し、土《と》に二王《にわう》無し」とか、「天に二日無く、土に二王無く、国に二君《にくん》無く、家に二尊《にそん》無し」という言葉がある。一君万民は儒教《じゆきよう》の政治理想である。

聖徳太子はこういう理想にもとづいて、ここではっきりと日本の国家宣言をしているわけである。日本の国には二人の君はない。すべての日本の人民は、この天皇をもって王となすべきである。国司も国造もすべて天皇の任命するところの天皇の家臣である。なぜ国司や国造たちが、政府とともに百姓から税をとりたてる権利をもっているか。

君主権の最大のものは租税徴収権である。日本全国における租税の徴収権を一手に握ることによって、はじめて天皇は事実上の日本国の君主になる。これは露骨なまでの君主権の、すなわち租税徴収権独占の主張である。日本は、おそらく五世紀において、ほぼ大和《やまと》朝廷の主権が確立したと思われる。

主権が確立したといっても、各地に国造がいて、国造が税をとりたて、人民をつかっていた。この国造を通じて、天皇は人民を間接的に支配していたにすぎない。

国造が租税徴収権をもっている。おそらくなかにはひどい国造がいて、人民をひどく苦しめたり、大和朝廷に謀叛《むほん》をたくらんだことがあるのであろう。それで朝廷は国司を遣わしたのであろうが、国司もまた、自ら税をとりたて人民を苦しめることがあったのであろう。そのために人民は、二重三重の租税をとりたてられるようなことがなきにしもあらずであった。

聖徳太子は、こういう状況の中で、はっきり租税徴収権があるのは、大和の王・天皇一人であるというのである。これは儒教思想にもとづいた律令《りつりょう》国家建設の、実にはっきりした宣言である。そのように考えると、これは「憲法十七条」の中でも、政治的にはもっとも重要な条文であり、後世にもっとも大きな影響を与えた条文である。

聖徳太子の死後、皇極《こうぎょく》元（六四二）年に、太子の娘の春米女王《つきしねのおうじょ》が「天《あめ》に二つの日無く、国に二《ふたり》の王《きみ》無し。何に由《よ》りてか意《こころ》の任《まま》に悉《ことごとく》に封《よさ》せる民《おほみたから》を役《つか》ふ」といって、蘇我《そが》氏の専横を憤ったという。これは父・太子のつくった憲法の第十二条によったものであろうか。国司・国造にたいする天皇の直接支配権の主張である太子の言葉を、蘇我氏批判に向けたところに、春米女王の言葉の新鮮さがあるのである。

あるいは、この春米女王の言葉にヒントを得たのかもしれないが、「国に二君なし」という理念によって蘇我氏は打倒され、中大兄皇子《なかのおおえのおうじ》は自らの所有地をすべて天皇に献上し、「天《あめ》に双《ふた》つの日無し。国に二《ふたり》の王《きみ》無し。是の故《ゆゑ》に、天下《あめのした》を兼《か》ね幷《あは》せて、万民《おほみたから》を使ひたまふべきところは、唯天皇《ただすめらみこと》ならくのみ」といった。大化改新のはじめである。ここで国造の徴税は禁止され、地方の国は天皇の任命する国司によって治められることになる。

まさにこの太子の言葉が実現されたわけであるが、皮肉なことには、太子をしてこの「憲法十七条」を制定せしめ、新しい政治を行わしめた蔭の力となっていたと思われる蘇我氏一門を犠牲にして、この太子の理想は実現されたのである。そればかりか、あるいは、『日本書紀』ははっきり語らないが、太子一家の滅亡も、この太子の言葉がその根拠となったのではないかと思う。

皇極二（六四三）年、皇極帝は病気であった。おそらく今後の政治の動向に不安を感じたのであろう。突如として太子一族は、斑鳩《いかるが》の地で政府の軍隊に襲われた。『日本書紀』では、それを入鹿《いるか》一人のせいに帰せようとしているが、その現地部隊長が大化改新の政府において左大臣となった巨勢徳太臣《こせのとこだのおみ》であることを考えると、『補闕記《ほけつき》』のいうように、この謀議には、巨勢徳太臣ばかりか、皇極帝も一枚かんでいたことは十分考えられると思う。この場合、皇極帝をとりかこむ権力者たちは、明らかに斑鳩にいて、時の天皇の権威より太子の権威に従って、独自の行動をとっている山背大兄皇子《やましろのおおえのおうじ》の存在に、不安を感じたにちがいないからである。この太子一族の討伐には、多数の政府軍が参加していることを思うと、それは天皇の許可がなかったはずはない。

この場合、討伐の理由は、あくまで「国に二君なし」という理由であったと思う。今、皇極帝が日本国を治める唯一絶対の天皇であるはずである。それゆえ、いかに太子の嫡子《ちゃくし》とはいえ、この天皇の存在をおびやかすようなものは討伐さるべきであるというのが、この場合の名分であったはずである。とすると太子の子孫は、この太子の言葉のために滅んだというべきか。あるいは太子の理想は、太子一族の滅亡という、あまりに大きな犠牲をはらって実現されたというべきか。

このような歴史の悲劇は、さすがの太子も予想すらされなかったと思われるが、まことに歴史の中には、人智をもってしてはとうていはかりがたい大きな闇が存在しているのである。

最後に一つだけつけ加えよう。もしこの条が、「憲法十七条」の中でも、とりわけ重要な天皇の支配権の絶対性を述べたものであるとすれば、なぜそれを第十二条のような終わりのほうにおいて、第一条、第二条のような最初におかないのか。その理由は二重に考えられる。それは、君臣の間の信を君臣の間の義より重んじる、つまり深い人間関係を組織の根柢《こんてい》におこうとする聖徳太子の思想によろう。

しかしそれのみではない。もう一つ理由がある。それは、この条文は主として国司・国造にあてたものであり、国司・国造はけっして高い身分ではない。せいぜい義の徳、後世の五位程度の位であったのであろう。それゆえ、この内容において、はなはだたいせつな天皇の支配権の絶対性を主張する条文が第十二条におかれていると思われる。

第十三条——太子の政治実感からでた訓誡

十三曰　諸任官者　同知職掌　或病或使　有闕於事　然得知之日　和如曾識　其以非与聞　勿防公務

十三に曰《いわ》く、もろもろの官に任ぜる者、同じく職掌《しょくしょう》を知れ。あるいは病し、あるいは使して、事を闕《おこた》ることあらん。しかれども知ることを得る日には、和《あまな》うことむかしより〈曾〉識《し》れるがごとくせよ。それ与《あずか》り聞かずということをもって、公務をな妨《さまた》（防）げそ。

この条文は、第八条とともにもっとも日常的な条文である。こういう条文が、天皇の絶対支配権を主張する第十二条の後にくるところが、かつて私をして多くの論者と同じように、「十七条憲法」の不整合性を感じさせた点であるが、聖徳太子は意識的に、はなはだ原則的条文とはなはだ日常的条文と混ぜ合わせたと思われる。

この条は私は、第八条が中央政府の群卿《ぐんけい》にたいするもっとも重要な日常的訓誡《くんかい》であったように、それより低い位、つまり義の位に相当する、主として地方官にたいする日常的訓誡であると思う。おそらく中央高等官の欠陥は、主として職務怠慢にあったと思われる。しかし地方官、あるいは下級官吏の欠陥は、その組織の不統一にあったのであろう。

「もろもろの官に任ぜる者、同じく職掌を知れ」。一つの部局に属する官は、自分の属する部局のことを全体として知っていなければならぬというのである。

今、たとえばある県やある市のある部局に何かを頼みに行くとする。そうすると、いつまでにやっておきますから、何日に来てくださいという。ところが行ってみると、その人が部屋にいなくて、別の人に頼むと、誰それはいませんと答える。実はこうこうだというと、彼がいないのでわかりませんという。いくらそこで問答してもらちがあかない。それでもう一度はじめから頼み直すことになる。おそらくそういう経験をしたことのない人は、ほとんどないであろう。民間会社では、そういうことは会社の信用にかかわることだから少ないであろうが、官庁では、そういうことのないほうが不思議なくらいであろう。官庁というところはそういうところだと、多くの人はあきらめている。聖徳太子は、実はそのことを警告しているのである。

「あるいは病し」以下の文章は、怪我《けが》をしたか、病気になって職場を留守にして、再び職場にもどったときは、同僚と十分相談し、その留守中のことをよく聞いて、そんなことは知りませんなどと、人民につっけんどんな返事をするなということである。これは怪我か病気かで職場を留守にした官僚への訓誡であるとともに、職場に残った官僚にたいする訓誡でもあろう。同僚が職場を留守にして、元の職場にもどったら、その留守中のことをよく教えて、その職場の状況を、全員が正確に知っているようにせよというのである。これは官僚、とくに下級官吏や地方官にたいする実に的確な訓誡である。この訓誡は、今の社会でもそのまま通用するのである。こういう訓誡がでるのは、太子が自ら政治をとり、しかも太子が一面において、はなはだすぐれた事務処理能力をもっていた人であることを示している。

私は、この条を、けっしてどうでもよい条文だとは思わない。むしろこういう条文をもつことによって、「憲法十七条」は、はなはだ現実的な憲法となっているのである。この条には原典探しの好きな学者たちも、原典を見いだすことはできない。まったく太子の政治実感からでた条文だからであろう。

私は、日本の官僚の悪口をいったが、しかし他国と比べると、はるかに日本のほうがすぐれている。このことは、この官僚制の基礎をつくった太子が、千年の将来を見通したような、かかる的確にして精密な訓誡をしていることと無関係であろうか。

第十四条——嫉妬への誡め

十四曰　群臣百寮　無有嫉妬　我既嫉人　々亦嫉我　嫉妬之患　不知其極　所以　智勝於己則不悦　才優於己則嫉妬　是以　五百之乃今遇賢　千載以難待一聖　其不得賢聖　何以治国

十四に曰《いわ》く、群臣百寮《ぐんしんひゃくりょう》、嫉妬《しっと》あることなかれ。われすでに人を嫉《うらや》むときは、人またわれを嫉《うらや》む。嫉妬《しっと》の患《うれ》え、その極を知らず。このゆえに、智おのれに勝るときは悦《よろこ》ばず。才おのれに優るときは嫉妬《ねた》む。ここをもって、五百歳にしていまし今賢《けん》に遇《あ》うとも、千載《せんざい》にしてひとりの聖を待つこと難《かた》し。それ賢聖《けんせい》を得ずば、何をもってか国を治めん。

ここでまた、はなはだ外面的、日常的な訓誡《くんかい》の後に、はなはだ内面的、哲学的な条文がくる。ここで太子によって、禁止されている情念は嫉妬である。ここでは第五条の欲望、第十条の怒りのように、「……を絶《た》ち、……を棄《す》て」という言葉こそつかわれていないが、かなり強いひびきの否定の調子がある。

「群臣百寮、嫉妬あることなかれ」。ここで太子は群卿《ぐんけい》百寮といわずに、群臣百寮といっている。ここで注意しなければならないのは、明らかに群卿百寮と群臣百寮は区別されていることである。つまり義の官以下は卿ではないのである。この群臣百寮という言葉は、第十二条の「国司《くにのみこともち》・国造《くにのみやつこ》」とか、「所任の官司」、あるいは第十三条の「もろもろの官に任ぜる者」と相通ずる。これは官よりむしろ吏《り》にたいする訓誡なのである。

嫉妬はどちらかというと、位の低い役人の情念である。もとより人によっては、高い官に上り、巨大な富を貯めこんでも、終生、嫉妬の感情にかられ、彼のすることすべてそういう嫉妬の感情のなせるような人もある。しかしそういう人は稀である。聖徳太子は、ここで嫉妬を比較的位の低い役人の情念と考え、それにたいして訓誡を述べているのである。

「われすでに人を嫉むときは、人またわれを嫉む。嫉妬の患え、その極を知らず」。こういう言葉は、第十条の「かれ是とすれば、われは非とす。われ是とすれば、かれは非とす」といういい方を思い出させる。すなわち怒りは相互的感情である。われが彼を怒れば、彼は必ずわれを怒る。互いにこの怒りの感情を増幅してとどまるところを知らない。

嫉妬も同じだというのである。これはふつうの常識とは少し異なる。嫉妬は、やはりある価値劣等者が価値優越者にたいしていだくものである。それゆえ、それは怒りのように相互的であるより、一方的な感情のようにみえる。なぜ聖徳太子は嫉妬をも相互的な感情とみるのか。

「われすでに人を嫉む」ときの人と、「人またわれを嫉む」ときの人とは同一人なのか、別人なのか。同一人であるとすれば、たとえば病気がちな金持は健康という点では貧乏人を嫉妬するが、貧乏人のほうは、金持という点でその人を嫉妬するということになる。すべてが完全という人間は世の中には少ない。どこかに何か、人は大きな弱点をもっているものである。私は、ほとんどの人間の心の底には、人にはいえないコンプレックスがひそんでいると思う。

このコンプレックスからみれば、彼にとって他の人間がはなはだうらやましい。しかし別の人間からみれば、その人のほうがうらやましい。「われすでに人を嫉むときは、人またわれを嫉む」とは、そのような意味であろうか。

しかしそれはやはり、別の人間とみたほうがよいのではないかと私は思う。私は、私より地位もあり、金もあり、才能もあるAを嫉妬する。ところが、この私を地位も金もあり才能もある人間として、Bが嫉妬するというふうに、嫉妬の感情が社会に瀰漫《びまん》することをいうのであろう。

官僚社会は身分制の社会である。聖徳太子は、日本ではじめて官僚制の社会とそれを規定する憲法をつくろうとする。そこで彼は、仁、礼、信、義、智の徳に応じて、すべての役人を価値づけるのである。太子は徳と才能に応じて、人材を公平に登用したいと考える。しかし何らかの価値づけが行われる以上、嫉妬の感情をなくすことはできない。官僚社会の建設は嫉妬の感情を助長させる。

そして嫉妬の感情は、この秩序そのものを崩壊させる危険性をいつも宿している。上から下まで嫉妬感情が満ち満ちて、いつも他人の失敗を喜ぶ社会、官僚社会はひとつまちがえば、そういう社会になる。太子はだから「嫉妬の患え、その極を知らず」といったのであろう。

「智おのれに勝るときは悦ばず」。多くの嫉妬の中で太子がここでとりあげているのは、智恵や才能にたいする嫉妬である。この智恵や才能にたいする嫉妬を太子は、官僚にとってもっとも有害な嫉妬と考えた。なぜ智恵や才能への嫉妬は、他の嫉妬より悪なのであろうか。

地位や財産は一時的なものである。それは必ずしもその人にとって、生得的なものではない。智恵や才能ももちろん生得的ではないが、しかし地位や財産よりはるかに生得的であり、その人の人格と深くかかわっている。それゆえに、地位や財産にたいする嫉妬より、智恵や才能にたいする嫉妬のほうが、その人の本質にかかわる嫉妬であり、あるいは人間にとって、もっとも本質的な嫉妬であるということができる。だから嫉妬の害を義の徳の項である第十四条にとり入れて、とくに智恵や才能にたいする嫉妬が重視された。それは、嫉妬が第十七条にいう官僚制度にもっとも必要な人材の登用を妨げるからであろう。

人間というものは、嫉妬の動物であるといってもよいかもしれない。人間はけっして他人のほうが、自分よりすぐれていることを喜ばない。よりすぐれた人間がいれば、それを喜ぶどころか、それを嫉妬する。まったく聖徳太子のいうとおりである。事実、多くの天才は孤独であった。そしてほとんど不遇のうちに死んだ。人々は彼がすばらしい才能をもった人であり、彼のいうことが今まで人々が信じていた真理より正しいことを、おぼろげながら感じていたはずである。しかし人々は、天才を受け入れずに、彼を排斥し、彼を不遇のうちに死なしめた。

このように天才を排斥し、彼を孤独と不遇のうちに死なしめたのは、多くはすぐれた才もあり、徳もあり、他の点でも申し分のない人間である。そのような有能な人間たちが、天才にたいしてのみ苛《か》酷《こく》であったのは、彼らが、彼らよりはるかに賢く、そしてその説を受け入れれば、過去、自分がやってきた仕事がまったく無になってしまうような人間の存在を認めることができなかったからである。こうしてソクラテスは毒を飲まされ、シーザーは殺され、キリストは磔《はりつけ》にあった。そして彼らは、このような天才を殺した後に、今度は死んだ彼を祭壇にのせ、彼を、天才よ、聖者よ、といって尊敬した。天才の死によって嫉妬する条件は消えたからである。いかなる天才も死という最大の不幸をこうむったからには、もはや嫉妬の対象にはならないのである。

生ける天才を殺した同じ人間が、死せる天才の前で臆面《おくめん》もなく香《こう》を炷《た》くのである。それがしょせん人間であると私は思う。

天才が嫉妬や迫害からまぬがれるにはどうしたらよいか。それは、できるだけ平凡な人間の顔をすることである。もっともふつうの人間の顔をして、もっともふつうの生活をすること、そしてどこかでふつうの人間が許すことのできるような、いくつかの小さな欠点をもつことである。それでもまだ嫉妬をまぬがれることができないと思ったら、ささやかな善行を目だたぬように積むことである。それがたとえ彼の仕事のために廻り道であるように思われるにせよ、そのような隠された善行が、どれだけ人の嫉妬をやわらげることか。

「五百歳にしていまし今賢に遇うとも」以下の文章がいまひとつよくわからない。「五百歳にして」というのは、『孟子《もうし》』「尽心章句下《じんしんしょうく》」に「堯《ぎょう》・舜《しゅん》より湯《とう》に至るまで、五百有余歳《ごひゃくいうよさい》。禹《う》・皐陶《かうえう》の若き《ごと》は、則ち見て之《これ》を知り、湯の若きは、則ち聞きて之を知る。湯より文王《ぶんわう》に至るまで、五百有余歳」とか「文王より孔子《こうし》に至るまで、五百有余歳」という文章がある。

五百年に一人、聖人がでるものであり、したがって孔子は周《しゅう》の文王以来の聖人であるというのが、この『孟子』の文章の意味であろう。太子の言葉は五百年に一人のような聖人がこの世にでても、嫉妬のためにこの聖人が見えず、千年の間、一人の聖人にも出会わないと思っているという意味であろう。もとより聖賢はそんなにたくさんいるはずもないが、たとえそのような聖賢がいても、嫉妬のためにこのような聖賢に気づかず、あるいは気づかないようなふりをして、それを排斥するという意味であろう。

私は、少し考えすぎかもしれないが、太子はひそかに自らを聖賢に擬しているのではないかと思う。実際、太子は日本の歴史はじまって以来の、五百年に一人というような聖賢であったにちがいない。当時の人々は、すでに太子がなみなみならぬ才をもっていたことを十二分に感じていたにちがいない。しかしどこかで人々は、嫉妬の目で太子を見ていたにちがいない。この嫉妬の目は、今は最高の権力ある地位にいる太子に服従している。しかし、いったん何か太子の政治に落度を見つけだしたら、おそらく太子を責めるにちがいない。智、おのれにはるかにまさり、才、おのれにはるかにまさる太子を、人々の嫉妬の目がじっと見守っている、そういう視線を太子は感じないはずはない。太子の理想とする社会においては、やはりこのような嫉妬の目をなくさねばならぬ。

私は以上、第十二条、第十三条、第十四条と義の徳に関する条を考えてきたが、それらの道徳的命法は、官位が比較的低い官である義の官にあたるとともに、それはやはり君、臣の義にかかわるのであろう。嫉妬はやはりこの上下の別を否定しようとする感情である。ここでは義の儒教的原則を説く第十二条をはさんで、この外面的行動に関する第十三条と、内面的心情に関する第十四条とが存在しているのは、信の項と同様である。

順序の入れかわった第十五条と第十七条

私は、第十五―十七条を智の徳にかかわるものと考える。有名な「それ事はひとり断《さだ》むべからず。かならず衆とともに論《あげつら》うべし」という文のある第十七条が、智の徳にかかわるものであることは疑いえないであろう。

そして第十六条も、やはり民《たみ》をつかう場合の官吏の心得を述べたもの、智の徳にかかわるものであろう。しかし第十五条がちょっと問題である。これは公のためにつくす臣の道を述べたもの、そしてその私心が妬《ねた》みとなる弊害を論じたもので、必ずしも智の徳にかかわるものとは思われない。そしてその順序もおかしい。いつもその徳について説かれるとき、主として儒教《じゅきょう》的な原則の上にたった徳の原則論のようなものが最初にきて、その内面的訓誡《くんかい》と外面的訓誡がそれに続く。たとえば第一条、第四条、第九条、第十二条が、そういう原則に関する条文であると考えられる。

しかしここでは順序が反対になっている。この智の条の根本的原則は、どうみても第十五条であるより、第十七条である。そして第十五条は、その内面的心情に関するもの、第十六条は外面的行動に関するものであると考えられる。とすれば、ここで順序はくずれ、しかも第十五条は必ずしも智の徳にかかわるものであるとは考えにくい。

たしかにいまひとつ明確にできないところが、この三条にはある。後考を待ちたいが、私はやはり何らかの必要で順序が逆になり、智の徳は第十七条を中心にして左右に、内面的心情に関する第十五条と、外面的行動に関する第十六条をもっているのではないかと思う。

いちおう、そう考えて、第十七条から考察をはじめることにしよう。

第十七条──第一条へ連関する辞理の思想

十七曰　夫事不可独断　必与衆宜論　少事是軽　不可必衆　唯逮論大事　若疑有失　故与衆相弁　辞則得理

十七に曰《いわ》く、それ事はひとり断《さだ》むべからず。かならず衆とともに論《あげつら》うべし。少事はこれ軽《かろ》し。かならずしも衆とすべからず。ただ大事を論うに逮《およ》びては、もしは失《あやまち》あらんことを疑う。ゆえに衆と相弁《あいわきま》うるときは、辞《こと》すなわち理を得ん。

この条文についても、学者はいろいろ原典を探したが、百パーセントこの条文にあたるものは見いだせない。たとえばこれについて『書経《しょきょう》』の「之《これ》を詢《はか》らざる謀《はかりごと》を庸《もち》ゐるなかれ」という言葉や、『管《かん》子《し》』の「明主《めいしゅ》は、聴《ちゃう》を兼《あ》はせ独《ひと》り断《だん》ず」という言葉があげられるが、いずれもこの場合の太子の語る思想とだいぶ意味がちがう。前者は、人と相談しない謀《はかりごと》はもちいるなということで、後者は、すぐれた君主は多くの人のいうことを聞いた上で、ひとりで決断するのだという意味である。これもたしかに意味深い政治的訓誡《くんかい》であるが、ここで太子のいっていることと、だいぶ意味の隔たりがある。

この第十七条は、深く第一条とつながっている。この終わりの「ゆえに衆と相弁うるときは、辞すなわち理を得ん」という言葉は、第一条の「上和ぎ、下睦《むつ》びて、事を、論《あげつら》うに諧《かな》うときは、事理おのずから通ず。何事か成らざらん」という言葉と通じる。第十七条の場合は辞と理が通じるとあり、第一条は事と理が通じるとなっているが、ここで意味するところは似ている。

私はこの条を、第一条とともに「憲法十七条」の基本にかかわる条であると思う。「それ事はひとり断むべからず。かならず衆とともに論うべし」。これは、ほぼ絶対の権力をもつ一国の君主の言葉にしては、はなはだ異例な言葉であると思う。君主がなぜ自らの権力を抑制するようなことをいうのであろうか。私は、これは一国の君主の、しかも七世紀という時代における言葉として、世界にも異例な言葉であると思う。そしてここで太子がすすめているのは、デモクラティックな体制である。できるだけ多勢の人の意見を聴き、多勢の人と相談をして事を決定せよ。

以下の「少事はこれ軽し」というところに、政治家としても実務処理になみなみならぬ才能を発揮したと思われる太子の面目躍如《めんもくやくじょ》たるものがある。少事は、君主がひとり決すればよいのである。それを決する決断力がないならば、とても指導者としての役目は果たせない。少事は次から次へとできるだけ迅速にさばいてゆく。しかし大事はそうしてはならない。できるだけ多くの人に相談しなくてはならない。なぜか。すぐれた指導者は、どこかで独裁的な性格をもっている。事を一つ一つはっきり決めてゆく。自分で事を決められないと、必ず誰かに支配される。断を下す智恵と勇気をもたなければ、指導者にはなれない。

しかしそれだけで十分指導者の資格があるとはいえない。事を衆と相談する。大事はできるだけ多くの人に相談して、一人一人の意見を聴くのがよい。たとえ自分でひそかに決めていても、大事を行うときは、一人一人の意見を聴くがよい。それで決まった意見は集団の決議であり、集団の一人一人がその決議を実行するのに責任を負わねばならないのである。独裁と世論との一致、古来からすぐれた指導者は、ふつうは容易に一致しがたい二つのものを一致させた政治的天才である。太子は大事は衆とともにはかれという。それはすぐれた政治家の人心獲得の智恵である。

太子の語るのは、そういう意味であろうか。もちろんそういう意味も含まれているが、それにとどまらないと私は思う。それは何か。それは理への確信であると思う。この第十七条と第一条に理という言葉がでてくる。この理という言葉を、今までの多くの解釈は見過ごしてしまう。しかしこの理という言葉は、この「十七条憲法」の精神を理解する上で、もっともたいせつな言葉であると思う。

理というものは客観的なものである。つまりそれは、人間の主観的意志にかかわらず、そこに存在するものである。太子は、この客観的な理を信じているのである。それゆえ太子が衆と論ずべしというのは、衆との討議の中で必ずこの理が見つかると考えるからである。そして理は、すべての人を納得させるものである。この客観的な理にもとづいて政治を行おうというのである。

「辞《こと》すなわち理を得ん」というのは、言葉がそういう客観的な理にかなえば、事実もまた客観的な理にかなうというのである。第一条の「上和ぎ、下睦びて、事を、論うに諧うときは、事理おのずから通ず。何事か成らざらん」の「事理おのずから通ず」ということは、事実が理論のとおりになり、また理論が事実となるということである。つまり太子の和の政治なるものは、けっしていろいろな欲望と意見をもった人の意見を聴き、その中間をとるというような妥協の政治ではないのである。つまり人々の討議の中で客観的な理を見いだし、理によってすべての人を納得させて、国の大事を決めてゆくという政治なのである。

理と辞と事の関係は、この二条だけではよくわからないが、まず客観的な理があり、それに辞がかない、そしてそれに事がかなってゆく。それが太子の「事理おのずから通ず」という政治の理想的状況なのである。太子が和を徳の中心におくのは、和によってかかる理の政治が可能であり、また理のみが和を実行すると信じるからである。

こういう考え方の根拠には、多数の討議によってはじめて理が明らかになる、あるいは理が確実になるという考え方がある。これはいわゆるデモクラシーの基本理念であるが、この時代の絶対君主が、かかるデモクラシーのすすめを行うことは、世界の歴史から見ても、まことに異例なことであるように思われる。

これは一つには太子の仏教思想によろう。仏教は、すべての人間に同じように仏性が宿ると考える。とくにこのころ中国で流行した涅槃《ねはん》仏教は、平等思想の色彩が濃い。太子のこういう考え方も、一つには仏教の影響であるが、もう一つは日本の文化的伝統にそのようなものがあるのではないかと思う。

日本の神話において、アマテラスオオミカミが天《あま》の岩戸《いわと》に隠れたとき、天《あま》の安《やす》の河原《かわら》で神々は会議を開く、オモイカネノカミという智恵のある神の意見が認められて、その父のタカミムスビノカミがリーダーシップをとって、その他の神々の行動を支配する。このタカミムスビノカミの強い指導力によって、高天原《たかまのはら》は平和にもどるが、これもあくまで神々の会議を召集した上でのことである。『古事記』ができあがったのは、「十七条憲法」がつくられた以後なので、この討議は、「十七条憲法」の影響かもしれないが、それ以上にやはり日本には、古くから大事が起こったときは、人々が集まってその対策を相談するという風習があったのであろう。

私は日本を、狩猟社会と農耕社会のミックスと考えるのがよいのではないかと思う。中国のような牧畜社会と農耕社会のミックスではない。日本は農業国というけれど、日本が水稲《すいとう》耕作を営む農業国になったのは、ほんの二千年少し前である。その前一万年という永い間、狩猟採集を中心とするかなり発達した文明をつくっていた。その文明の原理がその後の日本の文明に反映しないはずはない。狩猟社会は、河合雅雄《かわいまさお》氏がいうように、はなはだ民主的な社会なのである。カモシカ猟のときは、カモシカを獲るのがいちばん上手なものがリーダーになり、サイを獲るときは、サイを獲るのがいちばん上手なものがリーダーになる。状況に応じてリーダーはしばしばかわり、しかも獲物は公平に分配された。狩猟社会はつねに移動しなくてはならぬ。移動する社会においては巨大な財の蓄積が不可能である。そこでは必然的に、支配においても、配分においても、民主主義的にならざるをえない。

もしも日本が狩猟社会の伝統を、その内面に深く宿している農業国家であるならば、それは牧畜と農業をミックスしている国家や純粋な農業国家と、別な文化的伝統をもっているにちがいない。私は日本では、会議によって事を決定する風習がアジアの国より比較的よく行われていたのではないかと思う。それが「十七条憲法」のこのような条文にもあらわれたのではないか。

これはいささか考えすぎかもしれないが、私がそういうのは、最近しきりに、戦後の日本はまちがっていて、日本の民主主義は借りものであったという議論がもてはやされているからである。私はけっしてそうではなく、日本は民主主義の伝統がなかったわけではない、そして「十七条憲法」のこのような条文は、かかる伝統の中でしかうまれなかったと考えるのである。

第十五条——背私向公の精神

十五曰　背私向公　是臣之道矣　凡人有私必有恨　有憾必非同　非同則以私妨公　憾起則違制害法　故初章云　上下和諧　其亦是情歟

十五に曰《いわ》く、私を背きて公に向《ゆ》くは、これ臣の道なり。およそ人、私あるときはかならず恨《うら》みあり、憾《うら》みあるときはかならず同《ととのお》らず。同《ととのお》らざるときは私をもって公を妨《さまた》ぐ。憾《うら》み起こるときは制に違《たが》い、法を害《やぶ》る。ゆえに初めの章に云《い》う、上下和諧《わかい》せよ、と。それまたこの情《こころ》か。

この条文を私は、私を棄てて公に向かうべき道徳を説いたとともに、併せて恨みの害毒を説いたものであると考える。

「私を背きて公に向くは、これ臣の道なり」。この言葉の原典として、学者は『管子《かんし》』および『韓非《かんぴ》子《し》』をひく。『韓非子』によれば、「私」という文字の古字は「ム」である。これに「八」すなわち「背く」を加えれば「公」の字になるというのである。つまり公と私とはまったく相反するもの、公私が利害を同じくするというのは、まったくの誤謬《ごびゅう》であるというのである。

これがもっとも極端に、『韓非子』に代表される法家《ほうか》の見解であり、日本に新しく律令《りつりょう》社会をつくろうとする太子は、そういう見解を述べる。このようなことを第十五条で述べたのは、この第十五条が「冠位十二階《かんいじゅうにかい》」でもっとも下の智の位にある官吏にたいする教訓にあたり、ここで太子は、はっきりと臣の道を説いておく必要があったからであろう。

「およそ人」から「法を害《やぶ》る」までの文章は、他の条文と比べると多少論理的におかしいところがある。それは、この文章においてしばしばつかわれる重畳《ちょうじょう》的な因果関係の連関がおかしいからである。

ここで文章の中心は、「同《ととのお》らざるときは私をもって公を妨《さまた》ぐ。憾《うら》み起こるときは制に違《たが》い、法を害《やぶ》る」という言葉である。この言葉は、それ以前の言葉を説明している。その論理関係は、〈私〉があるから恨みがある、憾（恨）みがあると同らない、ということである。つまり、私↓恨み↓非同《ととのおらず》ということになる。ところがその結論の部分は、二つに分かれている。つまり、非同↓私をもって公を妨ぐ、恨み↓制に違い、法を害る、ということになる。この論理関係を図示すると、

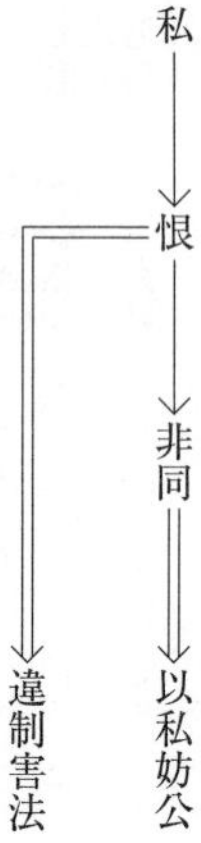

ということになる。つまりこの結論のうちの前半の部分は、三つの命題による結論であるが、後半は二つの命題による結論である。これは論理的にも不整合であるし、また前半の結論の「私をもって公を妨ぐ」というのと、同一論の感がある。『韓非子』がいうように、私と公が本来相反しているとすれば、それを論理的に証明すること自体がナンセンスとなる。

私の理解の足りないせいであろうか、この条は、もうひとつよくわからない。文章に何か誤りがあるのか、あるいは、二つの多少異なった論旨が混入しているのではないかと思う。

聖徳太子は、この智の徳にあたる項で、やはりもう一度、官吏としての「背私向公」の精神を強調しておきたかったにちがいない。公のことを第一に、私のことを後に、それがあくまで官吏の立場でなければならぬ。こういうモラルがないと、官吏の道はなりたたない。それは官吏にやはり一種の禁欲をすすめることである。この官吏としての必要な禁欲について、聖徳太子はすでに第五条、第十条で語っているが、ここで「十七条憲法」を終わろうとして、もう一度、この点を強調しようとしたのであろう。

「背私向公」ということは、今でも人民の上にたつ役人に必要欠くべからざる徳である。いちばん悪いのは、高い地位を利用して私利をはかることである。人民が役人に高い地位を与えておくのは、彼がそのような権力ある地位を与えられることによって、彼が人民に何らかの利益を与えてくれると考えるからである。人民はもともと彼に、高い地位と権力を代償に、一種の犠牲を強いているのである。人々は上にたつ人間の私について、はなはだ敏感なものである。上にたつ人間が私をはかれば、その下にたつ人間もまた私をはかる。そのように官が君臣ともに私をはかれば、人民はけっして官に従わない。

上にたつ人間は、才能があるにこしたことはない。しかし、もっともたいせつなものは、才能より人格かもしれない。けっして地位を利用して、私してはならない。このことだけでもできたら、それだけで十分なのである。私は過去六年間の大学の管理職の経験で知った。上が私心なく職務につとめれば、下は必ずついてくる。聖徳太子のいうことはもっともである。

しかしここで、聖徳太子は、ただ背私向公の徳について語ろうとしたのではなく、彼は同時に恨みの悪徳について語ろうとしているのである。恨みはもちろん私的な感情である。しかし、恨みのみが背私向公を妨げる悪徳ではないのである。この点、二つのことを一つの条でいおうとしたために、論旨に多少の混乱を生じたのであろう。彼はどうしても恨みの悪徳と背私向公の徳を、憲法に入れようと考えたにちがいない。しかし、この三、五、三、三、三の秩序ある配列を乱す条文を増やすことはまずいと考えたので、この二つの条を一緒にしたのではないかと思う。

第十四条において、嫉妬《しっと》の悪について語った。しかしもう一つ太子が語りたかった悪徳がある。それが恨みである。

恨みは、怒りや嫉妬とちがって、直接他人に向かう感情ではない。それは自らのうちに深く内向するのである。その意味でそれは、怒りや嫉妬ほど表面にでない。しかしそれが表面にでないだけ、それは深い人間の内面に沈潜し、人間の行動を隠れたところで支配する。太子はこの恨みが、社会にとってはなはだ有害であることを指摘しているのである。その恨みが、ひとつの社会が共同の行動をとることを妨げる。恨みが、人間をしてはなはだ反社会的な行動をとらせる。

人間の奥底に内在している恨みの感情、それをフリードリッヒ・ニーチェは、ルサンチマンという。そして彼は、このルサンチマンがはなはだ創造的で、多くの道徳をつくりだしたことをみごとに証明した。ギリシア哲学もキリスト教も、近代の民主主義も、彼によれば、すべてルサンチマンがうんだ道徳であった。

もちろん聖徳太子はこのような皮肉な見方をしない。しかし恨みが、どんなに人間の正しい判断を狂わせ、人間を反理性的な行動にかりたてるかをよく知っている。心の中にある恨みは、ものを客観的に見ることを妨げる。少なくとも恨みの感情があれば、ものはけっして正しく見られない。恨みの感情は、あるときには人間をして途方もない大きなことをさせるが、ものの見方を狂わせる。人はやはり恨みの感情を克服しなければならない。

「ゆえに初めの章に云う」以下、この条は第一条と関係すると、ここでいう。ここで太子は、この恨みの感情は、もっとも和をそこなう感情であり、恨みの感情を克服して、はじめて上下が和諧《わかい》して第一条のような状況が可能であるというのである。

第十六条——実用の教え

十六日　使民以時　古之良典　故冬月有閒　以可使民　従春至秋　農桑之節　不可使民　其不農何食　不桑何服

十六に曰《いわ》く、民を使うに時をもってするは、古《いにしえ》の良き典《のり》なり。ゆえに、冬の月に閒《いとま》あらば、もって民を使うべし。春より秋に至るまでは、農桑《のうそう》の節なり。民を使うべからず。それ農《なりわい》せずば、何をか食らわん。桑《くわと》らずば何をか服《き》ん。

この「民を使うに時をもってするは」というのは、『論語《ろんご》』の言葉である。また「冬の月に閒《いとま》あらば、もって民を使うべし」というのは、『礼記《らいき》』においてその具体的意味が規定されている、と村岡《むらおか》典嗣《つねつぐ》氏はいう。つまり「冬は乃《すなは》ち農隙《のうげき》の時なり」とか、「春耕《たがや》し、夏耘《くさぎ》る如く、秋の時は、乃ち農功《のうこう》の時、農隙《のうげき》の時にあらず」などとある。またしばしば「十七条憲法」と比較される北周《ほくしゅう》の武帝《ぶてい》の「六《ろく》条《じょう》詔書《しょうしょ》」にも、「必ず春これを耕《たがや》し、夏これを種《う》ゑ、秋これを収《をさ》め、しかる後《のち》冬これを食す。この三《みつ》の時は農《なりはひ》の要《かなめ》なり。もしその一時《いちじ》を失はば、穀《たなつもの》を得て食《くら》ふべからず」とある。

この条文はこれらにもとづいて書かれたものであり、良典というのは、ここでは『論語』や『礼記』をさすのであろうか。もとよりこれも実際に政治をとった聖徳太子の経験からでてきた言葉であったのであろう。おそらく内乱や外征で農繁期にも民をつかうことがしばしばあり、そういうことの自省の上にたった太子の発言であろう。

太子は一面で、理想国をこの地上に実現しようとする哲人政治の主唱者であるが、一面、プラグマチストともいいうる現実政治家でもある。

私はこの第十六条は、第十五条、第十七条とともに智の徳に属し、第十七条がその原則を述べた条で、それに内面的、仏教的である第十五条と、実用的、法家《ほうか》的な条である第十六条が並んでいるものと考える。ただ第十五条には、恨みの情念の悪を述べようとする趣旨に、背私向公を説こうとする趣旨が加わったので、その構造がやや不明確になったのではないかと思う。

ここで、第十五条と第十七条の順序が入れかわったのは、二つの理由があるのではないかと思われる。一つは、先の第十四条との関係である。第十四条において、嫉妬《しっと》の悪について述べた。そして第十五条において、恨みの悪について述べている。嫉妬と恨みとは深く関係した情念である。それゆえ、嫉妬の悪について語った後に、聖徳太子は恨みの悪について語ろうとしたのではないか。

義の項にあたると思われる第十二―十四条では、信の項のように、原則論的な条が先に、それに内面的、仏教的な条が続き、最後に外面的、法家的な条がくるという順序をとらずに、まず原則論的な第十二条があり、次に外面的、法家的な第十三条がきて、次に内面的、仏教的な第十四条がくるというふうに、外面的な条文と内面的な条文が入れかわっているのは、この嫉妬の情念について語った条文と、次の恨みの情念について語った条文を結びつけたかったためであろう。そのために、次の智の項の条文の順序がくずれ、内面的、仏教的な条文が先にでて、次に外面的、法家的な条文が続き、最後に原則論的な条文がくることになったと考えるべきであろう。

この智の徳についての原則論を語る第十七条は、おそらく第一条と並んで、「十七条憲法」の中でも、もっとも重要な条であると思われる。

第十七条を終わりにおいた二つめの理由は第一条との連関を強調するためであろう。つまり第一条は、事と理が相通うことであり、第十七条では、辞と理が相通うことである。「十七条憲法」では、第一条と第十七条が深い関係をもっているのである。それは太子の譬喩《ひゆ》を借りると、「鐶《みみかね》の端《はし》なきがごと」く相連なっているのである。第十七条はまた第一条へかえり、第一条は第二条、第三条と連なって第十七条へ続き、また第一条へかえるというように、それは円環的連関をもっている。それを示すために第十七条を最後においたと考える。

そして、第十五条の「ゆえに初めの章に云う、上下和諧《わかい》せよ、と。それまたこの情《こころ》か」という文章も、この円環的構造を語ったものであろう。この第十五条からはじまる智の徳の条は、また第一条からはじまる仁すなわち和の条に連なることが、ここであらためて示唆《しさ》されているのであろう。この第十五条の文章と、第十七条の「ゆえに衆と相弁《あいわきま》うるときは、辞《こと》すなわち理を得ん」という文章で、智の徳と和の徳との連関を示して、「十七条憲法」全体の構造をよく考えよ、というわけである。

「十七条憲法」の五重塔的構造

以上、私はいささか冗漫すぎると思われるくらい詳細な考察を「十七条憲法」に加えた。正直にいえば、私は一年前にこの憲法の考察をはじめたときには、その構造がよくわかっていなかった。聖徳太子を論ずるには、どうしても「十七条憲法」を論じねばならない。憲法の条文の一つ一つは明晰《めいせき》である。しかしそれが全体としてどのような秩序と構造をもっているか、このことについて私はさっぱり見当がつかなかった。

「十七条憲法」はひとつの法律の文章である。法律の文章は、厳密さと論理性が必要である。しばしば法律の文章がわかりにくい印象を与えるのは、誤解を避けるために、必要以上に文章に論理性をもたせるためであろう。「十七条憲法」は多分に道徳的訓誡《くんかい》を含んだ憲法である。現代の法律の文章のように、明快さを犠牲にしたような論理性は必要ないかもしれない。しかしそれが国のあり方を決定する憲法であるならば、それはそれなりに体系的で一貫性をもたねばならない。その体系的一貫性がどこにあるのか。なぜに「十七条憲法」は十七条でなければならないか。なぜにこのような順序でなくてはならないのか。そういうことがまったくわからなかった。

多くの学者たちによって、「十七条憲法」はさまざまに解釈されてきた。ある学者は、それは儒教《じゆきよう》的な教えといった。しかし、明らかに儒教では説明しきれない条文があった。またある学者は、それを仏教から説明したが、どうにも仏教と関係ないような条文も多く見いだされた。またある学者は、それを法家《ほうか》の教えから解いたが、「十七条憲法」をすべて法家の教えで解くことは、誰の目にも無理であった。儒教、仏教、老荘《ろうそう》、法家、さまざまの教えが「十七条憲法」の中には雑居しているのである。とすれば「十七条憲法」は、それらのそれぞれ異なる原理をもった思想を、何らの主体的な原理もなしに集合させた、首尾一貫しない条文の集まりなのであろうか。

従来の「十七条憲法」についての解釈は、プロクルステスのベッドのたとえのように、説明のつかない条文の説明をきってしまって、無理に一つの教えにあてはめる誤りを犯していなかったとすれば、「十七条憲法」をまったく雑然たる思想の混合とみて、それによって太子を軽視する弊に陥っていたのである。

私は、このジレンマに悩んだのである。聖徳太子は日本人によって、弘法大師《こうぼうだいし》とともに、もっとも智恵のある人間として尊敬されている。彼は十人の訴えを一度に聴いて、その一つ一つを理解したという。もしもこの伝承が多少でも真実を伝えているとすれば、彼ははなはだ頭脳明敏な人間であるということになる。その頭脳明敏な人間のつくった憲法が、どうして論理性をもたないということがあろうか。国のあり方を決める憲法に論理的秩序がなければ、国そのものにも秩序が存在しえないことになろう。とすれば、この頭脳明敏な太子がつくった憲法が整然たる論理的な秩序をもたないはずはない。こう思って私は、何度も何度も「十七条憲法」を読んだ。そしてその結果ひらめいた着想が、憲法の条文はそれぞれ「冠位十二階《かんいじゅうにかい》」に説かれた徳に対応し、そして主として、その徳の位にある官にたいして語られたものではないかということである。

このような着想が私におとずれてからすでに半年たったが、事は一挙に見えたわけではない。このような考えの上にたって一条一条を見ていくうちに、全体の体系がだんだんはっきり見えはじめたのである。そしてその結果、この「十七条憲法」が実に精密な論理的構成をもっていることがわかった。そしてその論理的構成を支えるものは、聖徳太子独自の思想なのである。「十七条憲法」ははなはだ簡潔な文章からなりたっているが、一字一句けっしておろそかにつかわれているわけではない。最初、むだと思われた文章は、実は「十七条憲法」の隠れた論理性を物語っているのである。もう一度、この構造を概観してみよう。

「十七条憲法」は、「冠位十二階」の徳の順序に配列され、それぞれの徳に対応すると同時に、主としてその官にある者にたいする道徳的命法であった。第一―三条が仁、第四―八条が礼、第九―十一条が信、第十二―十四条が義、第十五―十七条が智にあたった。つまり、仁―三条、礼―五条、信―三条、義―三条、智―三条という割合である。礼の項が他の条より多いのは「礼をもって本とせよ」というように、礼の徳が律令《りつりょう》社会の組織の中心原理を示しているからであろう。「十七条憲法」は三、五、三、三、三という五重の層を形づくっているのである。

ちょうどそれは、五重塔《ごじゅうのとう》の形を思い出させる。ここでいちばん上位の仁の徳が「十七条憲法」では、和の徳とかわっている。和は仁と通ずるが、仁より、より包括的な徳であると聖徳太子は考えたのであろう。「十七条憲法」の思想が、儒教、仏教、老荘、法家の思想の総合をはかっているとすれば、仁の徳を最高の徳とすることはできない。四つの思想に共通であり、しかもはなはだ仏教的色彩の強い和の徳を仁の徳にかえることが、この「十七条憲法」の思想の、三教《さんぎょう》あるいは四教の総合という性格にきわめてふさわしいと、太子は考えたからであろう。

ところで、はじめの三条の仁、すなわち和の徳にあたるものが、この「十七条憲法」およびそれにのっとってつくられるべき日本国家の根本原理を述べたものといってもよいであろう。それを原則論と名づけておこう。それにたいして、第四―八条の礼の徳にあたるものは、現実的な国家の組織について述べたものである。それは組織論というものにふさわしい。そして、次の信と義の項は、君臣関係について述べたものである。君臣関係を、一つは信頼関係から考察し、一つは服従関係から考察したものであろう。現代の言葉を借りれば、人間関係論というべきか。そして第十五―十七条の智の徳にあたるものは、これはやはり智性論とよばれるべきであろう。この五重塔的構造をもつ「十七条憲法」は、原則論―組織論―人間関係論―智性論の四つからなっていることになる。

ところでこの一つずつが、また三ないし五のそれぞれ異なる性格をもつ条文からなりたっている。つまり第一条、第四条、第九条、第十二条、第十七条が、その原則的な部分であり、その思想には儒教的な匂いが強い。この五条が、塔の中心の柱のように「十七条憲法」の体系を支えるのである。この柱の部分の条文をとってみると、はなはだ儒教的色彩が強いということになり、それを中心に憲法を見れば、儒教的な憲法であるということができる。

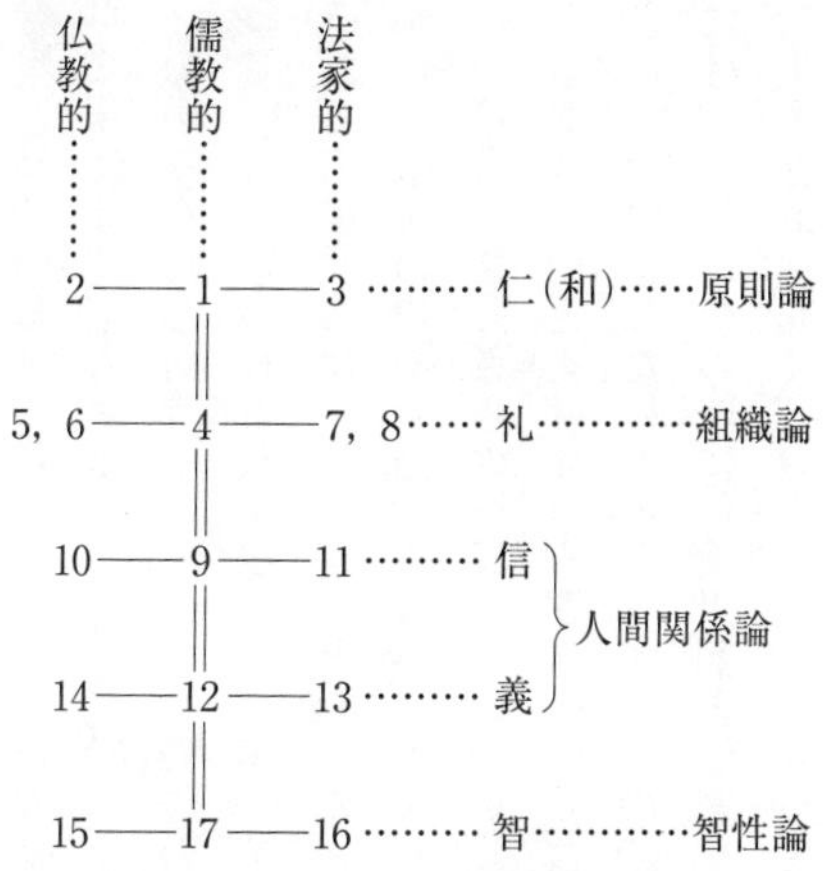

「十七条憲法」の五重塔的構造

ところが、この中心の柱をなす条文の左右に、それぞれ別の性格をもつ条文が並んでいるのである。一つは、仏教的あるいは老荘的色彩をもった、人間の内面についての鋭い考察を含んだ条文である。第二条、第五条、第六条、第十条、第十四条、第十五条である。第二条でははっきり仏教についての信仰が語られ、第五条においては欲望、第六条においては諂詐《てんさ》と佞媚《ねいび》、第十条においては怒り、第十四条においては嫉妬《しっと》、第十五条においては恨み、という人間の悪なる内的情念が仏教思想を背景にして深く考察されている。これらの条文ははなはだ仏教的色彩が強いといわねばならない。これらの条文を中心にみれば、「十七条憲法」は仏教的であるといえなくはない。

しかしそれと同時に、その一つ一つの徳に、まったく外面的、実用的で、法家思想とつながりをもっていると思われる条文がある。第三条、第七条、第八条、第十一条、第十三条、第十六条である。それらの条文には、法家からとられた言葉が多くでているが、それはまったく当時の現実社会の要請からくるものであった。こういう条文を中心にしてみれば、「十七条憲法」は、法家思想によるものとの見方もまんざらの間違いではない。

つまり、たとえばちょうど法隆寺《ほうりゆうじ》の塔がみごとな均整をもっているように、「十七条憲法」はみごとな均整のとれた秩序をもっていたのである。中心をなす柱にあたるものは儒教であるが、その左右には、一つ一つの層に仏教思想と法家思想の条文が配置されているのである。

太子はおそらく、ひとつの国家をつくるには、儒教思想が欠くべからざるものであることを十分に知っていたにちがいない。儒教がもっているのは道徳的秩序への強い確信である。この道徳的秩序が国家の秩序でなくてはならない。太子ほど国家を道徳的秩序に従ってつくるという純粋な理想をもった政治家は、儒教の本国・中国にもいなかったであろう。儒教思想を中心の柱におく、それは秩序をもった国家をつくるには必要欠くべからざることであったにちがいない。

しかし儒教だけでは不十分である。それを補うものが二つなければならないと太子は考えた。一つはもちろん仏教である。ほんとうに人間を心の底からよくするには、儒教では不可能である。仏教がはじめて、人間に存在する悪徳に深い省察の目をそそぎ、それによって人間をそういう悪徳から解放することができる。おそらくそれが、梁《りょう》の武帝《ぶてい》や百済《くだら》の聖明王《せいめいおう》の確信でもあったであろうが、太子も彼らとともに、あるいは彼ら以上に、そういう確信に燃えていた。

しかし、仏教と儒教だけでは国家は治まらないということを、現実政治家である太子はよく知っていたにちがいない。国家の秩序を保つには、やはり法が必要である。法のきびしさが、内面の教化とならんで、道徳的国家をつくるためには必要欠くべからざるものであろう。そう確信して太子は、根本を貫く儒教の条文のまわりに外面的、実用的、法家的色彩の条文を、内面的、哲学的な仏教的色彩の条文と同じだけつけ加えたのであろう。内と外、仏教と法家のバランスをとるためであろう。

これはみごとな論理的体系であるといわねばならない。

「十七条憲法」の円環的構造

さらに、この論理的体系には、もう一つの秘密が隠されている。それは最後の第十七条が第一条につながるということである。つまり、最上層の和の徳が最下層の智の徳とつながっていることである。五重塔《ごじゅうのとう》的な構造は、同時にまた円環的構造でもあるのである。この智の徳と和の徳のつながりは、第一条と第十七条の終わりがいずれも事の理の一致という思想であるとともに、第十五条に第一条の主旨が再びひかれていることによっても示される。太子は、いちおう五重塔的構造をもたせているが、一方で、第十七条は第一条に連なり、円環的構造をもっていることを示そうとしている。

この円環的構造は、最高の徳を仁ではなく、和においていることとつながっている。和の主張は、同時に客観的理にもとづく人間の平等性の主張の上にたっている。またここで説かれる智はけっして閉鎖的智ではなく、多くの人との論議によって見いだされる客観的な智恵なのである。この和と智の

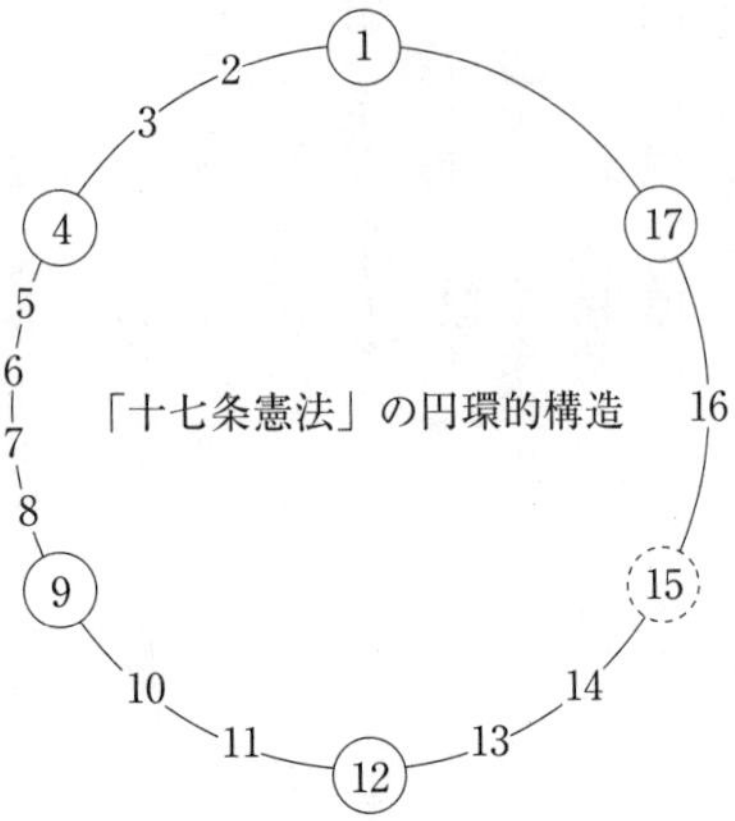

「十七条憲法」の円環的構造

性格およびその連関性は、「十七条憲法」が人間平等の考えの上にたっていることを示している。五重塔的な秩序的構造をもっているかにみえた「十七条憲法」は、実は円環的な平等的性格をもっているのであろう。私はこの辺に彼の信じた大乗仏教の、とくに当時はなはだ流行した『涅槃経《ねはんぎょう》』の、すべての衆生《しゅじょう》に仏性ありという平等論が大きく影響しているように思う。

このように考えると、もはや「十七条憲法」を、何らの論理的体系ももたない、雑然たる思想の、法律とも道徳的訓誡《くんかい》ともつかぬ、アフォリズムの集まりとみることはできない。ここには、儒教《じゅきょう》、仏教、老荘《ろうそう》、法家《ほうか》の哲学を一貫させ、しかも現実的な新しい国家建設という課題に面した聖徳太子の、はなはだ独自の思想が語られているのである。彼の頭脳は一つの教えによって国家を建設することができると思うほど単純ではなかった。多くの思想のよいところをとって、それを総合して、ひとつの思想体系をつくる。そしてその思想体系にもとづいて国家をつくる。これが「十七条憲法」をつくる太子の精神であったと私は思う。

まだ「十七条憲法」について語りたいことは多い。構造がこのようであるとすれば、それについてくわしく後の学者たちは研究することができるであろう。ここで私はただ、以下の二点について注意することによって、この「十七条憲法」についての考察を終えよう。

憲法偽作説への批判

一つは、「十七条憲法」がこのような構造をもつとすれば、津田左右吉《つだそうきち》氏によってとなえられた「十七条憲法」偽作説はたちどころにとんでしまうにちがいない。

この条文から私が感ずるのは、太子の孤独ともいうべき強い政治改革の精神であり、それとともに、現実政治家・太子のデリケートな実用的な提言である。しばしば私はこの条文を読んで、きびしい太子の精神にうたれるとともに、このようなきびしさが太子を孤独に陥れるのではないかと憂えた。そういうすさまじい気迫と鋭い実践的智恵に、この「十七条憲法」は満ちているのである。

しかも文章としても、これははなはだすぐれた文章であると私は思う。滝川政次郎《たきかわまさじろう》氏は、この条文を北周《ほくしゅう》の武帝《ぶてい》の「六条詔書《ろくじょうしょうしょ》」に比するが、私が読んだ「六条詔書」より、「十七条憲法」ははるかに簡潔で、しかも鋭利である。蘇綽《そしゃく》によって書かれたといわれる「六条詔書」は、主として地方の官吏によせた道徳的訓誡《くんかい》であるが、主旨も平凡で、思想もただ法家《ほうか》のみからなりたっていて、その文章は緊迫感に欠けている。私は、「十七条憲法」のほうがはるかによい文章であると思う。

偽作というものは、どんなにうまくつくっても、本物よりはよくできない。本物がもっている気迫、気品、鋭さのようなものは、どうしても贋物《にせもの》にはできないのである。永年、芸術や学問にかかわって、いつも一流品を相手にしている人間は、おのずから一流品のもっている気品、気迫、鋭さのようなものが理解できるようになってくる。私は、古典を理解するということは、その古典に含まれているそういうもの、気品や、気迫や、鋭さを感じとることであると思う。それがなかったら、古典を理解することはできない。

津田左右吉氏は、はなはだ明敏な頭脳をもっていて、文献考証を得意とした。彼は、古典の中にある矛盾を鋭く嗅ぎだして、その矛盾を追及し、矛盾のあるものは贋物だ、後からつくられたものだと断定するのである。「十七条憲法」に彼が見たのも、かかる矛盾である。

一つは条文の内部の矛盾である。たとえば国司《くにのみこともち》と国造《くにのみやつこ》とが第十二条で並列されているけれど、国司と国造は矛盾概念。国司は大化改新《たいかのかいしん》とともにできたもの、国司ができて国造は権力を失った。それゆえに、国司と国造が同時に人民を収斂するはずはない。国司を任命するのは大化改新以後のこと、それなのに大化改新以前にできたはずの「十七条憲法」にすでに国司のことが書かれている。

しかしその後の歴史家たちは、この矛盾律が成立しないことを明らかにした。「十七条憲法」でいう国司は、大化改新以後の国司ではなく、国司すなわち地方政治を監督するために中央政府から派遣された役人である。そしてその国司は、大化改新以前にも地方へ下されたことがある。津田左右吉氏の得意そうに見いだした矛盾律に、われわれは従うことはできない。

しかし、私がここで津田氏を批判するのはそういう意味ではない。津田氏はやはり歴史と人間を内的に理解する感覚に欠けていたのではないかと思う。彼は、『文学に現はれたる我が国民思想の研究』という分厚い本を書いたが、そこで『万葉集』をやっつけ、『源氏物語』を評価せず、能を蔑視《べっし》し、禅《ぜん》を笑い、芭蕉《ばしょう》に共感を示していない。これは特異な日本文化論というより、日本文化批判論であるが、ただ一人だけ彼が手放しで礼讃《らいさん》する文学者がある。それは一茶《いっさ》である。この広汎《こうはん》な日本文学論を読んで、一茶の項にいたって、われわれはやっと津田氏の讃辞にあうのである。一茶以外のいっさいの日本文学はつまらないものであるかのようである。

このように津田左右吉氏の文学についての見方は、歴史についての見方と深く関係しているのである。つまり、彼は一級のものを見る感覚を欠いている。彼はいわば芸術音痴なのである。この音痴は、自ら音痴であることも知らずに、大胆に、あつかましくも自分の理解できないものを抹殺しようとしたのである。「十七条憲法」を読んで、彼はまったく聖徳太子の精神が理解できなかったのである。この条文からただよってくる太子の悲しいまでの純潔な精神も、このみごとに論理的な構造も、彼はわからなかったのである。この「十七条憲法」のうちにただようものがわからなかった彼は、外から二、三の矛盾点を——それも実は矛盾ではなかったのであるが——見つけて得意になって、憲法を後世の作と決めつけた。

『古事記』についても、『日本書紀』についても、津田氏のやり方はいつもそういうやり方である。それはひとつの、誤ったナショナリズムによって硬直した日本の古代研究をつき破るには有力な武器であったかもしれないけれど、日本の古代人の思想や感情を深くかつ正確にとらえるには、彼によってつくられた理解の枠を破らねばならない。いずれ、『日本書紀』や『古事記』についての、彼の見解を批判したいと思う。

「十七条憲法」は間違いなく太子の作であり、それは独創的な思想に貫かれている。もちろん、それぞれの条文の文章は中国の古典に求められるものが多い。儒教《じゆきよう》、仏教、老荘《ろうそう》、法家《ほうか》などの多くの経典から多くの言葉がとられ、それによって「十七条憲法」はつくられた。それは学者の指摘するところである。しかしその総合の仕方にまったく太子独自の思想がある。それは当時の現実的必要からでた、三教《さんぎよう》あるいは四教が総合された、まことにみごとな論理的秩序をもつ憲法であるといわねばならない。このみごとさについて、私はすでに十分語ったと思う。

しかしこの三教あるいは四教の総合ということが、同時にこの憲法の弱点であるともいえるのである。

ひとつの思想は一貫した論理的体系をもっている。儒教は儒教、仏教は仏教、老荘は老荘、法家は法家なりの、ひとつの統一した世界観、人生観をもっている。太子はそういう異なった世界観、人生観の上にたつ四つの思想を総合して、そこにひとつの思想体系を構成し、それをもって国づくりをはじめようとしている。しかしそれは不可能ではないか。

「十七条憲法」は一面、五重塔《ごじゅうのとう》的な秩序構造をもつとともに、一面、円環的な平等構造をもつ。それは儒教ないし法家と、仏教ないし老荘とを総合、止揚《しよう》する太子の独自の思想からうまれたものであろうが、それは不可能ではないか。太子は本来は、矛盾しているさまざまなものを総合しようとする、まちがった試みをあえてしているのではないか。そしてそのような試みの上につくられた憲法は、やはり大きな内部矛盾を宿しているのではないか。その憲法の内部矛盾は、同時に太子の政治の内面矛盾であり、太子そのものの政治はどんなに高い理想の上にたっていようとも、結局は失敗に終わる運命をもっているのではないか。「十七条憲法」にあらわれた太子の思想の総合的性格は、かえってその思想の脆弱《ぜいじやく》さをあらわにしているように思われる。

それともう一つの弱点は、この憲法には罰則がないということである。憲法すべてが、当時の政治的状況の緊迫感の中で書かれ、たんなる理想や空想の作文ではないけれど、罰則がなかったらどうしてこのような条文にもとづく国家建設が可能となるであろうか。生前、太子はおそらく、このような条文にもとづく政治を行い、そしてこのような条文にもとづいて信賞必罰をしたにちがいない。その意味で、この条文にはひとつの現実的力があったかもしれないが、この罰の規定が明確でないかぎり、憲法は空文になる可能性をいつももっているのである。

太子がここで口をきわめてののしる諂詐《てんさ》や佞媚《ねいび》の人で満ちている宮廷社会は、表面ではこの憲法をつくりだした太子の徳をたたえ、太子を日本歴史にあらわれた、はなはだすぐれた人間と認めつつも、この条文によって支配されるような国家のできることを望まず、ひそかに太子の失脚を待っていたのではないか。

以上のことは、すでに歴史のドラマの行方を知っている私の思い入れかもしれない。しかし、その条文には異常なところがある。それは太子の偉大さを示すとともに、同時に、そこに何か不安なものを感じさせるものがある。

解題

解　題

梅山秀幸

この第一巻には、『聖徳太子』の上巻を収め、続く第二巻には下巻を収める。執筆の時期としては今回の第Ⅱ期梅原猛著作集の最も初期に位置し、第Ⅰ期の著作集と繋ぐことになる作品である。この『聖徳太子』は、小学館が出していた季刊誌『創造の世界』の二七号（一九七八年八月）から五〇号（一九八四年五月）まで、六年間、計二十四回にわたって連載され、全四巻の書物として一九八〇年三月から一九八五年十一月にかけて逐次、小学館から刊行された。それを改訂して全二巻に仕立てて、一九八九年十一月には同じく小学館から刊行、それを四巻本として、集英社文庫に収められた（一九九三年）。

本巻に収めるのは、集英社文庫の四巻本のうちの第一巻『聖徳太子1　仏教の勝利』と第二巻『聖徳太子2　憲法十七条』であり、二巻本の上巻『新版　聖徳太子（上）』ということになるが、この著作集における部立てと、雑誌掲載と単行本の刊行日時のあらましは次のとおりである。

○第一部　仏教の勝利

『創造の世界』二七号（一九七八年八月）―三〇号（一九七九年五月）に掲載。のち単行本として『聖徳太子Ⅰ　仏教の勝利』を刊行（一九八〇年三月　小学館）。改訂後、『新版　聖徳太子（上）』に収載（一九八九年十一月　小学館）し、一九九三年四月、集英社文庫『聖徳太子1』に収録。

○第二部　憲法十七条

『創造の世界』三一号（一九七九年八月）―三六号（一九八〇年十一月）に掲載。のち単行本として『聖徳太子Ⅱ　憲法十七条』を刊行（一九八一年二月　小学館）。改訂後、『新版　聖徳太子（上）』に収載（一九八九年十一月　小学館）し、一九九三年六月、集英社文庫『聖徳太子2』に収録。

著者の代表作の一つである『隠された十字架』は、著者の古代学の開始を高らかに宣言するとともに、文字通り「洛陽の紙価を高めた」書物であり、その解説はいまさら必要はないと思われるが、法隆寺は斑鳩の地で一族皆殺しの憂き目にあった聖徳太子一族の怨霊を鎮魂するために建立された寺であるとするものであった。しかし、それはあくまでも法隆寺論であって、聖徳太子について論じたものではなかった。著者自身そのことを十分に意識していて、『隠された十字架』の末尾に次のように語っている。

「われわれは、法隆寺の謎にかんする長い追求の旅を終えた。われわれの仕事は終ったのであろうか。そうではない。まだ、根本的な謎が残っている。法隆寺はわれわれにその正体を明かしたが、そこに祀られる聖徳太子は、まだあまりにも明らかでない部分が多い。

いったい、聖徳太子はいかなる人か。われわれは、その人をどう考えたらよいか。一つの謎の解明はまた新たな謎を生み、その謎の解明なしには『隠された十字架』という仮に私がこのエッセエにつけた題名の意味も十分には理解されないであろう。私は最初、法隆寺の謎が解ければ、聖徳太子という人の謎もしぜんに解けると思っていた。しかし、どうやらそうではないようである。その謎はなお深く、根本的に、稿を改めて取り組まねばならない。

認識の道は、限りなく困難な道であるが、また限りなく楽しき道なのである」

この『隠された十字架』は、当時は季刊であった雑誌『すばる』第三号—第五号(一九七一年二月—八月)に「日本精神の系譜(三)—(五)」として連載されたものであったが、その脱稿後、著者はすぐに聖徳太子論にとりかかっている。それは「日本精神の系譜(六)死の聖化」と題して、『すばる』六号(一九七一年十一月)に掲載されたものの、単発に終わり、完成されなかった。というのも、ちょうどこの時期に、日本の古代を代表する歌人である柿本人麻呂は流刑死したのではないかという、これまでの常識的な人麻呂像を覆す新たな着想に、著者は取り憑かれ、その著作のために猛勉強を始めたからである。解題者が著者にはじめてお会いしたのは、ちょうどこのころのことであったが、『隠された十字架』はまだ単行本としては発行されておらず(単行本としての刊行は一九七二年五月)、著者のものとしては『地獄の思想』一篇しか読んだことがなく、何ら知識のない二十歳の私を前に、『万葉集』は鎮魂の歌集ではないか、人麻呂の死は変死ではないかとまくしたてられ、編集者だったか、学者仲間だったかに、電話をかけまくっていたことが、昨日のことのように思い出される。

『すばる』の「日本精神の系譜」は一回休載された後、「水底の歌」の連載がなされ（『すばる』八号―一二号　一九七二年五月―一九七三年六月　上・下二巻の単行本の刊行は一九七三年十一月）、それがやはり大きな話題をさらった後も、「さまよえる歌集」の執筆があり（『すばる』一三号―一六号、二〇号―二二号　一九七三年九月―一九七四年六月　一九七五年六月―一九七五年十二月　この中の赤人論のみが単行本『さまよえる歌集―赤人の世界』として一九七四年十一月に刊行）、さらには「柿本人麿―『水底の歌』完結篇」（『すばる』二七号―三八号、一九七七年二月―一九七八年十二月　単行本としては『歌の復籍』上・下巻として一九七九年九月に刊行）など、『万葉集』関係の論考を矢継ぎ早に世に問われることになる。

『聖徳太子』の執筆は、『歌の復籍』の最終部分と重なるとしても、それら『万葉集』の論考が一応完成のめどが立って後のことになる。執筆の六年の間というのは、著者が京都市立芸術大学の学長を務めた時期であり、また後半は国際日本文化研究センターの設立の準備に追われて、たいへんに多忙であったと思われるが、雑誌連載は一度の穴を空けることもなく続けられた。もっとも、一度だけ休筆を考えたことがあったらしい。「『聖徳太子』休筆のおわび」という著者の原稿と印刷物が京都の編集室には残っているが、それは使用されることなく、連載が続けられた。下巻の解題では、この不要となった「休筆のおわび」を紹介したいと思う。

第一部　仏教の勝利

「序章　聖徳太子の実像を求めて」

雑誌連載時の「聖徳太子（一）仏教伝来の意味するもの」の前半部であり、この書物の執筆にいたる動機について述べる。『隠された十字架』は法隆寺について語ったものであり、聖徳太子について語ったものではなかった。そこで、聖徳太子の現象ではなく、太子それ自体について、すなわち死後百年がたって、当時の政治権力者たちに恐怖を与えた太子の怨霊についてではなく、聖徳太子の現身《うつしみ》を、その歴史的現実に即して解明したいというのが、本書執筆の理由なのだと著者はいう。さらには、聖徳太子を明らかにすることは、一人の人間の人生を明らかにすることにとどまらず、日本というものを明らかにすることであろうともいっている。

ところが、この「太子の現身」を明らかにするためには、乗り越えなければならないハードルがある。その死後まもなくから、聖徳太子の生涯はさまざまな伝説にいろどられ、中世には太子信仰も加わって、太子にまつわる「妄誕」が増殖していく。その代表的なものが、『聖徳太子伝暦《でんりやく》』であるが、久米邦武は『上宮太子実録』を書いて、近代史学の立場からその「妄誕」にメスを入れた。ファンタスティックな「伝暦」ではなく、科学的な「実録」たらんとするために、久米邦武がまず行ったことは厳密な史料批判であり、使用に耐える史料とそうでないものとを区別したわけであるが、しかし、そこから見えてくる太子像はいかにもやせ細ったものになってしまった。

歴史的な実在としての聖徳太子を新たな光の中で見直すにはどうすればいいか、そのためには、著者は東アジア全体の歴史の流れの中で考えていく必要性を指摘する。『日本書紀』を読むだけでなく、朝鮮半島の歴史書である『三国史記』および『三国遺事』、あるいは中国の『梁書』や『魏書』や『隋書』などを読み込みながら、はなはだしく国際的な時代の国際人であった聖徳太子という人物を明らかにしようとする。

「第一章　仏教伝来の意味するもの」

五五二年十月、仏教公伝（聖徳太子の評伝であるこの書物は、全体的な視野の下で著者の哲学的な考察を交えて複雑な構成になっているが、あくまでも歴史叙述である以上、時間軸にそって書かれている。それぞれの章における最初のトピックになるような歴史的事件があれば、それを掲げて、その章で扱われる時代の概要をわかりやすくしたいと思う）。

仏教伝来もけっして単なる文化的事件なのではなかったというのが、著者の立場である。著者は仏教伝来について、『日本書紀』の伝える欽明天皇十三年、すなわち西暦五五二年説をとり、『元興寺縁起』などの五三八年説を排している。五五二年説をとらないかぎり、東アジアの緊迫した空気の中での歴史的事件である仏教伝来の意味合いがわからないし、また中国および朝鮮半島の三国での仏教受容の歴史を無視することになると考えるのである。

インド生まれの高度な形而上学的な思弁をもつ仏教が、きわめて人間中心主義的な哲学である儒教を根幹にもつ中国社会に入って、浸透しだすのは、社会が不安定になった南北朝時代になってのことであり、なかでもみずから四度も捨身を繰り返すなど、敬虔な仏教徒であった梁の武帝の時代に入って、仏教の受容は最盛期を迎える。しかし、その過度の仏教への傾倒も原因して、五四九年には梁は滅び、武帝みずからも死ぬ。

朝鮮半島においては、百済は梁とは使者を送るなど緊密な関係をもっていたが、北の高句麗とは絶えず争って疲弊し、東ではいよいよ新羅が強盛となって、百済は戦をくりかえすたびに、敗北するありさまであった。任那に日本府をもつ大和朝廷にとってまでも、半島の情勢には無関心ではいられなかった。梁の武帝から冊封を受け、武帝をみずからの生き方の手本ともしていた百済の聖明王が、日本に仏教を伝来させたのは、けっして単なる文化的な事件ではなくて、日本に出兵をうながし、自国の危急を救おうというきわめて政治的な意味合いをもつ事件であったと、著者は考える。

「第二章　仏教——亡国と興国の教え」

五五四年、百済、援軍を求め、日本は千人の兵を派遣する。

百済の聖明王は日本に再三再四、派兵要請を行ったが、日本はそれになかなか応ぜず、五五四年、五経博士や易博士、暦博士、医博士などの、文化的な人材のプレゼント攻勢があって、それとの交換で、やっとのことで、一千の兵を送った。百済は攻勢をしかけるが、この戦の過程で聖明王は死んだ。

仏教を人一倍信奉した梁の武帝、そして百済の聖明王の二人の君主が相次いで死んだことになるが、過度の仏教への傾倒は現実の政治を執り行わなければならないものにとってはマイナスに働くだけなのか。しかし逆に、仏教を振興しつつ、国家興隆に成功した君主が、同時期に同じ東アジアに存在した。新羅の真興王であるが、「花郎」という青少年集団の武力と弥勒信仰を背景に積極的な国家経営を行って、新羅の国を隆盛に導いた。日本の場合、仏教信仰が国家をどのような道に導くことになるのか。各国と比較したとき、日本における仏教受容がどのような位相を見せるのか、相対的な視点をここでは用意していることになる。

「第三章　蘇我と物部の宗教戦争」

五七四年、聖徳太子が生まれる。

新しい外来の宗教の受容は、在来の古い神々との摩擦を起こす。日本的な風土に適合して、習合、同化が起こるとしても、それはまたある時間を経て後のことになる。聖徳太子が生まれたのは、諸説あるものの、敏達三（五七四）年と考えられ、宗教の相克が起こるべくして起こる時期にさしかかっていた。折から蔓延した疫病についても、在来の神々の祟りと主張するものもあれば、新来の仏への尊崇が足りないからと主張するものもある。仏教を信奉する蘇我氏と、在来の神々を信奉して仏教を排除しようとする物部氏とは、大和朝廷内での主導権争いもからまって、衝突は不可避の情勢になっていた。

聖徳太子はそのような状況の中で、崇仏派である蘇我氏の血を濃く受け継いで、この世に生を受けたことになる。古来の神々によりシンパシーを感じていた敏達天皇が崩御し、仏教信仰の心の篤い用明天皇が即位し、まもなく病気にかかると、崇仏の詔を出すことになった。排仏派の物部氏は追い込まれ、時局は急を告げることになる。

「第四章　物部の滅亡と法興寺の建立」

五八七年七月、崇仏派と排仏派の戦端が開かれる。

戦端が開かれ、歴史の流れには抗しがたく、名だたる豪族や皇子たちが雪崩をうって蘇我氏方につき、物部氏は敗れてしまう。まだ十四歳の聖徳太子はこの戦には参加しなかったという説もあるが、仏教護法の戦のシンボルとして、純粋な信仰をもつ太子は戦陣の先頭に立って、勝利を導いたのではなかったか、という立場を著者はとっている。

物部を滅ぼした後に、飛鳥には法興寺が建立されることになるが、この寺は発掘調査の結果、高句麗様式であることがわかった。もともとの百済との友好関係の上に高句麗の協力があって、この寺ができたことがわかるが、大陸では漢以来分立していた中国を統一した隋帝国が出現し、それが領土を接する高句麗をおびやかしていたことと無関係ではないと、著者は考える。

フィールドワークが著者の叙述を生彩のあるものにしている。そのことについては何人も異論はないであろうが、聖徳太子の母である間人《はしひと》皇后がしばらく居住して、やがて退座したことから、そう呼ばれるようになったという丹後半島の間人《たいざ》、あるいは日本の永い歴史の中で最初で最後といってよい宗教戦争における敗者である物部氏の故地の河内、特に八尾市など、著者はつぶさに歩いたようである。その成果として、各地に伝わる伝承の新たな発見があり、その土地、その土地にまるで冷凍庫のように過去の事件の爪あとが保存されていることに読者は気づかされ、いっそう歴史を身近に感じることになるであろう。解題者は、今回の著作集の第一回配本『法然の哀しみ』が発刊されるに際し、著者にインタビューを試みたことがある。その中で著者がフィールドワークの大切さを述べている部分があるので、紹介しておく。

「世の中の学者には、フィールドワークを馬鹿にする風潮があるんですよ。自然科学で、フィールドワークの先駆をなしたのは、動物学で、今西（錦司）さんや河合（雅雄）さんのグループが優れた仕事をした。人文科学でもフィールドワークは必要なんですよ。『隠された十字架』を書いた時、法隆寺へ何度行ったことか。自分は法隆寺に一回も行ったことがないと、自慢げにかたっている歴史学の先生がいて、馬鹿じゃないかと思ったな。もちろん文献は大事ですよ。しかし、フィールドワークをして、仏像なんかをひとつずつ調べていくと、いろいろと見えてくるものがある。それに文献を照らし合わせていかなくては駄目だと思いますね。私は今、『京都発見』というものを新聞に連載していますが、京都をしらみつぶしに歩き回った。そしてわかったことは、今までの学者が現地に行っていないこと。だから私は、しだいにフィールドワークを重視する学者になったけど、今度の法然論でも、誕生寺ばかりじゃなくて、法然関係の寺をほとんどしらみつぶしに廻った。そうすると、何か、筆の勢いが違う。現地を知っていると、確かだ、間違いないという感じで書けるんですよ」

（『週間読書人』二〇〇〇年十一月二十四日）

第二部　憲法十七条

「第一章　江戸時代の太子批判」

いよいよ聖徳太子が歴史の前面に登場することに

なるが、いったい聖徳太子は日本人にとって何者なのか、と著者は問う。聖徳太子はけっして、どの時代にあっても偉大な聖人として尊敬されたわけではなかった。特に儒教が全盛であった徳川時代にあっては、仏教という邪教を日本に広めた張本人として非難を浴びせられた存在であった。それも時代を下るにつれて、非難は激しいものとなっていく。

もっとも問題となるのは、蘇我馬子の崇峻天皇殺害において、太子が共犯、あるいは主犯ではないかという点にある。天皇弑逆《しぎゃく》という未曾有の事件を、君臣の道を説く儒者も、神ながらの道を説く国学者も、乗り越えることができない。だからといって、この天皇弑逆に目をつぶった上で、宗教者としての太子を論じることもできない。著者は、林羅山、荻生徂徠、山片蟠桃らの太子批判を検討し、また国学者の本居宣長、さらには平田篤胤などの、やはり太子への痛烈な非難を検討する。

「第二章　崇峻帝の暗殺と女帝の誕生」

五九二年十一月、崇峻天皇が殺される。

天皇弑逆は特異な事件ではあるとしても、歴史の転換期における必然と見る点において中世の『愚管抄』の著者の慈円のほうが、江戸時代の儒学者や国学者よりも、歴史の見方において当を得ていると述べる著者は、イデオロギーにとらわれることなく、聖徳太子が現実の政治の中でどのように対処して生きたかをたどっていく。

蘇我馬子は東漢駒《やまとのあやのこま》を使って崇峻天皇を弑《しい》し、我が国の慣習にはない女帝推古を推戴し（五九二）、さらには、はじめて摂政という制度をおいて、聖徳太子を皇太子にするとともに、その摂政につけた（五九三）。策謀に長けた馬子の政治的な知恵であったろうが、青年太子は有為な政治家としての第一歩を踏み出したことになる。物部氏を滅ぼした際に発願していた法興寺が竣工されたが（五九六）、それには外来の新しい高い文化によって権威付けられた蘇我氏という新しい権力の政治的デモンストレーションの意味合いをもっていたと、著者は説く。

「第三章　国際政治家への第一歩」

五九八年、隋と高句麗の間に戦端が開かれる。

中国を統一した隋の文帝は三十万の兵を派して高句麗を攻めたものの、軍勢の多さのためにかえって食料の補給ができずに飢え、疫病に苦しめられた上、海軍は大風にあって多くの船が沈んで、高句麗に敗北した。大国がはるかに弱小であるはずの小国に敗れたわけだが、その二年前の五九六年、聖徳太子は伊予の国まで出かけている。伊予「湯岡の碑文」を、久米邦武は信憑性のある歴史資料であるとしたにもかかわらず、歴史学者はそれを取り上げることがなかった。著者は友人であった故福永光司氏の協力によって、これを読み解いて、聖徳太子の伊予への行啓を、大陸および朝鮮半島の急を告げる情勢を念頭においての対外的なデモンストレーションであったと考えている。このデモンストレーションの結果、百済からは阿佐太子がやって来たり、新羅からは鵲《かささぎ》や孔雀が贈られたりすることになる。

六〇〇年、『隋書』によれば、倭王は朝貢し、その使は日本の政治体制について問われるままに答え、隋の高祖はそれに対して、「大いに義理なし」といったという。しかし、その六〇〇年の朝貢の記事は『日本書紀』のほうには欠落している。著者はそれを、国家として隋から恥辱を受けた記憶を抹消したいという意志から出ていると考えるが、この時期に、硬軟いずれの手法をも駆使しつつ積極的な外交政策を展開した国際政治家としての太子の姿を浮き彫りにしている。

「第四章　三国同盟と日本の立場」

六〇一年二月、聖徳太子、斑鳩に宮を建てる。

聖徳太子が宮廷とは離れた土地にみずからの宮を営んだことは、現実の政治から一歩身を引いたことを意味すると、これまでは考えられてきた。しかし、著者は、これ以後の十年間こそが、聖徳太子が現実の政治家としてもっとも活躍した時代であったことを指摘する。それはちょうど、隋による第一次高句麗遠征（五九八）と第二次遠征（六一二）との間のことであって、隋の強勢に対して、東アジアの辺陬《へんすう》にあって、国家としての体制を対内的にも、対外的にも整えようと努めたのが聖徳太子の政治であったことになる。

高句麗、百済、および日本は三国同盟を結んで、日本は欽明天皇の遺勅であった任那回復をめざして、新羅を攻めるために出兵することを決定する（六〇二）。しかし、総司令官である来目皇子の病気と死によって、日本軍は朝鮮半島に渡ることなく、業を煮やした百済の武王は戦端を開いて、敗れてしまう。慈悲を説き、第一に殺生戒を置く仏教を信奉する聖徳太子にとって戦争とはいったい何か、ここではそのジレンマが、著者の考察の対象になる。

「第五章　小墾田遷都と政治の革新」

六〇三年十月、小墾田遷都が行われる。

十二月、「冠位十二階」が制定される。

六〇四年四月、「憲法十七条」が制定される。

死穢を忌む習俗から、古代にあっては宮＝都は一代きりのものであった。しかし、国家としての体制を整えるためには、半恒久的な都をもつ必要が生じる。聖徳太子は古代の慣習を大胆にも破って、一代きりでは終わらない都を小墾田《おはりだ》に建設しようとしたことになるが、これまでの学者は小墾田遷都のそうした意味を理解しなかったのみならず、小墾田の位置さえ確定できずに、放置したままであった。小墾田は飛鳥であるといい、豊浦であるというこれまでの説を排して、桜井市の大福遺跡がそれに当たるという地元の郷土史家の石井繁男氏の説を、著者は支持する。著者はいう。

「あちこち現地を歩き、そして何度もおとずれた豊浦《とゆら》や飛鳥を、あらためて調べた結果、よけい、私はその可能性は高いと思うようになった。そして帰ってまたいろいろ考え、いっそう確信を深くした。小墾田＝大福説は、今のところもっとも可能性が高い仮説ではないか」

やはりここでもフィールドワーク、現地を何度も歩いた上での実感をもとに述べているわけだが、大福は、中津道の南端にあり、横大路の北側に位置する交通の要衝にもあって、聖徳太子がこれまでとは違った半恒久的な都を置こうとするのに格好の地なのである。飛鳥は山間の僻地であり、豊浦は狭い、著者にいわれてみれば、そのとおりなのだが、書物にのみよりかかる学者はそれに気がつかない。

半恒久的な都が建設されると、今度は宮廷内部の儀礼が確立されなければならない。そこで、「冠位十二階」が定められ、翌年それが実施されるとともに、「憲法十七条」が制定される。その六〇四年は甲子の年にあたり、讖緯《しんい》説にもとづいた「甲子革令」の年に聖徳太子は大胆な政治改革を行い、新たな文化国家の建設をめざしたのではないかと、著者は考える。

「冠位十二階」というのは、大徳、小徳、大仁、小仁、大礼、小礼、大信、小信、大義、小義、大智、小智、というように、官僚の階級にきわめて観念的な名称をつけて、それぞれ違った色彩の冠を与えたものである。ごく一般的な儒教の徳目の序列では、仁—義—礼—智—信であるが、聖徳太子は仁—礼—信—義—智として、その上に徳を加えた。そこにはプラトンの理想国に比すべき太子独自の哲人国家の理想がうたわれているのだと、著者は説く。

「十七条憲法」については、これまで多くの学者の説がある。仏教、儒教、法家、老荘、さまざまな思想の影響がそこでは論じられたものの、それは「プロクルステスのベッド」であるといってよく、「十七条憲法」をありのままに解釈しようという立場はなかった。さらに批判すべきなのは、津田左右吉であって、例によって、太子実作ではないと断定してしまう。「推古朝に於いてかかることが書かれるはずが無いではないか」と津田はいうのだが、著者はそれらを乗り越えて、「冠位十二階」の観念＝位階と照応させての「憲法十七条」の解釈に取り組もうとする。

「第六章　十七条憲法の思想（上）」

「十七条憲法」は「冠位十二階」に表れた徳、つまり仁、礼、信、義、智に分かれるのではないか、第一—三条は和すなわち仁、第四—八条は礼、そして第九—十一条は信、第十二—十四条が義、第十五—十七条が智に当てられていると、著者は考える。そして、仁、礼、信、義、智の徳目の意味合いを、『論語』、『孟子』、そして『荀子』という儒家において確かめ、さらにはそれらを相対化する老荘の思想、あるいは法家の思想を検討する。南北朝の思想そのものが儒、仏、老荘の三教一致の折衷主義であったが、それに法家を加えたすべてが「憲法十七条」の中には流れ込んでいることを否定的に捉えるのではなく、積極的に評価する立場を著者はとっている。

この章では、仁の徳に対応する第一条から第三条までについて論じられるが、しかし、第一条から第三条まで、「仁」よりもむしろ「和」が語られ、さらには仏法を尊ぶべきことが語られている。人間は悪なるもので、ほうっておいたら争いが絶えない。しかし、人間には仏性が宿っていて、それに目ざめさえすれば、善に帰することができる。儒教的な性悪説が、仏教的な性善説によって止揚されているところに、太子の思想の独自性があると著者は説く。

そして、「和」が強調されるのは、日本の国家としての成り立ちからくる必然的なものと考えている。この執筆の時期に、著者にはアイヌの文化との出会いがあって、日本の国家としての成り立ちについて、著者独自の新たな着想が生まれたせいでもあったろう。それは、日本は単一民族からなる単一国家などというものではなく、水稲農業と金属器をもった民族が狩猟採集生活を営む原住民を征服してつくった国家ではないかというものであるが、「和」の徳はそうした歴史によって培われた叡智なのではないかと、著者は述べる。

「第七章　十七条憲法の思想(下)」

「礼をもって本とせよ」とある第四条から裁判の公正を説く第五条、諂詐《てんさ》と佞媚《ねいび》を排し、道徳社会の実現をめざすことをいう第六条、賢哲がしかるべき官につくべきことをいう第七条、そして「早く朝《まい》りて晏《おそ》く退《まか》でよ」という就業規則を説く第八条までの五条を、著者は「礼」の徳について述べ、秩序ある官僚社会をつくろうとしたものと考える。そして、第九条から第十四条までの六条は信について述べるものであり、前半の三条は信について、後半の三条は義について述べるものであると、著者は考えるが、義より信を優先させたところに太子らしさを認めている。

また、第九条において、多くの書物が「群臣」とするところを「君臣」であるとし、「君臣信なきときは、万事ことごとくに敗れん」と、著者は読んでいる。主君と臣下の間にも信頼関係が必要であると考えたところに、太子の思想の独自性があると考えるのである。第十五条から第十七条までは、実際に官吏たちが職務を遂行する上での「智」について述べるが、まったく無秩序に見える「憲法十七条」は、全体として仁、礼、信、義、智が五層をなしていて、法隆寺の五重塔がみごとな均整をもっているように、均整のとれた秩序をもった構成になっていると、著者は指摘している。

著者は粘り強く「憲法十七条」の解釈を行って、そこにこめられた深い叡智を見出し、聖徳太子の理想国家像を明らかにしたことになる。

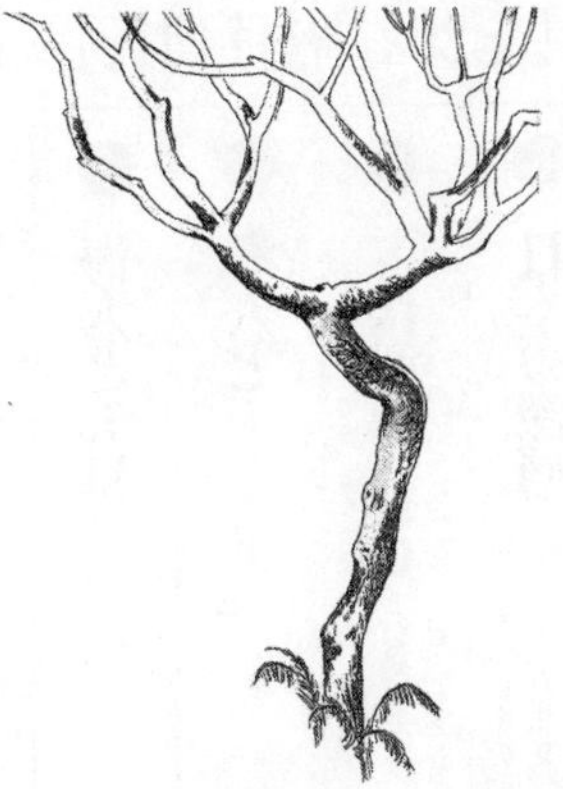

梅原猛著作集　1

聖徳太子　上

二〇〇三年二月二十日　初版第一刷発行

著者　梅原猛

発行者　山本章

発行所　株式会社小学館
東京都千代田区一ツ橋二-三-一　郵便番号一〇一-八〇〇一
電話　編集　〇三-三二三〇-五一四〇
制作　〇三-三二三〇-五三三三
販売　〇三-三二三〇-五七三九

 ISBN4-09-677101-5

印刷所　日本写真印刷株式会社

＊造本にはじゅうぶん注意しておりますが、万一、落丁・乱丁などの不良品がございましたら、「制作局」あてにお送りください。送料小社負担にてお取り替えいたします。